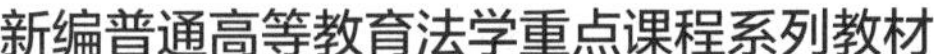
新编普通高等教育法学重点课程系列教材

知识产权法教程

梁志文　著

南京师范大学出版社

图书在版编目(CIP)数据

知识产权法教程 / 梁志文著. —南京：南京师范大学出版社，2023.11

新编普通高等教育法学重点课程系列教材 / 方乐主编

ISBN 978-7-5651-5220-7

Ⅰ. ①知… Ⅱ. ①梁… Ⅲ. ①知识产权法—中国—高等学校—教材 Ⅳ. ①D923.4

中国版本图书馆 CIP 数据核字(2022)第 063750 号

丛 书 名	新编普通高等教育法学重点课程系列教材
书 名	知识产权法教程
著 者	梁志文
责任编辑	董蕙敏
出版发行	南京师范大学出版社
地 址	江苏省南京市玄武区后宰门西村 9 号(邮编:210016)
电 话	(025)83598919(总编办) 83598412(营销部) 83373872(邮购部)
网 址	http://press.njnu.edu.cn
电子信箱	nspzbb@njnu.edu.cn
印 刷	南京玉河印刷厂
照 排	南京开卷文化传媒有限公司
装帧设计	有品堂 刘 俊
开 本	850 毫米×1168 毫米 1/16
印 张	22.75
字 数	627 千
版 次	2023 年 11 月第 1 版 2023 年 11 月第 1 次印刷
书 号	ISBN 978-7-5651-5220-7
定 价	108.00 元

出版人 张 鹏

目　录

Contents

第一章 知识产权总论

第一节 知识产权的概念与范围

在民事权利体系中，知识产权是一类特殊的新型权利，它在国家的社会、经济发展中发挥越来越重要的作用。但是，它作为一个被广为认可的法律概念的历史并不长。

"知识产权"这一术语被用作著作权(版权)、专利权等权利的上位概念，并用以区分传统的有形财产，最早见之于17世纪中叶法国学者卡普佐夫的著作，并为比利时法学家皮卡第所发展。[①]至于其具体内容包括哪些，在不同国家有不同的含义。德国在18世纪创造了Geistiges Eigentum这一术语，它主要是指工业产权与著作权的内容，其范围并不包括"技术秘密"。[②] 在传统上，英文Intellectual Property Right也经常不包括商标或类似营销工具上的权利。但是，它逐渐为国际社会广为接受，成为国际法上一项非常重要的法律术语。[③] 其中，1967年《建立世界知识产权组织公约》缔结之后，"知识产权"一词成为联合国下属机构——世界知识产权组织(以下简称WIPO)正式名称的组成部分，从而为世界各国所广为接受，并逐渐进入各成员国的法律体系之中。但是，很少有国家的法律明确界定"知识产权"的定义，如法国知识产权法典(Code de la propriété intellectuelle)也并未予以界定，其虽名为法典，但本质只是各单行法的汇编。

关于"知识产权"的定义，我国教材主要有两种表达模式：概括主义(下定义)与列举主义(划范围)。概括主义的知识产权定义模式强调抽象出知识产权保护对象或客体的共性特征。对于知识产权客体的概括，有两种主要的表述方式。一种观点认为，知识产权是人们对其智力创造成果所依法享有的权利；另一种观点认为，知识产权是指基于创造性智力成果和工商业标记依法产生的权利的统称。在这些定义中，区分"创造性成果权利"与"识别性标记权利"的二分法定义逐渐为我国主流教材所采用。[④] 两种定义的不同在于，商业标记(如商标)是否属于创造性劳动成果，在学理上存在争议。[⑤]

采列举主义的著作常常通过划定知识产权的范围来予以界定，这也是主要国际条约所采用的界定方法。《建立世界知识产权组织公约》第2条第8款列举的范围为："'知识产权'包括有关下列项目的权利：文学、艺术和科学作品，表演艺术家的表演、录音和广播，在人类一切活动领域内的发明，科学发现，工艺品外观设计，商品商标、服务商标、商号和各种标记，制止不正当竞争的保护，以及在工业、科学、文学或艺术领域内一切来自智力活动的其他权利。"

1994年缔结的世界贸易组织《与贸易有关的知识产权协定》(以下简称TRIPs协议)第1条

---

① 参见吴汉东：《知识产权总论》，中国人民大学出版社2009年版，第3-4页。

② 参见郑成思：《知识产权法》，法律出版社2003年版，第4页。

③ See W.R. Cornish et.al., Intellectual Property: Patents, Copyright, Trade Marks and Allied Rights (7th ed., Sweet & Maxwell 2010), pp.3-4.

④ 参见吴汉东：《知识产权总论》，中国人民大学出版社2009年版，第4-5页。

⑤ 参见郑成思：《知识产权法》，法律出版社2003年版，第7页。

第 2 款规定:“就本协议而言,‘知识产权’一词系指第二部分第一节至第七节所提到的所有类别的知识产权。”第二部分规定的具体内容有:著作权及相关权利、商标、地理标志、工业设计、专利、集成电路布图(拓扑图)设计以及未公开信息保护(商业秘密)。

在中国法上,《中华人民共和国民法通则》(以下简称《民法通则》)第五章第三节为“知识产权”,第 94 条至第 97 条分别规定了著作权(版权)、专利权、商标权与发现权。《中华人民共和国民法典》(以下简称《民法典》)第 123 条规定了知识产权的范围:“知识产权是权利人依法就下列客体享有的专有的权利:(一) 作品;(二) 发明、实用新型、外观设计;(三) 商标;(四) 地理标志;(五) 商业秘密;(六) 集成电路布图设计;(七) 植物新品种;(八) 法律规定的其他客体。”

对于这些列举的知识产权范围,有两点需要明确。

1. 科学发现的权利

《建立世界知识产权组织公约》第 2 条将科学发现列为知识产权客体,《民法通则》第 97 条也有类似规定:“公民对自己的发现享有发现权。发现人有权申请领取发现证书、奖金或者其他奖励。”保护科学发现的建议始于 20 世纪 20 年代。法国巴赛莱梅(J. Barthelemy)教授于 1922 年最早建议法国政府废除专利法上关于科学发现不能授予专利权的规定,因为科学发现者在物质回报上的待遇远远低于作者和发明者。但这一建议并未为法国政府所采纳。1947 年,苏联在世界上首先建立了科学发现国家登记制度。1961 年的《苏联和各加盟共和国民事立法纲要》专章规定了发现权。在相关国际条约的制定中,苏联积极主张将科学发现的内容纳入其中。除 1967 年签订的《建立世界知识产权组织公约》外,1978 年缔结的《科学发现国际登记日内瓦条约》明确规定了科学发现国际登记的范围、程序和机构。在国家层面,捷克斯洛伐克、保加利亚、蒙古等国也相继建立了科学发现保护制度。[①]

然而,科学发现并未列入 TRIPs 协议的范围,它也同样未列入《民法典》第 123 条所规定的客体。一般认为,虽然科学发现属于人类的智力活动成果,但不属于民事权利的客体。《民法通则》规定的发现权,主要是发现人申领发现证书、奖金或其他奖励的权利。[②] 这些权利更多侧重于行政确认、行政奖励的范围。如《国家科学技术奖励条例》(2020)设立国家自然科学奖,授予在基础研究和应用基础研究中阐明自然现象、特征和规律,作出重大科学发现的公民。该条例第 30 条规定:“获奖者剽窃、侵占他人的发现、发明或者其他科学技术成果的,或者以其他不正当手段骗取国家科学技术奖的,由国务院科学技术行政部门报国务院批准后撤销奖励,追回奖章、证书和奖金,并由所在单位或者有关部门依法给予处分。”

在其他具体的知识产权法律中,“科学发现”不受保护。譬如,《中华人民共和国专利法》(以下简称《专利法》)第 25 条第 1 款明确规定“科学发现”不授予专利权。在著作权法中,科学原理、自然规律的发现被认为属于思想观念的范畴,也同样不受保护。这些单纯的科学发现,如果未能具体化为作品(如论文)或技术方案(发明),是无法得到知识产权法保护的。这是因为对科学发现赋予排他权或专有权,将会阻碍而不是促进人类的创新创造活动,不符合知识产权立法的基本宗旨。因此,《建立世界知识产权组织公约》将科学发现纳入知识产权的范围,仅仅是指科学发现者所享有的精神权利,如将相关理论以发现者命名,如“波尔理论”就是以量子理论的发现者波尔命名的。即使如此,科学发现者主张精神权利也难以得到具体法律的支持。此外,发现者还不能

---

① 参见王竹、杨亦楠:《论我国民法上的发现权——兼论将发现权作为科学领域荣誉权的理论构想》,《烟台大学学报》(哲学社会科学版)2014 年第 2 期。

② 对于发现权的性质,有人主张属于以精神权利为主的人身权,也有人主张属于人身权与财产权兼具的知识产权。参见高映:《论科学发现权之知识产权属性的合理性》,《法学杂志》2009 年第 2 期。

阻止他人创作阐释该发现的作品，也无权禁止他人利用相关理论作出发明创造。[①]

2. 知识产权的分类

在国际条约与国内法上明确列举的知识产权类型，属于知识产权保护的典型客体。根据不同的标准，这些典型客体有不同的分类。将知识产权分为"创造性成果权利"和"识别性标记权利"是中国理论界主要的分类方式。这一分类方法源自国际保护工业产权协会1992年东京大会的研讨成果，前者包括发明、集成电路布图设计、植物新品种、know-how（即技术秘密）、工业品外观设计、著作权（版权）与软件；后者主要包括商标、商号（厂商名称）、其他与禁止不正当竞争有关的识别性标记。[②] 在此基础上建立的三分法理论将知识产权客体分为创造性成果、经营性标记与经营性资信。该理论的不同之处是将特许经营资格、信用及商誉作为知识产权的第三类客体，即经营性资信。

更传统的分类是将知识产权分为"工业产权"与"文学产权"。该二分法有着深厚的历史渊源、理论基础与国际条约依据。工业产权法的概念形成于19世纪末期，与自然科学与技术的发展以及自由贸易有着密切联系。德国法学家科勒（Kohler）在法国知识产权理论的基础上，完善并澄清了工业产权法的基本原则。[③] 事实上，旨在保护本国工业利益的国内法不是孤立发展起来的，1883年缔结的《保护工业产权巴黎公约》（以下简称为《巴黎公约》）使得工业产权的概念在世界各国广为传播，它与1886年缔结的《保护文学和艺术作品伯尔尼公约》（以下简称《伯尔尼公约》）一起，奠定了知识产权的基本范围。

工业产权又可分为两部分内容：技术类权利与标识类权利，其区分标准是它属于人的智力创造成果还是企业的经营成果。属于技术类权利的内容包括专利、技术秘密、集成电路布图设计、植物新品种、外观设计，而标识类权利的内容则包括商标、商号、商业外观以及禁止不正当竞争的部分内容。反不正当竞争法对创新成果的保护比较特殊。它不是确权法，不授予专有权，而是对正当竞争利益的保护。严格来说，它不是知识产权。准确地说，它是保护工业产权的一种方法，间接地属于知识产权法。[④] 商业秘密在传统上为反不正当竞争法所保护，但TRIPs协议明确其为知识产权的一类，将其视为专有权在理论上逐渐得到接受。因此，作为专有权的"禁止不正当竞争权"，主要指商业秘密权，以及商标权中无法包含的禁止仿冒他人产品的权利。

文学产权主要是指对在文学、艺术和科学领域内的作品给予保护的权利。《中华人民共和国著作权法》（以下简称《著作权法》）第62条规定：本法所称的著作权即版权。但从词源来看，两个术语具有不同的含义，著作权（author's right）是大陆法系的概念，而版权（copyright）这一术语为普通法系所采用。在传统上，文学产权的法律制度分为大陆法系与普通法系两大体系，其主要区别在于其保护的理论依据不同。大陆法系国家将作品视为作者人格外化的重要体现，作者享有的权利属于"天赋人权"或"自然权利"；普通法系国家将版权视为一种经济现象，作品被视为纯粹的财产。由于理论依据不同，两大法系在著作权法结构和具体制度上存在一些差异，主要是著作人格权保护的不同。大陆法系通常强调作者与其作品之间的精神利益，不具有可转让性，也不可随意处分。大陆法系又可分为法国二元主义立法和德国一元主义立法。前者认为，著作人格权与财产权相互独立、可分离，人格权不可转让、不受限制、不得继承、受永久保护；后者则认为，这两部分不可分离，故著作权不可转让，但著作人格权与财产权一样受保护期的限制。普通法系国

---

① 参见李明德：《美国知识产权法》（第二版），法律出版社2014年版，第20页。

② 参见郑成思：《知识产权法》，法律出版社2003年版，第5-6页。

③ 参见沈达明：《知识产权法》，对外经济贸易大学出版社1998年版，第1页。

④ 参见［德］鲁道夫·克拉瑟：《专利法》（第六版），单晓光等译，知识产权出版社2016年版，第27页。

家的版权法在传统成文法上不保护著作人格权，即使为了实施《伯尔尼公约》第六条之二规定而保护著作人格权，其保护力度通常会弱于大陆法系国家的法律。此外，大陆法系国家的著作权法区分作者权与邻接权（与著作权有关的权利），而普通法系国家通常不做区分。

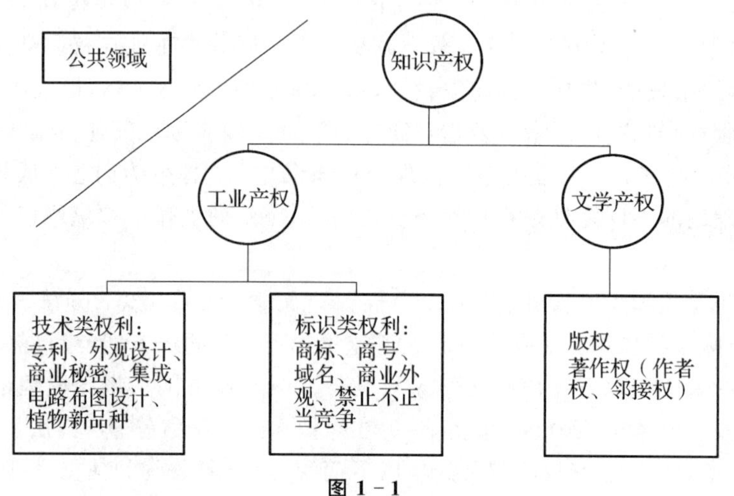

图 1－1

在传统上，知识产权由著作权（版权）、专利权与商标权组成。尽管它们都统称为知识产权，但各国知识产权法律制度并没有建立一套适用于所有创新成果的统一规则；相反，其在保护客体、权利内容和侵权抗辩等方面都存有较大差异。著作权法保护的是表达或审美的创新成果，而专利法保护的是实用的技术创新成果，商标法强调对标志的商誉保护以鼓励持续投资创新的成果。例如，“何以解忧，唯有杜康”的《短歌行》是作品，“杜康”是商标，而“杜康”酒的老窖酿造工艺是专利。在制度上，法律划定不同知识产权客体边界，其目的在于降低知识产权重叠保护的可能性，它试图通过界定权利客体受保护条件的方式，将不同的创新成果纳入不同的保护制度。

然而，随着知识产权法的不断发展，同一创新成果作为不同客体得到保护的现象屡见不鲜。它涉及我国司法实务和法学理论中另一项被广为讨论的话题——知识产权的重叠保护。在英特莱格公司诉可高玩具有限公司案中，法院认为，涉案实用艺术作品（玩具）申请了外观设计专利，但这并不妨碍其同时或继续获得著作权保护。① 最高人民法院还认为，在外观设计专利因保护期届满或者其他原因导致专利权终止后，“反不正当竞争法也可以在知识产权法之外，在特定条件下对于某些民事权益提供有限的、附加的补充性保护”。② 在北京特普丽装饰装帧材料有限公司与常州淘米装饰材料有限公司著作权侵权纠纷案中，江苏省高级人民法院详述了设计受多维度保护的理由。首先，权利人在同一客体上享有多种民事权利并未为法律所禁止。当作品被大量使用于产品的外观设计、商业标识、产品的包装装潢、广告宣传等工商业领域时，它应该同时获得专利法、商标法、反不正当竞争法的保护。其次，功能性原则区分了发明（含实用新型）专利与其他知识产权的保护范围。供工业应用的技术方案一般不属于文学、艺术或科学作品，在保护期届满后可为公众自由使用。但是，在作品基础上获得的外观设计专利，即使保护期届满也不影响其著作权的享有。因此，应该由权利人来选择行使其权利，但每一种民事权利及其相应的义务应当由相应的法律分别进行规制和调整。

承认同一创新成果获得多重保护，不意味着它在各部门法下所得到的保护是累加的。如果

① 参见北京市高级人民法院民三庭编：《知识产权经典判例》（下册），知识产权出版社 2003 年版，第793 页。

② 最高人民法院（2010）民提字第 16 号民事裁定书。

它分别符合各部门法所规定的条件，则它不是权利的叠加保护，而是法律保护创新成果的不同应用场景，如作为艺术性的作品、作为工业化应用的产品或作为区分商品（服务）来源的标志。如果认可各部门法对于创新成果的激励力度是适当的，则自然无须担忧对其过度保护。也就是说，不同知识产权法律对创新成果的混合保护，是激励不同维度的创新竞争所必需。因此，所谓重叠保护，更准确地说，是创新成果保护的规范竞合。[①]

第二节　知识产权的发展

"知识产权"这一术语忽略了作为其组成部分的著作权、专利权、商标权、商业秘密权等在本质上存在的诸多差异，以涵括纳入了或正在纳入其体系的各种类型的权益。作为一个弹性概念，它本身就具有相当大的包容性，以满足其自身发展的需要。知识产权的客体是在不断扩张的，这既有国际条约上的依据，如《建立世界知识产权组织公约》第 2 条规定，"一切来自智力活动的其他权利"；也有国内法的明确规定，如《民法典》第 123 条第 8 项所规定的"法律规定的其他客体"。

知识产权客体的扩张沿着两条路径展开。

第一种路径是"旧瓶装新酒"，在传统著作权、专利权、商标权等概念下不断扩展。譬如作品的概念，从最初的文学艺术作品，扩展到事实作品（如地图）、功能作品（如计算机程序）。再如，基因等生物技术、计算机软件等信息技术领域的发明创造被逐渐纳入发明专利的范围。

第二种路径是创设新的客体类型。通常来说，保护这些客体的法律规则与传统著作权法、专利法的具体制度有所区别。其原因是这些创新成果处于文化领域与工商业领域的交叉地带，单纯的著作权法或工业产权法难以满足这些创新成果保护的需求，于是，混合两种保护方式的新范式——"工业版权"出现了。[②] 集成电路布图设计权、植物新品种权等特殊保护模式逐渐纳入知识产权体系中。譬如，这两项权利的授权条件类似于专利权，但具体权利方面又混合了著作权的内容。[③] 中国采取单行法的方式予以保护。也有国家如美国将其纳入专利法，但具体制度不同于发明专利的保护，实质上也是特别权保护模式。在欧盟法上，外观设计保护以及数据库保护都是典型的特别权保护。

一、知识产权的新类型

1. 注册设计权与未注册设计权

欧盟分别在 1998 年、2001 年建立了注册设计与未注册设计权的保护模式，两者受保护的条件相同，且互不影响，其主要区别是保护期和权利内容的不同。注册设计权的保护期为 20 年，自合格的申请日起计算；未注册设计权的保护期为 3 年，自设计首次投入公众市场之日起计算。注册设计权类似于专利权，享有实施设计的排他权；而未注册设计权类似于著作权，只能禁止复制者的竞争行为。故其主要区别在于独立创作能否作为抗辩事由，它适用于未注册设计权，但不适用于注册设计权。保护未注册设计权的目的是，有些产业（如时尚业）需要开发出大量的设计，但只有少量设计会被商业化，且这些产品的生命周期通常较短，而需要审查的注册设计申请耗时较长，不利于禁止未经授权的设计复制行为。

---

① 参见梁志文：《论知识产权规范竞合及其解决路径——兼评最高人民法院的一则解释》，《法商研究》2006 年第 2 期。

② 参见郑成思：《版权法》，中国人民大学出版社 1990 年版，第 74 页。

③ 参见《植物新品种保护条例》与《集成电路布图设计保护条例》相关规定。

2. 数据库特别权保护

数据的获取和使用能力在信息技术时代具有重要地位。在大多数国家,数据库通过著作权法、反不正当竞争法和合同法来获得保护。但是,数据库面临现有法律制度保护不足的困境。譬如,著作权法对数据库的保护条件是,数据库材料的选择或编排体现了独创性。但是,数据库越全面,其价值越大,却越难以体现材料选择上的独创性;而材料的编排通常受限于数据检索之需,越实用的编排方式,也越难以体现作品所需的独创性。此外,数据本身是不受法律保护的,技术的进步使得复制整个数据库或数据库所包含的大部分数据变得极为便利。这些原因促使了欧盟对数据库提供特别权保护模式,该新型客体成为"低独创性标准的英国版权法与为高独创性标准而设计的大陆法系著作权制度之例外的混血儿"①。

3. 实验数据保护

数据保护是指在一定期限内,产品上市主管部门仅允许创新者(首次申请者)能够使用其递交的、用于证明产品安全性、有效性等信息的数据,上市主管部门不得利用这些数据来审批其他上市申请,也不得允许其他申请者利用这些数据来获得上市申请(数据专有权);或者禁止其他人不正当地商业性利用这些数据(数据保护);或者对符合条件的创新者在一定期限内拒绝批准竞争产品上市(市场排他权)。该制度肇始于1978年美国国会通过的《联邦杀虫剂法案》,它修订了《联邦杀虫剂、杀菌剂和灭鼠剂法案》(FIFRA),规定杀虫剂在州际贸易之前必须获得环保署的核准注册。为此,生产商必须向环保署提供杀虫剂所使用化合物符合安全性标准的数据。如果属于新化学成分或已知化合物的新用途,该生产商将对这些数据享有10年的排他权——环保署不得利用这些数据来批准其他同样产品的上市申请;以及5年的费用补偿期限——其他生产商在对创新者给予充分补偿的情况下,无须征得其同意便可利用这些数据来审批上市申请。

对上市许可所需数据予以保护的做法在1983年美国国会通过《孤儿药品法》(ODA)时被采用,从而为开发罕见病药品的创新者提供上市许可方面的排他性保护。据此,如果罕见病药品的开发者符合法定条件,在其获得药品上市许可之日起的7年内,不再批准同一罕见病药品的仿制药申请。如果原研药商未能向市场供给足够数量的已批准上市的药品,该市场排他权将被撤销。随后,美国国会在1984年通过《药品价格竞争和专利期恢复法》,对小分子化合物药品提供了两种类型的数据保护:对新化学成分和新用途的原研药商分别提供5年与3年的保护期,在保护期之内,美国联邦食品药品监督局不得利用原研药商提供的有关药品安全性、有效性和可靠性数据来审批仿制药的上市申请。

这些既受上市管制、又受上市主管部门给予排他保护的创新产品,主要包括农用化合物和药品。TRIPs协议第39条第3款规定,成员方对农用化合物和药品上市审批的未披露数据负有保护义务,以防止不正当的商业利用;除非出于保护公众利益或采取了合理措施保护该数据之外,这些数据不得予以披露。《中华人民共和国药品管理法实施条例》(2019)第34、67条,《中华人民共和国农药管理条例》(2017)第15条等,也依据TRIPs协议和中国的入世承诺,建立了类似的保护制度。②

4. 形象权或商品化权

形象权,在WIPO1996年《反不正当竞争示范法条款》中也被称为"商品化权",是介于民法人身权与知识产权之间的一个未定型概念。它是指对真实人物形象(包括肖像、姓名、具有识别性的特有声音或动作等)、表演形象(如章金莱扮演的孙悟空形象)、虚构角色形象(如金庸小说中的

---

① 参见[澳]马克·戴维斯:《数据库的法律保护》,朱理译,北京大学出版社2007年版,第53页。

② 参见梁志文:《药品数据的公开与专有权保护》,《法学》2013年第9期。

郭靖、黄蓉等人物,以及唐老鸭、米老鼠等卡通形象)以及社会组织形象进行商业性利用的权利。也有观点认为,形象权仅指真实人物形象的商业性利用的权利,不包括虚构角色形象商业化利用的权利,主要原因是后者(角色商品化权)通常由著作权法明确予以调整。如将动画片中的喜羊羊做成玩具销售或印刷在书本上,都涉及侵犯著作权的问题。

在涉及真实人物的形象权时,传统民法难以合理妥善解决争议。有法院采取扩张肖像权范围的方式,以保护真实人物对表演形象的商业性利用。在章金莱与蓝港在线(北京)科技有限公司人格权纠纷案中,原告认为被告未经授权利用了其在电视连续剧《西游记》中扮演的孙悟空形象。被告抗辩称,剧照"孙悟空"形象与原告本人的生活形象相差巨大且并非其个人形象的客观再现,不能将剧照与本人的肖像混为一谈。该案争议焦点是能否对肖像权做扩大解释以保护表演者的形象利益。二审法院从肖像权保护的法理(财产的利益与人格密不可分)出发,认为"当某一形象能够充分反映出个人的体貌特征,公众通过该形象直接能够与该个人建立一一对应的关系时,该形象所体现的尊严以及价值,就是该自然人肖像权所蕴含的人格利益"。法院还认为,对肖像权采扩张解释是积极面对现实并顺应时代发展的结果。"在比较法中,对具有标识性的人格利益可以采公开权、形象权之内容予以保护。这种对具有人格标识性的形象予以保护的世界发展趋势,说明与人格利益密切相关的形象具有可保护利益已成为共识"①。

但扩张肖像权、姓名权的路径难以解决如下问题:相同姓名、相似肖像的自然人享有人身权的平等保护,但名人与非名人之间的商业价值截然不同。如广告主邀请与周杰伦相像的自然人拍广告,或者与刘德华同名的股东将公司名称命名为"刘德华娱乐有限公司"。传统的民法理论较难处理此类纠纷。从比较法的角度来看,法律主要从人格商业利用的经济利益与人格尊严两条路径来提供保护。一是不正当竞争的方法,如澳大利亚法院常常以"仿冒侵权"(passing off)的法律规则、美国则在形象权的名义下以禁止盗用原则为依据来处理未经授权而商业性利用的行为。二是以隐私权以及隐私利益、名誉利益保护为依据来处理真实人物的人格性商业利用。②《民法典》第993条规定,民事主体可以将自己的姓名、名称、肖像等许可他人使用,但是依照法律规定或者根据其性质不得许可的除外。对姓名等的许可使用,对自然人声音的保护,参照适用肖像许可使用和肖像权保护的有关规定。但是,这些条款仍然难以完全符合形象权的保护要求。

5. 传统文化表达、传统知识与遗传资源的保护

传统知识、传统文学表达和生物资源保护等内容在西方化的知识产权体系中被视为处于公有领域。知识产权法对原住民社团外的第三人利用这些知识进行的后续创新给予私权保护,授予诸如专利权、著作权和育种者权(植物新品种权)等。对于这些创新,原住民社团几乎享用不到其技术或经济利益,反而遭受不当利用所带来的精神伤害和物质损害。③ 自20世纪90年代早期开始,在联合国人权系统下,人们开始寻求保护原住民社团的权利,要求承认他们的文化权利并能够加以控制。这些文化权利应该包括生物多样性、医药、农业及民间文学表达等范围。而在传统知识、民间文学表达和生物资源的保护机制上,联合国人权组织先后产生了《原住民权利宣言草案》(1994)、《保护原住民遗产的原则与指导方针》(1995年草案,2000年修订)等文件。这些文件明显地采取了知识产权保护的框架。文件督促国家使用符合已有知识产权原则的法律机制去

① 北京市第一中级人民法院(2013)一中民终字第05303号民事判决书。

② 参见[澳]胡·贝弗利-史密斯:《人格的商业利用》,李志刚、缪因知译,北京大学出版社2007年版。

③ 关于传统知识的法律保护,详细论述可参见严永和:《论传统知识的知识产权保护》,法律出版社2006年版。关于生物多样性问题,详细论述可参见崔国斌:《文化及生物多样性保护与知识产权》,北京大学博士论文2002年。

保护传统知识，比如授予原住民社团禁令救济和损害赔偿救济等途径。文件还督促各国应该对包含有原住民遗产的任何客体拒绝授予专利权、著作权和其他垄断权，特别是在这些原住民不享有所有权并控制、使用或受益的情况下。

在生物资源的保护上，1992 年《生物多样性公约》被国际社会公认为是规范生物资源获取和利用的纲领性文件。《生物多样性公约》所确立的尊重主权、事先知情同意、公平分享利益等原则也在国际社会深入人心。尽管对于广大发展中国家而言，《生物多样性公约》并没有实现它们所希望确立的新型知识财产权形态的目标，尽管印度、巴西等国家期望在 TRIPs 协议下运用专利法之形式保护生物资源的努力被暂时冻结了，但这些行动使得欧盟等发达国家采取了一些措施来履行《生物多样性公约》的义务，从而使得发展中国家的利益得到了一些满足。自 2000 年以来，WIPO 被期望作为在传统知识、遗传资源和民间文学表达方面进行国际谈判的场所。譬如，在 2006 年 4 月召开的一次会议上，许多国家赞同缔结具有法律约束力的国际传统知识保护条约。但是，其立法进展仍然有待观察。

二、促成知识产权发展的因素

上述例子说明，知识产权所保护的客体范围在不断地发展，其具体扩展路径是多元的，但究其原因，主要受如下三大因素的影响。

第一，知识产权的发展受技术进步的影响。技术变迁，特别是对产业发展具有基础性影响的技术发展，是驱动知识产权不断发展的重要原因。一般认为，著作权被认为是传播技术的产物，印刷术、摄影技术、录音技术、广播技术以及网络技术促成了著作权客体的不断扩张，文字作品、摄影作品、视听作品、计算机软件等作品类型，都是传播技术发展的结果。在专利权领域也同样体现了技术进步的影响。信息技术促成了计算机与网络的广泛使用，人工智能、大数据等具体应用场景逐渐得以实现，它深刻地影响了整个社会的发展。生物技术的进步，导致利用基因技术来改造生命体（转基因）成为现实，在医药、农业等领域产生了革命性的结果，也引发了技术、法律与伦理的关注。这导致计算机软件、生物技术等成为专利权非常重要的保护客体。商业标识领域的客体扩张也同样避免不了技术的影响。譬如，域名是电子商务中销售产品或服务、进行产品或服务推广的重要资产；在信息技术支撑的经济全球化背景下，驰名商标在国际贸易中的地位也越来越重要。当新技术在已有体制下难以得到有效保护时，特别立法常常用于解决这些特殊的技术问题，典型的例子是集成电路布图设计的保护。

第二，知识产权的发展受政治博弈的影响。知识产权保护将限制竞争者的模仿行为，它影响着相关产业的市场结构。不同市场参与主体往往将推动符合其利益的法律制度发展。譬如，制药业是推动国际知识产权保护的重要动力，TRIPs 协议等国际条约的缔结离不开制药业的游说推动。一般认为，医疗健康产业是对知识产权保护最为敏感的一个行业，这不仅是因为知识产权控制医药技术的使用及其益处，而且还因为医药领域的科学技术进步将极大地促进人类的幸福健康。因此，发展中国家、慈善组织和人权组织在保障药品可及性理论的支持下，也推动了药品专利权强制实施许可、药品试验例外等权利限制制度的发展。不仅市场主体的政治游说会影响知识产权的发展进程，一个国家的政治决策也将极大地推动知识产权制度的宏观走向。中国实施创新驱动发展战略以及国家知识产权战略，整个国家要建设以创新为主要引领和支撑的经济体系和发展模式，完善的知识产权法治是新发展理念的制度支撑点，是促进社会主义文化繁荣的重要保障，是生态文明体制改革的内容之一，也是影响健康中国战略实现的重要因素。在这一认识下，知识产权保护力度明显提高，不断改革的知识产权审判机制就是其明确体现。再如，在保护客体方面，药品数据保护在鼓励医药创新的目标下被作为法律改革的重要内容。中共中央办公厅、国务院办公厅《关于深化审评审批制度改革鼓励药品医疗器械创新的意见》提出探索建立药品专利链接制度、保护期补偿制度和完善数据保护制度，在此基础上，国务院决定设置药品数据保护与专利保护期补偿制度。

第三，知识产权的发展受国际关系的影响。在知识产权国内法保护方面，国际条约与国际关系具有重要的影响，它体现了世界经济全球化时代新的国际贸易体制的需求。自由贸易体制需要消除商品跨境流动时面临的国家间的贸易与非贸易壁垒，需要规范国际贸易的市场规则。知识产权规则是影响国际贸易的重要因素。在19世纪末期缔结的《伯尔尼公约》与《巴黎公约》奠定了知识产权国际保护的基本雏形。1967年生效的《建立世界知识产权组织公约》建立了联合国专门机构WIPO，扩大了发展中国家加入WIPO的积极性，推动了知识产权立法一体化的历史进程。但是，由于WIPO管理的国际条约（主要是《伯尔尼公约》与《巴黎公约》）并未规定对成员国具有强制约束力的机制，有些重要国家未加入这些条约，还有些国家虽然加入了相关条约，但并未完全履行条约所规定的知识产权最低保护义务。新的国际条约——TRIPs协议作为世界贸易组织的基础协议于1994年生效。TRIPs协议提高了知识产权的保护水准，是第一部全面规范知识产权的国际条约，更为重要的是，它建立了知识产权争端解决机制，比较有力地监督和保障成员国（方）履行知识产权最低保护标准的义务，被喻为“长了牙齿的老虎”。进入21世纪以来，以美国、欧盟成员国为代表的国家积极推动新的双边、复边和地区性自由贸易协定，这些自由贸易协定大都规定了较高的知识产权保护标准，对贸易伙伴的国内法产生了深远的影响。其中，代表性的区域性贸易协定有《反假冒贸易协定》（Anti-Counterfeiting Trade Agreement）等。此外，大多数国际投资条约中的“投资”定义条款明确将知识产权作为一种投资类型。近年来，随着国际投资争端解决机制在国际投资活动中发挥的效能越来越明显，投资者-国家争端解决（investor-state dispute settlement，ISDS）机制也开始被用于投资者与东道国发生知识产权保护争端的解决，东道国的知识产权立法、司法以及对知识产权所采取的行政管制措施都有可能受到投资者的直接挑战。

中国知识产权法律制度的制定与修订都深受世界知识产权保护趋势的影响。中国从一开始的被动接受和改变到主动适应，再发展到主动组织国际条约签订活动，都体现了这一点。早在1980年，中国就加入了世界知识产权组织，并先后加入《巴黎公约》《商标国际注册马德里协定》《专利合作条约》《伯尔尼公约》《世界著作权公约》，还在《关于集成电路的知识产权条约》以及TRIPs协议上签字。2014年4月24日，十二届全国人大常务委员会第八次会议一致表决通过批准世界知识产权组织《视听表演北京条约》，该条约是新中国成立后第一个在中国签署的国际公约，是第一个以中国城市命名的国际条约。至今有包括中国在内共有72个世界知识产权组织成员国签署了《视听表演北京条约》。该条约的签订在中国知识产权发展史上具有里程碑式的意义。

为了履行公约的内容，中国的专利法、著作权法和商标法等主要的法律法规都据此进行了重大修改，例如《巴黎公约》中确定的国民待遇原则、优先权原则也都体现于中国的知识产权法中；商标法修改商标注册中的“一标多类”原则，确定同一商标注册不限于一类商品，简化了商标申请注册的程序，与《商标国际注册马德里协定》的内容进行衔接。除了修改和完善本国法律外，中国相应的实施细则和实施条例也都作了相应的修正，同时出台对应的行政法规和部门规则。除了声明保留的部分，中国不仅将这些国际公约转换为国内法，还在法律中明确规定它们都自动转为国内法的组成部分。原《民法通则》第142条规定：“中华人民共和国缔结或者参加的国际条约同中华人民共和国的民事法律有不同规定的，适用国际条约的规定，但中华人民共和国声明保留的条款除外。”《实施国际著作权条约的规定》（2020）第19条规定：“本规定施行前，有关著作权的行政法规与本规定有不同规定的，适用本规定。本规定与国际著作权条约有不同规定的，适用国际著作权条约。”

根据上述规定，法院在处理具体案件时，国际条约成为法律解释的重要渊源。例如，在同方股份有限公司与湖南快乐阳光互动娱乐传媒有限公司侵害作品信息网络传播权纠纷案中，对如何确定《著作权法》第10条第12项中“提供行为”的含义这一问题，法院认为在法律无明确规定的情况下可参考其立法渊源。法院认为，该条是中国履行国际公约义务的结果，它源于1996年12月20日通过的《世界知识产权组织版权公约》(简称WCT)第8条。法院认为：

> 这一立法渊源表明对于《著作权法》第十条第(十二)项中“提供行为”的理解，WCT缔结过程中的相关文件具有参考意义。关于WCT的“基础提案”在针对WCT草案第10条(最终通过的文本中为第8条)的说明中指出，构成向公众提供作品的行为是提供作品的“初始行为”(the initial act of making the work available)，而不是单纯提供服务器空间、通讯链接或为信号的传输或路由提供便利的行为(the mere provision of severe space, communication connections, or facilities for carriage and routing of signals)。因该文件对于条约的解释具有很高的权威性，故依据上述记载，该条款中的“提供”行为指向的是“最初”将作品置于网络中的行为，亦即将作品上传至服务器的行为，而非提供信息存储空间、链接以及接入设备等行为。基于此，《著作权法》第十条第(十二)项所规定的信息网络传播行为亦应指向的是最初将作品置于服务器中的行为。

除了国际条约的司法适用，法院在判决中还援引外国法来解释本国法的具体含义。在北京卓易讯畅科技有限公司诉深圳市迅雷网络技术有限公司侵害作品信息网络传播权纠纷案中，法院认为：

> 我国《信息网络传播权保护条例》第二十条至第二十三条规定了对网络服务提供者的免责条件，该系列免责条件简称为“避风港”规则，其规定渊源为美国1998年《千禧年数字版权法》(以下简称DMCA)所首创并为各国著作权立法普遍采用的“避风港”以及“通知与移除”规则。

但是，法院对外国法的援引，不同于涉外知识产权案件的法律适用，①它有可能存在理论上的争议。这一争议在其他部门法中得到了广泛的讨论，特别是在宪法、人权保护、环境保护等语境下，人们认为法院采用比较法解释可能会损害立法主权。

第三节　知识产权的基本特征

作为人类文明的体现，财产依法受保护已无争议；人们也一致认可，合法财产未经补偿不得为政府征收或征用。《中华人民共和国宪法》第13条第1款规定：“公民的合法的私有财产不受侵犯。”第3款规定：“国家为了公共利益的需要，可以依照法律规定对公民的私有财产实行征收或者征用并给予补偿。”在人类历史上，人们拥有的主要财产是不动产(real property)及其他有形

---

① 《中华人民共和国涉外民事关系法律适用法》第48条规定：“知识产权的归属和内容，适用被请求保护地法律。”第49条：“当事人可以协议选择知识产权转让和许可使用适用的法律。当事人没有选择的，适用本法对合同的有关规定。”第50条：“知识产权的侵权责任，适用被请求保护地法律，当事人也可以在侵权行为发生后协议选择适用法院地法律。”

财产。从字面意义来看,Intellectual Property 是与不动产相对应的"智力的财产",是人们所依法受保护的"智力产品"(intellectual work)即智力劳动的成果。法律对智力产品的保护远远晚于有形财产,人们(或不同国家)对其保护范围、保护力度的看法仍然并不一致。知识产权制度的发展进程也一直伴随着合法性质疑。究其原因,乃在于知识产权(intellectual property rights)与有形财产权(如物权)存在一些重大差异。因此,为回应对知识产权正当性的质疑,首先有必要正确认识知识产权的基本特征。

一、知识产权客体的无形性

知识产权的首要特征在于其客体(知识产品)的无形性,即它属于无形财产。① 在英美法系国家,人们常把它称为"诉讼中的准物权"或"无形准动产"。与有形财产相比,知识形态的智力产品具有同等价值,但没有外在的具体形体。即,它不占有一定空间、不存在一定的形态(如固体、液态、气态等)。② 然而,这并不是说它无须一定的客观形式来体现。因为所有的知识产品均以信息为体现形式,但信息往往记载或体现于有形的载体之上。例如,图书是作品的载体,手机是信息技术相关发明的载体。经销商合法销售图书、手机,其标的为图书、手机本身即有形载体,而非作品或发明。

不同于有形产品,知识产品具有两个重要特征:使用上的非排他性和消费上的非损耗性或非竞争性。① 非排他性是指权利人要排除其他人利用知识产品需要花费非常大的成本,其原因在于知识产品的使用不需要体现为实在的、具体的占有,它是对信息的认识与使用。有关手机的发明是一种技术方案,而技术方案可同时为多家企业所掌握并应用。因此,专利权人可以同时许可多家手机生产企业实施其专利。但手机存在有形占有,张三在打电话占有手机时,李四就不可能同时占有同一部手机。② 非损耗性或非竞争性是指任何人对知识产品的消费或使用并不会减少其他人对其消费或使用的价值。有形产品的使用具有价值上的损耗性,但知识产品的使用不存在这种类型的损耗。③ 譬如,一首诗歌,无论是一人默读还是万人吟诵,无损其任何价值。设计马车的技术方案所具有的技术效率,尽管在高铁时代的交通产业中已毫无竞争力,但其本身所具有的效率价值仍然不变。早先有些理论质疑知识产权的正当性,但他们的理论准确区分了知识产权客体与传统物权客体之间的重要差异:④

> 适用于有形财产的逻辑要素——占有(occupation)、所有(possession)、控制(control)、占用(appropriation)、恢复原状(restitution)等——很难适用到有形客体所并未包含的思想之上。抱怨盗窃了他思想的人,"其被窃走的思想仍然为其所有,如果其要求予以返还,即使返还一千次,也不会使他的所有权增加一分"。与有形物上的财产权不同,所谓的知识产权既不控制物,也不控制思想本身,而是对体现其思想之物上的"市场控制"。有形物必须属于有权决定如何处分之人,如为他人所使用,则必须从其所有人处予以转移;相反,"思想可以为无数人所享有",一些人的使用并不能排除其他人的使用。

---

① 关于知识产权客体的属性,国内有代表性的学说有"智力成果""知识产品""知识信息"等不同理论。但国外的著述大都不涉及这一论题。

② 关于知识产权客体的理论阐释,参见王太平:《知识产权客体的理论范畴》,知识产权出版社 2008 年版。

③ 但是,从经济学来看,对于商标与名人形象的使用也存在一定意义上的损耗。这两种情况下,知识财产的价值能够由于消费而减小,学理上称之为拥塞外部性。参见[美]威廉·M.兰德斯、理查德·A.波斯纳:《知识产权法的经济结构》,金海军译,北京大学出版社 2005 年版,第 285 页。

④ See Fritz Machlup, An Economic Review of the Patent System (U.S. Govt. Print. Off., 1958), pp. 22-23.(内部引证省略)

关于知识产品与有形财产的重要区别，美国第一任专利审查员、美国总统杰斐逊也有一段非常著名的论述：

> 思想的特别之处在于，其他人完全占有该思想，并不会使其减少。从我这里获得思想的人，其本身得到的教育不会减少我受到的教育；如同照耀我的烛光，他人吸收的光亮并不会令我周围变暗。为了人类的道德和相互的教育，思想在全球的自由传播似乎已为大自然精心且慷慨地制造出来。思想，就像火一样，在空间扩散而不会降低某个角落的密度；也像人们所呼吸的空气一样，不受限制或不为他人独占。

从经济学来看，知识产品具有公共产品(public good)非排他性和非竞争性的典型特征，具有正外部性的属性。所谓正外部性，又称“搭便车”现象，是指某个经济行为个体的活动使他人或社会受益，而受益者无须花费代价。由于知识产品的供给(生产)需要一定成本，但非排他性的特征使得通过市场交换获得回报的机制失灵。为了克服公共产品的市场失灵，法律赋予知识产品的生产者以排他权的保护，这体现为知识产权的专有性。此外，正外部性体现了知识产品具有共享的属性，知识产品的共享有益于人类社会整体福利的提升。为了实现促进社会进步的基本立法目标，知识产权保护具有一定期限性，它体现了公有领域的不断扩大，自由共享的知识产品越来越多。最后，知识产权具有重要的经济效果，即它是为了克服“搭便车”的经济现象。在法律赋予的排他权下，权利人可以进行市场分割与区别定价，以获取最大的利润回报。这对消费者利益产生了一定的影响。除此之外，各国产业的研发能力并不一致，知识产权制度设计必然要反映该国的产业现状，这是在法理上坚持知识产权地域性的重要原因。

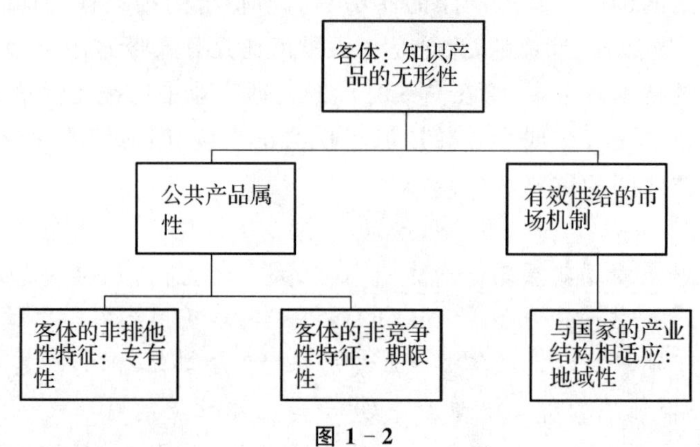

图 1-2

二、知识产权的专有性

专有性是知识产权在法律上的重要特征。同所有权一样，知识产权具有排他权与绝对权的基本属性。知识产权的专有性不同于所有权的排他性，“例如，两人分别搞出两幢完全相同的房屋，他们均有权互不干扰地出让、转卖、出租，等等。而两人分别搞出完全相同的发明，则在分别申请的情况下，只可能由其中一人获得专利权”[①]。质言之，在同样的知识产品上，只存在一项同样的知识产权。此外，从知识产权的权利结构来看，它也与所有权不同，由独占权与禁止权两部分组成。

① 郑成思：《知识产权法》，法律出版社 2003 年版，第 12 页。

独占权是指权利人排他性的支配知识产品的权利，如专利权人对发明创造享有排他性的实施权，包括制造、使用、销售、许诺销售、进口等权利；著作权人对作品享有排他性的复制、发行、展览、表演、广播、摄制、演绎等使用的权利；注册商标权人享有在核准使用的商品种类上使用注册商标的排他性权利。独占权的内容包括自己支配，也包括许可他人使用知识产品的行为。

禁止权是指权利人对知识产品未经授权且无合法理由的利用行为予以禁止的权利。由于知识产品本身具有使用的非排他性，法律所保护的知识产权赋予权利人享有禁止他人未经授权而使用知识产品的权利，即产品的竞争者不得非法使用，否则将承担相应的民事责任。情节严重的，还有可能承担刑事责任。从某种意义上讲，知识产权是一项消极的权利，其专有性体现于禁止权，即排除他人非法使用的权利。在某些领域，权利人享有知识产权，但并不一定能够完全实施知识产权。例如，违禁作品的著作权虽然受到法律的保护，但法律禁止权利人利用或授权他人利用作品，其著作权主要体现为禁止他人利用作品的利益。再如，货币的防伪方法可以得到专利权保护，但权利人不能印制货币，除非它是货币的法定制造者，其专利权的主要内容在于禁止未经授权的利用行为。

当然，知识产权这一术语包含不同类型的具体权利，其权利内容也不完全相同，这体现为专有性的具体程度也有所不同。根据专有性的强度不同，大体上可以将其分为绝对专有性和相对专有性两类。所谓绝对专有性，是指权利人在一国境内享有绝对的唯一的独占性，完全禁止在同样的知识产品上存在多项权利，其典型例子是专利权。所谓相对专有性，是指权利人对知识产品的排他性独占不能对抗善意第三人的使用行为，如商业秘密的权利人，不能禁止他人通过反向工程获得技术。当然，也有少数情况下会存在知识产权的共存现象。如注册商标专有权人与善意的在先商标使用人之间就可能共存。《中华人民共和国商标法》(以下简称《商标法》)第 59 条第 3 款规定："商标注册人申请商标注册前，他人已经在同一种商品或者类似商品上先于商标注册人使用与注册商标相同或者近似并有一定影响的商标的，注册商标专用权人无权禁止该使用人在原使用范围内继续使用该商标，但可以要求其附加适当区别标识。"著作权法允许独立创作抗辩，因此，从理论上讲，如果两位作者不约而同创作出相同或实质性相似的作品，其分别独自享有著作权。

知识产权是法律基于知识产品具有使用上的非排他性而赋予权利人的排他性控制的权利。从本质上讲，知识产权专有性是市场经济的产物，知识产权的权利人通过知识产品的市场竞争来获取利润回报，即，所有技术或作品，最终都是通过向消费者提供产品来实现其市场价值。"知识产权是为了不让竞争对手销售自己的产品而拥有的一种垄断顾客的权利。在实施这种权利的过程中，需要有主动购买自己产品的顾客和廉价销售同样商品的竞争对手。"[①]在市场经济发展之前，创新者往往通过保密的方式来维护其竞争优势；在市场经济时代，大规模的技术进步使得技术扩散越来越快，而专有权保护排除竞争者的市场进入，可以使得权利人细分市场并维护市场秩序，有助于保障创新者从其创新中获得必要的回报。从这种意义讲，知识产权是自由竞争的例外，是在产品生产者之间建立的一种合理的竞争秩序，被视为一种合法的垄断行为。

三、知识产权的期限性

知识产权的期限性是指法律通常规定了知识产权受保护的法定期限，期限届满之后，该权利就自行失效，其权利客体立即进入公有领域，成为人类的共同财产。它体现的是知识产品具有共享的特性，反映了知识产权制度的终极目标是促进在科学、技术、文化广泛传播基础上的社会进

① [日]富田彻男：《市场竞争中的知识产权》，廖正衡等译，商务印书馆 2000 年版，第 13 页。

步，赋予创新者一定期限内的排他权之目的在于克服公共产品外部性导致的市场供给不足问题，它有效地解决了知识产权专有性与知识产品共享性之间的矛盾。

期限性是知识产权与所有权的主要区别之一。永续性、绝对性、排他性是所有权的基本特征，所有权没有保护期限的限制，它以其客体的存续为前提，消灭时效或取得时效的法律效果是所有权主体的变更，而非所有权的消灭与产生。当发生所有权标的物的灭失、毁损等情形，如房屋倒塌、食物腐坏，所有权则"皮之不存，毛将焉附"，自然不存在了。但是，知识产权因保护期届满而不受保护，则不是其客体——知识产品——被毁损或灭失，因为作品、发明等知识产品是不可能发生物理意义上的毁损、灭失的。

法律规定的知识产权期限大体上分为两类：绝对期限性和相对期限性。所谓绝对期限性，是指法律规定的期限是明确且有限的，该期限一旦届满即进入公有领域，不存在续展的情形。著作财产权的保护期一般为作者终身加死后五十年（自然人作品），或者自完成或发表之日起五十年（主要是法人作品）。当然，有些国家规定的著作财产权保护期更长些，如美国法上的自然人作品延长到死后七十年，法人的作品则为九十年。著作人格权的保护期限较为复杂，在不同国家做法不同。在普通法国家以及德国法系，它受同样的保护期限制。如美国版权法第106(A)条规定的归属权、作品完整权仅在作者在世时予以保护；德国著作权法上，它与著作权财产权的保护期一致。专利权的保护期为二十年，自专利申请日起计算；期限届满即不再受保护。但有些国家的专利法规定有保护期延长的做法。专利保护期延长制度主要包括两种类型：基于对专利授权审批过分延误的补偿与产品上市审批导致管制性延误的补偿。在美国法上，前者被称为"专利权保护期调整"(patent term adjustment)；专利保护期延长(patent term extension)则专指专利产品上市受管制（如药品、农药等）导致的时间损失给予的补偿。欧盟法上的补充保护证书(supplementary protection certificate)制度也是对药品的保护期补偿。由于这些制度是对专利保护期损失的补偿，故真正的专利有效期不会超出二十年。如美国法规定，药品注册申请被批准后剩余的专利期限（即有效专利期）与延长期限之和不得超出十四年。

相对期限性是指法律规定的保护期限可以续展，且续展次数不限定；或者法律未明确规定具体的保护期限，在理论上具有一定的永续性特征。商标权的保护期限通常为十年，其起算规则在不同国家有不同做法。其中，采"注册在先原则"的国家，其保护期自公告注册之日起计算；采"使用在先原则"的国家，则只有商标使用之后才能产生专有权。但是，各国商标法都规定商标权可以续展，且续展的次数不受限制。地理标志的保护没有任何期限的限制。地理标志是指证明某一产品来源于某一成员国或某一地区的标志，且该产品的某些特定品质、声誉或其他特点在本质上可归因于该地理因素。商业秘密的保护也未有任何明确的期限限制，它受保护的前提是具有秘密性。因此，地理标志与商业秘密是否受保护，法律仅规定了其受保护的条件，没有明确具体的保护期限。在著作权二元理论的国家，著作人格权永久受保护，不受保护期限的限制，这主要是法国法系的做法。中国法也采这一立法模式。

首先，法律为何要区分不同客体规定不同的保护期限？总体而言，法律规定的知识产权保护期限制度保障了知识产品从个人专有的财产适时成为人类共有的知识财富。作品、发明具有典型的使用非损耗性特征，具有共享的属性；但商标等以商誉为载体的标志存在经济学上的拥塞外部性，其被共享不利于社会福利的提高。此外，商业秘密本身不具有绝对的专有性，它不能禁止他人的独立开发。其次，法律依据何种标准来确定知识产权的保护期限？其基本准则是为创新者提供足够的投资回报，即通过专有权的保护，权利人可以收回研发投资，并获得适当的利润回报。但是，这一标准的具体应用是不确定的，最终是多方利益博弈的结果。在著作权领域，保护期限主要考虑作者及其子女的尊严生活，因此其平均寿命是重要因素。在专利权领域，发明的技术价值与生命周期是重要考虑因素。最后，还要注意的是，保护期限有不断延长的趋势。这一方面有利于创新者获得较高的利润回报，但另一方面对知识产品的自由竞争产生了一定程度的不利影响。

四、知识产权的地域性

知识产权的地域性，是指其空间效力仅限于本国境内，它严格依据本国法律获得承认与保护，也只能在授予知识产权的本国境内发生法律效力。例如，中国授予的一项专利权，它只是赋予该专利权人在中国境内实施该发明（即制造、使用、销售、许诺销售与进口）的权利。除非国家之间签订有国际条约或双边互惠协定，知识产权不具有域外效力，其他国家对该权利没有保护的义务。因此，在一国取得知识产权的权利人，如果要在他国获得法律保护，就必须符合该国法律的规定。其中，国民待遇原则是广为接受的、外国人获得知识产权法律保护的基本原则。国民待遇原则是法律面前人人平等理念在国际法上的体现，它规定外国人、无国籍人所能享有的权利等同于该国国民所能享有的权利。知识产权国民待遇原则具有两层含义：第一，国际条约的成员国必须在法律上给予其他成员国国民以本国国民享有的同等待遇。第二，对于非成员国国民的知识产权，其条件依知识产权类型不同而条件不同。在著作权领域，其条件为作品在国际条约（主要是指《伯尔尼公约》）成员国境内首次发表。在工业产权领域，其条件为在该国有经常居所，或有实际从事工商业活动的营业场所。此外，除了依据该外国人所属国与本国缔结的双边条约或共同参加的国际公约的规定外，依据互惠原则办理也是最为常见的一种规定。①

从某种意义上讲，知识产权的地域性特征源于《巴黎公约》所规定的独立保护原则，即成员国对某一发明或商标的行政行为或司法行为不能影响它们在其他成员国的效力。② 质言之，成员国国民的同一知识产品在多个国家取得的权利，互相独立，互不影响。在国际公法上，各国法律的司法管辖范围是有限的，即立法、执法和司法所针对的对象是发生在本国境内的行为，或者是在本国境内具有直接的、可预见的和实质性影响的行为，以及本国国民的行为（即国籍原则）。因此，中国法院不会保护美国授予的专利；同样，美国法院也不会为中国授予的专利提供保护。例如，一项美国法院裁定专利权无效的判决，并不能使该发明的中国专利权无效或不受保护，不能直接为中国法院所适用。在符合国际条约规定的最低保护标准这一前提下，各国法律对于知识产权的产生途径、权利内容与法律救济等方面都存在程度不一的差异。例如，知识产权的获取须依据受保护国的法律确定。

随着国际经济一体化与全球自由贸易的发展，知识产权地域性呈现出一定程度的弱化现象。这主要体现为三大方面。第一，地区性知识产权的发展。为了实现一定地区内的商品、资本、人员和劳务的自由流通，促成地区经济一体化的发展，跨国知识产权逐渐出现并产生了广泛影响。

---

① 知识产权领域的国民待遇原则有二项延伸、变化的制度：一是为保护不同国家国民享有权利的大体一致性，国际条约规定有最低保护标准；二是承认国际条约的“保留”条款，使得国际条约的某些最低保护标准不适用于该国。

② 《巴黎公约》第 4 条之二（专利：就同一发明在不同国家取得的专利是互相独立的）规定：“(1) 本联盟国家的国民向本联盟各国申请的专利，与在其他国家，不论是否本联盟的成员国，就同一发明所取得的专利是互相独立的。(2) 上述规定，应从不受限制的意义来理解，特别是指在优先权期间内申请的各项专利，就其无效和丧失权利的理由以及其正常的期间而言，是互相独立的。……(5) 在本联盟各国，因享有优先权的利益而取得的专利的有效期间，与假设没有优先权的利益而申请或授予的专利的有效期间相同。”

其第 6 条（商标：注册条件；同一商标在不同国家所受保护的独立性）规定：“(3)在本联盟一个国家正式注册的商标，与在联盟其他国家注册的商标，包括在原属国注册的商标在内，应认为是互相独立的。”

其中，最典型的例子是欧共体成员国于1991年签订的《马斯特里赫特条约》，在工业产权与文学产权领域建立了欧洲共同知识产权的制度，产生了在欧盟境内具有法律效力的知识产权的行政管理与司法机制，体现了跨国知识产权的特征。第二，涉外知识产权法律适用的发展。它首先在法院管辖权方面产生了一定变化。一般情况下，涉外知识产权纠纷适用权利要求地法院专属管辖，但现代技术的发展使得跨境侵权的现象越来越突出，如电子商务中侵犯知识产权的行为，如果权利人依次在不同国家一一诉讼，对于知识产权保护极为不便。新的管辖权理论应运而生，一国法院不仅有权管辖其区域内的知识产权纠纷，也有权管辖其他区域内发生的纠纷；同时，准据法的适用规则也逐渐发生变化。[①] 第三，知识产权域外效力的发展。在美国，有些判例确立了美国知识产权的域外效力。美国的知识产权人在特定条件下可以针对在其他国家发生的侵权行为所遭受的损害主张权利。荷兰境内发生的印度仿制药转运案也体现了知识产权域外效力的争议。其法律问题是：在出口产品转运国（过境国）获得的专利权，能不能在过境时申请扣押受该专利权保护、但在出口国与进口国均无专利权的商品？一般认为，专利权中的“进口权”通常是不包括转运或过境行为的，因为商品没有在转运国流通，法律上的“进口”应指在该国境内销售目的之进口行为。

将转运国的知识产权延伸到其他国家无知识产权保护的商品上，它使得权利人可以把巨大的国际国内市场进行分割，使其利益得到不断扩大。但是，它剥夺了进出口国家为了适应其产业发展而定制知识产权政策的自主权，与《巴黎公约》及一般法理所承认的独立保护原则相悖。一个国家的产业创新能力将影响其对待知识产权保护力度的态度。“一个国家的产业能力如果很低，就不可能从事大规模的研究开发，因为过去的成果被（知识产权人）垄断，或这种垄断权被强化，都将使得他们面临严重的课题。”“保护知识产权的本来意义，在于在产品供应者（生产者）之间建立一种竞争秩序，但如果强调过头，就剥夺了消费者选择商品的自由。而消费者不能选择商品，那么生产商品的技术提高也就变得更难，其结果是开发能力就更为降低。”[②]因此，仍然有必要坚持知识产权的地域性特征。

第四节　知识产权的保护

知识产权依法受到保护。基于知识产权与传统财产权的差异，这导致传统财产权的保护方法难以完全适用。“侵害”（infringement）知识产权不同于一般的民事“侵权”（tort），它是指未经权利人许可且无法律依据的情况下行使知识产权人所享有的专有权的行为。《著作权法》（2020）对侵权行为的列举常常表述为“未经著作权人许可”，如第52条第1项规定“未经著作权人许可，发表其作品的”，“应当根据情况，承担停止侵害、消除影响、赔礼道歉、赔偿损失等民事责任”。《商标法》（2019）也有类似规定，其第57条第1款：“未经商标注册人的许可，在同一种商品上使用与其注册商标相同的商标的”，属侵犯注册商标专用权。《专利法》（2020）第65条规定：“未经专利权人许可，实施其专利，即侵犯其专利权。”从具体内容来看，它既包括未经权利人许可而直接利用知识产品的行为，如制造、销售、许诺销售、使用、进口等实施专利技术的行为；也包括擅自行使他人专有权的行为，如被许可人未经权利人的同意而擅自许可他人复制、发行作品的行为。

---

① 参见《中华人民共和国涉外民事关系法律适用法》第48至50条。

② ［日］富田彻男：《市场竞争中的知识产权》，廖正衡等译，商务印书馆2000年版，第190页。

一、侵害知识产权的构成要件及其民事责任

（一）侵害知识产权的构成要件

TRIPs 协议第 45 条第 1 款规定："对于故意或有合理理由应知其从事侵权行为的侵权人，司法机关有权责令侵权人向权利持有人支付足以补偿其因知识产权侵权所受损害的赔偿。"第 2 款规定："司法机构还有权(shall)责令侵权人向权利持有人支付全部费用，其中包括合理律师费。在适当的情况下，即使侵权人不知道或没有合理理由知道其从事侵权行为，各成员方也可(may)授权司法机关责令其退还侵权利润和/或支付法定赔偿。"对于第 2 款关于无过错侵权的具体内涵，TRIPs 协议的规定(may，"可")是成员方可自主选择适用的条款。在学理上，有人认为它规定了无过错责任，但也有人认为它规定的是不当得利制度。从上述国际条约出发，侵害知识产权所承担的民事责任及其归责原则，在中国引起了广泛的讨论。

理论界对如何认定侵害知识产权或知识产权侵权行为有不同的认识，这主要体现为对侵害知识产权归责原则的不同认识。所谓归责原则，它是指采取何种标准责令侵权人承担责任的依据，一般来说，主要从过错与责任的关系出发来确定相应的民事法律关系。在民事侵权(tort)上，"无过错，即无责任"。因此，过错责任是一般侵权行为承担责任的归责原则。在特殊的情况下，适用无过错责任原则。侵害知识产权采何种归责原则，著作权法、专利法、商标法等具体法律并未明确规定。在学理上，有三种不同的观点。第一种观点认为，侵害知识产权与其他一般侵权行为无异，应适用过错责任原则。第二种观点认为，未经许可而利用知识产品的行为，即直接侵权行为应适用无过错责任；而对其他侵犯知识产权的行为，即间接侵权行为则适用过错责任。第三种观点认为，侵害知识产权为过错推定责任，即在判断侵犯知识产权的行为时，以过错推定为标准，由侵权人承担举证责任，不能举证或举证不能成立时，其承担侵权责任。

这些不同观点看似差异很大，但对司法实践并无实质性影响。在本质上，主张无过错责任的观点建立在广义上的责任含义之上，并不区分知识产权请求权与侵权赔偿请求权。其重要理由是，权利人到司法机关追诉侵权人，其首要的请求是确认权利后要求侵权人停止侵害活动，封存、没收或销毁侵权工具，其次才是主张损害赔偿。因此，仅仅规定侵权请求权而无"类物权请求权"就是"舍源逐流或舍本逐末"了。[①] 实际上，法院依据侵害知识产权所承担责任的不同而适用不同的归责原则。一般认为，应该区分知识产权的类物权请求权与侵权赔偿请求权，前者如同物权请求权一样，其适用不考虑行为人主观上有无过错。[②] 从这一点来说，侵害知识产权的归责原则之争，其实只是语词之争而已。因侵害知识产权行为而产生的类物权请求权与损害赔偿请求权适用不同的归责原则。

1. 知识产权请求权适用无过错责任

知识产权请求权的具体适用条件是，只要侵权事实成立即可，不需要具备主观条件如故意、过失。即权利人所要证明的是，损害已经实际发生而且还将继续下去，或者有发生损害之极大可能性。一般认为，物权请求权本为物权所独有，但其他支配权也可以准用，譬如可以适用于知识产权；在物权法中，物权请求权的内容包括返还原物请求权、排除妨害请求权、停止侵害和消除危险请求权及恢复原状请求权。然而，由于知识产权的特殊性，能够适用于知识产权请求权的只有停止侵害请求权。此外，通说认为物权请求权不受诉讼时效的限制，故而知识产权请求权也不受

---

① 参见郑成思：《知识产权法：新世纪初的若干研究重点》，法律出版社 2004 年版，第 132 页。

② 参见吴汉东：《试论知识产权的"物上请求权"与侵权赔偿请求权——兼论〈知识产权协议〉第 45 条规定之实质精神》，《法商研究》2001 年第 5 期。

诉讼时效限制。《最高人民法院关于全国部分法院知识产权审判工作座谈会纪要》(法[1998]65号)指出,对于连续实施的知识产权侵权行为,从权利人知道或者应当知道侵权行为发生之日起至权利人向人民法院提起诉讼之日止已超过2年的,人民法院不能简单地以超过诉讼时效为由判决驳回权利人的诉讼请求。在该项知识产权受法律保护期间,人民法院应当判决被告停止侵权行为,侵权损害赔偿额应自权利人向人民法院起诉之日起向前推算2年计算,超过2年的侵权损害不予保护。

但是,在法律明确规定的特殊情况下,侵权人无须承担停止侵害责任,而是以支付相应的合理费用为对价来替代停止侵害责任的承担。这主要有三种情况。

第一种情况是基于公共利益而限制停止侵害请求权的行使。《最高人民法院关于审理侵犯专利权纠纷案件应用法律若干问题的解释(二)》(以下简称《专利法解释二》)(2020)第26条规定:"被告构成对专利权的侵犯,权利人请求判令其停止侵权行为的,人民法院应予支持,但基于国家利益、公共利益的考量,人民法院可以不判令被告停止被诉行为,而判令其支付相应的合理费用。"最高人民法院在武汉晶源环境工程有限公司(简称晶源公司)与华阳电业有限公司侵犯专利权纠纷案(以下简称武汉晶源案)中支持了湖北高级人民法院的判决:"由于火力发电厂配备烟气脱硫设施,符合环境保护的基本国策和国家产业政策,且电厂供电情况将直接影响地方的经济和民生。为平衡权利人利益及社会公众利益,晶源公司要求华阳公司停止侵权的诉讼请求,不予支持,但华阳公司也应向晶源公司支付相应的使用费,直至本案专利权期限终止。"

第二种情况是基于公平、效率而限制停止侵害请求权的行使。《计算机软件保护条例》第30条规定:"软件的复制品持有人不知道也没有合理理由应当知道该软件是侵权复制品的,不承担赔偿责任;但是,应当停止使用、销毁该侵权复制品。如果停止使用并销毁该侵权复制品将给复制品使用人造成重大损失的,复制品使用人可以在向软件著作权人支付合理费用后继续使用。"《专利法解释二》第25条对《专利法》第77条作出了补充规定,对于主观上无过错的"使用、许诺销售或销售"专利侵权产品的使用者,一般应承担停止使用、许诺销售、销售行为的责任,但如果其"举证证明其已支付该产品的合理对价的除外"。承担停止侵害责任的一种特殊方式是销毁侵权产品。同样,如果侵权部分不构成最终产品的主要部分,停止侵害责任也常常不会得到法院支持。湖北省武汉市中级人民法院在(2017)鄂01民初3413号民事判决书中主张:"被诉侵权产品为同步封层车,该车安装的搅拌装置部分属于侵权部分,其他部分并非属于侵犯原告涉案专利权的部分,原告专利权的保护范围不能延及该产品中的未侵权的部分,且以经济损失赔偿方式弥补原告因此遭受的经济损失足以制止被诉侵权行为。故原告请求判令销毁其侵权产品的诉讼请求无法律依据,本院不予支持。"

第三种情况是基于制止权利滥用而限制停止侵害请求权的行使。《专利法解释二》第24条规定,标准必要专利权利持有人"故意违反其在标准制定中承诺的公平、合理、无歧视的许可义务,导致无法达成专利实施许可合同,且被诉侵权人在协商中无明显过错的,对于权利人请求停止标准实施行为的主张,人民法院一般不予支持"。

2. 知识产权侵权赔偿请求权根据具体侵权的类型而适用过错责任与过错推定责任

在侵权法上,为自己侵权行为负责,属直接侵权责任;除此之外,还存在为他人侵权行为负责的情形,即第三方责任或间接侵权责任。前者适用过错推定原则,后者适用过错责任,且通常在法律明文规定的情况下才负有法律责任。

(1) 直接侵权责任。过错推定责任的核心在于过错要件举证倒置,它分为一般过错推定和特殊过错推定两种类型。一般过错推定责任是指法律规定行为人必须证明有法定抗辩事由的存在,以确证其主观上并无过错,才能对损害不承担责任。在一般情况下,知识产权法以"权利的限制""不构成侵权"等类似表述作出规定的抗辩事由,是行为人主观上无过错的理由,需要由行为人承担举证责任，从而免除或减轻其责任。《专利法》第 67 条规定："在专利侵权纠纷中，被控侵权人有证据证明其实施的技术或者设计属于现有技术或者现有设计的，不构成侵犯专利权。"第 75 条第 1 款规定，"有下列情形之一的，不视为侵犯专利权"。《著作权法》第二章第四节的标题即为"权利的限制"，第 53 条中的"本法另有规定的除外""法律、行政法规另有规定的除外"，均属于由行为人承担法定抗辩事由举证责任的规定。《商标法》第 59 条规定了对注册商标的正当使用，"注册商标专用权人无权禁止他人正当使用"。

所谓特殊过错推定责任，是指法律规定行为人应对侵权行为所承担民事责任，但如果其能够证明没有过错的，即可推翻其主观过错的推定，因而无须承担责任。通常情况下，为了保障商品或服务在自由市场的正常流通，终端知识产品的销售商或使用者如果被控侵权，往往可以通过举证其合法来源而证明其主观上无过错，从而免除赔偿责任。《专利法》第 77 条规定："为生产经营目的使用、许诺销售或者销售不知道是未经专利权人许可而制造并售出的专利侵权产品，能证明该产品合法来源的，不承担赔偿责任。"但是，如果专门用于实施专利的中间物、零部件系从合法渠道购买等正常方式获得，使用该中间物、零部件而实施专利的人能否援引第 77 条而免除赔偿责任？答案是否定的，尽管它属于字面意义上的中间物或零部件的使用者，但不符合第 77 条所指的"专利侵权产品"，以及其立法目的所要保障的商品正常流通。另外，本条仅免除侵权人的赔偿责任，除非支付了合理对价，否则还要承担停止侵害责任。在武汉晶源案中，法院认为："虽然 2000 年修改前的专利法规定，使用或者销售不知道是未经专利权人许可而制造并售出的专利产品的，不视为侵犯专利权，但不能因此就可推导出相关当事人可以永久无偿使用他人专利的结果。在当事人得知其使用的技术方法及装置涉及他人专利时，就应负有停止使用的义务。"该条中的"合法来源"，通常是指"通过合法的销售渠道、通常的买卖合同等正常商业方式取得产品。对于合法来源，使用者、许诺销售者或者销售者应当提供符合交易习惯的相关证据"。合法来源也包含了使用者一定的注意义务，如销售不符合产品质量法的三无产品，则应该认定其主观上应当知道其销售的产品有可能是侵权产品。这虽然是《专利法解释二》针对《专利法》第 77 条所作的解释，但其他知识产权法上类似规定也应适用。《著作权法》第 59 条规定："复制品的出版者、制作者不能证明其出版、制作有合法授权的，复制品的发行者或者视听作品、计算机软件、录音录像制品的复制品的出租者不能证明其发行、出租的复制品有合法来源的，应当承担法律责任。""在诉讼程序中，被诉侵权人主张其不承担侵权责任的，应当提供证据证明已经取得权利人的许可，或者具有本法规定的不经权利人许可而可以使用的情形。"《商标法》第 64 条规定："销售不知道是侵犯注册商标专有权的商品，能证明该商品是自己合法取得并说明提供者的，不承担赔偿责任。"

合法来源的举证责任由抗辩者合理承担。依据《最高人民法院关于知识产权民事诉讼证据的若干规定》(2020)第 4 条规定，被告依法主张合法来源抗辩的，应当举证证明合法取得被诉侵权产品、复制品的事实，包括合法的购货渠道、合理的价格和直接的供货方等。被告提供的被诉侵权产品、复制品来源证据与其合理注意义务程度相当的，可以认定其完成前款所称举证，并推定其不知道被诉侵权产品、复制品侵害知识产权。被告的经营规模、专业程度、市场交易习惯等，可以作为确定其合理注意义务的证据。

比较特殊的一类直接侵权是多主体分工、但各自难以构成直接侵权的情形。它不同于《民法典》第 1168 条规定的共同侵权。此类侵权行为中完整实施专有权的"最终用户"属于不构成侵权的情形，如个人非营利性使用；提供实质性部件的制造、销售行为未落入专有权的范围；也难以证明各主体之间有共同过错。最高人民法院"指导案例 159 号"指出了其判断标准："如果被诉侵权行为人以生产经营为目的，将专利方法的实质内容固化在被诉侵权产品中，该行为或者行为结果对专利权利要求的技术特征被全面覆盖起到了不可替代的实质性作用，终端用户在正常使用该被诉侵权产品时就能自然再现该专利方法过程，则应认定被诉侵权行为人实施了该专利方法，侵害了专利权人的权利。"其主要理由是，"针对网络通信领域方法的专利侵权判定，应当充分考虑该领域的特点，充分尊重该领域的创新与发展规律，以确保专利权人的合法权利得到实质性保护，实现该行业的可持续创新和公平竞争"。但是，认定该类直接侵权有司法扩张知识产权的嫌疑，应限定于立法滞后等原因导致的法律漏洞填补之特殊情形。

(2) 间接侵权责任。间接侵权，又称为第三方责任，即行为人为第三方的侵害知识产权承担连带责任。除知识产权法有零星的规定外，《民法典》第 1169 条(教唆、帮助侵权)是判断知识产权间接侵权的基本依据。① 一般认为，间接侵权应适用过错责任原则，而且，它通常需要法律明确的规定。主观过错包括故意(明知)与过失(应知)。《民法典》第 1197 条规定："网络服务提供者知道或者应当知道网络用户利用其网络服务侵害他人民事权益，未采取必要措施的，与该网络用户承担连带责任。"《中华人民共和国电子商务法》(以下简称《电子商务法》)(2018)第 45 条规定："电子商务平台经营者知道或者应当知道平台内经营者侵犯知识产权的，应当采取删除、屏蔽、断开链接、终止交易和服务等必要措施；未采取必要措施的，与侵权人承担连带责任。"此外，依共同侵权、教唆或帮助侵权的规定来判断行为人的损害赔偿责任，通常为主观上的故意。例如，"明知"有关产品系专门用于实施专利的材料、设备、零部件、中间物等，未经专利权人许可，为生产经营目的将该产品提供给他人实施了侵犯专利权的行为；以及，"明知"有关产品、方法被授予专利权，未经专利权人许可，为生产经营目的积极诱导他人实施了侵犯专利权的行为，这些行为都属于《民法典》第 1169 条规定的教唆他人实施侵权行为。再如，对于权利人用于保护著作权而采取的技术措施，任何组织或个人不得"故意"避开或破坏，不得"故意"制造、进口或向公众提供主要用于避开或破坏技术措施的装置或部件，不得"故意"为他人避开或破坏技术措施提供技术服务。

在知识产权间接侵权的构成要件方面，是否需要直接侵犯知识产权行为的存在，在理论上存在一定争议。在索尼移动通信产品(中国)有限公司与西安西电捷通无线网络通信股份有限公司侵害发明专利权纠纷上诉案中，法院对此进行了阐释：

> 构成帮助侵权需以直接侵犯专利权行为的存在为前提。"间接侵权"行为人之所以与直接侵权行为人承担连带责任的原因在于"间接侵权"行为与直接侵权行为的成立具有因果关系，而且"间接侵权"行为人存在明显的主观过错。……"间接侵权"行为人行为符合……帮助侵权的构成要件，应当与直接侵权行为人承担连带责任。
>
> 在特殊情况下，直接实施专利权的行为人为"非生产经营目的"的个人或直接实施专利权的行为属于《专利法》第 69 条(现第 75 条)第 3、4、5 项的情形。由于直接实施行为不构成侵犯专利权，如果不能判令"间接侵权"行为人承担民事责任，则相当一部分通信、软件使用方法专利不能获得法律有效或充分保护，不利于鼓励科技创新及保护权利人合法权益。
>
> 但是，由于直接实施人不侵犯专利权而由"间接侵权"行为人承担民事责任属于例外情况，应当符合下列要件：1. 行为人明知有关产品系专门用于实施涉案专利技术方案的原材料、中间产品、零部件或设备等专用产品，未经专利权人许可，为生产经营目的向直接实施人提供该专用产品；2. 该专用产品对涉案专利技术方案具有"实质性"作用，即原材料、中间产

---

① 《民法典》第 1168 条规定的共同侵权，即二人以上共同实施侵权行为，造成他人损害的，应当承担连带责任的，共同侵权人均属于直接侵权。例如，在招投标关系中因指定技术方案的招标方、加工承揽关系中提供技术方案的定作人实际上决定了专利技术方案的实施，其与中标方、承揽人等直接实施专利的主体，构成专利的共同实施者。参见最高人民法院(2020)最高法知民终字第 212 号民事判决书、(2020)最高法知民终字第 181 号民事判决书。

> 品、零部件或设备等有关产品对实现涉案专利技术方案而言,不但不可或缺,而其占有突出的重要地位,而不是任何细小的、占据很次要地位的产品;3. 该专用产品不具有"实质性非侵权用途",即原材料、中间产品、零部件或设备等有关产品并非通用产品或常用产品,除用于涉案专利技术方案外无其他合理的经济和商业用途;4. 有证据证明存在直接实施人且该实施人属于"非生产经营目的"的个人或《专利法》第 69 条(现第 75 条)第 3、4、5 项的情形。除第三个要件应当由"间接侵权"行为人承担举证责任外,其他要件的举证责任应当由专利权人承担。

一般来说,权利人只负有举证证明直接侵权行为之可能,而无须证明具体的直接侵权行为。

具有争议的一类是"许可侵权"(authorizing infringement)的情形,它是指行为人未经权利人授权或超出合同约定而许可他人实施专有权的行为。《计算机软件保护条例》(2013)第 24 条第 5 项规定,"未经软件著作权人许可","转让或者许可他人行使著作权人的软件著作权的","应当根据情况,承担停止侵害、消除影响、赔礼道歉、赔偿损失等民事责任",以及相应的行政责任和刑事责任。《反不正当竞争法》(2019)第 9 条规定侵犯商业秘密的情形也包括"允许他人使用其所掌握的商业秘密""允许他人使用权利人的商业秘密"。"许可侵权"不完全等同于帮助侵权、教唆侵权的规定,在很大程度上是一个"兜底条款",它是英美法系版权法所创设的一项制度。英国 1988 年版权法(Copyright, Designs and Patents Act 1988)第 16 条第 2 款规定,"未经版权人许可而实施或授权他人实施版权控制的行为构成侵权。"但英国法以及承袭英国法的一些国家(如澳大利亚、新西兰、加拿大)法律并未明确其具体构成要件,实务中也存在一些争议。

3. 确认不侵权之诉

2008 年发布的《民事案件案由规定》(已于 2020 年修订)第 169 节将"确认不侵害知识产权纠纷"列入民事案件案由,并具体列举了确认不侵害专利权纠纷、确认不侵害商标权纠纷、确认不侵害著作权纠纷、确认不侵害植物新品种权纠纷、确认不侵害集成电路布图设计专用权纠纷、确认不侵害计算机软件著作权纠纷等 6 项案由。《最高人民法院关于审理侵犯专利权纠纷案件应用法律若干问题的解释》(以下简称《专利法解释一》)第 18 条规定:"权利人向他人发出侵犯专利权的警告,被警告人或者利害关系人经书面催告权利人行使诉权,自权利人收到该书面催告之日起一个月内或者自书面催告发出之日起二个月内,权利人不撤回警告也不提起诉讼,被警告人或者利害关系人向人民法院提起请求确认其行为不侵犯专利权的诉讼的,人民法院应当受理。"提起确认不侵害知识产权之诉的原告应当举证证明下列事实:被告向原告发出侵权警告或者对原告进行侵权投诉;原告向被告发出诉权行使催告及催告时间、送达时间;被告未在合理期限内提起诉讼。

确认不侵权之诉通常与权利人发送侵权警告函有关。专利权人侵权警告函的合法性判断必须要考虑权利的合法行使与滥用其市场支配力两个方面,坚持法益平衡的基本原则。判断其合法性的要件包括证据、对象、内容、方式和主体等方面。专利权人非法发布侵权警告函可能涉及反不正当竞争法与权利滥用制度之适用。在石家庄双环汽车股份有限公司(简称双环股份公司)与本田技研工业株式会社(简称本田株式会社)确认不侵害专利权、损害赔偿纠纷案中,最高人民法院认为:

> 专利权人发送侵权警告是自行维护权益的途径和协商解决纠纷的环节。允许以此种方式解决争议有利于降低维权成本、提高纠纷解决效率和节约司法资源,符合经济效益。本田株式会社发送侵权警告函属于专利权人的自力救助行为……

判断侵权警告是正当的维权行为，还是打压竞争对手的不正当竞争行为，应当根据发送侵权警告的具体情况来认定，以警告内容的充分性、确定侵权的明确性为重点。权利人发送侵权警告必须以确定的具体侵权事实为依据，在发送侵权警告时应当对所警告的行为构成侵权善尽审慎注意义务，对所涉侵权的具体事实进行充分考量和论证。侵权警告的内容不应空泛和笼统，对于权利人身份、所主张权利的有效性、权利保护范围以及其他据以判断被警告行为涉嫌构成侵权的必要信息应当予以披露。权利人发送侵权警告函的目的，在于让被警告者知悉存在可能侵害他人权利的事实，自行停止侵权或与权利人协商解决纠纷，权利人无须再提起侵权之诉。

侵权警告函的发送对象不同，权利人所履行的审慎注意义务并不相同。制造者作为侵权的源头，通常是权利人进行侵权警告的主要对象，权利人希望被警告的制造者停止侵权行为或与其进行协商以获得授权。权利人发送侵权警告的对象还可能包括产品的销售商、进口商，或者发明或实用新型产品的使用者等。这些人作为制造者的交易相对方，往往也是权利人争夺的目标客户群。由于他们通常对是否侵权的判断认知能力相对较弱，对所涉侵权的具体情况知之较少；他们的避险意识较强，更易受到侵权警告的影响，可能会选择将所涉产品下架、退货等。因此，向这些主体进行警告的行为容易直接导致制造商无法销售，影响所涉产品的竞争交易秩序。……因此，向这些主体发送侵权警告时，注意义务要高于向制造者发送侵权警告函……否则，容易导致交易方为避免自身涉及法律风险，停止进行交易，影响公平竞争的交易秩序。

虽然本案没有直接证据证明销售商因收到警告函放弃经销涉案汽车的具体数量以及涉案汽车的具体生命周期，但根据已知事实和日常生活经验，本田株式会社向涉案汽车销售商发送侵权警告函的期间，正值该类汽车的市场高速发展期，参照相类似车型的产品周期，涉案汽车上市后销量的减少直至停产与本田株式会社的上述行为存在一定的因果关系，可以推定本田株式会社发送警告函的不当行为对双环股份公司造成了较大的损失。

4. 先行判决

《民事诉讼法》第 156 条规定："人民法院审理案件，其中一部分事实已经清楚，可以就该部分先行判决。"为避免诉讼周期过长，原告的合法权益受到进一步的持续性损害，先行判决有效地维护了当事人的合法权益。由于有些知识产权案件涉及技术问题，审理过程可能较长，先行判决制度具有重要意义。最高人民法院第 115 号指导案例瓦莱奥清洗系统公司诉厦门卢卡斯汽车配件有限公司等侵害发明专利权纠纷案的裁判要点是：

在专利侵权诉讼程序中，责令停止被诉侵权行为的行为保全具有独立价值。当事人既申请责令停止被诉侵权行为，又申请先行判决停止侵害，人民法院认为需要作出停止侵害先行判决的，应当同时对行为保全申请予以审查；符合行为保全条件的，应当及时作出裁定。

停止侵害责任与行为保全救济可以同时进行，这是因为前者因可能上诉而不具有执行效力，而临时禁令则可起到立即制止侵权行为的作用。此外，如果上述争议发生在二审期间，且符合行为保全条件的，由于原审判决已经认定侵权成立，第二审人民法院可根据案情对该行为保全申请进行审查，且不要求必须提供担保。如果第二审人民法院能够在行为保全申请处理期限内作出终审判决的，可以及时作出判决并驳回行为保全申请。

（二）损害赔偿的确定

1. 全面赔偿的规则

侵权行为人所承担的损害赔偿范围之确定，通常依据全部赔偿原则来计算。具体来说，法律规定了四种损害赔偿的计算方法：权利人的实际损失、侵权人的违法所得、权利（许可）使用费、法定赔偿，此外，赔偿数额还应当包括权利人为制止侵权行为所支付的合理开支。合理开支是在实际损失、违法所得、权利（许可）使用费、法定赔偿之外独立的一项赔偿，它主要包括为制止侵权所支付的、合理的律师费与调查取证费。① 合理许可费也常常作为权利人的实际损失、用于赔偿数额的确定。在专利法、商标法上，权利人还可主张合理许可费合理倍数的赔偿。从法律来看，前述赔偿数额的计算方式有位序的限制，如《著作权法》第 54 条规定："权利人的实际损失或者侵权人的违法所得难以计算的，可以参照该权利使用费给予赔偿。""权利人的实际损失、侵权人的违法所得、权利使用费难以计算的，由人民法院根据侵权行为的情节，判决给予五百元以上五百万元以下的赔偿。"但在司法实务上，绝大多数案件依据法定赔偿来确定赔偿数额。

从法定赔偿的价值来看，基于损害填平和利益弥补的全面赔偿原则能够减轻权利人证明损失大小的举证责任，有利于保护著作权人，防止侵权人获得非法利益，同时又不至于对正常的后续创新中的竞争者科以较大负担。在确定法定赔偿的具体数额时，应该考虑以下因素：① 权利人可能利益损失。该种情形应该包括合理许可使用费、作品或商标的知名度和市场价值、权利人的知名度、作品的独创性程度、专利权的市场价值及其权利范围宽度等因素。② 被告之可能利润和侵权行为性质。可能利润包括节约的费用。侵权行为性质也是考虑因素，包括侵权人的主观过错、侵权方式、时间、范围、后果等。如果法定赔偿将导致赔偿数额与侵权情节之比例明显不符，法院可以科以其认为合理的、以每一作品或专利产品为依据的赔偿数额。

法定赔偿具体数额的计算，其基本原则是确定涉案知识产权的市场价值。因此，在计算权利人可能的损失或侵权人可能的违法所得时，应当考虑知识产权在商品利润中的实际贡献率，合理地确定其在整个商品价值中的比率。一般来说，商品的市场需求量、权利人的市场份额、合法替代品、产品生命周期以及需求弹性等因素都要考虑。《专利法解释一》第 16 条规定："人民法院依据专利法第六十五条第一款的规定确定侵权人因侵权所获得的利益，应当限于侵权人因侵犯专利权行为所获得的利益；因其他权利所产生的利益，应当合理扣除。侵犯发明、实用新型专利权的产品系另一产品的零部件的，人民法院应当根据该零部件本身的价值及其在实现成品利润中的作用等因素合理确定赔偿数额。侵犯外观设计专利权的产品为包装物的，人民法院应当按照包装物本身的价值及其在实现被包装产品利润中的作用等因素合理确定赔偿数额。"

但是，在某些情况下，适用全面赔偿原则的法定赔偿就不足以打击侵权人。法定赔偿制度应该具有双重目的：一方面是当实际损失和侵权利润均不清晰时，用以补偿受损害的权利人。另一方面，法定赔偿具有增加赔偿的功能，从而起到阻吓侵权人的作用；而当侵权人基于恶意而侵犯知识产权时，法定赔偿即具有惩罚性，用以抚慰受害人、惩戒侵权人或阻吓他人为相似之行为。法院在确定法定赔偿的具体数额时考虑侵权人的主观过错，主观恶意者则给予较高的赔偿，因而具有惩罚功能。

为了减轻法定赔偿适用时法院和权利人确定侵权人违法所得的成本，同时惩戒侵权人，法院逐渐承认一些新的赔偿数额计算方式，并常常裁定高于法定赔偿最高数额的赔偿金。约定赔偿

---

① 在知识产权法上，还存在合理开支转移制度。在知识产权侵权诉讼中，被告提交证据证明原告的起诉构成法律规定的滥用权利损害其合法权益，依法请求原告赔偿其因该诉讼所支付的合理的律师费、交通费、食宿费等开支的，人民法院依法予以支持。被告也可以另行起诉请求原告赔偿上述合理开支。

是一类新的计算标准。该约定是双方就未来发生侵权时因被侵权所受到的损失或因侵权所获利益,预先达成的一种简便的计算和确定方法,这种事先约定系双方自愿协商,应具有法律约束力。《专利法解释二》明确规定,权利人、侵权人依法约定专利侵权的赔偿数额或者赔偿计算方法,如果权利人在专利侵权诉讼中主张依据该约定确定赔偿数额的,法院应予支持。依法约定的情形,既包括行政调解书、民事调解书的约定,也包括在其他合同中所做的约定。

推定侵权人违法所得的赔偿计算方法也逐渐得到法院支持。首先,侵权人因侵权所获得的利益一般按照侵权人的营业利润计算,对于完全以侵权为业的侵权人,可以按照销售利润计算,从而具有打击侵权的效果。其次,在权利人实际损失或侵权人违法所得的具体数额难以确定时,权利人根据侵权人对外宣传的内容,并以此来证明侵权人的违法所得,如果侵权人不能举证否定其真实性,法院可据此而确定赔偿数额。最后,权利人可以以第三方公布的销售额来确定赔偿数额,如果侵权人不能举证证明自己的具体销售额,则应得到法院支持。

2. 惩罚性赔偿的规则

法律也规定了侵害知识产权的惩罚性赔偿。惩罚性赔偿,是加害人给付受害人超过其实际损害数额的一种金钱赔偿,兼具惩罚与补偿之功能。建立惩罚性赔偿的理由是,知识产权客体是无形的,比有形财产的保护成本更高、难度更大,仅仅适用"填平原则"并不足以弥补知识产权人的损失和维权成本,"赢了官司输了钱"的现象较为普遍。强化知识产权保护,需要实行侵权惩罚性赔偿制度。法院可以根据侵权行为的情节、规模、损害后果等因素对故意侵犯知识产权的行为将赔偿数额提高至二到五倍。《民法典》第 1185 条、《专利法》第 71 条、《著作权法》第 54 条、《商标法》第 63 条、《反不正当竞争法》第 17 条和《种子法》第 72 条均规定了侵犯知识产权的惩罚性赔偿。惩罚性赔偿责任的承担,在构成侵权的前提下,还需要符合行为人"主观故意且情节严重"的条件。此外,原告还必须一审法庭辩论终结前主张惩罚性赔偿。在二审中增加惩罚性赔偿请求的,法院可以根据当事人自愿的原则进行调解,调解不成的,告知当事人另行起诉。

第一,主观故意的认定。《商标法》第 63 条第 1 款和《反不正当竞争法》第 17 条第 3 款规定的"恶意"与故意的含义一致。行为人是否具备主观故意的情形,应当综合考虑被侵害知识产权客体类型、权利状态和相关产品知名度、被告与原告或者利害关系人之间的关系等因素。一般情况下,下列情形可以初步认定被告主观的故意:被告经原告或者利害关系人通知、警告后,仍继续实施侵权行为的;被告或其法定代表人、管理人是原告或者利害关系人的法定代表人、管理人、实际控制人的;被告与原告或者利害关系人之间存在劳动、劳务、合作、许可、经销、代理、代表等关系,且接触过被侵害的知识产权的;被告与原告或者利害关系人之间有业务往来或者为达成合同等进行过磋商,且接触过被侵害的知识产权的;被告实施盗版、假冒注册商标行为的。上述情形认定成立主观故意的,如果被告能够合理证明其主观上确信涉案行为不构成侵权,例如,其确信属于规避设计而被法院认定落入等同侵权的范围,则不应承担惩罚性赔偿的责任。

第二,情节严重的认定。它应当综合考虑侵权手段、次数,侵权行为的持续时间、地域范围、规模、后果,侵权人在诉讼中的行为等因素。情节严重的典型情形有:因侵权被行政处罚或者法院裁判承担责任后,再次实施相同或者类似侵权行为;以侵害知识产权为业;伪造、毁坏或者隐匿侵权证据;拒不履行保全裁定;侵权获利或者权利人受损巨大;侵权行为可能危害国家安全、公共利益或者人身健康。

第三,惩罚性赔偿中赔偿额的确定。① 计算的基数。惩罚性赔偿以原告实际损失数额、被告违法所得数额或者因侵权所获得的利益作为计算基数。该基数不包括原告为制止侵权所支付的合理开支。实际损失数额、违法所得数额、因侵权所获得的利益均难以计算的,人民法院依法参照该权利许可使用费的倍数合理确定,并以此作为惩罚性赔偿数额的计算基数。② 倍数的确定。

确定惩罚性赔偿的倍数时，应当综合考虑被告主观过错程度、侵权行为的情节严重程度等因素。因同一侵权行为已经被处以行政罚款或者刑事罚金且执行完毕，被告主张减免惩罚性赔偿责任的，人民法院不予支持，但在确定前款所称倍数时可以综合考虑。

（三）其他民事责任

侵权所承担民事责任的方式，主要有停止侵害、排除妨碍、消除危险、返还财产、恢复原状、赔偿损失、赔礼道歉、消除影响与恢复名誉。但是，由于知识产权客体无形性的特点，权利人无法主张排除妨碍、消除危险、返还财产、恢复原状等责任。侵害知识产权所应承担的民事责任，除了停止侵害与损害赔偿责任之外，在某些特殊情况下适用赔礼道歉、消除影响等民事责任。《著作权法》第 52 条规定，可以根据情况，侵权行为人须承担“停止侵害、消除影响、赔礼道歉、赔偿损失等民事责任”。一般来说，赔礼道歉、消除影响的民事责任主要是侵害著作人格权的行为人所承担的民事责任。此外，侵害注册商标专用权某些情况可承担“消除危险、消除影响、排除妨碍”的责任。在其他财产权领域，它通常不予适用。

（四）民事制裁

根据《著作权法》第 58 条、《最高人民法院关于审理商标民事纠纷案件适用法律若干问题的解释》（以下简称《商标法解释》）第 21 条的规定，法院在审理侵害知识产权的民事案件中，可以依法判决侵权人承担停止侵害、赔偿损失等民事责任，还可以作出罚款、收缴侵权商品和主要用于生产侵权产品的材料、工具、设备等财物的民事制裁决定。但是，行政主管部门对同一侵犯知识产权的行为已经给予行政处罚的，法院不再予以民事制裁。法院对收缴、罚款等民事制裁措施的适用，须由受诉法院院长批准，另行制作民事制裁决定书。被制裁人不服该决定的，在收到决定书的次日起 10 日内向上级法院申请复议 1 次，复议期间，决定暂不执行。

（五）知识产权纠纷的仲裁

《著作权法》第 60 条规定，著作权纠纷可以调解，也可以根据当事人达成的书面仲裁协议或者著作权合同中的仲裁条款，向仲裁机构申请仲裁。一般来说，知识产权合同与侵权纠纷的可仲裁性并无争议。但是，对于知识产权效力的争议是否具有可仲裁性，在理论上有争议。本书认为，专利权与商标权的效力应不具有可仲裁性，但著作权效力具有可仲裁性。主要原因是前两者都涉及知识产权行政主管部门的授权行为，一般认为授权行为属于行政行为，不具有可仲裁性。

二、侵害知识产权的民事程序规则

知识产权保护不仅在一般的法律规则上具有一定特殊性，为了适应知识产权的特殊性，知识产权侵权诉讼制度也有特殊的一些规定，以从程序上充分保障权利人能够得到及时的救济。这些程序规则主要有临时措施（临时禁令、诉前证据保全与财产保全）、诉讼时效与管辖、边境措施等。

（一）临时措施

临时措施是指在法院对案件作出有效裁判之前，基于紧急等特殊情况的理由，为保护知识产权权利人的合法利益，先行针对具有极大可能侵权的行为人而采取的措施。中国法律的规定较为原则，其基本规定主要为司法解释。临时措施为 TRIPs 协议第三部分第三节第 50 条所规定，主要内容有：① 目的是禁止即发侵权行为或保存证据。TRIPs 协议规定，司法机关有权责令采取迅速和有效的临时措施，其目的是防止侵犯任何知识产权，特别是防止货物进入其管辖范围内的商业渠道，以及保存关于被指控侵权的有关证据。② 具有情况紧急等特殊理由。因为任何迟延可能对权利持有人造成不可补救的损害，或存在证据被销毁的显而易见的风险时，司法机关有权采取不作预先通知的临时措施。如已经采取不作预先通知的临时措施，则至迟应在执行该措施后立刻通知受影响的各方。应被告请求，应该对这些措施进行审查，包括进行听证，以期在作出关于有关措施的通知后一段合理期限内，决定这些措施是否应进行修改、撤销或确认。③ 有合理证据证明发生侵权行为的极大可能性。申请人提供任何可合理获得的证据，以使司法机关有足够的确定性确信该申请人为权利持有人，且该申请人的权利正在受到侵犯或此种侵权已迫近。执行临时措施的主管机关可要求申请人提供确认有关货物的其他必要信息。④ 权利人须提供担保。申请人应提供足以保护被告和防止滥用的保证金或相当的担保。⑤ 临时措施可撤销。如导致根据案件是非曲直作出裁决的程序未在一合理期限内启动，则应被告请求，临时措施应予撤销或终止生效，该合理期限在一成员法律允许的情况下由责令采取该措施的司法机关确定，如未作出此种确定，则不超过 20 个工作日或 31 天，以时间长者为准。⑥ 申请错误的损失赔偿。如临时措施被撤销或由于申请人的任何作为或不作为而失效，或如果随后认为不存在知识产权侵权或侵权威胁，则应被告请求，司法机关有权责令申请人就这些措施造成的任何损害向被告提供适当补偿。在作为行政程序的结果可责令采取任何临时措施的限度内，此类程序应符合与这些规定实质相当的原则。

1. 行为保全(临时禁令)

《著作权法》第 56 条、《专利法》第 72 条、《商标法》第 65 条规定，知识产权人或利害关系人有证据证明证明他人正在实施或者即将实施侵犯其权利的行为，如不及时制止将会使其合法权益受到难以弥补的损害的，可以在起诉前向法院申请采取责令停止有关行为的措施，申请应当向侵权行为地或被申请人住所地等对知识产权侵权案件有管辖权的法院提出。具体程序适用《中华人民共和国民事诉讼法》第 100 条至第 105 条和第 108 条的规定。采取诉前责令停止侵权措施的条件是：

(1) 被申请人正在实施或即将实施的行为有极大可能将构成侵犯知识产权，且属于“情况紧急”的情形。诉前停止侵权主要适用于事实比较清楚、侵权易于判断的案件，适度从严掌握认定侵权可能性的标准，应当达到基本确信的程度。其中，要重点考虑知识产权效力的稳定性，其考虑因素包括：所涉权利的类型或者属性；所涉权利是否经过实质审查；所涉权利是否处于宣告无效或者撤销程序中以及被宣告无效或者撤销的可能性；所涉权利是否存在权属争议；其他可能导致所涉权利效力不稳定的因素。“情况紧急”主要是指申请人的商业秘密即将被非法披露，如美国礼来公司等与黄某某侵害商业秘密纠纷诉中行为保全案；申请人的发表权、隐私权等人身权利即将受到侵害，如杨季康申请责令停止拍卖钱钟书书信手稿案；诉争的知识产权即将被非法处分；申请人的知识产权在展销会等时效性较强的场合正在或者即将受到侵害；时效性较强的热播节目正在或者即将受到侵害，如禁止向公众提供中超联赛摄影作品案；其他需要立即采取行为保全措施的情况，如“网易云音乐”侵害音乐作品信息网络传播权诉前行为保全案。

(2) 不采取有关措施，将会给申请人合法权益造成难以弥补的损害。在认定是否会对申请人造成难以弥补的损害时，应当重点考虑有关损害是否可以通过金钱赔偿予以弥补以及是否有可执行的合理预期。具体而言，它包括：被申请人的行为将会侵害申请人享有的名誉、商誉或者发表权、隐私权等人身性质的权利且造成无法挽回的损害；被申请人的行为将会导致侵权行为难以控制且显著增加申请人损害；被申请人的侵害行为将会导致申请人的相关市场份额明显减少；使申请人的市场竞争优势受损或者商业机会严重丧失；即使申请人的相关损失可以通过损害赔偿予以补偿，但损失巨大且难以计算；对申请人造成其他难以弥补的损害。

(3) 申请人提供了合理的担保。担保金额的确定既要合理又要有效，主要考虑禁令实施后对被申请人可能造成的损失，也可以参考申请人的索赔数额。申请人提供的担保数额，应当相当于被申请人可能因执行行为保全措施所遭受的损失，包括责令停止侵权行为所涉产品的销售收益、保管费用等合理损失。在执行行为保全措施过程中，被申请人可能因此遭受的损失超过申请人担保数额的，人民法院可以责令申请人追加相应的担保。申请人拒不追加的，可以裁定解除或者部分解除保全措施。行为保全担保可以采取固定担保加动态担保的方式；动态担保可以根据取消上述措施后的可得利益确定。

(4) 责令被申请人停止有关行为不损害社会公共利益。严格审查被申请人的社会公共利益抗辩，一般只有在涉及公众健康、环保以及其他重大社会利益的情况下才予考虑。

知识产权人或者利害关系人向法院提出申请，应当递交申请书；申请书应当载明的事项包括：申请人与被申请人的身份、送达地址、联系方式；申请采取行为保全措施的内容和期限；申请所依据的事实、理由，包括被申请人的行为将会使申请人的合法权益受到难以弥补的损害或者造成案件裁决难以执行等损害的具体说明；为行为保全提供担保的财产信息或资信证明，或者不需要提供担保的理由；其他需要载明的事项。申请的理由包括有关行为如不及时制止会使申请人合法权益受到难以弥补的损害的具体说明。

申请人提出申请时，应当提交下列证据：① 知识产权人应当提交证明其知识产权真实有效的文件，包括作品登记证书、商标注册证书、专利证书、权利要求书、说明书、专利年费交纳凭证。提出的申请涉及实用新型专利的，申请人应当提交国务院专利行政部门出具的检索报告。② 利害关系人应当提供有关知识产权实施许可合同及其在国务院专利、商标行政部门备案的证明材料，未经备案的应当提交知识产权人的证明，或者证明其享有权利的其他证据。排他实施许可合同的被许可人单独提出申请的，应当提交知识产权人放弃申请的证明材料。知识产权继承人应当提交已经继承或者正在继承的证据材料。③ 提交证明被申请人正在实施或者即将实施侵犯其知识产权的行为的证据，如被诉侵权产品以及专利技术与被诉侵权产品技术特征对比材料等。

申请人提出申请时应当提供担保。当事人提供保证、抵押等形式的担保合理、有效的，法院应当准予。法院确定担保范围时，应当考虑责令停止有关行为所涉及产品的销售收入，以及合理的仓储、保管等费用；被申请人停止有关行为可能造成的损失，以及人员工资等合理费用支出；以及其他因素。在执行停止有关行为裁定过程中，被申请人可能因采取该项措施造成更大损失的，法院可以责令申请人追加相应的担保。申请人不追加担保的，解除有关停止措施。停止侵犯知识产权行为裁定所采取的措施，不因被申请人提出反担保而解除，但是申请人同意的除外。

法院接受知识产权人或者利害关系人提出责令停止侵犯知识产权行为的申请后，经审查符合规定的，应当在 48 小时内作出书面裁定；裁定责令被申请人停止侵犯知识产权行为的，应当立即开始执行。人民法院裁定采取行为保全措施前，应当询问申请人和被申请人，但因情况紧急或者询问可能影响保全措施执行等情形除外。人民法院裁定采取行为保全措施或者裁定驳回申请的，应当向申请人、被申请人送达裁定书。向被申请人送达裁定书可能影响采取保全措施的，人民法院可以在采取保全措施后及时向被申请人送达裁定书，至迟不得超过 5 日。当事人在仲裁过程中申请行为保全的，应当通过仲裁机构向人民法院提交申请书、仲裁案件受理通知书等相关材料。人民法院裁定采取行为保全措施或者裁定驳回申请的，应当将裁定书送达当事人，并通知仲裁机构。当事人不服行为保全裁定申请复议的，人民法院应当在收到复议申请后 10 日内审查并作出裁定。当事人申请解除行为保全措施，人民法院收到申请后经审查符合规定的，应当在 5 日内裁定解除。

知识产权人或者利害关系人申请错误的，应承担赔偿责任。“申请有错误”的情形包括：申请人在采取行为保全措施后 30 日内不依法提起诉讼或者申请仲裁；行为保全措施因请求保护的知识产权被宣告无效等原因自始不当；申请责令被申请人停止侵害知识产权或者不正当竞争，但生效裁判认定不构成侵权或者不正当竞争；其他属于申请有错误的情形。申请人撤回行为保全申请或者申请解除行为保全措施的，不因此免除其赔偿责任。

申请错误造成被申请人损失，被申请人依法提起赔偿诉讼，申请人申请诉前行为保全后没有起诉或者当事人约定仲裁的，由采取保全措施的人民法院管辖；申请人已经起诉的，由受理起诉的人民法院管辖。诉前停止侵权措施申请错误时对受害人的救济，申请人未在法定期限内起诉或者已经实际构成申请错误，受害人提起损害赔偿诉讼的，应给予受害人应有的充分赔偿。对于为阻碍他人新产品上市等重大经营活动而恶意申请诉前停止侵权措施，致使他人的市场利益受到严重损害的情形，要注意给予受害人充分保护。

行为保全裁定的效力，一般应当维持至案件裁判生效时止。人民法院裁定采取行为保全措施的，应当根据申请人的请求或者案件具体情况等因素合理确定保全措施的期限。知识产权人或者利害关系人向法院提起侵权诉讼之后，同样可以请求人民法院先行裁定被告停止侵权行为。法院依据诉前停止侵权措施的规定作出裁定。人民法院根据申请人的请求、追加担保等情况，可以裁定继续采取保全措施。申请人请求续行保全措施的，应当在期限届满前七日内提出。

2. 禁诉令

禁诉令不同于传统意义上的行为保全裁定，它是指在管辖权冲突的情况下，由一国法院发布的禁止当事人在他国法院提起或者继续诉讼（如申请执行等）的裁定。广义上的禁诉令主要包括禁诉令、反禁诉令、禁执令。最高人民法院知识产权法庭在康文森无线许可有限公司、华为技术有限公司确认不侵害专利权纠纷案中，判决康文森公司在最高人民法院终审判决前不得申请执行德国法院判决，即禁执令。颁发禁诉令须综合考量五个因素：域外判决临时执行对中国诉讼的影响；采取行为保全措施是否确属必要；损益平衡；采取行为保全措施是否损害公共利益；国际礼让原则。在小米通讯技术公司等与交互数字公司标准必要专利许可费率裁定纠纷案中，武汉中级人民法院裁定，交互数字公司及其关联公司在印度发起的临时禁令、永久禁令干扰了在先受理的许可费率裁定案件的审理，损害了申请人的利益，可能造成该案生效判决难以执行，故裁定被申请人撤回或中止与本案相关专利在印度法院进行的临时禁令、永久禁令诉讼。禁诉令的有效期维持至本案生效判决的作出与执行时。

3. 诉前证据保全

《著作权法》第 57 条、《商标法》第 66 条、《最高人民法院关于对诉前停止侵犯专利权行为适用法律问题的若干规定》（已失效）第 16 条规定，为制止侵权行为，在证据可能灭失或者以后难以取得的情况下，权利人或利害关系人可以在起诉前依法向人民法院申请保全证据。具体而言，法院应当结合下列因素进行审查：申请人是否已就其主张提供初步证据；证据是否可以由申请人自行收集；证据灭失或者以后难以取得的可能性及其对证明待证事实的影响；可能采取的保全措施对证据持有人的影响。人民法院接受申请后，必须在 48 小时内作出裁定；裁定采取保全措施的，应当立即开始执行。法院可以责令申请人提供担保，申请人不提供担保的，驳回申请。申请人在人民法院采取保全措施后 15 日内不起诉的，人民法院应当解除保全措施。此外，被申请人对证据保全的范围、措施、必要性等提出异议并提供相关证据，人民法院经审查认为异议理由成立的，可以变更、终止、解除证据保全。

证据保全的范围应当合理，“应当以有效固定证据为限，尽量减少对保全标的物价值的损害和对证据持有人正常生产经营的影响”。“证据保全涉及技术方案的，可以采取制作现场勘验笔录、绘图、拍照、录音、录像、复制设计和生产图纸等保全措施。”人民法院进行证据保全，可以要求当事人或者诉讼代理人到场，必要时可以根据当事人的申请通知有专门知识的人到场，也可以指派技术调查官参与证据保全。证据为案外人持有的，人民法院可以对其持有的证据采取保全措施。人民法院进行证据保全，应当制作笔录、保全证据清单，记录保全时间、地点、实施人、在场人、保全经过、保全标的物状态，由实施人、在场人签名或者盖章。有关人员拒绝签名或者盖章的，不影响保全的效力，人民法院可以在笔录上记明并拍照、录像。

法院采取的证据保全具有法律强制力，当事人无正当理由拒不配合或者妨害证据保全，致使无法保全证据的；对于人民法院已经采取保全措施的证据，当事人擅自拆装证据实物、篡改证据材料或者实施其他破坏证据的行为，致使证据不能使用的，人民法院可以确定由其承担不利后果。同时，构成《民事诉讼法》第115条规定的妨害司法行为的行为，人民法院可以根据情节轻重予以罚款、拘留；构成犯罪的，依法追究刑事责任。

申请人放弃使用被保全证据，但被保全证据涉及案件基本事实查明或者其他当事人主张使用的，人民法院可以对该证据进行审查认定。

4. 诉前财产保全

《著作权法》第56条、《专利法》第72条、《商标法》第65条还规定了诉前财产保全。《民事诉讼法》第103条规定，人民法院对于可能因当事人一方的行为或者其他原因，使判决难以执行或者造成当事人其他损害的案件，根据对方当事人的申请，可以裁定对其财产进行保全、责令其作出一定行为或者禁止其作出一定行为；当事人没有提出申请的，人民法院在必要时也可以裁定采取保全措施。人民法院采取保全措施，可以责令申请人提供担保，申请人不提供担保的，裁定驳回申请。人民法院接受申请后，对情况紧急的，必须在四十八小时内作出裁定；裁定采取保全措施的，应当立即开始执行。第104条规定，利害关系人因情况紧急，不立即申请保全将会使其合法权益受到难以弥补的损害的，可以在提起诉讼或者申请仲裁前向被保全财产所在地、被申请人住所地或者对案件有管辖权的人民法院申请采取保全措施。

诉前财产保全与诉前停止侵权的临时措施在具体适用条件、程序等方面基本一致，区别之处在于临时措施能否因被申请人提供担保而被解除。例如，责令停止侵害著作权行为的措施，除非申请人同意，不得因被申请人提供担保而解除；但是，被申请人可提供相应担保而解除人民法院采取的诉前财产保全措施。

（二）诉讼参加人与管辖

知识产权法对于诉讼管辖、诉讼参加人等内容的规定，属于《民事诉讼法》的特别规定，它与《民事诉讼法》是特别法与一般法的关系。《民事诉讼法》第122条第1项规定：原告是与本案有直接利害关系的公民、法人和其他组织。通常来说，知识产权权利人是侵权之诉的适格原告，与本案有直接利害关系的其他人，在知识产权法的司法解释中，包括知识产权实施许可合同的被许可人、知识产权中财产权利的合法继承人等。其中，独占实施许可合同的被许可人可以单独向法院提起诉讼；排他实施许可合同的被许可人可以和知识产权权利人共同起诉，也可以在权利人不起诉时，自行提起诉讼；普通实施许可合同的被许可人经权利人明确授权，可以提起诉讼。

比较特殊的问题是，由于注册商标专用权可以续展，在商标注册人办理商标续展的特殊情况下，对他人提起侵权诉讼。依据《商标法》第40条的规定，注册商标有效期届满，需要继续使用的，商标注册人应当在期满前十二个月内按照规定办理续展手续；在此期间未能办理的，可以给予六个月的宽展期。在宽展期内，商标注册人或利害关系人提出了续展申请但尚未被依法核准之前，虽然在理论上该商标权已过保护期，但基于保护知识产权的目的，法院应当受理。

为了查明案件事实，知识产权法院配备技术调查官，技术调查官属于司法辅助人员。知识产权法院审理有关专利、植物新品种、集成电路布图设计、技术秘密、计算机软件等专业技术性较强的民事和行政案件时，可以指派技术调查官参与诉讼活动。

知识产权案件的审判组织逐渐专门化，它通常由各级人民法院的知识产权法庭审理。2014年起我国建立了中级人民法院级别的北京、上海、广州知识产权法院，以及海南自由贸易港知识产权法院，后来又陆续建立了深圳、苏州、武汉、南京、西安等隶属于中级人民法院的知识产权法庭，实施跨区域管辖知识产权的案件审理。

(1) 知识产权案件的级别管辖。知识产权法院或法庭的管辖，主要是针对技术类与驰名商标案件以及行政案件。知识产权法院管辖所在市辖区内的下列一审案件：专利、植物新品种、集成电路布图设计、技术秘密、计算机软件民事和行政案件；对国务院部门或者县级以上地方人民政府所作的涉及著作权、商标、不正当竞争等行政行为提起诉讼的行政案件；涉及驰名商标认定的民事案件。北京知识产权法院专属管辖的一审行政案件有：不服国务院部门作出的有关专利、商标、植物新品种、集成电路布图设计等知识产权的授权确权裁定或者决定的；不服国务院部门作出的有关专利、植物新品种、集成电路布图设计的强制许可决定以及强制许可使用费或者报酬的裁决的；不服国务院部门作出的涉及知识产权授权确权的其他行政行为的。

作出的第一审判决、裁定提起的上诉案件和依法申请上一级法院复议的案件，由知识产权法院所在地的高级人民法院知识产权审判庭审理。自 2019 年 1 月 1 日起，当事人对发明专利、实用新型专利、植物新品种、集成电路布图设计、技术秘密、计算机软件、垄断等专业技术性较强的知识产权民事案件第一审判决、裁定不服，提起上诉的；对专利、植物新品种、集成电路布图设计、技术秘密、计算机软件、垄断等专业技术性较强的知识产权行政案件第一审判决、裁定不服，提起上诉的，由最高人民法院知识产权法庭审理。对已经发生法律效力的上述案件第一审判决、裁定、调解书，最高人民法院知识产权法庭二审的判决、裁定、调解书，依法申请再审、抗诉等，适用审判监督程序的，由最高人民法院知识产权审判庭审理。最高人民法院也可以依法指令下级人民法院再审。

此外，对知识产权法院所在市的基层人民法院作出的第一审著作权、商标、技术合同、不正当竞争等知识产权民事和行政判决、裁定提起的上诉案件，由知识产权法院审理。

普通法院负责著作权、商标(驰名商标除外)、域名与不正当竞争等知识产权民事和行政案件的第一审审理。第一审商标、域名案件(驰名商标纠纷案件除外)由中级以上人民法院及最高人民法院指定的基层人民法院管辖。在未设知识产权法院或法庭的省、市、自治区，涉及对驰名商标保护的民事、行政案件，由省、自治区人民政府所在地市、计划单列市、直辖市辖区中级人民法院及最高人民法院指定的其他中级人民法院管辖。在未设知识产权法院或法庭的省、市、自治区，第一审专利案件由省、自治区人民政府所在地市、计划单列市、直辖市辖区中级人民法院及最高人民法院指定的其他中级人民法院管辖。最高人民法院根据实际情况，可以指定基层人民法院管辖第一审专利纠纷案件。

(2) 知识产权案件的地域管辖。《民事诉讼法》关于侵权行为地域管辖的一般原则是：由侵权行为地或被告住所地人民法院管辖，侵权行为地包括侵权行为实施地、侵权结果发生地。由于知识产权的各项权能具有一定独立性，特别是在网络环境下，侵权行为地的认定更为复杂。根据相关司法解释的规定，侵权行为地包括侵权行为的实施地、侵权复制品或商品贮藏地、查封扣押地。侵权复制品或商品贮藏地，是指大量或基础性储藏、隐匿侵权品的所在地；查封扣押地，包括版权、工商、文化、专利、海关等行政机关依法查封、扣押侵权品的所在地。侵犯专利的侵权行为地包括：被诉侵犯发明、实用新型专利权的产品的制造、使用、许诺销售、销售、进口等行为的实施地；专利方法使用行为的实施地，依照该专利方法直接获得的产品的使用、许诺销售、销售、进口等行为的实施地；外观设计专利产品的制造、许诺销售、销售、进口等行为的实施地；假冒他人专利的行为实施地。上述专利侵权行为的侵权结果发生地也有管辖权。原告仅对侵权产品制造者提起诉讼，未起诉销售者，侵权产品制造地与销售地不一致的，制造地人民法院有管辖权；以制造者与销售者为共同被告起诉的，销售地人民法院有管辖权。销售者是制造者分支机构，原告在销售地起诉侵权产品制造者制造、销售行为的，销售地人民法院有管辖权。

网络著作权侵权纠纷案件的侵权行为地包括实施被诉侵权行为的网络服务器、计算机终端等设备所在地。对难以确定侵权行为地和被告住所地的，原告发现侵权内容的计算机终端等设备所在地可以视为侵权行为地。涉及域名的侵权纠纷案件，由侵权行为地或者被告住所地的中级人民法院管辖。对难以确定侵权行为地和被告住所地的，原告发现该域名的计算机终端等设备所在地可以视为侵权行为地。在电子商务中，《最高人民法院关于适用〈中华人民共和国民事诉讼法〉的解释》第 20 条规定，以信息网络方式订立的买卖合同，通过信息网络交付标的的，以买受人住所地为合同履行地；通过其他方式交付标的的，收货地为合同履行地。合同对履行地有约定的，从其约定。但是，在侵犯知识产权和不正当竞争案件中，原告通过网络购物取得被诉侵权产品的，不能以网络购物收货地为侵权行为地确定管辖。①

根据上述规定，原告可以利用地域管辖的规则选择对自己最为有利的管辖法院。挑选法院通常主要考虑两大因素。一是便利性，如在权利人居所或住所地起诉。通常侵权产品会在全国销售，如果权利人所在地有侵权产品销售，则作为侵权结果发生地的连接点而有管辖权。二是挑选对权利人友好的法院。尽管法律规定应该在全国同案同判，但是在举证责任分配、赔偿数额计算以及具体法律解释方面因各地法院的司法政策有所不同，所产生的结果也有所不同。

（三）时效

《民法典》第 188 条规定，向人民法院请求保护民事权利的诉讼时效期间为三年。法律另有规定的，依照其规定。诉讼时效期间自权利人知道或者应当知道权利受到损害以及义务人之日起计算。法律另有规定的，依照其规定。第 196 条第 1 项规定：请求停止侵害、排除妨碍、消除危险的请求权不适用诉讼时效的规定。此后各项知识产权法律予以了修改，规定了 3 年的诉讼时效与《民法典》保持一致。知识产权诉讼时效具有特殊性，在于它客体的无形性、权利的依法授予性和时间性，而其他财产权并无法定的时间性，权利与物质载体相统一。此外，与其他侵权行为相比，侵害知识产权的行为往往具有持续性，为了加强知识产权保护，同时也为了维护正当竞争秩序等公共利益，知识产权侵权的诉讼时效有其特殊性的规定。即，如果权利人知道或应当知道侵权行为之日起，超过法定时效起诉的，只要著作权、专利权、商标权等知识产权仍处于保护期内，法院就应当判决责令停止侵害。这类似于物权请求权，适用《民法典》第 196 条的规定。但是，侵权损害赔偿的数额只能从权利人向法院起诉之日往前推算 3 年计算。这主要出于对那些放任他人侵权行为、疏于管理的权利人的制裁，督促权利人及时行使权利。例如，权利人在 2014 年 11 月 11 日知道侵权人通过淘宝销售侵权产品，但直至 2018 年 11 月 11 日才向法院起诉。如果其权利仍处于保护期之内，法院就应判决侵权人停止侵权，但赔偿数额只能计算起诉之日前 3 年的损失，即只能计算 2015 年 11 月 11 日至 2018 年 11 月 10 日之间的损害赔偿。此外，专利权自授权公告之日起生效，因此，《专利法》规定专利权人于专利权授予之日前即已得知或者应当得知的，自专利权授予之日起计算。

（四）举证责任与证据规定

（1）基本规定。举证责任分配方面，适用《民事诉讼法》"谁主张、谁举证"的基本原则。在一般情况下，如果知识产权人主张他人侵犯了其知识产权，必须举证予以证明，如侵权产品。同样，被告提出不侵权的抗辩，也应对其抗辩事由也负有举证责任。但是，知识产权也具有一些特殊规定。譬如，对于方法专利权利人来说，要举证证明他人未经授权而实施其专利是非常困难的，主要是方法专利的实施通常在侵权人的经营场所内进行，权利人很难进入被诉侵权人控制的经营

① 参见最高人民法院(2016)最高法民辖终 107 号民事裁定书。

场所进行调查取证。《专利法》第 66 条规定：专利侵权纠纷涉及新产品制造方法的发明专利的，制造同样产品的单位或者个人应当提供其产品制造方法不同于方法专利的证明。所谓“新产品”，是指产品或制造产品的技术方案在专利申请日以前不为国内外公众所知的产品。而对于专利方法制造的产品不属于新产品的，侵害专利权纠纷的原告应当举证证明下列事实：被告制造的产品与使用专利方法制造的产品属于相同产品；被告制造的产品经由专利方法制造的可能性较大；原告为证明被告使用了专利方法尽到合理努力。原告完成前款举证后，人民法院可以要求被告举证证明其产品制造方法不同于专利方法。

对于损害赔偿的数额，权利人也负有合理的举证责任。《最高人民法院关于知识产权民事诉讼证据的若干规定》第 31 条规定：“当事人提供的财务账簿、会计凭证、销售合同、进出货单据、上市公司年报、招股说明书、网站或者宣传册等有关记载，设备系统存储的交易数据，第三方平台统计的商品流通数据，评估报告，知识产权许可使用合同以及市场监管、税务、金融部门的记录等，可以作为证据，用以证明当事人主张的侵害知识产权赔偿数额。”第 32 条规定：“当事人主张参照知识产权许可使用费的合理倍数确定赔偿数额的，人民法院可以考量下列因素对许可使用费证据进行审核认定：(一) 许可使用费是否实际支付及支付方式，许可使用合同是否实际履行或者备案；(二) 许可使用的权利内容、方式、范围、期限；(三) 被许可人与许可人是否存在利害关系；(四) 行业许可的通常标准。”

(2) 账簿等证据提供责任。如果确定赔偿数额的具体证据为侵权人掌握但拒不提供，权利人也难以完成举证责任。在这种情况下，法院可以责令侵权人提供相关信息，拒不提供的，做不利于侵权人的推定。《商标法》第 63 条第 2 款规定：“人民法院为确定赔偿数额，在权利人已经尽力举证，而与侵权行为相关的账簿、资料主要由侵权人掌握的情况下，可以责令侵权人提供与侵权行为相关的账簿、资料；侵权人不提供或提供虚假的账簿、资料的，人民法院可以参考权利人的主张和提供的证据判定赔偿数额。”《专利法解释二》第 27 条也有类似规定，“权利人因被侵权所受到的实际损失难以确定的，人民法院应当依照专利法第六十五条第一款的规定，要求权利人对侵权人因侵权所获得的利益进行举证；在权利人已经提供侵权人所获利益的初步证据，而与专利侵权行为相关的账簿、资料主要由侵权人掌握的情况下，人民法院可以责令侵权人提供该账簿、资料；侵权人无正当理由拒不提供或者提供虚假的账簿、资料的，人民法院可以根据权利人的主张和提供的证据认定侵权人因侵权所获得的利益”。2020 年修订的《著作权法》第 54 条也有类似规定。

这一规则适用于所有当事人。《最高人民法院关于知识产权民事诉讼证据的若干规定》第 24 条规定：承担举证责任的当事人书面申请人民法院责令控制证据的对方当事人提交证据，申请理由成立的，人民法院应当作出裁定，责令其提交。第 25 条规定：人民法院依法要求当事人提交有关证据，其无正当理由拒不提交、提交虚假证据、毁灭证据或者实施其他致使证据不能使用行为的，人民法院可以推定对方当事人就该证据所涉证明事项的主张成立。

(3) 证据的固定与推定。一是依法生效的行政行为所确认的事实推定为证据。对于未在法定期限内提起行政诉讼的行政行为所认定的基本事实，或者行政行为认定的基本事实已为生效裁判所确认的部分，当事人在知识产权民事诉讼中无须再证明，但有相反证据足以推翻的除外。二是合法的陷阱取证。权利人为发现或者证明知识产权侵权行为，自行或者委托他人以普通购买者的名义向被诉侵权人购买侵权物品所取得的实物、票据等可以作为起诉被诉侵权人侵权的证据。三是它案中形成的证据。被诉侵权人基于他人行为而实施侵害知识产权行为所形成的证据，可以作为权利人起诉其侵权的证据，但被诉侵权人仅基于权利人的取证行为而实施侵害知识产权行为的除外。

(4) 鉴定的规则。① 鉴定的范围。人民法院可以对下列待证事实的专门性问题委托鉴定：

被诉侵权技术方案与专利技术方案、现有技术的对应技术特征在手段、功能、效果等方面的异同；被诉侵权作品与主张权利的作品的异同；当事人主张的商业秘密与所属领域已为公众所知悉的信息的异同、被诉侵权的信息与商业秘密的异同；被诉侵权物与授权品种在特征、特性方面的异同，其不同是否因非遗传变异所致；被诉侵权集成电路布图设计与请求保护的集成电路布图设计的异同；合同涉及的技术是否存在缺陷；电子数据的真实性、完整性；其他需要委托鉴定的专门性问题。② 鉴定人委托他人检测的规则。经人民法院准许或者双方当事人同意，鉴定人可以将鉴定所涉部分检测事项委托其他检测机构进行检测，鉴定人对根据检测结果出具的鉴定意见承担法律责任。③ 鉴定意见的司法审查。法院应当结合下列因素对鉴定意见进行审查：鉴定人是否具备相应资格；鉴定人是否具备解决相关专门性问题应有的知识、经验及技能；鉴定方法和鉴定程序是否规范，技术手段是否可靠；送检材料是否经过当事人质证且符合鉴定条件；鉴定意见的依据是否充分；鉴定人有无应当回避的法定事由；鉴定人在鉴定过程中有无徇私舞弊或者其他影响公正鉴定的情形。

三、知识产权的行政保护与刑事保护

为激励创新，知识产权法提供了多层次、多角度的立体保护措施。针对侵犯知识产权的行为，法律规定权利人可以获得民事、行政和刑事途径的救济；其中，行政救济既可以由权利人提起，也可由主管部门主动启动。

（一）知识产权行政保护

知识产权保护既涉及权利人和社会公众合法权益的保护，也有维护正常市场经济秩序的作用。在这种情况下，侵权行为人不仅要对侵权行为承担民事责任，也要对其违法行为承担相应的行政责任。知识产权行政管理机关，主要包括知识产权主管行政机关（如版权局、知识产权局），还包括其他行政机关，如文化主管部门、海关、进出口贸易主管部门以及国内反垄断主管部门。

在行政机关主动启动的知识产权保护中，侵权行为成立的，其所采取的主要措施有警告、责令停止侵权、没收违法所得、没收或销毁侵权产品、罚款以及没收专用于制造侵权产品或者使用侵权方法的零部件、工具、模具、设备等。一般认为，知识产权为私权，行政机关主动保护知识产权，其目的在于维护社会公共利益。《著作权法》第 53 条规定，侵犯著作权，"侵权行为同时损害公共利益的，由主管著作权的部门责令停止侵权行为，予以警告，没收违法所得，没收、无害化销毁处理侵权复制品以及主要用于制作侵权复制品的材料、工具、设备等，违法经营额五万元以上的，可以并处违法经营额一倍以上五倍以下的罚款；没有违法经营额、违法经营额难以计算或者不足五万元的，可以并处二十五万元以下的罚款"。假冒专利也涉及消费者利益与正当竞争等公共利益。《专利法》第 68 条规定：假冒专利的，除依法承担民事责任外，由负责专利执法的部门责令改正并予公告，没收违法所得，可以处违法所得五倍以下的罚款；没有违法所得或者违法所得在五万元以下的，可以处二十五万元以下的罚款。《商标法》第五十一条规定违反本法第六条规定的，由地方工商行政管理部门责令限期申请注册，违法经营额五万元以上的，可以处违法经营额百分之二十以下的罚款，没有违法经营额或者违法经营额不足五万元的，可以处一万元以下的罚款。第五十二条规定将未注册商标冒充注册商标使用的，或者使用未注册商标违反本法第十条规定的，由地方工商行政管理部门予以制止，限期改正，并可以予以通报，违法经营额五万元以上的，可以处违法经营额百分之二十以下的罚款，没有违法经营额或者违法经营额不足五万元的，可以处一万元以下的罚款。此外，《商标法》第 61 条还规定："对侵犯注册商标专用权的行为，工商行政管理部门有权依法查处。"

行政机关也可应权利人申请而处理侵权纠纷。针对侵害专利、商标和著作权的行为，权利人或者利害关系人可以向法院起诉,也可以请求管理知识产权工作的部门处理。根据专利法、商标法的规定,行政主管部门处理侵权纠纷时,认定侵权行为成立的,可以责令侵权人立即停止侵权行为,当事人不服的,可以自收到处理通知之日起15日内依照《行政诉讼法》向法院起诉;侵权人期满不起诉又不停止侵权行为的,行政主管部门可以申请人民法院强制执行。侵犯商标权的,行政主管部门还可以没收、销毁侵权商品和主要用于制造侵权商品、伪造注册商标标识的工具,并处罚款。进行处理的行政主管部门应当事人的请求,可以就侵犯专利权、商标权的赔偿数额进行调解;调解不成的,当事人可以依照《民事诉讼法》向法院起诉。

行政机关处理知识产权侵权纠纷,可以询问有关当事人,调查与涉嫌违法行为有关的情况;对当事人涉嫌违法行为的场所实施现场检查;查阅、复制与涉嫌违法行为有关的合同、发票、账簿以及其他有关资料;检查与涉嫌违法行为有关的产品,对有证据证明是假冒专利或侵犯他人注册商标专用权的产品,可以查封或者扣押。行政主管部门依法行使前款规定的职权时,当事人应当予以协助、配合,不得拒绝、阻挠。

在国际条约上,TRIPs协议第51条至60条明确规定了与边境措施有关的特殊要求,其内容包括海关应权利人申请(第52条)或依职权(第58条)而依法对被诉侵权的进口货物采取终止放行的措施,并对权利人的申请条件、担保以及申请错误的赔偿,以及中止放行的通知、时限作出了详细规定。TRIPs协议还规定了权利人对扣押的货物进行检验(进口商也有检验权)和获得信息的权利(第57条),也规定了海关销毁或处理侵权货物的权力,但不得允许侵犯商标货物在未作改变的状态下再出口(第59条)。[①] 因此,海关知识产权保护是非常重要的一类行政保护。《知识产权海关保护条例》(2018)第七条至第十条规定,知识产权海关保护备案自海关总署准予备案之日起生效,有效期为10年。知识产权有效的,知识产权权利人可以在知识产权海关保护备案有效期届满前6个月内,向海关总署申请续展备案。每次续展备案的有效期为10年。知识产权海关保护备案有效期届满而不申请续展或者知识产权不再受法律、行政法规保护的,知识产权海关保护备案随即失效。第五条规定进口货物的收货人或者其代理人、出口货物的发货人或者其代理人应当按照国家规定,向海关如实申报与进出口货物有关的知识产权状况,并提交有关证明文件。第十二条规定,知识产权权利人发现侵权嫌疑货物即将进出口的,可以向货物进出境地海关提出扣留侵权嫌疑货物的申请。第十四条规定,知识产权权利人请求海关扣留侵权嫌疑货物的,应当向海关提供不超过货物等值的担保,用于赔偿可能因申请不当给收货人、发货人造成的损失,以及支付货物由海关扣留后的仓储、保管和处置等费用;知识产权权利人直接向仓储商支付仓储、保管费用的,从担保中扣除。具体办法由海关总署制定。第十六条规定,海关发现进出口货物有侵犯备案知识产权嫌疑的,应当立即书面通知知识产权权利人。第十七条规定,经海关同意,知识产权权利人和收货人或者发货人可以查看有关货物。第十九条规定,涉嫌侵犯专利权货物的收货人或者发货人认为其进出口货物未侵犯专利权的,可以在向海关提供货物等值的担保金后,请求海关放行其货物。

(二) 知识产权刑事保护

侵犯知识产权情节严重的,行为人还将承担刑事责任。TRIPs协议第61条明确规定了成员方有义务规定适用于侵犯商标与盗版的刑事程序和处罚,也可以规定适用于侵犯其他知识产权的刑事程序和处罚。刑事处罚的条件为:行为人主观故意并具有商业规模(committed willfully and on a commercial scale)的侵权行为。即,主观故意、商业规模、构成侵权是刑事责任的三项基

① TRIPs协议第60条对旅客个人行李中夹带的或在小件托运中运送的非商业性少量货物排除在上述规定之外。

本条件。该条还规定了刑事救济的手段应包括罪刑相一致的、足以起到威慑作用的监禁和/或罚金，还可以包括扣押、没收和销毁侵权货物和主要用于侵权活动的任何材料、工具。中国《刑法》在第二编第三章第七节“侵犯知识产权罪”中规定的犯罪有：假冒注册商标罪，销售假冒注册商标的商品罪，非法制造、销售非法制造的注册商标标识罪，假冒专利罪，侵犯著作权罪，销售侵权复制品罪，侵犯商业秘密罪。构成犯罪的，将根据情节严重性或销售金额处以有期徒刑或拘役，并处或单处罚金。此外，《刑法》还规定了单位犯侵犯知识产权罪的处罚规定。

第二章　著作权法

第一节　著作权法概述

著作权法被称为传播技术的产物，其诞生与印刷技术的进步密切相关。在印刷机出现之前，盗版（如未经授权而誊录原始手稿）所付出的体力劳动与作者几乎相同，并不具有成本优势。因此，要求保护作者的道德主张极为罕见，但印刷技术的出现及其改进极大地改变了作者身份的经济意义。印刷术从雕版印刷发展到活字印刷再到数字技术，作品复制件的制作成本越来越低廉，甚至趋向于零。一方面，复制成本降低导致读者数量的增加，促进了文化的传播；另一方面，读者数量的增加总体上提高了作品的市场价值，具有更大的市场利润。因此，它"无可挽回地改变了作者的作品在道德主张与经济主张之间的平衡"①。著作权的最初、最基本内容——"翻印权"（copy-right）就是随着印刷术的发展而产生的。② 大多数国家的著作权法实际上归属为两种主要的保护体系：普通法系国家的版权体系与欧陆法系的作者权体系。"无论是版权体系，还是作者权体系，都是在18世纪起源于欧洲、随后通过殖民的方式以及近年来通过大国在经济上施压的方式，逐步在世界范围内扩张。"③

一、西方著作权法的历史起源

一般认为，现代著作权制度起源于欧洲的特许出版权。造纸术与印刷术的出现与技术的进步降低了作品复制件的制作成本，扩大了作品的消费市场，产生了极大的市场利润。一方面，跟风印刷畅销作品因其低成本的原因，严重威胁到出版商的经济利益。另一方面，文学作品和政治文章不加控制地传播，则可能煽动、引发叛乱，从而引发政府或王室的担忧。自15世纪之后的两个多世纪中，欧洲政府或王室（如威尼斯总督、罗马教皇、英国国王和法国国王）通过向特定出版商授予特许权（即印刷特定文学、法律或教学作品的独占权），禁止他人翻版。这既为政府或王室开辟了新的财政收入，也能够让出版商自觉成为一个忠心耿耿、无情且有效的书报审查执行官。④ 在历史上，除了少数特许权授予作者、译者或者编辑外，绝大多数特许权都授予了出版商。⑤ 政府授予出版垄断特许权的主要目的不是保护出版商的财产利益，而是对出版业建立有效的监管制度。

---

① [美]保罗·戈斯汀：《著作权之道：从古登堡到数字点播机》，金海军译，北京大学出版社2008年版，第32页。

② 参见郑成思：《版权法》（修订本），中国人民大学出版社1997年版，第9页。

③ [德]西尔克·冯·莱温斯基：《国际版权法律与政策》，万勇译，知识产权出版社2017年版，第32页。

④ [美]保罗·戈斯汀：《著作权之道：从古登堡到数字点播机》，金海军译，北京大学出版社2008年版，第33-34页。

⑤ 第一个由作者获得的特许权是1486年威尼斯历史学家马克·安东尼奥·萨比利科的作品《威尼斯事略十卷书》；英国詹姆斯国王也授予历史学家塞缪尔·丹尼尔对其《英格兰史》10年的特许权。参见[美]马克·罗斯：《版权的起源》，杨明译，商务印书馆2018年版，第20-22页。

(一) 版权体系的历史起源

在英国,特许法(Licensing Act)是政府控制政治异议者的关键。英国在印刷术传入之前的很长时间里即已成立了出版商公会,并将其发展成为一个内部成员关系紧密、力量强大并以维护出版秩序与利润为目标的联合体。英国王室与出版商公会之间的精明合作使得印刷特许权延长了将近百年之久。出版商根据特许法获得专有出版权。出版商公会在1534年首先获得外国书籍进口的特许权,玛丽女王在1556年因对宗教异端的担忧而赋予出版商对图书出版的监管权限;自16世纪中叶后,英国的出版商公会成为事实上的书报审查官,它有权检查、没收与销毁违禁作品。此后,特许权不仅涵盖圣经读物、法律图书,随后逐渐延伸到所有类型的图书。而且,只有属于出版商公会成员的出版商才可以从作者那里买断作品印刷与发行的权利,该权利是永久性的。对于出版商而言,只要维持特许法的体系,即可满足其获取市场垄断利润的目标。

纵观整个17世纪的英国,图书出版商是审查制度的强烈支持者之一。但特许法经过1662年、1679年、1685年几次续展之后,英国议会于1694年驳回了特许法的续展,它最终于1695年5月3日失效。① 反对特许法的意见一致指向该法授予出版商的垄断地位,这一时期著名思想家弥尔顿所著的《论出版自由》备受推崇;而约翰·洛克则发挥了终结特许权制度的重要角色,他反对作品出版前的审查制度,但最主要的反对理由还是特许法授予的垄断地位。特许法失效后,出版商不仅丧失了对书籍的审查权限,包括扣押、销毁和罚款的权限,而且当时尚无可以请求颁布禁令的衡平法,唯一的希望是普通法上的损害赔偿之诉。出版商游说重建特许权制度,主张将限制出版的权力重新归还出版商公会,其重要的理由是推动出版业的管制:"通常在出版业萎靡的地方,由于政府的忽视,出版商日益贫穷,谬论和异端邪说大量涌现。"②但是,倡导良善的竞争制度及出版管制的游说理由仅仅是出版商们掩饰其丧失出版垄断权之后维护市场利益需求的幌子。文艺复兴和人本主义思潮的兴起使得对言论的管制变得难以接受,在历经数年游说恢复特许法及其审查权的努力失败之后,出版商改变了游说策略,转而开始强调作者应受法律保护的地位。

在出版商恢复特许法游说的过程中,丹尼尔·迪福发表的《论出版管制》一书主张对出版业予以一定的管制是必要的,但认为在出版之后对违法的作者提起诉讼就已经足够实现监管的目标,因而重建特许权制度只会使得出版业服务于颁布特许权的特定人的利益,它将使人们受制于唯利是图的官方专断权。监管出版业的目的应该是阻止盗版:"我们所支持的这部法律,能有效地控制最恶劣的违法行为,每位作者都有义务在其撰写的作品上署名,作者依法对其作品享有毋容置疑的排他性财产权。"③迪福是英国历史上最早倡议保护作者财产权的学者之一,他持续不断发表文章呼吁保护作者的权利。与此同时,伦敦的出版商们发现了通过立法保护作者文学财产来实现其自身利益的新策略。1707年,出版商向国会提交了要求保护图书财产权的议案请求,强调出版业的无序竞争给作者带来的负面影响;但审查制度的倡议者试图设法将旧的特许权条款增补进法律而宣告失败。1709年秋,出版商再次提议制定不同于特许法的版权法,在迪福等人宣传呼应下,世界上第一部版权法——安娜女王法(Statute of Anne)(该法全称为《为鼓励知识而授予作者及购买者就其已印刷成册的图书在一定时期内之权利的法案》)于1710年得以通过,④并

---

① See William Cornish, David Llewelyn & Tanya Aplin, Intellectual Property: Patents, Copyright, Trade Marks And Allied Rights (7ed., Sweet & Maxell, 2010), pp.399-401.

② [美]马克·罗斯:《版权的起源》,杨明译,商务印书馆2018年版,第27页。

③ [美]马克·罗斯:《版权的起源》,杨明译,商务印书馆2018年版,第49页。

④ 有部分新出版的著述将该法案翻译为《安妮法案》。但Anne的ne并不发音,故翻译为安娜或安均不为错。

于该年 4 月 10 日开始施行。

安娜女王法确认了出版商已有的出版权,并提供了具有强制性的救济手段;但它规定任何人可通过注册行为而获得版权,出版商不再享有垄断权;同时,该法废除了永久保护的出版垄断权,规定了 14 年的版权保护期,以及期满后如果作者仍在世则可延长 14 年。该法规定的保护客体仅限于图书,为适用传播技术的发展,后陆续通过修法的方式增加了新的客体类型,包括版画(1735 年)、雕塑(1814 年)、绘画、图片和照片(1862 年)、录音和活动图片即电影(1911 年)等。同时,版权人的权利内容也从复制发行的权利,逐渐扩张到多项权利,如戏剧作品(1833 年)和音乐作品(1842 年)的表演权。1911 年英国整合了各单行立法,形成了完整的版权法,并规定了录音作品的复制权。英国现行 1988 年版权、设计与专利法(Copyright, Designs and Patents Act)的版权法部分主要来自其 1956 年版权法,并随着技术发展而进行了多次修订。

美国版权法起源于英国,其第一部联邦版权法于 1790 年以安娜女王法为模板而制定,其主要内容包括:注册的形式条件,14 年保护期且可续展一次,保护客体限于图书、地图和表格,授予禁止未经授权的印刷、再版、发行或出借的权利。美国法上保护的版权客体也不断扩张,包括版画、蚀刻版画和印刷物(1802 年),音乐曲谱(1831 年),照片和负片(1865 年),绘画、图片、雕塑、彩色平板印刷物和模型(1870 年),活动图片(1912 年)、录音作品(1971 年)和建筑作品(1990 年)等;版权内容也同样不断扩张,如公开表演权(1856 年)、改编成戏剧或翻译的权利(1870 年)等。受《伯尔尼公约》的影响,美国 1976 年版权法规定的保护期为作者终身及死后 50 年,并在 1998 年再次延长;1989 年取消了版权登记的形式条件,但版权登记将影响美国国民寻求赔偿救济的范围,限制法定赔偿和律师费的赔偿计算方式;该法同时赋予了视觉艺术家的精神权利。

(261) Cup 19

Anno Octavo

Annæ Reginæ.

An Act for the Encouragement of Learning, by Vesting the Copies of Printed Books in the Authors or Purchasers of such Copies, during the Times therein mentioned.

Whereas Printers, Booksellers, and other Persons have of late frequently taken the Liberty of Printing, Reprinting, and Publishing, or causing to be Printed, Reprinted, and Published Books, and other Writings, without the Consent of the Authors or Proprietors of such Books and Writings, to their very great Detriment, and too often to the Ruin of them and their Families: For Preventing therefore such Practices for the future, and for the Encouragement of Learned Men to Compose and Write useful Books; May it please Your Majesty, that it may be Enacted, and be it Enacted by the Queens most Excellent Majesty, by and with the Advice and Consent of the Lords Spiritual and Temporal, and Commons in this present Parliament Assembled, and by the Authority of the same, That from and after the Tenth Day of April, One thousand seven hundred and ten, the Author of any Book or Books already Printed, who hath not Transferred to any other the Copy or Copies of such Book or Books, Share or Shares thereof, or the Bookseller or Booksellers, Printer or Printers, or other Person or Persons, who hath or have Purchased or Acquired the Copy or Copies of any Book or Books, in order to Print or Reprint the same, shall have the sole Right and Liberty of Printing such Book and Books for the Term of One and twenty Years, to Commence from the said Tenth Day of April, and no longer; and that the Author of any Book or Books already Composed and not Printed and Published, or that shall hereafter be Composed, and his Assignee, or Assigns, shall have the sole Liberty of Printing and Reprinting such Book and Books for the Term of Fourteen

6 Ttt 2

图 2-1

版权体系的基本特征是其实用主义的理论基础。一方面,版权保护的合法性基础是基于实用主义的功利目的。例如,亚当·斯密认为有限的法律保护是鼓励博学之人从事辛勤劳动之所需;杰里米·边沁则宣称"辛勤播种却无所获是令人失望的";而在英国关于文学财产的争论中,约翰·洛克的劳动财产权理论,即劳动作为财产权的来源,成为解释在作品上取得私人财产之合法性根据。① 另一方面,实用主义更是立法者明确宣告的法律制定依据。例如,美国版权法的宪法来源,即宪法知识产权条款授权国会制定版权法来"促进科学的进步",它体现了版权立法的工

① 当然,在英国判例法上,也有自然权利学说的影响。如著名的曼斯菲尔德法官在 Millar v. Taylor 案中主张,在《安娜法案》之外存在永久版权的普通法,因为"作者应从其自身的天才和劳动中收获经济利润,这是正当的"。See Paul Goldstein & P. Bernt Hugenholtz, International Copyright: Principles, Law, and Practice (4th. ed., Oxford University Press, 2019), pp.16-17.

具主义；在1909年系统修改版权法时，美国国会发布的立法报告明确指出，版权“不是依据作者对其作品享有任何的自然权利，而是其所能满足的公众福利”[①]。

（二）作者权体系的历史起源

法国、德国等欧洲大陆法国家的著作权法也同样发端于特许权。出版特许权之所以出现，一方面，印刷设备价格昂贵，畅销图书能够带来大量的利润，但会引来重印同类书籍的出版商的竞争，为保护其投资的需要是出版特许权产生的经济因素。另一方面，特许权是政府通过赋予出版商垄断权来控制言论和出版。最早的特许权是威尼斯共和国于1469年授予引进印刷术的让·德斯皮尔的五年特许权。德国最早的出版特许权是1501年向康拉德·凯尔蒂丝授予的出版10世纪女诗人诗作的权利。一般来说，德国授予的特许权期限从1年到30年不等，但申请程序、费用及执行等局限性，它仅占出版商全部印刷品的极小部分。[②]

在18世纪初的法国，享有特许权的巴黎出版商与各省书商之间就特许权的合法性发生争议。为论证特许权的合法性，巴黎出版商提出，其权利不仅以皇家特权为基础，而且是以作者原稿的合法获取为依据；并进而主张，作品属于作者，作者则将其权利转让给出版商。为了解决两者的争议，法国国王路易十六于1777年颁布了六项关于出版印刷方面的法律，确认作者出版、销售其作品的权利，这些法律创设了两项不同的权利：① 出版商的特许权，该权利具有一定期限且与其投资额成比例；② 作者的特许权，它以创作活动为依据、属于无期限的权利。[③] 法国大革命后，法国1789年的“制宪议会”决定废除个人、城市、各省和同业行会的所有特权，印刷业特许垄断权的相关法令也被废止；同时，其把著作权保护提高到“人权”的高度，1789年《人权宣言》强调自由交流思想和意见属于人格的范畴，作者有可自由地发表言论、写作和出版的权利。1791年通过的法律首次规定了戏剧作品作者享有表演权，保护期为作者终身及死后5年；1793年制定的法律将保护范围扩大到所有文学艺术作品，它规定作者享有禁止未经授权而非法复制、发行其作品的权利，保护期为作者终身及死后10年。此后，直至1957年法国正式通过的著作权法之前，上述两部法律历经一个半世纪仅做过小量修订。上述法律规定非常抽象、概括，因此，法国的法院在著作权保护方面发挥了极其重要的作用。例如，著作人格权（精神权利）即属于为法国法院所创设。

在德国，出版特许权一直持续到19世纪，但英国出版商公会提出的出版者财产权理论传播到德国后，关于保护作者的理论开始在德国进行讨论。维也纳大会成立的德意志同盟并不享有立法权，但出版商们向大会表达了将禁止翻版的要求纳入1815年的会议文件，最终于1835年达成了一项决议：禁止翻印，并保护作者的财产权。随后，普鲁士王国于1837年按照该议案颁布了德国境内第一部著作权法，规定科学艺术作品的保护期为作者终身及死后30年，在该期限内作者有权禁止任何非法复制的行为。德意志第二帝国建立后，即于1871年颁布了适用于德国全境的第一部著作权法。

作者权体系一直受自然法理论以及人格理论的影响，其基本特点是以作者和其作品之间的联系为中心来构建著作权制度体系。大陆法系中的术语“作者权”，如法文 droit d'auteur、德文 Urheberrecht、意大利文 diritto d'autore、西班牙文 derecho de autor、荷兰与比利时文

---

① See Paul Goldstein & P. Bernt Hugenholtz, International Copyright: Principles, Law, and Practice (4th. ed., Oxford University Press, 2019), p.17.

② 参见[德]M.雷炳德：《著作权法》，张恩民译，法律出版社2005年版，第18页。

③ 参见[西班牙]德利娅·利普希克：《著作权与邻接权》，联合国教科文组织译，中国对外翻译出版公司2000年版，第17－18页。

auteursrecht,体现了作者权利是整个制度的焦点,其核心特点是对著作人格权或精神权利(moral rights)的重视。从法律文本来看,作者权体系往往将"作者"作为法律保护的起点,如德国《著作权法》第1条规定"文学、科学、艺术作品的作者对其作品依本法受保护";英国《版权、外观设计和专利法》第1条则是"版权是本部分规定作品上的财产权……"。尊重作者人格的基本原则确定了较高的独创性标准,新技术对这些原则产生了新的冲击。立法对于摄影作品、电影等给予作者权保护,但对表演、录音和广播设立了一项不同的权利——邻接权。或者说,为表演、录音和广播节目提供保护是邻接权制度的基本任务。对作者权和邻接权分别进行保护,其基本出发点在于后者是以投资保护为基本考虑。

作者权体系的主要代表国家为法国和德国,但两国著作权法的基础理论也略有区别,两者的区别在于著作人格权与财产权的关系上,形成了两种有所区别的制度模式。德国法采用的理论为著名学者乌尔默所主张的"树形理论"即"一元化"理论,他将著作人格权和财产权这两大利益比喻成一棵树的树根,各项著作权权能如同树的树杈、树枝。因此,各项使用权权能和人格权权能将互相产生影响,具有统一性。著作权具有双重属性,作者享有的两类权利之区分是人为的,其界限是不能严格限定的。法国法的理论基础为二元理论,即作者所享有的全部权利分为两项具有相对独立性的精神权利和经济权利,两者虽然相互依存,但并不混同而具有独立性。因此,精神权利和经济权利具有不同的适用范围,两者也非同时产生、同时消灭。故经济权利是可以转让的、受保护期限限制的;而精神权利则不得转让、不受时效限制,具有永续存在的特点。

二、中国著作权法的发展

从现代法治意义上讲,中国著作权法属于移植法。著作权法在其制定和完善过程中,同时借鉴了版权体系和作者权体系的基本内容。从整体来看,中国现行著作权法主体上借鉴了法国的作者权体系(著作人格权与财产权的独立性),但同时也吸收了版权体系和德国法的一些具体制度。《著作权法》第62条规定:"本法所称的著作权即版权。"但事实上,著作权的术语来自作者权体系,而版权则属于普通法系国家的术语。我国有学者主张"著作权"概念有广义与狭义的区分,前者包括邻接权,而后者仅指作者权。本书不采广义、狭义说,而是将"著作权"作为作者权和邻接权的上位概念。《中华人民共和国著作权法》中的"著作权"包括基于作品的作者权和基于作品传播活动(或企业投资)的邻接权,"著作权"属于两者的上位概念。在本书中,"版权"仅指作品的经济权利(或财产权利)以及邻接权中的财产权部分。

从中国著作权法的发展来看,有观点认为,如果将出版特许权视为著作权法的起源,则早在中国宋代即已出现的禁止翻版的法律文件可视为其开端。中国是世界上最早发明雕版和活字印刷技术的国家,大规模的图书出版活动扩大了作品的传播范围,也产生了较大的市场利润,客观上有了保护作品的需求。北宋神宗前的朝廷对《九经》监本下令"禁擅镌",实际上是保护国子监对该书的专有出版的特权。① 一般认为,尽管中国古代以禁令形式保护出版商利益的制度在某种程度上属于著作权保护,但它并未真正获得国家法律制度与司法的普遍支持。②

因此,真正现代意义上的中国著作权法乃发端于清末法制改革时期,属于西学东渐的产物。1903年谈判和签订的《中美通商行船续订条约》是中国政府首次承诺保护著作权的法律文件,此后清政府开始启动著作权法的立法工作,中国第一部著作权法——《大清著作权律》(1910)正式诞生了。"近世中国有关版权立法的论争乃至中方与西方列强之间的关于中国版权保护的谈判

---

① 参见郑成思:《版权法》(修订本),中国人民大学出版社1997年版,第3-4页。

② 关于相关争议的评述,参见崔国斌:《著作权法:原理与案例》,北京大学出版社2014年版,第13-14页。

始终是围绕着构建民族国家这一现代化主题而展开的”[①],著作权立法是被视为取消法外治权的举措之一,内置上述功利主义的目的。尽管《大清著作权律》因清王朝灭亡而尚未真正予以实施,但其基本结构、权利设置、救济模式以及术语选择等奠定了中国著作权法发展的基点。《大清著作权律》及其取代者《北洋政府著作权法》(1915 年)有大半内容直接出自日本 1899 年的著作权法,甚至在条文解释时均以日本著作权法为依据。南京国民政府建立后,随即制定了《中华民国著作权法》(1928 年),它基本沿袭了《北洋政府著作权法》的内容,遵循了法、德、日等作者权体系的立法原则;国民政府的司法部及最高法院在 1928 年至 1937 年间出台了多项法律解释令,对著作权制度的完善具有重要意义。

1949 年中华人民共和国成立后,国民政府时期的《六法全书》被废弃,其中包括了著作权法。虽然在此后的实践中依然保护作者获得报酬的权利,但真正意义上著作权的立法保护工作开始于“文革”结束后。1979 年签订的《中美高能物理协议》约定双方互相保护知识产权,其中包括著作权,这是中国重建著作权制度的开端。1985 年 7 月,国家版权局成立。1986 年《民法通则》第 94 条首次规定了著作权的内容:“公民、法人享有著作权(版权),依法有署名、发表、出版、获得报酬等权利。”1990 年 9 月 7 日,全国人大常委会通过《中华人民共和国著作权法》,于 1991 年 6 月 1 日起实施。次年,中国政府决定加入《伯尔尼公约》和《世界版权公约》,分别于 1992 年 10 月 15 日和 10 月 30 日起生效。

此后,中国《著作权法》已经分别于 2001 年、2010 年及 2020 年进行了三次修订。2001 年 10 月 27 日进行的第一次全面修订主要是为了加入世界贸易组织、满足 TRIPs 协议的最低保护要求。[②] 相比而言,2010 年第二次修订幅度较小,主要是为了处理世界贸易组织争端解决机构于 2009 年 1 月作出的裁决(WT/DS362/R),该裁决认定 2001 年《著作权法》第 4 条第 1 款的规定不符合中国加入的相关国际条约的规定。[③] 修订后的第 4 条规定:“著作权人和与著作权有关的权利人行使著作权,不得违反宪法和法律,不得损害公共利益。”“国家对作品的出版、传播依法进行监督管理。”2020 年 11 月 11 日通过的第三次修订是一次主动、全面的法律修改,本次修订涉及范围较广,主要内容体现为三个方面。一是加大了侵犯著作权行为的惩罚力度,规定了侵犯著作权一至五倍的惩罚性赔偿,将法定赔偿额上限由五十万元提高到五百万元,增加权利许可使用费的倍数作为赔偿金额的计算参照标准,增加责令侵权人提供与侵权有关的账簿、资料制度(第 54 条)。著作权行政执法方面,它规定著作权主管部门询问当事人、调查违法行为、现场检查,查阅、复制有关资料以及查封、扣押有关场所和物品等职权(第 55 条)。二是为适应新技术高速发展和应用而进行的修改,如作品客体制度明确为开放式立法(第 3 条第 9 项“符合作品特征的其他智力成果”),将“电影作品和以类似摄制电影的方法创作的作品”修改为“视听作品”(第 3 条第 6 项及相关条款),修改广播权有关规定(第 10 条第 1 款第 11 项)。三是将行政法规的一些内容上升到《著作权法》之中,主要涉及信息网络传播权、技术措施、权利管理信息、计算机软件、合理使用等内容。

三、著作权法的正当性理论

现代著作权制度的理论基础发源于 17 至 18 世纪欧洲的一些哲学思想,它们是在现代自由

① 李雨峰:《枪口下的法律:中国版权史研究》,知识产权出版社 2006 年版,第 112 页。

② 同日修订的法律还包括《商标法》。中国于 2001 年 11 月 10 日根据在多哈会议召开的第四次部长级会议决定正式加入世界贸易组织。

③ 第 4 条共两款:“依法禁止出版、传播的作品,不受本法保护。”“著作权人行使著作权,不得违反宪法和法律,不得损害公共利益。”

的概念基础上所发展出来的财产权正当性理论，大体上可以分为两类：其一是受自然法思想影响，认为智力作品的财产权保护是实现权利人自由的保障；其二是受实用（功效）主义思想影响，认为保护著作权的原因在于激励创作、进而提升社会的整体福利，即财产权具有激励创作及促进作品传播的功能。前者是作者权体系的理论依据，后者是版权体系的制度基础。

最早系统阐释财产权自然法思想的人是约翰·洛克。洛克的理论被称为劳动财产权理论，其基本观点是：每个人都是他自身的主人，对其劳动成果理所当然享有所有权。土地和一切低等物为人类共有，个人付出的劳动使其从公有状态中分离出来，成为其个人财产权的客体，其条件还包括：留有足够的同样好的东西给其他人；且不存在浪费的情形（财产"被糟蹋或败坏"），"超出这个限度就不是他的份所应得"。尽管洛克财产权理论针对有形财产所有权与体力劳动，但在英国18世纪发生的文学财产争论中，将先占作为原始取得的唯一依据被否定后，洛克关于劳动作为财产权来源的理论便成为文学财产保护最核心的正当性依据。① 当然，将体力劳动、有形财产的原则适用于智力劳动、无形财产，面临着事实上的一些障碍，如它无法解释为何著作权法保护突发灵感、偶然所得之作，但不保护那些付出辛勤劳动完成却不具有独创性的表达。

康德、黑格尔等人在自由意志的哲学理论基础上也发展出了被称为人格财产权的新理论。康德区分书的实在物存在形式与书的内容，主张书是作者"向公众所作的、通过可以看得见的语言符号来表达的讲话，这和书籍的实际外形无关"。"一本书并不仅仅是外在物，而且是出版人对公众的讲话，他受该书作者的委托，是唯一有资格公开这样做的人，这就构成一种对人权。"②因此，未经授权而翻印作品，即属于未经作者同意而将其讲话公之于众，侵犯了作者的人格权。1844年，约翰·喀什博·布伦奇里进一步发展了康德的理论，认为作者权首先是人格权，然后才是财产权。整体来看，他强调著作权保护的实质是对作者个人人格利益的保护。③

黑格尔在此基础上形成了另一种人格财产权理论，他认为财产权是人类自主权的延伸，人只有参与到与外部事物的财产关系中，才能成为真正的自我。黑格尔认为，财产的存在是因为物体或土地被注入了人的意志，并非是人的劳动。"我可以转让自己的财产，因为财产是我的，而财产之所以是我的，只是因为我的意志体现在财产中。""精神产品的独特性，依其表现的方式和方法，可以直接转变为物的外在性。""新所有人取得这种物之后可因而把其中所展示的思想和所包含的技术发明变成他自己的东西。""新所有人同时占有了这样表达自己和复制该物的普遍方式和方法。"但是，作品的"作者或技术装置的发明者依然是复制这种作品或物品的普遍方式和方法的所有人"④。在黑格尔哲学的基础上，德国著名学者约瑟夫·科勒发展出了无形财产权学说，认为在与作品相联系的著作权之外，还存在保护作者人格利益的人格权，这两者并不属于同样的权利，从而形成了著名的"二元化理论"。

英国、美国等版权体系建立在实用主义或后果主义（consequentialist）的基础上。实用主义财产权理论主要源于边沁的学说，边沁主张人的本性是避苦求乐的，人的行为是受功利支配的，法律以最大多数人的最大幸福为判断标准。就著作权法而言，它通过激励文学艺术创作行为来实现促进科学进步的目标。作品创作的成本较高，而复制成本低廉；如果没有著作权的保护，复制

① 参见[澳]布拉德·谢尔曼、[英]莱昂内尔·本特利：《现代知识产权法的演进：英国的历程（1760—1911）》，金海军译，北京大学出版社2006年版，第26-27页。

② [德]康德：《法的形而上学原理——权利的科学》，沈叔平译，林荣远校，商务印书馆1991年版，第112-123页。

③ 参见[德]M.雷炳德：《著作权法》，张恩民译，法律出版社2005年版，第24页。

④ [德]黑格尔：《法哲学原理》，范扬、张企泰译，商务印书馆1961年版，第73、76-79页。

者无须承担作者支付的创作成本，能够以较低价格提供作品而获得不当的竞争优势，这最终将降低原创者创作作品的动力。此即为人们所熟知的、契合法经济学分析的激励理论。著作权法是实现特定立法目标的工具或手段。因为作品具有公共产品的非竞争性(non-rivalry)和非排他性(non-excludability)特点，由私人市场提供公共产品数量可能存在不足的问题，对创作者予以补贴或赋予其排他权的目的是校正供应不足的问题。著作权法的目的是促进文学艺术作品的创作，为天才之火添加利益之油。

第二节 著作权客体

著作权包括作者权和邻接权。作品是作者权的客体；邻接权的客体是作品的传播活动或某种形式的劳动投入或资金投入，它保护与智力成果有关的投入。本节主要研究受著作权法保护的作品应具备哪些条件、有哪些法定类型的作品种类以及法律保护的邻接权客体有哪些类型。

一、作品受保护的条件

《著作权法》第3条规定，作品“是指文学、艺术和科学领域内具有独创性并能以一定形式表现的智力成果”。依此，作为著作权客体的作品必须满足三个条件：文学、艺术和科学领域内的智力成果；独创性；具有一定形式的表达。对于外国人作品而言，还必须满足我国参加的国际条约或我国法律规定的条件(《著作权法》第2条)。此外，作为受著作权保护的作品，还必须不属于法律不予保护的情形(《著作权法》第4、5条)。

(一) 文学、艺术和科学领域内的智力成果

作品必须是作者的智力创造成果(intellectual creation)，它不仅是人类活动的产物，而且必须是人类智力活动的成果。不体现人类智力活动的产品，即使能够被称为艺术杰作，也不是著作权法上的作品。例如，有些因自然力作用所形成的精美形状的钟乳石，堪称鬼斧神工，具有极大的美学价值，但并不能成为著作权法上的作品。除了人类，某些动物也具有一定程度的智力，也可以从事一些智力活动。这些动物有大象、海豚、鹦鹉、黑猩猩等。人类可以通过训练大象用鼻子来绘画，也可以训练海豚来表演节目。但大象绘作的画、海豚的表演都不能成为作品。

但是，如果有人将自然物或动物的智力活动成果拍摄下来，则可成为摄影作品。当然，摄影作品的著作权人并不能禁止他人拍摄同样的照片。此外，对于驯兽师而言，如果要禁止他人拍摄这些照片，则仅能依据其作为动物或场所的物权人，通过合同来予以实现。随着技术的发展，人工智能也逐步得到应用。例如，用于天气预报的单张气象云图一般无须人类的具体操作，通常由卫星上的探测仪器，对温度、湿度和大气一些太阳光的反射信息进行组合探测，形成不同的波段并传输到处理系统，最终转化为气象云图。有些气象云图不仅具有预报天气的实用价值，而且也具有极强的艺术美感。卫星拍摄的地图，也有可能因偶然的天气、角度等因素会形成具有艺术美感的画面。再如，谷歌(google)公司和百度公司提供的翻译软件可以在线进行翻译。输入一段文字之后，选择相应的语言，译文自动完成。它们可以成为作品吗？随着人工智能的进一步发展，人类对于某些作品形成的干预越来越少。例如，仅需人打开机器，机器便可自动完成气象云图。一般来说，由机器自动制作的产品不能构成作品。

但是，由机器辅助完成的作品与之不同。人们为了表达自己的观点或情感，利用或操作机器制作出来的产品，如利用字表处理软件写作的论文、利用绘图软件制作的图片、通过取样软件制作的一段声音，自然属于智力成果的范畴。当然，这并不是以对作品的人为干预为标准来判断是否受著作权保护。例如，某企业商标所使用的文字是委托他人在选择某种电脑字体后经艺术加

工完成的。这种书法尽管基于现有电脑字体产生，可能艺术性不高，可能完全借助电脑完成，也应看作是具有独创性并能以某种形式复制的智力成果。

作品还必须是“文学、艺术和科学领域”内的智力成果。很明显，这一表述来自《伯尔尼公约》第2条第1款：“‘文学艺术作品’一词包括文学、科学和艺术领域内的一切作品（every production in the literary, scientific and artistic domain），不论其表现方式或形式如何。”在《伯尔尼公约》上，“科学、文学和艺术领域”并未有深刻的含义。首先，“科学作品”并不保护作品所揭示的科学发现或发明，本质上，它或者可归为文字作品，体现为对方法、实验结果或设备等产品的文字表述；或者属于艺术作品，体现为图表、插图。其次，“文学、艺术作品”也不能从字面意义上涵括所有受保护的作品种类；而且，“文学、艺术”本身所指的范围也是不够清楚的。例如，广义的“艺术”既包括美术（fine art），也可指音乐、戏剧、文学等。[①] 此外，将 literary works 翻译为文学作品也并不妥当，因为它包括“小说、诗词、散文、论文等以文字形式表现的作品”。

在我国，部分法院和学者认为，“文学、艺术和科学领域”限定了著作权法保护的客体范围，即，它不属于工业或实业领域的智力成果。这体现为著作权法和专利法等其他法律在保护对象上的区别。

（二）独创性

独创性（originality），亦称原创性，是作品受著作权保护的实质性条件；但何谓“独创性”，著作权法却表示沉默。国际条约也未界定独创性。虽然条约并未明确规定有独创性的门槛标准，但毫无疑问的是，它也是对成员国立法自由的一种限制。即，《伯尔尼公约》及 TRIPs 协议的义务是，成员国对独创性的标准不得设定得非常高，以至于某类作品全都不受保护。同样，国内法也不得采取较高的独创性标准，以至于国际条约中受保护的某类作品中的大部分都难以满足条件。[②] 除此之外，独创性水平属于成员国法律的范畴。不同国家因著作权制度的不同而形成了多样性的独创性判断标准。

我国法律并未提供独创性的定义。但是，一般认为，独创性的判断由两部分组成：① 作品是由作者独立完成，而不是剽窃或篡改他人作品的产物。② 作品还须体现作者的创作性。

1. 独立完成

独立完成是指作品为作者独立构思而成，它完全不是或者基本不是从另一件作品中抄袭而来。从理论上讲，任何一件作品的完成，不可能完全脱离前人的作品。因此，有观点认为，判断是否独立完成需要考虑作者的主观创作意图：作者在创作作品时，是否意图再现已有作品？例如，一名技艺精湛的石雕匠比照明代石碑的外形，按他人所书碑文，采用人工打锻、磨面的方法重刻石碑。该石碑虽然体现了石雕匠纯熟的雕刻技能，但是，他比照原石碑重新加工制作的行为不能满足独创性的要求。由于探求作者主观意图具有一定困难，因此更可取的方法是并不调查创作意图，而是以争议中的作品表达形式进行比较。

独立完成并不要求作品必须要具备新颖性。由不同作者就同一题材创作的作品，作品的表达系独立完成并且有创作性的，应当认定作者各自享有独立著作权。美国著名法官汉德（Hand）曾说：“如果某人具有不可思议的魔力，他从未阅读过济慈的诗作《希腊古瓮颂》，却能奇迹般地写出一模一样的诗作；他也是作者，其获得著作权后，他人未经授权不得复制其作品，当然，他们可

---

① See Sam Richetson & Jane C. Ginsburg, Review of International Copyright and Neighbouring Rights: The Berne Convention and Beyond (2th, ed., Oxford University Press, 2006), para.8.06, at 406.

② See Sam Richetson & Jane C. Ginsburg, International Copyright and Neighbouring Rights: The Berne Convention and Beyond (2th ed., Oxford, 2006), § 1.8.05.

以复制济慈的作品。”在实践中，如果两部完全相同的作品，后者要证明其系独立完成，事实上是非常困难的。[①] 仅需独立完成而不是新颖性，这一要件可以使得市场提供更丰富的信息产品。

缺乏新颖性的作品，不影响作品的独创性。例如，一件儿童椅子与保护期届满的外观设计在主题、形式上具有实质性相似，但两者之间具有差别，且其差异并非微不足道，该椅子具有艺术性，是独立完成的作品。虽然新颖性的存在与否，在著作权法上并无重要地位；然而，新颖性的存在却是作品具有独创性的有利证据。例如，如果复制他人美术作品之外，还添加了新的元素；或者完全重构了现有作品。这表明作品具有新颖性，是独创性的重要证据。此外，缺乏新颖性的表达方式，例如，落入俗套的表述，也往往可以作为证据，以证明作品缺乏独创性（一定程度的创作性）。独创性完全不同于专利法上的新颖性条件。独立发明并不能使得后发明人获得专利权，也不能为后发明人免除侵权责任。

2. 创作性

独创性要求作品满足最低程度的创作性（creativity）。创作性不同于独立完成。后者是指作者是否复制了已有作品，以及在多大范围之内予以复制，这更多属于事实的判断；而创作性则是价值判断的概念，更多被视为法律问题。[②] 一般来说，文学艺术作品中，法院较少对作品的创作性予以评价。然而，在涉及体现、描述客观事实性或功能性的作品种类上，则通常需要考虑其是否满足创作性。例如，作为实用艺术品的服装，只有其具有实用性且更具有艺术欣赏性，才能得到著作权保护，保护的客体是体现服装设计者思想情感的、具有艺术性的独特表达方式。

创作性不等于作品的审美价值或艺术价值。或者说，法官在判断独创性时，并不评价作品的艺术价值。这被称为“美学非歧视性原则”。美学非歧视性原则的提出，原因主要有二。其一，作品的价值评估涉及艺术鉴赏能力问题；而作品的价值往往随着社会发展而变化。美国著名法官霍姆斯曾经指出：“让仅受过法律训练的法官来判断美术作品的价值，超出了其狭隘且非常明显的能力限制，因而是非常危险的事情。极端的例子是，某一天才的作品很可能不为人所理解和接受。”有很多名著在首次发表时受到讽刺或批评，而随着时间的推移，它们又得到了广泛的赞赏。其二，受保护的作品种类广泛，包括了明显不具有文学艺术目的之广告用语、菜谱、计算机程序等，因此，独创性也不考虑作品的用途等。此外，如同独创性与新颖性无关，创作性也不同于专利法上的创造性。很明显，创造性的要求高于创作性。创造性是指“与现有技术相比，该发明具有突出的实质性特点和显著的进步”。创作性的判断无须与现有作品进行比较。

创作性不等于作者的高超技能。著作权法并不完全保护对作品付出的特定技能、投资、努力和知识。尼莫教授曾经举例说，如果一位学者在大英博物馆花费数年的艰苦研究，最终发现了被遗忘的莎士比亚手稿。这位学者为此而付出了特定技能、知识，需要接受特殊训练，并最终作出了创造性的判断。但是，他并未从事任何的创作行为，对该手稿并不享有任何著作权。[③] 再如，以浮雕形式将以绘画、摄影或者舞台表演形式呈现的人物形象加以再现，“其人物形象本身并没有因制作行为体现出与原有人物形象有明显区别的构思和想象……不能视为创造性智力活动的成果”。

在我国，古籍点校是否具有独创性具有争议性。有观点将古籍点校工作的高度专业性等同于创作性。古籍点校“要求点校者具有渊博的历史、文化知识和深厚的国学功底，并非普通人可以轻易胜任。点校行为并非简单的劳务或技巧，而是需要付出大量的创造性智力劳动。针对同

---

① See 1 Goldstein on Copyright (Wolters Kluwer, 2009), § 2.2.1.

② See 1 Goldstein on Copyright (Wolters Kluwer, 2009), § 2.2.1,2:14.

③ See Nimmer on Copyright (Matthew Bender, 2009), § 2.01 [A].

一部古籍，不同的点校者进行点校后形成的点校作品可能并不完全相同，这体现了不同点校者的判断和选择。点校行为最终产生了与古籍有差异的、新的作品形式。对古籍点校作品给予程度适当的保护，不仅能有效保护在先古籍点校者的创造性智力劳动，亦能激励后来者不断以历史的、发展的眼光开展古籍点校工作”。但质疑者认为，从本质上讲，对古籍（如“二十五史”）进行分段、加注标点和字句修正校勘工作，目的在于还原古籍的本来面目，而不是体现出与原作“足够超出细微的不同”。

对临摹已有作品的行为是否具有独创性也存在争议。毫无疑问，对已有作品的精确再现，它需要更高超的技能；但它并未向公众提供新的作品，同时，创作性不等于作者的创作技能，故此类临摹不具有独创性。在临摹已有作品时，如果临摹者添加了新的内容，与原作存在一些区别，则临摹具有独创性。至于这些区别的产生，可能并不涉及作者的主观意图或者较高技能的运用。例如，美国有判决认为：“即使（临摹形成的作品与原作）两者之间的实质性差异并非被告有意创作，这并不影响其著作权。（临摹者）视力的原因，或者肌肉组织的缺陷、受到雷声惊吓，都有可能导致作品的实质性差异。这些非有意改变所形成的作品，其作者也是可以获得版权的。”①

创作行为属于事实行为，与人的行为能力无关。

历史上，不同国家对于独创性的要求并不相同。普通法国家传统上采纳辛勤收集或额头出汗原则，在这一原则下，作者在作品创作过程中对相关元素选择的经验与技能运用、资金或智力投入等，是作品受保护的重要考虑。继承这一立法模式的国家包括英国、加拿大等。但美国自1991年Feist案之后，要求作者的资金或智力投入具备少量的创作性。相比于传统的独创性标准，美国法上作品受保护的门槛略高一些。大陆法国家的创作性条件被认为是最高的，它强调“作者人格的印记或个性”（法国）或“个人的智力创作成果”（德国）。然而，随着经济全球化的进展，独创性的法律标准也日趋融合。事实上，不同国家对于独创性条件的区别并没有理论上的分歧大。②

（三）具有一定形式的表达

受保护的作品仅限于作者的表达（expression），而不及于作品的思想（idea）。这不仅为国际条约所明文宣告，大多数国家著作权法也多有明确规定。《世界知识产权组织版权条约》（WCT）第2条、TRIPs协议第9条第2款都有相同的规定：著作权保护延及表达，而不延及思想、程序、操作方法或数学概念本身。美国版权法第102条第2款规定：“在任何情况下，对于作者原创性作品的版权保护，均不延及思想观念、程序、工艺、系统、操作方法、概念、原则和发现，不论它们在作品中被如何描述、解释、说明或者体现的。”我国台湾地区也有类似规定。

1. 表达

所有作品都是对某一思想的表达，思想和表达均属于作品的构成部分。一件作品，既有可能体现为思想的独创性，也有可能体现为表达的独创性。然而，具有独创性的思想并不说明作品具有独创性；反之，亦成立。

第一，受保护的表达必须传达情感或信息。本身并不传递某种情感、思想的表达不构成著作权法意义上的作品。例如，答题卡主要针对考题的选项设置和统计信息需要而设计，且图形排布受制于光标阅读机等阅读设备所识别的行列间距等参数，其本身并不表达某种思想和设计，且其排列及表达方式有限，不属于著作权法意义上的具有独创性的智力成果。

---

① Alfred Bell & Co., Ltd. v. Catalda Fine Arts, Inc., et. al. 191 F.2d 99 (2d Cir. 1951).

② See Paul Goldstein, International Copyright: Principles, Law and Pratice (Oxford University Press, 2001), pp.161 - 165.

第二，表达以一定形式表现，具有可复制性。可复制性并不是固定要求。一般来说，作品体现为一定的客观表达形式，总能够以某种手段予以复制。有些作品能够以物质形式固定下来，但在现有技术条件下予以复制则会困难重重；有些作品能够以某种技术手段予以复制，但作品的体现形式可能会发生变化，难以固定下来。因此复制和固定的要求并不完全相同。[①]

2. 作品的思想不受保护

无论作品的思想是多么新颖、有趣或有益，它都不受保护。作品只要一经发表，就变为公有领域的财产，任何人都可以自由地予以使用。思想不受保护，被认为是作品得到保护的对价(sine qua non)；如同获得专利权的对价，是向公众充分公开受保护的发明。在著作权法中，思想由谁最先创造无关要旨；甚至，由谁首先以某一方式或多种方式予以表达，也无关要旨。关乎要旨的是：作者对这一思想的表达是否具有独创性？因此，即使作品中的思想具有独创性，但是其表达则完全有可能因不具有独创性而不受保护。

思想/表达二分法意图划定受著作权保护的元素(部分)与公有领域(不受保护的部分)的边界，以及确定著作权保护与专利权保护的界限。作为著作权法上的核心概念之一，思想/表达二分法(idea/expression dichotomy)备受争议，其重要的原因是，它太笼统，很难用于具体的案件。

(1) 思想的类型

界定思想，或者将思想予以类型化，有助于澄清不受保护的范围。尽管划分并不准确，或者有可能重合，但是广义上的思想包括下列四种情形。

第一，创意。作品独特或新颖的构思、观念，不受保护。创意有不同的表达形式，这是作品受著作权保护的重要条件，如将"2012"设计为龙的形状，就可以有不同的设计方案。创意不受著作权法保护，但有可能受商标法、反不正当竞争法、商业秘密、合同法的保护。[②] 然而，受这些法律保护的创意，也必须是具体的创意，而非抽象意义上的创意，要求其达到可操作的程度。而对于作品的构思，如关于情节、人物性格等具体之设计，则属于表达的范畴。

图 2-2

第二，构成作品的基本元素(building blocks)。构成作品的基本元素，如文字作品所使用的词汇或短语、基本的场景和主题；视觉艺术作品中的色彩、线条、明暗对比技巧等；音乐作品中的节奏、韵律、音符等。最高人民法院在(2009)民申字第693号民事裁定书中认为：

> 作为文字作品，词或词组等符号是作者在创作作品过程中必不可少的元素，只有将这些创作元素加以组合，才能构成一部完整的文字作品，以表达作者对其描述对象的思想、情感。但用来表现作品独创性的词或词组等符号虽然可以由作者选择，但由于这些符号本身因不属于作者的创作，因而不能限制他人通过各种形式合理使用。

第三，功能。不受保护的功能主要是指作品所披露的技术信息、科学原理、方法及其运用或

---

① 参见冯晓青：《著作权法》，法律出版社2010年版，第53页。

② 参见李明德：《美国对于思想观念提供权的保护》，《环球法律评论》2004年秋季号。

操作。此外，需要指出的是，如果作品具有实用功能，并不等于其不受保护。特别是实用艺术品，其关键之处在于，作品的功能与其艺术表达能够予以区分。例如，产品设计图所蕴含的“参数”等技术信息，属于“作品蕴涵的思想”，权利人如果希望予以保护，可以依照专利法或者保护商业秘密的法律规定寻求权利保护。对中药药方的表述可能是受保护的作品，但是，“不能混淆技术（中医配方）与技术之表述（中医配方的表述）的区别，前者属于专利、技术秘密保护范畴，后者属于著作权保护范畴。如果以著作权的方式保护书籍中披露的技术信息，就是以著作权保护的方式取代了专利或者技术秘密保护的方式，从而在事实上造成了著作权人对书籍中所记载的技术（中医配方）的垄断”①。

第四，事实本身。事实并非作者所创作，而为其所发现。诸如物理现象等科学事实、史实、时事新闻及其他类似事实，均属于作者的发现，可以被记录或叙述，但不能认为事实是作者的创作。即使事实属于作者的首次发现，作者只对事实的表达（如记录）享有著作权。例如，某历史学家皓首穷经考据某已经湮灭皇宫的建筑形式，成功撰写一部专著，一家从事旅游开发的公司依据书中描述而重建历史建筑物，后者不构成侵权。再如，年谱是用编年体记载谱主生平事迹的著作，谱主生平事迹及著述均系客观事实，属于公有领域的素材。任何人均可以在这些公有领域素材的基础上进行独立创作，并对独立创作的作品享有著作权。年谱在形式和内容上的特点决定了其只能享有较弱的著作权保护。典型的事实类作品包括：地图、示意图；以自然景观等为对象的摄影作品；产品目录和电话号码簿；等等。

《著作权法》第5条规定，通过报纸、期刊、广播电台、电视台、网络等媒体报道的单纯事实消息，不受保护。在乔天富与重庆华龙网新闻传媒有限公司侵害著作权纠纷案中，法院认为：

> 特地为媒体报道而采写的单纯事实消息，因为仅对时间、地点、人物、起因、经过、结果等新闻要素的简单排列组合，不具有独创性；或者不涉及思想的表达方式，或具有表达上的唯一性，属于公有领域的客观事实，因此被排除在著作权法保护范围之外。……判断图片新闻是否为单纯事实消息并不以其所配发的文字是否为单纯事实消息为标准，而应单独审查其独创性，因为一张图片的独创性并不会因其所配文字的变化而发生任何实质性改变。……虽然所配文字属于单纯事实消息，但图片具有独创性，属于把单纯事实进行了独创性的表述，是新闻作品，受《著作权法》保护。

(2) 思想的抽离法

美国著名的汉德法官指出：“当越来越多的枝节被剔除出去以后，留下的是大量适用于任何作品，特别是戏剧的普遍模式。最后，剩下的可能只有作品内容的最一般的陈述，有时，甚至仅有作品的标题。当一系列抽离之后，某一点就不再受著作权保护，否则就会阻止对‘思想’的利用。”②思想/表达二分法的核心在于划定作品中受保护的部分与不受保护的部分，因此，抽离思想的过程，本质上是法院确定作品中不受保护的内容的过程，应该在保障公众获取信息和激励创新之间予以适当平衡。思想不受保护，其立法政策有二。其一，确保信息自由、表达自由，以促进市场上思想的自由交流与竞争，并最终服务于科学、文化的进步。其二，划分著作权法与专利法（工

---

① (2003)成民初字第1042号民事判决书。法院还认为：“通过配方名、主治、药物、制法、用法、附记的方式对中医配方所进行的表述是中医配方通常的表述方式，不具有独创性；其药物组成的表述也仅仅是将众所周知的中药药名进行排列、组合，这种排列、组合体现的是技术信息，在表述方式上亦不具有独创性。”

② Nichols v. Universal Pictures Corp. 45 F.2d 119 (2d Cir. 1930).

业产权法)的界限,将作品的功能性因素排除出去。

(3) 合并原则

如果用以表达原创思想的方式,仅存在唯一的有效途径,或者少数的有效表达方式,则意味着思想和表达在作品中合并存在。因为思想与表达不可区分,对思想的利用自然避免不了对表达的复制。《著作权法》第5条第3款规定,“历法、通用数表、通用表格和公式”不受保护,因为这些表达常常和其思想不可区分。一般来说,如果权利人要求保护的对象包括了作品的构成元素,或为新的独创性表达所不可或缺的部分;或者作品的表达方式成为作品实现某种功能所最具效率的方式,则法院常常适用合并原则。

在实践中,合并原则的适用与思想的抽离程度密切相关。一部作品的思想难以被抽离或被抽离的程度较低,则其内容与表达方式就极可能合并在一起。此外,它也与法院采取的抽离方法密切相关。一件设计为大黄蜂的别针,是否适用合并原则,往往取决于别针创意的抽象程度。如果将其思想界定为昆虫形状的别针,则表达这一思想的手段就有很多;但如果将思想界定为某种蜜蜂形状,则表达方式就没有多少可供选择。对类型或类别的界定越细致,被控侵权的“表达形式”就越有可能被认为与思想不可区分。因此,正确对作品进行抽象的界定,对于著作权保护具有重要意义。

一般来说,如果一旦被认定为作品的表达与思想不可区分,则合并原则适用的结果是作品不受保护。但是,这样一来,它将导致完全抄袭不受禁止的后果,故有观点认为,具有有限表达方式的作品享有著作权,但其保护范围非常小,仅能禁止完全相同的复制行为。

(4) 必要场景原则

合并原则主要适用事实作品、功能性作品,而必要场景原则主要适用于文学、艺术作品,特别是虚构类的小说、戏剧、电影等作品。文学研究者曾经指出,悲剧的情节实际上只存在36种情况及其相应的36种情感的看法。如果一位作者根据一种类型的悲剧性冲突来构思一部作品,他能够拥有该类情节的专有权,丰富多样的信息产品就可能被窒息。[①] 因此,著作权不延及构成某一特定主题不可或缺的实用功能部分或者标准,通常的事件、人物或场景,对这些元素的保护将限制后续作者创作作品的能力。

例如,在表现“文革”时期的电影中,工厂、学校、广场等播放革命歌曲;警匪片中互派卧底、追缉歹徒时赛车、碰撞等;穿越剧中,主人公因偶然事件回到历史之中,产生现代人与古代人思维、生活方式的冲突,或者运用现代人的知识来解决古代问题;爱情悲剧中,“相遇、相爱、父母反对、殉情自杀、获救、重逢”也常常属于这种题材中的标准场景。反映历史题材,或者在特定背景下进行创作,必然导致不同作者在创作时使用相同或相似的素材。

在我国,合并原则和必要场景原则常常用以判断作品的独创性。确实,如果思想与表达难以区分,或者只有少数几种方法表达思想,就不存在创作的充分空间,这实质上也表明作品仅有极少数的非思想(表达)性因素。从这层意义上讲,它们是对作品独创性判断的一个辅助方法,也是对思想/表达二分法的一种判断标准。

(四) 著作权保护的其他条件

作品是否受我国法律的保护,在某些情况下还需要满足一些特定条件。第一,外国人或无国籍人作品的著作权须满足法定条件。第二,违禁作品的著作权将受到一些限制。第三,官方作品不受法律保护。第四,虽然有些国家有履行一定手续的规定,但这并不影响著作权的享有。

---

① 参见[西班牙]德利娅·利普希克:《著作权与邻接权》,联合国教科文组织译,中国对外翻译出版公司2000年版,第41-42页。

1. 外国人(含无国籍人)作品

国内法原则上只保护本国作品。在某些条件下,外国人作品才受本国法保护。一般来说,国内法规定本国作品的范围,大体上包括三种做法:①一是作者的国籍。作者或作者之一具有本国国籍,或居住地在本国。二是作品在本国发表的事实。其通常包括在本国首次发表作品,视听作品在本国完成,建筑作品建立在本国,以及在本国建筑物内长期保存的美术作品。三是混合上述两种做法。凡是在国内法上找不到上述连接点的作品,被认为是外国人作品。

除少数国家外,本国作品通常在作品完成之后即可获得著作权的保护。但是,对于外国人作品而言,确认作品起源国对于其受保护的资格具有重要意义。如果起源国与保护国有共同参加的多边条约或者双边条约,则按照条约来处理。如果没有国际条约,则通常按照对等原则处理;或者,外国人作品就可被自由使用。

在我国,外国人作品的界定是以作者国籍为标准的,但又以作品在我国首次出版这一事实作为受保护的连接点。《著作权法》第 2 条第 1 款规定:"中国公民、法人或者非法人组织的作品,不论是否发表,依照本法享有著作权。"第 3 款规定:"外国人、无国籍人的作品首先在中国境内出版的,依照本法享有著作权。"如果外国人作品在中国境外首先出版后,30 天内在中国境内出版的,视为该作品同时在中国境内出版。首先在中国境内出版的外国人、无国籍人的作品,其著作权自首次出版之日起受保护。对于其他外国人作品,则根据其作者所属国或者经常居住地国同中国签订的协议或者共同参加的国际条约享有的著作权,依法受保护。未与中国签订协议或者共同参加国际条约的国家的作者以及无国籍人的作品首次在中国参加的国际条约的成员国出版的,或者在成员国和非成员国同时出版的,依法受保护。

根据《伯尔尼公约》和 TRIPs 协议之规定,外国人对其著作权享有国民待遇。为了落实国际条约的规定,我国于 1992 年 9 月 25 日颁布了《实施国际著作权条约的规定》,并于 2020 年修订,其第 4 条界定的外国作品包括三种情况。第一,作者或者作者之一、其他著作权人或者著作权人之一是国际著作权条约成员国的国民或者在该条约的成员国有经常居所的居民的作品;第二,作者不是国际著作权条约成员国的国民或者在该条约的成员国有经常居所的居民,但是在该条约的成员国首次或者同时发表的作品;第三,外商投资企业按照合同约定是著作权人或者著作权人之一的,其委托他人创作的作品。

同时,其第 19 条规定:"本规定施行前,有关著作权的行政法规与本规定有不同规定的,适用本规定。本规定与国际著作权条约有不同规定的,适用国际著作权条约。"我国过去著作权的保护水平整体上低于国际标准,这导致了备受批评的外国人作品享有超国民待遇的做法。随着我国著作权法的历次修订与不断完善,《实施国际著作权条约的规定》的地位和作用也日趋式微。在今天看来,该规定将外商投资企业享有著作权的作品视为外国作品,并不符合《著作权法》第 2 条的规定。另外,如果合作作者之一或者共同著作权人之一是中国国籍的自然人、法人或其他组织,但另一方是外国人,从而将该类作品视为外国作品,也不一定妥当。

2. 违禁作品

2001 年《著作权法》第 4 条规定:"依法禁止出版、传播的作品不受本法保护。"但违禁作品是否享有著作权,在我国著作权法起草与通过之后,都有过相反观点的争论。② 2007 年 4 月,美国

---

① 参见[西班牙]德利娅·利普希克:《著作权与邻接权》,联合国教科文组织译,中国对外翻译出版公司 2000 年版,第 459 - 462 页。

② 较全面的阐述参见韦之:《版权法原理》,北京大学出版社 1998 年版,第 185 页;费安玲:《知识产权法教程》,知识产权出版社 2005 年版,第 65 - 67 页。

就知识产权保护与实施问题要求与我国进行磋商，并随后正式向世界贸易组织（以下简称 WTO）提出申诉。美国共提出了四个请求 WTO 专家组解决的诉求，其中第三个主张是，它认为我国著作权法第 4 条及相关法律（measures）对于待批准进入中国市场的外国人作品拒绝给予著作权保护；在审查期间，未经授权而将复制品投入市场的行为因不构成侵权而不承担民事或刑事责任，因此与《世界贸易组织与贸易有关的（TRIPs）协议》第 3.1 条（国民待遇原则）、第 9.1 条（与《伯尔尼公约》的关系）、第 14 条[对表演者、唱片（录音作品）制作者和广播组织的保护]以及第 41.1 条（实施措施）之规定不符。① 2009 年 1 月，WTO 争端解决专家组完成其初步裁定，专家组认为该条在实施措施和保护范围方面均未能符合 TRIPs 协议的最低保护原则。

判断违禁作品的法律标准主要是指作品的内容违宪或不道德。《电影管理条例》第 25 条、《音像制品管理条例》第 3 条、《出版管理条例》第 25 条列举了在电影、音像制品和出版物中依法禁止的十种内容，第 1、2、7 类内容属于“明显违宪”，第 5、7 类指向“迷信”和“色情”内容，或“不道德”内容。“依法禁止”指上述基本原则，也指具体的法律法规，如《电影管理条例》第 57 条和《刑法》第 364 条。

在 TRIPs 协议争端解决程序中，中方特别引用《WIPO 伯尔尼公约指南》（以下简称《指南》）第 17.3 段来说明第 4(1)条属于《伯尔尼公约》第 17 条的情形。《指南》指出，本条“涉及政府采取必要措施来维护公共秩序的权力。为此，成员国的主权不受公约赋予作者的权利影响，作者只能在不与公共秩序相冲突的情况下行使他们的权力。作者的权利必须受制于公共秩序。本条赋予成员国某些控制权”。“在 1967 年斯德哥尔摩修订会议上，成员国一致同意本条规定的是审查制度以及可为此目的所能行使的、准许或禁止作品传播的权力。但这不是成员国建立强制许可传播制度的依据……成员国也一致同意公共秩序属于国内法解决的问题，成员国可采取一切必要措施来限制权利人可能滥用其垄断地位的行为。”专家组认为，尽管《指南》在其序言中即明确表示，它不是《伯尔尼公约》条款的授权解释，因为这种解释不是 WIPO 国际局的权限范围；但它同意这种解释，在此种情形下，政府有权干涉著作权人行使或授权他人行使受保护作品上的某些权利，但这也没有理由假定该种审查就要将该特定作品上的所有著作权完全剥夺。《伯尔尼公约》第 17 条并未授权成员国政府拒绝任何作品的所有著作权。

从比较法的角度来看，因作品内容而限制著作权保护存在三种不同的制度模式：① 违禁作品即使符合作品受保护的法定条件也不享有著作权，或者属于不可实施的著作权，即意味着所有未经授权的行为并不视为侵权；② 违禁作品和其他作品一样都享有著作权，法院不能以公众品味或公共道德来限制著作权；③ 法院承认违禁作品的作者享有著作权，但限制其著作权的实施，法院保护其获得一些法律救济，如禁令救济；但会拒绝其他救济，如损害赔偿。② 从一般意义上来说，英国法属于第一种制度模式，美国法属于第二种制度模式，而加拿大法和德国法属于第三种制度模式。

从某种意义上讲，完全禁止违禁作品的著作权实施可能会“带来的问题比解决的问题多”。首先，诚如戈斯汀教授所指出的，依据社会道德标准来决定作品是否享有著作权，如同将作品的艺术价值作为作品受保护的条件一样，对于法院来说是非常危险的做法，因为社会道德的标准会随着时代的变迁而变化；其次，完全禁止违禁作品的作者享有著作权，就有可能导致盗版作品的

---

① See WTO Dispute Panel Report on CHINA—MEASURES AFFECTING THE PROTECTION AND ENFORCEMENT OF INTELLECTUAL PROPERTY RIGHTS, WT/DS362/R, 26 January 2009.

② See Owen Morgan, Copyright, the Public Interest and Content Restrictions, 8 Media & Arts L. Rev. 213, 215 - 216(2003).

流行；最后，对于作品内容的审查由专门的立法来担当更为妥当。[①] 各国都有对非法内容作品的其他法律管制。例如各国大都由刑法对淫秽作品进行管制，美国的邮政法对通过邮局传播类似作品进行管制等。

《著作权法》于2010年2月将相关条文修订为："著作权人行使著作权，不得违反宪法和法律，不得损害公共利益。国家对作品的出版、传播依法进行监督管理。"《伯尔尼公约》第17条允许成员国基于公共秩序而对著作权的行使进行限制，可以包括但不限于发行、表演、展出等；但不是完全否认特定作品的著作权。因此，禁止违禁作品的著作权人行使出版、传播的权利，符合国际条约的要求。从比较法的角度来看，法律保护此类作品权利人的消极权利，即法律允许权利人禁止未经授权而利用违禁作品的第三人。对违禁作品的著作权保护并不妨碍主权国家通过其他法律来审查作品的内容以维护国家的公共秩序和社会公德，这些法律可以包括刑法，也可以包括其他法律法规。

3. 官方作品

《著作权法》第5条第1款规定，本法不适用于"法律、法规，国家机关的决议、决定、命令和其他具有立法、行政、司法性质的文件，及其官方正式译文"。这些作品体现了国家和政府的意志，具有很高的独创性。将这些作品排斥于著作权保护之外，促使官方文件最大限度地向广大公众传播，最大限度地为公众所知晓，最大限度地被广大公众所利用，这是由这些作品的性质所决定的。同时，官方作品的创作成本已经由社会公众以税收的形式予以支付，社会公众应有权自由利用。

官方作品虽然不受保护，但对法律、法规等依据一定标准和技术予以汇编，将形成汇编作品，如果在材料的选择或编辑上具有独创性，它们将产生著作权，为汇编人所享有。然而，官方文件不受法律保护，对于其汇编作品有可能受到法律法规的限制。

官方作品不受著作权保护，并不意味着政府不能成为著作权人。国家可以通过购买、接受赠与或依据法律规定获得著作权。例如，茅盾先生在去世时将其著作权捐赠给国家。并不是一切官方主持创作的作品都不受保护。立法、行政、司法性质的文件及其官方正式译文之外的作品，则可受著作权保护，例如，政府拨款的标志性建筑物或雕塑。许多由官方主持编写的《地方志》，也可以享有著作权。《著作权法实施条例》第16条规定："国家享有著作权的作品的使用，由国务院著作权行政管理部门管理。"

随着立法民主化的进程，我国有许多立法草案是由私人接受立法机构委托起草的；有些则是私人为实现其学术理想而起草的。通常情况下，这些草案并非法律、法规，故可以享有著作权。但是，如果由私人拟定的法律草案为立法者所采纳，成为法律、法规，或者官方的法定标准，则应不再受著作权保护。

在实践中，比较具有争议的是，专利说明书是否属于官方作品？从比较法的角度来看，专利说明书是否享有著作权，往往以是否由专利审查部门以公告形式予以公开；在公开之前，专利申请人享有著作权，而公开之后通常不享有著作权。[②]

4. 无手续或其他要求

著作权依法自动产生，无须履行任何手续，也不需要有形式上的要求，如"版权所有"的标示。《著作权法实施条例》第6条规定："著作权自作品创作完成之日起产生。"创作完成，是指作品具

---

① 从我国的实践来看，对不道德作品版权的完全禁止，确实有可能导致盗版盛行，如贾平凹的《废都》被禁初期的盗版就是一例。

② 美国采取公开后无版权的做法，英国则为女王作品，德国法与之相似。参见郑成思：《版权法》（修订本），中国人民大学出版社1997年版，第119页。

有一定独立性。即，只要作者的某一思想或某一构思已经以某种形式完整地表达出来，即使只是其全部构思的一个组成部分，甚至是非主要部分，作品即已创作完成。例如，小说主要人物已经出现、重要情节已经展开，它作为连载的一部分可以发表，这部分就已经完成了。[①] 这说明我国著作权法实行自动取得原则，或者创作主义。当然，这并不是著作权的无条件取得原则；作品还是需要满足著作权保护的其他条件。

目前全世界有100多个国家和地区建立了作品登记制度。各国对登记的法律效力的规定主要分为三类。第一，登记作为取得著作权的先决条件，即权利取得模式。这些国家有三种不同做法。有些要求作品一经创作完成就须登记，如利比里亚；有些要求作品发表以后须登记才享有著作权，如阿根廷；而有些国家在发表后登记有较长的宽限期制度，如巴拿马著作权法规定了10年的宽限期。第二，登记是寻求司法救济的前提条件，即权利行使模式。美国版权法第411条、第412条规定，著作权登记是对某些侵权行为取得补救方法（如法定赔偿）的前提条件。第三，登记作为权利人享有版权的初步证明，即初始证据模式，例如日本、韩国。

我国的作品登记分为两类：计算机软件著作权登记，软件以外其他作品登记。在1993年以前，我国对计算机软件实行强制登记，即权利取得模式。但现在均已实行自愿登记，著作权登记不是享有著作权的条件，但属于享有著作权的初步证据，"登记文书是登记事项属实的初步证据"。作品备案登记内容仅是著作权归属的初步证据，并不具有绝对的证明效力。在上海黑猫警长企业管理发展有限公司与上海美术电影制片厂侵犯著作权纠纷案中，法院认为："《作品自愿登记试行办法》第二条规定了'作品不论是否登记，作者或其他著作权人依法取得的著作权不受影响'。在《作品自愿登记试行办法》第六条还规定了在某些情形下，已经登记的作品可以由登记机关撤销，这更加说明了《作品自愿登记试行办法》规定的作品登记制度并不是从法律上最终认定某个登记的作品就当然是著作权法意义上的作品，更不代表在版权机构作品登记上记载的相关权利人就当然是该作品的著作权人。《作品自愿登记试行办法》第一条规定，它是'为解决著作权纠纷提供初步证据'，这里提及的仅仅是'初步证据'，并非原告主张的经过备案登记即享有'对世权'，这是对作品备案登记制度的一种曲解。"

作品登记还具有其他法律意义。例如，作品登记证还是权利人进行著作权海关保护登记的重要文件。[②] 但是，在著作权利用方面，著作权登记具有更重要的法律意义。在著作权专有许可合同和转让合同方面，著作权登记是合同具有对抗善意第三人的条件；在著作权质押方面，登记则是质押合同生效并具有对抗第三人效力的条件。[③]

二、作品的法定类型

"作品"是著作权法中最基础的概念，是构成其他著作权制度的基础。从比较法来看，作品的界定有类型法定（即封闭式）与开放式立法两种模式。两者的区别在于法院能否保护法定类型之外的作品。前者体现了著作权法追求确定性、客观性及终局性的目标，后者具有著作权保护的灵

---

① 参见郑成思：《版权法》（修订本），中国人民大学出版社1997年版，第76页。

② 《知识产权海关保护条例实施办法》（2018）第7条："知识产权权利人向海关总署提交备案申请书，应当随附以下文件、证据：……著作权登记部门签发的著作权自愿登记证明的复印件和经著作权登记部门认证的作品照片。申请人未进行著作权自愿登记的，提交可以证明申请人为著作权人的作品样品以及其他有关著作权的证据。"

③ 《著作权质权登记办法》（2011）第5条："著作权质权的设立、变更、转让和消灭，自记载于《著作权质权登记簿》时发生效力。"

活性与综合性。但从制度实施的整体效果来看，两者也大体相同；但在法律适用中的方法存在不同。《著作权法》第3条第9项规定："符合作品特征的其他智力成果。"第三次修订前的规定是"法律、行政法规规定的其他作品"。对此，有法院认为，"在目前尚无法律、行政法规明确增加了其他具体作品类型的情况下"，法院创设作品新类型"是(被)立法明确排除的"。[①] 中国著作权法已明确采纳作品类型的开放式立法，不论其具体的表现形式如何，只要满足法定条件的智力成果均属于受著作权保护的作品。

各国法律大都例示性地列出一些受保护的作品，有些列举得简单，有些列举得详细。在我国，作品的法定种类有：文字作品；口述作品；音乐、戏剧、曲艺、舞蹈、杂技艺术作品；美术、建筑作品；摄影作品；视听作品；工程设计图、产品设计图、地图、示意图等图形作品和模型作品；计算机软件。

从法律上看，作品也可分为原作与二次创作作品，后者主要体现包括演绎作品和汇编作品。原作是作者独立创作完成的作品；演绎作品和汇编作品被视为具有相对独创性的作品，它可能只具有独创性的结构或只具有独创性的表达方式，如翻译等。

(一) 语言作品

语言作品是指以书面语言、口头语言等形式表现的作品，它包括我国法上的文字(书面语言)作品、口述作品两类。有人认为，我国法对文字作品的定义或翻译存在失误，因为我国法对文字作品的界定实质上是指以书面语言为体现形式的作品(written works)，它和口述作品(oral works)共同构成文字作品或文学作品(literary works)。[②] 该观点深值赞同。本书将文字作品等同于语言作品，即它包括书面语言作品和口述作品。

(1) 书面语言作品。书面语言作品是指小说、诗词、散文、论文等以文字形式表现的作品。书面语言作品的范围非常广泛。例如，美国版权法对文字作品界定为："音像作品以外的，以数字、文字或其他语言、数字符号或标记表达的作品，无论其载体(如书籍、期刊、手稿、录音制品、胶片、磁带、磁盘或卡片)的性质如何。"它既包括文学作品，如小说、诗歌、散文等；也包括科学领域的作品，如论文、专著、教材、科普著作等；还包括商业或实际生活领域中的作品，如广告文案、传单、商品说明书、服务项目说明书、菜谱等；也包括以其他符号表示的作品，如盲文读物。至于其体现形式，无论是手写还是打印，印刷还是存储在计算机中，都属于文字作品。但是，语言作品均须通过语言文字来表达特定的思想、内容或情感，无论用以表达的文字是国内语言还是外国语言，也不论是现实生活中仍然使用的语言还是历史上存在但如今并不使用的语言(如梵文)，也不论是人造语言(如世界语)还是计算机语言(如C语言)，也不论其表达的具体内容是科学、技术还是文学上的。

因此，以文字形式为载体、但不表现思想的作品就不属于语言作品。例如，书法的载体是文字，但它不属于语言作品，而应属于美术作品。印刷字体也是如此。表格、目录之类是否属于文字作品，这是一个比较特殊的问题。如果表格能够实现某一目的，而不是表达相应的科学或技术内容，则不属于文字作品。再如，某种计算表格，它并不直接告诉读者相关的计算结果，而是通过其蕴含的计算方法，由人们计算得出相应结果。该表格不属于文字作品。[③] 上述规则被称为"空白表格(black forms)规则"，如账簿、银行账单、积分卡、地址簿、通讯录等表格，不受法律保护。由横、竖线条构成的表格，只有少数文字或简短描述表格内容的表头，因没有足够的表达性内容，

---

① 北京知识产权法院(2017)京73民终1404号民事判决书。

② 参见孙新强、李伟民：《Literary Works译意探源》，《知识产权》2014年第1期。

③ 参见[德]M.雷炳德：《著作权法》，张恩民译，法律出版社2005年版，第125页。

不享有著作权。因为这些表格被设计用于记录信息，而不是其自身能够表达相应的思想；也是因为这样的表格通常为实现某一功能而设计，如答题卡的图形、表格设计，是为了配合机器的使用，其本身并未表达相应的思想。当然，对这些表格的解释性表述，可以构成文字作品。此外，如果表格的内容足够表达相应的思想，如对表格的解释或使用材料的说明，则可受著作权保护。

文字作品包括目录索引等相似类型，还包括产品标签、广告语等。它们在满足独创性等条件之后，同样受著作权保护。产品目录、索引属于汇编作品，其独创性通常体现在材料的选择或编排上。对于广告语而言，如果篇幅过于短小，则可能不符合作品的条件。产品说明书、产品标签等属于事实作品，因表达方式或功能的局限，其受保护的程度可能会有一定限制。但是，只要满足作品受保护的条件，它们都享有著作权。

比较特殊的是，作品标题能否作为独立的作品受保护？在我国，法律并未明确回答，但有些案例涉及标题是否享有著作权这一问题。作品标题是作品具有个性特色的重要组成部分，能够在作品、作品已获得的成功和作者之间建立起联系，同时还可避免同其他作品混淆。[①] 例如，《围城》是钱钟书先生的名著，公众看到《围城》二字便会将其与小说及钱钟书先生联系在一起。一般认为，标题在一定条件之下可能受著作权保护。如法国《知识产权法典》第 L.112-4 条第 1 款规定："智力作品的标题具有创造性的，同作品本身一样受到保护。"第 2 款规定："即使一部作品根据 L.123-1 至 L.123-3 条已不再受保护（过了保护期限——笔者注），任何人均不得在可能引起混淆的情况将标题用于同类作品。"因此，标题如果满足独创性等条件，自然可以受著作权保护。但是，大部分作品的标题都比较简单，属于公共领域的词汇或短语（如《娃哈哈》），或者难以体现出作者个性特征（如《五朵金花》），或者很难区分简短标题中的思想与其表达（如《中华老字号》）。因此，这些标题并不享有著作权。

有些使用标题的行为，如续写作品而使用原作标题或将原作标题作为续写作品的一部分（如《〈围城〉之后》与《围城》），将造成作品的混淆和不当联系。在此种情况下，即使作品标题不具有独创性，但续写作品因涉及使用原作人物或情节而属于演绎作品的情形，则作品标题与原作整体一起可以得到保护。即使作品标题不具有独创性，如果对它的使用会产生混淆的话，就可能受到商标法、反不正当竞争法的保护。当标题被注册为商标，则混淆性使用标题的行为将构成侵犯商标权。当标题获得第二含义，并且被告对标题的使用造成了公众混淆时，标题可受到反不正当竞争法的保护。

（2）口述作品。口述作品是指即兴的演说、授课、法庭辩论、即席赋词等以口头语言形式表现、未以任何物质载体固定的作品。在普通法国家，作品必须固定于一定物质载体才受著作权保护，故而口述作品除非固定在物质载体上，否则不受保护。《伯尔尼公约》于 1967 年修订后的文本规定，不以物质载体固定的口述作品、音乐、戏剧和舞蹈作品均受著作权保护。当然，口述作品同样需要满足作品的独创性等法定条件，如日常生活中朋友间天马行空般地胡吹海侃，不具有独创性，不属于著作权法上的作品。

（二）戏剧、曲艺、舞蹈与杂技作品

戏剧类的作品，通常需要以文字或符号形式记录，在本质上与文字作品无异。但是，不同之处在于，这些作品都是为演出目的而创作的。因此，应注意不要混同作品和作品的表演；作品的表演属于表演者权所保护的客体。

（1）戏剧作品。戏剧是供舞台表演的艺术，它包括悲剧、喜剧、独幕剧、滑稽剧、音乐剧（歌

---

① 参见［西班牙］德利娅・利普希克：《著作权与邻接权》，联合国教科文组织译，中国对外翻译出版公司 2000 年版，第 86 页。

剧)、哑剧和其他各种形式的戏剧。“戏剧作品,是指话剧、歌剧、地方戏等供舞台演出的作品。”在我国,人们对戏剧作品的含义存在争议。有人主张戏剧作品是指搬到舞台上的“一整台戏”,但更准确的观点应该是:戏剧作品指的是剧本,而不是戏剧的现场表演活动。[①] 戏剧的现场表演包含了导演、舞美设计、场景设计、演员等人的贡献;这些智力活动成果可以得到表演者权、美术作品著作权的保护。戏剧的现场演出是对剧本(戏剧作品)的表演行为。因此,戏剧作品本质上属于文字作品。从比较法的角度来看,确实有些国家的著作权法将戏剧归为文字作品一类。如日本《著作权法》第 10 条第 1 款第 1 项:“小说、剧本、论文、演讲以及其他文字作品。”意大利《著作权法》第 2 条第 1 款:“任何以书面或者口头形式表达的文学、戏剧、科学、教学、宗教作品。”

(2) 曲艺作品。曲艺作品是我国著作权法特别规定的一类作品,它是指相声、快书、大鼓、评书等以说唱为主要形式表演的作品。在本质上,它与音乐剧、哑剧或一般戏剧作品并无太大区别。同样,曲艺作品也是指剧本。例如,小品《满腹经纶》剧本的作者和表演者是不同的;由赵本山表演的著名小品《卖拐》的作者是何庆魁。

(3) 舞蹈作品。舞蹈作品,是指通过连续的动作、姿势、表情等表现思想情感的作品。同样,舞蹈作品不是指舞蹈演员的表演,而是指舞蹈动作的设计。因此,舞蹈作品的作者是编舞者,而不是舞蹈演员或排练者。例如,排练老师将舞蹈动作传授给演员,其传授的过程本身属于由演员将编导内容通过排练者演绎为舞蹈表演的过程。虽然该舞蹈的编导与排练无法截然分开,但编导的意志决定了排练者和舞蹈表演者的意志。即使排练者在排练中也要通过智力活动完成排练过程,但该过程不具有体现原创意义的编创属性。

舞蹈动作的设计可以书面记录下来,也可以通过其他形式(如录制)固定,还可以是未固定下来的动作。在有些国家,舞蹈作品必须固定下来才受保护。这不仅为普通法国家所要求,有些大陆法国家也有类似要求。如意大利《著作权法》第 2 条第 3 款:“以文字或者其他方式固定表演形式的舞蹈作品和哑剧。”法国《知识产权法典》第 L.112-2 条第 4 款也有类似规定。在德国,过去的法律要求舞蹈作品予以固定,但现在的法律并没有固定要求。因此,现场即兴表演的舞蹈,如果具有独创性,也可以受著作权保护。[②]

有些国家将舞蹈作品归为戏剧作品。如英国 1988 年《版权、外观设计与专利法》第 3 条第 1 款:“戏剧作品包括舞蹈或哑剧作品。”澳大利亚现行 1968 年《版权法》第 10 条、印度《版权法》第 2 h 条也有类似规定。美国在 1976 年《版权法》之前也是将舞蹈作品归为戏剧作品保护,这是因为大多数芭蕾舞等舞蹈都具有一定的故事性,如著名的《天鹅湖》。然而,当舞蹈艺术日益被认为是一种独立的艺术形式,其作为独立的作品种类也逐渐得到法律的承认。开创现代舞艺术的美国舞蹈艺术家伊莎多拉·邓肯,其舞蹈作品表现的主题非常抽象,她用舞蹈表现了自己对于情绪或者精神状态的理解。即使没有剧情或故事性的舞蹈,它也同样得到法律保护。这是舞蹈作品独立为一种作品类型的重要意义。

舞蹈艺术以舞蹈演员身体的连续活动来表现思想感情。诸如传统舞步、经典芭蕾技术和基本的节奏,都处于舞蹈作品的公有领域,对这些因素的组合则可能具有独创性。例如,芭蕾舞中脚的基本位置;基本舞姿,如阿拉贝斯(arabesque)、阿提秋(attitude)和伊卡特(ecarte);腿部技巧等;这些基本动作,就像字母一样,构成了芭蕾舞的基本元素,按特定的结构手法加以编排、组合,形成形象化的舞蹈语汇,能够表现出不同角色的个性、身份、情绪以及角色在剧情发展中的地位和作用。但是,属于公有领域的元素不受著作权法保护。

---

① 参见郑成思:《版权法》(修订本),中国人民大学出版社 1997 年版,第 93 页。

② 参见[德]M.雷炳德:《著作权法》,张恩民译,法律出版社 2005 年版,第 136 页。

舞谱是对舞蹈作品的书面记录。西方的现代舞谱有“拉班动作记谱法”“贝奈许记谱法”和“色腾动作速记法”等；它们常常通过绘画和相关术语来记录姿势和舞步。侵犯舞蹈作品著作权的行为，除了未经授权的公开表演行为，也包括未经授权的改编行为，平面化的复制行为（如复制草图、拍摄照片、录制等）以及向公众传播的行为。

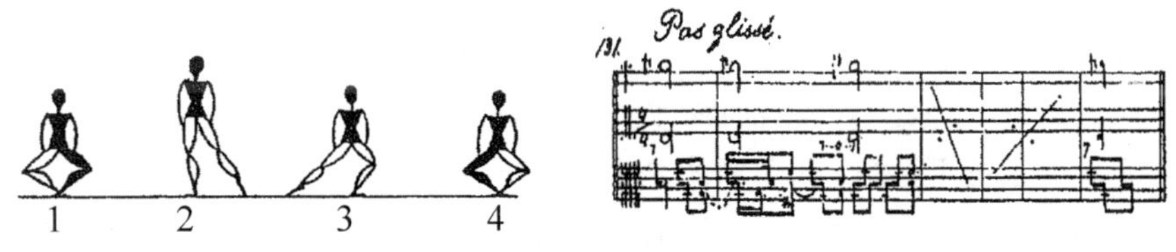

图 2－3　常见舞谱：滑步

（4）杂技艺术作品。杂技艺术作品是指杂技、魔术、马戏等通过形体动作和技巧表现的作品。它是我国著作权法所保护的特殊类型。立法者认为，我国杂技在世界上享有很高的声誉，杂技造型具有独创性，应明确规定为著作权保护的客体。杂技艺术作品综合运用创意（动作、魔术的原理）、操作方法、动作技巧与造型、语言及音乐等元素，它是集表演造型、人员道具、舞台布景、灯光音乐于一体的视觉艺术作品。例如，魔术表演者通过对道具的操作和一定技巧的运用，可以使观众感觉到戒指等物体悬浮于空气中的视觉效果。整个魔术在呈现给观众的形体动作、姿势的编排上体现了一定构思，故其有一定的独创性。成功的杂技主要是由三方面内容构成的：构思、技巧与表演。杂技艺术作品保护的是综合运用上述元素所表现的艺术形式，即表达于外的动作、舞蹈等。

杂技艺术作品不保护杂技技艺、驯兽方法、魔术创意。无论杂技的高难度动作多么新颖，其他表演者都可以模仿。因此，著作权法保护杂技艺术具有一定局限性。例如，不公开魔术秘密是魔术师的基本守则，如果没有了秘密，魔术就会丧失其吸引力。魔术由观众无法感知的隐藏技巧和可感知的外在表达共同构成，其中隐藏于内的技巧是魔术的核心动作和关键环节，却不是著作权法所保护的客体。① 魔术道具体现了魔术的秘密，但除非符合实用艺术品，道具本身并不受著作权法保护。魔术道具也很难去申请专利，因为与魔术的保密属性相悖。

有观点认为，杂技艺术作品的那些动作、姿势，并没有表现出区别于其他普通的舞台艺术形式的特点，完全可以通过舞蹈作品、音乐作品等已有的作品形式来加以保护；除了我国，没有其他国家规定杂技艺术作品这一类型，相反，有不少国家明确规定了杂技的表演者权。② 确实，杂技艺术作品类似于戏剧、舞蹈作品；但是，这并不是否定杂技艺术作品属性的理由。第一，作品在类型上具有一定重合性，这并不特殊。例如，戏剧作品（剧本）就和文字作品是重合的，戏剧作品与舞蹈作品也有一定交叉。第二，杂技艺术作品需要通过技巧表演出来，这是所有表演艺术的共同特点。例如，杨丽萍的孔雀舞也具有高难度的技巧。当然，杂技艺术受演员的表演能力限制更大些。第三，与其他表演艺术作品相比，杂技艺术作品在表演上以及由此产生的艺术美感上存在差异，其独创性表达具有多样性，有的侧重的是特定造型或特定动作的编排；有的侧重的是演出的

---

①　参见袁博：《论魔术可版权性的证伪：以我国首例魔术作品著作权纠纷案为切入点》，《中国版权》2013 年第 2 期。有人认为，道具说明书可以得到著作权保护，参见张绍忠：《“漂浮戒指”魔术著作权案解析》，《中国版权》2011 年第 1 期。然而，道具说明的撰写可以有不同表述，因为同一思想所导致的不同表达具有相似性，除非完整或近乎完整地复制道具说明书，否则很难定性为侵权行为。替代的保护方法是：对魔术技巧可以通过商业秘密、反不正当竞争法以及表演者的肖像权、形象权来保护。

②　参见王勉青：《我国魔术作品的著作权保护》，《中国版权》2013 年第 6 期。

整体编排;有的同时侧重于上述两个方面,包括造型、动作、音乐、背景等。杂技艺术作品是指杂技表演所依托的脚本,它必须具有一定的艺术性,而不能仅仅是简单的动作和技巧编排。①

杂技艺术作为作品受保护,并不影响表演者获得表演者权的保护。因为杂技艺术的表演受制于表演者的能力和技巧,所以大多数表演者也是杂技艺术作品的编导,具有作者和表演者的双重身份。例如,魔术一般多由魔术师(即表演者)自行创作研究完成,当然亦不排除存在由他人创作后交由魔术师表演的可能。对于魔术作品而言,由于其发表方式一般是魔术师的表演,多数情况下不具备署名的条件。因此,当作者身份未能通过适当方式表明时,且在没有证据证明魔术作品由他人创作完成的情况下,可以推定魔术作品的表演者为魔术作品的作者。不承认杂技艺术作品地位、但保护非作品的表演者的国家,也间接地保护了杂技艺术作品编导的权利。如法国《知识产权法典》第 L.212-1 条规定表演杂耍、马戏、木偶剧的人为表演艺术者。澳大利亚《版权法》第 248(A)条所界定的"表演"也包括"马戏、杂耍"的表演。法国《知识产权法典》第 L.112-2 条保护的作品也包括马戏。

(三) 音乐作品

音乐是最富感染力的艺术形式,它是将人的声音或乐器声音或其他声音或者将其组合在一起,以使人产生强烈感受的艺术。音乐作品,是指歌曲、交响乐等能够演唱或者演奏的带词或者不带词的作品。它们以曲谱形式记录,或者以磁带、录影带等方式记录,或者是即兴演唱。美国 1909 年版权法只保护以可读性方式记录的曲谱;但 1976 年版权法规定仅需通过一定方式固定即可,如记录在电磁媒介上的电子音乐。有一些不带词的音乐作品(曲谱或声音),可以通过演奏的方式体现。

歌曲一般是指能够演唱的带词的作品,由乐曲部分和歌词部分组成;而歌曲的乐曲部分和歌词部分在具体的表达上各具特点。此时,音乐作品作为一种可分割使用的合作作品,词作者和曲作者对各自创作的词曲部分单独享有著作权,在不侵犯歌曲整体著作权的情况下,可以单独行使各自的权利;毫无疑问,歌词属于文学作品。带词的歌曲是一个整体,侵犯音乐作品著作权的行为既包括对词、曲整体上的违法利用行为,也包括未经授权的填词行为,还包括未经授权的编曲行为。既然词、曲构成一个不可或缺的整体,音乐作品的独创性既可体现为词,也可体现为曲,或者,虽然词、曲均不具备独创性,但两者的结合具有独创性。此外,带词的歌曲是一个整体,依据法定许可制作录音制品时,不仅可以利用曲谱,作为音乐作品的一部分,歌词也适用法定许可录音。

与所有作品一样,音乐作品的思想不受保护。构成音乐的基本元素有:乐音,即一个确定频率或由一个确定频率规定的声音,大多数音乐作品由一系列乐音构成;和音,即两个或两个以上的乐音同时产生悦耳动听的效果,相反的是不协和音;节奏,即声音的重音与持续时间;速度,即音乐作品的演奏速度,如急板、快板、中板和慢板等;旋律,即一组连续演奏的音符,它们具有可感知的形态,或具有可感知的开端、发展和结束,音乐的核心是主旋律,而主旋律中自足的最短片段或单位,即构成音乐作品的主题;和声,是指几个音符同时发出的声音;强度,包括强、渐强、弱、渐弱等。音乐的常见结构包括:变奏曲、回旋曲、赋格、奏鸣曲、幻想曲和交响曲等。②

音乐家运用上述基本元素和基本结构来表达一定情感、激发听众情感,包括感觉、感情、激情以及情绪等。例如,一段急促的音乐可以表达不安和焦躁的情绪;而一段徐缓的小调,可以表达

① 参见张爱丽等:《我国杂技的著作权如何保护》,《河北大学学报》(哲学社会科学版)2006 年第 4 期;张丹丹:《魔术的著作权法保护之思》,《北京理工大学学报》(社会科学版)2013 年第 5 期。

② 参见[美]F.大卫・马丁、李・A.雅各布斯:《艺术和人文:艺术导论》,包慧怡、黄少婷译,上海社会科学院出版社 2007 年版,第九章。

忧伤的感触。这些情感可以为人们所感知。音乐作品的独创性体现在用以表达情感的基本元素之组合，以及基本结构的运用。因此，独创性既可以体现为作品的旋律上，也可以存在于和声或节奏之中。然而，音乐作品的构成元素属于公有领域，不受著作权法保护。例如，和声由数量有限的和音构成；而不同风格的曲子具有相应的节奏，如桑巴舞曲、玛祖卡舞曲等。音乐作品保护的对象是其旋律，因为旋律相当于文学作品的故事情节与具体表达，而不是思想或创意本身。如果两首曲子的主旋律相同，整体旋律存在个别差异，或者歌词大体相同，则属于实质性相似的作品。旋律通常以乐句的方式存在，例如，被控侵权的音乐作品有 4 个小节相同，但因为该 4 个小节并非连续的 4 个小节，不能构成一个完整乐句，不构成整体或部分实质性相似。

同一旋律可以有不同的和声与节奏的变化，采用同一旋律的作品在听觉上可能存在很大的差别。如果音乐作品的旋律以不同的和声或节奏予以改变，要判断是否存在复制或改编旋律的行为，除非是音乐家，作为外行的法官往往难以作出判断。因为独创性的旋律构成音乐作品中受保护的对象，在判断是否存在侵犯音乐作品的行为时，专家意见（鉴定）常常成为关键所在。[①]

音乐作品常常借鉴民间文学艺术的元素，或者改编自传统音乐。如王洛宾的许多歌曲是在新疆民歌的基础上创作的。判定他人是否剽窃了演绎音乐作品著作权时，应判断被控侵权作品是否使用了演绎作品中具有独创性的部分，并且被控侵权作品是否与演绎作品构成整体或部分实质性相似。

（四）艺术作品

艺术，有广义与狭义之分。广义上的艺术包括文学、音乐、美术等一切艺术形式，也包括具有实用价值的造型艺术品（实用艺术作品，works of useful articles）。而狭义的艺术作品是指美术等视觉艺术品（works of visual arts），它包括美术作品（works of fine arts，包括绘画、雕塑等）、摄影作品、建筑作品。《伯尔尼公约》第 2 条第 1 款 g 项列举“素描、颜料画、建筑、雕塑、版刻和石印作品”为美术作品的基本范围。有些国家著作权法中的美术作品包括实用艺术品，如日本《著作权法》第 2 条第 2 款、南非《版权法》第 1(1)(ⅲ)条、印度《版权法》第 2(c)条；或者将美术作品、实用艺术作品列为一类，如美国《版权法》第 101 条、英国 1988 年法第 3A 条、韩国《著作权法》第 4 条；也有些国家将其与美术作品独立并列，如法国《知识产权法典》第 L.112-2 条、俄罗斯《民法典》第 1259 条。

（1）美术作品。狭义的美术作品是指绘画、书法、雕塑等以线条、色彩或者其他方式构成的有审美意义的平面或者立体的造型艺术作品，它主要包括平面造型艺术作品（如素描、绘画、书法等）和立体造型艺术作品（如雕塑等）。作为受保护的美术作品，无论其使用何种材料和技艺，都受著作权保护；并且，在完成作品之前的草图或实验品都属于受法律保护的作品。与其他作品是否需要载体不同，并不存在口述的美术作品；或者说，艺术家必须亲手将其构想落实到具体的作品载体之上。作品原件具有不可回复性，承载了作品全部的视觉信息而产生了绝对意义上的特定性，不能为任何复制品所替代。因此，在艺术品市场，美术作品原件价值不菲；它也具有重要的法律意义。涉及人物、风景和静物等主题的美术作品，作者可能在忠实地再现原物，这可能导致不同作品之间具有相似之处，但由于不同作者都能够在作品上体现出自己的个性，分别得到著作权保护。[②] 此外，尽管我国法对美术作品的界定中提及“审美意义”，但并不要求其具有审美价值。

---

① 参见[西班牙]德利娅·利普希克：《著作权与邻接权》，联合国教科文组织译，中国对外翻译出版公司 2000 年版，第 50 页。

② 参见[西班牙]德利娅·利普希克：《著作权与邻接权》，联合国教科文组织译，中国对外翻译出版公司 2000 年版，第 52－53 页。

与所有作品一样，美术作品的著作权不保护处于公有领域的元素。绘画所使用的材料，如蛋彩颜料、壁画颜料、油画颜料、水彩颜料、墨水和丙烯酸颜料，因其物质属性而产生不同的效果；构成绘画的基本要素，如线条、色彩、质地、空间和形状；绘画所使用的技巧，如构图布局、强度与清晰度；画作风格，写实抑或抽象。雕塑也会因材料（大理石、黏土、塑料或铜等金属）的不同而呈现不同效果，也会因风格（浅浮雕、高浮雕、塑像）不同而具有不同的艺术感染力，还会因制作工艺不同而对最终作品的形成产生不同的影响。这些元素均不受著作权法保护。

在雕塑作品的塑像制作过程中，艺术家往往需要制作模型，以浇注形成最终的雕塑作品。①此时，比较特殊的一个问题是：原作是什么？模具可以被视为雕塑作品的原作，但模具本身并不是雕塑作品。是否使用该模具制作出来的所有雕塑，均可视为原作呢？有些国家（如法国）将通过该模具制作出来的一定数量的雕塑，都归视为原作。此外，传统雕塑的创作方法主要是雕刻与塑像。作为现代或后现代艺术的一种，雕塑的表现形式也日趋多元化，如空间雕塑、土地雕塑、纪念碑之类的公共雕塑，使得部分视觉艺术之间（如与建筑作品）的分界线越来越模糊。

在我国，书法也属于美术作品的范畴。狭义的书法是指写字的方法，而著作权法上的书法是指按照文字特点及其含义，以其书体、笔法、结构和章法写字，使之成为具有审美意义的艺术作品。书法技法上讲究执笔、用笔、点画、结构、墨法、章法等，与中国传统绘画、篆刻关系密切。它不仅具有文字的功用，是用以表达思想、感情的工具，甚至具有教化、民族团结的作用；而且也是以抽象线条构成的具有欣赏价值的造型艺术。书法的艺术价值还被广泛应用于商业目的，使用于商标、商品外观、广告、服务场所的装潢，如将书法家撰写的“道”字用于商标、网站和服务场所，以及在其他作品中使用，如电影《大闹天宫》片头使用了动画片享有著作权的片头等。如果未经授权而将他人的书法作品使用于上述商业目的，自然会侵犯著作权。当然，对书法作品的保护，并不包括汉字书写的法则、方法，不包括汉字本身形状所决定的造型，也不包括进入公有领域的字体造型。

(2) 实用艺术作品。实用艺术作品是指玩具、家具、饰品等具有实用功能并有审美意义的平面或者立体的造型艺术作品。《伯尔尼公约》上的实用艺术作品是指具有实用性、艺术性并符合作品构成要件的智力创作成果，无论这种作品是手工艺品还是工业生产的产品。它包括小摆设、首饰、金银器皿、家具、壁纸、装饰品、服装等艺术品。这些产品须为实际使用而创作或者创作成功之后被实际付诸使用的艺术作品。《实施国际著作权条约的规定》第 6 条规定：“对外国实用艺术作品的保护期，为自该作品完成起二十五年。美术作品（包括动画形象设计）用于工业制品的，不适用前款规定。”即，用于工业制品的美术作品，仍然依照美术作品保护。该条仅规定外国实用艺术作品，本国实用艺术作品应该如何保护？虽然著作权法并未明确规定，但我国理论和司法实践都将其归为“美术作品”而给予保护。

实用艺术作品具有两项特征：实用性、艺术性。即，实用艺术作品必须要具有艺术性（审美意义）才受著作权保护。但是，艺术性或审美意义并不是要求其具备审美价值，在本质上，它是对实用艺术作品的独创性要求，该要求与所有作品的独创性要求一样，包括独立创作和最低限度的创作性。这并未提出更高的独创性要求。它只要求该物品具有一定的艺术创作程度，这种创作程度使一般公众足以将其看作艺术品即可。

实用艺术作品必须具备艺术性，且其艺术性应该与实用性能够区分，即可分离性标准。著作权法对实用艺术作品所保护的是该作品所具有艺术性的内容，即作者对该作品的艺术性所作的

---

① 具体的制作过程，参见[美]F.大卫・马丁、李・A.雅各布斯：《艺术和人文：艺术导论》，包慧怡、黄少婷译，上海社会科学院出版社 2007 年版，第 123－126 页。

智力投入而产生的成果。作品的实用功能不受著作权法保护。例如,S弯形的刷柄显然是为实现牙刷的随意弯曲功能而设计的,该S弯形不具有著作权法意义上的艺术性,不属于受著作权保护的实用艺术作品。因此,产品设计具有审美意义,并不一定是受保护的实用艺术作品;而必须具有独立于产品实用功能之外的审美特征,它才受著作权保护。

如何判断实用艺术作品艺术性与实用性的可分离性?这一问题并未在我国法上得到充分的讨论。在美国法上,1976年《版权法》第101条界定的"工艺艺术品"(works of artistic craftsmanship)有两项要求:[①]实用艺术作品中的艺术性特征(artistic features)能够与其实用功能(utilitarian features)相区别,且能被独立识别。这并不是说实用艺术作品的艺术特征与其功能特征一定必须在物理上能够分离,或者说,移除实用艺术作品的功能性特征之后,其艺术性特征仍然是完整的;而是指其艺术特征与功能性特征在概念上可予以分离(conceptual reparability)。

然而,如何判断概念上的可分离性,美国法院采用了多元的法律标准。美国第七巡回法院在Pivot Point International, Inc. v. Charlene Products, Inc. 案中系统梳理了六种判断概念上可分离性的标准:① 实用艺术作品的艺术特征是主要的,而其实用特征是次要的。例如,一款用金银铸成的皮带扣,有证据证明消费者购买它是纯粹受其装饰性的特征所吸引,另外它还被艺术博物馆永久收藏。因此,具有艺术性是皮带扣的主要特征。② 一个产品即使缺失了相应的实用功能,它的美学质量依然吸引大量消费者,它也仍然是适宜于销售的产品。例如,服装中装饰性设计常常被用于装饰身体,而不是遮寒保暖。③ 由设计者所创作的产品特征区分于功能性的特征。如果两者交织在一起不可区分时,不受著作权法保护。例如,作为陈列服装的人体躯干模型,尺寸与人体一样,且在解剖学上非常准确,这些模型的独特线条非常具有美学吸引力,但不受著作权法保护。④ 产品的功能并不是影响其艺术设计的关键(significant)因素。如果产品设计的因素反映了功能与艺术的合并,则不受保护。例如,艺术家修改其雕塑作品的目的在于生产具有实用功能的自行车,则表明产品的功能是影响其艺术设计的关键因素。如果设计因素反映了设计师独立于功能性考虑之外的艺术判断,则符合概念上的可分离性标准。⑤ 产品的艺术特征本身就符合人们通常所理解的艺术作品,具有功能性的实用品仅仅加入了艺术特征的因素。⑥ 产品的艺术特征不具有功能性。

一般来说,实用艺术作品的保护期应短于其他作品。其发表权的保护期为25年,其著作财产权的保护期也为首次发表后25年;但作品自创作完成25年内未发表的,就不再保护。此外,《伯尔尼公约》允许成员国以其他方式保护实用艺术作品。我国法对于外国人的实用艺术作品保护并未给予国民待遇,而是实行对等原则。"外国人、无国籍人的实用艺术作品……,其所属国或经常居住地国对中国权利人给予保护的,受本法保护。"

在我国,字体是否享有著作权存在争议。工业化设计的字体是否属于美术作品?或者说,字体是否属于书法艺术?字体软件受著作权保护是没有疑问的;争议的问题是:字库中单个汉字是否构成美术作品?反对者认为,由于受到文字实用功能的限制,计算机字体的艺术性较低,与已有字体设计相比所体现出的艺术独创性也很低;字库运行结果的字体也不应受到保护,因为字体私有权利将会导致垄断结果,最终会损及公共利益。[②] 赞同者认为,计算机字体单字在达到独创性的要求下,即使由技术辅助完成,只要人类行为在作品形成过程中发挥了主导作用,就应该获得著作权的保护。这符合著作权的基本法理,有其逻辑上的自洽性;中文字体及单字的著作权保

---

① See Nimmer on Copyright (Matthew Bender, 2009), § 2.08 [B][3], 2-99.

② 参见黄武双:《实用功能排除了计算机字体著作权保护的可能性》,《法学》2011年第7期;张玉瑞:《字体、计算机字体的版权保护》,《电子知识产权》2010年第9期。

护符合我国的国际义务，符合我国产业发展的需要；也不会对公众造成利益损害，通过权利用尽、合理使用和明示或者默示许可制度可以避免广大公众的侵权可能。[①] 本书认为，字体是具有实用功能且具有审美意义的实用艺术作品。汉字字库产品需要符合国家标准，而不可能是纯艺术品。购买者之所以会在不同字库产品之间进行选择，是因为不同字库产品体现的美感有所不同。但是，字库的首要功能是其工具性，只有在满足这一需求的情况下，购买者才会考虑具有鲜明特色及较高艺术性的汉字字库产品。如其仅仅希望获得视觉美感享受，则会选择购买通常意义上的书法作品的这一载体，而非汉字字库产品。所以，它以实用工具功能为主，亦可能同时具有美感功能。

在比较法上，美国不保护字体。但也有些国家保护字体。德国 1981 年通过《书写字体法》规定，单个"印刷体字"享有最多 25 年的图案保护。虽然大多数字体形状缺乏独创性，但字体因存在多种表达的空间而可以受保护，如可口可乐公司的书写字体。[②] 英国 1988 年《版权法》第 54 条还详细规定了字体版权在普通印刷中的例外。在国际层面，1973 年由法国、德国、英国等欧洲 11 国发起，在维也纳缔结《印刷字体的保护及其国际保存协定》，于 1996 年 3 月生效。该协定允许成员国以著作权法或外观设计法保护字体，其保护期为 25 年。汉字与字母文字相比，更具有设计的空间。

(3) 建筑作品。建筑被称为"凝固的音乐"。因此，建筑不仅是实用功能性的产物，也是艺术创作的产物。建筑作品是指以建筑物或者构筑物形式表现的有审美意义的作品，包括作为其施工基础的平面图、设计图、草图及模型。这一定义符合国际条约对于建筑作品的解释。

《著作权法》规定的建筑作品属狭义上的建筑作品，仅指建筑物或者构筑物，建筑设计图（图形作品）、建筑模型（立体作品）分别作为独立的作品形式获得保护。建筑作品的保护范围仅限于建筑物本身，不包括建筑材料、技术方案；也仅限于建筑物的外观，包括线条、装饰、色彩等，但不涉及建筑物的内部特征和装潢。建筑学上建筑作品强调的是建筑的技术性和功能性，包含建筑材料、技术方案。但是，这些内容体现的是技术性创造，而非艺术性创造。这也表明，建筑作品具有实用功能，建筑技术和功能所决定的外观属于建筑作品的思想，不受保护。当然，"具有审美意义"的建筑物或者构筑物，并不是要求法官对其予以美学价值评判，而是表明建筑作品不保护其实用、功能性的因素。

独创性是建筑作品获得保护的必要条件。建筑作品不属于通常的设计，必须具有最低程度的创作性。由功能性决定的元素或标准部件、普通设计、保护期届满的独特设计等属于建筑作品的公有领域。但是，对各种普通要素的选择或编排可以体现出独创性。

对建筑物或构筑物的复制，首先是指从立体到立体的复制，如直接整体性的复制出另外一个建筑物，因为抄袭其独创性的外观（具有审美意义的因素）而构成侵权；也包括制作建筑物模型，或将其作为产品外观。其次是指从立体到平面的复制，主要表现为对建筑物的绘画、摄影、录像、拍照等。我国法律规定，对设置或陈列室外公共场所的艺术作品进行临摹、绘画、摄影、录像为合理使用。因此，这种复制通常不构成侵权。

狭义的建筑作品仅指建筑物、构筑物。但是法律并没有界定建筑物、构筑物的范围。《现代

---

① 参见黄汇：《计算机字体单字的可著作权问题研究：兼评中国〈著作权法〉的第三次修改》，《现代法学》2013 年第 3 期；吴伟光：《中文字体的著作权保护问题研究——国际公约、产业政策与公共利益之间的影响与选择》，《清华法学》2011 年第 5 期；崔国斌：《单字字体和字库软件可能受著作权法保护》，《法学》2011 年第 7 期；陶鑫良、张平：《具独创性的汉字印刷字体单字是著作权法保护的美术作品》，《法学》2011 年第 7 期。当然，给予字体特殊保护，或者邻接权的保护，也是一种立法选择。此外，字体也可申请外观设计专利权的保护。

② 参见[德]M.雷炳德：《著作权法》，张恩民译，法律出版社 2005 年版，第 143 页。

汉语大词典》的解释是:“建筑物,建筑而成的东西,如房屋、桥梁、隧道、大坝等。”“构筑物,一般不直接在内进行生产和生活活动的建筑物,如水塔、烟囱等。”作为动词的“建筑”是指“造房子、修路、架桥等”。美国版权法也未界定建筑物(building),但其立法资料与美国版权局的相关条例对其进行了界定。它包括人类居住的结构物,如房屋和办公室,也包括为人类使用、但非居住的结构物,如教堂、博物馆、凉棚、露台和花园中的亭子,但桥梁、立交桥、大坝、人行道、帐篷、娱乐性车辆、移动房屋或船等,不是建筑物。建筑物必须是永久或固定下来的结构物;还必须是独立的结构物,不属于较大结构物的组成单元;如果是并非封闭的构筑,而是由空间组织而成的结构物,如花园、公园,也不属于建筑作品保护的范围。我国著作权法是否应该移植美国法的做法?即,桥梁、大坝等是否属于建筑作品?本书赞同美国法的做法。[①] 同时建筑作品中的争议还在于建筑物的保护范围,而不是建筑物的构成条件。例如,位于大型购物大厦内的某个商店,或者在某个展览会上出展的某个品牌所使用的空间,其采取了独特的设计,展示出特殊的外观,是否属于建筑作品?某栋商业大厦,由标准化部件在工地组装而成,而这些部件在某工厂规模化生产,该大厦是否属于建筑作品?书报亭是否属于建筑作品?

广义的建筑作品还包括建筑设计图、建筑模型。建筑模型,包括建筑物落成之前的施工模型和建筑物落成后的缩微模型,与建筑物一样体现了设计师的独创性构思,受著作权保护。[②] 建筑设计图的保护具有特殊之处。设计师的工作主要包括两个方面:方案设计和施工设计。建筑设计图作为美术设计而受到保护是没有任何问题的。在2001年修订《著作权法》后,建筑设计图归为图形作品保护,这对建筑施工设计图的保护产生了一定的困境。建筑施工设计图的平面复制(如出版)不同于美术设计,故其重要价值在于按图施工,即以立体形式予以复制。但是,1990年《著作权法》第52条第2款规定:“按照工程设计、产品设计图纸及其说明进行施工、生产工业品,不属于本法所称的复制。”尽管该条在2001年修订时被删除,但该条的基本内容仍然是可以适用的。因为删除该条的目的在于保护建筑设计图从平面到立体的复制。当然,建筑施工设计图保护的是足以使建筑物具有独创性表现形式的部分再现出来的那部分图示,而不是其所包含的特殊施工方法(技术)。

建筑作品的保护还具有特殊性,因为其具有实用性,还涉及建筑物所有权人的权利。建筑作品的著作权具有三项特殊的限制。第一,作为设置或者陈列在室外公共场所的艺术作品,对建筑物进行临摹、绘画、摄影、录像及其成果予以再利用,属于合理使用。第二,为建筑物的扩建、改建、修缮等而对作品进行的改动,不侵犯作品完整权。第三,停止侵害责任(或禁止令)的请求权受到一定程度的限制,因为这涉及建筑物所有人合法权益保护的问题。

(4) 摄影作品。摄影作品是指“借助器械在感光材料或者其他介质上记录客观物体形象的艺术作品”。尽管摄影作品早在19世纪中叶就开始在法国、英国和美国得到版权法的保护,但是,围绕摄影作品的独创性及其保护范围所产生的争议却一直没有停息。摄影技术给版权法带来的困境,主要在于摄影作品所针对的客体很多是作为事实的人物、风景等自然界存在的事物。

第一,摄影作品的独创性。摄影作品常常被归为事实作品。创作性体现在拍摄者运用拍摄技能时所做的选择。“作者在拍摄过程中根据所拍摄产品的不同特性,选取了不同的场景、角度、光线和拍摄手法,体现了作者的创造性劳动,并非简单的机械性的记录过程。”创作性也体现在拍摄作品的艺术创作过程中。在拍摄风景时,为表现特定主题,拍摄者从不同角度拍摄照片并进行蒙太奇式的拼接组合,体现了拍摄者的艺术表现能力。创作性还体现在摄影作品的价值上。当

---

① 反对美国法的观点,参见卢海君:《版权客体论》,知识产权出版社2011年版,第361-363页。

② 参见郑成思:《版权法》(修订本),中国人民大学出版社1997年版,第115-116页。

然,作品的价值只是独创性判断的辅助标准。

摄影作品的创作性不体现在被拍摄对象上,而是如何选择拍摄对象,还包括拍摄后进行修正、冲洗等方面的创作性选择。摄影师在拍摄时必然运用一定的拍摄技能。将拍摄技能等同于作者的创作行为,如同美国汉德法官所指出的:"无论多么简单的照片,均不会不受拍摄者的个性影响。"①因此,几乎所有的照片都可以满足这一条件,受到著作权法的保护。

通过拍摄的方式精确再现美术等视觉作品可能需要更高的技术、努力和投资。但是,因未能产生新的创作行为,精确再现作品仅仅是复制的一种方式。精确再现已有作品,需要更高的技术,也需要付出更多的投资,以及复制者的独立判断。然而,由于并没有给公众带来新的作品,虽然精确再现已有作品可能需要较高的艺术造诣,但并不属于创作行为。摄影作品也是如此。拍摄自然物,无论是否精确再现,都给公众带来了新的作品;而精确再现已有作品的照片,因未有新作品的出现,即使需要较高的拍摄技术,也不能满足独创性的条件。

第二,摄影作品的著作权保护范围。作为事实作品,摄影作品中受保护的因素不是被拍摄的对象。因为被拍摄对象不属于拍摄者所创作,乃属于事实或思想的范畴,不受著作权法保护。摄影作品保护的对象必须是拍摄者的独创性表达。因此,被拍摄的人物、自然风光、产品、已有作品等,都不是拍摄者所创造,而是客观存在的事实,属于思想的范畴,并不受著作权法保护。在照片拍摄时,构图设计、被拍摄人物和道具的选择、特定姿势的安排、道具的布置,以及拍摄角度、光线处理、拍摄时机、后期制作等技术运用方面,体现了拍摄者的独创性。当然,摄影作品被拍摄时所体现的创作性高度各不相同。相应地,其受保护的范围也并不相同。著作权法只保护作品的独创性表达,这表明独创性越高的表达,受著作权保护的范围也越大;反之,受著作权保护的范围也越小。

因此,对摄影作品独创性的类型化研究,有助于确定其保护范围。英国著名法官兰迪(Laddie)在其合著的版权法著作中系统地梳理了摄影作品独创性判定的不同类型:②

> 摄影中存在的独创性空间明显体现为三个方面。其一,独创性不取决于被拍摄的布景(scene)或被拍摄主题或被拍摄的其他事物是否为其所创造,而是体现为拍摄角度、光线和阴影、曝光、滤镜使用方式所实现的效果以及后期制作技术等拍摄者的能力。……其二,被拍摄的布景或主题是拍摄者所创作出来的。如我们已经提及的蒙太奇式照片,但更常见的例子是对一组拍摄对象进行组合以及摆出不同姿势;这也可能涉及控制或布置被拍摄对象的背景灯光。其三,拍摄者在合适的时间、合适的地点拍摄下了有价值的照片。……这些被拍摄的场景值得保护,是因为拍摄者付出了特别的努力来抓拍到这一场景,如新闻摄影师拍摄的新闻故事;或者是因为好运气,或者是因为选择了恰当的时机,拍摄者在恰当的时间、地点抓拍到了这一场景。但这些并不影响(其独创性),因为法律如果拒绝保护偶然拍摄的照片是不现实的。

这一分类被美国法院用于判断摄影作品中哪些属于受保护的因素。③ 上述三类摄影作品分别被概括为"再现型"(rendition)、"主题创作型"(creation of the subject)和"抓拍型"(timing)照

---

① Jewelers' Circular Pub. Co. v. Keystone Pub. Co., 274 F. 932, 934 (S.D. N.Y. 1921), aff'd, 281 F. 83 (2d Cir. 1922).

② Hugh Laddie, Peter Prescott & Mary Vitoria, The Modern Law of Copyright and Design (Butterworths Law, 2000), § 4.57.

③ See Mannion v. Coors Brewing Company, 377 F. Supp. 2d 444 (S.D.N.Y. 2005).

片。在“再现型”和“抓拍型”的照片中，被拍摄对象并不是拍摄者所创作，并不体现独创性；其独创性体现为拍摄过程中各种技巧之运用。作为摄影作品的表达，不是这些特定的拍摄技巧，而是通过滤镜等拍摄技巧的使用所实现的“效果”。这些摄影作品的著作权，并不保护其所拍摄的主题，也不能禁止他人以同样的拍摄技术拍摄同一对象。对于抓拍而形成的照片也是如此。例如，在布鲁克瀑布下拍摄的一张照片，其画面为一条鲑鱼跳入棕熊张开的大嘴之中，就属于“抓拍型”的摄影作品。如果有其他摄影师碰巧拍到了类似的照片，即使其灵感来自前一照片，也不构成侵权。与前两者不同，“主题创作型”的照片虽然不能禁止他人拍摄同样的主题，但是，由于拍摄主题与特定场景并非处于自然状态，特定场景中所呈现的布景、灯光、人物关系以及各种不同姿势，都是拍摄者通过选择和排列所创作出来的，构成了作品中独创性的表达，是受著作权保护的部分。

第三，不具独创性的照片及其保护。在普通法国家，常见的场景或过分简单的画面，因缺乏足够的创作性而不受著作权法保护。例如，外卖菜单上最常见的中国餐盘照片不具有著作权保护所需要的创作性或表达性因素，背对白色背景的裸体小孩照片也被认为不具有独创性。除此之外，如果照片是对拍摄对象的简单复制（slavish copying），因没有产生可区分的改变而不具有独创性。对已有美术作品的简单复制没有独创性，但也有可能作为“艺术作品的复制品”而得到著作权保护。①

这些照片在其他国家中的法律保护却并不相同。历史上，部分国家区别对待摄影作品，不仅其保护期短于普通作品，而且在独创性和权利保护方面创设了不同的制度。部分国家对于符合独创性条件的照片，以普通作品给予保护；而不符合独创性条件的照片，则给予特殊保护或邻接权保护。《欧盟著作权保护期指令》（以下简称《保护期指令》）为各类作品规定了统一的保护期，也制定了统一的保护标准。对于摄影作品而言，其独创性标准为“该作品是作者自身人格的智力创造成果”，不应再考虑价值、创作目的等其他标准。欧洲法院也认为摄影作品必须体现拍摄者的个性印记（stamp the work created with his “personal touch”），这就意味着符合独创性条件的摄影作品受《保护期指令》的调整；但常见的一些快照等照片，并非不受保护，它们依然可以依据成员国法律来获得保护。②

在欧盟成员国中，有些国家区分摄影作品和照片，以是否满足独创性条件为区分标准。在这些国家，作者权保护的是作者个性化的智力创造成果，邻接权则与商业投资相关。这些做法的典型是德国，它在邻接权中给予照片较短的保护期，但享有的权利类似于摄影作品；而意大利等国家则建立了普通照片的单独保护制度。意大利《著作权法》第二编（邻接权）第五章单独保护照片。照片的摄影者仅享有复制、发行和转让的权利，且受法定许可的限制，其保护期也仅为20年，自拍摄完成之日起计算。立法类似于德国的还包括西班牙，而奥地利的立法与意大利相似。

（五）视听作品

视听作品是现代文化产业的重要组成部分。它是指由一系列有伴音或无伴音的连续画面组成，并且能够借助技术设备被感知的作品，包括电影、电视剧以及表达形式上类似于电影的作品。

我国著作权法对视听作品的规定存在着一些变化。在1990年《著作权法》中，它列举了三类典型的视听作品：“电影、电视、录像作品”，它是指“摄制在一定物质上，由一系列有伴音或者无伴音的画面组成，并且借助适当装置放映、播放的作品”。2001年《著作权法》中，它被称为“电影作品和以类似摄制电影的方法创作的作品”，是指“摄制在一定介质上，由一系列有伴音或者无伴音

① See Nimmer on Copyright (Matthew Bender, 2009), § 2.08 [E][2], 2-130-131.

② See Painer v Standard Verlags (C-145/10) [2011] E.C.D.R. 13.

的画面组成,并且借助适当装置放映或者以其他方式传播的作品”。除了名称的变化,这些变化主要体现在对电影的制作技术和作品传播两方面。这些变化反映了人们对于视听作品的认识不断深化。

将视听作品的制作技术“摄制”作为其定义的要素,导致法律并不能适应新技术的发展。如现代动画片的制作一般都是利用计算机软件完成的,特别是网络上的动漫作品、电脑游戏中的动画片段,很难符合传统的摄制定义。司法中将不是利用摄像机拍摄的方法制作的这些作品归之为“类似摄制电影的方法创作的作品”,实质上突破了摄制的范围,如“火柴棍小人”案中,法院认为动漫作品属于“类似摄制电影的方法制作的作品”。但是,学者们认为,法律本身应该体现技术中立的原则,以适应视听产业的发展。从比较法的角度来看,大多数国家的法律是从作品的表现形式,而不是其制作技术来界定视听作品的。如法国法第 L.112-2 条规定:“有声或无声的电影作品及其他由连续画面组成的作品,统称为视听作品。”

作为视听作品,除作品的一般构成条件外,它还包括三个特征。① 其一,它由画面组成。画面中可能包含文字、美术作品。其二,这些画面必须是连续出现且属于互有关系的画面。它又包括两个部分:① 这些画面之间必须有关系,通常围绕一个主题;② 这些画面须连续出现,但并不表明这些画面必须按秩序(in sequence)出现。相关画面的呈现顺序不仅体现了视听作品的作品属性,也体现其独创性。其三,这些连续画面须能够借助技术设备被人们所感知。相关画面或者与声音相伴的画面具有通过投影仪、观赏设备或电子设备等技术设备予以展现的属性。一份报纸的漫画,虽然是相关的、连续出现的画面,但它不属于视听作品。美国法上包含连续画面的幻灯片,其本质属性是通过幻灯机等设备予以放映,所以它属于视听作品。

在我国,《著作权法》区分视听作品与录像制品。美国《版权法》第 101 条既界定了视听作品(由系列关联的、有配音或无配音的图像构成,旨在使用放映机、电子设备等技术设备播放,无论其载体的性质如何),也界定了电影作品(由系列相关图像组成的视听作品,这些图像与声音等配音一起连续播放会产生一种动感)。因此,幻灯片不是电影作品,但属于视听作品。电影作品通常由剧本作者创作剧本,由导演进行整体规划,还包括制片人、摄影师、剪辑人员、设计师、服装道具、演员等共同进行创作性劳动。在电影艺术中,人们常常将导演等同于电影的作者;但对于大多数观众而言,最重要的人物是影片中的演员作者。② 电影艺术与戏剧相似,具有相应的情节,故而在电影作品保护的初期阶段,有些国家将电影作为戏剧性作品给予保护。如加拿大《版权法》第 2 条所界定的戏剧作品包括(includes)所有电影作品;而电影作品是指所有电影或以类似制作电影的方法制作的作品,不论其是否伴有相应音轨(sound track)。

将适宜于录制的舞台剧或其他表演中的戏剧作品录制下来,是属于电影作品,还是戏剧作品的复制或者固定手段?即使已经通过镜头的选择、特写的使用、部分的剪辑或观众视角的插入等手段,它与舞台演出有一定区分,但它并没有对原剧给出新的独创性表达,属于对戏剧作品的复制。③ 体育赛事本身并不是视听作品。尽管运动员要遵守事先的竞赛规则,赛事的延续可以录制为连续画面,录制品也能够通过技术设备为人们所感知,但是,运动员并不是演员,竞赛并非思想

① See Nimmer on Copyright (Matthew Bender, 2009), § 2.09 [A]; also see Goldstein On Copyright, § 2.12.

② 参见[美]F.大卫·马丁、李·A.雅各布斯:《艺术和人文:艺术导论》,包慧怡、黄少婷译,上海社会科学院出版社 2007 年版,第 312 页。

③ 参见[英]帕斯卡尔·卡米纳:《欧盟电影版权》,籍之伟等译,中国电影出版社 2006 年版,第 57 页。郑成思:《版权法》(修订本).中国人民大学出版社 1997 年版,第 96 - 97、111 - 112 页。

或情感的表达，故不属于视听作品的范围。运用各种镜头、解说和评论的方法而对体育比赛制作成的体育赛事节目，它不同于体育赛事本身，可以作为视听作品而受到保护。纪录片等非虚构性的作品，不是对自然现象的简单录制，而是通过制作电影的方式形成的，能够引发观众心理的情感，即属于一种表达，构成视听作品。

电子游戏和多媒体的出现，也使得人们对视听作品的判断出现一些困惑。一般认为，电子游戏的屏幕显示可以作为视听作品得到独立的保护。通常来说，电子游戏的故事性、画面性均由计算机软件所实现；因为屏幕显示可以由不同的程序来实现，软件的著作权与屏幕显示的著作权分别得到保护，对电子游戏开发具有重要意义。[①] 交互性的视频游戏更具有特殊性的剧情，主要是游戏玩家参与了剧情的发展。此时，它应该属于视听作品，只是该作品的作者是否包括游戏玩家，可能会产生争议。多媒体可能不仅包括文字性的内容、声音性的内容，还有可能存在有剧情的作品，其连续画面性的内容也可构成视听作品。同样，多媒体也往往通过软件实现相应的功能。

视听作品必须要满足独创性等作品的一般条件。这是区别视听作品与录像制品的关键。音乐电视（以下简称 MTV）由一系列有伴音的连续画面组成，并且能够借助技术设备被感知。MTV 是否属于视听作品，一般认为，应该根据 MTV 的具体情况来看其是否具有独创性。卡拉 OK 厅播放的 MTV 主要包括四种类型：一是根据现场演唱而制作的录像；二是播放的画面由风景、人物构成，但与音乐的内容无关；三是播放影视作品插曲并配以影视作品相关画面；四是根据歌曲内容演绎的、具有一定情节的连续画面。通常认为，后两种情况是符合独创性条件的。在实务和理论中，存在视听作品的独创性标准是有无还是高低的问题。北京市高级人民法院在北京新浪互联信息服务有限公司（简称新浪公司）与北京天盈九州网络技术有限公司不正当竞争纠纷再审案中认为，视听作品的独创性是有无而不是高低的问题：

> ……一般而言，对于由多个机位拍摄的体育赛事节目，如制作者在机位的设置、镜头切换、画面选择、剪辑等方面能够反映制作者独特的构思，体现制作者的个性选择和安排，具有智力创造性，可认定其符合著作权法规定的独创性要求，在同时符合其他构成要件的情况下，即可认定为电影类作品。但对于仅通过简单的机位设置、机械录制的体育赛事节目，由于在镜头切换、画面选择等方面未体现制作者的个性选择和安排，则不宜认定为电影类作品。
>
> 就本案而言，涉案赛事节目是极具观赏性和对抗性的足球赛事项目，为适应直播、转播的要求，该类赛事节目的制作充分运用了多种创作手法和技术手段。从该类赛事节目的制作过程看，一般包括如下步骤：一是摄制准备，制作者需要在赛事现场对摄制场景、拍摄范围、机位定点以及灯光音效等进行选择和安排，该步骤需要对赛事规律、运动员的活动范围等作出充分预判；二是现场拍摄，制作者在拍摄采集时需要对镜头定焦、拍摄视角、现场氛围等进行选择和判断，为了全方位捕捉现场精彩画面，经常需要进行多镜头分工配合；三是加工剪辑，制作者运用包括数字遥感等技术在内的多种计算机程序，对不同摄像机采集后的赛事视听内容进行选择、加工和剪辑，并将视听内容对外实时传送。上述制作过程必然要求主创人员根据创作意图和对赛事节目制作播出要求的理解作出一系列个性化的选择和安排。

---

① 屏幕显示也可以为静止的画面，静止的画面可以视为美术作品。如 NEXONHOLDINGS 株式会社等诉腾讯科技（深圳）有限公司等侵犯著作权、不正当竞争纠纷案中［(2006)一中民初字第 8564 号］，法院认为，被告的游戏画面并未构成原告 37 幅画面的美术作品及其中文字作品的实质性相似，不构成侵权行为。

一般而言，观众通常从广播电视或网络直播等途径远程欣赏的足球赛事节目包括两部分内容：一是赛事公用信号承载的内容，包括比赛现场的画面及声音、字幕、慢动作回放、集锦等；二是赛事转播方在直播过程中所增加的中文字幕及解说等。新浪公司在本案中明确其请求保护的涉案赛事节目内容为涉案赛事公用信号所承载的连续画面，该部分内容是通过广播电视、网络直播等方式远程欣赏赛事的观众能够看到的中超赛事节目的主要部分，具体包括：比赛现场的画面及声音、字幕、慢动作回放、集锦等。其中，运动员比赛活动的画面、现场观众的画面、现场的声音、球队及比分字幕、慢动作回放、射门集锦等，运动员比赛活动的画面以及现场观众的画面是通过对多个机位拍摄的画面切换、组合而成，这些画面由预先设置在比赛现场的多台摄像机从多个机位进行拍摄形成，画面表现包括全场、半场、球门区、多个运动员特写、单个运动员特写等，慢动作回放以及射门集锦穿插其间。为向观众传递比赛的现场感，呈现足球竞技的对抗性、故事性，包含上述表达的涉案赛事节目在制作过程中，大量运用了镜头技巧、蒙太奇手法和剪辑手法，在机位的拍摄角度、镜头的切换、拍摄场景与对象的选择、拍摄画面的选取、剪辑、编排以及画外解说等方面均体现了摄像、编导等创作者的个性选择和安排，故具有独创性。

二审判决结合中超赛事信号直播的客观限制因素（即赛事本身的客观情形、赛事直播的实时性、对直播团队水准的要求、观众的需求、信号的制作标准），从素材的选择、对素材的拍摄、对拍摄画面的选择及编排三个角度对中超赛事公用信号所承载的连续画面的独创性进行了分析，认定该类画面的独创性高度较难符合电影类作品的要求。

对于电影类作品的独创性应当以独创性之有无作为判断标准，而非独创性之高低。……第一，对素材的选择是否存在个性化选择。中超赛事公用信号所承载的连续画面是关于中超赛事视频节目的主要组成部分，其素材必然是中超的现场比赛。此点是所有纪实类作品的共性所在，但不能据此否定该类作品的独创性。著作权法对于因反映客观事实而不予保护的典型情形是时事新闻，但时事新闻限于仅有“时间、地点、人物、事件、原因”内容的文字或口头表达。除时事新闻外，不同的作者即便报道同一事实，其对构成要素的选择仍具有较多的选择空间，只要各自创作的“新闻报道”具有独创性，就不属于单纯的事实消息，而可以作为新闻作品受到著作权法的保护。根据“举重以明轻”的解释方法，对于涉案赛事节目是否具有独创性的认定，亦不能因其受赛事本身的限制而否定其个性化选择。中超赛事公用信号所承载的连续画面是由一帧帧连续的画面组成，尽管一场具体的赛事节目整体上只能限于同一场比赛，但比赛进程的丰富性、场内外各种情形的不可预知性以及多机位多角度拍摄画面的多样性，使得在具体时点上每一帧画面的形成、选择以及画面的连续编排，仍存在对拍摄对象等素材进行个性化选择的多种可能性。

第二，对素材的拍摄是否受到限制。……中超赛事公用信号的制作尽管要遵循相关信号制作手册的要求、考虑观众需求以及摄影师应具有符合直播水平要求的技术水准，但上述因素并不足以导致涉案赛事节目的制作丧失个性化选择的空间。……中超联赛公用信号制作手册的相关内容只是从拍摄原则和拍摄思路角度作出的规定，其作用类似于“使用说明书”“操作规范”，所列的拍摄要求和部分范例仅起到提示、指引作用，并不涉及具体赛事画面的选择和取舍，相关指引内容并未具体到每一帧画面的拍摄角度、镜头运用等具体画面的表达层面，故不能因此否定创作者的个性化创作；赛事节目的制作考虑观众需求以及确保摄影师的技术水准，是为了满足观众观赏体验，确保赛事节目制作的专业水平，从而确保赛事节目不仅能向观众传递赛事信息，还能以专业化、艺术化的方式呈现，即便为了满足上述需求和技术要求，也仍然存在多种选择的可能性。尤其值得注意的是，著作权法上的独创性要求不同于专利法上的创造性要求，只要存在自由创作的空间及表达上的独特性，并不能因使用常用的拍摄技巧、表现手法而否定其独创性。

第三，拍摄画面选择及编排的个性化选择空间是否相当有限。实践中，有限表达或唯一表达通常是被告提出的抗辩事由。中超赛事公用信号所承载的连续画面及涉案赛事节目的制作存在较大的创作空间，并不属于因缺乏个性化选择空间进而导致表达有限的情形。被告未提出相关抗辩，双方当事人也未进行充分举证、对质。此外，新浪公司在本案再审中补充提交的证据表明，对于同一场体育赛事，由不同转播机构拍摄制作的赛事节目在内容表达上存在明显差异，进一步印证体育赛事节目的创作存在较大的个性化选择空间。

此外，该案还裁定了视听作品是否需要满足"固定"条件：

《著作权法实施条例》第四条规定"摄制在一定介质上"，其目的在于将被摄制的形象、图像、活动与摄制后的表达进行区分，明确该类作品保护的是智力创作成果而非被创作的对象，保护的是表达，而非思想或情感本身。只有被摄制的形象、图像、活动等因加入了摄制者的个性，即摄制者的独创性，使之从客观现实中具化并转变为某一介质上的表达时，摄制者才能够证明作品的具体内容，并将之进行复制传播，进而才能为他人所感知。因此，"摄制在一定的介质上"要求的规范意义在于摄制者能够证明作品的存在，并据以对作品进行复制传播。

同时，《著作权法实施条例》第二条对作品的定义仅规定"能以某种有形形式复制"，即作品具有"可复制性"即可，并未将"固定"或"稳定地固定"作为作品的构成要件。因此，"摄制在一定介质上"并不能等同于"固定"或"稳定地固定"。即便将"摄制在一定介质上"视为构成电影类作品的特殊要求，根据《现代汉语词典》对"介质"的解释，"一种物质存在于另一种物质内部时，后者就是前者的介质；而物质是独立存在于人的意识之外的客观存在"。考虑到信息存储传播技术的进步，信息存储更加快捷、存储介质更加多元，对"介质"也应作广义解释。

类似的问题还包括视听作品中的伴音是否属于独立的作品？伴音虽然可以作为录音制品的对象而具有独立性，但是，由于伴音属于视听作品中不可分割的部分，未经授权而使用其伴音将侵犯视听作品整体上的著作权。英国 1988 年《版权法》第 5(B)条规定："附随于电影的音轨被视为电影的一部分；……播放电影包括播放附随于电影的音轨；播放录音制品，或者向公众传播录音制品，并不包括附随于电影作品的音轨。"因此，视听作品的作者包括导演、编剧、摄影师以及专门为视听作品创作的音乐作品的作者等。我国《著作权法》第 17 条规定，电影作品、电视剧作品"以外的视听作品的著作权归属由当事人约定；没有约定或者约定不明确的，由制作者享有，但作者享有署名权和获得报酬的权利"。

视听作品可以包含其他类型的作品，如其中的伴奏音乐。单个画面如果从视听作品中分离出来，就完全符合美术作品的定义。"电影作品和以类似摄制电影的方法创作的作品中的剧本、音乐等可以单独使用的作品的作者有权单独行使其著作权。"这表明，视听作品中的剧本、音乐、摄影作品、美术作品具有相对独立性，可以独立获得著作权。伴音中的音乐作品如果仅以视听作品的形式存在，一个重要的法律问题是：法定许可录音是否包括音乐作品？本书认为，基于法定许可录音的政策目标，能够单独使用的音乐作品应该适用法定许可录音。

视听作品通常根据剧本或小说拍摄，但视听作品是独立的作品；此外，视听作品还通常需要使用音乐、美术设计等。此时，视听作品属于演绎作品。至于对视听作品的使用是否需要取得原作品权利人的授权，应从两方面来看。一是对视听作品的播放、信息网络传播等直接利用行为，只要视听作品的制作取得了原作品权利人的合法授权，应该推断无须再次获得授权。即使未能在摄制合同中明确规定对视听作品的每次使用是否需要取得原作品的授权，推断原作品权利人默许视听作品的使用是合理的。二是对视听作品的演绎性利用行为，除非在视听作品制作时取得了原作品的明确授权，否则视听作品的授权行为将构成对原作品著作权的侵犯。①

娱乐性电视节目的产业化、全球化导致某些电视组织开始诉求司法部门保护其电视节目模式。虽然电视节目模式(TV Format 或 TV Show Format)这一术语在电视界几乎耳熟能详，但至今仍没有一个公认准确而适当的定义。一般认为，它是系列电视节目制作的框架，其不仅仅着眼于某一集电视节目的制作，而是将整个系列作为一个整体来看待和规划。② 从比较法的角度来看，美英、欧洲大陆一些国家的法律规定与法院判决认为，电视节目模式几乎都得不到著作权法的保护，但其在某种程度上可以根据反不正当竞争法以及商标法获得保护。③ 本书认为，电视节目模板是否受著作权保护，应根据其是否构成具体的表达形式来判断。记录创意的文字、最终制作完成的电视节目，当然属于文字作品与视听作品。借鉴他人节目创意，因创意不是著作权法保护的对象，并不构成侵权；如果两个节目之间在表达形式上构成实质性相似，则可构成侵权。当然，创意不受著作权保护，但可依据合同而得到保护。欧洲传播管理顾问公司与山东电视台电视娱乐节目模式合作合同及著作权侵权纠纷案中，根据电视娱乐节目模式合作合同，被告享有在山东省内独家播出权和使用权，被告因原告许可中央电视台使用，认为原告构成违约。法院并未支持被告的主张。在该案中，合同名称为节目模式合作，其内容是节目播出权与节目使用权。但是，法院并未澄清两者的关系，也未对节目模式是否享有著作权予以评价。

（六）科学作品

科学作品保护的是科学技术方面所创作的表达，至于其表达方式是平面(图形)还是立体(模型)，在法律上具有同样的效果。当然，科学作品的著作权也仅保护其表达形式，至于其中的科学技术或者客观事实则属于思想的范畴，不受保护。广义上的科学作品既包括论文等文字作品，也包括工程设计图、产品设计图、地图、示意图等图形作品和模型作品。本节的科学作品仅指后者。

(1) 图形作品。图形作品，是指为施工、生产绘制的工程设计图、产品设计图，以及反映地理现象、说明事物原理或者结构的地图、示意图等作品。图形作品是以平面的方式表达科学技术内容的一类作品，它包括的范围非常广泛，如科学技术方面的示意图、器械图示、线路图、解剖图等。工程设计图是指利用各种线条绘制的，用以说明工程实物基本结构和造型的平面图案；产品设计图是指以各种线条绘制的，用以说明产品的基本结构和造型的平面图案，如服装设计图、家具设计图、灯饰设计图等。

---

① 参见王迁：《“电影作品”的重新定义及其著作权归属与行使规则的完善》，《法学》2008 年第 4 期。该文主张视听作品中包含的音乐作品应享有从电影播放中获得报酬的权利。本书认为，音乐作品已经成为视听作品不可分割的整体；其报酬由视听作品的制作合同来决定。如果使用者播放电影作品，除了要向电影权利人支付费用，还应支付音乐作品的使用费，就增加了交易的复杂性，实非合理的制度安排。此外，卡拉 OK 使用音乐短片中涉及的音乐作品问题，则完全可以在音乐短片制作过程中解决授权问题。因为音乐短片的制作本身就应取得音乐作品的授权。

② 参见罗莉：《电视节目模板的法律保护》，《法律科学》2006 年第 4 期；对各国司法上界定的电视节目模板，参见胡骋：《电视节目模板的版权性质》，《人民司法》2011 年第 15 期。

③ 参见黄世席：《电视节目模式法律保护之比较研究》，《政治与法律》2011 年第 1 期。另外，也有观点认为，美国、欧洲最新的司法判例结果显示这种立场正在发生变化。参见黄小洵：《电视节目版式版权保护之法律困境和进路探索》，《北方法学》2013 年第 4 期。

施工效果图也属于图形作品，其必须具有独创性。如果施工效果图是通过计算机预先制作，起到展示安装效果作用，目的是将被告的标志(logo)安装到其经营场所。施工效果图显示的现场、墙面均为被告经营场所的实况；移动灯箱跟其他影院使用的没有多大区别；建筑物上的标志(logo)系被告自有的并使用的店招。该效果图不是创作作品之智力活动成果。为了施工、生产绘制的工程设计图、产品设计图，其享有的著作权并不保护生产产品或完成的工程。即，按图施工不构成侵权行为。例如，法院认为，“工程设计图的保护对象是点、线、面和几何图形组合的图形表达，而非表达背后的实用功能，故实现实用功能的施工行为，不属于著作权法保护的复制权的规制范畴”①。

地图、示意图是反映客观事实的图形作品，其独创性体现在整体构图、地理交通要素等客观事实的选择及表现形式上。不同地图绘制者在相同地理区域范围内选择标注不同的公路、河流、铁路、轨道交通、城镇、居民新村、公园绿地等地理要素，使用不同的标注、图示等辅助要素，这些都会反映出绘制者的独特个性。此外，地图绘制者在地图中还提供道路索引、轨道交通首末班车时间与公交换乘、就医指南、旅游景点、长途汽车站、机场和火车站信息，这些内容可独立构成文字作品。

地图作品仅保护制图者的创作性贡献，而不及于客观事实。在判断地图作品侵权时，相同的错误是否出现在被告作品之中，是极具说服力的证据。国家对地图出版实施管制，未经审核批准的地图不能公开出版。但是，即使构成非法出版物，也不影响其著作权的享有。

(2) 立体作品。立体作品是指为生产产品、展示地理地形、说明事物原理或者结构而创作的三维作品。立体作品通常以模型的方式存在，具有展示、试验或者观测等用途。它可以根据物体的形状和结构，按照一定比例制成。但是，根据实物的形状结构严格按比例制成的物品无法符合“独创性”的要件，实际保护的是具有独创性的立体外观设计。② 自然，所有作品都应符合作品受保护的一般条件。根据实物、人或动物的形状制成的具有独创性的模型，属于法律保护的立体作品。

(七) 计算机软件

计算机软件最初与硬件捆绑销售，主要通过合同和商业秘密的方式予以保护。但随着软件大众市场的形成与成熟，产业界对软件著作权保护的呼声越来越强烈；美国版权局自 1966 开始依据“存疑规则”而颁发软件版权登记证书。虽然软件版权保护反映了与摄影作品、电影作品等类似技术带来的困境，但在某种程度上它具有更重要的特殊性：传统的作品均是为人类直接阅读、倾听或观赏而创作的，但软件是面向机器的以实用(使用)为目的而编写的。赞同者认为，虽然计算机软件是功能性的，但由程序员编写的代码与文字作品的文本类似，“程序员对逻辑元素、模式、排序的选择如同诗人对于词句、语序的选择”；况且版权法也同样保护实用的其他功能性作品，如建筑物。为了解决上述争议，美国国会于 1974 年成立“版权新技术利用联邦委员会”(CONTU)，寻求版权法如何解决这些新技术问题的方案，其结论是美国 1976 年《版权法》已经保护计算机软件。1980 年，美国国会据此而修改《版权法》，在第 101 条中增加了“计算机程序”的定义，并修订其第 117 条规定了软件版权的例外(中间复制与软件修改)。

《伯尔尼公约》并未提及计算机软件，TRIPs 协议第 10 条第 1 款明确规定：“无论是以源代码还是以目标代码形式存在的计算机程序，都应根据《伯尔尼公约》1971 年文本作为文字作品给予保护。”此后缔结的涉及著作权的国际条约大都重申了计算机软件的作品属性，如《世界知识产权

---

① (2013)浦民三(知)初字第 103 号民事判决书。

② 参见王迁：《“模型作品”定义重构》，《华东政法大学学报》2011 年第 3 期。

组织版权公约》(WCT)第4条。计算机软件作品是指计算机程序及其有关文档。计算机程序,是指为了得到某种结果而可以由计算机等具有信息处理能力的装置执行的代码化指令序列,或者可以被自动转换成代码化指令序列的符号化指令序列或者符号化语句序列。同一计算机程序的源程序和目标程序为同一作品。文档,是指用来描述程序的内容、组成、设计、功能规格、开发情况、测试结果及使用方法的文字资料和图表等,如程序设计说明书、流程图、用户手册等。一般认为,计算机文档属于传统的文字作品范围。因此,计算机软件保护的特殊性主要是指计算机程序。

不同于其他作品类型,计算机程序具有固定要求。《计算机软件保护条例》第4条规定:"受本条例保护的软件必须由开发者独立开发,并已固定在某种有形物体上。"

计算机程序著作权保护的特殊性还体现于思想表达原则的适用。《计算机软件保护条例》第6条规定:"本条例对软件著作权的保护不延及开发软件所用的思想、处理过程、操作方法或者数学概念等。"无论计算机程序是源代码形式还是目标代码形式,无论其是操作系统还是应用程序,都属于著作权保护的客体。在实践中,对计算机程序的文字性复制——直接复制代码,其法律适用并不困难;比较复杂的问题是:对计算机程序代码的非字面要素进行模仿时,如何确定计算机程序中受著作权保护的表达?例如,复制计算机程序的结构、序列及其组织,再使用不同的编程语言编写代码,这是否构成侵权?在理论上,人们常常将其与小说或戏剧的情节是否受保护相对比。美国第二巡回法院在"阿尔泰案"中提出了著名的"抽象—过滤—对比"三步侵权认定法:第一步,抽象法,即确定计算机程序中不受保护的"思想"部分。"一件实用性作品的功能或目的即为其思想,任何不是该功能或目的所必须之部分都属于对该思想的表达。"第二步,过滤法,将争议计算机程序中不受保护的部分删除出去。这些内容主要包括:受效率支配的元素,如最简明扼要的逻辑与算法;为外部条件限定的元素,如设计标准、兼容以及普遍认同的编程;取自公有领域的元素,如不受著作权法保护的材料、落入俗套的常规元素。第三步,对比法,将抽离与过滤后所剩余的受保护部分与被控侵权程序进行比对,看是否构成实质性相似。

计算机程序保护的特殊问题还表现为其用户界面、操作菜单、应用编程接口(API)是否受保护。操作菜单与用户界面是否受保护涉及合并原则的适用。① 在作者创作作品之时,用以表达思想的方式或手段具有多种选择,如果此后因这一方式成为表达某一思想的事实标准,合并原则可否适用?在计算机程序的用户界面、操作菜单成为事实标准环境下,其他产品如能与其兼容,具有重要的竞争价值。例如,计算机软件人机界面(computer-human interfaces)的标准化可能产生于市场形成的过程之中。以字表处理为例,计算机用户希望能够在各种不同的工作环境下方便地利用其学习到的技能;希望人机界面尽可能地容易使用,即属于用户友好型的。友好型的人机界面必须是用户已经学习过的,越熟悉就越易于使用。更一般地说,用户友好型的人机界面取决于是否围绕人的因素为目标来设计,譬如运行速度最大、学习时间最少、错误率最低、保存时间最长。这也说明,部分用户界面并不属于受效率控制的设计,是可以得到保护的。

应用编程接口(API)是指事先定义的一组函数,用于操作系统程序与应用程序之间的调用接口,其功能是在不需要直接访问程序代码的情况下实现程序之间的通信。因此,市场上占主导地位的计算机程序的API如果基于兼容的考虑或依据基础设施理论,则不受保护;即使受保护,其构成合理使用对象的可能性极大。在美国甲骨文诉谷歌案中,初审的旧金山地区法院认为,谷歌公司的安卓系统采用了与甲骨文公司Java API类似的应用程序接口,目的是与利用Java开发的应用程序实现兼容,其所复制的程序接口的分类、命名和代码属于实现具体功能的操作方法,不

① See 1 Goldstein on Copyright (Wolters Kluwer, 2009), § 2.3.2.1;2:39.

受著作权法保护。甲骨文公司上诉至美国联邦上诉法院,后者认为应用程序接口受著作权保护。谷歌公司上诉至美国最高法院后被发回重审,旧金山地区法院重审后认为,接口受著作权保护,但谷歌公司的行为符合合理使用的规定。该裁定依旧为美国联邦上诉法院撤销,甲骨文公司胜诉。①

计算机程序与以计算机程序为载体的其他作品不能混同。例如,以代码形式存在的文字作品、音乐作品、美术作品等,是独立于计算机程序而受保护的作品。计算机程序调用系统中的数据而输出的成果,如图形图像、声音以及视听形式,是受保护的独立作品。例如,电子游戏运行中显示的画面、背景音乐以及挂机运行时的视听效果,是不同于计算机程序的美术作品、音乐作品和视听作品。此外,计算机程序也不同于其运行中所调用的数据(如图形元素)、其运行时所产生的数据(如电子游戏玩家积累的武器攻击力值)。② 随着人工智能技术的发展,计算机生成的作品是否受著作权保护,也属于人们热议的话题。本质上,它也属于计算机程序的输出结果。因此,在不讨论人工智能是否属于作者的前提下,它与一般作品在形式上并无区别对待的理由。

由上看出,计算机程序涉及信息技术而不是文化、艺术层面的创作成果,其著作权保护具有不同于其他作品的特殊性。因此,尽管国际条约上将其等同于文字作品,但各国立法时往往将其与其他文字作品的规定相区分。中国实际上对计算机软件采取单行法保护,《计算机软件保护条例》依据其特殊性而规定了其客体、权利、权利限制、权利归属与法律责任。德国《著作权法》第一章第八节("关于计算机程序的特殊规定")也予以特别规定。也正因为这些差异,以著作权法保护计算机程序时不可避免地产生了一些困难,通过专利、商业秘密保护软件的做法逐渐引起重视,但也产生了新的困境,如专利客体问题。

(八) 民间文学艺术

民间文学艺术是人类宝贵的文化遗产和精神财富,它对促进一国文学艺术和相关产业的繁荣和发展,以及在发展中国家与发达国家进行国际知识产权贸易中发挥着重要的作用。民间文学艺术受著作权保护之观念始于 20 世纪 60 年代,特点是保护发展中国家的传统民间文学艺术,避免发达国家大量无偿进口或使用其丰富的民间文学艺术。

但是,民间文学艺术的著作权保护存在一些理论障碍和制度困境。第一,在作品要件方面,著作权法要求作品具有独创性,但民间文学艺术是经过长期演变而成的文化表达,每一代传承人都有意或无意地做些更改,但更多来自模仿和继承。此外,著作权法只保护表达形式,而不保护思想和情感。而土著居民之传统巫术、仪式祭典、神话、秘方或风格,仅是抽象的存在,无法以著作权保护。第二,在著作财产权方面,它有存续期间之规定。这与民间文学艺术的保护目标相抵触。民间文学艺术乃伴随传统社团之发展逐渐发展而来,保护期限对民间文学艺术没有任何意义。第三,民间文学艺术保护还面临权利行使的问题,包括权利主体、授权许可以及权利内容等方面,都与作品不同。

1990 年《著作权法》即已规定,"民间文学艺术作品的著作权保护办法由国务院另行规定"。但是,相关的保护办法迄今为止尚未出台,上述制度障碍的存在是可能的原因之一。法院已经审理了多起涉及民间文学艺术保护的案件,确立了保护的基本框架。《中华人民共和国最高人民法院公报》2004 年第 7 期刊登黑龙江省饶河县四排赫哲族乡人民政府诉郭颂、中央电视台等《乌苏里船歌》著作权侵权纠纷案的判决书,其内容包括:① 明确民间文学艺术著作权保护应尊重合法

---

① 2019 年 1 月,谷歌公司上诉至美国最高法院,后者于 2020 年 10 月 7 日同意复审这件被称为过去十年最重要的软件版权纠纷案。2021 年 4 月 5 日,美国最高法院裁定谷歌公司构成转换性的合理使用。

② 参见王迁:《著作权法》,中国人民大学出版社 2015 年版,第 119 - 120 页。

权益的同时鼓励创作。② 确认民间文学艺术侵权纠纷中的原告资格。③ 利用民间文学艺术再创作须负有注明出处和不得歪曲滥用的义务。④ 未明确对民间文学艺术的利用控制等经济权利。

> 民间文学艺术是指某一区域内的群体在长期生产、生活中直接创作,并广泛流传的、反映该区域群体的历史渊源、生活习俗、生产方式、心理特征、宗教信仰且不断演绎的民间文化表现形式的总称。由于民间文学艺术具有创作主体不确定和表达形式在传承中不断演绎的特点,因此,民间文学艺术作品的权利归属具有特殊性。一方面它进入公有领域,另一方面它又与某一区域内的群体有无法分割的历史和心理联系。赫哲族世代传承的民间曲调,是赫哲族民间文学艺术的组成部分,也是赫哲族群体共同创作和每一个成员享有的精神文化财富。它不归属于赫哲族的某一成员,但又与每一个赫哲族成员的权益有关。因此,该民族中的每一个群体、每一个成员都有维护本民族民间文学艺术不受侵害的权利。原告作为依照宪法和法律在少数民族聚居区内设立的乡级地方国家政权,既是赫哲族部分群体的政治代表,也是赫哲族部分群体公共利益的代表,在赫哲族民间文学艺术可能受到侵害时,鉴于权利主体状态的特殊性,为维护本区域内赫哲族公众的利益,原告以自己的名义提起诉讼,符合宪法和法律确立的民族区域自治法律制度,且不违反法律的禁止性规定。
>
> ……对于民间文学艺术保护,在禁止歪曲和商业滥用的前提下,鼓励对其进行合理开发及利用,使其发扬光大,不断传承发展。但是利用民间文学艺术作品进行再创作,应当说明所创作的新作品的出处,这是我国民法通则中的公平原则和著作权法中保护民间文学艺术作品的法律原则的具体体现和最低要求。
>
> ……鉴于民间文学艺术作品具有其特殊性,且原告未举证证明被告的行为造成其经济损失,故原告……赔偿经济损失和精神损失的主张缺乏事实根据和法律依据,不予支持。

此后,最高人民法院在 2008 年公布的一些典型案例中确立了一些新的规则,主要内容是:① 区分民间文学艺术和基于民间文学艺术创作的作品,后者属于一般意义上的作品,应受著作权保护,但不得将公有领域部分的内容纳入作品的保护范围。② 针对存在明显的利用关系及间接受益的再利用者,民间文学艺术传承人可以依据公平合理的惠益分享原则主张获得适当报酬。

(九) 演绎作品

演绎作品必须符合如下两个条件。[①] 其一,该作品从已有作品(原作)中借用了独创的表达性内容(original and expressive content)。如果一部电影只是从小说中借鉴了主题、常见的人物及其关系,则不符合该条件。这是因为电影并未实质性地从小说中借用其独创性表达。更一般地说,即使新作借用了已有作品的某些因素,如果它仅仅借用已有作品的思想,而不是思想的独创性表达,也不属于演绎作品,而是独立创作的作品。借用不受保护的思想或非独创性的表达,产生新的独立创作完成的作品。事实上,作品创作中的借鉴是不可避免的。其二,它必须对已有作品进行重编、转换、翻译等演绎行为,而不是对原作予以复制。如果在已经进入公有领域的作品中加上作者简介或导语后予以出版,也不会使后者成为演绎作品。区分演绎行为与复制行为的关键在于,前者是具有独创性的创作行为。

演绎作品的独创性主要体现为在不改变原作基本内容的情况下,它扩大了作品的利用途径,如将小说改编成剧本、拍摄成电影;将原作翻译成另外一种语言的作品;改变音乐作品的风

---

① See 1 Goldstein on Copyright (Wolters Kluwer, 2009), § 2.16.2,2:220.

格，如将摇滚风格改编成爵士风格，等等。相比原作，演绎作品要求演绎行为具有独创性，作品必须满足最低限度的创作性。演绎作品是否具有独创性，它并不要求比其他独立创作的作品的条件更严格。具体而言，它必须在表达上体现出与原作“足够超出细微的不同”（sufficient nontrivial expressive variation）。因此，通过省略、添加等稍加改变原作所形成的作品，并不属于演绎作品，因没有增加新的创作因素而构成复制。将已有作品转换载体形式的行为，如将二维平面作品制作成三维作品，即使存在一些改变，也有可能因不具有独创性而不构成演绎作品。例如，将腾讯QQ的企鹅形象制作成加湿器，会存在一些改变。法院认为，经比较，被控侵权产品造型与被上诉人腾讯公司涉案作品的独创性部分表达形式相同，特别在对一款产品进行比较时，眼睛造型修饰的处理手法上、头饰蝴蝶结的造型上，对应部分基本相同，给人的视觉感受一样。因此，可以认定涉案产品的外观造型是对被上诉人腾讯公司涉案作品从平面到立体的复制。

由于作品的独创性并不以作品完成的技能为标准，仅将一个艺术作品转换表现形式或载体的行为，不构成独创性。例如，将米老鼠卡通形象制作成玩具，将铜像雕塑以塑料为材料制作。由于这些转换后的作品，与原作仅有细微的区别，不具有独创性。在并不涉及作品体现形式变换的情况下，则应将变换的所有元素整体予以考虑，如果整体上与已有作品不同，则一般应该认为符合演绎作品的独创性要求。将作品翻译成另一种语言，是复制还是演绎？“忠实”是翻译的重要原则；在语言的转换过程中，译者必然体现其主动性，在语词、句序、文风等方面所做的选择和判断，均可以满足创作性条件。当然，通过机器翻译的文本，因属于人工智能的产物和机械性对译，不具有创作性。例行公事般翻译商业信件、某个翻译机器的自动翻译等，都不具有独创性。

对已有作品的精确复制比有所改变的复制，可能更需要高超的技艺，特别是对公有领域作品的精确复制，是否构成演绎行为呢？在美国“上帝之手”案中，法院认为这些精确复制具备独创性，属于演绎作品。[①] 虽然创作者的技巧高超，通常会产生较高艺术价值的作品；但是，技能和投资并不是判断原创性的标准。因此，应从作品出发，看是否体现出与原作“足够超出细微的不同”。[②]

如果涉及原作基本内容的修改，则困难之处在于，新作是演绎作品还是独立创作的作品？如果原作的各项要素均已经重新演绎过，则新作就属于一部已经脱离原作、独立完成的作品。为了确定是否构成重新创作，德国法采纳“距离学说”。即，已有作品对于新的创作活动具有推动或激发灵感的作用，但必须远离原作的独创性特征（内在与外在的表达），或者“被改编的作品所具有的独创性特征必须从新作品中‘退隐’”[③]。

有观点认为，相比于一般作品，演绎作品应具备更高的独创性。之所以对演绎作品要求较高的独创性水平，是为了降低交易成本。“一些法院要求（演绎作品）增加的新表达是重大的，担心如果采取较低的标准，当原作与演绎作品的版权归属不同主体，……对判断侵权将会产生严重的（prohibitive）成本问题。”[④]这主要是演绎作品与原作的著作权关系复杂。

演绎作品的保护在事实上能够部分垄断公有领域的作品。美国波斯纳法官认为，较高的独

---

① See Alva Studios, Inc. v. Wimninger, 177 F. Supp. 265 (S.D.N.Y. 1959).

② 折中的观点是：以公共利益来判断精确复制是否属于演绎作品，以及确定其保护范围。如果对伟大艺术作品的复制承载重大的社会公共利益，即使属于精确复制，也可因复制过程中投入的高度艺术技巧或大量投资而认定其为演绎行为。参见卢海君：《版权客体论》，知识产权出版社2011年版，第306－307页。

③ 参见［德］M.雷炳德：《著作权法》，张恩民译，法律出版社2005年版，第160－162页。

④ Landes & Posner, An Economic Analysis of Copyright Law, 18 J. Legal. Stud. 325, 356 (1989).中文参见威廉·M.兰德斯、理查德·A.波斯纳：《知识产权法的经济结构》，金海军译，北京大学出版社2005年版，第143－145页。

创性标准可以减少权利重叠保护所产生的问题。然而，为了避免公有领域的缩减，是否必须提高演绎作品的独创性呢？本质上，独创性判断不同于作品受保护的范围，它是确定作品受保护范围的前提。但两者也具有一定联系，即，只有作品的独创性表达才受保护。形象地说，“版权保护不是电灯开关，一旦打开就会照亮整个房间；它更像是舞台上的调光器，光线的亮度随着调光盘的调节（创作性的高度变化）而变化”①。因此，演绎作品的著作权也仅限于增量的独创性表达部分，而不及于原作品。如果原作不受保护，或者已经取得原作著作权人的授权，如何确定演绎作品著作权的范围？例如，判断是否侵犯翻译作品的著作权，在将涉嫌侵权的作品与其比对时，应以译本的“表述是否构成相同或实质性近似为参考依据”，因为翻译作品的独创性仅在于新的文字表达形式，而不能包括原作品的独创性表达部分。

演绎作品与汇编作品的主要不同在于，前者建立在已有作品的基础上，汇编的对象既可包括作品，也可包括非属作品的事实、材料等。当然，演绎的已有作品，既可以是处于著作权保护期限之内的作品，也可属于进入公有领域的作品。然而，当汇编对象和演绎对象都是作品之时，所形成的作品是演绎作品还是汇编作品，则可能容易混淆。②

演绎作品与原作分别享有独立的著作权，“改编、翻译、注释、整理已有作品而产生的作品，其著作权由改编、翻译、注释、整理人享有，但行使著作权时不得侵犯原作品的著作权”。原作与演绎作品可能受保护的期限并不相同。演绎作品已经不受保护，但原作仍然受保护的情形下，能否未经授权而使用演绎作品？假定一部小说被拍摄成电影，小说作者在电影作品首次发表 50 年后才去世，如何来确定不同的权利归属问题？我国《著作权法》第 16 条规定：“使用改编、翻译、注释、整理、汇编已有作品而产生的作品进行出版、演出和制作录音录像制品，应当取得该作品的著作权人和原作品的著作权人许可，并支付报酬。”本条规定了演绎作品使用的双重授权，即使演绎作品不受保护，如果原作仍然享有著作权，则仍然应该取得原作品的著作权人授权。此外，虽然本条仅限于演绎作品出版、演出和制作录音录像制品时的授权，但应可推定所有利用演绎作品的行为均应取得原作的授权。

未经享有著作权的原作权利人授权，改编、翻译等演绎行为属于侵权行为。非法演绎作品是否享有著作权？不同国家有不同的做法。美国《版权法》第 103 条(a)款、法国《知识产权法典》第 L.122-3 条否定非法演绎作品的著作权，其依据来自英美法系衡平法上的“不洁之手”原则、大陆侵权法上“侵权行为本身并不能产生合法之利益”原则。给予保护的依据往往来自法律解释学，认为非法演绎作品也具有独创性，符合作品的构成条件。③ 非法演绎作品享有有限的著作权，可以协调原作品与新作品之间的不同利益。因为演绎行为具有独创性，如果不予保护，不利于促进信息表达的多样性；如果非法演绎作品享有完整的著作权，又不利于原作品的保护，不利于创新性作品的产生。德国 2003 年《著作权法》第 23 条规定：“只有取得被演绎作品或被改编作品作者的同意，才可以将演绎后的或者是改编后的作品予以发表或利用。在涉及电影改编、按照美术作品的图纸与草图进行施工、对建筑作品的仿造、数据库作品的演绎与改编的情况下，从演绎物或改编物制作之时起就须得到作者的同意。”

非法演绎作品可以独立地享有著作权，但行使著作权必须取得原作品权利人的授权，否则将会侵犯原作品的著作权。这符合我国《著作权法》的解释。《著作权法》第 13 条并未强调“改编、翻译、注释、整理已有作品”必须先取得授权，仅强调演绎作品权利人“行使著作权时不得侵犯原作品的著作权”。我国有法院认为，作为演绎作品的翻译作品来说，“原作品著作权人授权与否的状态并不能

---

① Williams Patry, Patry on Copyright (Thomson West, 2013), § 3:35.

② See Nimmer on Copyright (Matthew Bender, 2009), § 3.08.

③ 参见黄汇：《非法演绎作品保护模式论考》，《法学论坛》2008 年第 1 期。

直接否定翻译作者的独创性劳动，也非确定翻译作品著作权归属的必要前置条件，即便本案无证据证明原告翻译作品得到了原创作者授权许可，其对翻译作品仍然享有著作权"，只是他人使用翻译作品仍应受到原作品著作权的限制。故原告主张翻译作品著作权受到侵犯时，仍应得到我国《著作权法》的保护。

（十）汇编作品

尽管汇编作品未列入《著作权法》第 3 条规定的内容，但它属于一类独立的作品类型，具有扩大著作权保护范围的作用。同时，与演绎作品类似，它不同于已有作品或其汇编对象，其权利对象具有双重属性。《著作权法》第 15 条规定："汇编若干作品、作品的片段或者不构成作品的数据或者其他材料，对其内容的选择或者编排体现独创性的作品，为汇编作品，其著作权由汇编人享有，但行使著作权时，不得侵犯原作品的著作权。"汇编作品的条件有二：第一，编选者对汇编的要素基于其选择或者编排而构成个人的智力创作；第二，它是对作品、作品片段或者不构成作品的数据或其他材料所作的汇编。

汇编作品须具有独创性，其独创性体现为"对内容的选择或编排"。《伯尔尼公约》第 2(5) 条规定，汇编作品必须对内容的"选择和(and)编排"构成"智力创造成果"(intellectual creations)才属于受《伯尔尼公约》保护的作品。该条规定："文学或艺术作品的汇编，诸如百科全书和选集，凡由于对材料的选择和编排而构成智力创作的，应得到相应的、但不损害汇编内每一作品的著作权的保护。"TRIPs 协议第 10 条第 2 款降低了独创性条件，规定汇编作品受保护的条件是对内容的"选择或编排"构成"智力创造"："无论机器可读还是其他形式，只要由于对其内容的选取或编排而构成智力创作，即应作为智力创作加以保护。"此后缔结的《世界知识产权组织版权公约》采用与 TRIPs 协议几乎一致的表达。汇编作品的独创性并非体现在内容上，其著作权"不得延伸至数据或资料本身"。

如何确定"选择或编排"上的独创性？首先，独创性的内容选择不能是某一思想的唯一或有限结果。例如，将鲁迅先生所有著作汇集起来，形成《鲁迅全集》；或者按照被引频次为标准来编选某年度最具影响力的十篇知识产权法学论文，其内容选择方面不能体现独创性。但是，严格地来看，对内容进行选择时只要不是随机的，则选择的方法都属于广义上思想的范畴；但如果只是随机选择，则难以体现汇编人的个性特征。因此，如果汇编人依据其自定的、不属于常规的标准而选择相关内容，如将鲁迅先生所有涉及人物描写的作品片段汇集成册，或者依照被引率、刊物等级等不同权重所形成的标准，编选某年度最具影响力的十篇知识产权法学论文，应该是具有独创性的。其次，内容编排上的独创性也需要体现其个性特征。一般来说，它不能是常规的编排方式，如电话号码簿按照姓氏或企业名称第一个字的首字母或笔画数目为序，不具有独创性。同样，它也不能是受效率控制的编排方式。最后，汇编作品不需要同时满足"内容选择""内容编排"两方面的独创性，只需任一方面具有独创性即可。

从被汇编的内容来看，汇编作品可分为两类：第一类是对若干作品、作品片段进行个性化选择或编排而形成的作品。典型的例子包括词条汇编、纪念文集、某期报纸与杂志。这些作品或作品片段有些受著作权保护，有些进入公有领域。但这不影响汇编作品本身是否应受保护。第二类是对不受著作权保护的数据或其他材料汇编而成的作品。如年鉴、电话号码簿等，其中最为重要的例子是数据库产品。

数据库是信息产业中最为重要的产品之一。大数据技术、人工智能技术都需要数据库为基础，重要的数据库类型有政府信息数据库、个人信息数据库和受商业秘密保护的数据库（如客户名单、营销策略）等。数据库的价值与数据的全面性有重要关系，但收集数据全面的数据库难以体现汇编人"内容选择"方面的独创性。同时，数据库的编排，特别是在电子数据库的编排方面，出于用户检索效率的考虑，其独创性也往往难以体现。因此，价值越大的数据库产品，越难以满足汇编作品的独创性要求。这被称为“数据库保护悖论”，它是欧盟建立数据库特别权保护的重要原因之一。在中国，不具有独创性的数据库只能依据《反不正当竞争法》的规定在一定程度上获得保护。例如，某购物平台的注册用户可以对商户进行评论，评论通常包括环境、服务、价格等方面，并可附上照片。其竞争者通过网络爬虫等技术抓取该平台注册用户的点评信息。该平台对点评信息所形成的数据汇集，因不满足在内容选择或编排上的独创性而不受著作权法保护，但能依据《反不正当竞争法》来保护其合法利益。

从最宽泛的意义上讲，所有作品在创作时都涉及对作品各构成要素的选择（取舍）或编排，如对戏剧常见情节进行取舍、组合。再如，摄影作品的独创性常常从拍摄时机、角度、光线等方面所做的个性化选择来判断。但是，如果泛化“选择或编排”标准，则所有作品都可被认定为汇编作品。例如，有法院将春晚节目视为汇编作品，并认为其具有相应的独创性：①

> 《2013年中央电视台春节联欢晚会》节目系由多种类型的作品组成，包含音乐、舞蹈、戏曲、曲艺、杂技等多种作品形式，中央电视台对上述作品的选择和编排上体现了其独创性，并具有一定的艺术性，故涉案节目性质为汇编作品，中央电视台系涉案节目的著作权人，其有权许可将涉案节目的相关权利许可他人使用。

综艺节目包含了多种艺术形式的、具有独立性的作品。春节联欢晚会应该属于视听作品还是汇编作品？节目整体与这些单个作品之间具有何种关系？如果从内容的选择或编排来看，这非常类似于期刊选择刊载文章等汇编作品。事实上，汇编作品具有扩大著作权保护范围（作品）的作用，有学者认为它是作品法定类型的兜底条款，但其“兜底”作用可能会被误用。例如，网页包含了文字、图片、动画等一系列元素，它在整体上难以归到《著作权法》第3条规定的九类作品之中，但似乎可归到汇编作品的名目下得到保护。但是，法院是需要明确其汇编作品的属性，还是仅肯定其作品地位即可？持作品类型法定的观点认为应该明确汇编作品的地位。然而，在有些新型作品领域以及某些法律争议中，用汇编作品作为兜底条款具有一定困难性，此时，法院应采用分解适用的方式，而不应适用汇编作品的规定。

三、邻接权客体

邻接权，又被称为相关权，《著作权法》称之为“与著作权有关的权利”，这些术语的含义和指涉范围具有一定模糊性，通常用来指在作品之外、在文化产品传播过程中的技术、经济或智力投入受到法律保护的情形。② 大陆法系著作权法创设邻接权制度的主要原因在于：不符合作品受保护的条件、但某些有价值的智力成果需要有相应的法律制度来保障投资者获得足够的回报，以禁止未经授权的复制、传播行为。这些在艺术方面、企业方面、科学方面以及其他方面的投入与作者的智力劳动投入很类似，但留声机、电影放映机、广播等新技术可能使得这些成果能被机械复

① 北京市东城区人民法院（2013）东民初字第09641号民事判决书。

② 但《著作权法》第1条使用了“与著作权有关的权益”。《著作权法实施条例》（2013）第26条规定：“与著作权有关的权益，是指出版者对其出版的图书和期刊的版式设计享有的权利，表演者对其表演享有的权利，录音录像制作者对其制作的录音录像制品享有的权利，广播电台、电视台对其播放的广播、电视节目享有的权利。”在法理上，“权利”与“权益”的含义是不同的。“邻接权”或“相关权”都是学理术语，从法律文本来看，“相关权”更符合法律的表达。此外，也有观点认为“相关权”的范围要宽于“邻接权”。参见胡康生主编：《中华人民共和国著作权法释义》，法律出版社2002年版，第129页。但学术上，大多数著作因约定俗成的关系而使用“邻接权”概念。

制,并传送给几乎是无限的听众;而且,过去必须亲临现场才能欣赏到作品的表演或演奏,这些技术使得艺术家的表演或演奏得到保存,并可广泛传播。邻接权的产生与19世纪古登堡发明活字印刷机和制版术之后作者权的产生具有明显的相似之处。①

在作者权体系下的邻接权与作品的传播活动密切相关,但它并不完全是在作品的基础上所作出的智力投入。邻接权客体不需要或不考虑其独创性,它侧重于投入的保护。受邻接权保护的表演、录制和对节目信号的广播等行为,有些属于创造性的智力劳动,但未能达到作者权下作品的独创性条件;有些行为在智力创造方面并不低于作品的创作,如优秀表演者对作品的演绎行为,往往赋予了作品新的生命力;有些行为很难称得上智力贡献,如单纯对他人提供的节目信号予以广播,广播组织权保护在很大程度上是对投资的保护。

邻接权保护有五个主要的国际条约:1961年在罗马缔结的《保护表演者、录音制品制作者和广播组织罗马公约》(简称《罗马公约》),1970年于日内瓦缔结的《保护录音者、防止录制品被擅自复制的日内瓦公约》(简称《录音制品公约》或《日内瓦公约》),1974年在布鲁塞尔缔结的《发送卫星传输节目信号布鲁塞尔公约》(简称《布鲁塞尔公约》),1996年在日内瓦缔结的《世界知识产权组织表演和录音制品公约》,以及2012年在北京缔结的《视听表演北京条约》。上述五个国际条约中,中国尚未加入《罗马公约》与《布鲁塞尔公约》。

邻接权的规定通常比较简单,需要参照作者权保护的规则。这既包括权利保护的内容(如法律责任),也包括权利限制的内容(如合理使用)。② 但是,邻接权的相关法律规定自成体系。邻接权有关的法律漏洞并不能援引作者权的规定进行补充,否则,它就会违背著作权法关于作品和普通投入的区别,也会违背法律区别对待两项权利的立法意图。③ 在邻接权制度下,其保护范围通常要窄于作者权;有些法律规范采用了相似的表述,其含义并不能完全类推。此外,需要指出的是,美国版权法并未区分作者权与邻接权,而是将其统一认定为作品,如录制品是对已有作品的录音,则它属于演绎性的录音作品。但是,与邻接权的设定相似,录音作品的保护范围(权利)要窄很多,不包括表演权、展示权等。

表演者权、录音录像制作者权和广播组织权是国际条约上明确保护的邻接权;但大陆法系各国著作权法所保护的邻接权范围往往要宽得多。以德国著作权法为例,其规定的邻接权客体还包括科学版本、遗著、照片、数据库等。

(一) 表演

邻接权制度起源于表演者权;而表演者权起源于德国。表演者权的保护对象是表演者的表演行为或表演活动,《著作权法》第39条规定"表演者对其表演享有……权利"。法律并未界定何谓"表演",从其字义来看,表演是指表演者或演奏者的个人表演,即通过其声音、表情、动作及其结合,或借助于乐器等工具再现作品内容的行为。在《视听表演北京条约》(2012)之前的各项国际条约,区分音频形式利用的表演和以视频(含视听)形式利用的表演,仅对前者提供保护。但我国《著作权法》并未进行区分,两种情形都受法律保护。

表演行为属于一项艺术活动,是一种不构成作品的非物质性财产,它是将作品的内容以歌唱、朗诵、演奏等方式再次表现出来的活动;表演者是作者与公众之间的中介,他传递作者通过作

---

① 参见[西班牙]德利娅·利普希克:《著作权与邻接权》,联合国教科文组织译,中国对外翻译出版公司2000年版,第272页。

② 《著作权法》第五章的标题为"著作权和与著作权有关的权利的保护";第24条第2款、25条第2款规定:"前款规定适用于对与著作权有关的权利的限制"。

③ 参见[德]M.雷炳德:《著作权法》,张恩民译,法律出版社2005年版,第495-496页。

品已经表达出来的思想。因此，表演行为无须符合独创性的条件。当然，这并不影响表演行为的艺术价值。舞台上朗诵诗作属于表演行为，但新闻节目主持人的朗读行为不属于表演行为。其区别在于，受保护的表演行为是以艺术化形式进行的活动，它能够让听众或观众获得感官印象，从而激发其情感或想象力。因此，“表演”是指艺术表演，如韩国《著作权法》第 2 条第 4 项定义的表演者是指“通过表演、舞蹈、音乐演奏、歌唱、叙述、朗诵或其他艺术形式表现作品的人，或者以类似方法表现除作品以外的其他事物的人，以及导演、指挥或者督促表演的人”。德国《著作权法》第 73 条将“表演、演唱、演奏或其他方式进行表演”的行为称为“上述艺术活动”。

在某些情况下，表演行为具有超出被表演作品的艺术价值，甚至塑造独特的艺术形象。[①] 也正因为此，表演行为的艺术性往往被等同于作者的创作行为，如《俄罗斯民法典》第 1313 条将其称为“以创造性劳动创作表演”。表演者的法律地位在所有邻接权中通常最高，受到的保护逐渐接近于作者权。尽管如此，作者权和表演者权仍然分属于两类不同的权利，不可混同。在有些艺术家的即兴演出过程中，如相声演员即兴表演的一段单口相声，表演者不仅可能创作了正在演出的作品，也从事了符合受邻接权保护的表演行为；这两种权利是相互独立地并存于演出行为和曲艺作品之上。《视听表演北京条约》附注 3 指出，表演过程中创作或首次被固定的文学、艺术作品，也属于表演活动中的“作品”。但是，部分口述作品是以作者的口头表述为载体，不是运用声音、表情、动作或其他手段为表现手段的表演行为，如教师授课不属于表演；但演说家的即兴演说既是表演行为（艺术化以演说内容感染听众），也是创作行为。同时，作为一种艺术创作行为，表演者的表演行为具有受特定环境影响的个性化特征，故表演者的每一次表演行为，即使内容相同，都独立地受保护，其保护期也独立计算。

一般认为，表演必须是对作品的表演。《著作权法实施条例》(2013)界定了“表演者”的定义，它“是指演员、演出单位或者其他表演文学、艺术作品的人”。这一界定限定了表演者权仅保护对“文学、艺术作品”的表演行为。运动员从事篮球比赛等竞技活动，尽管具有欣赏价值，但并非对作品的表演，故不受表演者权保护。同样，在驯兽师指导下的动物表演，也不受保护。但花样滑冰不同，尽管它属于体育活动，但其具有艺术化的呈现形式，也属于表演行为。“表演文学、艺术作品”这一规定是否限定了被表演作品的类型即仅限于文学、艺术作品？这一界定来源于《罗马公约》等国际条约。“文学、艺术作品”具有足够的弹性空间，可以涵盖一切具有商业表演价值的作品类型。它所要求的是表演对象属于《著作权法》第 3 条规定的“作品”。当然，建筑作品、模型作品等类型应无法以艺术表演的形式再现。

《世界知识产权组织表演和录音制品公约》和《视听表演北京条约》在《罗马公约》的基础上，将表演对象予以了扩张，它包括“表演文学或艺术作品或民间文学艺术表达（expression of folklore)”。由于“民间文学艺术作品”已经属于《著作权法》第 6 条规定的保护客体，其表演行为自然受表演者权的保护。在民间文学艺术表达不受保护的国家，其传承人以表演者的身份通过表演者权、录制品和广播上的权利间接得到保护。

从比较法的角度来看，有些国家著作权法保护的表演范围较宽，包括对不属于作品的表演行为，如“巴西版权法把体育领域的足球运动、田径运动等等列为邻接权保护的客体。确切地说，应当认为巴西把这些运动员的比赛活动，列为如同表演者的‘表演’一样的受保护客体”。“法国在其 1985 年增订后的版权法中规定，……一切杂耍演员、马戏演员、木偶戏的表演者等等（即不是

① 参见[西班牙]德利娅·利普希克：《著作权与邻接权》，联合国教科文组织译，中国对外翻译出版公司 2000 年版，第 290－291 页。

表演文学艺术的人)统统应视为邻接权范围的'表演者'。"[①]日本著作权法第2条第3项规定:"表演是指通过具有戏剧效果的演出、舞蹈、演奏、歌唱、背诵、朗诵或者其他表演方式再现作品的行为,包括虽然不再现作品但具有文艺性质的类似行为。"韩国著作权法第2条第4项也有类似规定。《罗马公约》也认可扩大表演者权的保护范围,其第9条规定:"任何缔约国均可根据国内法律和规章,将本公约提供的保护扩大到不是表演文学或艺术作品的艺人。"

在大多数国家,受保护的表演是对作品的表演,因而表演者权的保护与作者权的保护之间具有重要的法律联系。第一,被表演的作品本身是否受作者权的保护,如作品是否已过保护期等原因进入公有领域,并不影响"表演"的法律性质。意大利著作权法第80条明确规定,"无论是受保护的作品还是已经进入公有领域的作品",表演行为都受法律保护。因此,对表演行为的利用(如录制),需要取得表演权人的授权。《著作权法》第43条规定:"录音录像制作者制作录音录像制品,应当同表演者订立合同,并支付报酬。"第二,表演行为不得侵犯作者权。如果被表演的作品本身受法律保护,则表演行为属于行使作者的表演权,除非属于免费表演的情形,需要获得作者的授权。《著作权法》第38条规定:"使用他人作品演出,表演者应当取得著作权人许可,并支付报酬。演出组织者组织演出,由该组织者取得著作权人许可,并支付报酬。"法国知识产权法典第L.211-1条更是明确规定:"本编(即邻接权)任何规定不得解释为限制著作权所有人行使其权利。"第三,对表演行为的再次利用行为,如将表演活动进行现场直播,或者录制下来制作成录音或录像制品发行,则涉及表演者和作者权的双重权利。类似于演绎作品的利用规则,此类利用行为应取得作品权利和表演者权的双重许可。如果作品表演合同中未能事先约定表演者可将表演活动予以录制、发行的权利,则应解释为仅取得对作品进行现场表演的授权。此时,对表演行为的现场直播、录制、信息网络传播以及复制、发行录有其表演的录音录像制品,都需要获得双重授权。《著作权法》第39条第2款规定:"被许可人以前款第三项至第六项规定的方式使用作品,还应当取得著作权人许可,并支付报酬。"

视听作品中演员的表演活动是否受表演者权保护,存在一些争议。由于演员被视为视听作品的作者,是视听作品的创作元素,应不构成表演者权所保护的表演行为。但《著作权法》第三次修订过程中,2013年公布的送审稿规定了视听作品中表演者的"二次获酬权":"视听作品中的表演者根据第三十四条第(五)项和第(六)项规定的财产权及利益分享由制片者和主要表演者约定。如无约定或约定不明的,前述权利由制片者享有,但主要表演者享有署名权和分享收益的权利。"该规则似乎间接承认了演员表演受表演者权保护的地位。一方面,由于该规则与视听作品的权利归属规则类似,它并未有实质性价值,反而有"叠床架屋之嫌";而且,"主要表演者"的规定将徒增争议。[②] 另一方面,该规定实际上起源于对《视听表演北京条约》相关规定的错误理解。[③]《视听表演北京条约》并非针对视听作品,而是视听录制品,其第2条(b)项规定:"'视听录制品'系指活动图像的体现物,不论是否伴有声音或声音表现物,从中通过某种装置可感觉、复制或传播该活动图像。"因此,它实际上是《著作权法》上的录像制品。相比以往国际条约,《视听表演北京条约》明确了"以视频(含视听)形式利用的表演"属于表演者权保护的范围。

(二) 录音录像制品

录音录像制作者权的保护客体是录音录像制品(简称"录制品")。《著作权法实施条例》(2013)第5条规定:录音制品,是指任何对表演的声音和其他声音的录制品;录像制品,是指电影

---

① 郑成思:《版权法》(修订本),中国人民大学出版社1997年版,第57页。

② 参见崔国斌:《著作权法:原理与案例》,北京大学出版社2014年版,第524页。

③ 参见何怀文:《中国著作权法:判例综述与规范解释》,北京大学出版社2016年版,第447-448页。

作品和以类似摄制电影的方法创作的作品以外的任何有伴音或者无伴音的连续相关形象、图像的录制品。尽管上述法律定义存在不准确的争论，但它也明确地区分了邻接权与作者权客体的不同。录音制品保护声音的录制，它既可能保护源于作品表演的声音，如对音乐演奏的录制；也可包括非作品表演的声音，如大自然中的海浪拍岸声、鸟鸣声。录像制品的定义也明显排除了视听作品。因此，将胶片记录的电影制作成录像带，仅是作品载体的转换，属于对视听作品的复制。

由于录制品可能涉及作品、作品的表演，因此，制作录制品需要取得相关著作权人的许可。《著作权法》第 42 条规定："录音录像制作者使用他人作品制作录音录像制品，应当取得著作权人许可，并支付报酬。"第 43 条规定："录音录像制作者制作录音录像制品，应当同表演者订立合同，并支付报酬。"类似于演绎作品的使用规则，对录音录像制品的利用，如复制、发行、通过信息网络向公众传播录音录像制品，"应当同时取得著作权人、表演者许可，并支付报酬；被许可人出租录音录像制品，还应当取得表演者许可，并支付报酬"。

单纯的录音、录像是纯粹的复制行为，对一场现场直播首次进行录音录像并不能使得录制者取得录音录像制作者的地位。因为虽然该录制行为产生了录制品，但录制者并未从事现场直播的组织性和经济性活动。故形成录制品的录制行为需要付出实质性的制作投入，极少投入的简单录制所形成的录制品并不受保护。① 此外，录制行为属于复制行为，其投入主要体现为首次制作的成本。因此，仅首次制作的录音录像制品才受法律保护。

录音录像制品不同于作品，两者在受保护条件上是不同的。但是，在实务和理论上却常常发生不同认识，特别是关于录像制品和视听作品的区别方面，争议较大。在《著作权法》第三次修订时，不同时期的修改草案甚至删除了录像制品的概念。但基于中国著作权法的作者权体系传统，录像制品的概念得以保留。区分视听作品与录像制品，是大陆法国家的普遍做法。例如，德国《著作权法》第 95 条将不具有独创性的连续画面或者连续音像称为"活动图片"，法国知识产权法典第 L.215-1 条将录制的有伴音或无伴音的一组画面称为"录像制品"。

如何区分视听作品与录像制品？一般认为，其区分标准在于它是否满足独创性条件。例如，电视台的综艺节目是否属于著作权客体（以类似制作电影方法制作的作品）还是邻接权客体（录像制品），其区分的标准是它有没有独创性。但是，我国法院和理论上关于独创性的判断标准有不同认识，焦点问题：视听作品的独创性标准是有无还是高低的问题。这一问题在体育赛事节目纠纷案中集中体现了出来。在北京市高级人民法院再审的北京新浪互联信息服务有限公司与北京天盈九州网络技术有限公司不正当竞争纠纷案中，法院认为：

> 著作权法意义上的作品独创性是指作品"具有独创性"。……作品是否具有独创性与作者是否从事了创作，属于同一问题的两个判断角度，而创作是一种事实行为。对于是否存在创作这一事实行为，只能定性，而无法定量；同理，对于作品的独创性判断，只能定性其独创性之有无，而无法定量其独创性之高低。
>
> 从体系解释的角度，电影类作品与录像制品的划分标准应为独创性之有无，而非独创性之高低。我国著作权法对于连续画面通过著作权与邻接权两种途径予以保护，前者对应的客体为电影类作品，后者对应的客体为录像制品。……二者之间的实质性区别，应从著作权法制度的体系上进行理解。
>
> 我国著作权法严格区分著作权与邻接权。著作权基于作者的创作自动产生，邻接权基

① 参见[德]图比亚斯·莱特：《德国著作权法》（第 2 版），张怀岭、吴逸越译，中国人民大学出版社 2019 年版，第 156 页。

于传播者的加工、传播行为而产生。我国著作权法对邻接权单独设置是为了拓展保护，而非限制保护。邻接权是在狭义著作权之外增加的权利，目的在于对那些不具有独创性、仅仅是劳动和投资的成果也给予保护，以鼓励对作品的传播，但作品的判断标准并不因为单独设置了邻接权而提高。因此，电影类作品和录像制品分别作为著作权和邻接权的保护客体，其实质性区别在于连续画面的制作者是否进行了创作，所形成的连续画面是否具有独创性。因此，电影类作品与录像制品的划分标准应为有无独创性，而非独创性程度的高低。

……著作权法意义上的录像制品限于复制性、机械性录制的连续画面，即机械、忠实地录制现存的作品或其他连续相关形象、图像。除此之外，对于在画面拍摄、取舍、剪辑制作等方面运用拍摄电影或类似电影方法表现并反映制作者独立构思、表达某种思想内容，体现创作者个性的连续画面，则应认定为电影类作品。当然，邻接权人在邻接权客体的形成过程中也可能存在"个性化选择"。但该"个性化选择"不同于形成作品独创性所要求的个性选择和安排。……著作权法对于作品独创性的要求，是指作者对于作品表达的形成进行了个性化的选择和安排，而邻接权尤其是录像制品的"个性化选择"主要是为更好地录制影像所作的技术性加工，而不涉及对作品表达层面的个性选择和安排。因此，录像制品形成过程中的所谓"个性化选择"并不能使其具有独创性。

（三）广播电视

《著作权法》规定的广播组织权或广播电视节目播放者权之客体并不十分明确，其第四章第四节使用了"播放""播放的广播、电视"两种略有不同的表达。但广播、电视的具体内容在理论上有节目说和信号说等不同观点。[①]

节目说主张广播组织权的客体是广播组织编排并播放的电视节目。以英国为代表的国家支持"节目说"，认为广播节目类似于作品，可以用版权法来保护。法国《知识产权法典》第 L.216-1 条规定视听传播企业权利保护对象是其节目。这里的节目是指"在广播或电缆传播范围内，由广播或电缆播送者向公众提供的声音、图像序列或者音像序列，该序列依不同情况为广大公众或部分公众所收听、收看"。[②] 信号说主张广播组织权的保护客体是载有广播节目的信号，而不是节目。信号在经过一系列传送到达最终目的地之后就会消失，因此无所谓保护期的问题。广播组织的主要业务就是播出节目，并通过节目中插播的广告来获得经济利润。故广播组织权的核心是控制转播行为。[③] 信号说曾经在《著作权法》第三次修订草案中明确予以规定，其修订送审稿将"广播电视节目"界定为"广播电台、电视台首次播放的载有声音或者图像的信号"。但最终通过的修正案并未保留该定义。

广播组织权的客体随着技术的发展而不断扩张，早期仅限于无线电广播节目，后来增加电视广播节目、卫星广播节目以及通过电缆的有线广播节目。[④] 而网络传播技术的发展，也将带来广播组织权的扩张。从本质上讲，广播组织权的保护是对投资的保护。广播节目的制作与播送需要投入巨大的资源，包括购买电视剧等著作权作品、自行制作节目（如新闻播报、综艺节目）等，再

---

① 各种学说的评介，参见胡开忠：《网络环境下广播组织权利内容立法的反思与重构——以"修正的信号说"为基础》，《法律科学》2019 年第 2 期。

② ［西班牙］德利娅·利普希克：《著作权与邻接权》，联合国教科文组织译，中国对外翻译出版公司 2000 年版，第 311 页。

③ 参见王迁：《广播组织权的客体——兼析"以信号为基础的方法"》，《法学研究》2017 年第 1 期。

④ 郑成思：《版权法》（修订本），中国人民大学出版社 1997 年版，第 60 页。

适当插入广告，并将这些内容制作为一个整体（广播电视节目）以信号形式通过无线电或电缆、卫星广播等技术手段向公众播放。广播须面向公众，故与特定信号接收者之间的通信行为，并不是播送行为；但仅由特定群体所接受，如付费电视节目，也构成播送行为。播放或者通过信号传递的内容，可以是受著作权法保护的作品、表演、录音录像制品，也可以是进入公有领域的作品或邻接权客体。但是，应该区分这些作品或邻接权客体（录制品、表演）与广播，它们可能会在某些情况下产生混淆。此外，广播组织者能不能将其某时段里播放的所有内容主张汇编作品的保护？这涉及汇编作品的基本界定。

由于广播电视节目信号传送的成本主要体现为首次制作时的投入，故仅首次播放的广播电视节目或节目信号才受法律保护。

（四）版式设计

《著作权法》第 37 条规定："出版者有权许可或者禁止他人使用其出版的图书、期刊的版式设计。"法律并未界定"版式设计"，一般认为，它是"对印刷品的版面格式的设计，包括对版心、排式、用字、行距、标点等版面布局因素的安排。版式设计是出版者在编辑加工作品时完成的劳动成果"①。它有可能体现出一定的智力活动，但主要保护的是出版者付出的实质性投入。在实践中，它有可能与作品中的"产品设计图""工程设计图"相混同。两者的区别在于版式设计的保护不需要满足独创性条件，因此，根据出版标准而进行的排版所形成的版式设计，也是受版式设计权保护的。一般来说，版式设计权仅能禁止他人擅自按原样复制的情形。

版式设计不同于其所编辑加工的作品，两者分属不同的权利。此外，版式设计既有可能是对作品编辑加工时的产物，也有可能是对不构成作品的出版物（如不具有独创性的电话号码簿）编辑加工时完成的劳动成果。作品进入公有领域或不受保护，不影响版式设计受保护的地位。

版式设计不同于德国著作权法上同属于邻接权保护的科学版本。后者属于科学整理工作的成果，它与迄今为止人们所了解到的作品或文本的版本有重大区别。其受保护的原因是古籍整理等科学研究工作具有重要的意义，且需要付出高昂的研究资金和智力投入。

在 1991 年《著作权法实施条例》第 38 条中曾经规定出版者"对其……版式、装帧设计"享有专有使用权，"装帧设计是对开本、装订形式、插图、封面、书籍、护封和扉页等印刷物外观的装饰"②。2001 年《著作权法》修订时将该条中"装帧设计"的内容删除了。其原因是有观点认为大多数装帧设计属于美术作品，可以得到著作权的保护，故没有必要设立一类邻接权。但如果装帧设计不具有独创性，则其是否和版式设计一样能够得到保护，取决于对版式设计范围的解释。法律法规并未对版式设计作出界定，封面等设计视为版式设计也是可取的。

第三节　著作权内容及归属

作者权由著作人格权、著作财产权组成。依据《著作权法》第 10 条第 2、3 款的规定，著作财产权["前款第（五）项至第（十七）项规定的权利"]可以许可他人行使，也可以全部或部分转让。由此可以看出，著作人格权不得许可、转让。同时，该法第 22 条规定："作者的署名权、修改权、保护作品完整权的保护期不受限制。"因此，从著作权法的基本结构来看，它借鉴了法国作者权二元体系理论。《著作权法》第 4 章规定了四类邻接权。本章主要讨论著作人格权、著作财产权和邻接权的具体内容，以及上述权利归属的法律规则。

---

① 胡康生：《中华人民共和国著作权法释义》，法律出版社 2002 年版，第 148 页。

② 胡康生：《中华人民共和国著作权法释义》，法律出版社 2002 年版，第 150 页。

一、著作人格权

从词源上讲，著作人格权是法国司法判例和德国著作权法理论的产物，moral rights 被认为是对法文 le droit moral 的翻译。[①] 著作人身权的概念为我国著作权法所采纳，学界也常采精神权利的术语。但依民法理论，人身权包括人格权和身份权。著作人格权保护的理论依据是，著作（作品）被视为作者自身及其人格的外化，作者有权通过其作品和读者进行交流是该类权利的基础，因此，它并非为身份权，而是人格权。从比较法来看，在德国法中，urbeberpersonlichkeitsrecht 一词即为作者的人格权。瑞士法曾长期将著作人格权归入民法典一般人格权之范畴。因此，人格权(personal rights)是更为准确的对译，有助于理解该概念背后的理论基础。

著作人格权被认为是保护作者非经济利益（人格）的权利束。一般认为，它们由五个不同的权利组成：表明作者身份（归属权或署名权），禁止对其作品的修改（完整权），决定作品何时公开和如何公开（发表权），收取已售出作品转售价格的一部分（追及权或追续权），以及当作品出版之后如果作品不再体现作者的人格信赖而撤回作品（收回权）。普通法和大陆法国家均予以承认的、最为重要的具体权利是归属权（署名权）和作品完整权。于 1928 年修订、在 1967 年斯德哥尔摩版本中略有修改、现为《伯尔尼公约》第 6 条之二的条文中仅包括上述两项权利。

作者权体系保护著作人格权的基本出发点是：维护作者和作品人格联系。著作人格权制度具有三大主要特点：第一，著作人格权被认为是人格性的、永久的和不可转让的。《著作权法》第 22 条规定："作者的署名权、修改权、保护作品完整权的保护期不受限制。"其第 10 条第 2、3 款规定著作财产权可以转让，反面解释即著作人格权不可转让；同时，著作人格权也不得继承，不能依据遗嘱而转移，作者的继承人仅能保护作者的人格权。作者死亡后，其著作权中的署名权、修改权和保护作品完整权由作者的继承人或者受遗赠人保护。著作权无人继承又无人受遗赠的，其署名权、修改权和保护作品完整权由著作权行政管理部门保护。《著作权法》第 21 条规定："著作权属于自然人的，自然人死亡后，其本法第十条第一款第五项至第十七项规定的权利在本法规定的保护期内，依法转移。"从上文看出，中国采纳法国作者权模式的二元主义，在某种程度上，中国对于作者和作品人格联系的保护甚至强于法国法的规定。法国法下的著作人格权"可予以继承，在作者去世之后，可由遗嘱继承和行使，或由其遗属继承或行使，有些权利可由法国文化部行使"[②]。同属于二元主义的荷兰做法有所不同，其著作财产权保护期为作者终身加死后 70 年；而著作人格权在作者去世后不再保护，除非作者在其遗嘱(in a codicil thereto)指定了行使著作人格权的人(person)。

第二，著作人格权不受合理使用等权利限制规则的约束，但滥用著作人格权的行为不受法律保护。授权他人使用其作品的作者不能反对因符合诚信原则而利用其著作人格权的行为。例如，授予他人利用作品的著作财产权，但合同未提及任何著作人格权，如果该著作人格权的行使为财产权利用所必需，则可推断对该特定利用方式中所涉及特定著作人格权的利用，存在权利人的默示许可。该观点为我国一些法院所认同。在俞进军诉杨凡、崔麟著作权侵权纠纷案中，法院认为：

---

① See Nimmer on Copyright, 8D.01[A](2006). Nimmer 认为 moral rights 是非常糟糕的翻译，因为法文 moral 在英文中没有准确的对应语，尽管英文中存在"精神的""非经济的""人格的"单词，但没有综合上述含义的词语。

② W. W. Kowalski, A Comparative Law Analysis of the Retained Rights of Artists, 38 *Vand. J. Transnat'l L.*1141, 1152 (2005).

我国著作权法仅规定许可他人行使和转让财产权，但对署名权等精神权利是否可由他人行使或可转让性等没有规定，……放弃署名权的行为是无效的民事行为。……但剧本属于精神权利受限的作品。因影视作品需要巨额的投资和多方主体的合作才能完成，为促使剧本最后能够变成影视作品，作者行使保护作品完整权和修改权，通常不应阻碍影视作品的完成。俞进军在诉讼中对杨凡、崔麟的修改一直没有提出异议，说明其同意杨凡、崔麟将其作品修改直至拍成电视剧，但这种使用仅限于为拍摄影视作品使用，并不能解释为包括杨凡、崔麟在内的第三人可以以拍摄之外的方式使用。因此，作者对超出默示许可范围的使用行为仍然可以主张侵犯著作人格权。

第三，著作人格权不得通过合同方式而减损。在大陆法国家(如法国)，著作人格权的保护被视为是重要的公共政策，不能为版权合同所减损，“强调著作人格权保护是属于对合同自由的谨慎管制的制度”。但是，“普通法国家通常不愿明确推翻合同明示的授权，如果确有必要，他们常常是通过合同的限缩解释来予以解决，而不是使其无效”。中国法下的合同解释也类似于普通法国家。例如，委托作品的著作权归属取决于合同约定，法院通常采取限制解释的方式来解释合同，而不是使其无效。例如，作者明确宣布弃权的合同被法院进行限缩解释，认为放弃的权利并不包括著作人格权。(北京市海淀区人民法院 2003 海民初字第 2603 号民事判决书)

(一) 署名权(归属权)

署名权，即表明作者身份，在作品上署名的权利。署名权被认为是保护作者非经济利益的首要权利，它包括两个方面的内容：积极效力和消极效力。前者是指授予作者在其作品上署名的权利；后者是指作者决定不在其作品上署名的权利。

署名权的积极效力主要体现在四个方面。① 作者有权确定署名方式。只有作者才有署名权，对作品提供辅助劳动的人不是作者，不能在作品上署名。② 作者有权决定署名的内容。即作者有权决定在其作品上署真名还是笔名。但是，使用笔名或不署名的作者主张作者身份需要承担举证责任。③ 合作作者都享有署名权，其他合作作者不能侵犯其合法权利。作者有权决定署名的顺序。“因作品署名顺序发生的纠纷，人民法院按照下列原则处理：有约定的按约定确定署名顺序；没有约定的，可以按照创作作品付出的劳动、作品排列、作者姓氏笔画等确定署名顺序。”④ 作者的署名权不仅可以在其原作中行使，在演绎作品中也同样可以行使。例如，对于汇编作品而言，每个作品的作者都有合理署名的权利，而主编也享有署名权，但不能署“著”而只能署“编”。

署名权的消极效力包括三个方面。① 作者有权反对贬低其作者地位的署名方式，如在原创音乐上加上“新疆民歌”，这样的署名方式贬低了原告的作者地位，侵犯了署名权。② 作者也有权制止盗窃其辛勤培育的声望价值的行为，这也具有保护社会公众免受误导的作用。《著作权法》第 52 条第 3 项规定，“没有参加创作，为谋取个人名利，在他人作品上署名的”行为属于侵权行为。③ 作者有权禁止他人在非其创作的作品上假冒其名。《著作权法》第 53 条第 8 项规定，“制作、出售假冒他人署名的作品的”，属于侵权行为，这被解释为侵犯作者署名权的行为。

署名权是用以保护作者与其创作作品联系的纽带，其理论基础是：作品是作者的精神之子。例如，匿名作品的著作权可以为作品原件所有人所享有，但不包括署名权。署名权只能为自然人作者所享有。在特殊情况下，中国法上的署名权可以转让或者放弃，体现了版权体系的精神。第一，在法人作品之情形下，是雇主而非雇员作者有权决定作品的署名方式。第二，影子作品的著作权归名义作者所有。影子作品作者(ghostwriter)的署名权往往可以通过口头甚至默许的方式转移。根据司法解释的规定，“由他人执笔，本人审阅定稿并以本人名义发表的报告、讲话等作品，著作权归报告人或者讲话人享有。著作权人可以支付执笔人适当的报酬”。

署名权被视为是著作人格权中最为重要的部分，因而在理论上被认为不受合理使用限制。但是，在我国法上，同样存在署名权限制的情形。在实践中，基于条件限制、现实需要或者行业惯例，容许特殊情况下不为作者署名。《著作权法实施条例》(2013)第19条规定，“使用他人作品的，应当指明作者姓名、作品名称；但是，当事人另有约定或者由于作品使用方式的特性无法指明的除外”。例如，由于邮票的特殊性，邮票印制单位通常无法在邮票图案上表明作者身份，而通过发行介绍等方式指明作者，客观上已经使公众知悉该作品为作者创作，这种署名方式适当、合理，并未侵犯署名权。

(二) 作品完整权与修改权

保护作品完整权，即保护作品不受歪曲、篡改的权利；修改权，即修改或者授权他人修改作品的权利。

作品完整权被认为是著作人格权的核心内容。《伯尔尼公约》第6条之二规定，作者有权“反对有损作者声誉的任何歪曲、篡改或其他行为”。该条表达具有不同的具体含义，也致使各国采取了不同的立法模式。作为保护的最低水准，作者有权阻止有损其声誉的作品利用行为，如英国法第80条之规定。但是在大陆法中，它规定的范围普遍要宽，指的是作者有权禁止对其作品未经授权的修改行为，而不考虑该种修改是损害还是提升作品的艺术价值。例如，法国《知识产权法典》第L. 121-1条规定，“作者对自己的姓名、作者身份及作品享有受尊重的权利”。我国《著作权法》与法国《知识产权法典》类似，并未明确作品完整权的侵害须“有损作者声誉”，它包括任何“歪曲”“篡改”作品的行为。然而，与法国《知识产权法典》不同之处是，我国《著作权法》还规定了作者有修改或授权他人修改作品之权利。因此，首先必须在理论和实务中区分作品完整权和修改权的适用范围。

1. 作品完整权与修改权的关系

有些学者和法院认为两者是“一个硬币的正反两面”之关系：从正面来讲，作者有修改或授权他人修改其作品的权利；从反面来看，作者有权禁止有损其声誉的作品使用行为。因而，侵犯修改权的行为也会侵犯作品完整权。也有些学者和法院认为这两者之间虽然存在重叠之处，但具有重要区别；从整体而言，存在三种可能为作者所反对的、利用作品的情况：① 没有修改作品，但对作品的使用行为有损作者声誉；② 有修改作品的行为，但无损作者声誉；③ 修改作品的行为有损作者声誉。这种观点认为，仅第三种情形存在重合。

上述两种观点的区别在于，作品完整权所保护的内容是否仅限于有损作者声誉的行为。前者的回答为“否”；而后者的回答是“是”。主张在著作权法修订时删除修改权的学者常常持第一种观点。[①] 但是，从修改权的立法旨意来看，中国法上规定修改权的目的在于，当作者对其作品中的思想、观点发生改变时，其有权决定出版新作品，而反对原作品的再版行为。[②] 已故的著名学者、我国著作权法的主要起草者郑成思教授在其著作《版权法》中例释了修改权的立法依据：北大教授王力先生发现其著述的《古代汉语》教材中存在一些错误，进而通知出版社需要对该书进行修改，但出版社未经其同意再版了存在错误的教材。[③] 因此，修改权并非完全等同于作品完整权中的“篡改”，其本质上具有收回权的部分功能。即，授予作者在其对作品观点改变之后，有权要求出版社发行新版作品，而不能再出版旧作。

---

① 参见王迁：《我国著作权法中修改权的重构》，《法学》2007年第11期。

② 参见胡康生：《中华人民共和国著作权法释义》，法律出版社2002年版，第44页。

③ 参见郑成思：《版权法》(修订本)，中国人民大学出版社1997年版，第150页。

2. “修改”与“篡改”:硬币的两面还是两个硬币

侵犯作品完整权的行为包括两类。其一涉及作品的修改行为(篡改);其二是作品使用行为未能尊敬作者(歪曲)。除此之外,是否能像德国法一样从我国法关于作品完整权的规定中推断出作品毁坏或接触之权利?法院作出的是否定回答。例如,从他人所有的电脑中删除了作者的作品,并不是一种侵权行为。本节仅讨论涉及作品修改的行为。

从比较法来看,作品修改行为是否侵犯作品完整权,往往取决于法院采取主观标准还是客观标准。大陆法国家(如法国)采取更有利于作者的标准,认为声誉须依主观标准来确定,而不限于严格意义上有损作者声誉的情形。① 与主观标准不同,依客观标准,侵犯作品完整权须在客观上对作者声誉有直接、实质性的损害,如英国法的规定。

艺术声誉在某种程度上具有客观性质,以作者在公众中的声望来判断。如果作者反对的作品修改行为不会使公众将作品与作者联系起来,不属于侵犯作品完整权。例如,因所持的学术观点不同,在引用他人翻译作品时将有些译文予以“订正”,因已表明改动非为译者所为,且这种改动不会对所引用作品的翻译本身造成歪曲和篡改的后果,故不构成侵权。

因此,修改与篡改的区分在于:前者可被转让,也可被推定默示许可的存在,而后者不能;同时,后者涉及作者的声誉,而前者无涉作者声誉。在沈家和诉北京出版社案中,法院认为,出版不合格的出版物(差错率高),既属于违约行为,也将导致作者的声望降低,侵犯了作品完整权;语言的修改是否导致风格的变化,是判断侵犯作品完整权的关键,作者授予了被告作品修改权,被告的修改客观上并没有改变京味风格,不构成侵权。②

3. 对作品的歪曲利用行为

作品本身没有做任何更改,但其使用有损作者声誉或违背作品主题,这样的行为也构成侵犯作品完整权。例如,更换作品使用环境或以调侃方式演唱严肃歌曲(《红太阳》案),③在林奕诉中国新闻社案中,将照片使用于表述作者创造意图相反之事件等行为侵犯了作品完整权。④ 另外,如果对作品的使用并不与作品的主旨相冲突,且未对作品进行任何修改之行为,则不会构成侵权。使用表演者的表演语言改编成动画,未进行增加和删改,未违背原作品主题;人物形象具有夸张的特点,符合原表演行为具有搞笑的性质;虽然画面简单粗糙,音效较差,但非属故意丑化、贬损表演者,故不侵犯作品完整权。

4. 修改权与作品完整权的限制

第一,作品完整权和修改权可能受到著作权法其他条款的隐含限制。例如,作者行使其著作人格权并不能影响社会公共政策的执行。著作权法体现了国家的公共政策,有些直接反映在受法律保护的客体上,如第 4 条的规定。再如,修改权和作品完整权并不及于法律所允许的法定转载或摘编行为。《著作权法》第 36 条第 2 款明确规定,报社、期刊社可以对作品作文字性修改、删节,对内容的修改,应当经作者许可。此外,尽管法律没有明确规定,其第 35 条第 2 款也具有同样的效果。在文摘周刊报社与焦友龙侵犯著作权纠纷上诉案中,法院认为,法律及司法解释虽未明确摘编、文摘的含义,但中国社会科学院语言研究所词典编辑室所编《现代汉语词典》(第五版)

---

① Irini A. Stamatoudi, Moral Rights of Authors in England: The Missing Emphasis on the Role of Creators, *Intell. Prop. Q.* 478, 481-2 (1997).

② 参见《最高人民法院公报》2002 年第 5 期。

③ 参见孟祥娟:《版权侵权认定》,法律出版社第 2001 版,第 119 页。

④ 参见《林弈诉中国新闻社侵犯保护作品完整权及名誉权案》,程永顺主编:《著作权纠纷案件法官点评》,知识产权出版社 2004 年版,第 204 页。

明确将"摘编"定义为摘录下来加以编辑、将文摘定义为对于文章、著作所做的扼要摘述或指选取的文章片段。文摘类的报刊社在摘录涉案作品的基础上稍加整理，是以法定的摘编方式，或者说是以文摘的形式使用涉案作品。经过摘编，文章篇幅大幅缩小，作品名称及三个小标题也相应作了些许调整，但其摘编保持了作品主题、基本内容和基本表达形式，更没有歪曲和篡改涉案作品。因此，并不侵犯修改权和作品完整权。

第二，我国法院在某些特定条件下依诚实信用原则对作者行使著作人格权进行了限制。① 例如，委托作品的委托人对作品进行修改以符合其使用目的，并不构成侵权。任何符合行业惯例的作品使用行为不是侵权行为，例如符合惯例而节选翻唱戏曲作品，不侵犯作品完整权。著作权人许可他人将其作品摄制成电影作品和以类似摄制电影的方法创作的作品的，视为已同意对其作品进行必要的改动，但是这种改动不得歪曲篡改原作品。

第三，言论自由也将成为限制作品完整权与修改权的重要事由。作品完整权或修改权的保护将可能对后续创新产生负面效应。著作人格权的保护并不及于转换性使用作品之情形，因为这为保障后续创新所需要。再如，修改权不同于演绎权，不包括将原创作品适当使用于独立新创作的作品。

（三）发表权

发表权，即决定作品是否公之于众的权利。公之于众，是指著作权人自行或者经著作权人许可将作品向不特定的人公开，但不以公众知晓为构成条件。"不特定公众"不能做范围过窄的解释，在校园网上公开披露也构成公开发表。作者享有发表权，因此，作者有权自主决定作品是否完成，决定作品是否发表，以何种方式发表，在何时发表。

作品发表通常涉及合同解释的问题。发表权的行使取决于合同的安排，但合同当事人不能强制作者发表作品，也不能违反约定公开作品，更不能巧夺豪取，在自己的作品中发表他人作品的主要内容。例如，征文活动主办方违反保密协议公开披露作品的行为侵犯了作者的发表权。将他人投稿的未发表作品的主要内容使用到自己的文章中，虽在文章中提到其主要观点来自原作作者，但这种形式足以使读者误认为该文章是由被告整理、归纳原告观点而撰写；报社未尽到注意的义务，未能按照作者所决定作品"公之于世"的通常方式将其作品公开，侵犯了作者的发表权、署名权。

在性质上，我国法认为发表权兼有人格权和财产权的属性，依《著作权法》第 21 条，它可以继承、转让、放弃，也受保护期限的限制。作品发表与否，是行使著作财产权的前提，也是受合理使用限制的重要因素。

发表权的限制情形主要有二。第一，当作品的财产权非为作者所有时，著作财产权人可以行使发表权，而不是作者。例如，作者将作品的复制、发行权转让他人，但并未涉及发表权，则受让人发表作品不构成侵权。因这是行使复制、发行权的前提。受委托创作作品的作者可以享有著作人格权，但不能阻止委托人公开发表委托作品。在著作财产权归属雇主所有的情况下，雇员作者也不能反对雇主发表作品的行为。第二，我国案例法和理论均承认发表权穷竭。即，一旦作者以任何方式公开发表其作品之后，其作品被他人公开利用的行为不会侵犯发表权，但可能侵犯其他权利。

（四）比较法上的权利：作品载体接触权、收回权（撤销权）以及追续权

有些国家著作权法规定了更复杂的著作人格权，主要包括：作品载体接触权，即作者与作品之间的精神联系有时以作品载体为重要纽带，当其不为作者所控制，但为了制作作品复制件或对

① 德国 1965 年《著作权法》第 39(2) 条、澳大利亚 1968 年《著作权法》第 195AS(2) 条均有类似规定。

作品进行演绎所必须时，作者能够要求作品原件或复制件的占有人允许其接触该原件或复制件，但不得损害占有人的合法利益。收回权或撤销权，实质上是作者单方解除著作财产权使用许可合同的权利，其理由是作者认为作品不再符合自己的确信且不适合继续利用时，可以向使用权人撤回使用权的许可，但作者行使撤销权应当对使用权人的损失作出适当补偿。由于收回权被认为是著作人格权的组成部分，故不得预先放弃或被排除其行使。追续权主要是针对美术作品原件所赋予作者的一项报酬请求权，它兼具财产权属性。

二、著作财产权

类似于所有权的占有、使用、收益和处分等权能，著作财产权也有类似的各项权能。它首先是对作品的排他性控制权，主要体现的是禁止权的内容，即任何人未经授权不得利用其作品的权利，如《著作权法》第 10 条第 1 款第 5 项至 17 项规定的复制权、发行权等。同样，著作财产权的使用权能不仅包括权利人自行使用，也包括许可他人使用。《著作权法》第 10 条第 2 款规定："著作权人可以许可他人行使前款第五项至第十七项规定的权利，并依照约定或者本法有关规定获得报酬。"所有权的处分权能包括事实处分和法律处分，著作财产权也具有类似的权能：转让著作财产权的权利，如《著作权法》第 10 条第 3 款规定："著作权人可以全部或者部分转让本条第一款第五项至第十七项规定的权利，并依照约定或者本法有关规定获得报酬。"它还包括著作财产权质押的权利，如《著作权法》第 28 条规定："以著作权中的财产权出质的，由出质人和质权人依法办理出质登记。"著作权许可使用、转让和出质等权能的行使，涉及著作权合同的相关规定。

在著作权法上，还存在一类不同于所有权的财产权，即属于著作权人享有的使用费请求权。使用费请求权也不同于权利人因许可或转让而获得报酬的权利，它是指权利人向那些依据法律规定而利用作品的使用者请求支付费用的权利。依据法定许可制度的规定，利用著作权作品而依法无须取得著作权人事前同意，但使用者须依法支付使用费。在实施复制版税制度、追续权制度的国家，权利人也有相应的使用费请求权。

禁止权是著作财产权排他性的基本特征，《著作权法》第 10 条第 1 款第 5 项至 17 项列举了 12 项具体权项，再加第 17 项规定兜底性的权利（"应当由著作权人享有的其他权利"）。"其他权利"条款具有典型的中国特色，它授予法院有足够的自由裁量权去填补法律具体列举权项所形成的漏洞。而之所以规定有"其他权利"条款，其重要的原因是《著作权法》上规定的著作财产权的具体权项之间并无明确的逻辑联系，必然存在规则之间的空隙。从逻辑来看，分类必须遵循相应的标准；但将著作财产权的内容分为 12 项，并未遵循统一的分类标准。此外，著作财产权具体权项的享有还与作品类型有关，如出租权仅限于视听作品、计算机软件、录音录像制品之权利人享有。相比其他国家的立法，著作权法上各项权利的规定过细，基本上是将国际条约上规定的权利转换为国内法，这意味着法律规定的权项类型化程度不高，难以涵盖全部的作品利用情形，存在"不及"的特征，即法条漏洞。

"其他权利"条款的适用必须满足相应的前提条件。第一，著作财产权的法律规定存在法律漏洞。法律漏洞是"法律体系上之违反计划的不圆满状态"，乃成文法规定的"过犹不及"。它包括两种类型："法条漏洞"是法律体系具备"不及"之特征，"规范漏洞"则属规范得"太过"之特征。① 第二，不能通过扩张解释法律具体列举的著作财产权得以适用，其原因是扩张解释明显违反了某项财产权之立法目的或国际条约的规定，或者与其他权利产生交叉与重叠。例如，在 2020 年著

---

① 参见黄茂荣：《法学方法与现代民法》，中国政法大学出版社 2001 年版，第 293 页。

作权法修订前发生的网吧定时播放视听作品侵权纠纷系列案中，有可能适用的权利包括广播权、放映权和信息网络传播权，但比较通行的看法是应该适用兜底的“其他权利”。

权利人能够控制的作品利用行为，不外乎两种情况：一是该利用行为必须涉及作品的有形载体，二是该利用行为无须以作品的有形载体为依托。

（一）著作财产权之有形利用作品的权利

有形利用作品的权利是指著作权人控制作品有形载体而予以利用的权利，主要包括复制权、发行权、出租权与展览权四项；比较法上还包括属于使用费请求权的公共借阅权和追续权。

1. 复制权

复制权是著作财产权中最原始、最基本的权利之一，也是各国著作权法都一致予以保护的财产权。但《伯尔尼公约》迟至 1967 年斯德哥尔摩修订时才首次予以规定，其第 9 条第 1 款规定：“受本公约保护的文学、艺术作品的作者，享有授权以任何方法或形式复制该作品的专有权。”

汉语中“复制”一词有广义和狭义之分。广义上的“复制”等同于 copy，是指所有能够再现作品的形式，如朗诵诗歌、演奏音乐、将小说拍摄成电影等。狭义的复制（reproduce）仅指以有形载体方式再现作品，我国台湾地区称之为“重制权”，即制作作品复制件（copies）的权利。《著作权法》第 10 条第 5 项规定：“复制权，即以印刷、复印、拓印、录音、录像、翻录、翻拍、数字化等方式将作品制作一份或者多份的权利。”

复制权的核心是控制作品的复制件，进而控制作品的传播与载体流通。因此，制作复制件的方式并不限于法律所列举的情形，例如，手抄形成的复制件；它必定随着技术的发展而不断扩充，“任何方法或形式”包含了一切已知或未知的复制技术，是任何一种用某种物质形式将作品固定的方法。因此，复制权的构成要件有二：① 它是再现作品或作品片段的行为。复制件不是对作品原件的再现，而是对作品的再现。如将以手稿为载体的文字作品印刷成书籍，抄写形成的复制件，复印时图书中的彩页变成了黑白页，虽然它们在表现形式上有所差异，但它们都属于复制的情形。制作作品的复制件，既包括完整的作品复制件，也包括包含作品实质性部分的复制件，如以略加修改的方式出现，或者复制作品的某些部分。② 它是以物质形式固定作品而形成复制件的行为。例如，以录音的方式将口述作品固定下来，属于典型的复制。它也不限于复制件的份数，制作一份复制件也可构成侵权。

对于计算机软件等功能性作品来说，复制也包括为实现其功能而进行的使用行为，如把计算机程序安装到计算机等具有信息处理能力的装置内。因此，计算机程序的合法复制品所有人可以根据著作权人签订的销售合同（或许可合同）予以功能性使用，但不得超出其约定的安装设备数量。当然，在符合授权的范围之内，使用者为实现计算机程序功能所必须的复制行为，如安装、显示、运行或存储，不构成侵权，即功能性复制例外。①

从形式来看，制作复制件主要有三种：第一种是不改变表现形式的载体复制，包括从平面到平面、从立体到立体的复制。例如，不改变原作载体形式的复制，如复印、拍照等方式（平面到平面），再如重建雕塑（从立体到立体）；或者虽然改变载体形式，但不改变作品表现形式的复制，如以纸质媒介为载体的美术作品，将其扫描进行数字化，以电磁媒介为载体。第二种复制是从无载体的作品以有载体的方式复制，如对口头作品予以录制（录音录像）或者速记、将现场演奏的音乐作品录制或者记谱。第三种是进行表现形式载体转化的复制，包括从平面到立体、从立体到平面的复制。这种类型的复制较为复杂，需要进一步分析。

关于从平面到立体的转换，主要有两种情形。一种情形是属于复制权所控制的行为，它主要

---

① 参见《计算机软件保护条例》第 16 条第 1 款。

适用于能以不同形态呈现的艺术作品，因为它不改变作品的基本形态，仅是以立体方式呈现其艺术形象。最典型的例子是将“喜羊羊”“米老鼠”等动画形象制作成毛绒玩具。另一种情形则不属于复制权的范围。在科学作品和具有实用功能的作品类型领域，从平面（如文字、图形、施工图等）到立体（根据论文描述、施工图等制作产品）的转化过程属于对技术的应用，而非对其科学美或艺术美的利用，是工业产权法的范畴，故不构成复制。这也是思想/表达二分法的基本内容。

除建筑设计图之外，按图施工并不构成从平面到立体的复制侵权。在上海纽福克斯汽车配件有限公司、纽福克斯光电科技（上海）有限公司与上海索雷亚汽车用品有限公司著作权侵权纠纷案中，法院认为：

> 著作权法意义上对工程设计图、产品设计图的复制，仅指以印刷、复印、翻拍等复制形式使用图纸，而不包括按照工程设计图、产品设计图进行施工、生产工业产品。印刷线路板的元器件位置图属于图形作品，应受著作权法的保护，他人未经著作权人许可，不得复制、发行印刷线路板的元器件位置图。但印刷线路板本身是一种工业产品，不属于著作权法保护的文学、艺术、科学作品的范畴。而字符层是印刷线路板上不可分割的组成部分，字符层本身也具有指导操作工人插接元器件及进行维护的实用功能，因此字符层属于印刷线路板这一工业产品的组成部分，不是著作权法保护的客体。无论字符层是通过何种方式如印刷等在印刷线路板上形成的，形成字符层的过程都属于生产印刷线路板这一工业产品的一个环节。因此，被上诉人在印刷线路板生产过程中形成字符层的行为，是生产工业产品的行为，而不属于著作权法意义上的复制行为。

关于立体到平面的转换，也类似于从平面到立体的转换。在大多数情况下，它属于复制的情形，如将雕塑拍摄成照片。但是，当照片并不完全是精确再现已有作品的情形下，拍摄行为可能属于创作行为，进而构成摄影作品。通过临摹的方式将雕塑制作成绘画，也需要进行类似的评估。在法律定性上，这些利用已有表达形式创作的新作品，可能构成演绎作品。

临摹也可能存在于属于平面载体之间的情形，如临摹绘画作品。临摹是否属于复制的方式，在理论上具有一定的争议。1990 年的著作权法将“临摹”与印刷、复印等一并列举为复制的方式之一，但 2001 年修订时被删除。

复制与“出版”的概念不同。“出版”是著作权法产生伊始即已存在的作品利用方式。在《伯尔尼公约》上，“首次出版地”是确定“作品国籍”的标准。1967 年斯德哥尔摩修订时，其第 3 条第 3 款界定了“已出版”的定义：经作者同意后已经出版的作品，不论其复制品的制作方式，只要其复制品数量满足公众的合理需求。同时，该条指出，戏剧、音乐剧、电影或音乐作品的表演，文学作品的公开朗诵，文学或艺术作品的有线传播或播放，艺术作品的展览，以及建筑作品的建造，都不应视为“出版”。《著作权法》第四章第一节使用了“出版”的概念，如“出版合同”“出版该作品”等。一般认为，“出版”的含义是指传统的图书行业出版作品的情形，在大多数情况下，它应包含“复制”与“发行”的内容。

临时复制也是复制权中具有争议的部分。其最初由计算机程序在计算机随机存储器（RAM）中的临时存储问题所引发，而网络技术的发展使得该问题显得复杂起来。数字技术产生的临时复制，其类型主要有两种。第一种是所有作品都可被数字化，在读取时，都会先读取到 RAM 内，再通过与机器的互动即可呈现其内容；或者作品只是在电子系统的正常使用过程中产生附带的或瞬间的复制件，当关机或退出机器时，其内容即消失。第二种是为达到传输或其他特定功能，例如一个服务器只有储存五百万份资料的容量，当第五百万零一份进来时，就有一份会不见；或是网络搜寻，会有库存页面，会随着搜寻的效果而有所替代，如果一个热门资料，常有更新的话，存在的时间就会特别的短，在理论上这就是一种临时复制。

临时复制在国际法上并没有权威的定义，但 1996 年《世界知识产权组织版权公约》（WCT）和《世界知识产权组织表演和录音制品公约》（WPPT）中对临时复制是否属于复制权的范围作出了一定的回应。WCT 的“关于第 1 条第（4）款的议定声明”指出：“《伯尔尼公约》第 9 条关于复制权以及其所允许的例外，完全适用于数字环境，尤其是以数字形式使用作品的情况。不言而喻，在电子媒体中以数字形式存储受保护的作品，构成《伯尔尼公约》第 9 条意义下的复制。”在 WCT 和 WPPT 的谈判过程中，发展中国家大都反对将临时复制纳入复制权的范围，认为这将使得著作权演变为一种新的使用权，而这种使用权是与著作权保护的一贯原则相冲突的，因为著作权保护并不限制消费性行为或信息的接收。

临时复制也会形成复制件，但与传统复制存在一些差异。一是数字技术条件下临时复制的产生并非出于计算机用户或网络用户自身的目的，而是机械设备自动进行的附带性结果；传统条件下的复制则是复制行为人目的明确的产物；二是数字技术条件下的临时复制不产生永久性的复制件。基于上述差异，临时复制的范围应该具有其特殊性。首先，基于技术本身所产生的临时复制是实现技术效果之需要，故而不能成为复制权的范围。譬如，将计算机程序在计算机内运行是不可避免地产生的临时复制。其次，在网络上进行浏览所不可避免地产生了临时复制也不属于权利的范围。最后，临时复制的权利范围就在于具有重要经济价值的使用行为，譬如商业性的缓存行为中存在的临时复制件，网络代理（proxy）和路径缓存（router caching）就是两个典型例子。

《著作权法》没有对“临时复制”问题作出明确规定，学界的讨论似乎也没有形成共识。有人认为在我国的法律中（如《计算机软件保护条例》第 16 条）已经包括了临时复制的一些规定。该条规定软件的合法复制品所有人有权根据使用的需要将软件装入计算机等具有信息处理能力的装置内，这表明立法者已经暗示这种临时存储属于复制，否则法律没有必要明文规定该类行为不属于权利人所控制的权利范围。《信息网络传播权保护条例》也没有作出规范，因为制定者认为，禁止终端用户非营业性使用作品不具有可行性；国际上对禁止临时复制有很大争议，相关国际条约没有规定禁止临时复制；而且，其作为授权立法也不宜对著作权法未授权的临时复制作出规定。

2. 发行权

20 世纪 70 年代以前，发行权通常都不是一项独立的财产权，而是为复制权（或出版权）所包含，其原因在于对作品的发行行为需要以复制为前提，控制制作复制件的行为即可实现对发行等后续利用行为的控制。发行权从复制权中派生出来，主要原因是复制技术的成熟与广泛采用，复制成本也在降低，图书市场的分工也越来越明显，著作权人有时候难以追溯初始的复制行为，赋予其发行权可以有效地制止侵权复制件的传播。在国际条约上，《伯尔尼公约》并无相关规定，WCT 第 6 条则规定了含义非常宽泛的发行权：“文学和艺术作品的作者应享有授权通过销售或其他所有权转让形式向公众提供其作品原件或复制品的专有权。”

发行权，即以出售或者赠与方式向公众提供作品的原件或者复制件的权利。首先，发行属于向“公众”提供作品原件或复制件的行为。所谓“公众”，是指不特定的人。“公众”是知识产权法上一个最为基础的概念，一般而言，作者无权阻止私下的任何无形利用或者一对一（one-to-one）的作品传播活动。其次，发行是转移作品原件或复制件等“有形载体”的行为，如销售图书、音像制品等。WCT“关于第 6、7 条的议定声明”指出：“该两条中的用语‘复制品’和‘原件和复制品’，受该两条中发行权和出租权的约束，专指可作为有形物品投放流通的固定的复制品。”作品原件或复制件在载体上可能存在多种形式；控制固定作品的有形物品之流通是发行权与其他权利的重要区别，如表演、广播、信息网络传播权等向公众传播权所控制的对象即不以有形载体为前提。最后，发行权是控制对作品有形载体“所有权转让”的权利。转让形式并非必要条件，它并不限定为出售、赠与两种情形。在比较法上，欧洲法院将发行权概念延伸到对著作权作品有形载体的销售广告或要约邀请行为。[①] 有形载体的所有权转移是发行权与出租权区别的关键。

发行权是否具有一定程度的域外效力，这在不同国家的法律上有不同做法。美国《版权法》第 602 条(a)款规定，未经授权进口从国外获取的复制件或录制品将侵犯发行权。该规定的字面含义涉及平行进口或灰色市场，但(b)款则仅授权美国海关与边境保护局禁止盗版商品的进口，不涉及平行进口问题。美国法院也认为该条并不适用于平行进口问题，这和发行权一次用尽原则密切相关。

发行权一次用尽原则或发行权穷竭原则，又称“首次销售原则”，是确立于 20 世纪初、在传统技术条件下限制著作权人权利的重要原则，是著作权法在著作权人的排他权和作品载体所有人的物权之间进行利益平衡的结果。它是指合法制作的作品原件或复制件首次合法进入市场后，原件或复制件所有人对于该作品的进一步销售、赠与或其他方式进行流转的行为，无须经过著作权人同意。例如，《计算机程序保护指令》第 4 条第 2 款规定：“作品原件或复制件在欧共体境内已由权利持有人或经其同意首次售出或以其他方式转让所有权，发行权即已在欧共体境内用尽。”在我国，尽管成文法并未明确规定首次销售原则，但它以法理的名义而为法院所广为承认。发行权穷竭的适用条件有三：第一，它仅针对首次发行之后的“合法”复制件。即由著作权人自行制作或经其授权制作的作品原件或复制件首次发行后，发行权一次用尽。盗版图书的购买者再次销售行为侵犯发行权。第二，“首次发行”既包括销售等有偿形式，也包括赠与等无偿形式，它与“发行”的含义相同。第三，它仅针对合法发行的“特定复制件”。该复制件的所有人不得进行复制等侵权行为，也不得进行再包装等销售行为。例如，将长达 700 页的单本短篇小说集拆分成两本装订后销售，其销售对象已不属于首次销售时的特定复制件。计算机软件具有特殊性，因为购买者的使用行为主要体现为安装等复制形式，转售计算机软件有可能会导致其原购买者保留有复制件。软件著作权人可能采取密钥等方式控制计算机软件的复制行为；规避密钥而提供软件等行为，既有可能侵犯发行权，还会产生规避技术措施的法律责任。

首次销售原则适用的重要前提是存在合法复制件或原件的所有权转让合同关系，而判断是许可使用合同还是销售合同，法院存在两类基本的解释方法：实质主义与形式主义。前者是指法院需要对协议予以全面考察，而不仅看合同名义上许可还是销售，它要考虑合同条款的本身性质。后者是指系争合同究竟是许可合同还是销售合同，主要从权利人提供的合同条款和定义来判断，特别是如果合同明示使用者系依据许可合同而取得授权使用，并限制使用者转让复制件的权利，且对使用权限作出了重要限定，则法院更倾向于认定为许可合同。[②]

在学理上，首次销售原则具有四个方面的重要作用。第一，它使作品合法复制件的二手市场能够摆脱著作权人的控制，从而使得公众更易于获取著作权作品。因为二手市场的存在，著作权人不得不降低作品价格，从而促进作品的可获得性；它也使得图书租赁等商业模式得以存在。譬

① Dimensionse Direct Sales Srl and others v Knoll International SpA, Court of Justice EU, May 13, 2015, Case C-516/13, ECLI:EU:C2015:315.

② See Joseph E. Van Tassel, Remote Deletion Technology, License Agreements, and the Distribution of Copyrighted Works, 97*VA. L. REV.*1223, 1240 - 1244(2011).

如，某公司通过会员缴纳押金的方式开展借阅图书的服务上门，促进了公众获取作品的机会。如果没有首次销售原则，这些商业模式的合法性将会面临挑战。第二，它使得公众能够合法地获取已经绝版的图书或其他文化产品，或者因政治、文化因素而撤回销售的文化产品，或者因权利人无法确定而形成的孤儿作品。第三，它保护消费者隐私。因为对合法复制件的流转无须著作权人进行授权许可，作品合法复制件可以匿名、私下流转。第四，它降低了交易成本，从而促进了经济效率。如果没有首次销售原则，合法复制件所有人使用作品的权限各不相同，在二手交易时，将面临较高的信息获取等交易成本问题。

3. 出租权

出租权，即有偿许可他人临时使用视听作品、计算机软件的原件或者复制件的权利，计算机软件不是出租的主要标的的除外。WCT 第 7 条规定，计算机程序、电影作品和以录音制品体现的作品之作者，"应享有授权将其作品的原件或复制品向公众进行商业性出租的专有权"。从学理上看，出租权与发行权类似，都是对作品的有形载体或有形物品的利用；属于广义上发行权的范围。1991 年《著作权法实施条例》第 5 条第 5 项将出租视为发行行为的一类予以规定，其独立为一项权利是 2001 年修订《著作权法》时所确定。之所以将其独立出来，主要的原因有二：一是租赁市场对于某项作品的发行市场造成了影响，如电影作品载体的出租都会严重影响权利人的收益；二是出租权并非所有作品类型享有，独立规定比较方便。发行权的行使，不意味着出租权的授予。

出租权的成立条件有三：第一，它仅针对商业出租行为，即"有偿出租"。无偿出租的行为，如私人之间或非营利性出租（如学校图书馆），都不属于出租权的范围。第二，出租仅转移有形物品的占有，而不是其所有权，这是与发行权的区别所在。云计算服务中的"软件即服务"模式，由于并未涉及有形载体的占有变化，不属于出租权的范围。第三，仅视听作品、计算机软件享有出租权。录音录像制品与视听作品有类似的市场因素，故也享有出租权。出租权的例外是计算机软件不是出租主要标的之情形，如出租安装有自动巡航系统的汽车、具有操作系统和应用程序的智能电视等。

4. 展览权

展览权，即公开陈列美术作品、摄影作品的原件或者复制件的权利。① 展览，即"公开陈列"，是指将作品置于公共场所、供人欣赏。它是指面向公众的场所，可以属于付费进入的封闭场所（如博物馆），也可以属于免费的开放场所（公园或街道）；至于陈列的目的，是以艺术欣赏还是其他商业目的（如广告促销），并不影响展览权的成立。例如，将剪纸等美术作品制作灯箱并陈列于公共场所，属于展览行为。② 展览权的客体仅限于美术作品、摄影作品。文字作品、戏剧作品等都不享有展览权。诗歌手稿如构成书法作品，则著作权人可以书法作品而享有展览权；但诗歌作品的著作权人不享有展览权。③ 展览权是著作权人对作品原件或复制件享有的权利，属于对作品有形载体的利用形式。争议的主要问题涉及异形复制件的展览问题，如将雕塑（立体）拍照形成照片（平面）等复制件，或者将米老鼠等动画形象（平面）制作成玩具（立体）等复制件，对照片、玩具的展览是否构成展览权的范围？法律明确规定了展览权的客体包括作品的复制件，故未经授权而展览作为复制件的照片、玩具等行为构成侵权。

展览权也存在相应的限制规则，但主要针对作品原件。原件是艺术品市场的主要交易对象，美术作品原件与复制件的市场价格相差很大，原件所有人展出作品或为再次转让（如拍卖）而展出作品，是实现原件所有人利益的重要方式。即使是未发表的作品，原件所有人也可予以展览。《著作权法》第 20 条规定："作品原件所有权的转移，不改变作品著作权的归属，但美术、摄影作品原件的展览权由原件所有人享有。作者将未发表的美术、摄影作品的原件所有权转让给他人，受让人展览该原件不构成对作者发表权的侵犯。”

依据法律规定，美术、摄影作品原件的展览权由原件所有人享有，持有人并非所有人，故不得自行行使展览权。此外，复制件所有人并不享有展览权，这是《著作权法》第 20 条的当然之义。

5. 比较法上的费用请求权：公共借阅权、追续权

公共借阅权(public lending right)最早为英国于 1982 年通过立法确认。一般来说，一旦出版社向图书馆销售图书之后，依据首次销售原则或发行权用尽原则，权利人即丧失对作为物品的复制件控制权。随着公共图书馆事业的发展，特别是社区图书馆的藏书越来越丰富时，它就开始影响公众个人购买图书的意愿，并进而影响到权利人的市场利益。欧盟的部分成员国规定公共借阅权，赋予作者以及部分出版商从图书馆的公共借阅中获得使用费的权利。

追续权(droit de suite，resale royalty right)是为了维护画家和美术作品其他制作者利益而规定的。原件是艺术品市场的主要交易对象。艺术家往往在出名之前廉价出售了他们的经典作品，这些美术作品原件为艺术掮客们带来了大量的投资回报，但艺术家们无从获益。追续权的目的是使得艺术家能够从其作品原件的每次交易增值中获得一定比例的收益。《伯尔尼公约》第 14 条之三规定：美术作品原件和文字、乐曲原件的作者，对原件首次转让后的任何一次转售，均享有不可转让的分享其中收益的权利。作者死亡后，这一权利由国内法授权的个人或机构享有。追续权被视为作者人格权的一部分，但它实质上是以原件为依据的获得收益的财产权。

(二) 著作财产权之无形利用作品的权利

与有形利用作品不同，不依赖于作品有形载体形式而予以利用(即以读者或消费者可感知到的再现作品)的情形往往也属于作品的重要市场，特别是对于某些作品类型而言(如音乐作品)，这些不依赖有形载体的利用情形对于实现其市场价值至关重要。而且，随着传播技术的发展，这些无形利用的形式越来越多样化，也越来越具有重大的市场价值。

无形利用作品的权利主要包括两大类型的权利：向公众传播权与演绎权。

1. 向公众传播权(communication to the public)

向公众传播权的核心特征是：以不转移作品有形载体所有权或占有的方式向公众再现作品，使得公众可以利用作品(如欣赏、收听或获取)；公开再现作品的内容是其共同特点。向公众传播权属于权利人以非具体有形的形式对作品进行使用的权利(non-physical economic right)，一些国家的国内立法将这些权利统称为向公众传播权，而另外一些国家却使用了一些特定的术语，如表演权、朗诵权、展览权和广播权。中国采用第二种立法模式，规定了表演权、放映权、广播权和信息网络传播权等四项权利，其中前两项控制向现场公众传播作品的行为，后两项所控制的传播行为涉及的公众不在传播最初发生地。

向公众传播权早在 1925 年就出现在《伯尔尼公约》上，以应对技术发展给著作权人带来的利益影响，但条约最初的规定主要针对的是传统广播(broadcasting)条件下的传播技术。由于《伯尔尼公约》对向公众传播权的规定是按照权利客体和技术或传播方式两个标准来规定的，因而显得支离破碎。《伯尔尼公约》第 11 条针对戏剧和音乐作品规定了表演权，第 11 条之二将朗诵权(recitation)赋予文字作品。这些权利又与第 11(1)(ⅰ)和 11(1)(ⅱ)条及第 14(1)及第 14(1)(ⅱ)条所规定的广播、有线传播或转播、扩音器广播等传播方式存有差异。WCT 第 8 条规定：“在不损害《伯尔尼公约》第 11 条第(1)款第(ⅱ)目、第 11 条之二第(1)款第(ⅰ)和(ⅱ)目、第 11 条之三第(1)款第(ⅱ)目、第 14 条第(1)款第(ⅱ)目和第 14 条之二第(1)款的规定的情况下，文学和艺术作品的作者享有专有权，以授权将其作品以有线或无线的方式向公众传播，包括将其作品向公众提供，使公众中的成员可以在其个人选定的地点和时间获得这些作品。”[①]该条中的向公众传播权是一个伞状(umbrella solution)概念，它具有协调不同成员国关于数字传播在法律属性上存在不同体认之功能；但它建立了统一的向公众传播权，其中包括了作品提供权的内容。

作为控制作品无形利用的权利，向公众传播权控制可以使受众(recipient)获得作品的一切行为，它将随着技术发展所致使的受众范围扩展而扩张，如从戏剧院里的观众到广播电视节目的观众；向公众传播权也不断扩张到表演、广播等领域。在著作权法中，对作品有形利用(physical right)与无形利用权利之区分是非常重要的。一般而言，作者无权阻止私下的任何无形利用或者一对一(one-to-one)的作品传播活动。阅读一本书或者欣赏一首音乐从来不曾是专有权的范围，权利人指控他人侵犯向公众传播权，必须要同时证明特定的传播行为(如广播行为)的存在以及公众的出现。对作品的公开使用是所有以无形形式使用作品的权利之共性。虽然各国的具体规定各不相同，但是大多数国家都认为发生在家庭和朋友范围内的使用行为不应该在其所规定的“公开”使用范围之列。

当然，要给传播的公开性或者公众进行完整的界定非常困难，故有些国家采用排除的方式来确定其范围，如法国《知识产权法典》第 L.122-5 条规定，仅在家庭范围之内进行的私人和免费的表演非属作者所禁止的行为。但也有些国家对公开进行了明确的界定，如德国《著作权法》第 15 条第 3 款便从正面界定了公开的含义：“公开再现是指向社会公众特定多数人再现作品的行为。这些人中间的任何个人与利用者之间或者与将作品以无形方式让公众接触或感知的人之间并不存在人格方面的联系时，都属于公众的范畴。”而西班牙《著作权法》第 20 条第 1 款第 2 段则从反面来加以界定，“在不与任何形式的传播网络连接的严格的家庭范围内传播作品，不视为是公开的”。美国《版权法》没有直接界定公开的含义，但在表演权的定义(第 101 条)中指出，“在某些开放性的场所或在通常是家庭成员及其社会关系以外的大量人员聚集的场所”进行的传播行为是公开的。因此，如果某场所允许公众自由进入，且没有附加普遍性的限制(入场费限制除外)，则可以认为该场所是向公众开放的。在半公开场合(如俱乐部、室内、工厂、营地、学校等)进行的表演也是公开表演。

尽管各国法律或多或少的规定了公开或公众的法律标准，但对于司法实践而言，其标准依然是一个界限并不清晰的法律原则。公开传播在通常情况下是一点对多点(point-to-multipoint)的传播方式，即作品是从一个中心点传送出来，而受众(公众中的大部分或一些)同时接收。个体之间点对点的传播属于私下的范围，譬如两个人之间的诗词朗诵或歌曲演奏。随着传播技术的发展，传统上的公开含义发生了变化，每个人可以根据自己需要在任何地点而接收作品或对作品的表演，这对“公开”的含义提出了难题。尽管 WCT、WPPT 规定了数字传播技术下的权利，但并未为“公开”提出一个可操作的法律标准。

人们认为，公开、私下区分原则体现了著作权法在著作权人和社会公众之间的利益协调。接触和传播作品是属于促进文化进步和知识积累的重要内容，“私下”范围的萎缩则会限制公众从已有作品中获取知识，而如果将“公开”做限缩解释也会影响著作权人的利益回报从而影响创新激励。首先，公开与私下区分原则要回答的问题是，私密性与个体性是否属于判断的因素之一。一般来说，牵涉私密的使用作品行为，具有私下使用的可能性大；但人们已经认同，保密性的传播(confidential communication)不是绝对的因素，甚至是非考虑因素。完全私密的场所(如住所)之

① WPPT 的规定有所不同，它并未设立“向公众传播权”的上位概念，第 10、14 条的内容是：“表演者(录音制品制作者)应享有专有权，以授权通过有线或无线的方式向公众提供其录音制品录制的表演(录音制品)，使该表演(录音制品)可为公众中的成员在其个人选定的地点和时间获得。”

内的传播作品行为也可能构成公开传播。数字传播技术条件下的互联网服务器完全可能位于私密场所。其次，从公开的对象“公众”来界定也并非是绝对的。从作品接收的公众性质来决定传播行为是否属于公开，传统上的法律是将家庭或准家庭关系之间的传播行为视为“私下”传播。这种关系体现在作品的传播者和接收者之间存在某种“人格”联系，准家庭关系表明朋友之间的传播行为也非属公开传播。当然，在网络环境下，未曾谋面的网友是否属于此类，人们存有争议，比如，将一件作品传递给一个或多个网友是否构成公开传播；但如德国法一样强调“人格联系”，则它应属于公众的范围。最后，作品的传播行为对权利人经济回报的影响也可以成为衡量是否属于“公开”的因素。如果作品的传播行为给权利人产生经济上的不利损害，则该种使用行为也非属“私下”传播。英国法中的标准为其行为是否属于商业性使用，非商业性的使用非为传播权所控制。譬如工厂之内的传播行为系商业性使用，对权利人的经济利益产生了损害，故属传播权的范围。

(1) 表演权

尽管表演是比出版发行更早出现的利用作品的行为，但其受到保护的历史却比复制权短。表演权，即公开表演作品，以及用各种手段公开播送作品的表演的权利。我国法上的表演权大体上包括了《伯尔尼公约》上表演权（戏剧和音乐作品）、朗诵权（文字作品）等权利的内容，主要分为两类：现场表演与机械表演。

第一类，现场表演。又称“活表演”，是指演员通过其动作、声音、表情公开再现作品，或者借助技术设备（如小提琴）演奏作品。已失效的《著作权法实施条例》（1991）第 5 条规定：“表演，指演奏乐曲、上演剧本、朗诵诗词等直接或者借助于技术设备以声音、表情、动作公开再现作品。”演唱歌曲、演奏音乐、将剧本进行舞台演出、朗诵诗歌等，都是典型的表演行为。一般来说，只有音乐作品、戏剧作品、曲艺作品、舞蹈作品以及杂技艺术作品等才可能通过演员的表演行为予以再现。《著作权法实施条例》（2013）界定的音乐作品，即“歌曲、交响乐等能够演唱或者演奏的带词或者不带词的作品”。

著作权人享有的表演权可以禁止未经授权的表演行为。《著作权法》第 38 条规定：“使用他人作品演出，表演者应当取得著作权人许可，并支付报酬。演出组织者组织演出，由该组织者取得著作权人许可，并支付报酬。”当然，如果属于《著作权法》第 24 条第 9 项规定的“免费表演”，则不构成侵权。

第二类，机械表演。著作权法 2001 年第一次修订时将表演权扩张到机械表演。此前，《实施国际著作权条约的规定》第 11 条规定：“外国作品著作权人，可以授权他人以任何方式、手段公开表演其作品或者公开传播对其作品的表演。”所谓机械表演，是指“以各种手段公开播送作品的表演”，即借助于录音机、录像机等技术设备将作品的现场表演予以公开传播的行为。机械表演所控制的范围较广，包括宾馆、饭店、商店、歌舞厅、飞机、火车等场所为顾客播放载有作品表演的唱片、录音带或录像带。机械表演权与其他向公众传播权（如放映权）的界限比较模糊。

中国著作权法上机械表演的条件有：①“作品的表演”。它是对作品表演的公开播送行为，故对作品本身的公开播送不属于机械表演的范围。例如，饭店播放视听作品（作品本身），它不同于播放录制有歌手演唱歌曲（对歌曲的表演）的唱片，后者才是表演权的范围，前者是放映权的范围。②“各种手段”。《伯尔尼公约》第 11 条及第 11 条之三规定的表演权包括“以任何方式”向公众传播对作品的表演或朗诵。各种手段不包括《著作权法》规定的放映权、广播权和信息网络传播权所涉的技术手段。从比较法来看，许多国家的机械表演权范围更为广泛，放映、广播等利用机械再现作品表演的行为，都属于表演权的范围，即，广义的表演权就是指向公众传播权。因此，在某种程度上，机械表演与放映权、广播权的界限并不是按照逻辑来区分的。③“公开播送”。亲朋好友之间的家庭聚会时播放唱片，不属于公开播送，不构成侵权。

(2) 放映权

放映权，即通过放映机、幻灯机等技术设备公开再现美术、摄影、视听作品等的权利。放映权属于广义上的机械表演，有些国家（如美国、英国、法国、意大利等）仅规定广义的表演权。如法国《知识产权法典》第 L.122-1 条规定的著作财产权包括表演权和复制权；而表演权是指通过某种方式将作品向公众传播的权利，尤其是下列方式：公开朗诵、音乐演奏、戏剧表演、公开演出、公开放映及在公共场所转播远程传送的作品；远程传送；向卫星发送作品视为表演。有些国家规定了独立的放映权，如德国著作权法第 19 条的规定。中国著作权法规定了美术、摄影和视听作品均有放映权，末句的"等"字表明其范围并不限于明确列举的作品类型，可以包括其他能够放映的其他作品。[①] 放映的技术设备主要是指放映机、幻灯机，及其类似设备。此处的"等"字也表明其范围可做扩大解释。但从体系解释的角度来看，它仅限于与放映机、幻灯机相类似的技术设备，不能扩大到无线电视、有线电视或互联网等设备。随着技术的进步，视听作品大都以数字化形式存储，视频点播设备不同于放映机，但在电脑屏幕或电视上播放视听作品等，其效果类似于放映机、幻灯机，应属于放映权的范围。

(3) 广播权

广播权的设立，最初是为了保护著作权人通过广播电视台、电台（以下简称"广播电台"）传播作品的权利。传统的广播主要是指广播电台将作品制作成信号向公众发射的行为，特别是通过无线广播发射信号，以及以电视、收音机等播放设备接收信号的活动。最典型的广播行为是广播电台以无线方式播送作品，与传统的无线广播行为相关的传播行为还包括：当广播电台以无线方式广播作品的同时或之后，以有线方式传播或广播那些由广播电台广播的作品，以及通过扩音器或类似工具将接收到的广播作品向公众传播。这是《伯尔尼公约》第 11 条之二的主要内容。

《著作权法》第 48 条规定："电视台播放他人的视听作品、录像制品，应当取得视听作品著作权人或者录像制作者许可，并支付报酬；播放他人的录像制品，还应当取得著作权人许可，并支付报酬。"视听作品的著作权为制片者享有。编剧、导演、摄影、作词、作曲等作者享有署名权和按合同获得报酬的权利，故播放视听作品仅须取得制片者许可即可。但是，视听作品中的剧本、音乐等可以单独使用的作品的作者有权单独行使其著作权。因此，如果广播电台将音乐、剧本单独使用的话，则应取得该作品的著作权人许可。例如，如果将电视剧《红楼梦》插曲单独播放的话，需要另外取得词曲著作权人的许可。第 46 条规定："广播电台、电视台播放他人未发表的作品，应当取得著作权人许可，并支付报酬。"未发表作品的播放，既涉及发表权的行使问题，也受广播权的控制。该条第 2 款规定："广播电台、电视台播放他人已发表的作品，可以不经著作权人许可，但应当按照规定支付报酬。"本款规定了广播电台的法定许可播放，但"已发表的作品"应不包括视听作品；录音制品也可适用法定许可播放，第 45 条规定："将录音制品用于有线或者无线公开传播，或者通过传送声音的技术设备向公众公开播送的，应当向录音制作者支付报酬。"但依据第 48 条的规定，播放录像制品不适用法定许可，须取得录制者和著作权人的双重授权。

在《著作权法》第三次修订之前，中国法上广播权的含义基本上是对《伯尔尼公约》的翻译与转换。但是，由于立法者较为生硬地移植公约的相关规定，广播权的具体含义在理论与实践中引发了较大的争议。《著作权法》第三次修订过程中，扩大广播权的范围成为共识，其征求意见稿曾将权利的名称修改为"播放权"，即体现扩大广播权的范围，具有兜底性的作用。第三次修订并未修改"广播权"术语，但其定义扩大了保护范围："广播权，即以有线或者无线方式公开传播或者转播作品，以及通过扩音器或者其他传送符号、声音、图像的类似工具向公众传播广播的作品的权

---

① 参见胡康生：《中华人民共和国著作权法释义》，法律出版社 2002 年版，第 53 页。

利，但不包括本款第十二项规定的权利。”关于本项末句“但书”部分，其立法意图应是将第12项规定即信息网络传播权之外的传播行为划归广播权的范围，超越了传统广播电台利用作品的情形，具有一定的兜底功能。广播权与机械表演的区别在于后者的“公众”在接收作品时，与播送者处于同一场所；与信息网络传播权的区别在于后者调整的是交互性传播技术。

广播是指由一发射地点发射能够传输符号、声音、图像或其组合的电磁波，在其他地点的公众能用接收装置接收并再次转换为符号、声音、图像或其组合。公众接收的广播可以是免费的，也可以是付费的；既可以是实况播送，也可以是重播；原始广播和转播也同样属于广播。广播所发射的信号类型可以是模拟信号、数字信号或其他类似技术；信号发射方式可以是无线、有线、互联网以及通过卫星发射。但是，通过终端设备（如电视机、收音机）对载有作品的信号进行接收的行为并不属于广播权的范围。此外，广播电台无线发射或卫星发射的信号可能超越国界，能够为外国的公众所接收，进而产生法律适用的问题。一般来说，存在信号发射地、播放企业所在地以及接收信号所在地等不同选择。

广播行为包括传播行为和转播行为。传播行为系指播放组织首次将载有作品的信号向公众传输的行为，它既包括通过无线或卫星发射的方式将作品公开再现；也包括通过有线方式向公众提供作品，但不包括信息网络传播权所覆盖的交互性技术。转播行为是指播放企业将他人播放的作品接收后再度传播的行为。由于转播行为增加了新的消费者群体，故需要取得著作权人的许可。转播行为不包括同时进行的有线播放行为，即播放企业在无线发射信号的同时完整、未经改变地通过有线传播系统传播的行为，属于传播行为。

广播行为不包括信号接收行为，如通过电视机、收音机、卫星接收器等终端接收设备再现作品一般不属于广播权的范围。例如，家庭安装卫星接收器收看卫星发射的节目。但是，如果节目接收者在接收信号后，通过扩音器或者其他传送符号、声音、图像的类似工具向公众再现作品，则构成类似于转播效果的传播行为，属于广播权的范围。例如，某宾馆通过分线装置将接收到的节目向设施内多个接收设备再现作品，本质上属于转播行为。它不同于在公共场所（商场、车站等）通过扩音器、电视机等设备播放其接收到的广播节目。它与放映权、机械表演权的区别在于，后者是直接播放作品或作品的表演，而不是接收由播放组织播放的节目。

(4) 信息网络传播权

数字革命给著作权带来的挑战主要表现在无限但精确的作品复制、作品传播的方便快捷、作品复制与传播成本几乎可以忽略、任何人都可以从全球各地通过网络获取作品。通说认为，将数字传播技术中的一些行为纳入著作财产权的范围，信息网络传播权即属于这些解决方案中的一部分。所谓信息网络传播权，是指“以有线或者无线方式向公众提供，使公众可以在其选定的时间和地点获得作品的权利”。

Ⅰ. 交互性传播技术

信息网络传播权控制交互性传播技术。WCT第8条属于伞状概念解决方案，以承认国内解决方案的形式解决了成员国之间的争议，各成员国有自由权来决定以何种权利来保护权利人对数字传播的控制，它所强调的是权利所应涵盖的行为：交互性的按需传播行为（interactive on-demand acts of communication）。至于权利的范围，比如何谓“提供（making available）作品”，何谓传播（communication），则给成员国的国内解决方案提供了极大的自由度。

所谓交互性传播技术，是指可“使公众可以在其个人选定的时间和地点获得作品”的传播技术。交互性技术不仅包括通过网络按需传送作品，也包括任何提供让消费者选择内容或欣赏内容的服务的技术。交互性技术的特点在于作品的提供者和使用者之间的互动，“获得作品”并非是指公众可以获得作品的复制件。它仅仅是指公众可以在其选定的时间接触（access）作品，如浏览网页、在线观看视听作品等，当然也包括下载作品；即使公众不能下载作品，也已构成“获得作品”。

“个人选定的时间和地点”强调的是交互性的特点，并非是个人选定的任意时间和任意地点。① 限定访问时间，如非工作日或者是凌晨一点至两点，也可能构成交互性传播。但如果并未采用交互性传播手段，则即使通过网络向公众传播作品，也不构成权利之范围。例如，有些互联网站提供“网络广播”服务，如果这种“网络广播”像普通无线广播一样，用户在登录后只能在线收听或收看网站按照预定节目表在这一时刻正在播出的节目，而无法自行选择节目，则网站的“网络广播”并不是我国著作权法意义上的信息网络传播权所控制的范围。它属于修改后的广播权的范围。② 限定访问地域，如通过技术手段排除某一地区内的公众访问，甚至仅限定某一特定群体访问，也可构成权利之范围。因此，局域网内可为特定群体访问，如大学数字图书馆，也属于交互性传播技术。

交互性传播技术以互联网或计算机网络为主要载体，但并不限定于互联网。“信息网络”的术语具有一定误导性。虽然信息网络传播权不包括公众只能在固定表演地、广播电台、电视台选定时间和覆盖范围内收看作品的现场表演、出版、广播、电视等传统传播方式；但它所涵盖的信息网络范围非常广泛，“包括以计算机、电视机、固定电话机、移动电话机等电子设备为终端的计算机互联网、广播电视网、固定通信网、移动通信网等信息网络，以及向公众开放的局域网络”。

Ⅱ. **继续性传播(successive communication)行为**

交互性传播行为具有继续性传播的特点，而传统传播行为是即时性传播(simultaneous communication)行为。在典型的传统传播方式下，作品传播的行为与作品到达“公众”是同步或仅具有技术性的延迟，公众是自动获得被传播的作品的；而在交互性传播技术条件下，通过网络对作品的传播与“公众”的出现并非同步。

关于“以有线或者无线方式向公众提供(making available)作品”的行为，它是指处于交互性传播行为中的何种阶段，这是需要讨论的问题。以典型的网络交互性传播行为为例，一件作品的传播过程从制作数字复制件开始，到上传至网络服务器，最后被公众中的个人于其自定的时空条件浏览或下载作品。这个完整的传播过程如下图所示。信息网络传播行为始于何处、终于何处，人们并非没有争论。1 的阶段并不能使公众可以获得作品，7 的阶段通常被认为是私下复制的范围，故人们通常不会将其视为传播行为的范围。而 2、3、4、5、6 阶段中哪个行为构成传播行为，人们存在争议。

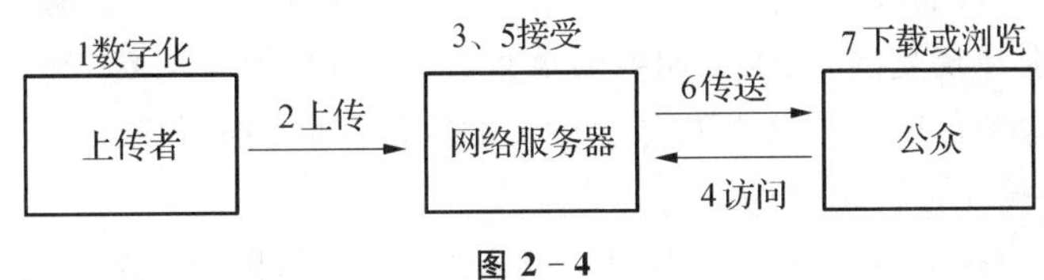

图 2-4

争议的观点有三：①一是传播行为是否以作品实际被接触或获得为必要条件，如是，则提供作品之行为为 6(网络服务提供商传送信号的行为)。二是传播行为是否以作品的接触可能性(accessibility)为要件，如是，则提供作品之行为系 3(网络服务提供商接受上传的作品)，因为它作品实际上可被接触或获得，具有使他人获得作品的可能性，即潜在的公众可以接触作品了。三是传播行为是否以作品接受对象的出现为构成因素，如是，则提供作品之行为乃 5(网络服务提供商接受用户的访问请求)。这是类比卫星广播行为的理论，卫星直播行为属于广播行为，按照传播

① See David Fewer, Making Available: Existential Inquiries, in In the Public Interest: The Future of Canadian Copyright Law (edited by Michael Geist, Irwin Law, 2005), p.280.

理论或者鲍格胥理论的观点，公众中的成员接受广播的时间或地点是传播行为的成立之点，决定通过直播卫星传送节目的人或机构是行为主体。①

本书赞同第二种观点。尽管“提供作品”的含义并非指作品为公众中的成员实际获得，但接触作品之公众中的成员无出现可能性，则传播行为即使成立也不属于面向公众之行为。譬如，网络服务提供商的服务器上已经接受了上传者上传的作品，但公众无从访问其内容就很难说是向公众提供了作品。从国际条约的字面解释来看，这同样可以得到支持。WCT 第 8 条、WPPT 第 10、14 条原文都是“... making available to the public...”，这里使用的介词是“to”而非“towards”，前者即表明需要作品接收者的出现为条件；如是“towards”，则强调的是传送行为本身，至于公众是否出现在所不论。《最高人民法院关于审理侵害信息网络传播权民事纠纷案件适用法律若干问题的规定》（以下简称《信息网络传播权解释》）第 3 条规定：“通过上传到网络服务器、设置共享文件或者利用文件分享软件等方式，将作品、表演、录音录像制品置于信息网络中，使公众能够在个人选定的时间和地点以下载、浏览或者其他方式获得的，人民法院应当认定其实施了前款规定的提供行为。”

Ⅲ. 信息网络传播行为具有独立性

信息网络传播行为既独立于复制、发行等对作品的有形利用行为，也独立于传统的表演、广播等传统对作品的无形利用行为。① 尽管信息网络传播的行为是从作品的数字化开始，而作品的数字化属于复制，但随后的作品传播行为确非复制权所能包含。② 尽管有国家立法上将信息网络传播视为发行行为，但传统的发行权是有形利用作品之行为，与复制件密切相关。一方面，信息网络传播的行为所牵涉的临时复制与发行权并无关系。另一方面，公众在自定的时间和地点下载作品所获得的复制件也不同于发行权所指的“复制件”。③《著作权法》第 10 条第 12 项明确将“信息网络传播权”与广播权相区分。因此，信息网络传播行为并非一项集成权利。它是不同于复制权、发行权和广播权的一项权利。

信息网络传播行为并非孤立的单独行为。从法律上看，信息网络传播的典型例子向公众提供互联网下载并非一个行为，而是牵涉几个独立的行为：① 复制行为。将作品、表演和录制品数字化和下载，这属于永久复制；网上浏览会产生临时复制。② 向公众提供作品的行为。将作品、录制品置于公众可接触的服务器上，产生了公众接触之可能，以及向公众传送作品的行为。③ 网上浏览还可能产生表演权的问题，即机械表演，即利用播放设备再现作品的表演行为。从权利管理的角度来看，这分别涉及复制权、信息网络传播权和表演权；但从消费者的角度来看，这本质上是一个行为，有人从这个角度认为这涉及分配正义的问题，即传播者应为一个完整到达接受者的传播行为中的多个阶段支付多重费用。

信息网络传播行为还可能同时涉及不同的权利人。譬如，网上欣赏音乐点播涉及音乐作品著作权人、演唱者和录制者的权利，传播者是否需要三重支付吗？本书认为，这种被人们认为属一个作品使用的行为涉及多个权利或权利人的现象并不是一个新的问题，譬如卡拉 OK 对音乐作品的使用也可能涉及音乐作品、影视作品（MTV 带）等多个权利人，也可能产生多重收费问题，这其实可以在权利人的集体管理组织之间进行协调而解决，并非是对权利存在进行质疑或者创设新权利的根据。

此外，WCT 第 8 条议定声明指出：“不言而喻，仅仅为促成或进行传播提供实物设施不构成本条约或《伯尔尼公约》意义下的传播。”因此，传播设备提供者除非成立第三方责任，否则不承担

① 对鲍格胥理论的详细介绍，可参见［西班牙］德利娅·利普希克：《著作权和邻接权》，联合国教科文组织译，中国对外翻译出版社 2000 年版，第 146 页。

侵犯传播权的责任。

Ⅳ. 信息网络传播权的法律适用

著作权具有地域性，在本国境内有效。著作权侵权行为法律适用的基本原则是适用侵权行为发生地国家的法律。通过信息网络传播作品，作品的提供者和访问者可以处于不同的国家，譬如中国用户可以从位于美国的服务器下载作品。侵犯信息网络传播权的地点如何确定，有四种选择：上传地点、服务器地点、下载地点或上述任意地点均可。第一种，传播者是将作品上传的人，也是承担侵权责任之人，但有学者认为，如果细加分析则会发现这种观点并不符合逻辑。因为信息网络传播行为发生的时间和地点应该具有同一性，但将作品上传之时，向公众提供作品之行为尚不构成，只有当网络服务提供商的服务器上存在可供公众接触的作品时，传播行为才开始。第二种，网络服务器所处的地点是整个传播活动的中心，似乎是侵权行为发生地；但同样也被学者视为不合逻辑。因为提供作品的地点不仅与提供作品的时间相关联，而且还要符合"向公众提供作品"的含义，提供作品是指"公众可以在其个人选定的时间和地点获得作品、表演或者录音录像制品"。第三种，侵犯信息网络传播权的地点乃下载地点，这是连接时间、地点和作品被传播接受的地点。由于作品下载者多数情况下是多人，因此可能包括多个地点，也包括跨境的侵权地点。第四种，任何传播行为发生的地点都属侵权行为地。

本书认为，根据我国最高法院的司法解释，"实施被诉侵权行为的网络服务器、计算机终端等设备所在地"是侵权地域管辖的依据，也是侵权行为发生地。计算机终端所在地包括上传地、下载地。在这种语境下，信息网络传播权将产生域外效力。这主要体现在两个方面：在我国境内向我国国外的公众提供作品等行为和在我国境外向我国国内的公众提供作品等行为都会违反我国《著作权法》的规定。

可能侵犯信息网络传播权的情形包括六种：① 内容提供者将作品上传至位于国内的服务器上，a. 可以被国内的用户访问但无证据证明任何的作品接触(access)行为(国内或国外)；b. 有证据证明国内用户的接触行为；c. 有证据证明只有国外用户的接触行为。② 内容提供者将作品上传至位于国外的服务器上，d. 只能被国外用户访问但无证据证明任何的作品接触行为；e. 有证据证明国外用户的接触行为；f. 有证据证明国内用户的接触行为。本书认为，d、e 行为并不侵犯我国《著作权法》，但 a、b、c、f 均构成侵犯信息网络传播权的行为，其中 c 和 f 则具有了法律的域外效力。

信息网络传播权具有了域外效力，这将对著作权国际私法中的属地原则造成冲击。属地原则通常认为一国无权就发生在其境外的事项制定法律并行使司法管辖权。属地原则从 20 世纪中叶以来受到了冲击，但在著作权法中的适用并没有较大的影响，原因是通过国际条约的形式使得著作权最低保护标准具有同一性，但如下情形确属难以解决的问题：当侵权行为发生在两个或两个以上的国家时；侵犯权利的行为要件分属不同国家时。侵犯信息网络传播权的行为常常出现这些情形，信息网络传播权的域外效力是弥补属地原则在法律适用中出现的缺陷所必需。故而本书赞同，作品上传地、服务器所在地和作品下载地均可以成为侵权行为地。

2. 演绎权

演绎权并不是我国著作权法上的法定术语，它包括摄制权、改编权、翻译权和汇编权等四项权利。然而，从法律字义来看，我国法上的改编权足以包含演绎权的所有内容，它是指"改变作品，创作出具有独创性的新作品的权利"；而摄制、翻译等使用已有作品的行为在本质上都属于"改变作品"，且"创作出具有独创性的新作品"。它并未限定于改变作品的具体情形，与美国法上的演绎权包括"重编、转化、改编已有作品的其他所有形式(any other form)"的规定有异曲同工之妙。

(1) 演绎权的发展

演绎权是从复制权中发展出来的一项权利。在著作权法的早期阶段，复制(copy)仅指完整或近乎完整的、文字性复制(literal reproducing)已出版作品，权利人并不能控制对其作品的派生性使用，如将一部英文作品翻译为德语、具有独创性的缩写作品、以改进目的而复制作品的实质性部分。之所以将著作权限定于文字性复制，不仅是因为翻译、缩写和改进等使用作品的行为本身体现了演绎者的独创性，更是因为这些对已有作品的新使用增加了作品的供给，有助于实现知识进步这一著作权法目标。

对作品的派生性利用体现了演绎者的独创性，这是译作等演绎作品受到法律保护的主要原因，"创作演绎作品需要付出足够的技能与努力，这被认为是值得享有相应权利并受保护的智力创作"。"翻译、改编和音乐编曲都已超出简单抄袭之行为"。[①] 尽管对作品的演绎性使用是一种创作性行为，但对于被翻译、改编的原作而言，它们又毫无疑问地属于寄生其上的行为。

扩张著作权的努力开始出现，最初的推动因素来自产业发展的需要，特别是图书的跨国贸易。作者和出版商开始对国外市场上的译作主张权利，翻译权被视为作者享有的一项权利，从而开始了控制作品演绎创作的扩张之路。翻译权不仅是各国最早保护的演绎权，也是"《伯尔尼公约》最早保护的权利，还可能是19世纪各国被吸引加入国际著作权条约最重要的原因。就图书而言，翻译是复制权在国际贸易中唯一重要的内容(la question internationale par excellence)。很明显，伯尔尼公约开始将某些情况下的翻译视为复制的一种形式"。尽管各国最初对于公约中翻译权的范围存在争议，但"到1908年《伯尔尼公约》柏林修正时，除日本外，包括图书进口国(如挪威)在内的成员国都普遍支持著作权人享有一项新权利——翻译权"[②]。

图书贸易不仅促进了翻译权的法定化，也同样使得图书和戏剧作品的改编权得到法律上的保护，从而使得著作权的范围能够有效控制著作权人意图进入的市场。著作权终于抵达新媒体带来的新市场，如文学作品被改编成剧本或被摄制成电影。并且，伴随着著作权控制范围的扩张，演绎权的保护也逐渐在理论上得到支持，各种著作权正当性理论也自然延伸到对演绎权的诠释之中。[③] 演绎权能够提升作品创作的投资水平，因为它使得作者能够从作品的主要市场和特定的派生市场上获取更充分的利润回报，鼓励权利人尽早将作品上市而无须担心只能获取派生市场上的领先者优势，同时降低了演绎作品的交易成本。演绎权是作者对其作品享有的应得补偿，它不仅保障了权利人在可预期的派生市场上获得应得的报酬，还排除了第三人在派生市场上未经授权而利用其独创性表达获得不当得利。

(2) 演绎权与复制权的区分

从某种意义上讲，迄今为止的著作权法仍然是以复制权为中心构建起来的。汉语中"复制"一词的语义涵盖了狭义上的复制(reproduction)和广义上的复制(copy)，前者系我国现行《著作权法》(2020)第10条第5项所规定的"复制"，作为学术用语的后者则还涵盖了翻译、改编、抄袭等所有再现作品的形式。事实上，也有部分国家的立法并未将演绎权规定为一项独立的权利，如法

---

① Sam Richetson & Jane C. Ginsburg, International Copyright and Neighbouring Rights: The Berne Convention and Beyond (2th ed., Oxford, 2006), p.634.

② Sam Richetson & Jane C. Ginsburg, International Copyright and Neighbouring Rights: The Berne Convention and Beyond (2th ed., Oxford, 2006), p.634, 636.该书指出，在《伯尔尼公约》的最初版本中，不同于复制权的地方是，翻译权仅享有自原作出版之日起十年内的保护。同时，该书还指出，在具体计算保护期时，图书出口国(如法国)和进口国(如挪威)的观点是相对立的。

③ 全面梳理演绎权正当性学说的论文，see Naomi Abe Voegtli, Rethinking Derivative Rights, 63 *Brooklyn L. Rev.* 1213, 1241 (1997).

国。法国《知识产权法典》第 L.122-1 条规定的著作财产权仅包括表演权和复制权；尽管其第 L.122-3 条规定的复制权并未明确规定具体范围，但它非常宽泛的规定足以包含演绎权的内容；第 L.122-4 条则明确规定“通过任何技术和手段的翻译、改编、整理或复制”属于非法行为。

其实，这里的复制类似于英美法上的 copy，系广义的概念；尽管如此，它并不意味着演绎权不具有独立地位。因为将复制权做过分扩张的解释方法，容易混淆著作权各权项部分之间的界限。例如，从最广义的范围来看，作品表演也是对原作的复制；如此解释的话，则著作权法上的复制权就显得过分宽泛，复制权实质上等同于著作权了。我国台湾地区将复制权(reproduction right)译为“重制权”，较清楚地区分了两者的差异。再如，虽然法国立法并未区分复制与演绎，但其“法院和学者们数十年来一直在不断努力地界定演绎作品，并试图提出一些区分(演绎权与复制权)的实用方法”①。

从国际条约来看，《伯尔尼公约》也区分复制与演绎。在《伯尔尼公约》1884 年至 1886 年的谈判会议上，各代表团之间花费了大量时间讨论：改编、音乐编曲以及类似行为在何种程度上应被视为公约所禁止的、对文学艺术作品的非法复制？尽管法国代表团认为这些行为当然属于非法复制之内容，但德国司法对这些行为属于非法复制还是一项独立的权利却产生了不同的认识。这些争论导致了此次《伯尔尼公约》文本并未明确界定改编的范围。直至布鲁塞尔修正案时，演绎权终于获得了独立权利的地位，“条约中的‘改变形式的复制’(reproductions in an altered form)被仅具经济意义的‘改造’(alteration)一词所取代”②。

从制度体系来看，演绎权的独立与演绎作品受法律保护具有密切联系。如前所述，对作品的演绎性使用体现了演绎者的独创性，这在实践中提出了如何保护演绎作品的法律问题。《伯尔尼公约》第 2 条第 3 款对此提供了权威的回答：“文学艺术作品的翻译、改编、音乐编曲和其他改变应以原创作品(original work)的方式得到保护，但不得有损原作的著作权。”从《伯尔尼公约》的缔结历史来看，1884 年建议文本第 7 条规定，译本类似于原作，应受公约的保护，但应考虑在公约成员国内未经授权的复制行为；对公有领域作品的译本，译者不得反对其他人的翻译。其第一个“译本”一词在 1885 年的会议上插入了“合法”一词，并成为 1886 年的最终文本。但《伯尔尼公约》在 1905 年柏林修正时，“合法译本”的术语为德国代表团所反对，他们既主张将改编者、音乐编曲者的创造性贡献等同于译者，从而扩大了受保护作品的范围；也主张删除“合法”一词，并增加了“不得有损原作作者的权利”这一规定。③

当演绎作品逐步取得法律认可之后，改编权就逐渐地从复制权的概念中脱离出来。1948 年的《伯尔尼公约》布鲁塞尔文本开始将演绎作品从复制品中分离出来，并区分对作品的两类改编：非本质性改编与独创性改编，并逐步发展出一般化的改编权，以协调原作与演绎作品的利益分配。因此，演绎权的独立是演绎作品受保护这一逻辑发展的必然结果。

演绎权是一项独立于复制权的权利，其判断标准分为三步。首先，判断被控侵权的作品与原作之间是否具有实质性相似，这既是被控侵权的作品是否成立侵权的前提，也是区分演绎(复制)还是借鉴的分水线。其次，被控侵权的对象是具有独创性的新作品。演绎权之所以从复制权中

① See Daniel Gervais, The Derivative Right, or Why Copyright Law Protects Foxes Better than Hedgehogs, 15 *Vanderbilt J. Ent.& Tech. L.* 785, 822 - 3(2013).

② See Sam Richetson & Jane C. Ginsburg, International Copyright and Neighbouring Rights: The Berne Convention and Beyond (2th ed., Oxford, 2006), pp.475 - 477,624 - 625.

③ See Sam Richetson & Jane C. Ginsburg, International Copyright and Neighbouring Rights: The Berne Convention and Beyond (2th ed., Oxford, 2006), pp.475 - 476.

独立出来,其重要的原因在于演绎作品既体现了原作的独创性贡献,也凝聚着演绎者自己的独创性贡献。因此,被控侵权的对象是独创性的作品,这是侵犯演绎权的前提。最后,被告非法占用了原作的独创性构成元素,而非原作的最终呈现形式。演绎作品利用了原作的独创性构成元素,或者加以重新组合,并形成新的表达形式,它们具有独创性的贡献,从而凝聚了原作者与演绎者共同的创造性劳动。

(3) 摄制权

摄制权,也称制片权,即以摄制视听作品的方法将作品固定在载体上的权利。它主要包括如下两类情形。

其一是将小说、戏剧等已有作品拍摄成视听作品。此处的"固定"并非是指机械地将作品录制下来,后者属于复制(录音录像)的范围;而是指在已有作品的基础上创作出具有独创性的视听作品。一般来说,摄制权为文学艺术作品的著作权人所享有,它须先将文字作品改编为剧本,再在导演的安排下、由演员依剧本表演并通过摄影师等一系列人员而制作成视听作品。因此,摄制权通常由改编、表演、摄制等一系列行为实现。《伯尔尼公约》第 14 条规定,文字、艺术作品的作者享有专有权,许可以摄制电影的方式将其改编和复制,以及发行前述由改编和复制而成的新作品。最常见的情形是将小说、剧本拍摄成电影或电视剧。此外,将一首音乐作品的演奏或演唱录制下来,作为视听作品的配乐;或者将美术作品、摄影作品、舞蹈作品通过摄制方法固定下来,作为视听作品的一部分;这些行为不涉及改编,而主要涉及表演、复制,也属于摄制权的范围。

其二,摄制权也包括将作品制作成录像制品的情形。例如,将讲课录像制作成录像制品,将演唱歌曲的表演行为予以录制,都属于"以摄制视听作品的方法将作品固定在载体上"。此处的"固定"并不是创作行为。《著作权法》(1990)第 10 条第 5 项规定了"摄制电影、电视、录像"的权利,2001 年修订为"以摄制电影或类似摄制电影的方法将作品固定在载体上的权利",但其含义未变。① 2020 年第三次修订时,将"摄制电影或类似摄制电影的方法"修改为"摄制视听作品的方法",同样并未改变其含义。需要指出的是,这里的录制并不具有创作性;但它不是对已有作品(如音乐、诗歌)的复制,而是对音乐作品的演奏、诗歌朗诵等表演行为的录制。因此,音乐作品的著作权人不仅有表演权,还有摄制权。将歌手演唱制作成录像制品,不仅需要取得表演者的许可,也同样需要取得音乐作品著作权人的许可。《著作权法》第 42 条规定,录音录像制作者使用他人作品制作录音录像制品,应当取得著作权人许可,并支付报酬。

(4) 改编权

改编权,即改变作品,创作出具有独创性的新作品的权利。改变作品主要是指在不改变作品内容的前提下,将作品由一种类型变成另一种类型。已失效的《著作权法实施条例》(1991)第 5 条第 8 项曾经规定:"改编,指在原有作品的基础上,通过改变作品的表现形式或者用途,创作出具有独创性的新作品。"该规定的基本内容仍然是有效的。如将小说改编成剧本,属于改变了作品的类型(用途);将文学作品改编成连环画,属于改变了表现形式。对小说的扩写、缩写行为,虽然未改变作品的类型,但也属于改变作品的情形。

改编作品不得改变原作的基本内容。"独创性"修饰的是"新作品",而未对"改变作品"作出限定。然而,受法律保护的作品,必定具有独创性。从这一意义上讲,"具有独创性"的表述似乎属于重复规定,可删除而更显精简。所有作品都离不开对已有作品的借鉴,"独创性的改编作品"与"独立完成的作品"之区别是:前者与已有作品之间具有实质性相似。而改编与复制的区别则在于两者利用原作的表达要素不同。

---

① 参见胡康生:《中华人民共和国版权法释义》,法律出版社 2002 年版,第 56 页。

改编权可能会影响著作人格权中修改权、作品完整权的行使。

(5) 翻译权

翻译权，即将作品从一种语言文字转换成另一种语言文字的权利。翻译权适用于文字作品、口述作品、视听作品以及其他一切以文字为表现形式的作品。它所控制的对象是将语言文字进行转换的行为，如将中文著述翻译为英文或者藏文等少数民族语言的作品，但不包括将其改成盲文出版的行为，因为盲文并非语言文字，况且该种转换是一种机械复制的行为。同理，将简谱记录的音乐作品以五线谱记录，也属于复制。

在少数国家，计算机软件的翻译权还包括将源程序代码改变为目标代码，将某一计算机语言编写的程序改变为另一种计算机语言编写的程序。但是，这种转换并不需要创作性的努力。

作品翻译是忠实于原作的演绎行为，翻译的基本原则是"信、雅、达"，忠实于原作是其首要标准。如果在翻译的过程中对原作的内容进行了删减，它就不属于纯粹的翻译。出版业中常见的"编译"一词，指的是既有翻译的部分，也有改编的部分。

(6) 汇编权

汇编权，即将作品或者作品的片段通过选择或者编排，汇集成新作品的权利。我国学界普遍对于现行《著作权法》规定的汇编权存在争议，认为汇编权并无独立存在的价值，理由是，将作品或其片断进行汇编，"并没有导致作品或其片断的内容或表现形式发生任何变化"[①]。"汇编总是涉及对原作品的复制，……所谓'汇编权'要保护的利益、要解决的问题，已经由复制权保护、解决了"[②]。复制权与演绎权的重要区分，就在于作品受保护的表达层次性的不同。对作品的最终呈现形式之利用，属于复制权的范围；而对作品中受保护的独创性构成元素之利用，则为演绎权所控制。

《著作权法》第三次修订征求意见稿曾经删除了汇编权的内容，即反映了上述观点，但法律最终保留了汇编权。立法者应该明确理解到复制权能够包含汇编行为，但单独予以规定，其用意在于强调汇编行为是付出了明显的创作性劳动，它产生了新的作品。《著作权法》第 15 条规定："汇编若干作品、作品的片段或者不构成作品的数据或者其他材料，对其内容的选择或者编排体现独创性的作品，为汇编作品，其著作权由汇编人享有，但行使著作权时，不得侵犯原作品的著作权。"

(7) 其他权利

汇编若干作品或作品片段形成的汇编作品，在本质上属于演绎作品。行使演绎作品的著作权，不得侵犯原作品的著作权。《著作权法》第 13 条规定："改编、翻译、注释、整理已有作品而产生的作品，其著作权由改编、翻译、注释、整理人享有，但行使著作权时不得侵犯原作品的著作权。"很明显，注释、整理也被视为演绎行为，但著作权法并未界定注释、整理的含义。《著作权法》(1990)曾作出界定："注释，指对文字作品中的字、词、句进行解释。""整理，指对内容零散、层次不清的已有文字作品或者材料进行条理化、系统化的加工，如古籍的校点、补遗等。"按照立法者的解释，注释、整理应归属于"其他权利"部分，也属于演绎权的范围。[③]

(三) 著作财产权之许可权、转让权

不同于著作人格权，著作财产权可以全部或部分许可他人使用，也可以全部或部分转让，还可以分地域许可或转让，它是权利人处分权能的重要体现。著作财产权之许可权、转让权的行使，必然涉及其与作品使用者之间的合同。《民法典》"合同编"中的"技术合同"章(第 20 章)并未

---

① 王迁：《论我国〈著作权法〉中"汇编权"的重构》，《法学论坛》2008 年第 6 期。

② 韦之：《汇编权质疑》，《电子知识产权》2002 年第 5 期。

③ 参见胡康生：《中华人民共和国版权法释义》，法律出版社 2002 年版，第 61 - 62 页。

调整著作权合同;《著作权法》第三章共 6 条对"著作权许可使用和转让合同"予以了专门规定。此外,第四章对出版合同、表演合同、录音录像制作合同、播放合同等作出了相应的规定。《著作权法》未予规定的部分,应适用《民法典》的相关规定。

1. 著作权合同解释的基本规则

著作权合同解释规则一般适用《民法典》第 142 条规定的合同解释规则,即:"有相对人的意思表示的解释,应当按照所使用的词句,结合相关条款、行为的性质和目的、习惯以及诚信原则,确定意思表示的含义。"但是,由于相比于作品利用者(如出版商、广播电台等播送组织),作者处于弱势地位;同时,基于激励创新的出发点,作者应处于法律特殊对待的一方主体。因此,著作权合同的解释规则中,一般将做有利于作者(著作权人)的解释规则,即存在疑义的合同条款中的利益归属于作者(著作权人)。

这体现为不得做不利于作者(著作权人)的推定解释。著作权可以分权项、分地域进行许可、转让。《著作权法》第 29 条规定:"许可使用合同和转让合同中著作权人未明确许可、转让的权利,未经著作权人同意,另一方当事人不得行使。"例如,关于复制作品的权利,在有疑义时,著作权人仍然享有信息网络传播权;它也不表明对已发表作品的演绎权(如翻译权)予以了许可或转让。再如,播放组织获得作品广播权的授权,在存有疑义时,则通常不包括在其业务范围之外通过屏幕、扩音器或类似技术再现作品的授权。同样,如果未明确约定被许可使用权的性质,则应解释为被许可人仅获得普通许可,而不能推定其获得了专有使用权的许可。在许可使用合同和转让合同中,如果未能明确许可、转让的权利所适用的地域范围,则被许可人仅能获得其所在国地域内的相关权利,不得解释被许可人、受让人取得全球范围内的使用权或著作权。

著作权人享有的某些权利不得被事先放弃或规避。《著作权法》第 31 条规定:"出版者、表演者、录音录像制作者、广播电台、电视台等依照本法有关规定使用他人作品的,不得侵犯作者的署名权、修改权、保护作品完整权和获得报酬的权利。"该条规定不得规避的权利包括著作人格权和获得报酬的权利。当著作权合同未约定报酬或约定不明确时,著作权人有合理报酬的请求权。《著作权法》第 30 条规定:"使用作品的付酬标准可以由当事人约定,也可以按照国家著作权主管部门会同有关部门制定的付酬标准支付报酬。当事人约定不明确的,按照国家著作权主管部门会同有关部门制定的付酬标准支付报酬。"该条实际上将国家有关部门制定的付酬标准拟制作为约定的合理报酬。

但是,当明确约定的报酬不合理时,著作权人是否有更改合同的请求权,著作权法的规定并不明确。从比较法来看,德国《著作权法》第 32 条第 1 款规定,"当约定的报酬不合理时,作者可以要求合同相对人对合同进行修改,以保障作者获得适当的报酬"。该条第 3 款进一步规定该请求权不得规避、不得事先放弃。"对作者不利的有关约定"不得适用,即使通过合同明确约定排除作者的报酬请求权,该约定也不具有效力。德国《著作权法》第 32(A)条还规定,如果合同缔结时约定的报酬是合理的,但由于嗣后出现的情形导致作者所获得的报酬不合理时,作者有继续分享收益的权利。上述作者享有的报酬请求权均不得事先放弃。

2. 著作财产权许可合同

著作权许可合同为非要式合同,其基本条款包括:许可使用的权利种类;许可使用的权利是专有使用权或者非专有使用权;许可使用的地域范围、期间;付酬标准和办法;违约责任;双方认为需要约定的其他内容。

被许可人的权利须依据合同明确约定而确定。许可合同的类型包括专有使用权与非专有使用权。"专有"的含义是指独占的、排他的,专有使用权是著作权人授予被许可人在特定期限内的独占性使用的权利,著作权人不得将该作品的同样权利再授予第三人使用,也不得自行使用。

《著作权法实施条例》(2013)第 24 条规定:"著作权法第二十四条(现第 26 条)规定的专有使用权的内容由合同约定,合同没有约定或者约定不明的,视为被许可人有权排除包括著作权人在内的任何人以同样的方式使用作品。"例如,图书出版者与作者约定,其取得该作者享有著作权的某作品十年内的专有出版权,则除该图书出版者之外,其他人不得出版该作品。专有使用权人可以禁止他人出版作品、以原告身份起诉侵犯其专有出版权的行为人。图书出版合同中约定图书出版者享有专有出版权但没有明确其具体内容的,视为图书出版者享有在合同有效期限内和在合同约定的地域范围内以同种文字的原版、修订版出版图书的专有权利。基于专有使用权许可的特殊性,《著作权法实施条例》(2013)第 23 条规定:"使用他人作品应当同著作权人订立许可使用合同,许可使用的权利是专有使用权的,应当采取书面形式,但是报社、期刊社刊登作品除外。"此外,根据该条例第 25 条规定,与著作权人订立专有许可使用合同、转让合同的,可以向著作权行政管理部门备案。

许可合同,特别是专有许可权合同,其约定的期限具有重要意义。许多国家的法律都规定许可合同不得超过一定期限,有些国家虽然未对合同期限做硬性规定,但作者有权在一定期限后中止许可合同的权利,即撤销权。中国《著作权法》并无上述规定,而以合同自由为依据。但是,2020 年 5 月份,由阅文集团的签约作者发起的"五五断更节"、网文作家的集体抗议活动,以及《鬼吹灯》作者天下霸唱起诉与被起诉的系列纠纷,上述事实表明处于强势地位的出版商倾向于签订无期限限制的著作权合同,作者订立合同后即意味着其与作品的未来收益脱离了关系,对作者而言是极其不利且不公平的。

《著作权法》在出版合同中规定了条件严格的撤销权。① 图书脱销后著作权人的终止权。图书出版者重印、再版作品的,应当通知著作权人,并支付报酬。图书脱销后,图书出版者拒绝重印、再版的,著作权人有权终止合同。《著作权法实施条例》(2013)第 29 条规定,"著作权人寄给图书出版者的两份订单在 6 个月内未能得到履行",视为图书脱销。② 图书出版者实质违约后著作权人的撤销权。《著作权法》第 34 条规定,图书出版者应当按照合同约定的出版质量、期限出版图书。图书出版者不按照合同约定期限出版,应当依法承担因不履行合同义务或者履行合同义务不符合约定所产生的民事责任,包括撤销合同的民事责任。

未来利用技术产生的使用权问题在《著作权法》上并未明确。从比较法来看,德国《著作权法》第 31a、32c 条的规定具有重要的借鉴意义。未来技术带来的作品利用方式,著作权人可以事先授予他人使用,但须采书面合同的形式;并有权撤销该许可合同。自被许可方接受并通知著作权人 3 个月后,以及就该新利用行为达成支付报酬的约定后,该撤销权消灭。被许可人根据书面合同获得新利用方式后,著作权人有获得新的报酬的权利。上述权利不得事先放弃。

司法实践与理论都承认著作权人的默示许可,本质上它是对著作权限制的一种情形。默示许可起源于合同法,它对使用者利益的保护肇始于司法实践。一般而言,被控侵权人主张默示许可抗辩时,法院需要从两方面来判断:其一,是否有证据证明著作权人和使用者共同计划对作品予以某一特定目的之使用。例如,某建筑设计师将其设计图纸交予房屋所有人,后者依图而建筑房屋的行为就可能被法院推定属于默示许可之范围。其二,如果著作权人从事的某一行为使得使用者合理推定(properly infer)其同意该种使用行为,则使用者对作品的使用行为将会被视为权利人默许授予的非排他性许可使用行为。在"宝洁公司"案中,法院认为:

> 在法律无明确例外规定的情况下,产品购买者如欲行使该产品上承载的知识产权,通常情况下还需另行取得权利人许可。但应注意的是,该许可既包括明示许可,亦包括默示许可。……如果购买者基于购买行为而对该知识产权客体的特定的权利行使方式产生合理期待,如不实施这一合理期待的行为,将会导致这一购买行为对于购买者不具有任何价值或不

> 具有实质价值，则此种情况下，对该载体的购买行为即可视为购买者同时取得了以合理期待的方式行使该知识产权的默示许可，购买者不需在购买行为之外另行获得许可。……在产品权利人无明确、合理且有效限制的情况下，购买者对屏幕上显示的具体单字进行后续使用的行为属于购买者合理期待的使用行为，应视为经过权利人的默示许可。

著作权许可合同中也存在权利人的权利滥用问题。著作权法第三次修订征求意见稿中曾经规定了诚实信用原则和禁止权利滥用的条款。著作权滥用主要有两类情形：其一是构成《反垄断法》上“垄断”的行为。其二是著作权人在行使权利时超出著作权法规定的权利范围，违背了著作权法的公共政策。例如，著作权人在其许可合同中约定，不得对其享有著作权的软件实施反向工程。再如，著作权人销售图书时约定不得少量复制图书提供给教学或者科研人员使用。这些使用作品的行为为法律所允许，体现了著作权法的公共政策。因此，这些条款可能构成权利滥用而无效。

3. 著作财产权转让合同

著作权转让合同为要式合同，《著作权法》第 27 条规定：“转让本法第十条第一款第五项至第十七项规定的权利，应当订立书面合同。”由于著作权自动产生，登记并非强制的法律要求；著作权转让合同并未采登记生效主义。《著作权法实施条例》(2013)第 25 条规定，著作权转让合同“可以向著作权行政管理部门备案”。但著作权转让合同的备案应具有登记对抗效力，即，未经备案的著作权转让合同在法律上有效成立，但只能在当事人之间产生效力，不能对抗善意第三人。

著作权转让合同的主要条款包括：作品的名称；转让的权利种类、地域范围；转让价金；交付转让价金的日期和方式；违约责任；双方认为需要约定的其他内容。著作权法并未对合同条款做更明确的规定，其具体内容依合同自由原则由双方协商确定。它可能产生不利于作者的两项内容：未来作品与创作自由限制的问题。

未来作品转让问题在《著作权法》上未予明确。从比较法来看，有些国家禁止转让，如法国《知识产权法典》第 L.131-1 条规定，“全部转让未来作品的合同无效”。有些国家允许转让，但必须采用书面形式，且保障著作权人的合理报酬权，以及赋予作者解除权。例如，德国《著作权法》第 40 条第 1 款第 1 句规定，作者可在 5 年之后在 6 个月的终止期限内行使解除权，终止合同。当事人可以缩短 6 个月的终止期限，但不得延长。也有些国家完全承认其效力，如英国《版权、外观设计与专利法》(CDPA)第 91 条。我国法院普遍认可未来作品转让的法律效力。在上海玄霆娱乐信息科技有限公司(简称玄霆公司)与王钟等著作权合同纠纷案中，法院认为：

> 在委托创作协议中，双方约定王钟为玄霆公司的“专属作者”，只能创作“协议作品”，不得为他人创作作品或者将作品交于第三方发表，在协议期间以外创作的作品还应当由玄霆公司享有优先受让权，并且规定了王钟交稿时间和字数，等等。这些义务涉及王钟的创作自由，具有人身属性，在性质上并不适于强制履行，并且如果强制王钟不得创作协议作品以外的作品，也不符合著作权法鼓励创作的立法目的。在王钟违约时，玄霆公司不得请求王钟继续履行，只能请求王钟支付违约金或者赔偿损失。但是，对于已经创作出的作品的权利归属，并不属于不能强制履行的义务，玄霆公司主张依据合同享有《永生》著作权于法有据。
>
> 因此，玄霆公司请求继续履行合同将涉及对王钟创作行为的强制，本院难予支持，但其主张享有《永生》著作权的请求于法有据，本院应予支持。当然，王钟仍可以就所创作作品《永生》另行主张稿酬和报酬。同时，由于前述合同义务在性质上不适于强制履行，合同目的因王钟的违约行为不能实现，故而王钟请求解除合同本院可予支持，但王钟应当承担支付违约金等违约责任。

著作权转让合同能否约定作者不得以本名或笔名进行同名作品续作的创作，张牧野（笔名“天下霸唱”）与上海玄霆娱乐信息科技有限公司之间发生的一系列案件涉及这一问题，尽管作者的创作行为不被认为侵犯著作权，但其使用了已转让财产权的作品标题，法院认为构成不正当竞争。该案的基本事实是：

(1) 张牧野于2005年12月开始陆续创作小说《鬼吹灯》，2006年4月28日，将该作品除著作人格权外的著作权独家授权玄霆公司行使。2007年1月18日，将除著作人格权之外的著作权全部转让给了玄霆公司。(2) 根据2007年1月18日签订的《协议书》之约定，张牧野将《鬼吹灯Ⅱ》除专属于著作人格权外的全部权利转让给玄霆公司，且在2007年4月1日前交付《鬼吹灯Ⅱ》的写作大纲与作品稿件的第一部分。也就是说，在《鬼吹灯Ⅱ》尚未创作完成时，作者张牧野已将即将创作的作品之全部著作财产权利转让给了玄霆公司。(3) 涉案《协议书》4.2.5条约定：在本协议有效期内及本协议履行完毕后，张牧野不得使用其本名、笔名或其中任何一个以与本作品名相同或相似的创作作品或作为作品中主要章节的标题。①

江苏高级人民法院审理后认为：

首先，涉案《协议书》并不违反法律、行政法规的禁止性规定。……本案中，玄霆公司与张牧野之间签订的《协议书》……并不违反《著作权法》的规定，系双方当事人真实意思表示，合法有效。

另外，关于涉案《协议书》第4.2.5条的约定……是否限制了张牧野再创作的人身权利，本院认为，从内容来看，该条款应当解释为，其限制的是张牧野在使用其本名、笔名或其中任何一个创作作品时，不得同时使用与《鬼吹灯》涉案作品名称相同或相似的名称，作为其将来所创作作品的名称或主要章节的标题。由此可见，该条款约定并未限制张牧野使用其本名、笔名创作同类型悬疑盗墓类题材的作品以及其他题材作品，只是限制其不得使用“鬼吹灯”作为作品名称或主要章节标题。故上述约定仅针对作品名称和标题，并不针对张牧野所有的创作活动和创作内容，亦不违背《著作权法》鼓励创作的立法宗旨。②

上海浦东法院的看法略有不同：

被控侵权图书虽然使用了与原告权利作品相同的人物名称、人物关系、盗墓规矩等要素，但被控侵权图书有自己独立的情节和表达内容，且将这些要素和自己的情节组合之后，形成了一个全新的故事内容，这个故事内容与原告作品在情节上并不相同或相似，也无任何延续关系，不构成对原告著作权的侵犯。此外，该案原告所主张的人物形象等要素首先是由作者本人即被告张牧野创作，在没有约定明确排除张牧野相应权益的情况下，张牧野作为原著的作者，有权使用原著小说中的这些要素创作出新的作品。③

---

① (2018)苏民终130号。

② (2018)苏民终130号。

③ (2015)浦民三(知)初字第838号。

4. 质押合同

著作财产权可以质押,以著作权中的财产权出质的,由出质人和质权人依法办理出质登记。故质押合同为要式合同、登记生效,具体依《民法典》担保物权的规则而确定。

(四) 著作财产权保护期限

尽管发表权属于著作人格权,但它兼具财产利益和人格利益的混合属性。实现作品的经济价值和社会价值须以作品的公开为前提,它是对作品的利用并获取相应报酬的前提。因此,不同于其他著作人格权,它与著作财产权一样受保护期限的限制。对于作者生前未发表的作品,如果作者未明确表示不发表,作者死亡后50年内,其发表权可由继承人或者受遗赠人行使;没有继承人又无人受遗赠的,由作品原件的合法所有人行使。

依据作品权利归属于自然人作者还是非自然人作者,著作财产权的保护期限的规则有所不同。① 对于自然人的作品,其发表权、著作财产权的保护期为作者终身及其死亡后50年,截止于作者死亡后第50年的12月31日;如果是合作作品,截止于最后死亡的作者死亡后第50年的12月31日。合作作者之一死亡后,其对合作作品享有的使用权和获得报酬权无人继承又无人受遗赠的,由其他合作作者享有。② 由自然人之外(即法人或非法人组织)享有著作权的作品,主要有两类:其一是法人或非法人组织视为作者的作品;其二著作权(署名权除外)由法人或者非法人组织享有的职务作品。这两类作品发表权的保护期为50年,截止于作品创作完成后第50年的12月31日;著作财产权的保护期为50年,截止于作品首次发表后第50年的12月31日,但作品自创作完成后50年内未发表的,不再受法律保护。

视听作品是著作权法予以特别规定的一类作品。一般情况下,视听作品(特别是电影作品、电视剧作品)的制作投入大,其权利通常情况下归制片者所有,而制片者通常为法人组织;但也有归属于自然人的情形,如某些具有独创性的短视频等。视听作品发表权的保护期为50年,截止于作品创作完成后第50年的12月31日;其著作财产权的保护期为50年,截止于作品首次发表后第50年的12月31日,但作品自创作完成后50年内未发表的,不再受法律保护。立足于作者权体系传统的欧盟《保护期指令》将视听作品视为合作作品:"视听作品的保护期自下列自然人最后去世者死后70年截止,无论其是否视为合作作者:主要导演、编剧、台词作者、特别为视听作品创作且被使用音乐的作曲家。"

匿名作品或假名作品也具有一定特殊性。作者身份不明的作品,著作财产权的保护期为50年,截止于作品首次发表后第50年的12月31日。作者身份一旦确定,则按照一般作品的保护期确定。《伯尔尼公约》第7条第3款规定,匿名作品或假名作品的保护期自作品合法公开后的第50年终止,当有合理证据证实其作者已去世50年的,不再受保护。但假名作品的作者身份一旦被确定,或匿名作品、假名作品的作者在上述保护期限内自行披露其身份时,则其保护期为作者终身加死后50年。欧盟《保护期指令》规定其保护期为70年,截止于作品首次出版(published)后第70年,但作品自创作完成后70年内未出版的,不再受法律保护。

保护期的计算,一律自作者死亡、作品创作完成或首次出版、制作的次年1月1日起计算,至第50年的12月31日。这意味着特殊的情况下,如1月2日作者去世的作品,其保护期实质上多了将近1年。

在国际条约上,如《伯尔尼公约》还允许成员国对实用艺术作品、摄影作品的保护期予以特别规定,它可以明显短于一般作品的保护期(25年)。《著作权法》第三次修订前的法律规定,摄影作品与视听作品的保护期一致。根据一般法理,延长权利保护期的规定可具有回溯效力,对于法律修订生效后,依据法律规定仍然处于保护期内的作品,可适用新的保护期规定。此外,根据《伯尔尼公约》第18条的规定,对于在其来源国参加公约时已经存在的作品,在公约生效时尚未在来源国因保护期届满而进入公有领域的作品，均有追溯保护的义务。TRIPs 协议将该追溯保护的规定扩张到了表演者权、录音录像制作者权的保护。

（五）著作财产权的法定转移

著作财产权的法定转移主要包括继承。① 自然人所有的著作财产权，依据继承法处理。《著作权法》第 21 条规定，著作权属于自然人的，自然人死亡后，著作财产权在本法规定的保护期内，依法转移。② 法人或非法人组织所有的著作财产权，法人或者非法人组织变更、终止后，其本著作财产权在本法规定的保护期内，由承受其权利义务的法人或者非法人组织享有；没有承受其权利义务的法人或者非法人组织的，由国家享有。因此，国家在特殊情况下可以成为著作财产权的继承主体。

三、邻接权内容

《著作权法》第四章规定了四类邻接权（“与著作权有关的权利”）。一般来说，邻接权的客体与作品存在密切联系，如表演者权与可供演出的作品密切相关；它也有可能与其他邻接权客体有关，如广播电视台播放录音录像制品。因此，《著作权法》分别规定了邻接权人应向作品的著作权人签订出版合同（第 32 条）、获得表演许可（第 38 条）、录制许可（第 42 条）以及播放许可（第 46、48 条）；录制和播放还可能分别涉及他人的表演（第 43 条）以及录制品（第 48 条），需要获得权利人的授权。使用演绎作品的邻接权人，还必须取得双重授权。《著作权法》第 16 条规定：“使用改编、翻译、注释、整理、汇编已有作品而产生的作品进行出版、演出和制作录音录像制品，应当取得该作品的著作权人和原作品的著作权人许可，并支付报酬。”

此外，邻接权的行使大都涉及多重权利。邻接权的行使不得侵犯他人享有的在先权利，第 47 条第 2 款明确指出：“广播电台、电视台行使前款规定的权利，不得影响、限制或者侵害他人行使著作权或者与著作权有关的权利。”这在国际条约上也有明确体现，如《视听表演北京条约》第 1 条规定：“依本条约给予的保护不得触动或以任何方式影响对文学和艺术作品著作权的保护。因此，本条约的任何内容均不得被解释为损害此种保护。”

因此，类似于演绎作品、汇编作品的权利行使规则，其合法行使需要符合多重授权的规定。《著作权法》第 39 条规定，除了取得表演者权的授权外，“被许可人以前款第（三）项至第（六）项规定的方式使用作品，还应当取得著作权人许可，并支付报酬”。第 44 条第 2 款规定：“被许可人复制、发行、通过信息网络向公众传播录音录像制品，应当同时取得著作权人、表演者许可，并支付报酬；被许可人出租录音录像制品，还应当取得表演者许可，并支付报酬。”第 48 条规定：“电视台播放他人的视听作品、录像制品，应当取得视听作品著作权人或者录像制作者许可，并支付报酬；播放他人的录像制品，还应当取得著作权人许可，并支付报酬。”

邻接权与作者权都是排他性权利，尽管其保护范围窄于作者权，但邻接权人所享有的有些排他权与作者权在名称上相同，这些相同的术语一般均具有相同的含义，也控制相同的利用行为。但少数权利，如邻接权中关于“复制”的权利，一般指狭义的复制，仅限于制作相同形式的复制件，不涉及有所改变的复制（即实质性相似的复制）。“表演”的含义在没有明确规定的情况下，也仅限于现场表演，而不及于机械表演。这是因为邻接权主要以保护智力创造方面的投资为主，故其力度要低于作者权，其主要体现是邻接权的具体排他权数量要远远少于作者权；而且，其享有的权利项目是法律明确列举的，不得在法律明文规定外类推作者权的规定。

（一）表演者权

类似于作者权，《著作权法》第 39 条规定的表演者权可以分为两类不同性质的权利：

其一是表演者人格权的保护，它包括表明表演者身份的权利、保护表演形象不受歪曲的权利。表明表演者身份的权利与署名权、保护表演形象不受歪曲的权利与作品完整权的含义可做相同解释。类似于著作人格权，这两项权利的保护期不受限制。WPPT 第 5 条规定："不依赖于表演者的经济权利，甚至在这些权利转让之后，表演者仍应对于其现场有声表演或以录音制品录制的表演有权要求承认其系表演的表演者，除非使用表演的方式决定可省略不提其系表演者；并有权反对任何对其表演进行将有损其名声的歪曲、篡改或其他修改。"

但要注意的是，表演形象与表演者肖像是两项不同的权利客体。表演形象是指演员在其表演活动中塑造的艺术形象。剧照所反映的是表演者在剧中角色的形象，如在电视剧中演员所塑造的汉武大帝形象，它不同于演员自身的肖像。保护表演形象不受歪曲主要是指歪曲形象本身，如将演员塑造的英雄形象通过技术处理，产生滑稽、反讽的效果。再如，将歌手录制的唱片通过技术手段改变其声音形象。如果针对的是表演者本身（即实际生活中的人）的行为，则属于一般民法上人身权保护的问题。例如，对表演者演技的批评如构成诽谤、诬陷等，则依据保护名誉权、隐私权等法律予以保护。保护表演形象不受歪曲，是否需要产生有损表演者声誉的后果，不同国家有不同的规定。《视听表演北京条约》第 5 条与 WPPT 均有肯定规定，表演者有权反对任何对其表演有损其声誉的歪曲、篡改或其他修改。

保护表演形象不受歪曲的权利为禁止权，而不是完整的排他权。表演形象的商业化，如用于商品的广告宣传行为，是角色商品化的内容，不属于其保护范围。

其二是表演者财产权，主要包括：① 现场播送权，即许可他人从现场直播和公开传送其现场表演，并获得报酬的权利。对表演活动的"现场直播"是指广播电台、电视台以无线方式传送表演活动的广播行为，通过卫星进行的播送，通过有线电视系统的播送，密码播送等，都属于现场直播；对现场表演"公开传送"是指通过广播之外的其他手段或方式将表演者的现场直播向公众播送的行为，如使用扬声器、显示屏幕等设备将表演者在音乐厅的演出传送到音乐厅外，使不在现场的公众可以获得其现场表演。② 录制权，即许可他人录音录像，并获得报酬的权利。"录制"系指对声音或声音表现物的固定，通过某种装置可感觉、复制或传播该声音。对表演者的表演活动进行录制，是将现场表演固定在有形载体上，形成复制件。它属于表演者对其现场表演活动享有的首次固定权，是后续利用的基础。③ 录制品复制、发行、出租权，即许可他人复制、发行、出租录有其表演的录音录像制品，并获得报酬的权利。与作者权类似，尽管未规定录制品发行权穷尽原则，它也同样适用于表演者权。WPPT 第 8 条第 2 款明确指出，被首次销售或其他所有权转让之后发行权用尽。④ 信息网络传播权，即许可他人通过信息网络向公众传播其表演，并获得报酬。它仅限于交互性传播的形式，而非交互性传播则属于现场直播权中"公开传送其现场表演"。

表演者财产权的保护期为 50 年，截止于该表演发生后第 50 年的 12 月 31 日。

表演者权针对的是其现场表演，但是否享有机械表演，即利用技术设备再现其现场表演，不同国家存在不同做法。《罗马公约》第 12 条规定："如果为商业目的发行的录音制品或其复制品直接用于广播或者其他任何向公众传播的，使用者应当将一次性合理报酬支付给表演者或录音制作者，或两者。"此处的机械表演并非排他权，而是获酬权，又被称为"二次使用获酬权"。WPPT 第 15 条规定了表演者和录制者的获酬权，"对于将为商业目的发行的录音制品直接或间接地用于广播或用于对公众的任何传播，表演者和录音制品制作者应享有获得一次性合理报酬的权利"。但它允许成员国予以保留。《视听表演北京条约》第 11 条第（1）款规定，"表演者应享有授权广播和向公众传播其以视听录制品录制的表演的专有权"。但该条第（2）款允许国内法选择以获酬权来取代专有权的做法，"以视听录制品录制的表演直接或间接地用于广播或向公众传播获得合理报酬的权利，以代替本条第（1）款中规定的授权的权利"。它同样允许成员国对本条作出保留。

表演者权一般由表演者享有，表演者为从事表演活动的自然人；属于职务表演的，表演者权有可能由其演出单位所享有。演员为完成本演出单位的演出任务进行的表演为职务表演，演员享有表明身份和保护表演形象不受歪曲的权利，其他权利归属由当事人约定。当事人没有约定或者约定不明确的，职务表演的权利由演出单位享有。职务表演的权利由演员享有的，演出单位可以在其业务范围内免费使用该表演。上述规则的具体内涵，与职务作品的权属确定具有类似的效果。

（二）录音录像制作者权

录音录像制作者对其制作的录音录像制品，享有许可他人复制、发行、出租、通过信息网络向公众传播并获得报酬的权利；电视台播放他人的视听作品、录像制品，应当取得录像制作者许可，并支付报酬。上述权利的保护期为 50 年，截止于该制品首次制作完成后第 50 年的 12 月 31 日。

第三次修订的《著作权法》规定了录音制品制作者的二次使用获酬权。第 45 条规定："将录音制品用于有线或者无线公开传播，或者通过传送声音的技术设备向公众公开播送的，应当向录音制作者支付报酬。""录音制品制作者"是指对首次将表演的声音，或其他声音，或声音表现物录制下来提出动议并负有责任的自然人或法人。

录音录像制作者权的行使，需要获得相关权利人的许可。《著作权法》第 43 条规定："录音录像制作者制作录音录像制品，应当同表演者订立合同，并支付报酬。"录音录像制品可能涉及作品与作品的表演，是否可以类推视听作品的权利归属规则？《视听表演北京条约》允许成员国法律对表演者的权利采取法定转移的方式，其第 12 条规定："缔约方可以在其国内法中规定，表演者一旦同意将其表演录制于视听录制品中，本条约第 7 条至第 11 条所规定的进行授权的专有权应归该视听录制品的制作者所有，或应由其行使，或应向其转让，但表演者与视听录制品制作者之间按国内法的规定订立任何相反合同者除外。"但是，该项规则仅能类推适用于视听表演中的表演者，不能适用于录音录像制品中涉及的作品。其理由是著作权法区分邻接权和作者权的保护力度，邻接权的保护不得影响作者权是其基本原则。中国《著作权法》有不同规定，第 44 条第 2 款规定，除取得录音录像制作者的许可外，"被许可人复制、发行、通过信息网络向公众传播录音录像制品，应当同时取得著作权人、表演者许可，并支付报酬；被许可人出租录音录像制品，还应当取得表演者许可，并支付报酬"。这里的双重授权规则（即同时取得录音录像制作者、录制品相关的著作权人和表演者的许可）表明，表演者的权利并未法定转移给录制者。

（三）广播组织权

广播电台、电视台对其播放的广播、电视享有的权利有：① 转播权，即有权禁止未经其许可而将其播放的广播、电视以有线或者无线方式转播。② 录制权，即将其播放的广播、电视予以录制的权利。该权利是将广播、电视节目通过录制的方式首次固定于有形载体。③ 录制品的复制权，即对录制有广播、电视节目的录制件进行复制的权利。④ 信息网络传播权，即将其播放的广播、电视通过信息网络向公众传播的权利。广播组织权的保护期为 50 年，截止于该广播、电视首次播放后第 50 年的 12 月 31 日。

广播组织权的行使，也同样涉及相关的著作权、邻接权。《著作权法》第 47 条第 2 款规定："广播电台、电视台行使前款规定的权利，不得影响、限制或者侵害他人行使著作权或者与著作权有关的权利。"

（四）版式设计权

版式设计权是指出版者有权许可或者禁止他人使用其出版的图书、期刊的版式设计。这里的"使用"，主要是复制的权利，即其他出版者未经许可不得以相同的版式出版图书、期刊。前款规定的权利的保护期为 10 年，截止于使用该版式设计的图书、期刊首次出版后第 10 年的 12 月 31 日。

四、著作权的原始归属

著作权的取得包括原始取得与继受取得两类。所谓原始取得，是指作品自创作完成之后其著作权的归属状况。继受取得则是通过受让、继承、赠与或其他方式从原始权利人手中获得著作权的情况。由于著作人格权不可转让、不得继承，故继受取得的对象仅限于著作财产权。著作权的归属规则是指著作权原始取得的法律规则。

著作权原始归属的法律规则主要考虑影响作品创作过程的决定因素，而作品创作过程中最具决定性的因素是作者创作行为的智力投入，其次是制作成本较高的作品的资本投入。从比较法的角度来看，作者权体系和版权体系的重要区别还在于资本投入能否成为决定著作权原始归属的因素。前者强调作者创作是原始取得的唯一因素，是著作权取得的基础；而后者则认可资本投入也属于原始取得的重要方式。但在实践中，著作权原始归属的基本原则是：著作权归作者所有为主、归投资者所有为辅。

（一）著作权归作者所有的规则

著作权归作者所有的原则是著作权原始取得的基本规则。《著作权法》第 11 条规定："著作权属于作者，本法另有规定的除外。创作作品的自然人是作者。"首先，作者是自然人；其次，作者是创作作品的人。

1. 作者的界定

作者是作品的创作者。邻接权中的表演者、录音录像制作者、广播组织者以及出版者都不是创作作品的人。由于邻接权主要是保护投资的成果，故在邻接权的归属上以归投资者所有为基本规则。在版权体系中，表演、录音、广播电视都是作品，而上述投资者都被视为作者。

创作，是指直接产生文学、艺术和科学作品的智力活动。据此，其条件有二：第一，"直接产生"。它是指为作品的完成作出了实质性贡献，而非辅助性工作。"为他人创作进行组织工作，提供咨询意见、物质条件，或者进行其他辅助工作，均不视为创作"。辅助性工作大体上可以分为两类：资金提供和智力贡献。值得注意的是，提供智力性的辅助性工作也不能使其成为作者。例如，提供修改、咨询等意见、根据讲课录音整理成文字稿，这些智力活动也体现到作品之中，属于参与了创作，但不构成实质性贡献。两人及两人以上为作品的完成作出了实质性贡献的，为合作作者。第二，"智力活动"。所谓智力活动，必然是指自然人的智力投入；故人工智能生成作品的过程并不属于自然人的智力投入。

创作行为是事实行为，而非法律行为。因此，无论是否具有民事行为能力的自然人都可以成为作者，如限制民事行为能力人或无民事行为能力人，都可以成为作者。

2. 作者的推定

作者身份的确认是著作权归属的前提；但在发生法律争议时，要证明作者身份并非易事。为了简化举证责任，《著作权法》第 12 条规定"作者身份的推定"制度："在作品上署名的自然人、法人或者非法人组织为作者，且该作品上存在相应权利，但有相反证明的除外。""作者等著作权人可以向国家著作权主管部门认定的登记机构办理作品登记。""与著作权有关的权利参照适用前两款规定。"

第一，"在作品上署名"，包括在作品原件、复制件以及其他资料上署名。《最高人民法院关于审理著作权民事纠纷案件适用法律若干问题的解释》（以下简称《著作权法解释》）（2020）第 7 条第 1 款规定，当事人提供的涉及著作权的底稿、原件、合法出版物、著作权登记证书、认证机构出具的证明、取得权利的合同等，可以作为证据来确认作者的身份。上述署名的规则也适用于邻接权。对于署名的争议，应当结合作品、表演、录音制品的性质、类型、表现形式以及行业习惯、公众认知习惯等因素,作出综合判断。

第二,作者推定享有其相应权利。《著作权法解释》(2020)第7条第2款规定,在作品或者制品上署名的自然人、法人或者非法人组织视为著作权、与著作权有关权益的权利人,但有相反证明的除外。适用署名推定规则确定著作权或者邻接权归属且被告未提交相反证据的,原告可以不再另行提交权利转让协议或其他书面证据。

第三,作者身份及作品权利归属的推定,在有相反证据证明的条件下,可以推翻。相反的证据主要有:证明作者另有其人的证人证言、在先出版的作品存在不同的署名等。法院评估相反证据的证明力来确认作者身份。一般来说,出版物的署名和出版实践具有较强的证据效力。此外,在先作品的出版物或者提供作品创作过程的证据资料,也是确认作者身份的重要证据。

3. 合作作者

如果作品是由两人或两人以上共同创作完成的,合作创作作品的自然人为合作作者。合作创作是合作作者的唯一条件,《著作权法》第14条规定:"没有参加创作的人,不能成为合作作者。"合作创作由两个条件组成:合作意图与合作事实。

第一,是否构成合作创作,首要的条件是各作者在创作作品时具有共同创作的"合意"。美国《版权法》明确规定,合作创作是两个以上的作者意图使其创作的部分结合成为不可分割的或者与其他部分相互依存的整体。某一期杂志不属于合作作品,而只能是汇编作品。因为杂志刊载的文章作者之间并未有共同创作的合意。续写作品,如《围城之后》是对《围城》的续写,其作者鲁兆明并未与钱钟书先生形成续写的"合意",不属于合作作品。给曲谱填写歌词的行为,是否属于合作创作,需要看词作者与曲作者之间是否存在"合意"。"合意"必须是在作品创作之时达成。合意并不需要由创作者之间直接达成,但各作者必须有意识到合作创作的事实。故"合意"可以表现为明文约定,也可通过当事人行为推定。例如,由主编确定图书的基本章节,并邀请多位作者分章撰写的图书,各位作者之间并无直接的合意联系,但都清楚认识到合作创作的事实。该图书即属于合作作品。再如,接受电影制片者邀请而创作配乐的曲谱,该曲作者应清楚按惯例会填词,即使他不知道填词的词作者,也是存在创作合意的。

第二,是否构成合作创作,还须判断各合作者是否对作品的完成作出实质性贡献。提供辅助性工作的人不能成为合作作者。此外,合作作者必须是对作品即表达作出实质性贡献,而非仅仅是作品抽象思想(idea)与概念的提供者。但这也不能一概而论。如果提供创意的自然人与实际执笔人之间存在事先的创作合意,且该创意对最终完成的表达具有关键影响,则本书认为创意提供者对合作作品投入了实质性的智力劳动,可以成为合作作者。

合作作品分为不可分割使用的合作作品和可分割使用的合作作品。大多数国家的法律仅将不可分割使用的合作作品称之为合作作品(works of joint authorship);作者之间未达成合意但汇编而成的作品,为合成作品(common works);在一个自然人或法人指导下而编辑、出版的可分割的作品,为集合作品(collective works)。[①] 因此,我国法上的合作作品包括狭义的合作作品和集合作品两类。

两人以上合作创作的作品,著作权由合作作者共同享有。合作作品的著作权由合作作者通过协商一致行使;不能协商一致,又无正当理由的,任何一方不得阻止他方行使除转让、许可他人专有使用、出质以外的其他权利,但是所得收益应当合理分配给所有合作作者。合作作者之间因作品署名顺序发生的纠纷,人民法院按照下列原则处理:有约定的按约定确定署名顺序;没有约定的,可以按照创作作品付出的劳动、作品排列、作者姓氏笔画等确定署名顺序。

---

① 参见郑成思:《版权法》(修订本),中国人民大学出版社1997年版,第295页。

合作作品可以分割使用的，作者对各自创作的部分可以单独享有著作权，但行使著作权时不得侵犯合作作品整体的著作权。

合作作品形成整体著作权的共有规则；著作权继承也可能形成多位继承人之间的共有关系。继承形成共有著作权的行使，能否类推使用合作作品的共有规则？本书持肯定立场。

（二）著作权归投资者所有的规则

在过去，单个作者能够自己出资并完成创作。随着科学技术的发展，作品创作需要更为广泛和复杂的劳动，譬如大型计算机程序的编程、数据库的汇编、多媒体的开发、网页的制作、电影的拍摄等等；作品创作的资本投入风险巨大且数额不菲，个人投入已难适用这一形势，作者中有许多人在公司或其他单位领取薪金。作品创作的经济环境在高新技术的冲击下已经改变，投资成为影响作品创作的重要因素。这也促成了著作权原始归属法律规则的相应调整。

1. 职务作品

“职务作品”是指法人或非法人组织的工作人员为履行本职工作或完成单位交付的工作任务而创作的作品。成立职务作品的基本条件是作品的实际作者与法人或非法人组织之间有劳动关系。劳动关系主要由用人单位与劳动者之间的劳动合同所建立。劳动合同是指劳动法规定的劳动者与用人单位确立劳动关系、明确双方权利义务的合同，其特色在于特殊的从属关系，其劳动较之其他劳务合同的区别在于高度服从用人单位。在我国，有些机关、事业单位和国有企业与自己的正式职工并没有专门订立劳动合同，但不能因此而说两者之间并不存在这种劳务关系，它通常由录用通知书、报到证书、任职文件等加以确认。职工作者从法人或非法人单位领取劳动报酬，并享受其所提供的劳动条件，因此，在其职务范围内创作作品的作者，包括法人的工作人员、国家公务员、地方干部、非正式干部和临时工。

是否存在劳动关系，这是职务作品与其他作品（如委托作品）的重要区别。例如，在杨松云诉西藏自治区日喀则地区行署修建灵塔办公室著作权归属纠纷案中，十世班禅大师银头像由杨松云实际创作完成，但他与灵塔办之间不存在劳动关系。双方在当初的口头约定和后来签订的《研制班禅大师塑像合同》中，均未对塑像作品的著作权归属作出约定。法院认为雕塑制作者与灵塔办之间是雇佣劳务关系，“为第十世班禅大师塑造银行头像，是国家意志的体现。这项工作由被上诉人灵塔办受国家的指定承办，全部责任应由灵塔办承担。为第十世班禅大师塑像，不仅是为特定的人身塑像，而且此塑像还具有特殊的宗教意义，参加塑像的人不可能也无权凭自己的想象去创作、发挥，只能按灵塔办的意志创作”。法院据此认定涉案作品为法人作品。从基本学理来看，由于杨松云为民间艺人，与灵塔办之间不存在劳动关系，因此本案所涉作品不符合职务作品的成立条件，仅符合委托作品（出资聘请他人创作的作品）的规定。考虑到案件发生时 1992 年《著作权法》刚刚实施，法院根据案件事实作出的判决仅仅属于权宜之策。

比较复杂的情况是劳务派遣时的著作权归属问题。法人或非法人单位与为其服务的职工作者之间没有直接的劳务合同。劳务派遣现象主要有如“出向职工”“派遣职工”等。“出向职工”是指为了提高技术，在一定期间，从分公司派借到总公司或从总公司派借到分公司或其他相关单位的职员。“派遣职工”是指某些单位应精减人员的要求，派借具有专门知识的人到供入单位为业的职工。[①] 该类作品的著作权是归作者所有，还是其所在法人或非法人单位，或者是借调该作者的单位？这涉及借出单位、借入单位和职工作者三方利益，著作权归属规则需要在三者之间予以平衡。

职务作品还必须是职工在履行职责活动中完成的作品。现代市场经济体系下，法人或非法人组织的经营范围具有广泛性，聘用职工时，它往往只是需要职工完成某一部分任务。但有不少

---

① 参见［日］奥田进一：《论日本雇佣形态的变化及职务发明的处置》，《中外法学》1997 年第 2 期。

职工是多才多艺的，如一个软件编程人员有可能是作家、歌唱家或画家，如果该法人的业务范围包含这些业务，我们不能认为该职工创作的文学作品、音乐作品或美术作品都属于职务作品，否则是明显不合理的。根据《著作权法》第18条的规定，职务作品是指自然人为完成法人或者非法人组织工作任务所创作的作品。《著作权法》关于职务作品的规定中的"工作任务"，是指自然人在该法人或者该组织中应当履行的职责。它包括两种情形：自然人在法人的本职工作，以及完成法人临时指派的本职工作之外的任务。

从比较法来看，自然人之外的民事主体能否成为著作权原始取得的主体，大致有三种立法模式。第一，著作权首先由作者取得，雇主通过合同取得作者转让的部分经济权利。这是大陆法系采取的模式，如法国法的规定。第二，著作权归雇主所有，这主要为英美法系国家采用，如美国《版权法》第201条。第三，规定雇佣作品的原始著作权归作者享有，但作者所在单位在通常业务范围内可以自由使用该作品。在我国，法人或非法人组织享有职务作品的著作权，可以分为三类职务作品：法人作品（执笔人无任何著作权）、特殊职务作品（作者享有署名权）和一般职务作品（法人或非法人组织仅能在其业务范围内有优先使用权）。①

职务作品载体的物权归属是较少被关注的问题。一般情况下，职工完成职务作品后，须向单位提供作品载体。作品载体的所有权归属在著作权法上并无规定。大多数情况下，作品载体的价值不大，且职工本人可能留有复制件。当作品载体的所有权为法人所有时，如教师在学校发放的备课本上撰写教案，其载体所有权仍为单位所有；职工应有对作品载体的接触请求权，特别是对一般职务作品的原件，保障职工的接触请求权具有重要意义。

（1）法人作品

《著作权法》第11条第3款规定："由法人或者非法人组织主持，代表法人或者非法人组织意志创作，并由法人或者非法人组织承担责任的作品，法人或者非法人组织视为作者。"人们习惯上将该类作品称为法人作品，它实际上是指由法人或非法人组织享有完整著作权的职务作品。法人视为作者的规定属于对作者的拟制，是一项立法技术。法人作品也是由作为其职工的自然人创作完成的作品，因此，法人仅仅是拟制作者，作者只能是自然人。法人作品的完整著作权归属法人所有，体现了保护投资的法律政策。

法人作品的实际执笔人不享有任何著作权。因此，学理上和实务中都倾向于严格解释其构成要件。从第11条的法条出发，法人作品的构成要件为：①"由法人或非法人组织主持"，它是指作品的创作过程均由法人所主导，而不是简单地提出任务，布置工作。②"代表法人或非法人组织意志创作"，是指作品的内容体现了法人的意志，实际执笔人自由发挥的余地极少，仅限于作品具体表达形式的选择，如文字作品的语言组织。法人具有其独立的意思和行为，尽管它依赖自然人来实现，但与自然人的意思和行为具有明显的区别。这是赞同法人为作者的重要理由。③"由法人或者非法人组织承担责任"，这里的责任不仅仅是指著作权法上的责任，更重要的是作品内容所引发的责任。例如，围绕楼盘销售广告作品所引发的法律责任，由开发商来承担。

由于"主持""法人意志"和"承担责任"具有宽泛解释的可能，这导致法人作品的适用范围有可能不当地延伸到其他职务作品，特别是混同于特殊职务作品的情形。法人作品应严格限定其范围，它仅限于公文作品，即法人或非法人组织为履行其职责、实现其事业目的或从事经营业务而需要使用的公文作品。例如，政府机关的工作报告及其领导人的职务讲话稿；上市公司发布的年报、公告；企业发布的招商公告；学校发布的招生广告；等等。这些公文的制作由法人主持、体现法人的意志、以法人名义发布并承担责任。

① 参见刘春田：《知识产权法》，中国人民大学出版社2000年版，第74－75页。

(2) 特殊职务作品

特殊职务作品是指职工作者仅享有署名权，著作权的其他权利由法人或者非法人组织享有的作品；法人或者非法人组织可以给予作者奖励。职工完成作品后，法人一般将给予奖励，但这并不是法人负有的强制义务。《著作权法》第18条第2款规定了四类特殊职务作品，前面三类为法定的特殊职务作品，第四类为约定的特殊职务作品。

第一类，主要是利用法人或者非法人组织的物质技术条件创作，并由法人或者非法人组织承担责任的工程设计图、产品设计图、地图、示意图、计算机软件等职务作品。"物质技术条件"，是指该法人或者该组织为职工完成创作专门提供的资金、设备或者资料。"主要"，是指该物质技术条件对于作品创作必不可少。例如，职工使用法人所有的计算机并借阅图书所撰写的文章，并非"主要"的情形。由法人承担责任的作品主要有工程设计图、产品设计图、地图、示意图、计算机软件，此类作品的共同特点是，其创作行为仅靠少数人的努力难以完成，它往往是在法人的主持下、由多人共同参与完成的，需要较大的物质投入。"等"表明其他类型的作品也可以属于特殊职务作品，但应与具体列举的作品具有共同特征。

第二类，报社、期刊社、通讯社、广播电台、电视台的工作人员创作的职务作品。这类特殊职务作品是著作权法第三次修订时所增加，其原因是新闻传播中的作品大都是需要法人付出较大投入且由其承担责任。

第三类，法律、行政法规规定由法人或非法人组织享有的职务作品。《地方志工作条例》第15条规定，以县级以上行政区域名称冠名的地方志书、地方综合年鉴为职务作品，其著作权由组织编纂的负责地方志工作的机构享有，参与编纂的人员享有署名权。

第四类，双方通过合同约定著作权由法人或者非法人组织享有的职务作品。由于职工与其就业单位之间处于管理与服从关系的不平等地位，故约定型的特殊职务作品只能在作品创作前通过合同明示的方式才能确定。当然，约定的对象肯定是法定特殊职务作品之外的作品，即一般职务作品。非职务作品自然不得约定。至于将法定特殊职务作品约定为一般职务作品，则一般情况下也应承认其效力。

(3) 一般职务作品

一般职务作品是指作者享有著作权，但法人或者非法人组织有权在其业务范围内优先使用的职务作品。第一，法人对于一般职务作品享有的优先使用权是排他性的使用权。未经单位同意，作者不得许可第三人以与单位使用的相同方式使用该作品。当然，经单位同意，作者可以许可第三人以与单位使用的相同方式使用作品，但所获得的报酬，由作者与单位按约定的比例分配。第二，法人优先使用权仅限职务作品完成两年内。作品完成两年的期限，自作者向单位交付作品之日起计算。第三，法人的优先使用权仅限其业务范围。超出业务范围而利用作品，须依据著作权法的规定取得著作权人的许可，并支付相应的报酬。此外，"业务范围"不得做扩大解释，法人不能许可他人按照法人业务范围内的方式利用作品。即，只能自行在其业务范围内利用作品。

2. 出资聘请他人创作的作品

出资聘请他人创作的作品或委托作品，即"受委托创作的作品"。委托作品是依据私法合同而产生的作品，是作者根据合同所创作的某一具体作品，该作品以合同规定的形式和方式供委托方使用并获得报酬。[①] 委托作品和职务作品的主要区别是：前者依据一般私法合同产生；而后者

---

① 参见[西班牙]德利亚·利普希克：《著作权与邻接权》，联合国教科文组织译，中国对外翻译出版公司2000年版，第106页。

依据劳动合同产生，必须和劳动关系、职务工作有密切联系。因此，认定是否存在委托作品，必须判断当事人之间是否存在合同关系。

产生委托作品的合同是私法上的哪种有名合同，国家版权局在"权司[1999]73号"答复中指出，"委托作品……即在民法的委托或者承揽关系下创作的作品。委托人与受托人之间、定做方与受托方之间是平等的民事权利主体关系"。即国家版权局认为产生委托作品的合同包括两类合同：委托合同和承揽合同。而学界则存在争议。有学者认为委托作品实质上应是定作作品，它的法律特征反映了承揽合同的性质，双方之间是一种承揽合同关系。[①] 有学者认为委托作品是指委托人和受托人在平等、自愿的基础上，以书面或口头形式订立委托创作合同，委托人支付约定的创作报酬(也可以是无偿的)，受托人根据委托人的意志和要求而创作的作品。因此，双方之间是一种委托合同关系。[②] 也有学者认为是一种独立的合同类型，即为委托作品合同，它与委托合同、承揽合同都有不同点。[③]

本书赞同独立合同说。首先，产生委托作品的合同不是委托合同，这主要是因为在委托合同中，受托人履行合同所产生的法律效果直接归属于委托人，而委托作品的权属则要依照合同约定，没有约定或约定不明者归属于创作者。其次，产生委托作品的合同虽与承揽合同具有其一定的相似特征，但我国民法理论和合同法规定的承揽合同承揽工作成果的范围仅限于有形物。[④] 作为一项独立合同，它与承揽合同具有较多相似点。在某些情况下，委托方可能对有关主题、主要内容甚至作品标题等有具体的指示，但委托作品的作者独立承担承揽工作风险。

委托作品合同为非要式合同。《著作权法》第19条规定："受委托创作的作品，著作权的归属由委托人和受托人通过合同约定。合同未作明确约定或者没有订立合同的，著作权属于受托人。"该条中"没有订立合同"应理解为未订立书面合同。《计算机软件保护条例》第11条规定："接受他人委托开发的软件，其著作权的归属由委托人与受托人签订书面合同约定；无书面合同或者合同未作明确约定的，其著作权由受托人享有。"因而，委托作品合同并不以书面合同为必要，而书面合同只对该作品的著作权权属产生影响。

如果未签订书面合同，则属于事实上的委托作品合同。事实委托作品的认定则要考虑以下因素：一是合同的性质。根据《合同法》的理论，当事人之间就合同性质存在误认的，应按照其本质来认定合同的性质。二是公平原则。如果委托人支付了若干报酬而不能合理使用作品是不符合民法基本原则的。当然，这种费用也可能以其他当事人所误认的情况存在，如前述解释方法，应该按照其本质来确定。三是双方的交易惯例和合同目的。这也是合同解释的基本方法。

委托作品合同是决定该作品著作权原始归属的依据，它不同于著作权转让合同。根据《著作权法》规定，委托作品著作权的归属由委托人和受托人通过合同约定。由于委托作品是依合同而产生的作品，其权属可以约定，其权利行使的方式、范围等也同样可以约定。合同约定著作权归委托人所有时，该约定能否包括著作人格权的归属？有观点认为，这涉及著作人格权是否可以转移的问题，两大法系有不同做法；但本书认为，委托作品的合同约定不属于著作权的继受取得方式，而是原始取得的规则，类似于职务作品的合同约定，故著作人格权可以依约而确定。《著作权法解释》第14条规定："当事人合意以特定人物经历为题材完成的自传体作品，当事人对著作权权属有约定的，依其约定；没有约定的，著作权归该特定人物享有，执笔人或整理人对作品完成付

---

① 参见刘春田：《知识产权法》(第2版)，高等教育出版社2003年版，第87－88页。

② 参见夏玲、徐静：《论委托作品的著作权归属》，《合肥工业大学学报》(社会科学版)2004年第3期。

③ 参见周详：《论委托作品的合同》，载《知识产权文丛》(第9卷)，中国方正出版社2003年版，第219－221页。

④ 参见郭洁：《承揽合同若干法律问题研究》，《政法论坛》2000年第6期。

出劳动的，著作权人可以向其支付适当的报酬。”这里对“自传体作品”的“著作权权属有约定”，应包括署名权等。

未订立书面合同或者书面合同未做明确约定的，著作权属于受托人。委托作品著作权属于受托人的情形，委托人在约定的使用范围内享有使用作品的权利；双方没有约定使用作品范围的，委托人可以在委托创作的特定目的范围内免费使用该作品。特定目的，也应该包括合理目的内免费使用该作品。“特定目的或合理目的”的确定应以合同成立时受托人所能够明知、应知或预见的情形为准。

行使委托作品的著作权应遵循诚信原则。这主要体现在两个方面。一是当委托作品属于受托人时，受托人不得违背诚信原则将著作权转让或许可给委托人的竞争对手，或者以有损于委托人的其他方式利用作品。人物肖像摄影（如婚纱照）或绘画是比较特殊的一类委托作品。在肖像摄影作品的著作权为受托人所有时，其行使著作权的方式不得侵犯他人肖像权、隐私权等民事权利。例如，未经授权不得将人物肖像摄影作品在橱窗展示或用于广告等。二是当委托作品按照书面约定属于委托人时，委托人在行使著作权时应该保护创作者的精神权利，主要是署名权。当然，署名权的行使也要受到一定的限制，譬如建筑作品。

3. 视听作品

视听作品通常具有演绎作品的特点，它们大多数根据小说或剧本拍摄而成；又具有合作作品的某些性质，由导演、摄影师、美工、剪辑师等不同参与人共同完成；还具有需要投入大量资金和组织工作来保障创作的特征。特别是电影、电视剧作品的制作，必须投入巨大的经济成本和组织保障，才能将不同参与人（如导演、剧作家、曲作家、演员等）的多种创作劳动合成一部完整的视听作品。如果采取归属于作者的原则，可能因作者众多而难以有效协调权利的行使，也可能难以激励对巨额制作成本的持续投入。视听作品著作权归投资者所有，是各国著作权法通行的做法。《著作权法》第 17 条区分电影作品、电视剧作品与其他类型的视听作品，规定视听作品中的电影作品、电视剧作品的著作权由制片者享有；其他视听作品的著作权归属由当事人约定，没有约定或者约定不明确的，由制作者享有。制片者，即视听作品的投资者。《电影管理条例》第 15 条规定：“电影制片单位对其摄制的电影片，依法享有著作权。”一般认为，制片者即电影制片单位，是电影、电视剧作品的投资者。但电影制片单位是行政管理上的概念，符合影视行业惯例的署名是认定制片者的重要依据。署名的“出品单位”通常指投资人和著作权人身份的“制片者”；“出品人”指制片者的法定代表。从法理上看，类似于职务作品的判断规则，作为视听作品原始权利人，制片者必须是指为视听作品的制作承担必要的安排、策划和实质投资（控制）的人，故仅仅为满足行政管理而提供方便的人或组织，不属于制片者。

在版权体系中，制片者类似于法人作者，被赋予作者的地位而获得完整的著作权。例如，英国 1956 年《版权法》引入法人作者的理论，主要是为了避免视听作品版权引发的多重索赔及影片作者确定的难题，电影制片者被视为影片的作者。卢森堡 2001 年修订的《著作权法》第 21 条规定，视听作品的作者是制片者和主要导演。① 作者权体系下影片的作者是指创作影片的自然人，制片者以职务作品、法定转让（又称强制转让）或推定转让的方式获得著作权。如法国《知识产权法典》第 L.113-7 条规定：“完成视听作品智力创作的一个或数个自然人为作者。”视听作品的作者有剧本作者、改编作者、对白作者、专门为视听作品创作的配词或未配词的乐曲作者以及导演。该条还规定，如果是改编于已有作品的视听作品，则原作作者被视为新作作者之一。由于制片者未对视听作品付出独创性贡献，因此其不属于作者或合作作者。但作者权体系下视听作品的著作权人也

① 参见[英]帕斯卡尔·卡米纳：《欧盟电影版权》，籍之伟等译，中国电影出版社 2006 年版，第 111、125 页。

同样属于制片者，有些国家采取权利推定的方式，如德国法默认参与电影创作的作者将其权利许可给制片者。

中国《著作权法》对于视听作品的作者身份界定不是很明确。从比较法来看，除了导演被认为是唯一作者或主要作者之外，其他参与人的作者身份并不完全相同。在理论上，电影或电视剧由导演、编剧、摄影师、词曲作者、美工师以及技术人员合作共同完成，他们属于该作品的合作作者。但《著作权法》规定，电影、电视剧作品的编剧、导演、摄影、作词、作曲等作者仅享有署名权，并有权按照与制作者签订的合同获得报酬。法律未规定的其他参与人，如剪辑师、美工师等，无论是否属于"等"字所省略的作者，都应该享有符合惯例的署名权和依据合同而获得报酬的权利。电影作品、电视剧作品以外的视听作品的著作权归属由当事人约定；没有约定或者约定不明确的，由制作者享有，但作者享有署名权和获得报酬的权利。

演员是视听作品的重要参与者，视听作品使用音乐作品配乐时也涉及演奏者或歌手的表演行为，但《著作权法》第 17 条未规定视听作品中表演者的权利。一般认为，表演者不属于视听作品的合作作者，演员是在导演的指导下以再现剧本角色的方式参与视听作品的制作。当然，如果演员通过即兴增加的台词或者改变情节的发展，进而形成了对视听作品具有独创性的贡献，则因其实质性贡献而成为合作作者，但不是基于其表演行为。法国《知识产权法典》第 L.212-4 条明确规定："艺术表演者与视听作品制片者签订合同，视同许可固定、复制及向公众传播其表演。合同就每一种作品使用方式确定分别的报酬。"德国《著作权法》第 92 条将其统称为"艺术表演者"，表演者与制片者签订参与电影制作的合同，在无相反约定的情况下，视为对其表演活动进行利用的许可。

制片者仅对作为整体的视听作品享有著作权。视听作品中的剧本、音乐等可以单独使用的作品的作者有权单独行使其著作权。因此，除非制片者在其合同中与可以单独使用的作品的作者作出了明确约定，在制作电影之外的其他场合予以使用，需要重新取得著作权人的授权。例如，重拍电影、将电影配乐录制成唱片发行，都需要再次取得授权。"单独"是指脱离特定视听作品之外的使用行为。视听作品中能够单独使用的作品，不限于剧本、音乐。例如，具有独立性的美术作品——角色形象也属于此种情况。最高人民法院在(2013)民申字第 368 号民事裁定书中认为：

> 影视作品是利用技术手段将众多相关作者和表演者及其创作活动凝结在一起的复合体，相关作者的创作成果被融为影视作品之中，故《著作权法》规定制片者享有影视作品著作权，同时规定相关作者享有署名权。除剧本、音乐外，美术作品也属于能独立于影视作品之外的作品，其作者有权单独行使著作权。本案中，"迪迦奥特曼"角色形象与影视作品是整体与部分的关系，二者可以分离，即"迪迦奥特曼"角色形象的作者可以依法单独行使美术作品的著作权。在没有约定的情况下，影视作品《迪迦奥特曼》的著作权人并不当然享有"迪迦奥特曼"角色形象美术作品的著作权。

第四节 著作权限制

权利限制或者权利例外，或者侵权抗辩事由，在学理上可能有不同的含义，但在实践中并无本质区别。广义上的著作权限制包括地域限制（仅限请求保护国有效）、时间限制（超出保护期的作品进入公有领域）以及不及于独立创作作品的限制；它也包括著作权各项权能所不及的范围，如向公众传播权的范围不及于私下的利用行为，发行权不影响复制件所有人的物权利益。上述权利的限制被称为权利的内部限制。

一般来说,著作权限制指的是对权利的外部限制,即著作权法基于相应法律政策而规定的不视为侵权的情形,包括合理使用、法定许可、强制许可。这些制度的共同特点是:① 对著作权的利用行为落入了权利的范围,但无须事先取得许可(授权);而在一般情况下,利用他人享有著作权的作品,必须事先取得著作权人的许可,否则将构成侵权。② 它们都是对著作财产权的限制,一般认为,不得限制著作人格权。而且,著作财产权的限制一般仅针对已发表的作品,未发表的作品在非常有限的范围内(即仅限于"陈列或保存版本"的合理使用)才受限制。③ 尽管这些制度主要针对的是作者权,但同样适用于邻接权。如《著作权法》第 24 条("合理使用")第 2 款、第 25 条("法定许可编写九年义务教育教材")第 2 款规定:"前款规定适用于对与著作权有关的权利的限制。"著作权限制制度大体上可以分为两类:① 著作权完全受限制,著作权人既无法行使禁止权,也无获酬权。合理使用制度即是这种类型。② 著作权部分受限制,它仅限制著作权人行使禁止权,但不影响其合理的获酬权。法定许可即属于这种类型。

在一般情况下,著作权限制规则对著作权人具有强制约束力,但在某些特殊情况下,著作权人事先作出相应的声明则可不受约束。学理上,它被概括为"选择退出机制",主要包括:① "选择退出"合理使用的限制。《著作权法》第 24 条第 4、5 款规定:"报纸、期刊、广播电台、电视台等媒体刊登或者播放其他报纸、期刊、广播电台、电视台等媒体已经发表的关于政治、经济、宗教问题的时事性文章,但著作权人声明不许刊登、播放的除外。""报纸、期刊、广播电台、电视台等媒体刊登或者播放在公众集会上发表的讲话,但作者声明不许刊登、播放的除外。"因此,作者或者著作权人可通过积极的声明而排除合理使用制度的适用。注意前者是著作权人的声明,后者是作者的声明。② "选择退出"法定许可的限制。部分法定许可制度也允许权利人选择退出该限制。第 35 条第 2 款规定,"作品刊登后,除著作权人声明不得转载,摘编的外,其他报刊可以转载或者作为文摘、资料刊登"。第 42 条第 2 款规定,"录音制作者使用他人已经合法录制为录音制品的音乐作品制作录音制品,可以不经著作权人许可,但应当按照规定支付报酬;著作权人声明不许使用的不得使用。"

数字技术等传播技术产生了新的利益分配机制,在某些领域,过于宽泛的著作权限制规则可能严重影响权利人的合法利益,因此,著作权限制的反限制规则开始受到重视。这主要体现在两大方面。一方面,合理使用规则的解释更为严格,有些曾经属于合理使用的行为,逐渐划为专有权的范畴,有些则被报酬请求权的方式所取代。例如,出租权其实是发行权用尽原则的例外,是对发行权限制的反限制;西方许多国家对个人复制例外也持警惕态度,一些国家建立复制版税制度,如德国规定由复印设备和耗材的提供商支付使用费,美国则建立版权清算中心管理著作权人与使用人之间的复印付酬问题。另一方面,适用法定许可限制的情形越来越少,特别是过去以法定许可制度来解决交易成本问题的情形,随着权利清算技术进步,法定许可制度的正当性减弱,其被强制许可所取代的趋势比较明显。

一、合理使用

《著作权法》并无"合理使用"(fair use)一词,其属于理论上通行且为司法实践所接受的学理术语。合理使用的法律属性存在争议,有学者将其归纳为"权利限制说""侵权阻却说"和"使用者权说"三类,[①]但实际效果并无太大区别。合理使用是指在符合法律规定的条件下使用他人享有

① 吴汉东:《著作权合理使用制度研究》,中国政法大学出版社 1996 年版,第 128－131 页。也有学者认为只有"权利限制说"和"使用者权说"两类。

著作权的作品,可以不经著作权人同意,也不向其支付报酬的利用行为。

(一) 合理使用的立法模式

由于各国、各地区的政治、经济、文化发展环境不同,各国、各地区的合理使用制度所要协调的利益也各不相同,其制度构造存在一些差异。大体上,合理使用的立法模式有三:因素主义、规则主义和综合主义。

第一种为"因素主义模式",其发源于美国。美国《版权法》第107条规定了合理使用判断的四项要素:① 使用的目的和性质,属商业性质还是教育目的,以及是否属于转换性使用;② 版权作品的性质,如其独创性的高低;③ 被使用部分的数量和重要性;④ 对版权作品潜在市场或价值的影响。相关国际条约大都采纳因素主义,如TRIPs协议第13条规定的"三步测试法"。[①] 它规定合理使用仅限于"特殊情况"(第一步),"不得影响该作品的正常使用"(第二步),"也不得不合理地损害著作权人的合法利益"(第三步)。所谓"特殊情况",系指已由某些明确的公共政策或其他情形证明是正当的。"正常使用"原则上是指所有具有或可能具有重大的经济或实际重要性的作品利用方式;"合法利益"是指"法定利益",合理使用行为对权利人法定利益造成的损害必须从公共政策来衡量是适当的。[②] 在著作权法上,这些被明确承认的公共政策包括激励创新、鼓励对著作权作品利用的效率最大化、促进文化繁荣、保障表达自由和竞争自由等。

第二种为"规则主义模式",它明确规定哪些具体的作品使用行为是合理使用行为,它明示了合理使用的范围,其判断标准主要是隐藏在这些规则背后的立法原则。大陆法系国家大体上属规则主义模式。大陆法系对作者经济权利的法律表述使用了具有弹性的、开放式的概念,这使得权利具有开放性。与权利的开放性不同,法律中的权利限制大都是封闭的。相反的是,美国《版权法》第107条提供了一个开放式的权利限制制度,而法律所规定的权利是穷尽的。但是,这并不意味着两大法系在著作权保护水准上存有高低之分,相反,两大法系在对待某些作品使用行为的合法性方面具有惊人的相似之处,而且从整体上所达的著作权人、使用者和社会公众之间的利益均衡是一致的。

第三种为"综合主义模式",它在立法中规定了是否构成合理使用的考虑因素,此外也明文规定了属于合理使用的行为类型,如我国台湾地区所谓"著作权法"第65条移植了美国《版权法》第107条,规定该法第44条至第63条规定的作品使用行为需要满足合理使用的一般条件,该条第2款更是规定"其他合理使用之情形"仍属侵权之例外。采取类似立法模式的国家还有菲律宾、以色列、新加坡等。

(二) 合理使用制度的理论基础

不同的作品使用行为,是否满足合理使用所需的条件并不相同,这是因为合理使用所要实现的公共政策不同,这些公共政策包括了言论自由、技术进步等。从这一点来看,法院在不同场合侧重于不同的合理使用衡量因素,并不是法院对自由裁量权的任意行使,而是为了实现著作权法所意欲实现的公共政策。例如,在转换性使用或生产性使用作品的场合,使用作品的性质是否具有商业目的,并非判断的关键因素。这背后隐藏的是法院对著作权法繁荣文学艺术创作这一公共政策的考量。

合理使用所要实现的公共政策依托于不同的著作权理论,它常被认为是著作权法中最难以适用的一项原则。但毫无疑问,其目的在于实现著作权法的基本目标——保护著作权与促进公

---

① 它实质上等同于《伯尔尼公约》第9条之二,所区别者,仅在于后者限于复制权之限制。

② 参见[匈]米哈依·菲彻尔:《版权法与因特网》(上),郭寿康等译,中国大百科全书出版社2009年版,第412-417页。

共利益之间的平衡。合理使用主要有两类解释理论：市场失灵（market failure）或交易成本（transaction cost）理论；利益平衡（balancing interests）或社会利益（social benefits）理论。

第一，市场失灵理论。该理论的核心观点是，合理使用的核心价值在于豁免那些虽然权利人愿意许可、但交易成本高昂的作品使用行为。戈丁（Gordon）教授提出了判断某一使用作品的行为是否合理的三步法：第一步，出现了市场失灵之现象，而市场失灵的出现，主要是因为高昂的交易成本阻碍了双方的身份确定、接触和谈判等；或者是因为作品的公共产品属性（外部性）阻碍了有效交易行为。第二步，使用作品的行为有益于社会。第三步，使用行为不会对权利人的激励产生实质性损害（substantial injury）。实质性损害的判断具有多重功效：首先，它维护了著作权法的激励功能；其次，它表明法院对作品使用行为是否属于价值最大化的判断是粗略估计的；再次，当作品使用行为对权利人极为不利时，权利人有权反对此类行为；最后，它可使法院避免将本可治愈的市场失灵适用合理使用。简而言之，戈丁教授认为，如果在权利人与使用者之间存在交易成本障碍，即使作品使用行为受权利人控制，许可行为也不可能发生，这降低了对社会有益的使用行为，合理使用就应予以适用。

市场失灵理论认为，如果作品交易市场运转良好，则允许权利人控制新技术带来的作品新市场是有益于社会的。因为对原创作品的特殊激励会鼓励更多作品的诞生，从而有利于社会福利的增长。从市场失灵理论来判断作品使用行为的公平性，很容易就推断出：只要在权利人和使用者之间存在有效的交易市场，合理使用就无适用之空间。因而，在即时交易、完善的权利集体管理、网络等技术辅助的有效许可等场合，特别是当权利人许可市场出现或可能出现之时，合理使用的适用范围就会受到限制。这被戈丁教授称为“合理使用理论和司法中的错误趋势”。她认为，这既是对科斯定理的误读，也是对她提出的“市场失灵”理论的误读。她提出市场失灵理论的目的在于：为合理使用增加新的清单，而不是断章取义地将其适用于整个合理使用的解释。况且，科斯定理也从未宣称只要交易成本很低，所有对社会有益的使用行为都会发生；该理论仅论及效率，无关分配正义与公平，而后者为法律所关注。

第二，利益平衡理论。从分配正义来看待合理使用的理论为利益平衡理论。其主张是，当使用作品的社会利益高于不予使用的私人利益，即使不存在任何交易成本的问题，因使用作品产生的社会收益高于对权利人造成的损失，此类行为也应为合理使用所豁免。例如，学校教师在课堂上有少量复制作品之行为，权利人为此类使用行为制定了交易成本很低的许可费标准。如依市场失灵理论则不能适用合理使用；但依社会利益理论则应予允许，因为教学而使用著作权材料体现了有文化公民的培养，从而增进了社会价值。促进表达自由、促进创作等合理使用类型均属于利益平衡之结果，非市场失灵理论所能阐明。

合理使用的市场失灵理论和利益平衡理论在某一具体案件中看似互为抵牾，实则互为补充。究其本质，在于它们所要达致的目标为不同的公共政策所支持。在美国，其知识产权宪法条款被认为是建立在公共利益理性基础之上，合理使用被认为是实现公共利益的重要原则。即，合理使用应该服务于著作权法所意欲实现的四项目标：表达自由、新闻自由、技术进步和作品创作。类似地，我国《著作权法》第1条之立法目的也包括：鼓励作品的创作和传播；促进文化和科学事业的发展。

（三）《著作权法》上合理使用的基本规定

在《著作权法》第三次修订前，《著作权法》（2010）第22条具体列举了12项属于合理使用的情形，《著作权法实施条例》（2013）第21条规定了TRIPs协议上的“三步测试法”，但并没有提供开放式的侵权例外规则。然而，法院在具体案例中摆脱了规则主义的束缚，实际上是综合主义的立法模式。它具体体现在三个方面。

第一，运用“三步测试法”扩张著作权法上明确列举的使用范围。北京北影录音录像公司诉北京电影学院侵犯作品专有使用权纠纷案的审理法院认为，“被上诉人系培养电影人才的艺术院校，其教学方式具有相对的特殊性，练习拍摄电影应属于该校进行课堂教学活动必不可少的一部分”，“被上诉人在上述范围内的行为系对小说《受戒》的合理使用，不构成对上诉人专有使用权的侵犯”①。该案中被上诉人的摄制电影行为并非属于著作权法明确规定的“翻译或少量复制已发表作品”的行为。

第二，法院不仅对著作权法具体规定的字面含义做扩张解释，而且还超越该条规定确立了新的合理使用作品之行为。画作的拍卖机构为方便拍卖标的，其向购买者提供印刷有该画作的宣传册、制作幻灯片并在拍卖现场放映的行为属于合理使用。有些法院甚至直接将美国《版权法》第 107 条的四要素作为判决说理的依据，认定该行为是法定清单之外的合理使用行为。如电影海报使用了具有一定文化意义的动画人物形象，被认为构成转换性使用，属于合理使用。

第三，如果著作权法明确列举的使用行为可能的含义过于宽泛，法院也援引《著作权法实施条例》(2013)的“三步测试法”来限缩其范围。例如，“执行公务”的合理使用行为常常做严格解释，它限定该行为属于狭义上国家机关的法定职责范围内使用作品的行为，如旅游局推广本地旅游景点而使用他人摄影作品，因具有商业目的超出对旅游市场管理的权限，不属于“执行公务”。

《著作权法》第三次修订时，将原《著作权法实施条例》(2013)第 21 条的规定纳入法律之中。《著作权法》第 24 条第 1 款规定：“在下列情况下使用作品，可以不经著作权人许可，不向其支付报酬，但应当指明作者姓名或者名称、作品名称，并且不得影响该作品的正常使用，也不得不合理地损害著作权人的合法权益。”该款除了列举 12 项合理使用的具体清单之外，第 13 项是具有补充的规定：“法律、行政法规规定的其他情形。”由于第 13 项的“其他情形”前有“法律、法规规定”的限制，《著作权法》仍然采纳规则主义的立法模式。但是，法院仍然有可能将第 24 条第 1 款视作合理使用的一般条款。在学理上，这一做法值得肯定。因为合理使用的一般条款可以回应作品使用的复杂情形，既可防止具体条款中过宽的规定对权利保护的侵蚀，又提供了利益平衡的开放式框架以使法院可在具体个案中进行利益衡量。

(四) 合理使用的具体情形

《著作权法》第 24 条第 1 款具体列举的合理使用情形共 12 类，根据具体清单背后的公共政策，合理使用行为大体上包括如下几类。

1. 个人使用行为

“为个人学习、研究或者欣赏，使用他人已经发表的作品”，属于合理使用。“个人”，指的是自然人，可延伸至家庭与朋友；但不能是法人或非法人组织。“使用”是指受《著作权法》保护的使用行为，如复制、播放、翻译等；非受专有权控制的使用行为，如阅读小说、运行程序等功能性使用，本身就不受著作权法保护，自然也不会侵权。“个人使用”是指为使用者自己的利用行为，复印店为个人制作教材复印件，是为他人提供服务的商业性行为，不属于个人使用。图书馆提供的复印服务，是否属于“个人使用”的合理使用？尽管图书馆具有公益性质，但该类型的复印服务超出了自然人(家庭与朋友)的范围，不符合“个人使用”例外。

此外，还需要指出的是，《著作权法》规定的个人对作品的“使用”过于宽泛，需要根据“三步测试法”来进行具体评估。一般来说，使用作品的个人包括两类：一是基于学习和研究的需要，二是基于欣赏、娱乐的需要。前者被称为创造性使用(productive uses)，后者被称为消费性使用(purely personal consumption uses)，或称普通使用(ordinary uses)。创造性使用能够带来新的

---

① 《最高人民法院公报》1996 年第 1 期。

作品，增加著作权作品的供给。因此，其使用行为的限度也应有所不同。

计算机软件的个人使用问题存在一定争议。软件的终端用户分为商业使用者和个人使用者。《计算机软件保护条例》第30条规定："软件的复制品持有人不知道也没有合理理由应当知道该软件是侵权复制品的，不承担赔偿责任；但是，应当停止使用、销毁该侵权复制品。如果停止使用并销毁该侵权复制品将给复制品使用人造成重大损失的，复制品使用人可以在向软件著作权人支付合理费用后继续使用。"该规定并未区分软件的侵权复制品持有人是商业使用者还是个人用户。《著作权法解释》第21条规定，"计算机软件用户未经许可或者超过许可范围商业使用计算机软件的"，依法承担责任。司法解释强调"商业使用"，也可解释为个人用户无须承担责任。

终端用户不同于合法复制件持有人。后者有权进行为正常使用软件所必要的复制等行为，主要包括：第一，根据使用的需要把该软件装入计算机等具有信息处理能力的装置内。第二，为了防止复制品损坏而制作备份复制品。这些备份复制品不得通过任何方式提供给他人使用，并在所有人丧失该合法复制品的所有权时，负责将备份复制品销毁。第三，为了把该软件用于实际的计算机应用环境或者改进其功能、性能而进行必要的修改；但是，除合同另有约定外，未经该软件著作权人许可，不得向任何第三方提供修改后的软件。

2. 促进创作的使用行为

为进行创作而适当使用他人作品的行为，符合表达自由和繁荣文化发展的公共政策，如《著作权法》第24条第1款第2项关于"适当引用"的法律规定："为介绍、评论某一作品或者说明某一问题，在作品中适当引用他人已经发表的作品。"所谓"适当"，指的是对"引用"须在质与量两个方面均进行评估。质，是指被引用的部分不能成为新作的主要部分，也不可能引用他人作品的主要部分、产生替代原作市场的后果。量，是指被引用的部分不得超出一定的限度。当然，篇幅短小的作品，如诗歌、照片，在评论、说明时被完整引用，也有可能是适当的。

"适当引用"的合理使用，适用于所有类型作品的创作。对于历史题材的作品创作而言，有可能需要使用作品所展现的历史时代的作品。电视剧《激情燃烧的岁月》是反映革命时期和解放初期的军事题材作品，剧中使用一些当年流行的音乐作品是剧情创作的必要组成部分。再如，在摄制电影和摄影时，可能要复制放置在室外公共场所的雕塑、建筑作品等，这为著作权法第24条第1款第10项所规定。这些对作品的附带性使用，系为促进创作而使用作品的必要行为。

在此类使用行为的公平性判断中，使用目的是商业性的还是非营利的，并不是关键因素。关键因素在于，相对于使用者的创作目的，其使用他人作品的行为是否合理，而不是是否必要。《激情燃烧的岁月》使用的部分音乐作品构成了侵权，就是因为有些音乐作品的使用超出了烘托历史氛围的合理程度，非属"适当"引用已经发表的作品。① 美国法上广为承认的转换性使用(transformative use)大部分内容能为我国法上关于"适当引用"的法律规定所涵盖。但是，2006年引起广泛关注的、《一个馒头引发的血案》所引发的著作权争议表明，著作权法第24条关于"引用"的法律规定并不能涵盖滑稽模仿(parody)或恶搞等目的使用作品的行为。随着数字技术的发展和各种编辑软件功能的日趋强大，利用现有作品进行演绎或创作的情形越来越普遍。与网络恶搞相类似，被称为"同人小说和混合的文化"(fan fiction and remix culture)也日趋流行，此类作品的创作也涉及利用在先作品的公平性判断问题。

3. 促进信息获取的使用行为

信息传播是现代社会中的基本要求，获取信息是公民的基本权利之一。《著作权法》规定了

---

① 北京市高级人民法院(2004)高民终字第627号民事判决书。

三项促进信息获取的合理使用行为："为报道新闻，在报纸、期刊、广播电台、电视台等媒体中不可避免地再现或者引用已经发表的作品"；"报纸、期刊、广播电台、电视台等媒体刊登或者播放其他报纸、期刊、广播电台、电视台等媒体已经发表的关于政治、经济、宗教问题的时事性文章，但著作权人声明不许刊登、播放的除外"；"报纸、期刊、广播电台、电视台等媒体刊登或者播放在公众集会上发表的讲话，但作者声明不许刊登、播放的除外"。

首先要保障新闻报道而使用作品。在性质上，是新闻媒体"为报道时事新闻"，刊登或播放"关于政治、经济、宗教问题的时事性文章"，与"在公众集会上发表的讲话"，都是现代社会公民获取信息的重要方式。在使用的度上，属于"不可避免地再现或者引用""刊登或播放"。"刊登或播放"，可以完整使用作品，也可以部分使用。但是，"刊登或播放"他人时事性文章或公众集会上的讲话，权利人可以声明不得使用。

除了《著作权法》规定的上述三项情形，法院常常也以"三步测试法"承认其他合理使用行为。在网络环境下，搜索引擎为索引或使著作权作品的相关信息能为公众所获取，使用网络抓取软件复制网页上的信息，为用户快速获取这些信息而提供快照服务，并提供作品摘要、缩略图或试听服务。在不属于"不合理地影响著作权人的利益"前提下，其使用行为受合理使用保护。例如，搜索引擎针对未被禁链的网站通过行业公认的标准软件自动复制网页信息并不构成侵权。这是因为"如果考虑到互联网的本质属性即在于促进信息交流"，而权利人仅仅声明不可索引，但不采用搜索行业公认的蜘蛛协议，搜索引擎抓取作品信息并不违反注意义务，因为"要求搜索引擎服务商逐个甄别信息获取的合法性的确有点勉为其难"，相比之下，要求权利人"采用拒绝蜘蛛协议的确可以说是一个比较简单而高效的方法"。

合理提供作品快照服务也不构成侵权。但是，作品快照服务不能不合理地影响著作权人的利益。《信息网络传播权解释》第 5 条规定："网络服务提供者以提供网页快照、缩略图等方式实质替代其他网络服务提供者向公众提供相关作品的，人民法院应当认定其构成提供行为。""前款规定的提供行为不影响相关作品的正常使用，且未不合理损害权利人对该作品的合法权益，网络服务提供者主张其未侵害信息网络传播权的，人民法院应予支持。"例如，通过 MP3 搜索结果列表中的"歌词"按钮进行的歌词搜索，其属快照技术，系"通过搜索引擎从第三方网站搜索出来并存储在百度网站服务器中的"，但"被告提供的'快照'或'缓存'服务，客观上起到了让用户直接从其服务器上获取歌词的作用，足以影响提供歌词的第三方的市场利益"，也无证据证明其符合《信息网络传播权保护条例》第 21 条所规定的免责条件，属于直接侵犯著作权的行为。在中国音乐著作权协会案中，法院认为，"百度公司完整直接地将涉案歌词放置在其服务器上，……使得大多数用户无需再通过点击来源网站以获得歌词，……已实际起到了取代来源网站的作用，并且这种方式未得到歌词作者的许可"，该快照方式非属"合理使用服务内容的搜索引擎服务"，"侵犯了歌词作者……依法享有的复制权及信息网络传播权"。

4. 促进公共利益的使用行为

公共利益包含的范围比较宽泛，《著作权法》对于促进文化发展、文化保存与传承、促进弱势群体的发展以及公务性使用等法律政策予以明确认可，它们都体现在第 24 条明确列举的合理使用清单里。

促进文化发展的合理使用行为，主要体现是"为学校课堂教学或者科学研究，翻译、改编、汇编、播放或者少量复制已经发表的作品，供教学或者科研人员使用，但不得出版发行"。此外，"为学校课堂教学或者科学研究，通过信息网络向少数教学、科研人员提供已经发表的作品、表演、录音录像制品，而该作品、表演、录音录像制品只能通过信息网络获取"，也属于合理使用。① "学校课堂教学"使用作品的合理使用。"学校"的含义比较广泛，按照教育阶段，它包括学前教育机构、义务教育机构、普通高中、普通高等教育机构、成人教育及继续教育机构；按照主办机构的资金来源，包括公办学校、民办学校以及公办民助、民办公助等学校；它还可按照其他标准进行分类，如学历教育机构和非学历教育机构，营利性的培训机构（如新东方学校）与非营利性的教学机构（如普通中学）。在国际条约（如《伯尔尼公约》）上并不区分学校是否营利的性质，但来自立法者的较为权威的观点认为："'课堂教学'一词是有严格限制的，考研辅导班、托福、美国研究生入学考试（简称 GRE）培训班等营利为目的的教学不属于'课堂教学'。"[①]因此，以营利为目的的教学，特别是其中的非学历教学等，都难以符合该规定。② "科学研究"是否仅限于纯哲学探索性的科学研究，或是指不具有任何商业目的的研究活动？现代科学研究活动常常以一定的商业目的为出发点，对"科学研究"不能做太严格的限制。③ "供教学或科研人员使用"，超出该范围，则不属于合理使用。④ 使用行为仅限于"翻译、改编、汇编、播放或者少量复制"以及仅限于"信息网络获取"。上述列举的使用行为需要以"三步测试法"予以评估。例如，"少量复制"指的是复制已发表的作品不得影响作品的市场，故"不得出版发行"当属自然之义，此外，对于教材、教辅用书等作品而言，"少量复制"还应该指非整本书的复制，否则将超出必要的限度，不符合《著作权法》第 24 条第 1 款中"不得影响该作品的正常使用，也不得不合理地损害著作权人的合法权益"的规定。同时，未明确列举的行为，如电影学院导演系学生为学业目的摄制小电影等行为，在符合"三步测试法"的前提下，也属于合理使用。

保存版本具有促进文化传承的公共利益。"图书馆、档案馆、纪念馆、博物馆、美术馆、文化馆等为陈列或者保存版本的需要，复制本馆收藏的作品"，不视为侵权。"复制"不能做扩大解释，应不包括出借等行为，特别是在规定公共借阅权的国家。为陈列或保存版本的需要，"复制"也包括数字化和馆内的信息网络传播。"图书馆、档案馆、纪念馆、博物馆、美术馆等可以不经著作权人许可，通过信息网络向本馆馆舍内服务对象提供本馆收藏的合法出版的数字作品和依法为陈列或者保存版本的需要以数字化形式复制的作品，不向其支付报酬，但不得直接或者间接获得经济利益。当事人另有约定的除外。前款规定的为陈列或者保存版本需要以数字化形式复制的作品，应当是已经损毁或者濒临损毁、丢失或者失窃，或者其存储格式已经过时，并且在市场上无法购买或者只能以明显高于标定的价格购买的作品。"

促进弱势群体的发展也同样符合《著作权法》促进公共利益的法律政策，它包括促进少数民族发展的合理使用行为："将中国公民、法人或者非法人组织已经发表的以国家通用语言文字创作的作品翻译成少数民族语言文字作品在国内出版发行"；促进视觉障碍者获取作品的合理使用行为："以阅读障碍者能够感知的无障碍方式向其提供已经发表的作品"，《信息网络传播权保护条例》规定通过信息网络提供已发表的作品须"不以营利为目的"。由于前者缺乏国际条约上的明确依据，故出版少数民族语言文字作品的合理使用仅限于"中国公民、法人或非法人组织"享有著作权的以国家通用语言文字创作的作品。

执行公务的合理使用也具有公共利益，"国家机关为执行公务在合理范围内使用已经发表的作品"，不构成侵权。"使用"的范围比较宽泛，如通缉罪犯而对其照片复制、展示、通过信息网络向公众提供等；但执行公务必须符合"三步测试法"的规定。首先，国家机关是指行政、立法、司法等国家机关，以及依法履行公共管理职能的公共事业单位。例如，负责考试命题的教育部考试中心、地方史志办公室、土地交易储备中心、公立大学等。其次，必须在"合理范围"内。它须限于必要的程度，即以执行公务必须或无可替代的情况下使用，且不得使作品市场产生替代后果。例如，为了节约经费而使用盗版软件，即不属于执行公务所必需的"合理范围"。最后，利用作品的

① 胡康生：《中华人民共和国著作权法释义》，法律出版社 2002 年版，第 107 页。

行为须发生在依照行政、司法程序执行公务的过程中。“公务”是指其法定的政策制定、行政管理职责，如为了宣传效果而在其使用的一次性纸杯上印刷他人的摄影作品，并非其行政管理职责。

丰富文化生活也具有一定的公共利益。《著作权法》第24条规定：“免费表演已经发表的作品，该表演未向公众收取费用，也未向表演者支付报酬，且不以营利为目的。”规定免费表演的合理使用，主要是为了丰富和活跃人民群众的文化生活。此外，陈列或设置于室外公共场所的艺术作品具有长期公共及公益的性质，其权利受到合理限制也有类似依据。“对设置或者陈列在公共场所的艺术作品进行临摹、绘画、摄影、录像”，属于合理使用。对室外艺术品的临摹、绘画、摄影、录像，属于复制或演绎行为，但该复制或演绎行为不构成侵权，其随后发生的利用行为也不构成侵权。《著作权法解释》第18条第2款规定：“对前款规定艺术作品的临摹、绘画、摄影、录像人，可以对其成果以合理的方式和范围再行使用，不构成侵权。”

5. 促进竞争与技术进步的非表达性使用行为

尽管合理使用的法律规定并没有明确促进产业竞争的目标，但如果著作权人主张侵权的意图在于排除竞争者或阻碍互补性非侵权产品的开发上市，合理使用的侵权抗辩常常能够成立。[①]这首先体现为实现软件兼容而实施反向工程的合法性。《计算机软件保护条例》第17条规定：“为了学习和研究软件内含的设计思想和原理，通过安装、显示、传输或者存储软件等方式使用软件的，可以不经软件著作权人许可，不向其支付报酬。”《信息网络传播权保护条例》第12条第4项规定，“在信息网络上对计算机及其系统或者网络的安全性能进行测试”，也不视为侵权。

反向工程作为合理使用，体现了《著作权法》促进作品市场自由竞争的公共政策。例如，思想/表达区分原则将著作权的保护限定于思想的创造性表达，而不延及思想本身，这是因为立法者“意图在为作者提供激励与促进文化创意繁荣之间的竞争性价值予以平衡”[②]。通过思想/表达区分原则，《著作权法》一方面保护权利人控制对著作权作品表达性因素的使用行为，另一方面赋予其竞争者（其他作者）必要的自由空间，即他们可以对原创作品中的事实和思想予以添加（adding）、再利用（reusing）或再解释（reinterpreting）。因而，竞争者虽然不能向公众提供著作权作品的替代品，但它们可以对同一事实、概念和思想以其自己的表达形式与权利人相竞争。[③]《著作权法》仅保护思想的表达性因素，不及于作品的非表达性因素（例如功能性因素）。这也是为了防止《著作权法》成为“后门专利”的重要体现。

因此，在衡量此类作品使用行为的公平性时，作品的性质以及使用作品的商业性目的并非关键，是否造成了著作权作品的市场损害也非必要条件，需要重点衡量的是利用作品的内容是属于表达性因素还是非表达性因素。即，使用者对作品的使用具有中介性，而非最终目的；他的意图在于获取作品中的非表达性因素，最终以其自己的表达形式形成的新作品与著作权作品相竞争。

与促进竞争的合理使用行为相类似，促进技术发展而对作品的非表达性使用也是一类非常重要的合理使用行为。例如，“平台转换”（platform-shifting）技术常常需要复制作品，才能将作品载体从某一格式转换为另一格式。我国的视频分享网站大都提供自己的播放软件，其用户上传的视频文件可能以不同的软件制作，为能够顺利播放该视频作品，网站常常通过平台转换软件而改变该作品的存储格式。在北京搜狐新媒体信息技术有限公司与上海全土豆网络科技有限公司

① See Pamela Samuelson, Unbundling Fair Uses, 77 *FORD. L. REV.* 2537, 2605-2608 (2009).

② See Sara K. Stadler, Copyright as Trade Regulation, 155 *U.PEN. L. REV.* 899, 925 (2007).

③ See Mathew Sag, Copyright and Copy-Reliant Technology, 103 *NW. U. L. REV.* 1607, 1629-1630 (2009).该文指出，其他保护自由竞争的规则还有：集体作品权、实质性相似、好莱坞（电影作品）的中间性复制等。Id, at 1630-1636.

(简称全土豆公司)侵犯著作财产权纠纷上诉案中,法院认为,这些转换行为并非对"涉案侵权影片进行了编辑或改变",不属于直接侵犯著作权的行为,"亦不会导致全土豆公司作为信息存储空间服务商的类型随之而改变"①。

判断促进技术进步的合理使用,其重要的考虑因素有:使用目的是否属于转换性使用,社会公众是否受益于该技术的发展,该技术对著作权作品的使用是否构成对原作的替代性使用。② 在非表达性使用场合,著作权作品的性质与使用数量不具有决定意义。如果技术开发者对作品的利用非为竞争的表达性使用,即使存在大量复制性行为,也有可能受合理使用保护。

二、法定许可

我国《著作权法》上规定了大量的法定许可制度。在本质上,法定许可属于特定情形下的报酬请求权。它是指依据法律的明文规定,作品的使用者以支付适当报酬的方式使用作品而无须取得权利人的许可,其本质特征在于该类使用行为可以"先自由使用,后付酬"。付酬标准通常由国家版权局会同国家价格主管部门制定,通过著作权集体管理组织转付给权利人。最高人民法院在广东大圣文化传播有限公司诉洪如丁、韩伟、原审被告广州音像出版社等侵犯著作权纠纷提审案中指出:"经著作权人许可制作的音乐作品的录音制品一经公开,其他人再使用该音乐作品另行制作录音制品并复制、发行,不需要经过音乐作品的著作权人许可,但应依法向著作权人支付报酬。""因法律没有规定支付报酬必须在使用作品之前,因而作品使用人在不损害著作权人获得报酬权的前提下,'先使用后付款'不违反法律规定。"③

但是,作品使用人必须在合理期限内支付合理报酬。《著作权法实施条例》(2013)规定:依据法定许可的规定而"使用他人作品的,应当自使用该作品之日起 2 个月内向著作权人支付报酬"。支付报酬是使用人的法定义务,它是属于法定许可制度所规定的条件之一。但是,在实际中,使用者不按照规定及时支付使用费比较常见。这不利于保护著作权人的利益。本书认为,依据法定许可制度规定的条件而使用作品的使用者,如未能在合理期限内支付规定的报酬,违反了法律规定的条件,其使用行为不再具有合法依据,属于侵权行为。如果构成侵权行为,则使用者须依据一般的侵权赔偿规则来承担责任。在确定具体赔偿数额时,不应以国家制定的法定许可使用费标准来确定,一般而言,因为著作权人缺乏议价权,法定许可使用费比作品的市场使用费要低些。在法定许可的情况下,著作权人享有的支付报酬请求权属于依法产生的债权,同时,著作权人也难以确认对其作品的利用行为,故并不存在受所谓时效限制的问题。存在责任竞合时,著作权人可在侵权请求权与债权请求权两者之间进行选择。

适用法定许可必须有法律依据,并不存在"三步测试法"之类的一般条款或类似可以类推使用的规则。相反,法定许可的适用条件应该严格解释,限制其适用范围,故一般应采限缩解释的方式。

(一) 法定许可编写教科书

教育类图书是出版业最重要的组成部分。一方面,它因为读者范围广泛而具有重要的市场价值;另一方面,教育是提高全民科学文化水平、促进社会发展的基本路径,具有公共利益价值。《著作权法》(2020)第 25 条规定:"为实施义务教育和国家教育规划而编写出版教科书,可以不经著作权人许可,在教科书中汇编已经发表的作品片段或者短小的文字作品、音乐作品或者单幅的

---

① 上海市第一中级人民法院(2010)沪一中民五(知)终字第 130 号民事判决书。

② See Edward Lee, Technological Fair Use, 83 *S. CAL. L. REV.* 797, 835 (2010).

③ 最高人民法院(2008)民提字第 51 号民事判决书。

美术作品、摄影作品、图形作品,但应当按照规定向著作权人支付报酬,指明作者姓名或者名称、作品名称,并且不得侵犯著作权人依照本法享有的其他权利。”

法定许可编写教材的条件有:(1)“教科书”的范围。《教科书法定许可使用作品支付报酬办法》(2013)第2条规定:“本办法适用于使用已发表作品编写出版九年制义务教育和国家教育规划教科书的行为。本办法所称教科书不包括教学参考书和教学辅导材料。”“本办法所称九年制义务教育教科书和国家教育规划教科书,是指为实施义务教育、高中阶段教育、职业教育、高等教育、民族教育、特殊教育,保证基本的教学标准,或者为达到国家对某一领域、某一方面教育教学的要求,根据国务院教育行政部门或者省级人民政府教育行政部门制定的课程方案、专业教学指导方案而编写出版的教科书。”

(2)作品使用的范围。在教科书中汇编已经发表的作品限于作品片段或者短小的文字作品、音乐作品或者单幅的美术作品、摄影作品、图形作品。作品片段或者短小的文字作品,是指九年制义务教育教科书中使用的单篇不超过2 000字的文字作品,或者国家教育规划(不含九年制义务教育)教科书中使用的单篇不超过3 000字的文字作品。短小的音乐作品,是指九年制义务教育和国家教育规划教科书中使用的单篇不超过5页面或时长不超过5分钟的单声部音乐作品,或者乘以相应倍数的多声部音乐作品。

(3)使用者履行法定义务。使用者应指明作者姓名、作品名称,并且不得侵犯著作权人依法享有的其他权利。使用者须及时支付使用费。教科书出版发行存续期间,教科书汇编者应当按照本办法每年向著作权人支付一次报酬。报酬自教科书出版之日起2个月内向著作权人支付。此外,使用者还有样书提供义务。

在丁晓春诉南通市教育局、江苏美术出版社侵犯著作权纠纷案中,法院认为:①

> 我国著作权法第二十三条第一款关于(教材)法定许可使用的规定,旨在平衡著作权保护与公共利益需要,但该规定仅是对著作权的一种适度限制,适用该规定的教科书也并非泛指中小学使用的所有教材。根据《中华人民共和国义务教育法》的规定,义务教育的教学制度、教学内容、课程设置和教科书审订,应当由国务院教育主管部门确定。国家教委在《全国中小学教材审定委员会章程》中规定,教科书的编写必须经中央或省级教育行政部门批准,经学科审查委员会通过,并报送审定委员会批准后,由国家教育委员会列入全国普通中小学教学用书目录。因此,著作权法第二十三条第一款规定的教科书,应当界定为经省级以上教育行政部门批准编写、经国家专门设立的学科审查委员会通过,并报送审定委员会批准后,由国家教育委员会列入全国普通中小学教学用书目录的中小学课堂正式用书。在被告江苏美术出版社出版发行《乡土教材》前,该教材的编写者未按规定向江苏省教育厅补办编写地方性教材的立项申请核准手续,该教材也未经江苏省中小学教材审定委员会审查,更未经江苏省教育厅批准并列入南通市辖区范围内的《中小学教学用书目录》。因此,该教材不属于著作权法第二十三条第一款规定的教科书……
>
> 被告江苏美术出版社在明知涉案照片系原告丁晓春之作品的情形下,未经丁晓春许可,擅自在其出版发行的《乡土教材》中使用该摄影作品,既未指明作者姓名,也未向作者支付报酬,并将该作品更名为“大红灯笼”,其行为已构成对原告所享有的“街上红灯闹”摄影作品著作权的侵害,应停止侵害,赔礼道歉,并赔偿原告的经济损失。
>
> 原告丁晓春未能就其实际损失提供证据……应从江苏美术出版社出版发行《乡土教材》

① 《最高人民法院公报》2006年第9期。

所获收入中扣除印刷成本、合理的分摊费用及发行费用，以此为基础，根据涉案照片在整个教材中所占的比例、侵权人的侵权情节，并结合江苏美术出版社的侵权行为对丁晓春本人的影响程度等因素，综合考虑、酌情确定本案的赔偿额。

类似法定许可编写教科书，《信息网络传播权保护条例》第 8 条规定了制作并提供课件的法定许可："为通过信息网络实施九年制义务教育或者国家教育规划，可以不经著作权人许可，使用其已经发表作品的片断或者短小的文字作品、音乐作品或者单幅的美术作品、摄影作品制作课件，由制作课件或者依法取得课件的远程教育机构通过信息网络向注册学生提供，但应当向著作权人支付报酬。"

（二）法定许可转载(摘)

《著作权法》第 35 条第 2 款规定："作品刊登后，除著作权人声明不得转载、摘编的外，其他报刊可以转载或者作为文摘、资料刊登，但应当按照规定向著作权人支付报酬。"《著作权法解释》第 17 条规定："转载，是指报纸、期刊登载其他报刊已发表作品的行为。"一般来说，"转载"是指原封不动或略有改动刊登；"摘编"是指在不改变作品的主体完整性前提下进行缩写、改写、摘录等，但不包括目录索引（如篇名、作者与出处），因此它不属于摘编的范围。一般认为，"摘编"可能涉及修改权，但不得影响作品完整权的保护。法定许可转载（摘）仅适用于报纸、期刊之间，而不适用于其他媒介（如图书、网站、录制品）。

对于法定许可转载（摘）的作品是否有类型等限制，学界存在不同认识。一般来说，文字作品适用法定许可并无太大疑义，但是否适用于摄影作品、美术作品，有不同观点，主要是后者的转载可能产生市场替代的后果。法定许可转载（摘）的支付标准暂时也仅有《使用文字作品支付报酬办法》的规定。但《著作权法》并未将法定许可的对象限定为文字作品。此外，一般认为，文字作品的转载（摘）应该有限度，篇幅较长的文字作品（如长篇小说）不属于法定许可的范围。在张承志诉世纪互联通讯技术有限公司侵犯著作权纠纷案中，法院认为：

该款只是规定报刊享有转载或作为文摘、资料刊登的权利，且并非所有在报纸、杂志上发表过的作品都适合于报刊转载，那些篇幅较长、能够独立成书的小说不应当包括在法律允许的范围之内，否则不利于对著作权的保护。法律既要保护著作权人的合法权益，又要满足社会对文学、艺术和科学知识传播的广泛需求，才赋予涉及著作权的诸民事主体以不同的民事权利。而满足社会对文学、艺术和科学知识传播的广泛需求，又与保护作者对其作品享有的著作权密不可分。只有对著作权进行严格的司法保护，才有利于知识的创新和传播。

转载、摘编其他报刊已发表的作品，应当自报刊出版之日起 2 个月内，按规定的付酬标准向著作权人支付报酬。

著作权人可声明不得转载（摘）其作品。《著作权法实施条例》(2013)第 30 条规定，著作权人依法声明不得转载、摘编其作品的，"应当在报纸、期刊刊登该作品时附带声明"。

（三）法定许可录音

《著作权法》第 42 条第 2 款规定："录音制作者使用他人已经合法录制为录音制品的音乐作品制作录音制品，可以不经著作权人许可，但应当按照规定支付报酬；著作权人声明不许使用的不得使用。"国际上的法定许可录音制度最初是为了解决唱片行业出现的音乐垄断问题，大多数国家以强制许可的方式来实施。《著作权法》第三次修订时曾试图将其修改为强制许可，但遭到音乐人的误解而反对。

法定许可的对象是“已经合法录制为录音制品的音乐作品”。“合法”是指经著作权人授权的行为,而非强制许可或侵权而录制的。“合法录制为录音制品”是指该音乐作品已经制作成了录音制品,电影中的配乐、在网络上传播,都不是录音制品,不适用法定许可。此外,“合法录制”应包含有公开发行之义的录制。私下录制的音乐作品应不属于法定许可的对象。《录音法定许可付酬标准暂行规定》(1993)第1条规定,以录音的形式使用已发表的作品,依该规定向著作权人付酬。

法定许可的范围仅限于“制作录音制品”。制作成录像制品、在视听制品中使用,都不适用法定许可。当然,尽管法律仅允许“制作”,但其范围还应包括“发行”,否则就无法实现法定许可录音的制度目标。

《录音法定许可付酬标准暂行规定》(1993)规定了付酬的标准。

著作权人可以声明不得适用法定许可录音,但“依法声明不得对其作品制作录音制品”的时间有规定,即“应当在该作品合法录制为录音制品时声明”。

(四)法定许可播放

《著作权法》第46条第2款规定:“广播电台、电视台播放他人已发表的作品,可以不经著作权人许可,但应当按照规定支付报酬。”法定许可播放的对象是已经发表的作品。依据该条第1款的规定,播放未发表的作品需要取得著作权人授权。“作品”不包括视听作品。第48条规定:“电视台播放他人的视听作品、录像制品,应当取得视听作品著作权人或者录像制作者许可,并支付报酬;播放他人的录像制品,还应当取得著作权人许可,并支付报酬。”

已发表的音乐作品在法定许可播放的语义范围内。录音制品法定许可播放的规定(2010年《著作权法》第44条)已被删除,广播电台、电视台播放录音制品,也应取得权利人许可并支付报酬。最重要的录音制品是录制有音乐的唱片等。播放非录音制品中的音乐作品,可以适用法定许可,但应按照规定支付报酬。2009年曾经出台的《广播电台电视台播放录音制品支付报酬暂行办法》,虽然其法定许可录音制度不复存在,但关于音乐作品的付酬规定应仍然有效。

除了已经删除的录音制品法定许可播放,其他作品类型的法定许可播放支付报酬尚未制定国家标准。但是,基于支付报酬是法定许可的合法条件,广播电台、电视台应与相关著作权集体管理组织谈判并支付相关费用。

(五)信息网络传播权的扶贫法定许可

《信息网络传播权保护条例》第9条规定了“扶助贫困”的法定许可,网络服务提供商可不经权利人授权而“通过信息网络向农村地区的公众免费提供中国公民、法人或者其他组织已经发表的种植养殖、防病治病、防灾减灾等与扶助贫困有关的作品和适应基本文化需求的作品”,如果权利人在该使用公告的30日内未提出反对意见,则权利人只能获得合理的报酬而不能主张网络服务提供商的行为属侵权行为。网络服务提供者应当在提供作品前公告拟提供的作品及其作者、拟支付报酬的标准。权利人在网络服务提供商使用作品之前的公告期内可以行使选择退出该利用行为的权利。网络服务提供者应当立即删除著作权人的作品,并按照公告的标准向著作权人支付提供作品期间的报酬。[①] 该条还规定:“依照前款规定提供作品的,不得直接或者间接获得经济利益。”

---

① 本条是否属于法定许可,学理上存有争议。它也可解释为法律承认的默示许可制度,参见梅术文:《信息网络传播权默示许可制度的不足与完善》,《法学》2009年第6期。

三、比较法上的著作权限制

(一) 强制许可

强制许可与法定许可都属于付酬使用的制度,是一种在保护作品与促进适当传播之间的折中解决办法。两者的区别在于依据强制许可而使用作品时,必须履行法定的程序,而法定许可的使用者仅须履行付酬义务。强制许可制度是指著作权行政主管部门或集体管理组织依据法律的规定,根据使用者的申请而裁定的特殊许可,并确定使用者须支付的合理使用费。国际条约承认著作权强制许可的限制,如《伯尔尼公约》规定,发展中国家为教学、科学研究目的可以对外国作品实施翻译和复制方面的强制许可。在国内法层面,有些国家倾向于以强制许可来解决作品利用效率问题,如美国关于音乐作品的强制许可规定。法定许可的适用范围有被强制许可取代的趋势。

中国著作权法未规定强制许可制度。虽然一般情形下著作权人无法滥用其权利、阻碍技术进步;但是,由于著作权客体包括计算机软件等实用、功能性作品,出于兼容等目的而使用作品的需要,它使得取得事实标准地位的著作权人可能滥用其优势地位。如果著作权人的行为被认定构成垄断,则强制许可制度将是反垄断的必要配套制度之一。因此,除了对法定许可的替代价值,制定著作权法的强制许可制度也是有重要意义的。

(二) 孤儿作品利用规则

所谓"孤儿作品",是指经合理努力仍难以确定著作权人,但仍然处于保护期内的作品。孤儿作品的核心问题是解决有效利用作品的事先授权问题。在不符合合理使用等权利限制的情况下,有效利用孤儿作品具有重要的社会福利。著作权法第三次修订时也曾考虑为孤儿作品制定特殊的利用规则。《著作权法实施条例》关于作者身份不明或匿名作者的规定,可以适用于孤儿作品;但并无有效解决孤儿作品利用的规则。其规定是:作者身份不明的作品,由作品原件的所有人行使除署名权以外的著作权。作者身份确定后,由作者或者其继承人行使著作权。

(三) 著作权延伸性集体管理

于 2012 年 3 月 31 日公布的著作权法第三次修订草案一经公布就引起了音乐作品著作权人的极大反响,草案第 60、70 条试图建立的著作权延伸性集体许可制度尤为音乐作品著作权人所诟病。延伸性集体许可(extended collective licenses)是对丹麦《著作权法》中的"aftalelicens"、挪威《著作权法》中的"avtalelisens"、瑞典《著作权法》中的"avtalslicens"等术语的字面翻译。一般而言,它是指在作者权与邻接权领域,在全国范围具有代表性的著作权人组织(通常包括作者和一些制作者)与使用者达成的作品使用协议,法律规定其约束力也同样及于不是该组织成员的权利人。延伸性集体许可的立法首次出现在北欧《著作权法》中是在 1960 年至 1961 年间,当时北欧五国(丹麦、芬兰、挪威、瑞典和冰岛)共同建立了一个法律修正委员会,并最终创设了该制度。① 该制度最初主要适用于音乐作品的广播使用,但现今其适用范围都有了大范围的扩张。

一般而言,著作权延伸性集体许可制度适用于大量使用他人作品的情形。因为在此种情况下,确定权利人并与其达成许可使用协议是难以实现的。在与集体管理组织达成的协议中,因为不能包括非成员权利人的作品,使用者就可能承担侵权的民事责任或刑事责任。著作权延伸性集体许可的法律规定使得集体管理组织与使用者达成的协议能够约束外部人,从而避免了上述法律风险,有利于促进作品的合法使用。在著作权法上,为克服大量使用他人作品情形下交易成

---

① See Thomas Riis & Jens Schovsbo, Extended Collective Licenses and the Nordic Experience: It's a Hybrid but is it a Volvo or a Lemon?, 33 *Colum. J.L. & Arts* 471,472 (2010).

本高昂的缺陷或避免受个别权利人的遏制，可选择的制度除了北欧采取的著作权延伸性集体许可制度之外，还包括强制性的集体管理制度和法律许可制度。强制性的集体管理制度为法国从1995年起所采取，在某些作品使用领域，权利人仅能通过集体管理组织行使权利，也仅享有向集体管理组织要求支付报酬的权利，而不能单个主张权利或禁止使用。① 法律许可包括强制许可和法定许可，其共同特点是权利人无权拒绝许可或者无权谈判使用条件。北欧国家认为，著作权延伸性集体许可制度相比于上述制度更具优越性，因为它是权利人自治与国家干预的精妙混合。

因此，著作权延伸性集体管理本质上是权利的限制制度。集体管理组织与作品使用者(个体或组织)通过自由谈判，达成了特定领域内特定作品的许可使用协议。已经达成的集体许可协议能够有效地约束非成员的权利人，即不仅能够约束本国的权利人，也同样能够约束其他国家的权利人。相应地，非该组织成员的权利人享有与成员权利人同等的权利，对于外国权利人也是如此。使用者依据协议合法使用协议覆盖的所有作品，不承担侵犯著作权的任何民事责任或刑事责任。

第五节 著作权保护

著作权保护是指权利人自行或通过寻求司法及其他公权力的方式，控制对著作权排他权所保护的作品利用行为。从性质上看，它分属权利人的公力救济与私力救济两种形式。公力救济是针对侵犯著作权的行为向人民法院起诉或请求行政机关保护;其首要问题是判断侵犯著作权的行为是否成立，在网络时代，网络服务提供者的责任成立与承担是非常重要的法律问题。私力救济是著作权人通过技术手段来防止未经授权的利用行为，以及以集体管理的方式来控制其作品的利用效率。

一、侵权判断与实质性相似标准

在很多场合中，侵犯著作权的行为涉及可能承担责任的多位当事人。例如，通过信息网络下载由他人未经授权而提供的电影作品，它涉及下载电影的用户、上传至服务器的首次提供者、提供下载服务的网络服务提供商、下载软件的开发者、网络设备(如计算机、网卡或无线上网设备)的生产者，以及在下载网页上发布广告的广告商。在这些当事人中，《著作权法》规定的侵权规则决定了为侵犯著作权的行为承担责任的当事人。侵犯著作权的判断标准包括两类:直接侵权与间接侵权(direct and indirect infringement)。

(一) 直接侵权判断的基本要素

直接侵权行为是指在他人未经著作权人许可或缺乏法律依据的情况下，直接实施《著作权法》禁止的作品利用行为。与一般民事侵权不同，侵犯著作权行为的成立无须证实侵权行为人的主观过错要件。2020年第三次修订《著作权法》时增加了第59条第2款的规定:“在诉讼程序中，被诉侵权人主张其不承担侵权责任的，应当提供证据证明已经取得权利人的许可，或者具有本法规定的不经权利人许可而可以使用的情形。”因此，著作权人想要寻求公力救济的话，就需要举证证明:① 其对作品享有有效的著作权，即满足独创性条件、处于保护期内;② 被控侵权人擅自实施了著作权法保护的专有权所控制的作品利用行为，即落入了著作权各权项的范围之内。被诉侵权人主张不承担侵权责任，则必须举证证明其已取得权利人的许可，或者其使用行为具有法律

① See Tarja Koskinen-Olsson, Collective Management in Nordic Countries, in Collective Management of Copyright and Related Right (2th ed., edited by Daniel J. Gervais, Kluwer Law International, 2010), p.293.

依据，如合理使用、法定许可以及法律规定的其他权利限制制度。

行为人主观是否有过错，并不影响侵权行为的成立。但行为人主观过错及其程度会影响到损害赔偿的认定。《著作权法解释》(2020)第20条规定："出版物侵害他人著作权的，出版者应当根据其过错、侵权程度及损害后果等承担赔偿损失的责任。出版者对其出版行为的授权、稿件来源和署名、所编辑出版物的内容等未尽到合理注意义务的，依据著作权法第四十九条的规定，承担赔偿损失的责任。出版者应对其已尽合理注意义务承担举证责任。"

出版者的合理注意义务主要指出版者基于其专业性所需要承担的对其出版图书的授权来源进行审查的义务，它包括审查其准备出版的图书的著作权权属状况及其授权许可链条，以及检索现有出版物。从其审查内容来看，合理注意义务包括程序性的尽职审查与实体性的合法性审查。在实践中，出版者要证明其尽到了合理注意义务是非常困难的，因为法院常常要求出版者承担对其出版图书的实体性合法审查义务，这实质上是出版者承担的严格责任。例如，出版者提供的出版合同约定，供稿人明确进行了权利瑕疵的保证，这不能证明出版者履行了合理注意义务。即使是经过国家版权局登记的著作权合同，也不能代替出版者履行其注意义务。

尽到合理注意义务的出版者，主观上确无过错，但其出版发行行为涉及作品的复制、发行权，对于首次出版的作品而言，还涉及发表权。这些作品利用行为属于著作权权项范围之内，既未获得合法授权，也无合理使用、法定许可等法律依据，其仍然构成侵权。鉴于其主观上并无过错，其承担的赔偿责任范围可适当减少。《著作权法解释》(2002)第20条第3款规定："出版者尽了合理注意义务，著作权人也无证据证明出版者应当知道其出版涉及侵权的，依据民法通则第一百一十七条第一款的规定，出版者承担停止侵权、返还其侵权所得利润的民事责任。"该款已被删除，但本书认为其基本精神应该仍可适用。即，出版者应承担停止侵权的责任，同时，其还须承担不当得利的民事责任。

《著作权法》第59条第1款规定："复制品的出版者、制作者不能证明其出版、制作有合法授权的，复制品的发行者或者视听作品、计算机软件、录音录像制品的复制品的出租者不能证明其发行、出租的复制品有合法来源的，应当承担法律责任。"如果能够证明其"合法授权"，则表明其行为具有合法依据。对于制作者(如印刷厂)而言，除了需要审查委托方是否提供了正常的委托印刷文件，同样需要审查委托方证明著作权合法的文件。"合法来源"应参考《专利法》第77条的类似解释，是指来源渠道的合法。合法依据的举证责任由出版者、制作者、发行者、出租者承担。

《著作权法》第52、53条列举了具体的直接侵犯著作权的行为。这两条具有一定重合，属于典型的侵犯著作权的行为。

(二) 间接侵权判断的基本要素

间接侵权(indirect infringement)，又称为第三方责任(third party liability)、辅助侵权责任(secondary infringement liability)，它是指法律基于某些特定的条件而使第三人为直接侵犯著作权之人的行为承担法律责任。一方当事人有直接侵犯著作权的行为，其他人要为此承担连带责任，这需要符合一些条件。我国著作权法上的间接侵权理论受美国法影响很大。

在美国法上，主要有三类间接侵权。一是代位侵权或替代侵权(vicarious infringement)，它在民事侵权法中通常存在于代理、雇主关系之中，然而在著作权法中并不局限于雇佣与独立合同工之情形，其适用条件为代位侵权人对直接侵犯著作权的行为具有明显的、直接的经济利益，而且它有权利和能力监控直接侵权人之行为。二是帮助侵权(contributory infringement)，系帮助他人进行直接侵权之人所应承担的法律责任，其构成要件为：帮助侵权人主观上知道直接侵权行为之存在，客观上仍以引诱、促使或以提供物质、手段等方式帮助他人侵权。三是引诱侵权(inducement infringement)，我国法上多称之为教唆侵权。它由美国最高法院在格罗斯特案中从帮助侵权中分离出来，以摆脱在帮助侵权主观认定标准上的争拗，确立了新的间接侵权责任规则。如果销售某种装置的目的在于促使用户将其应用于侵犯著作权，该目的能够通过明确的表述(definite express)或采取其他确定之步骤(affirmative steps)以促使侵权之产生，则其应承担责任。

(1) 共同侵权的规定。《著作权法》未明确规定间接侵权，一般来说，司法实践中确立的侵权规则主要来源于民法上关于"共同侵权"的规定。《民法典》第1168条(共同侵权)、1169条(教唆、帮助侵权)、1171条(承担连带责任)、1172条(承担按份责任)确立了著作权间接侵权的基本准则。承担共同侵犯著作权责任的构成要件包括：主观过错、直接侵权行为成立、存在帮助或引诱行为、帮助或引诱行为与直接侵权行为有因果联系。《信息网络传播权保护条例》第4条规定："故意制造、进口或者向公众提供主要用于避开或者破坏技术措施的装置或者部件"的，将承担法律责任。该条适用的条件为二，一是设备提供者主观为故意，二是要求该设备主要用于规避技术措施这一非法目的。这类似于美国索尼案所确立的"实质性非侵权用途"标准：为侵权提供便利的装置供给者如果能够证明其装置能够广泛使用于合法目的，则其免于侵权责任的承担。但毫无疑问，第4条确立的"主要侵权用途"标准只适用于规避技术措施的设备提供者之情形，似乎并未为类似"双重用途"(dual-use)技术之合法性问题提供足够清晰的法律界限。本书认为，应在一般意义上采纳"双重用途"技术的法律标准。

(2) 共同侵权责任构成中的主观过错。根据民法理论，帮助侵权和引诱侵权属于共同侵权之情形，它们与替代侵权在性质上存在区别。共同侵权的合法性基础在于它合理分配损害，以减少社会危险因素，使受害人处于更优越的法律地位，从而获得更充分的保护。从本质上讲，共同侵权的认定意在确定连带责任的范围，而这又取决于立法者在公共政策方面的取舍。不同于直接侵权，共同侵权行为人主观上必须存在过错，"无过错即无责任"。在过错的认定方面，主要有三大问题影响间接侵权责任的成立与承担：①第一，间接侵权人与直接侵权人之间的过错联系；第二，明知或应知的判断标准；第三，明知或应知的内容。

关于过错联系，从共同侵权行为的本质来看，有"意思联络说""共同过错说""共同行为说""关联共同说"等四种学说，但就帮助侵权和引诱侵权而言，只能存在于共同故意的共同侵权行为之中，其主观上必须与直接侵权人有共同的意思联络，即采"意思联络说"。因帮助者、引诱者并未直接参与具体的侵害行为，故而采纳"共同行为说"则显属不公平，但故意为此行为者，其所引致的后果与直接侵权人承担连带责任则当属合理。其本质性结果是，权利人遭受损失后能够使帮助人、引诱者对其承担全部责任。因此，共同侵权的基本要件是，在被帮助者、被引诱者的行为须构成直接侵权的基础上，强调共同侵权行为者之间主观上的共同故意。

民法理论认为，帮助侵权指通过提供工具、指示目标或以言辞激励等方式从物质或精神上帮助直接侵权人。帮助侵权的成立，要求直接侵权行为成立且帮助者主观上一般出于故意；但于特殊情形下，如确属对加害行为产生辅助作用，也可承担责任。引诱侵权系利用言辞对他人进行开导、说服，或通过刺激、利诱、怂恿等办法使他人接受其意图并从事某种侵权行为。引诱侵权成立的要件为：引诱行为与直接侵权有因果联系，引诱者主观上存在故意。综上所述，两者表现形式相异：帮助侵权强调侵权服务或设备的提供，而引诱侵权强调违法行为之产生系诱导行为之目的。言辞侵权是两者可能存在重叠之处，引诱侵权强调的是直接侵权人"犯意"的诱使，而在帮助侵权中体现为对违法方法的传授等。

故意的确定，在侵权法理论上有意思主义与观念主义之争，学界通说应采折中主义：行为人

---

① 参见崔国斌：《著作权法：原理与案例》，北京大学出版社2014年版，第724页。

应当认识或预见到行为的结果，同时又希望或放任其发生。因而故意之主观状态，包括明知侵权而有意为之（直接故意），应知侵权而放任（间接故意）两种。但行为人所认识的内容，通说一向采取故意说，认为须有违法性（违反义务性）的认识，而违法性的错误当然排除故意。在判断是否构成帮助侵权者主观“应知”时，应根据行为人的具体行为来衡量，对整体的直接侵权行为的了解并非是其承担责任的依据，而应是“有合理的理由知道”特定的直接侵权行为。引诱侵权的主观标准即“明知”标准：引诱者明知其行为会造成直接侵权者之侵权意识，但希望该结果出现。引诱侵权行为，一是通过明确的言辞表现，二是通过积极确定的步骤（affirmative steps），刺激、诱导侵权行为之产生，但该言辞或行为需为明确的（clear），而非从语义等方面可以推断的。

(3) 替代侵权的规定。《民法典》“侵权责任编”第三章“责任主体的特殊规定”也可适用于著作权法。替代侵权在民事侵权法中主要包括对人的替代责任与对物的替代责任，其归责原则系以过错推定、无过错为主，替代责任的承担，非其与直接侵权者有直接的因果联系，其责任成立的前提是责任人与致害人或致害物之间存在特定关系，这种特定关系表现为隶属、雇佣、监护、代理等身份关系与所有、占有、管理等物权关系。著作权法中的替代责任，在早期的案例中即已超越民法理论。在美国法中，1963 年的“Shapiro”案在通常的代理关系的基础上让事实上没有雇佣直接侵权者、但又从直接侵权行为中获得了直接经济利益的第三人，承担著作权责任。该案最早确立了替代责任的成立要件：一是责任人有法律权利和能力监控直接侵权行为；二是责任人从直接侵权行为中获得了直接的经济利益。

首先，得以发展的是对于直接经济利益的扩充解释。美国法院在 1996 年发生的“佛诺维萨”案中指出，直接侵权行为强化了销售盗版之场地对潜在顾客的吸引力，摊位出租、顾客入场、停车等费用即已构成“直接的经济利益”要件。在 2001 年的“Napster”案中，美国法院甚至认为，“强化吸引”或“对用户的吸引”标准（enhanced attractiveness or draw-for-the-use）可以解释为：即使责任人现时对直接侵权没有获得经济利益，但可能在未来所获得的利润也满足了这一构成要件。这演变的结果使得“直接的经济利益”演变为“意图获得经济利益”。责任人主观可归责性对其责任的承担具有重要意义。因此，它与民法所适用的归责原则相比具有根本性的区别，也大大扩展了替代责任的适用范围。

其次，对于“监控”标准的解释也在发生显著的变化。有法律权利监控直接侵权行为，通常体现在两者之间的特定关系上，传统侵权法的代理关系逐渐扩展到一些身份关系，一开始是区分所谓的“房东—房客（landlord-tenant）”关系与“舞厅类（dance hall）”关系，但后来的法制发展表明，存在合同关系在一些特殊情况下也被认定存在有法律权利监控侵权。譬如，服务提供者与计算机软件最终用户之间的关系。

（三）侵权判断之“接触＋实质性相似”

无论是直接侵权还是间接侵权的责任判断，其前提必然是利用了他人享有著作权的作品。故原告需要证明被告作品存在非法复制（copying）或使用行为。它包括两个方面：存在复制行为，复制行为构成非法。前者是事实问题，后者被认为是法律问题。

在某些情况下，被告并不否认复制行为的存在，但主张其受合理使用的庇护。然而，绝大多数案件中的被告并不承认复制行为，因为法律并不禁止独立创作的作品，《著作权法解释》第 15 条规定：“由不同作者就同一题材创作的作品，作品的表达系独立完成并且有创作性的，应当认定作者各自享有独立著作权。”此时的争议焦点是，被告作品是否存在复制行为？如果被告否认复制，原告也无法提供复制的目击证人，就只能通过间接证据来证明复制行为的存在。例如，被告有接触原告作品的合理机会，是证明被告复制行为存在的证据。一般来说，如果原告作品发表在先，可以推定在后的涉嫌侵权作品存在接触的机会。如果被诉侵权的、后创作完成的作品与原告作品相比，逐字逐行（文字作品）或每个音调（音乐作品）都完全相同的话，侵权的判断并不困难。如果两者之间虽有不同，但存在相同的错误等，也应推定在后作品的接触行为。可问题是，如果被诉侵权作品的表达所包含的内容并非如此机械，法院就需要迈入判断两个作品是否构成实质性相似的沼泽地，以推定被告是否存在复制行为，以及是否构成非法复制。即，实质性相似既可证明事实上的复制行为，也可证明法律上的非法复制。

（1）实质性相似的判断方法。人们常常将实质性相似的判断方法归纳为："整体观感法"（又称为"整体对比法"）、"抽象分离法"（又称为"部分比较法"或"三段论侵权认定法"）。所谓"整体观感法"，是指以普通观察者对作品整体上的内在感受来确定两部作品之间是否构成实质性相似；而"抽象分离法"是指通过抽象的手段，将作品中的思想、事实或通用元素等不受保护部分予以分离，以作品中受保护的部分进行比对，从而判定两部作品是否构成实质性相似。我国法院常常运用这两种不同的方法来判断实质性相似。

法院有时从整体上判断两部作品的实质性相似。在庄羽诉郭敬明案中，法院认为，从涉案作品"构成相似的主要情节和一般情节、语句的数量来看，已经远远超出了可以用'巧合'来解释的程度"，结合被告曾经接触过原告作品的事实，可以推定被告作品中的这些情节和语句并非被告独立创作的结果，而是来源于原告作品。即，被告对原告作品存在复制行为。法院认为："对被控侵权的上述情节和语句是否构成抄袭，应进行整体认定和综合判断。对于一些不是明显相似或者来源于生活中的一些素材，如果分别独立进行对比很难直接得出准确结论，但将这些情节和语句作为整体进行对比就会发现，具体情节和语句的相同或近似是整体抄袭的体现，具体情节和语句的抄袭可以相互之间得到印证。""所谓的人物特征、人物关系，以及与之相应的故事情节都不能简单割裂开来，人物和叙事应为有机融合的整体，在判断抄袭时亦应综合进行考虑。"由于两部小说在整体上存在众多雷同之处，这进一步证明了被告的抄袭行为，从而构成侵权。①

法院有时也采用"抽象分离法"来判断是否侵权。例如，在李鹏诉石钟山等案中，法院认为："要判断文学作品之间的表达是否实质性相似，首先要区分作品的思想与表达，从而准确地确定作品受到著作权法保护的范围。""情节发展的基本脉络只有具体到一定程度，能够表现出作者构思的独特个性时，才能受著作权法的保护"；但原告主张的情节架构过于抽象，不受保护。法院承认两部作品存在一些具体细节描述和创作元素的相同或近似，但是，"对于公有领域素材的应用必然会导致一些描述或创作元素的相同或近似"。同样，"两部作品在人物性格、人物关系设置方面存在一定的相同或近似之处，但由于上述相同或近似之处缺乏相应的个性化特征，从而难以使得该创作元素脱离公有领域"。因此，两部作品在表达上"不构成实质相同或近似"。②

（2）实质性相似判断方法的局限性。从本质来看，实质性相似体现著作权法保护作品的独创性表达，而不是其思想。抽象分离法主张对两部作品进行比对之前，必须过滤掉原告作品中不受保护的内容。尽管它在形式上适用了思想表达原则，但它可能不适当地降低了著作权保护力度。例如，有些作品主要利用公共领域的材料创作而成，如果在对作品进行比对时，将不受保护的所有元素过滤掉，则原告作品中对上述元素的独创性表达也将被排除出保护之列。同样，历史题材的小说或剧本，如果在比对之前，过滤掉作品中的历史事实、同一题材中惯用的元素以及创作的基本手段，那么，剩下的部分即使被认定为相似，但也可能因所占比例极少而不属于"实质性相似"了。对于这种抽象分离的测试方法，人们担心出现"只见树木、不见森林"的后果。在演绎权的侵权判断中，如果过度使用抽象分离法，也会导致著作权保护范围明显过窄。

---

① 北京市高级人民法院（2005）高民终字第539号民事判决书。

② 北京市第二中级人民法院（2008）二中民终字第02232号民事判决书。

与抽象分离法不同，整体观感法受到的最大质疑是：被认定侵权的作品，很可能“原告作品的独创性元素没有被复制，而被复制的部分却不具有独创性”①；或者原告作品中的独创性部分不受保护，却已经被复制。例如，文字画的风格模式作为美术作品所体现的内涵，属于抽象的主观范畴，不在著作权法的保护范围之内。但是，从涉案美术作品的风格来看，无疑是相似的。另外，被告确曾接触原告作品，依整体观感法，则风格相似的作品将构成侵权。作品包括受著作权保护和不受著作权保护的部分，但实质性相似的比对却包括了不受保护的内容。诚如有学者所指出的，除非将其严格限定于艺术和虚构作品，整体观感法的测试也是存在严重问题的。②

(3) 实质性相似判断标准的选择。由于作品或多或少地包含一些不受保护的部分；同时，整体观感法和抽象分离法所使用的测试方法略有不同，用以比对的对象也有所不同，同样的案件采用不同的测试方法，就可能会导致判决结果存在差异。法院如何在整体观感法和抽象分离法这两种方法中进行选择？在庄羽诉郭敬明案中，法院为什么不排除“不是明显相似或者来源于生活中的一些素材”？而李鹏诉石钟山案中，法院又为何要排除“来自公有领域素材”所导致的具体细节描述和创作元素的相同或近似？

第一，以读者标准来确定实质性相似。著作权法激励创新的手段，主要是对作品予以产权保护；权利人可以通过对作品的使用、授权或通过侵权人的损害赔偿，获得作品的市场利润。实质性相似的两部作品，必然产生作品市场上的利润损害。作品市场上的消费者是读者（观众、听众、使用者等）。读者是判断两部作品是否构成实质性相似的最终标准。从读者的角度来判断实质性相似，其本质是根据为权利人提供利润来源的作品市场这一标准来判断是否存在侵权行为。一般来说，读者通常将作品视为一个整体来予以欣赏（阅读）；但是，不同类型的作品具有不同的读者对象，其对作品的关注焦点并不相同。如果某类作品（如美术作品等视觉艺术作品）的读者并不关心作品的细节，则两部作品风格、表达等方面在整体上的相似性，足以构成了两部作品的市场混淆；相反，则应侧重于抽离出不受保护的因素，然后从整体上判断两部作品的相似性是否构成了实质性的相似。读者标准可以综合运用整体观感和抽象分离的方法，使其得到正确的适用，因为依读者标准来判断实质性相似，其本质的考虑在于：对原告作品中某些部分的借用，是否不合理地影响到权利人获得市场利润回报的机会，从而影响到著作权法激励创新的立法目标。

不同类型的作品具有不同的读者对象。根据读者的知识水平和注意能力，读者大体上可以分为三类。① 人们通常所指的读者标准。这里的“读者”是所谓的“一般读者”或普通读者，两部作品是否构成实质性相似，即依据拟制的普通读者合理预期的整体印象来判断实质性相似。对于一般的外行而言，他们通常忽略两者之间的不同，从整体上来判断两者在审美吸引力上是否一样。在这一测试标准中，通常不考虑专家证人或抽离分析。② “具有较高注意力的普通读者”标准。它首先抽离出作品不受保护的部分，再判断被告作品复制的受保护部分在整体上是否构成实质性相似。值得注意的是，该标准并不将作品分解成若干部分，以便对单个部分进行比对，而是从整体上考虑两部作品的观感（overall look and feel）是否相似。③ “作品所针对的读者、专家”标准。该标准强调实质性相似的判断应依据原告作品所针对的读者来确定。如果作品针对的读者是外行的普通读者，则使用普通读者的测试标准；如果购买作品的是具有专业技能的专家，则应以具有专业知识的特定读者来确定。如果是具有特定专业知识的读者，则必须抽离出作品中思想、功

---

① See Rebecca Tushnet, Worth A Thousand Words: The Images of Copyright, 125 *Harvard Law Review* 719 (2012).

② See Pamela Samuelson, A Fresh Look at Tests for Nonliteral Copyright Infringement, 107 *Northwestern University Law Review* 1832 (2013).

能等不受表达的部分，再在整体上予以比对。后两类读者标准，都有可能涉及专家证人在实质性相似判断中的作用。

第二，读者标准下判断实质性相似应考虑的因素。整体观感与抽象分离之区分并非绝对，它们依读者标准而得以灵活运用。如前所述，不同类型的作品具有不同的读者对象。如何确定作品的读者？这是实质性相似判断的关键问题。答案应该是：独创性的高低与作品的技术属性。

不同的作品具有不同的技术属性，其所体现的独创性也并不相同，实质性相似判断时，用以比对的对象、所要求相似程度也应该与之相关。当作品的独创性比较高时，则应使用普通读者的测试标准；而当作品的独创性程度很一般时，则应适用更细致的观察者（读者）标准，以判断被告作品是否使用了原告的独创之处。当作品属于较低独创性时时，因为要抽离出思想、事实等不受保护的内容，所以需要读者有相应的抽象分析的能力，应该选择具备相应专业知识的专家来判断。此外，因为需要对作品的功能性元素等不受保护的内容予以区分，作品具有技术属性的内容越多，所以就越需要专家鉴定来辅助认定两部作品之间是否相似。具体步骤上，实质性相似的判断，应该将原告作品中具有独创性之处用来比对，在比对时，首先应根据作品属性，抽离出不受保护的内容，但应根据作品独创性水平的高低，从作品整体来衡量两部作品是否构成实质性相似。

表 2－1　实质性相似的判断

作品特性		读者标准	比对方法	相似程度
技术属性	独创性			
少	高	一般读者	相比不同之处而言，整体相似	一般
↓	↑	具有较高注意力的普通读者	整体相似与不同之处同等对待，细节比较、要点相似与整体判断；排除不受保护的元素	较高
多	低	作品所针对的读者、专家	整体高度相似，但应特别考虑作品中难以区分的思想、概念等不受保护的元素	极高

二、网络服务提供者的著作权责任

随着数字技术的发展，网络服务提供者在作品的传播活动中发挥了比历史上出版商更为重要的作用和影响。因此，网络服务提供者的著作权责任是《著作权法》中非常重要的组成部分。一般认为，网络服务提供者的类型与其责任的承担具有密切的联系。虽然学理上有不同的分类，但最基本的分类是：网络服务提供者和网络内容提供者，后者在责任承担上承担传统出版商的法律责任。在具体的法律规定方面，虽然《著作权法》没有明确规定的条款，但依据该法制定的《信息网络传播权保护条例》《信息网络传播权解释》有较为详细的规定。此外，《民法典》第 1194 条至 1197 条规定的网络服务提供者责任规则、《电子商务法》第 41 条至 45 条规定的电子商务平台经营者责任规则，都可适用于著作权法律纠纷的解决。

（一）直接侵权与间接侵权的区分

网络服务提供者一般仅承担间接侵权的责任。如果著作权人证明了网络服务提供者对涉嫌侵权的作品使用行为提供了服务，作品是否存在于服务器中，须由被告来承担举证责任；如不能证明涉案作品不在服务器中，则须承担直接侵权责任。《信息网络传播权解释》第6条规定："原告有初步证据证明网络服务提供者提供了相关作品、表演、录音录像制品，但网络服务提供者能够证明其仅提供网络服务，且无过错的，人民法院不应认定为构成侵权。"网络服务不同于提供"作品、表演、录音录像制品"的行为，后者是指"通过上传到网络服务器、设置共享文件或者利用文件分享软件等方式，将作品、表演、录音录像制品置于信息网络中，使公众能够在个人选定的时间和地点以下载、浏览或者其他方式获得"。

在理论上，网络服务提供者除了采用一般的超链接技术，还常常采用深层链接与加框技术的方式向用户提供搜索结果的定位服务。对于超链接技术，一般认为网络服务提供者仅构成间接侵权责任的可能；但从用户的主观感知角度来看，很难明确知道深度链接中的被链网站信息来自第三方网站，因而发生了是直接侵权还是间接侵权的争议。以用户感知来判断是否构成直接侵权的标准，我国法称之为"用户感知标准"，美国法称之为"并入测试"(incorporation test)标准。即，如果用户在点击链接时认为是链接提供者在提供作品，或者用户虽然可能知道作品不是来自第三方网站，但可直接在该网站获得作品，则无论作品是否存放于链接提供者的服务器上，均构成直接侵犯著作权的行为。"服务器测试"(server test)标准是以作品获取技术为标准，看被传播的作品是否存放于服务提供者的服务器之上，并将其作为判断是否为直接侵权的标准。它为美国第九巡回上诉法院于2007年审结的Perfect 10 v. Amazon.com案所确定。

《信息网络传播权解释》将是否"上传到服务器"作为区分网络服务还是提供行为(make available)的标准之一，有观点认为，该解释属于采纳服务器标准。《北京市高级人民法院关于网络著作权纠纷案件若干问题的指导意见(一)(试行)(2010)》(以下简称《北京意见》)第4条更为明确："网络服务提供者的行为是否构成信息网络传播行为，通常应以传播的作品、表演、录音录像制品是否由网络服务提供者上传或以其它方式置于向公众开放的网络服务器上为标准。""原告主张网络服务提供者所提供服务的形式使用户误认为系网络服务提供者传播作品、表演、录音录像制品，但网络服务提供者能够提供证据证明其提供的仅是自动接入、自动传输、信息存储空间、搜索、链接、P2P(点对点)等服务的，不应认为网络服务提供者的行为构成信息网络传播行为。"

但是，在实务和理论上仍有坚持"用户感知"标准的观点。网络服务提供者因向公众提供作品而可能承担的直接侵权责任，既包括直接传播作品的行为；也包括名义上通过链接等方式提供作品，但实际上使得用户无法知道或不予以特殊注意就不会认识到其获取的作品是来自第三方网站等间接传播作品的行为，所谓第三方网站提供作品只是辅助其传播行为的手段。坚持服务器标准的观点则认为，著作权法并不禁止消费者混淆，因为后者受商标法和反不正当竞争法保护。《北京意见》第7条主张："提供搜索、链接服务的网络服务提供者所提供服务的形式使用户误认为系其提供作品、表演、录音录像制品，被链网站经营者主张其构成侵权的，可以依据反不正当竞争法予以调整。"但问题是，当被链网站经营者不是著作权人或其被许可人，且难以确认该经营者身份时，著作权人的救济权利将受到影响。因此，服务器标准也存在一定局限性。

(二) 网络服务提供者的过错认定

《民法典》第1197条规定："网络服务提供者知道或者应当知道网络用户利用其网络服务侵害他人民事权益，未采取必要措施的，与该网络用户承担连带责任。"本条确立了网络服务提供者的过错责任，其构成要件包括两个方面：一是网络用户的直接侵权行为，即"网络用户利用其网络服务侵害他人民事权益"；二是服务提供者具有可归责性，包括主观过错("知道或者应当知道")和行为之可归责性("未采取必要措施")。

第一，关于"知道或者应当知道"。知道即明知。关于"应当知道"，《信息网络传播权解释》第

9条规定，应当根据网络用户侵害信息网络传播权的具体事实是否明显，综合考虑以下因素，认定网络服务提供者是否构成应知：基于网络服务提供者提供服务的性质、方式及其引发侵权的可能性大小，应当具备的管理信息的能力；传播的作品、表演、录音录像制品的类型、知名度及侵权信息的明显程度；网络服务提供者是否主动对作品、表演、录音录像制品进行了选择、编辑、修改、推荐等；网络服务提供者是否积极采取了预防侵权的合理措施；网络服务提供者是否设置便捷程序接收侵权通知并及时对侵权通知作出合理的反应；网络服务提供者是否针对同一网络用户的重复侵权行为采取了相应的合理措施；其他相关因素。

第二，关于“未采取必要措施”。网络服务提供者的可归责性不仅体现在其主观上对侵权行为的知道上，也体现在有能力采取合理措施制止侵权行为而故意不作为。网络服务提供者采取的合理措施主要体现在两个方面。其一是网络服务提供者制定合适的政策，对重复侵权的网络用户采取终止服务的措施并予以告知。其用意是警告重复侵权或有意滥用网络而侵犯著作权之人存在不能访问网络的现实危险。其二是采纳标准技术措施保护著作权作品。所谓“标准技术措施”，是指“著作权人所采取的保护作品的技术措施，它以开放、公平、自愿、多产业标准的方式，由权利人和服务提供者一致同意开发出来的，且能够为任何人以合理、非歧视性条件所获得，并不会构成服务提供者的实质性成本或成为其系统或网络的实质性负担”。这体现了法律通过技术来保护著作权的解决方案。但是，《信息网络传播权保护条例》并没有对前两个条件予以规定；但在判断网络服务提供者是否采取了《民法典》第1197条所规定的“必要措施”来避免侵权时应予以考虑。

（三）“通知—移除”制度

“通知—移除”制度意图促使权利人和服务提供者之间的合作。服务提供者在收到通知后删除涉嫌侵权材料而免责，它不负有审查网络资料合法性的义务；著作权人通过“通知—移除”程序获得了快捷清除涉嫌材料，从而有力地保护其利益；网络用户也可依该程序要求恢复其认为合法使用的内容。“通知—移除”制度对服务提供者的责任限制体现于对用户侵权行为的注意义务。即，是否成立主观上的明知或应知。该制度表明，服务提供者在收到合法的通知之前免于主动搜索其内容，也免于主动判断在其系统内存在的材料是否构成侵权。换言之，“通知—移除”制度通过降低服务提供者对著作权材料的审查义务而提高了间接侵权责任的法律门槛。《信息网络传播权保护条例》（第14条至17条）、《民法典》（第1195、1196条）和《电子商务法》（第42条至45条）所确立的规则略有差异。

1. 合格的通知

合格的通知与第三方责任之主观“明知或应知”所要求者并不相同。除非服务提供者对其系统内所有材料主动承担审查义务，或者是服务提供者对于其自身所提供的信息，服务提供者在收到合格的通知之前，并不成立主观之“明知或应知”。“网络服务提供者接到权利人以书信、传真、电子邮件等方式提交的通知及构成侵权的初步证据，未及时根据初步证据和服务类型采取必要措施的，人民法院应当认定其明知相关侵害信息网络传播权行为。”从性质上讲，著作权人之通知乃“权利主张之通知”（notice of claim），而第三方责任之主观要件所需者为“知晓实际上的侵权行为”（notice of actual infringement）。故法律上的表述是“构成侵权的初步证明”。

依《信息网络传播权保护条例》第14条，合格的通知符合的条件应包括：“（一）权利人的姓名（名称）、联系方式和地址；（二）要求删除或者断开链接的侵权作品、表演、录音录像制品的名称和网络地址；（三）构成侵权的初步证明材料。”在通知的形式上，《信息网络传播权保护条例》规定：“可以向该网络服务提供者提交书面通知”，但《民法典》与《电子商务法》都未规定“书面”要求。

何谓“未合格的通知”或“部分合格的通知”？我国的法律和司法实践尚无权威的回答。纯粹技术性的错误，例如关于姓名、联系人地址、电话号码等方面的笔误等，不属于实质性不符合。在美国法中，其立法资料表明，"实质性符合"标准的衡量，需要考虑该制度的基本目的："当事人应遵循通知条款的功能性条件，即提供充分的信息以便指定代理人或申诉当事人递交的通知能够有效联系，以确保本法所确立的通知移除程序能有效运行。"因此，通知未能指明需要移除（或断开链接等不能获取作品的行为）的材料不是"技术性错误"，而是"实质性不符合"该要求。

未合格的通知是否导致服务提供者对其用户行为之性质进行调查，以及如何保障服务提供者基于善意作出的审查结果？"通知—移除"制度意图将服务提供者对其系统中的内容进行审查的义务之时间延后至著作权人发出合格的通知之时，既然认为不合法定要求的通知"视为未提出警告或者未提出索要请求"，就可以认定服务提供者没有义务据此而产生审查义务。如果服务提供者能够依据未合格的通知而确定侵权材料，则其具有审查义务，从而具有主观的明知或应知。

2. 合理措施及错误移除的责任

网络服务提供者接到合格通知后，应当及时将该通知转送相关网络用户，并采取必要措施。删除或断开是要求必须全部断开，还是尽到了必要的努力即可？《民法典》规定，服务提供者须采取删除、屏蔽、断开链接等必要措施；《电子商务法》规定的是"电子商务平台经营者采取删除、屏蔽、断开链接、终止交易和服务等必要措施"。而"等"必要措施的判断，主要是指服务提供者是否采取了标准的技术措施以保护著作权作品。具体而言，网络服务提供者转送通知、采取必要措施是否及时，应当根据权利人提交通知的形式，通知的准确程度，采取措施的难易程度，网络服务的性质，所涉作品、表演、录音录像制品的类型、知名度、数量等因素综合判断。网络服务提供者未及时采取必要措施的，对损害的扩大部分与直接侵权的网络用户承担连带责任。权利人通知错误而造成网络用户或网络服务提供者损害的，应当承担侵权责任。《电子商务法》进一步规定，恶意发出错误通知，造成平台内经营者损失的，加倍承担赔偿责任。

网络用户接到转送的通知后，可向网络服务提供者提交不侵权的声明。《信息网络传播权保护条例》规定，反通知须提交书面声明，其内容包括："服务对象的姓名（名称）、联系方式和地址；要求恢复的作品、表演、录音录像制品的名称和网络地址；不构成侵权的初步证明材料。服务对象应当对书面说明的真实性负责。"网络服务提供者接到该声明后将其转送权利人，在合理期限内未收到权利人投诉或起诉通知的，及时终止采取的措施，《电子商务法》明确其合理期限是15日内。

（四）网络服务提供者的责任限制规则

网络服务提供者不承担著作权合法性的事先审查义务。"网络服务提供者未对网络用户侵害信息网络传播权的行为主动进行审查的，人民法院不应据此认定其具有过错。网络服务提供者能够证明已采取合理、有效的技术措施，仍难以发现网络用户侵害信息网络传播权行为的，人民法院应当认定其不具有过错。"在此前提下，《信息网络传播权保护条例》第20条至23条分别规定了四类网络服务提供者的责任限制规则。即，在符合法律规定的条件下，网络服务提供者不承担赔偿责任；但仍须承担停止侵害等责任。

（1）管道传输服务提供者。作品传输管道服务提供者，其用户的传输行为可能构成侵权，但其本身并未对材料进行选择或对其内容予以干预。这表明该类网络服务的共同特点是：服务提供者是被动的运输者（passive carrier）。其业务是："根据服务对象的指令提供网络自动接入服务，或者对服务对象提供的作品、表演、录音录像制品提供自动传输服务。"其不承担赔偿责任的条件是：未选择并且未改变所传输的作品、表演、录音录像制品；向指定的服务对象提供该作品、表演、录音录像制品，并防止指定的服务对象以外的其他人获得。"根据服务对象的指令"表明了材料的传输非由服务提供者所控制；"自动"表明传输是通过自动技术处理的，"未选择"其所传输的著作权材料，“未选择”的含义是指“编辑功能，以决定传输的材料或将特定资源置于在线获取状态，如广播台”；“向指定的服务对象提供”著作权材料表明其未干预著作权材料的接收者；而“指定的服务对象以外的其他人”并不能获得该材料，因而其自己的存储是临时性，“为传输或联系等行为”而合理必要；服务提供者也“未改变所传输的作品、表演、录音录像制品”。

(2) 系统缓存服务提供者。网络服务提供者为提高网络传输效率，自动存储从其他网络服务提供者获得的著作权材料，并根据技术安排自动向服务对象予以提供的行为，如果“未改变自动存储”的著作权材料；不影响“原网络服务提供者掌握服务对象获取”著作权材料的情况；并根据技术安排自动对临时存储的材料进行更新，其可能成立的责任将受到限制。一般来说，系统缓存不能改变缓存材料，目的是未经被存储网站授权而不能影响该网页上的广告等；还强调自动存储必须符合可接受的数据传输的工业标准；最后，网络服务提供者也须依“通知—移除”程序采取合理措施。

(3) 信息存储服务提供者。《信息网络传播权保护条例》第 22 条规定，为服务对象提供信息存储空间的网络服务提供者，符合下列条件的，不承担赔偿责任：明确标示该信息存储空间是为服务对象所提供，并公开网络服务提供者的名称、联系人、网络地址；未改变服务对象所提供的作品、表演、录音录像制品；不知道也没有合理的理由应当知道服务对象提供的作品、表演、录音录像制品侵权；未从服务对象提供作品、表演、录音录像制品中直接获得经济利益；在接到权利人的通知书后，根据本条例规定删除权利人认为侵权的作品、表演、录音录像制品。上述条件可分为三类：一是关于服务性质的确认条件，即予以明确标示材料为服务对象所提供(第 1 项前半句)、未改变服务对象所提供的材料(第 2 项)；二是关于替代侵权的条件，包括主观要件(第 3 项)、直接获利条件(第 4 项)；三是“通知—移除”程序条件(第 1 项后半句和第 5 项)。在司法适用中，主要的争议集中于第二类条件。

从主观要件来看，认定“应当知道”的标准是非常高的。一般认为，下列情形属于有合理的理由知道：将热播影视作品等置于首页或者其他主要页面等能够为网络服务提供者明显感知的位置的；对热播影视作品等的主题、内容主动进行选择、编辑、整理、推荐，或者为其设立专门的排行榜的；其他可以明显感知相关作品、表演、录音录像制品为未经许可提供，仍未采取合理措施的情形。

关于直接获利条件，网络服务提供者从网络用户提供的作品、表演、录音录像制品中直接获得经济利益的，应当认定其对该网络用户侵害信息网络传播权的行为负有较高的注意义务。网络服务提供者针对特定作品、表演、录音录像制品投放广告获取收益，或者获取与其传播的作品、表演、录音录像制品存在其他特定联系的经济利益，应当认定为前款规定的直接获得经济利益。但是，网络服务提供者因提供网络服务而收取一般性广告费、服务费等，不属于上述规定的直接获得经济利益。

此外，服务提供者不能采取“鸵鸟策略”，对侵权行为有意视而不见；但对其服务也不负有监控义务或主动确定侵权事实的义务。

(4) 信息定位服务提供者。“搜索或链接服务”的提供者如果不知道或不应该知道所链接的著作权材料侵权，且符合“通知—移除”程序之规定，则可得到责任的豁免。《信息网络传播权保护条例》与《数字千年版权法案》(DMCA)相比，有两处区别。一是后者使用了“信息定位工具”之类的术语。从含义来看，应该要广于《信息网络传播权保护条例》所规定的“搜索或链接”，而无论是将其解释成“搜索与链接”“搜索或链接”。二是后者要求服务提供者“未从侵权作品中直接获取经济利益”。《信息网络传播权保护条例》未规定“直接获利”要件，表明了立法者为促进网络相关产业的发展而对我国的信息定位工具服务提供者给予了更宽松的法律环境。从法律解释的基本理论来看，在产业发展未根本改变之前，不宜通过司法予以限制。但是，何种信息定位服务是适格的，或者说，是否所有的信息定位服务都适用避风港规则？这值得深入分析。由人工编辑和评论员审查并对不同网站进行分类而所编辑的在线目录不能进入信息定位服务安全港。这表明，并不是所有的链接行为都受避风港规则保护。

（五）网络服务提供者的用户信息披露义务

网络服务提供者必须保存服务对象的数据资料，为以后取得侵权的证据提供方便，并在向他人提供网络服务时记录其真实身份。法院调取有关证据记录时，其有提供真正侵权人身份资料和通讯资料的义务。《信息网络传播权保护条例》第 13 条规定："著作权行政管理部门为了查处侵犯信息网络传播权的行为，可以要求网络服务提供者提供涉嫌侵权的服务对象的姓名（名称）、联系方式、网络地址等资料。"第 25 条规定："网络服务提供者无正当理由拒绝提供或者拖延提供涉嫌侵权的服务对象的姓名（名称）、联系方式、网络地址等资料的，由著作权行政管理部门予以警告；情节严重的，没收主要用于提供网络服务的计算机等设备。"

信息披露义务的履行，需要满足一定的条件。信息披露义务所关注的利益，主要包括著作权人主张权利的便利、网络服务提供者不至于负荷过分的审查成本，而处于弱势地位的服务对象之隐私、匿名言论及正当程序等宪政权利也应该成为该制度的一部分。因此，设置信息披露义务履行的程序性条件和实体性条件，应该是理性的法律所应具备的内容。其中，著作权人请求披露的实质性条件，应该包括：① 著作权人必须要发布侵权函，侵权警告函必须指出其所声称受到侵犯的作品和正在进行的侵权行为或材料，同时也必须提供著作权人的相关信息。② 著作权人必须签署对资料合法性使用的声明书。③ 要求信息披露必须为权利保障所必需或其他正当理由。

三、著作权自力救济：技术措施与权利管理信息

人类社会经历了自力救济、私力救济和公力救济的演变，包括自力救济在内的私力救济从未从人类纠纷解决和权利保护中消失，法律也不得不在一定范围内承认其合法性。其根本的原因在于私力救济具有权利保护的效率价值，尤其是在公力救济不予保护或者难以提供损失弥补或者提供弥补的成本巨大等情形下。作为私力救济的一种，自力救济（self-help）通常是指当事人（单方或双方）不借助第三方的力量，在缺乏公力权威的情形下，合法地制止非法行为来解决纠纷的活动。事实上，自力救济一直广泛地存在于现代社会生活之中，而且也在不同的法律制度中广泛地获得承认。

在知识产权法出现之前，合同和运用技术保密是人们用来保护创新成果的主要法律手段，权利人可依合同约定的方式或依技术运用而对侵犯自己创新成果的行为进行制裁；知识产权法在面对新技术带来的法律问题时日益显得捉襟见肘，权利人为保护知识财产而再次启用合同和技术手段保护权利。在数字技术时代，著作权人以技术为依托，以合同为根据，对使用者获取信息进行控制和限制，属于利用其作为权利人的优越地位压服对方从而终结纠纷状态，或者以限制或排除对作品的获取或利用等方式主张权利的行为。[①] 现阶段采取的自力救济措施主要包括以下五种：① 运用技术对单个媒体文件进行控制以及限制用户对单个媒体文件的使用。② 针对向用户提供技术或服务的第三方强制其采纳保护著作权的技术标准。③ 通过安装在用户电子环境中的信托系统（trusted systems）而控制作品的传播和使用行为。④ 著作权人可以通过合同来约定使用者的使用条件，规定著作权人对违约方的惩罚方法。⑤ 通过新闻媒介夺取道德话语权，改变最终用户的行为和习惯。[②] 前三种方式即属于以技术的手段保护著作权的自力救济。

---

① See Kenneth W. Dam, Self-Help in the Digital Jungle, 28 *J. Legal Stud*. 393, 397(1999).

② See Julie E. Cohen, Pervasively Distributed Copyright Enforcement, 95 *Geo. L.J.* 1, 19(2006).

但是，采取自力救济措施以维护其利益的做法是否可执行，仍需要从法律上来明确其效力。没有任何商业性的技术措施是百分之百安全的。技术措施的破解方法层出不穷，且破解方法的传播也异常快捷，仅依靠技术往往使得权利人的自力救济措施落空。强制第三方在提供产品或服务时融入权利人所赞同的技术保护措施，则可能面临反垄断和权利滥用的指控，其法律效力也是可疑的。因此，权利人自力救济的措施仍然需要法律保护。

《著作权法》第 49 条至 51 条规定，为保护著作权和与著作权有关的权利，权利人采取的“技术措施”与“权利管理电子信息”受到法律保护。技术措施，是指用于防止、限制未经权利人许可浏览、欣赏作品、表演、录音录像制品或者通过信息网络向公众提供作品、表演、录音录像制品的有效技术、装置或者部件。权利管理电子信息，是指说明作品及其作者、表演及其表演者、录音录像制品及其制作者的信息，作品、表演、录音录像制品权利人的信息和使用条件的信息，以及表示上述信息的数字或者代码。

受法律保护的技术措施需要符合下列条件：

（1）它必须是保护作品、表演、录音录像制品而采用的技术手段。从各国立法来看，技术措施本身抑或作为一种权利的观点似乎并没有得到认可，因它本身不受《著作权法》保护，也不是一项权利的客体。当然，如果技术措施是一件计算机软件时则是另一回事。这也就是说，只有用于控制著作权作品的技术措施才是《著作权法》下的保护对象，它往往和著作权作品结合起来，通过许可或授权的方式控制对作品的使用、接触。

（2）它必须是有效的技术措施。技术措施有效性的判断，可划分为两类：一是技术措施控制著作权作品的有效性，即技术措施有效地和著作权作品结合起来；二是技术性措施本身的有效性，它是指著作权人用以控制作品的技术措施具有技术上的可行性。有效性判断标准有主观说与客观说。主观说认为，技术措施是否有效应从著作权人自身出发，只要技术措施的运行能在著作权人控制下即可。因为再高明的技术措施也会被更高明的技术人员所破解，只要权利人采取的技术措施对非法接触或使用其作品的行为构成一定的障碍，就应当认为该技术措施是有效的。客观说认为，技术措施是否有效应从技术中性的角度出发，即不能仅从著作权人的角度，也不能仅从侵权行为人的角度来判断，而要从一个中间状态的技术水平来判定，以期平衡双方利益。如果在正常运行中，需要著作权所有人许可，从而使用某些信息，或进行某些加工处理，才可令作品被接触，技术措施即为有效。换言之，只要技术措施具有技术上的可行性即可，因为任何一项技术措施不可能是完美的，黑客能够破译该技术措施并不能说明技术措施本身无效。

（3）采取技术措施必须具有合法性。技术措施合法性的控制是最为重要的，它应该包括目的合法、手段合法和结果合法。目的合法是指权利人采取技术措施是为了保护其合法权利，而非谋取不当的法外利益，因为技术措施的法律保护意在制裁为侵犯他人著作权而破坏有效控制作品的技术措施的行为，以及制裁有意为牟利而提供破坏技术措施的设备及其制造与服务的行为。手段合法是指权利人采取的技术措施只能是防卫性的，而非进攻性的，不能给他人造成不应有的损害。结果合法是指权利人采取限制、防止使用者对作品利用的技术不能造成过分损害的法律后果。譬如，当软件使用者属于未经授权之情形，经过权利人采取的技术措施验证属实，其产生的制约后果如果不仅包括关闭相关软件的使用、停止相关服务，而且对使用者整个电脑系统造成破坏，或者使得使用者先前获取的作品不能利用，或对使用者利用其软件创作的作品造成损坏或丢失，都属于后果上的非法性。

法律对技术措施的保护不仅包括对直接规避行为的禁止，也包括对为规避技术措施提供产品或服务行为的禁止。《著作权法》第 49 条规定：“未经权利人许可，任何组织或者个人不得故意避开或者破坏技术措施，不得以避开或者破坏技术措施为目的制造、进口或者向公众提供有关装置或者部件，不得故意为他人避开或者破坏技术措施提供技术服务。但是，法律、行政法规规定可以避开的情形除外。"大多数最终用户并不具有技术规避的能力，常常需要借助于第三方提供的产品或服务才能破解权利人的技术措施。法律对第三方行为的禁止将有力地阻止破解技术的传播。因此，对第三方提供产品或服务行为的禁止，在本质上确立了由著作权人控制的、对作品及言论市场的私人审查模式。

权利人采取自力救济措施有可能损害使用者利益，故法律直接豁免一些规避行为的法律责任。《著作权法》第 50 条规定："下列情形可以避开技术措施，但不得向他人提供避开技术措施的技术、装置或者部件，不得侵犯权利人依法享有的其他权利：(一) 为学校课堂教学或者科学研究，提供少量已经发表的作品，供教学或者科研人员使用，而该作品无法通过正常途径获取；(二) 不以营利为目的，以阅读障碍者能够感知的无障碍方式向其提供已经发表的作品，而该作品无法通过正常途径获取；(三) 国家机关依照行政、监察、司法程序执行公务；(四) 对计算机及其系统或者网络的安全性能进行测试；(五) 进行加密研究或者计算机软件反向工程研究。""前款规定适用于对与著作权有关的权利的限制。"

从理论上看，上述限制规则不能完全实现对作品使用者利益的保护。首先，豁免的行为仅为规避行为，而为规避提供产品或服务的行为不被法律豁免，因此使用者利益的实现取决于其破解技术的能力，这使得基于科学研究目的而规避技术措施的行为在大多数情况下成为具文。因为要求所有的研究者成为黑客式的软件专家是不可能的。其次，通过规避技术措施而获取的作品只能以信息网络的方式传播。这在法律上显得非常不合理。譬如，通过复制件的方式向特定的科学研究人员或教学人员提供作品，就不能获得法律的豁免，显得过分严厉。最后，基于个人学习等目的使用作品而规避技术措施的行为并无豁免，技术措施的运用将封闭合理使用等传统著作权制度下赋予使用者的权利。

权利管理电子信息本质是将著作权的相关信息向公众公示的手段，避免不必要的侵权活动，其通常与技术手段结合在一起。因此，破坏权利管理电子信息本身就体现了行为人的非正当性。《著作权法》第 51 条规定："未经权利人许可，不得进行下列行为：(一) 故意删除或者改变作品、版式设计、表演、录音录像制品或者广播、电视上的权利管理信息，但由于技术上的原因无法避免的除外；(二) 知道或者应当知道作品、版式设计、表演、录音录像制品或者广播、电视上的权利管理信息未经许可被删除或者改变，仍然向公众提供。"

四、著作权私力救济：著作权集体管理

著作权集体管理是著作权人通过社会组织来行使其权利的一种方式，属于私力救济的一种类型。一方面，"著作权集体管理组织会员大会为著作权集体管理组织的权力机构"；另一方面，仅"表演权、放映权、广播权、出租权、信息网络传播权、复制权等权利人自己难以有效行使的权利，可以由著作权集体管理组织进行集体管理"。在法律属性上，著作权集体管理有信托、转让、许可等学说，但通说采信托说。

(一) 著作权集体管理的性质

著作权集体管理是指著作权集体管理组织经权利人授权，集中行使权利人的有关权利并以自己的名义进行权利许可、收取与转付使用费以及进行诉讼、仲裁等活动。著作权集体管理组织是指为权利人的利益依法设立，根据权利人授权、对权利人的著作权或者与著作权有关的权利进行集体管理的社会团体。依法设立的著作权集体管理组织是非营利法人，被授权后可以以自己的名义为著作权人和与著作权有关的权利人主张权利，并可以作为当事人进行涉及著作权或者与著作权有关的权利的诉讼、仲裁、调解活动。

世界上最早的著作权协会起源于法国，1847 年两位法国作曲家和一位作家起诉巴黎爱丽舍田园大街一家音乐咖啡厅胜诉后，成立了世界上第一个音乐作者作曲者出版者协会。人们认为，著作权集体管理制度的产生和发展与人类的科技创新密切相关。机械复制、机械播放以及影印复制技术出现以后，作品使用形式发生的变化使得著作权集体管理制度较好地解决了作品使用所产生的交易成本问题。特别是数字技术时代，作品便利、快捷并多样化地在全球传播，作品的流通成本降低了，但作品在著作权人和使用人之间的交易成本却变得非常高。首先，从实际情况来看，著作权人根本无法以一人之力来监督侵害著作权的行为，对每一位著作权人而言，不可能知道自己的作品在何处、何时和何地被何人使用，对这些作品的利用可能在许多国家同时发生；他也无法和所有想利用其作品的使用者一一签订授权合同。其次，对使用者而言，在寻找权利人信息方面存在巨大的成本，也不太可能与国内或国外的著作权人谈判以取得授权以及协商使用价格和其他条件。在网络时代，“著作权权利关系的当事人数量变得极其庞大。现在权利人与使用者之间用单个合同处理权利已经产生困难”①。

著作权集体管理是一项降低交易成本的制度。著作权集体管理有垄断与竞争两大模式，前者是指某项权利仅有一家集体管理组织负责；后者是指集体管理组织具有竞争性，如美国有三家负责音乐作品公开表演权的集体管理组织：美国作曲家词作者和出版商协会、广播音乐公司以及欧洲词曲作者协会。竞争的多家著作权集体管理机构不能完全解决交易成本问题，但垄断型的著作权集体管理机构容易产生滥用优势地位的后果。《著作权集体管理条例》第 7 条第 2 项规定，设立著作权集体管理组织：“不与已经依法登记的著作权集体管理组织的业务范围交叉、重合。”第 6 条规定：“除依照本条例规定设立的著作权集体管理组织外，任何组织和个人不得从事著作权集体管理活动。”第 20 条规定：“权利人与著作权集体管理组织订立著作权集体管理合同后，不得在合同约定期限内自己行使或者许可他人行使合同约定的由著作权集体管理组织行使的权利。”因此，它属于垄断型的集体管理模式。

因为著作权集体管理组织采垄断型的形式，故法律对其设立(《著作权集体管理条例》第二章)及其内部机构(第三章)均作出了详细规定。此外，还专章(第五章)规定了行政监督的制度，包括监管部门(著作权管理部门和民政部门)、监管事项、监管程序等。

(二) 著作权集体管理组织与权利人的关系

1. 著作权集体管理组织与会员权利人的关系

《著作权集体管理条例》对集体管理组织与权利人的关系进行了规范，其主要内容包括：(1) 非歧视性原则。《著作权集体管理条例》第 19 条规定：权利人符合章程规定条件而申请加入的，著作权集体管理组织不得拒绝。即，权利人提出权利管理请求后，集体管理组织具有强制缔约义务。(2) 集体组织管理的权利范围。集体管理组织的权利来源于著作权人的授权，仅限于“表演权、放映权、广播权、出租权、信息网络传播权、复制权等权利人自己难以有效行使的权利”。例如，小说出版涉及的授权不适用集体管理。集体管理组织对会员权利人的作品具有专属性。“权利人与著作权集体管理组织订立著作权集体管理合同后，不得在合同约定期限内自己行使或者许可他人行使合同约定的由著作权集体管理组织行使的权利。”此外，著作权集体管理为自愿的集体管理，而非强制的集体管理。权利人可以依照章程规定的程序，退出著作权集体管理组织，终止著作权集体管理合同。但是，著作权集体管理组织已经与他人订立许可使用合同的，该合同在期限届满前继续有效。(3) 许可使用费的收取与分配等。《著作权集体管理条例》第 13 条、14 条规定，著作权集体管理组织应当制定许可使用费收取和转付的办法。第 28 条、29 条规定，保障著作

① [日]中山信弘：《多媒体与著作权》，张玉瑞译，专利文献出版社 1997 年版，第 99 页。

权人获得扣除合理的管理费之后的使用费，并且规定管理费的收取比例应随着使用费收入的增加而逐步降低。

2. 著作权集体管理组织与非会员权利人的关系

著作权集体管理为自愿的集体管理，故集体管理组织不得违法行使非会员权利人的著作权。根据法律的规定，法定许可费的转付由著作权集体管理组织承担，著作权集体管理组织不得区别对待会员和非会员权利人。

非会员权利人可否授权他人以经纪人自己的名义行使著作权，它涉及对《著作权集体管理条例》第6条的解释。有法院认为该行纪行为构成非法集体管理，不受法律保护。在深圳市声影网络科技有限公司（简称声影公司）诉无锡市侨声娱乐有限公司上诉案中，法院主张："声影公司并非涉案音乐作品词曲的著作权人，其依据《音像著作权授权合同》主张相关诉讼权利。该合同的主要内容可归纳为：授权声影公司以自己名义对卡拉OK等公共娱乐场所经营者授权使用的独家管理……包括同音乐作品、音乐电视作品的使用者商谈使用条件并发放使用许可，征集使用情况，以作品权利人的身份向使用者收取使用费；另外，声影公司有权以自己的名义向侵权使用者提起诉讼。上述约定与《著作权集体管理条例》第二条规定的著作权集体管理组织的管理活动在性质、内容等方面均无实质性差别。"该案审结后，不同地方的法院相继作出认定声影公司非法集体管理的判决或裁定。

本书认为，自愿加入著作权集体管理组织是著作权人行使权利的方式，它不是对权利的限制；将行纪公司认定为非法集体管理，限制了著作权人的私力救济，并无法律依据。在法理上，著作权集体管理行为应指针对不特定权利人和使用者所进行的使用费收取和分配行为，它和依据著作权人授权与具体使用者开展许可协商以及侵权诉讼行为并不相同。[①] 在广州酷狗计算机科技有限公司（简称酷狗公司）与看见网络科技（上海）有限公司（简称看见网络公司）侵害表演者权纠纷二审案中，被告上诉称"看见网络公司经营行为和诉讼行为的实质是行使著作权集体管理组织的相关职能及权力"，上海知识产权法院认为：

> 《著作权法》规定，表演者享有许可他人通过信息网络向公众传播其表演，并获得报酬的权利。看见网络公司与权利人签订《授权书》，获得涉案音乐作品通过信息网络向公众传播其表演的独占性授权，且有权以自己的名义制止、打击侵权和盗版行为。本院认为，上述授权不违背法律规定……酷狗公司主张看见网络公司非法从事著作权集体管理活动，本院认为，《著作权法》第十条第二款、第三款规定，著作权人可以转让或许可他人行使著作财产权，并获得报酬。这种转让或许可的自由，既是合同法契约自由原则在著作权行使当中的直接体现，也是著作权法鼓励作品传播、促进文化发展与繁荣的应有之义。认定行为人是合法获得授权或受让权利，还是违法从事著作权集体管理活动，应综合行为人的行为进行判断，不能因行为人获得多个权利人多个作品的授权，便认定其从事了著作权集体管理活动，否则著作权人享有的对著作财产权依法授权与转让，并获得相应对价的权利将被不合理地限制。

（三）著作权集体管理组织与使用者的关系

著作权集体管理组织具有垄断性，法律必须在保护著作权的私权行使和防止滥用优势地位这两者之间进行协调。该部分的主要内容包括：

（1）著作权许可使用费支付标准。《著作权集体管理条例》第13条规定其制定依据为：使用

---

① 参见熊琦：《非法著作权集体管理司法认定的法源梳解》，《华东政法大学学报》2017年第5期。

作品、录音录像制品等的时间、方式和地域范围；权利的种类；订立许可使用合同和收取使用费工作的繁简程度。但本书认为，著作权作为私权，许可使用费标准的制定应该不仅仅反映著作权人一方的利益，还应该考虑作品使用者的因素，允许作为许可使用双方在许可使用费标准的制定上的自由协商并将协商的结果作为许可费标准的基础。因此，法律允许作品使用者，尤其是使用者的行业协会，参与到许可使用费的标准制定中来是确保该标准符合公平理念的要求。

(2) 著作权集体管理组织的强制缔约义务与信息披露义务。《著作权集体管理条例》规定第23条第3款规定了集体管理组织的强制缔约义务："使用者以合理的条件要求与著作权集体管理组织订立许可使用合同，著作权集体管理组织不得拒绝。"对著作权集体管理组织的监督而言，无论是对著作权人还是对作品的使用者，建立完全的信息披露义务是非常重要的。第24条规定："著作权集体管理组织应当建立权利信息查询系统，供权利人和使用者查询。"为适应数字化著作权集体管理的要求，避免公众或作品使用人在查询作品相关信息时耗费时日，有必要对信息提供的方式和资料的更新作出明确的要求。

法律还应该考虑作品的"小型使用者"问题。著作权集体管理组织的许可实践，不论是"一揽子许可合同"还是"中心组织许可合同"，都不符合该类用户的需要。通常认为，著作权集体管理组织如果针对不同使用者而制定不同的收费标准，属于法律所要禁止的歧视性政策，是其滥用优势地位的表现。但是，与人们的常识相反的是，著作权集体管理组织对"小型使用者"恰恰是最不愿意使用区别性定价的，因为这增大了集体管理组织的运行成本。在数字技术条件下，在作品的海量使用者中大部分是小型使用者，现在的许可费标准实质上是将这些使用者排除在合法使用的门槛之外，因为这些标准对他们而言有时是难以承担的经营成本。

(四) 著作权集体管理组织之间的关系

这主要表现在两大方面：一是国内著作权集体管理组织之间的协调问题。譬如，在卡拉OK收费问题中，有些经营者认为已经与中国音乐著作权协会签订了许可使用协议，中国音像著作权协会无权再向其收取两次的作品使用费。这就体现了不同的著作权集体管理组织之间的协调问题。《著作权集体管理条例》第26条规定："两个或者两个以上著作权集体管理组织就同一使用方式向同一使用者收取使用费，可以事先协商确定由其中一个著作权集体管理组织统一收取。统一收取的使用费在有关著作权集体管理组织之间经协商分配。"

二是著作权集体管理组织的国际协调问题。《著作权集体管理条例》第22条规定："外国人、无国籍人可以通过与中国的著作权集体管理组织订立相互代表协议的境外同类组织，授权中国的著作权集体管理组织管理其依法在中国境内享有的著作权或者与著作权有关的权利。"相互代表协议是指中国的著作权集体管理组织与境外的同类组织相互授权对方在其所在国家或者地区进行集体管理活动的协议。著作权集体管理组织与境外同类组织订立的相互代表协议应当报国务院著作权管理部门备案，由国务院著作权管理部门予以公告。本条规定的是，外国权利人授权中国的著作权集体管理组织行使权利，至于中国权利人在国外的权利可否由中国的著作权集体管理组织向国外的使用者进行许可，法律未置可否，但其应享有国外授权的地位，除非在权利人与著作权集体管理组织之间的协议明确了著作权在所有国家的行使。

第三章　专利法

第一节　专利法概述

和著作权制度相类似，专利制度也起源于特许权制度，被认为是西方文明中最伟大的发明之一。“专利”(patent)这一术语是“letters patent”(专利特许证)的缩写，后者来自拉丁文 literae patentes，是“公开的特许证”(open letters)之义。它与皇家蜡油封戳的秘密信函不同，本质上是国家授予营业许可的公开文件，它们的持有者享有具有独占实施性质的特许权。在现代专利法上，专利权是国家为鼓励创新而对发明创造依法授予的类似于所有权属性的独占性实施权，专利申请人则向社会公开发明创造，从而实现促进科学技术进步与经济社会发展的立法目标。

一、西方专利制度的历史起源

在技术发明领域，自中世纪以来，由于各种工商业行会的约束，创新活动并不受重视，即使有了创新成果，原则上也被视为行会的公共财产，有时甚至还会被压制不用；而行会以外的人，又因行会的限制而不得实施。中世纪后期，行会制度逐渐衰落，国家开始实施新的经济政策，引进创新的发明人和企业授予特许权得到了人们的认可。这一时期的特许权，既有特许权人自己的发明创新，即发明特许权，也有将从其他地方——无论合法还是非法——获得的技术引进到特许权地区尚未利用的生产设备或技术，即引进特许权。① 早在 14 世纪就已经出现单个的引进特许权，比较有名的例子如韦伯与图赫威克在英格兰获得了政府颁发的引进特许权。到 15 世纪时，引进特许权的颁发越来越多，如米兰出现的从佛罗伦萨引进丝绸生产的特许权，威尼斯颁发的从德国引进印刷技术的特许权等。直至 19 世纪，由于技术文献与现代交通工具的发明使得技术交流变得更为容易，引进特许权逐渐被认为不再是值得保护的创新成果，发明特许权逐渐成为主要的经济工具。②

一般来说，特许权的获取仅须满足受保护地域内的新颖性。除此之外，它还要求可实施性，在多数情况下，需要通过实验来证明，也需要满足实用性条件。在法律上，发明特许权与引进特许权并无本质区别。它常常与合同承诺有关，创新者也可要求模仿其发明的第三人支付报酬。因此，它并不是现代专利法上的排他权。后来，它逐渐与合同无关，演变成为权利人所享有的排他权。但是否享有禁止权，在法律上并不明确。随着申请数量的增多，平等处理各类申请的需求促成了对申请予以审查的做法，尽管君主们很少听取审查员的意见。较为典型的立法是 1474 年的威尼斯法，该法规定，对新的、有创造性的、实用性的设备可向行政机关申请一项 10 年的保护，在该保护期内，任何未经申请者同意的模仿行为都面临罚款和销毁未经许可生产的产品的风险。

从特许权发展到现代专利权，与英、法两国采取的专制统治与重商主义的经济政策有关。③

---

① 参见[德]鲁道夫·克拉瑟：《专利法》(第六版)，单晓光等译，知识产权出版社 2016 年版，第 69 页。

② 参见[德]鲁道夫·克拉瑟：《专利法》(第六版)，单晓光等译，知识产权出版社 2016 年版，第 70 页。

③ 参见[德]鲁道夫·克拉瑟：《专利法》(第六版)，单晓光等译，知识产权出版社 2016 年版，第 73 页。

基于扩充税源考虑的特许权滥发，阻碍了市场上的自由竞争，对消费者造成了沉重的负担，于是反对滥用特许权制度的民意促使取消了所有的垄断与特许权。在英国女王伊丽莎白一世统治期间，国会与女王就垄断交易权的颁发权力发生了激烈的争执，垄断法是国会取得决定性胜利的成果。受重商主义影响，特许权被认为是非法的，除非被授予给新设备的首位发明人。在雅各布一世时代，英国开始实施 1624 年颁布的垄断法。这是世界上第一部正式的专利法，并且，在该法基础上发展出来的程序性原则已经有了现代专利法的雏形。直至 19 世纪的英格兰还在适用它。这部法律直至 1852 年才开始进行修改。根据该法规定，专利权应当授予第一个真正作出发明的人；仅保护新产品发明；专利权人享有生产或制造该产品的排他权，有效期为 14 年；他人在此期间不得利用该项发明。

法国大革命导致整个特许权制度在 1789 年被废除。同时，发明人对于其发明拥有自然财产权的理论得到法律的承认，1791 年通过的专利法第 1 条明确宣告，发现或新发明是创造者的财产，法律充分保障其享有发现或发明。同时，该法规定，要获得专利权，必须要向主管部门提出申请，法国随后于 5 月 25 日颁布了实施细则，规定申请程序、缴纳费用的等级，以及不同的保护期，有 5 年、10 年、15 年三种期限。"法国法的规定在某些方面以英国法为榜样"，其主要区别是，"法国法不对新颖性或实用性进行官方的预先审查"。其原因是，当时的理论认为，发明一经完成，发明人对发明即拥有了类似于财产权的权利，无须履行任何手续，故"授予专利就只有确认拥有这种权利的作用"[①]。

受英、法两国法律的影响，美国在其"1787 年宪法"生效后不久就颁布了"1790 年专利法"，该法以英国垄断法为蓝本，规定了 14 年的专利保护期，以及由国务卿、国防部部长和司法部部长组成的审查委员会。三年之后，美国总统华盛顿于 1793 年 4 月 10 日签署新的专利法，该法受法国影响较大。法国法的影响主要体现在两个方面：承认发明人的排他性财产权；取消官方的预先审查。但是，美国在 1836 年通过专利法修订案，又规定了专利权的预先审查制度。此外，与法国法类似，美国法上的专利权被认为是法律上的权利。之后的半个世纪里，澳大利亚（1810 年）、俄国（1812 年）、普鲁士（1815 年）、比利时和荷兰（1817 年）、西班牙（1820 年）等国相继建立了专利制度。

但是，到 19 世纪中叶开始，西欧出现了反专利的思潮。[②] 该思潮源自英国对实施两百余年《反垄断法》的修改动议。1827 年前后，出于对专利程序的烦琐、昂贵和不确定的不满，权利人组织希望获得更有利的法律修改，但引发了反专利人士的反弹。这导致立法者在 1851—1852 年、1862—1865 年以及 1869—1872 年分别成立专门委员会研究专利制度的运行情况，但这些研究报告都不看好专利制度的实施效果，导致两院立法者大都赞同废除专利的动议。在德国，谴责专利制度的呼声更为强烈。1868 年 12 月，德国总理俾斯麦甚至发布声明反对专利保护。这一思潮致使当时西欧唯一未建立专利制度的瑞士直至 1888 年才通过专利法。在这一时期，荷兰反专利运动取得了更为彻底的胜利，专利制度于 1869 年 7 月被取消。

西欧的反专利运动没有持续多长时间。其主要原因在于西欧经济危机之后，保护专利的理论重新吸引了公众的注意，支持专利制度的各种宣传也推动了专利制度的恢复。[③] 1873 年之后，

---

① 参见[德]鲁道夫・克拉瑟：《专利法》（第六版），单晓光等译，知识产权出版社 2016 年版，第 75－76 页。

② See Fritz Machlup & Edith Penrose, The Patent Controversy in the Nineteenth Century, *10 The Journal of Economic History 1*, 3－6(1950).

③ See Fritz Machlup & Edith Penrose, The Patent Controversy in the Nineteenth Century, *10 The Journal of Economic History 1*, 3－6(1950).

重新加强专利保护的国内立法与国际协调开始加快进程。德国于1877年5月25日通过统一专利法;瑞士也于1887年通过专利法。出于道德考虑、民族自豪感和国际压力,荷兰最终在1910年恢复其专利法,并于1912年正式生效实施该法。

其中,1883年缔结的《巴黎公约》是专利保护所取得的重要进展。在此之前,尚未有保护专利的多边协议,在当时签署的69个双边条约中,也仅有2个包括专利保护的规定。但是,随着技术在不同国家之间的扩散越来越普遍,发明人也越来越希望能够在国外利用其发明,以获得海外市场的利润回报。1873年,目的在于建立保护发明人制度的国际会议在维也纳举行。当年,奥匈帝国政府举办国际博览会,但来自美国的发明人担心他们的发明得不到奥地利法律的充分保护,美国驻维也纳公使甚至向奥地利外交部委婉地威胁,如果发明人得不到充分的保护,美国将抵制该博览会。为此,奥地利不仅通过了新的立法,还主持召开了一次专利改革的国际会议。而此时,整个西欧反专利的思潮仍然较为流行。这次会议形成的解决方案非常笼统,但确立了保护专利的基本原则。1878年,法国政府在举办国际博览会的同时,主持召开了一次由500人参加的国际会议,其解决方案几乎完全反映了专利权人的观点。会议决定设立一个委员会负责起草国际协议的文本。在法国政府的邀请下,1880年由19个国家的政府代表在巴黎召开第一次官方会议,讨论该委员会起草的协议文本。1883年召开的会议最终通过并签署了《巴黎公约》。保护工业产权国际联盟于1884年成立,最初由11个国家组成,随后有29个国家陆续加入。[①] 中国于1985年3月19日正式成为《巴黎公约》成员国。至2018年,《巴黎公约》共有177个成员国。

二、中国专利制度的发展

在汉语中,有著作将“专利”一词的词源追溯至《左传·哀公十六年》,其中记载:“若将专利以倾王室,不顾楚国,有死不能。”但它并不是专利制度上的含义。中国专利制度是清末法制改革时西法东渐的产物。

太平天国时期,洪仁玕最早提出建立专利制度的主张,其《资政新篇》规定:“倘有能造如外邦火轮车,一日夜能行七八千里者,准自专其利”……“兴舟楫之利,以坚固轻便捷巧为妙,或用火用气力用风,任乎智者自创”……“兴器皿技艺,有能造精奇便利者,准其自售。”“器小者赏五年,大者赏十年,益民多者年数加多……限满准他人仿效。”但《资政新篇》并未实际有效地实施过。真正意义上的法律制度应为1898年光绪皇帝颁布的《振兴工艺给奖章程》,戊戌变法失败后被废除。中华民国建立后,1912年颁布的《奖励工艺品暂行章程》是正式实施的专利法律制度,随后,1923年对专利法规予以修订并颁布施行细则,并于1928年、1932年、1939年进行了再次修订,1929年还颁布了《特种工业奖励法》。1944年《中华民国专利法》及其施行细则(1947年)颁布,它标志着专利制度在中国正式诞生。1949年中华人民共和国建立后,国民党时期的六法全书被废除,也包括《中华民国专利法》。直至改革开放后,中国决定恢复重建专利制度。

1984年3月12日,第六届全国人民代表大会常务委员会第四次会议通过《专利法》,自1985年4月1日起施行,该法共有8章69条。《专利法》实施的第一天,国内外专利申请即达3 455件,胡国华成为中国专利制度全面重建后的第一位提交专利申请的发明人。[②]《专利法》的出台极大地鼓励了人们发明和创造的积极性。自2011年起,中国年发明专利申请量和国内有效发明专

---

① 参见[美]弗雷德里克·M.阿伯特等:《世界经济一体化进程中的国际知识产权法》(上册),王清译,商务印书馆2014年版,第274-284页。

② 参见袁于飞:《胡国华展示第一件发明专利申请证书》,《光明日报》2018年12月12日04版。

利拥有量突破“两个一百万件”，PCT 国际专利申请受理量跃升至世界第二位。专利法成为推动中国经济发展的重要制度之一。中国《专利法》的颁布，一方面是为了适应社会主义现代化建设和实行对外开放政策的需要，另一方面是中美建交谈判签订的相关协定也要求中国对专利在内的知识产权进行保护。

此后《专利法》经历了三次修订，扩大了专利权人的权利范围，延长了专利权保护期限和加大了权利保护力度。为了履行 1992 年 1 月 17 日达成的《中华人民共和国政府与美利坚合众国政府关于保护知识产权的谅解备忘录》，《专利法》于 1992 年进行了第一次修订。此次修订扩大了专利保护的范围，将食品、饮料、调味品、药品和使用化学方法获得的物质给予了专利保护；强化了专利权的保护力度，增加进口权的保护，将方法专利延至依该方法直接获得的产品；延长了专利保护期间，发明专利从 15 年延长至 20 年，实用新型和外观设计从 8 年延长至 10 年。这些规定提高了中国的专利保护水平，使其逐渐与国际发展趋势相协调。为了适应市场经济体制的发展和加入世界贸易组织的需要，《专利法》于 2000 年 8 月 25 日进行了第二次修订。第二次修订进一步加大专利权的保护力度，增设专利产品及专利方法获得的产品享有许诺销售权；明确侵权赔偿数额的确定方法；取消撤销程序，简化和完善专利审批的过程以及维权的程序，从而维护了当事人的合法权益。为了提高中国的创新能力，促进经济的发展，2008 年又对《专利法》进行了第三次修订。此次修订具有里程碑式的意义，因为它不再是被动的修改，而是主动地从自身需求出发、服务于创新型国家建设而作出的修订。为了加强专利保护，加大执法力度，2015 年 4 月，恰逢《专利法》实施 30 年，《专利法》第四次修订正式启动，2020 年 10 月 17 日第四次修订案通过，它必将促进中国专利制度的不断完善。本次修订在坚持立足国情和创新主体实际需要的基本指导原则下，扩大了外观设计的保护范围并延长了其保护期限，增设了专利保护期补偿制度和药品专利链接制度；同时，加大对专利侵权违法行为的惩治力度，建立了惩罚性赔偿制度；完善激励发明创造的机制和制度，加强专利转化服务、扩大专利信息传播，促进专利实施和运用，同时防止专利权滥用。

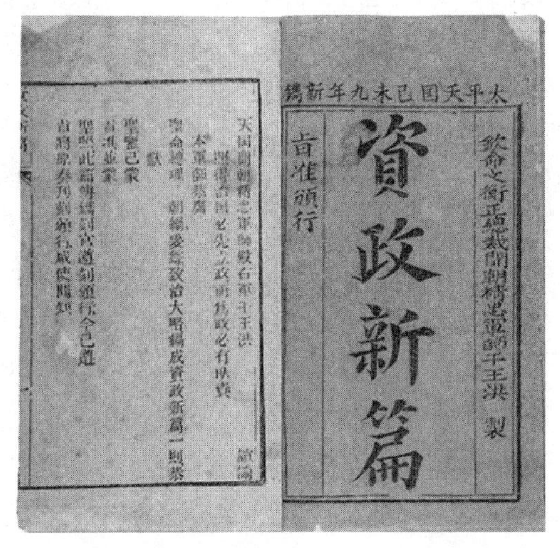

图 3-1

图 3-2

中国专利局于 1980 年成立，1998 年组建为国家知识产权局。2018 年，国家知识产权局成为国务院部委管理的国家局，由国家市场监督管理总局管理，负责保护知识产权工作，推动知识产权保护体系建设，负责商标、专利、原产地地理标志的注册登记和行政裁决，指导商标、专利执法工作等。

国家知识产权局专利局专利审查协作中心受国家知识产权局的委托，承担发明专利申请的实质审查、专利合作协定(PCT)国际申请的国际检索和国际初步审查等多项业务工作，并为企业提供专利申请和保护相关的技术和法律咨询服务。国家知识产权局国务院专利行政部门由国务院专利行政部门(国家知识产权局)指定的技术专家和法律专家组成，对复审请求和专利权无效宣告请求进行审查，并作出决定。国务院专利行政部门负责对复审请求的审查、初审驳回的复审、实审驳回的复审、专利权无效宣告请求的审查，以及出庭应诉。

三、专利制度的正当性理论

尽管历史上存在否定专利制度的理论思潮和社会实践，但在今天，专利制度正当性的地位已经难以撼动。一般认为，对发明的专利保护建立在以下理据之上。“其一为伦理道德基础，常常以‘正义’或‘自然权利’的名义出现。其二为实用主义，常常以‘增进公共利益’的名义出现。其三为实用主义和伦理学的混合物，因为如果发明有益于社会，则也被认为符合伦理道德。有人可能认识到，实用主义和伦理道德这两者之间可能存在冲突，或者主张以实质性获益为代价来满足正义的需求，或者主张为实现实质性收益而忽视正义之要求”。[①] 从上述理据出发，存在一些经典的专利保护理论。

(1) 自然法理论。自然法理论强调，人们对其自己创造的思想享有自然法上的权利，他人未经许可而占有其思想，应该被谴责为一种盗窃行为。社会负有道义上的义务承认并保护这种财产权。财产权在本质上是一种排他权；因而，对专利发明的使用属于排他权的范围，这也是社会承认该种财产权唯一合适的选择。自然法理论仅为法国1791年专利法所采纳，也很难解释专利制度。例如，如果承认专利权为自然权利，为何其仅具有14年、17年或20年的保护期，而不是永久受到保护？

(2) 激励理论。激励理论是专利理论中历史悠久但仍然永葆青春的一项理论。尽管专利制度仅有短短三百年的历史，但该理论至少在两百多年中占据着专利法的统治地位。“(在美国)，激励理论作为法院认可的主流理论一直延续到20世纪的早期，而自20世纪70年代以来，似乎仍然属于(美国)最高法院所采纳的主流理论。”该理论的基本假设是，“产业进步是非常重要的，而发明及其产业化为产业进步所必需。但如果发明人或投资者仅能获得充分竞争市场上利用技术的利润，则发明和(或)其产业化就不会完全得以实现。为了让发明人对其努力及投资者对其风险投资获得回报，社会必须进行干预，以提高他们的利润预期。最简单、最便宜、最有效的方式就是对发明赋予临时垄断的专利排他权”。[②]

激励理论从发明的非排他性出发，认为如果没有专利制度，发明人难以禁止他人的“搭便车”行为；专利制度作为矫正公共产品外部性的选择，为发明人收回创新的投资提供了临时垄断权的回报，尽管社会公众支付了垄断导致的消费者福利损失，但其增加了创新产品的供给，最终促进科学进步。专利制度被称为“次优选择”。如果存在完全信息，政府根据发明的价值而给予奖励将优于专利制度，因为它既为发明人提供了经济奖励，也使得发明立即进入公有领域而自由使用，避免了垄断权的负面效应。但是，这样的制度成本昂贵且不准确，还容易导致寻租活动，因而无法取代专利制度。

(3) 专利公开理论。它又被称为对价理论，是从促进知识积累的角度来解释专利制度的。它的简明表述为：专利制度是使发明人将其专利公开作为代价，允许其在一定期间内对其发明拥有

---

① See Fritz Machlup, An Economic Review of the Patent System (U.S. Govt. Print. Off., 1958), p.21.

② See Fritz Machlup, An Economic Review of the Patent System (U.S. Govt. Print. Off., 1958), p.21.

独占权的制度。它假定专利权是发明人与社会之间的一项交易，前者公开其秘密知识的占有以交换其产业上予以利用的临时排他权。该理论认为具有可持续的产业进步为社会发展所必需，但如果发明人或创新企业对其发明予以保密，产业进步难以实现。此时，新技术就可能延迟很久才会成为通用技术；技术秘密还可能与其发明人一起消亡，永远都不能为社会所利用。

对价理论也是专利法历史上出现较早的理论，法院最少自一百年前采纳了该理论。[①] 对价理论强调发明创造使用上的非竞争性属性，即发明一旦创造完成，其共享的成本为零或很低。该理论的基本假设是，如果没有专利权的保护，企业将会对其发明以商业秘密方式保护；它将专利视为发明人和社会之间的合同，即通过国家授予发明人临时性的财产权以换取其技术公开。该理论认为，专利制度的基本功能是促进技术进步及创新知识的扩散。"技术充分公开"是授予专利权的实质条件之一，这是对价理论所能解释的基本专利制度。

(4) 报酬理论。该理论的基础为自然法上的正当性理论，其经典解释是：任何人应该得到其对社会贡献的相应报酬。如果有必要时，社会应该予以干预以保证其获得此等报酬。发明人作出了对社会有益的贡献，确保其获得相应报酬的最合适方法是，对其发明以排他性的专利权为形式授予其临时垄断权。[②] 报酬理论为19世纪的英国经济学家所推崇。他们尽管对其他类型的垄断权毫无好感，但认为给予发明人临时垄断权是一种正当回报(just reward)。

后来的报酬理论建立在纯粹的经济学基础上。这些观点认为，专利制度是阻止复制者"搭便车"，从而给予发明人报酬的制度。"商品使用越广泛，其总体上的实用价值就越大；限制其使用，尽管可能同时产生经济价值，但限制了它的实用价值。……发明的价格不是因其稀缺性所决定，而是(因法律规定)使得对于需要使用它的人而言具有稀缺性"。[③] 发明报酬的多少取决于商业成功和垄断定价对产品销售予以控制的能力。质言之，为获得报酬，发明商业化是非常必要的。

(5) 公共产品理论。该理论认为，专利制度是为了解决知识产品占用(appropriability)问题所必要的政策工具。否则，创新产品和创新工艺的研究开发活动就会面临困境(plague)。[④] 占用问题之所以产生，是因为知识产品具有"公共产品"(public good)的特性。不同于有形产品，公共产品具有两个重要特征：它具有使用上的非排他性(non-excludability)和消费上的非损耗性或非竞争性(non-rivalry)。前者是指要排除任何人享有一件公共产品需要花费非常大的成本；后者是指一个人对公共产品的消费(或享受)并不会减少其他人对该种物品的消费。公共产品具有的非排他性特点产生了两个相关的问题：一是如果公共产品由私人生产的话，可能产生生产不足的问题；二是公共产品的市场很难形成。

经济学家普遍将发明等知识产品视为公共产品，也同样会产生上述两个交错的问题：生产不足和缺乏交易的市场。专利等产品的创造需要大量投资和耗费时间，但思想易于传播和难于控制，这往往导致创新者难以收回其创新活动的投资。如果没有专利权的保护，模仿者无须付出大量研发成本即可占用发明所具有的经济价值。如此一来，人们则倾向于复制而不是创造新技术，最后导致发明等知识产品的供给不足。专利制度可以矫正公共产品的占用问题，使得信息产品的生产者(发明人)对其发明享有排他权，从而实现信息产品的供给。

---

① See John W. Schlicher, Patent Law: Legal and Economic Principles (Thomson Reuters, 2008), § 2:11.

② See Fritz Machlup, An Economic Review of the Patent System (U.S. Govt. Print. Off., 1958), p.21.

③ 转引自 A Samuel Oddi, Un-Unified Economic Theories of Patent—The Not-Quite-Holy Grail, 74 NOTRE DAME L. REV. 267, 275 (1996).

④ See e.g., Kenneth W. Dam, The Economic Underpinnings of Patent Law, 23 J. LEGAL STUD. 247, 247 (1994).

第二节 专利权的获得

一项发明创造，要获得专利权的保护，它不仅要通过专利申请程序获得专利审查部门的确认，还要满足一些法定的条件。这些条件包括：它是专利法所保护的客体，具备新颖性、创造性和实用性，向社会充分公开了所要保护的技术方案。这些条件大体上分为两类：确保专利权授予给作出技术贡献的人以实现激励创新的立法目标；同时，通过技术扩散以促进社会进步。

一、专利权的客体条件

尽管人类许多的创新成果有极大的价值获得人们的尊重，但一些成果即使符合其他要求也不能申请专利。各国专利法都对专利权的保护客体作出限制，以促进科学技术的进步和经济社会的发展。

从比较法的角度来看，有些国家的《专利法》明确界定了专利客体的标准，如美国专利法第101条规定：任何新的、实用的方法、产品、器械、机器或物的组合，及其任何新的、实用的改进，可依法获得专利权。有些国家或地区的专利法则采取相反的做法，仅列举何种情况下不能申请专利的具体情形。如《欧洲专利条约》(European Patent Convention, EPC)第52条第2款规定不受专利保护的客体有："发现、科学原理和数学方法；美学创作；智力活动、游戏或经营方案、规则和方法，以及计算机程序本身；信息的展示。"第3款同时规定："仅为上述客体或活动本身寻求欧洲专利保护时，第2款始于适用。"其53条还规定不授予专利权的发明有：违背公共秩序或道德的发明；动植物品种及其生物学培育方法；对人体或动物体的手术或治疗方法，以及用于人体或动物体的诊断方法，但不包括其治疗或诊断的产品。从理论上看，第52条为发明的本质属性所排除，而第53条则基于公共政策考虑而排除专利权的保护。还有些国家的专利法既有明确界定，又具体规定不予保护的客体。日本专利法第2条第1款规定："发明是指利用自然规律进行的具有高度技术性思想的创造。"第32条还规定："可能损害公共秩序、道德或公共卫生的发明，不授予专利权。"

中国《专利法》采取第三种立法模式。其第2条第2款规定："发明，是指对产品、方法或者其改进所提出的新的技术方案。"第5条规定："对违反法律、社会公德或者妨害公共利益的发明创造，不授予专利权。对违反法律、行政法规的规定获取或者利用遗传资源，并依赖该遗传资源完成的发明创造，不授予专利权。"第25条规定："对下列各项，不授予专利权：(一) 科学发现；(二) 智力活动的规则和方法；(三) 疾病的诊断和治疗方法；(四) 动物和植物品种；(五) 原子核变换方法以及用原子核变换方法获得的物质；(六) 对平面印刷品的图案、色彩或者二者的结合作出的主要起标识作用的设计。"其第2款规定，动物和植物品种的生产方法，可以依照本法规定授予专利权。从法理来看，第25条所规定的"科学发现、智力活动的规则和方法"并不属于第2条所规定的"发明"，两者属于同一性质的问题；其他各项排除专利权保护的规定，则可归于公共政策因素。

(一) 技术方案

"发明"的法律定义包括三方面的内容：一是发明的类型，即它分为产品发明、方法发明，以及也可分为基础发明、改进发明。二是保护对象的性质，它是"新的"技术方案。三是发明的本质属性——"技术方案"。一般来说，是否属于专利权保护的客体，主要在于判断申请案是否属于"技术方案"。

(1) 技术方案的三要素判断。所谓技术方案，是指对要解决的技术问题所采取的利用了自然规律的技术手段的集合。技术手段通常是由技术特征来体现的。未采用技术手段解决技术问题，以获得符合自然规律的技术效果的方案，不属于《专利法》保护的客体。在认定是否属于技术方案时，应当从其是否利用了自然规律、解决的是否为技术问题、是否获得了技术效果进行整体和综合判断。据此，人们通常将技术手段、技术问题和技术效果称为技术方案的三要素。一般来说，只要其中一个要素具有“技术性”，则全部要素均被视为具有“技术性”的属性，并进而构成专利法所保护的“技术方案”。但是，技术性的判断仍应坚持整体判断和客观判断。① 它是指要从申请案所披露的整体方案而非申请人的主观认识出发，对技术手段、技术问题和技术效果予以整体评估。在有些情况下，申请人的主观认识并不能全面反映方案在技术上的实质性贡献（如解决的技术问题和意想不到的技术效果）。在另外一些情况下，技术方案可以解决技术问题并获得技术效果，但技术手段的“集合”并不一定构成专利法上的“技术方案”。例如，一项技术方案，它利用了自然规律的技术手段，但这些技术手段属于现有技术的范畴，且使这些技术手段集合在一起的关键因素属于人为制定的规则，即使这种集合的方式是具有创造性的，这些技术手段的集合也只是用于辅助人为规则的实现，该方案在整体上并不属于专利法上的“技术方案”。

在本质上，“技术性”的判断在于它是否利用了自然规律。如果利用自然规律以外的规律（如经济规律、教学规律）、人为规则（如围棋规则）、数学公式或者人类的精神活动，都不属于技术手段。例如，根据几何学作图法，用圆规、三角板将任意角度的角三等分的方法；利用香烟盒、教材作为载体，印制广告的方法，虽然利用了圆规制图、印制等技术手段，但整体上都属于利用人为规则而非自然规律。再举一项较为具体的实例。申请人请求保护一种系统辅助适应性教学方法，它使用预载入数据库中的教学数据执行教学过程，接受教师的登录，选择预设数据的教学主题开展适应性教学，获得学生的个人成绩，并据此建立学生的水平值，根据学生的水平值制定教学数据集，开展教学。该解决方案并未给教学辅助系统以及数据库本身的内部性能带来改进，也未对其构成和功能带来任何功能上的改变。它实质上解决的是现有的传统课堂教学和自动化教学存在的教学管理问题，而并非技术问题。其采用的手段是根据教学经验，对学生的数据进行收集后，采取不同的教学方式进行学习，从而实现“因人施教”，显然上述过程不受自然规律的约束，并未利用技术手段。其所获得的效果是使得授课内容和形式符合学生的接受能力，从而激发其学习的兴趣，提高教学的效果，而这一效果的获得并非来自自然规律的作用。②

同样，人类的精神活动的结果，如纯粹美学效果的创造也不属于技术方案。从信息内容、布局或者字体、配色等方面形成具有美学效果或艺术效果的书籍，它不属于技术手段。但是，获得美感的手段有可能属于技术手段。例如，产生美学效果的印刷工艺；产生美感的轮胎花纹具有抓地性能。此外，纯粹的信息展示，也认为不属于技术方案。这一规则常常被概括为“印刷物规则”。即，发明的方案仅仅是将文字、线条、图案的编排结果等信息印制在物质载体上，而同载体之间不存在结构性或功能性的联系，它就不属于专利保护的客体。如申请人请求保护一种实现人数参与大众化、玩法选牌大众化和提高牌的利用率完美结合的 60 张扑克牌。在扑克牌游戏中，参与的人数和选牌的方式以及是否需要均分纸牌都是扑克牌游戏的规则。现有技术存在的“纸牌浪费”问题，是扑克牌游戏规则造成的，可通过修改游戏规则加以解决，该方案没有解决技术问题。新增的 6 张牌的花色仅仅起到标识的作用，这种识别特征的加入并未给扑克牌产品本身的结构和功能带来任何改进。对新增的 6 张牌的花色和点数进行约定和分类的做法，完全取决于游戏规则，而非技术方案。此外，新增的 6 张牌中的图像和图标的作用在于便于分类组合，

---

① 参见国家知识产权局专利复审委员会编著：《专利复审委员会案例诠释》，知识产权出版社 2004 年版，第 7－9 页。

② 参见北京市高级人民法院(2017)京行终 5591 号行政判决书。

图像和图标的具体样式也是根据神话传说、历史传统、风俗习惯等因素进行人为设定,其本身不具有技术属性,不是技术特征。①

当然,技术方案必须利用自然规律,不能违反自然规律。发明的技术特征中,如果有一部分技术手段违反了自然规律,即不受保护。例如,设计永动机的技术方案,违反了"能量守恒定律",实际上是不可能实现的。②

(2) 自然规律本身不受保护。科学发现,是指对自然界中客观存在的物质、现象、变化过程及其特性和规律的揭示。这些被认识的物质、现象、过程、特性和规律不同于改造客观世界的技术方案,不是专利法意义上的发明。发现不受保护,并非因为其对人类的价值低于发明,而是因为它并没有产生新事物,更本质的原因是它仅属于对抽象的一般认知,对其给予保护可能阻碍公众使用其原理作出实用的不同产品。当然,发明和发现虽有本质不同,但关系密切。很多发明建立在发现的基础之上,进而发明又促进了发现。发明与发现的这种密切关系在化学物质的"用途发明"上表现得最为突出,当发现某种化学物质的特殊性质之后,利用这种性质的"用途发明"则应运而生。例如,发现卤化银在光照下有感光特性,这种发现不能被授予专利权,但是根据这种发现制造出的感光胶片以及此感光胶片的制造方法则可以被授予专利权。某物质和特定受体选择性关联的事实被认为是发现,但其具有疾病具体治疗应用则属于发明。又如,从自然界找到一种以前未知的以天然形态存在的物质,仅仅是一种发现,不能被授予专利权。但是,如果是首次从自然界分离或提取出来的物质,其结构、形态或者其他物理化学参数是现有技术中不曾认识的,并能被确切地表征,且在产业上有利用价值,则该物质本身以及取得该物质的方法均可依法被授予专利权。

(3) 生物技术领域的专利保护。在基因工程和生物技术时代,科学家常常可以在活的有机体中对基因进行操控,创造出新特性的新型物种(如肿瘤鼠),或生物化合物产品(如蛋白质),这些发明的可专利性问题也日益成为专利客体的重要课题。美国最高法院在 1980 年 Diamond v. Chakrabarty 案中明确了活性有机体的可专利性。该案的焦点问题是一种能够分解石油的转基因细菌是否属于保护客体。法院认为,美国《专利法》第 101 条的"产品"概念可以包括人类运用智慧生产的新型生物"产品",因为转基因细菌并非自然界天然存在。虽然该案只确认微生物的可专利性,但它暗示了生物技术均有可专利性的可能。

微生物包括细菌、放线菌、真菌、病毒、原生动物、藻类等,它属于中国专利法保护的客体。但是,未经人类的任何技术处理而存在于自然界的微生物由于属于科学发现,所以不能被授予专利权。只有当微生物经过分离成为纯培养物,并且具有特定的工业用途时,微生物本身才属于可给予专利保护的客体。对于基因或脱氧核糖核酸(DNA)片段,无论是从微生物、植物、动物或人体分离获得的,还是通过其他手段制备得到的,实质都是一种化学物质。人们从自然界找到以天然形态存在的基因或 DNA 片段,仅仅是一种发现。但是,如果是首次从自然界分离或提取出来的基因或 DNA 片段,其碱基序列是现有技术中不曾记载的,并能被确切地表征,且在产业上有利用价值,则该基因或 DNA 片段本身及其得到方法均属于可给予专利保护的客体。

(4) 与计算机软件、商业模式有关的专利保护。计算机软件通过代码运行而实现对计算机内数据的操作,它是计算机系统运行不可缺少的重要部分。计算机硬件和软件具有互换性,在互联网、物联网、人工智能等信息技术取得突飞猛进的时代,以算法为核心的软件能否属于专利客体成为专利法上非常重要的争议焦点:软件是智力活动的规则或者数学公式,还是技术方案?专利

① 参见北京市高级人民法院(2017)京行终 216 号行政判决书。

② 从不可能实现其技术效果来看,永动机的设计方案也不符合《专利法》第 22 条第 4 款所规定的"实用性"。

制度的回应历经曲折。标志性的事件是，美国最高法院在1981年支持了一种橡胶成型的操作方法属于专利客体的观点，并确立了“物理性转化”的标准；更为重要的意义是，它确认即使权利要求的某些部分（譬如，属于科学发现）不受专利保护，但其整体上仍然可能属于专利客体。这在美国1998年审理的道富银行案中得到了更为明确的肯定。即，在计算机软件发明中，一项权利要求并不因为针对或包含数学公式就当然排除于专利客体之外。该案涉及一种用于重新分配投资收入以最大限度地提高税收优惠的计算机系统。法院认为，除非权利要求属于不予保护的自然法则、自然现象和抽象思想，否则，它就应该得到保护。唯一能够排除算法受保护的理由是其属于抽象思想，但其具有具体的产业应用就表明其不属于抽象思想。该案被认为是计算机软件与商业方法专利大门洞开的标志性案件。

在中国，计算机软件、计算机算法、商业方法本身不能授予专利权。但涉及计算机程序的发明则属于专利保护的客体，它是指为解决发明提出的问题，全部或部分以计算机程序处理流程为基础，通过计算机执行按上述流程编制的计算机程序，对计算机外部对象或者内部对象进行控制或处理的解决方案。如果一项权利要求在对其进行限定的全部内容中既包含智力活动的规则和方法的内容，又包含技术特征，例如在对游戏装置等限定的内容中既包括游戏规则，又包括技术特征，就属于专利保护的客体。如果权利要求记载的技术方案未解决技术问题，或者未利用技术手段，或者未获得技术效果的涉及计算机程序的发明专利申请，都不属于专利保护的客体。以常用的汉字输入法为例，其编码方法属于一种信息表述方法，解决的问题仅取决于人的表达意愿，采用的解决手段仅是人为规定的编码规则，实施该编码方法的结果仅仅是一个符号/字母数字串，解决的问题、采用的解决手段和获得的效果也未遵循自然规律。但是，如果把汉字编码方法与该编码方法可使用的特定键盘相结合，构成计算机系统处理汉字的一种计算机汉字输入方法或者计算机汉字信息处理方法，使计算机系统能够以汉字信息为指令，运行程序，从而控制或处理外部对象或者内部对象，则这种计算机汉字输入方法属于专利保护的客体。

类似的，涉及商业模式的权利要求，如果既包含商业规则和方法的内容，又包含技术特征，即该种新型商业模式采用了技术手段，解决了技术问题并带来了技术效果，也属于中国专利法所保护的客体。

图形用户界面（Graphical User Interface, GUI），也称为图形用户接口。涉及图形用户界面的专利申请大致包括两类：图形用户界面本身与图形用户界面生成或控制方法。前者仅是在计算机显示设备上规划出人为设定的、图形用户界面的平面布局，未解决技术问题，也未取得技术效果，不属于技术方案。后者如果体现了界面生成或控制的技术交互过程，则属于技术方案的范围。涉及语义分析、机器翻译、计算机图形学等人工智能技术领域的创新成果，也需要判断其是否属于技术方案。

(5) 实用新型。除了发明之外，中国专利法还保护实用新型，它是指对产品的形状、构造或者其结合所提出的适于实用的新的技术方案。与发明相比，实用新型仅保护产品的技术方案，而且仅限于有确定形状、构造且占据一定空间的实体。因此，对于材料本身或其生产工艺的改进不能获得实用新型的保护。但是，如果实用新型整体技术方案中包含有材料或方法技术特征，但属于辅助限定产品形状和构造的现有技术材料和方法，则可得到保护。产品的形状是指产品所具有的、可以从外部观察到的确定的空间形状，它包括对产品的三维形态或二维形态所提出的改进。无确定形状的产品，例如气态、液态、粉末状、颗粒状的物质或材料，其形状不能作为实用新型产品的形状特征。产品的构造是指产品的各个组成部分的安排、组织和相互关系。产品的构造可以是机械构造，也可以是线路构造。复合层可以认为是产品的构造，但物质的分子结构、组分、金相结构等不属于实用新型专利给予保护的产品的构造。

(二) 基于公共政策而排除保护的客体

TRIPs协议第27条第2款规定:"各成员可拒绝对某些发明授予专利权,在其境内禁止这些发明的商业利用的理由是维护公共秩序或道德所必需,包括保护人类、动物或植物的生命或健康或避免对环境造成严重损害,而不是仅因为此种利用为其法律所禁止。"第3款规定:"各成员可拒绝对下列内容授予专利权:人类或动物的诊断、治疗和外科手术方法;除微生物外的植物和动物,以及除非生物和微生物外的生产植物和动物的主要生物方法。但是,各成员应规定通过专利或一种有效的特殊制度或通过这两者的组合来保护植物品种。本项的规定应在《建立WTO的协议》生效之日起四年后进行审议。"前者已为中国《专利法》第5条所规定,后者则体现为第25条的相关内容。

(1) 违法的发明创造。中国《专利法》第5条规定了三种违法的发明创造不受保护:违反国家法律、社会公德或妨害公共利益。由于违法的发明创造在实施时会受到其他法律与道德的约束,审查实践中的具体应用则非常少。

一般来说,该条所指的违反"国家法律",是指由全国人民代表大会或者全国人民代表大会常务委员会依照立法程序制定和颁布的法律。它不包括行政法规、地方性法规和行政规章。从具体含义来看,它应区分三种情况。第一,违反法律的发明创造,不包括仅其实施为法律所禁止的发明创造。如果仅仅是发明创造的产品的生产、销售或使用受到法律的限制或约束,则该产品本身及其制造方法并不属于违反法律的发明创造。譬如,货币的防伪方法发明。第二,违反法律的发明创造也不包括其本身并没有违反法律,但是由于其被滥用而违反法律的情形或者不符合产品质量法、环境保护法等所规定的标准。例如,用于医疗的各种毒药、麻醉品、镇静剂、兴奋剂和用于娱乐的棋牌等,它们也有可能用于吸毒、赌博等违法行为。通过技术处理皮革废料、熬制成工业明胶的发明,被违法制成药用胶囊,构成生产、销售毒胶囊(假药、劣药)的犯罪行为,但不影响该发明获得专利权。第三,违反法律的发明创造,是指发明的目的与法律相违背。发明目的是否违法,主要从权利要求的主题与内容来判断:如用于赌博的设备、机器或工具;吸毒的器具;伪造国家货币的设备或方法。它也可以结合说明书的解释综合判断。例如,权利要求保护一种涉及运气投注的游戏设备,从说明书的内容来看,该发明的本质在于得分赢钱式的赌博工具,它也不能授予专利权。

因此,一般来说,发明涉及其他法律的管制,但除非有明确的规定,它并不影响其受专利保护的地位。最高人民法院在(2011)行提字第8号行政判决书中认为:

> 由于药品质量与人民群众的生命健康和医疗用药安全息息相关,故相关法律法规中对药品的研制、生产规定了严格的标准和条件。与之相比,专利法保护的是以技术方案为具体对象的智力成果……二者的立法目的、规范对象以及具体标准均有实质性的区别。对于涉及药品的发明创造而言,在其符合专利法中规定的授权条件的情况下,即可授予专利权,无需另行考虑该药品是否符合其他法律法规中有关药品研制、生产的相关规定。

妨碍公共利益的发明,是指发明创造的实施或使用会给公众或社会造成危害,或者会使国家和社会的正常秩序受到影响。公共利益的审查重点在于维护社会秩序、政治秩序与经济秩序。发明创造以致人伤残或损害财物为手段的,如一种使盗窃者双目失明的防盗装置及方法,不能被授予专利权。再如,专利申请的文字或者图案涉及国家重大政治事件或宗教信仰、伤害人民感情或民族感情的,不能被授予专利权。经济秩序的内容较为广泛,如严重污染环境、严重浪费能源或资源、破坏生态平衡、危害公众健康的发明创造,不能被授予专利权。与违反国家法律一样,妨碍公共利益的发明创造，不包括因滥用而可能造成妨害公共利益的，或者发明创造在产生积极效果的同时存在某种缺点的情形。因此，应区分有缺陷的发明创造与妨碍公共利益的发明创造。最高人民法院(2018)最高法行申647号行政裁定书指出：

> 本申请权利要求记载的配方成分中包括氢氧化钠，在实施时必然会产生严重损伤人体的后果，且其造成的损害有可能远远超过可能实现的积极效果，此种方式有违公共利益和公共安全，理应避免。故本申请不属于《专利审查指南》中规定的“产生积极效果的同时存在某种缺点”的情形。

违反社会公德的发明，是指破坏社会伦理道德观念的发明创造。社会公德是为公众普遍认为是正当的并被接受的伦理道德观念和行为准则。它的内涵基于一定的文化背景，随着时间的推移和社会的进步不断地发生变化，而且因地域不同而各异。中国专利法中所称的社会公德限于中国境内。《专利审查指南》列举的典型例子包括：非医疗目的的人造性器官或者其替代物，人与动物交配的方法，改变人生殖系遗传同一性的方法或改变了生殖系遗传同一性的人，克隆的人或克隆人的方法，人胚胎的工业或商业目的的应用，可能导致动物痛苦而对人或动物的医疗没有实质性益处的改变动物遗传同一性的方法等。值得注意的是，人类的伦理道德观念具有一定的变迁性，因此，应该较为谨慎地认定其具体内容。

《专利法》第5条第2款规定：“对违反法律、行政法规的规定获取或者利用遗传资源，并依赖该遗传资源完成的发明创造，不授予专利权。”① 该款中的“法律、行政法规”主要指《中华人民共和国生物安全法》(2020)。其第六章“人类遗传资源与生物资源安全”，规定了国家对人类遗传资源和生物资源享有主权的基本原则；明确了遗传资源的主管部门以及由其制定相应的申报登记办法；强调了采集、保藏、利用、对外提供我国人类遗传资源，应当符合伦理原则，不得危害公众健康、国家安全和社会公共利益。它规定了境外利用限制原则：境外组织、个人及其设立或者实际控制的机构不得在我国境内采集、保藏我国人类遗传资源，不得向境外提供我国人类遗传资源；境外组织、个人及其设立或者实际控制的机构获取和利用我国生物资源，应当依法取得批准。它也规定了惠益分享原则：利用我国人类遗传资源和生物资源开展国际科学研究合作，应当依法取得批准，并保证中方单位及其研究人员全过程、实质性地参与研究，依法分享相关权益。② 该款中的“遗传资源”是指取自人体、动物、植物或者微生物等含有遗传功能单位并具有实际或者潜在价值的材料。《中华人民共和国生物安全法》特别界定了“人类遗传资源”，它包括人类遗传资源材料和人类遗传资源信息。人类遗传资源材料是指含有人体基因组、基因等遗传物质的器官、组织、细胞等遗传材料。人类遗传资源信息是指利用人类遗传资源材料产生的数据等信息资料。③ 该款中的“依赖该遗传资源完成的发明创造”是指利用了遗传资源的遗传功能完成的发明创造。

(2) 动物和植物品种。动物和植物领域的发明大都涉及生物技术的可专利性问题，其面临的困惑具有宗教意义与道德意义。创造新的生命体，具有宗教意义；同时，对有生命的有机体进行处置，还涉及伦理道德的评价。TRIPs协议允许成员方的专利法对动物、植物品种不予保护，但微生物例外。微生物包括细菌、放线菌、真菌、病毒、原生动物、藻类等。由于微生物既不属于动物，也不属于植物的范畴，因而微生物不属于《专利法》第25条第1款第4项所列的情况。但是未经人类的任何技术处理而存在于自然界的微生物，其属于科学发现，不能被授予专利权。只有当微生物经过分离成为纯培养物，并且具有特定的工业用途时，微生物本身才属于可给予专利保护的客体。

动物品种的范围包括动物的胚胎干细胞、动物个体及其各个形成和发育阶段，例如生殖细胞、受精卵、胚胎等。可以借助光合作用，以水、二氧化碳和无机盐等无机物合成碳水化合物、蛋白质来维系生存的植物的单个植株及其繁殖材料（如种子等），属于植物品种。转基因动物或植物是通过基因工程的重组 DNA 技术等生物学方法得到的动物或植物，也同样属于动物、植物品种的范围。但是，动物的体细胞以及动物组织和器官（除胚胎以外）不属于动物品种的范围，可以得到专利权的保护。植物的细胞、组织和器官如果不具有上述特性的，也可以得到专利权的保护。

动物和植物品种不受专利保护，但对动物和植物品种的生产方法，可以授予专利权。但这里所说的生产方法是指非生物学的方法，不包括生产动物和植物主要是生物学的方法。一种方法是否属于“主要是生物学的方法”，取决于在该方法中人的技术介入程度。如果人的技术介入对该方法所要达到的目的或者效果起了主要的控制作用或者决定性作用，则这种方法不属于“主要是生物学的方法”。例如，采用辐照饲养法生产高产牛奶的乳牛的方法；改进饲养方法生产瘦肉型猪的方法等属于可被授予发明专利权的客体。

植物品种不受专利法保护，但其受特别法的保护。《植物新品种保护条例》(1997)第 2 条规定：“本条例所称植物新品种，是指经过人工培育的或者对发现的野生植物加以开发，具备新颖性、特异性、一致性和稳定性并有适当命名的植物品种。”第 6 条规定：“任何单位或者个人未经品种权所有人（以下称品种权人）许可，不得为商业目的生产或者销售该授权品种的繁殖材料，不得为商业目的将该授权品种的繁殖材料重复使用于生产另一品种的繁殖材料；但是，本条例另有规定的除外。”《中华人民共和国种子法》(2015)（以下简称《种子法》）第四章为“新品种保护”，对植物新品种的界定、申请程序、权利内容、权利限制与强制实施许可等作了原则性规定。

(3) 疾病的诊断和治疗方法。疾病的诊断和治疗方法（以下简称“医疗方法”），是指以有生命的人体或者动物体为直接实施对象，进行识别、确定或消除病因或病灶的过程。医疗方法无疑属于利用自然规律的技术方案，也具有实用和有益的结果。但不同国家对其是否受专利保护具有不同的规定。美国专利法保护医疗方法专利。但是，其第 287 条 e 款限制专利权人在医生的医疗活动中行使任何救济措施，包括禁令、损害赔偿以及律师费等。中国《专利法》第 25 条第 1 款第 3 项不保护“疾病的诊断和治疗方法”。诊断方法，是指以有生命的人体或动物体为对象，以获得疾病诊断结果或健康状况为直接目的。治疗方法，是指为使有生命的人体或者动物体恢复或获得健康或减少痛苦，进行阻断、缓解或者消除病因或病灶的过程。预防疾病或者免疫的方法视为治疗方法。

但是，用于实施疾病诊断和治疗方法的仪器或装置，以及在疾病诊断和治疗方法中使用的物质或材料属于可被授予专利权的客体。物质的医药用途如果是用于诊断或治疗疾病，不能被授予专利权。但是如果它们用于制造药品，则可依法被授予专利权。通常来说，通过“瑞士型权利要求”对具有第二适应症的药品给予保护，即，它通过界定一种化合物在制造治疗疾病药物中的使用方法，进而获得保护。① 这也得到了中国法院的承认，最高人民法院在(2015)知行字第 355

---

① “瑞士型权利要求”(swiss-type claim)的一般表述形式为“物质 A 在制备治疗疾病 B 的药物中的应用”。例如，一种已被普遍适用于治疗头痛的化合物，被发现具有新的医学用途（如治疗肺癌）。但这一新用途的发现属于疾病的治疗方法而不受保护。但是，它通过保护“在制造治疗 Y 疾病的药品中使用物质 X”的方式满足了法律的规定。

但是，有些国家并不保护新适应症的药品发明，如印度《专利法》(2005)第 3 条规定：下列情形不是本法意义上的发明：(d) 仅仅发现已知物质的形式，但没有改进该物质的已知功效，或者仅仅发现已知物质的任何新特性或新用途，或者仅仅发现已知方法、机器或装置的纯粹用途，除非该已知方法产生了新产品或使用了至少一种新反应物。就本款而言，盐、酯、醚、多晶型物、代谢物、纯形态、颗粒尺寸、同分异构体、同分异构体混合物、集合体、组合物和其他已知物质的衍生物应被视为相同物质，除非其功效特性存在明显差异。

号行政裁定书指出：

> 对疾病的诊断和治疗方法不授予专利权。但是，由于药品及其制备方法均可以依法授予专利权，因此物质的医药用途发明以药品权利要求或者以“在制药中的应用”，“在制备治疗某病的药物中的应用”等属于制药方法类型的用途权利要求申请专利的，则可以授予专利权。

(4) 原子核变换方法以及用原子核变换方法获得的物质。此类技术方案不受保护的主要原因是它关系到国家的经济、国防、科研和公共生活的重大利益，既不宜为私人所垄断，也不宜向社会公开。原《专利法》仅限于物质，而不涉及方法，但《专利审查指南》扩大了该项的适用范围，包括原子核变换方法和用该方法获得的物质。这一扩大解释得到了法院的支持。在王卫平与国家知识产权局国务院专利行政部门等其他案中，上诉人认为其“直接加速碰撞核聚变”的发明专利属于原子核变换方法。原《专利法》规定用原子核变换方法获得的物质不被授予专利权。但《专利审查指南》作为部门规章，规定为“用原子核变换方法和用该方法获得的物质”两种情况均不授予专利权，明显与上位法冲突。① 因此，《专利法》第四次修订案修改了其范围，原子核变换方法明确不予以保护。

最后要说明的是，上述不给予专利保护的客体是根据特定时期的国家公共政策、产业政策、公益或道德原因而规定的。因此，其范围也会随着政策的变化而变化。例如，中国 1984 年《专利法》第 25 条规定不授予专利权的客体还包括：食品、饮料和调味品；药品和用化学方法获得的物质。在比较法上，也同样可以看到专利权客体的变化。如日本“1959 年专利法”第 32 条不保护的客体也包括食品或调味品、药品、用化学方法制造的物质等。到 1975 年专利法修订时，日本相关产业得到了充分发展，外国企业专利对产业支配的阶段已经过去，上述客体就不需要特别对待了。1994 年，日本专利法修订时又删除了原子核变换方法获得的物质不授予专利权的规定，其重要原因在于日本的原子能源产业发展到了国际上并不逊色的程度。②

二、专利权的本质性条件

一项发明创造要获得专利权，除了它属于法定的专利权客体范围之外，还需要满足它是有益于社会进步的“新”的、“有用”的发明创造。即，获得专利权的发明应具有新颖性、创造性和实用性，这些条件被称作为专利授权的实质性或本质性条件。在传统专利法上，创造性条件为晚近发展的概念，被称为 Novelty-plus 测试。美国于 1851 年审理的 Hotchkiss v. Greenwood 案在新颖性标准外特别关注了系争标的的创造性，该案确立了在专利授权判断中技术进步的地位，后逐渐演化为“非显而易见性”标准。中国《专利法》第二章“授予专利权的条件”共有 4 条，其第 22 条第 1 款规定：“授予专利权的发明和实用新型，应当具备新颖性、创造性和实用性。”一般来说，新颖性与创造性的判断都是从现有技术出发，它是指专利权所保护的发明创造不属于现有技术的范畴。因此，现有技术构成了新颖性与创造性条件判断的前提。

(一) 现有技术

现有技术，是指申请日(有优先权的，指优先权日)以前在国内外为公众所知(available to the public)的技术。该定义分别从时间、形式以及地域等方面界定了现有技术的判断标准。

---

① 参见北京市高级人民法院(2016)京行终 2386 号行政裁定书。

② 参见[日]青山纮一：《日本专利法概论》，聂宁乐译，知识产权出版社 2014 年版，第 112 页。

现有技术的时间标准是指在确定现有技术时以何时所公开的技术为标准。因为技术时时刻刻在发生变化，不断涌现的新技术进入现有技术的范畴，为了判断申请案是否值得授予专利权，有必要确定一个时间点，以此来确定发明人的技术贡献。从比较法来看，主要有三种不同做法。第一种是以发明完成的时间为现有技术的判断标准。即，如果该发明在完成时，尚未为公众所知悉，即使在申请专利时已属公知的技术，仍不构成现有技术。2011 年美国发明法案之前的专利法采取该种立法模式。第二种是以专利申请时刻为判断标准。日本专利法第 29 条采取这一立法模式。“专利申请之前”的措辞表明其时间标准不仅要考虑到专利申请的日期，还要考虑到时刻。如果一项技术在某日上午为公众所知，同日下午才申请专利的话，该技术就已经进入现有技术的范围。第三种做法是以专利申请日作为判断标准。德、法、英等国均采取该立法模式，2011 年美国发明法案修订其 1956 年专利法，改采申请日的标准。这也是中国专利法的做法。

现有技术的记载形式，在传统专利法中主要规定有书面公开、使用公开和口头等其他形式公开。书面公开，是指在公开的资料上用文字、图表等形式记载技术方案的形式。使用公开通常是指通过技术的使用（如新产品的销售、展览、新方法的公开使用等）而向公众公开的形式。其他形式的公开是指上述两种方式之外的、能够为公众所合法获得技术的形式，如通过电视节目公开技术。中国《专利法》曾经规定了出版物公开、公开使用与以其他方式为公众所知等三种形式，并分别规定了不同的标准。在互联网时代，信息技术成为记载技术的重要媒介。日本专利法在 1999 年修订时明确规定：“通过电子通讯线路使得公众可以得到的发明”落入现有技术的范围。尽管它与传统的公开形式有一定差异，但其日益成为技术传播的主要手段。在中国，有很多案件涉及微信公众号、朋友圈等发布的产品设计或技术方案，这些新的技术载体形式，并不影响其具体认定标准。

现有技术的判断还包括地域标准。在传统上，有三类地域标准：全球标准，即在全世界范围内为公众所知的技术，都属于现有技术。只要任何地方披露过的技术，都属于现有技术。如法国、英国和德国等国的立法。本国标准，即在本国境内为公众所知的技术，为现有技术。其立法有澳大利亚等国。混合标准，一般的立法是以书面形式披露的技术采取全球标准，但使用或其他形式所披露的技术采取本国标准。中国《专利法》(2000)曾经采取混合标准，在出版物公开方面采取全球标准、使用或其他方式公开方面采取本国标准。专利法在 2011 年美国发明法案生效前也采该标准。从国际发展的趋势来看，随着信息技术、交通技术的发展和人员跨境流动的日常化，以及在经济全球化的基本趋势下，全球标准为越来越多的国家所采用。

现有技术的核心标准是“为公众所知的”技术。公众，即指对发明人不负有保密义务的人，即不特定的社会公众。换句话说，负有保密义务的人不属于公众的范围，它不仅包括受保密规定或协议约束的情形，还包括社会观念或者商业习惯上被认为应当承担保密义务的情形，即默契保密的情形。如果他人从负有保密义务的人处合法地获得的技术，属于现有技术的范围。另外，现有技术属为公众“所知”(be available)的技术，它是指技术处于为公众所能合法获得的状态。故它包括两类状态：已为公众所知悉的技术、有被公众合法获得可能性的技术。譬如，某些技术方案记载于公开发行的出版物上，无论在专利申请时是否为一般公众实际阅读，也无论其刊物发行量有多大，它都属于现有技术。出版物，通常是指图书、期刊以及其他类似的信息介质（如电子图书、期刊等光盘载体、网络服务、缩微胶卷等）。为图书馆收藏的论文，如果属于自由阅览的范围，则属于已公开的出版物。公开发行的广告宣传册，也属于已公开的出版物。对于公开使用的技术，如果已上市的产品可以通过反向工程获得；或者在不特定的人员参观工厂时可以合法获知的制造状况；以及已为同行广为采纳的技术，都属于现有技术。

现有技术是指“申请日之前”为公众所知的技术。如果专利申请日与技术的公开日相同，则应不属于现有技术的范围。此外，如果申请人享有优先权，现有技术也仅指优先权日之前为公众所知的技术。

（二）新颖性

新颖性，是指该发明或者实用新型不属于现有技术；也没有任何单位或者个人就同样的发明或者实用新型在申请日以前向专利审查部门提出过申请，并记载在申请日以后公布的专利申请文件或者公告的专利文件中。根据中国《专利法》第 22 条第 2 款的规定，落入现有技术范围的专利申请案不具有新颖性，以及构成抵触申请的申请案也不具有新颖性。

(1) 抵触申请。中国《专利法》在 2008 年修订之前关于抵触申请的规定略有不同："新颖性，是指在申请日以前……没有同样的发明或者实用新型由他人向国务院专利行政部门提出过申请并且记载在申请日以后公布的专利申请文件中。"根据该规定，同一申请人或发明人先后以相同的技术方案申请发明专利或实用新型专利，或者同时申请发明和实用新型专利，并不构成抵触申请。但是，根据《专利法》(2008)第 9 条规定："同样的发明创造只能授予一项专利权。"一般认为，禁止重复授权是指同样的发明创造不能有两项或者两项以上的处于有效状态的专利权同时存在；在现行的制度安排下，同一申请人就同样的发明创造既申请实用新型专利又申请发明专利的，只要两项专利权不同时存在，就不违反禁止重复授权原则。因此，禁止重复授权仅指前一情形(同样的发明专利或实用新型专利)。2008 年修订的《专利法》将"他人"修改为"任何单位或者个人"，则应该解释为不包括同一申请人或发明人的情形。同时，第 9 条规定："同一申请人同日对同样的发明创造既申请实用新型专利又申请发明专利，先获得的实用新型专利权尚未终止，且申请人声明放弃该实用新型专利权的，可以授予发明专利权。"在先申请构成抵触申请或已公开构成现有技术的，应根据《专利法》第 22 条第 2 款、3 款，而不是根据《专利法》第 9 条对在后专利申请(或专利)进行审查。

根据第 22 条第 2 款的规定，构成抵触申请的要件包括：在先申请的申请日(有优先权的是指优先权日)早于在后申请的申请日；在先申请的公开日晚于在后申请的申请日，其中对于发明专利申请，公开是指申请公布日；在后申请的权利要求所要求保护的技术方案已经被在先申请的整个申请文件所披露。其中，前两个条件是构成抵触申请的形式要件，第三个条件是构成抵触申请的实质要件。在符合形式要件的前提下，应当将在后申请的权利要求保护的技术方案与在先申请文件(包括权利要求书、说明书、附图等)记载的全部内容进行比较，判断二者是否属于《专利法》第 22 条第 2 款所指的"同样的发明或者实用新型"。一般来说，同样的发明或实用新型与在先申请的说明书、权利要求书、附图中记载的发明或实用新型相同(含实质相同)，即构成抵触申请。因此，用以比对的技术方案，不但包括被写入权利要求书中的技术，还包括在说明书中披露的背景技术等。

"同样的发明或者实用新型"这一术语为专利法上不同的具体制度所使用，如中国《专利法》第 9 条规定的"禁止重复授权"与"先申请原则"。此外，它还与第 29 条规定的"优先权制度"中的"相同主题"容易混淆。最高人民法院在(2007)行提字第 4 号行政判决书中认为：

> 禁止重复授权的目的在于防止对于同样的发明创造有两项或者两项以上的专利权同时存在而导致专利权之间的冲突或者不必要的重叠，只要两项专利申请或者专利要求保护的内容不同，即可以达到防止重复授权的目的。因此，……同样的发明创造，应当是指保护范围相同的专利申请或者专利；在判断方法上，应当仅就各自请求保护的内容进行比较即可。对于发明和实用新型而言，应当将两件发明或者实用新型专利申请或专利的权利要求书的内容进行比较，而不是将权利要求书与专利申请或专利文件的全部内容进行比较。被比对

> 的两项权利要求所要求保护的范围相同的，应当认为是同样的发明创造；要求保护的范围不同的，不论二者的说明书内容是否相同，均不属于同样的发明创造。对于一个专利申请或者专利要求保护的范围完全落入并小于另一专利申请要求保护的范围的情形，即权利要求保护范围部分重叠的，也不能认为属于同样的发明创造而依据禁止重复授权原则拒绝授予其中一项申请以专利权，而是应当根据对新颖性、创造性等其他专利授权条件的审查来决定是否授予专利权。……
>
> 需要指出的是，同样的发明创造与相同主题的发明创造是两个不同的概念……就发明和实用新型而言，这两个概念在本质上都是指比对对象之间在技术领域、所解决的技术问题、技术方案和预期效果上相同。……但是，基于不同的立法目的和操作需要，两个概念分别具有不同的法律意义，各自的对比判断方式因比对对象不同而有所不同，不能混同或者替换使用。优先权制度的目的在于为同一申请人的国际或国内专利申请提供便利，将在优先权期限内提出的相同主题的在后申请看作在首次申请的申请日提出。在判断方式上，“相同主题”的发明或者实用新型是以在后申请的权利要求所要求保护的技术方案与首次申请中的全部内容（包括权利要求书和说明书）进行比对。这与新颖性的判断方式基本相同，但与同样的发明创造仅就权利要求书进行比对的方式明显不同。

(2) 新颖性的宽限期。申请专利的发明创造在申请日以前六个月内，发生专利法规定的情形之一的，该申请不丧失新颖性。即这些情况不构成影响该申请的现有技术。这里所说的六个月期限，被称为宽限期，或者被称为优惠期。中国《专利法》第 24 条规定，申请专利的发明创造在申请日以前六个月内，有下列情形之一的，不丧失新颖性：① 在国家出现紧急状态或者非常情况时，为公共利益目的首次公开的。② 在中国政府主办或者承认的国际展览会上首次展出的，即国际展览会公约规定的在国际展览局注册或者由其认可的国际展览会。③ 在规定的学术会议或者技术会议上首次发表的，即国务院有关主管部门或者全国性学术团体组织召开的学术会议或者技术会议。④ 他人未经申请人同意而泄露其内容的。申请人应当在提出专利申请时声明，并自申请日起 2 个月内（第 2 项、3 项）或指定期限（第 4 项）内提交相关证明文件。宽限期的规定仅适用于新颖性和创造性的判断。从本质来看，发明创造公开以后已经成为现有技术，只是这种公开在一定期限内对申请人的专利申请来说不视为影响其新颖性和创造性的现有技术，但并不是把发明创造的公开日看作专利申请的申请日。

(3) 新颖性的判断实务。审查新颖性时，首先，需要确定申请案中的技术方案。通常来说，它根据权利要求的记载进行，如果权利要求的记载存在不清楚之处，则用说明书记载的内容来确定。因此，它也需要进行权利要求的解释。其次，确定对比文件。为判断发明或者实用新型是否具备新颖性或创造性等所引用的相关文件，包括专利文件和非专利文件，统称为对比文件。对比文件是客观存在的技术资料；它可以是一份，也可以是数份；所引用的内容可以是每份对比文件的全部内容，也可以是其中的部分内容。最后，进行对比判断。将申请案所记载的技术方案与对比文件所记载的技术方案进行对比，如果两者之间存在区别点，则该发明具有新颖性；否则，就不具有新颖性。对比应从技术方案整体出发，其技术领域、所解决的技术问题、技术方案和预期效果实质上相同。判断新颖性时，应当将发明或者实用新型专利申请的各项权利要求分别与每一项现有技术或申请在先公布或公告在后的发明或实用新型的相关技术内容单独地进行比较，不得将其与几项现有技术或者申请在先公布或公告在后的发明或者实用新型内容的组合，或者与一份对比文件中的多项技术方案的组合进行对比。

新颖性的判断要求在一份对比文件中明确或者“直接无歧义”的包含权利要求保护的每一个

技术特征。这被称为“文本边界测试”(four-corners test)。在这一判断方法中,如果权利要求保护的技术方案能够在一份对比文件中的范围内容找到,即不具有新颖性。但是,为了确定该对比文件中某一技术特征的含义,有时可以参阅其他多份对比文件。使用其他对比文件的目的只能是证明相关技术领域的普通技术人员对该技术特征“直接且无歧义”的获知,不得引入新的技术特征。或者说,在确定对比文件的范围时,如果依据技术常识即能导入的技术特征,也可作为新颖性判断的基础。因此,如果要求保护的发明或者实用新型与对比文件的区别仅仅是所属技术领域的惯用手段的直接置换,则该发明或者实用新型不具备新颖性。

(三) 创造性

一项发明创造获得专利权的保护,不仅要具有新颖性,而且还要比现有技术具有进步性,即对相关技术领域作出了足够的知识贡献,而不只是从现有技术中简单推演出来的微不足道的新事物,并进而表明排他权的授予是正当的。即,专利权保护那些对新的技术发展作出了重要贡献的人。这一标准,在不同国家的立法上有不同表述,如“非显而易见性”(美国)、“发明高度”(德国)、“发明步骤”(EPC)、“创造性”(法国)等。中国《专利法》第 22 条第 3 款规定:“创造性,是指与现有技术相比,该发明具有突出的实质性特点和显著的进步,该实用新型具有实质性特点和进步。”

进行创造性的判断,首先是与申请日以前的现有技术进行对比。这些用以评估创造性的现有技术被称为对比文件。但与新颖性判断的单一比对不同,审查创造性时,将一份或者多份现有技术中的不同的技术内容组合在一起对要求保护的发明进行评价。确定最接近的现有技术是创造性判断的第一步。最接近的现有技术,是指现有技术中与要求保护的发明最密切相关的一个技术方案,一般来说,它常常与要求保护的发明在技术领域、要解决的技术问题、技术效果、用途、功能以及技术特征等方面相同或相关的技术。

其次,创造性的判断应对技术方案做客观、整体评估,确定发明的区别特征和发明实际解决的技术问题。① 应当客观分析并确定发明实际解决的技术问题、技术方案。创造性的判断要避免“事后诸葛亮”。判断发明的创造性时,由于审查员或法官是在了解了发明内容之后才作出判断,因而容易对发明的创造性估计偏低,从而犯“事后诸葛亮”的错误。因此,对发明的创造性评价是由发明所属技术领域的技术人员依据申请日以前的现有技术与发明进行比较而作出的,以减少和避免主观因素的影响。② 应当对技术方案进行整体评估。对于已有技术特征的组合发明而言,整体评估具有重要意义。即,不得将发明的技术方案所包含的技术特征单独与现有技术进行比较。如一项技术方案由 A、B、C 三项技术特征组成,并不能因为这三项技术特征已为现有技术所公开而被认为不具有独创性。最高人民法院在(2012)行提字第 7 号行政判决书中认为:

> 在评价发明创造是否具备创造性时,不仅要考虑发明创造的技术方案本身,还要考虑发明创造所属的技术领域、所解决的技术问题和所产生的技术效果,将其作为一个整体看待,即应从发明创造的技术原理、技术构思、技术效果等方面综合认定。……技术领域是要求保护的发明或者实用新型所属或者应用的具体技术领域,不是上位的或者相邻的技术领域,也不是发明或者实用新型本身。确定发明或者实用新型所属的技术领域,应当以权利要求所限定的内容为准,一般根据专利的主题名称,结合技术方案所实现的技术功能、用途加以确定。

最后,创造性的判断是将申请案与现有技术进行对比,衡量其与现有技术之间的具体差异。发明有“突出的实质性特点”,是指对所属技术领域的技术人员来说,发明相对于现有技术是非显而易见的。它不是所属技术领域的技术人员在现有技术的基础上仅仅通过合乎逻辑的分析、推理或者有限的试验可以得到的。"所属技术领域的技术人员"或"本领域的普通技术人员",是专利法上极为重要的法律概念之一。它是一种假设的"人",其实为一项法律标准,是指:① 知识水平——以申请日以前的现有技术("知晓申请日或者优先权日之前发明所属技术领域所有的普通技术知识,能够获知该领域中所有的现有技术")、常规技术手段(掌握"该日期之前常规实验手段")为标准。② 能力水平——不具有创造能力。但是,如果所要解决的技术问题能够促使本领域的技术人员在其他技术领域寻找技术手段,它也应具有从该其他技术领域中获知该申请日或优先权日之前的相关现有技术、普通技术知识和常规实验手段的能力。

如何从"所属技术领域的技术人员"出发判断申请案的"非显而易见性"? 其基本标准是,要从最接近的现有技术和发明实际解决的技术问题出发,判断要求保护的发明对本领域的技术人员来说是否显而易见。美国法院确立的"教导—启示—动机"标准(Teaching-Suggestion-Motivation Test)为中国《专利审查指南》所采用:"判断过程中,要确定的是现有技术整体上是否存在某种技术启示,即现有技术中是否给出将上述区别特征应用到该最接近的现有技术以解决其存在的技术问题(即发明实际解决的技术问题)的启示,这种启示会使本领域的技术人员在面对所述技术问题时,有动机改进该最接近的现有技术并获得要求保护的发明。如果现有技术存在这种技术启示,则发明是显而易见的,不具有突出的实质性特点。"

创造性判断存在一些辅助标准,它们常常是具有"非显而易见性"的重要体现。譬如,发明解决了人们一直渴望解决但始终未能获得成功的技术难题、发明克服了技术偏见、发明取得了预料不到的技术效果、发明代表某种新技术发展趋势以及发明在商业上获得成功。但是,要注意的是,当发明的产品在商业上获得成功时,如果这种成功是由于发明的技术特征直接导致的,则这类发明具有突出的实质性特点和显著的进步,具备创造性。但是,如果商业上的成功是由于其他原因所致,例如由于销售技术的改进或者广告宣传造成的,则不能作为判断创造性的依据。此外,中国《专利法》上的创造性还包括"显著的进步",即要考虑发明是否具有有益的技术效果。要注意的是,尽管发明在某些方面有负面效果,但在其他方面具有明显积极的技术效果,一般也认为它是符合"显著的进步"的要求。

上述创造性判断的辅助性标准具有次位性。最高人民法院在(2016)最高法行再 41 号行政判决书中认为:

> 意料不到的技术效果是创造性判断的辅助因素,而且作为一种倒推的判断方法,具有特殊性,不具有普遍适用性。因此,只有在经过"三步法"审查和判断得不出是否是非显而易见时,才能根据具有意料不到的技术效果认定专利申请是否具有创造性,通常不宜跨过"三步法"直接适用具有意想不到的技术效果来判断专利申请是否具有创造性。

根据中国《专利法》的规定,实用新型专利须"具有实质性特点和进步",其创造性标准要低于发明专利。最高人民法院在(2011)知行字第 19 号行政裁定书中认为:

> 专利制度不仅要维护专利权人的合法权益,还要充分考虑社会公众的合法权益,进而实现两者之间的平衡。为了实现上述平衡,就需要设置合理的专利授权标准。对于发明或者实用新型专利而言,需要设立合理的创造性判断标准。如果创造性标准设置得太低,就会导致创新程度不高的专利申请较容易获得授权或者很难被宣告无效,势必会限制技术的传播和利用,不利于科技进步和社会发展,损害社会公众利益。如果创造性标准设置得太高,专

利申请获得授权的难度就会大大提高，将会减损专利法对技术创新的激励作用。……专利法规定的实用新型专利的创造性标准低于发明专利的创造性标准。……发明专利和实用新型专利的创造性标准不同，因此技术比对时所考虑的现有技术领域也应当有所不同，这是体现发明专利和实用新型专利创造性标准差别的一个重要方面。

……由于技术领域范围的划分与专利创造性要求的高低密切相关，考虑到实用新型专利创造性标准要求较低，因此在评价其创造性时所考虑的现有技术领域范围应当较窄，一般应当着重比对实用新型专利所属技术领域的现有技术。但是在现有技术已经给出明确的技术启示，促使本领域技术人员到相近或者相关的技术领域寻找有关技术手段的情形下，也可以考虑相近或者相关技术领域的现有技术。所谓明确的技术启示是指明确记载在现有技术中的技术启示或者本领域技术人员能够从现有技术直接、毫无疑义地确定的技术启示。

(四) 实用性

一般来说，一项发明创造通常是有用的；即使是不理性的申请人，对无用的发明享有排他性权利也不会产生严重的社会危害。因此，在审查实务与司法诉讼中，因申请案的实用性而驳回申请或宣告专利无效的情形是比较少的。在生物科技兴起之前，它也很少得到人们的重视。随着生物和化学领域的技术发展，技术人员较为容易地开发出新的物质，但往往没有确定其具体用途。这导致大量授予的专利权可能阻碍其他人的研究活动，专利制度是否应该保护这些纯理论性的研究成果，这成为理论上和实务中较有争议的一项问题。在这一背景下，实用性标准具有重要的价值。

在美国法上，根据实用性的基本目的，分为有益实用性、基本实用性与特定实用性。所谓有益实用性，实际上是美国法上将不道德的发明（如欺骗消费者的设备）视为缺乏实用性。但由于专利法并不是禁止欺骗的法律，在美国专利案件中已基本不再适用该标准。所谓基本实用性，是指专利能产生实际效果，即发明的本质是否违背科学真理。特定实用性是指发明能产生其设计目标的效果，它在现代化学和生物科技发明中非常重要，因为这些发明通常需要经历很长时间才能真正确定其特定用途。①

在欧盟、日本以及中国，实用性实质是指产业应用性。如日本专利法第 29 条规定，完成了产业上可利用的发明人……可就该发明获得专利。中国《专利法》第 22 条第 4 款的规定："实用性，是指该发明或者实用新型能够制造或者使用，并且能够产生积极效果。"《专利审查指南》将其具体化为"能够在产业上制造或者使用"。如同日本法一样，这里的"产业"须做广义解释，除了制造业外，它还包括农业、林业、水产业、畜牧业、交通运输业以及文化体育、生活用品和医疗器械等行业。

第一，能够制造或者使用，即具有产业上的可重复性，或再现性。再现性，是指所属技术领域的技术人员，根据公开的技术内容，能够重复实施专利申请中为解决技术问题所采用的技术方案。这种重复实施不得依赖任何随机的因素，并且实施结果应该是相同的。需要注意的是，重复性的概率无须特别高，产品的成品率低与不具有再现性是有本质区别的。在产业上能够制造或者使用的技术方案，是指符合自然规律、具有技术特征的任何可实施的技术方案。违背自然规律的发明或者实用新型专利申请是不能实施的，因此，不具备实用性。同时，它也不符合可专利的客体条件。例如，最高人民法院在（2017）最高法行申 1083 号行政裁定书中认为：

---

① 参见 Martin J. Adelman 等：《美国专利法》，郑胜利等译，知识产权出版社 2011 年版，第 37 - 39 页。

> 发明专利申请具备实用性的基本前提是该发明应当建立在现有且公认的自然规律之上。明显违背自然规律的发明当然不具备实用性。能量守恒定律属于物理学的基本定律之一。……对发明专利申请是否具有实用性的审查,是审查该发明专利申请的权利要求所记载的技术方案是否具有实用性。……关于权利要求保护的方案,在正常工作后,静电平衡电动机系统作为一个封闭系统,在没有外界能量输入情况下,不仅能维持自身正常工作,还能向外输出机械能,即整个系统能量输出大于能量输入,明显违背能量守恒定律。

不属于产业上利用的情形还包括:① 非治疗目的的外科手术方法。以治疗为目的的外科手术方法属于不授予专利权的客体;非治疗目的的外科手术方法,由于是以有生命的人或者动物为实施对象,无法在产业上使用,因此不具备实用性。例如,为美容而实施的外科手术方法,或者采用外科手术从活牛身体上摘取牛黄的方法。② 测量人体或动物体在极限情况下的生理参数需要将被测对象置于极限环境中,这会对人或动物的生命构成威胁。③ 发明或者实用新型专利申请不得是由自然条件限定的独一无二的产品。依赖于厨师的技术、创作等不确定因素导致不能重复实施的烹调方法、菜肴也不具有实用性。

第二,具有积极效果,即有用性。它是指发明产生的经济、技术和社会的效果是所属技术领域的技术人员可以预料到的。这些效果应当是积极的和有益的。不具备有用性的发明并非必然不具有产业利用性,如前所述,在一般情况下,它无须特别关注。但在某些领域,如生物技术相关发明,具备有用性是实用性判断的重要条件。

三、专利权的技术公开条件

理论上认为,专利是社会与发明人之间的契约,即发明人通过向社会公开其发明创造,以获取社会赋予其一定期限内的排他权。在传统理论上,专利制度强调其两项制度功用:一是对发明的创造、发展和商业化等创新行为提供激励;二是通过对技术信息的传播,促进技术扩散,从而加速社会生产力的提高。保障专利制度这一立法目的得以实现的重要制度就是技术公开条件。该条件是指申请人在专利申请文件(特别是说明书、权利要求书)中应当公开能够实施该发明的技术方案。其主要目的在于使发明人之外的其他人能够从申请人公开的内容中获益。

尽管《巴黎公约》并未规定专利申请人的技术公开条件,但 TRIPs 协议第 29 条第 1 款明确规定:"成员方应(shall)规定专利申请人必须充分完整和清晰地公开发明,以使得本技术领域的普通技术人员能够实施;也可(may)规定申请人公开其在申请日所知悉的、实施发明的最佳模式,如果申请人要求取得优先权,则需在优先权申请之日指明实施发明的最佳模式。"第 2 款规定:"成员方可要求专利申请者提供关于该申请者在国外相同的申请与授权情况的信息。"《专利合作条约》(Patent Cooperation Treaty,PCT)第 5 条也有规定。中国《专利法》第 26 条第 3 款规定:"说明书应当对发明或者实用新型作出清楚、完整的说明,以所属技术领域的技术人员能够实现为准;必要的时候,应当有附图。"该款被称为可实施性条件。第 4 款规定:"权利要求书应当以说明书为依据,清楚、简要地限定要求专利保护的范围。"该款包括合理支持条件与权利要求明确条件。此外,《专利法》第 33 条规定:"申请人可以对其专利申请文件进行修改,但是,对发明和实用新型专利申请文件的修改不得超出原说明书和权利要求书记载的范围,对外观设计专利申请文件的修改不得超出原图片或者照片表示的范围。"即,修改不得超范围。

(一) 专利公开的制度价值与基本功能

传统理论认为,专利制度的公开功能具有三个方面的基本价值:① 促进技术的溢出效应。技术信息作为一种公共产品,具有正外部性的特点,能够传播并予以扩散。技术溢出是一个国家/

行业提高生产力的关键因素。专利公开促进的技术溢出效应主要包括行业内技术溢出和行业间技术溢出等情形。技术信息的传播是其他生产厂家得以学习提高生产力的重要原因。对于竞争者而言，发明信息的公开是得以进行周边设计的重要依据，也是他人在现有发明的基础上作出改进的基础。对于非竞争者而言，发明信息的公开可能是其新思想的重要来源。② 减少重复研究成本的浪费。专利公开制度使得新技术向公众公开，而依专利法的规定，对发明予以公开充分可以减少重复性研究成本的浪费。因为专利权存在垄断性特点，也因为专利法规定了先申请原则，所以后来者的研究开发将不可避免成为其投资的浪费，而为了争取特定技术上发明的专利权，许多企业之间进行专利竞赛。先申请原则减少了专利竞赛所导致的资源浪费，因为对发明技术的公开使得后来者无须投入资金研发即可获得发明技术的信息，竞争者可以在此基础上改进发明，也可以进行与发明有关的周边设计。③ 提高专利权的透明度。在现代专利法中，权利要求书等申请文献的公开即是权利公示的一种制度。其公示作用在于，通过专利文献尤其是权利要求书的披露，使得社会公众可以确定专利权的范围，确定该技术上的权利状态，使得产品的生产者能够避免侵权行为的发生，从而降低交易成本。

一般认为，上述三个方面体现了专利公开制度的三项具体功能，它们分别是：信息传播功能、教导功能和占有功能。从逻辑上讲，专利制度的公开功能是透过专利文献的披露，向社会公众传递可专利发明的权利信息和技术信息，因而属于信息传播功能的范畴；发明是否具有可专利性是通过说明书的书面描述来展示的，即发明人实际上已经作出了发明，这体现的是对发明的占有功能；而专利制度对技术溢出效应的促进，主要是通过对发明的具体详细的描述，使得技术人员或社会公众获得实施发明或进行后续创新的信息，此为专利公开制度的教导功能。

（二）可实施性条件

可实施性条件是确保专利公开充分性的核心原则，其基本要义在于确保申请人与社会之间的对价平等。因此，申请人在专利申请时，必须充分地公开技术信息，使该领域的普通技术人员根据说明书的描述而能够制造并使用其发明创造。因此，其基本构成为：主体标准，即“所属技术领域的技术人员”；客观标准，即说明书“清楚”“完整”“能够实现”。根据中国的专利审查实践，“所属技术领域的技术人员”采取创造性审查的同一标准。而“清楚”“完整”与“能够实现”并非完全并列的关系，从本质上讲，“能够实现”是判断“清楚”“完整”的基本准则。即，只有说明书清楚、完整到足以使所属技术领域的技术人员能够实现所述发明或实用新型的程度，其公开才是充分的。

《专利审查指南》规定：“所属技术领域的技术人员能够实现，是指所属技术领域的技术人员按照说明书记载的内容，就能够实现该发明或者实用新型的技术方案，解决其技术问题，并且产生预期的技术效果。”而是否“清楚”“完整”，也须以所属技术领域的技术人员来判断。它包含有两层含义：“一是说明书应当充分描述发明主题、目的和为实现发明目的所采用的技术方案以及所能达到的技术效果。二是所属技术领域的技术人员根据说明书的描述和公知技术，凭借自身所具备的一般专业技能足以实现该发明。”①但是，专利说明书“不能有任何疑问或者概念、含义上的空白”，不能属于“本领域普通技术人员无法从现有技术中直接知晓的”。对于上述不属于现有技术的内容，不能补入专利说明书中，因为“在说明书的背景技术中，可以补入”的是相关文件中记载的现有技术。《专利授权确权解释一》规定，“说明书未充分公开特定技术内容，导致在专利

---

①　程永顺主编：《专利行政案件判例集》（1994—2001），知识产权出版社2004年版，第998页。《专利审查指南（2010）》第二部分第二章第2.1.1条规定，说明书的内容应当清楚，即主题明确、表述准确；另依第2.2.7条，其标准是“使所属技术领域的技术人员容易理解”。

申请日有下列情形之一的，人民法院应当认定说明书及与该特定技术内容相关的权利要求不符合专利法第二十六条第三款的规定：（一）权利要求限定的技术方案不能实施的；（二）实施权利要求限定的技术方案不能解决发明或者实用新型所要解决的技术问题的；（三）确认权利要求限定的技术方案能够解决发明或者实用新型所要解决的技术问题，需要付出过度劳动的”。

应该从说明书整体（包括说明书、附图等）来判断公开是否充分，而不是仅仅依靠其中的技术方案部分。而说明书的公开是否满足了第 26 条第 3 款之要求：“要以权利要求书为依据，考察权利要求书所保护的技术方案在说明书中是否充分公开。”[①]说明书中的一些术语，其含义是从本领域的普通技术人员之理解来确定的，不应包括申请日以后的技术，或者是否包括申请日以后的新技术，与说明书是否满足专利法第 26 条第 3 款、4 款之规定无关。[②] 公开充分的详细描述是指符合《专利法实施细则》第 17 条规定的说明书撰写结构和顺序。[③] 因而，“至于说专利权人未将该发明中涉及的一些机理现象在说明书中予以说明一节，并非是授予产品发明专利权的必备要求”。但是，说明书中仅有原理的公开是不够的。例如，普通技术人员“必须借助电路图才能具体表达原理图所设计的技术方案”，因为“原理图中电子专业词组是该领域普通技术人员所能掌握的一般性常识，但（原理图）仅是电子专业词组的排列，其所要表达的技术内容不能为技术人员所实现”。

公开充分性也包括提供实施例的要求。《专利审查指南 2010》第二部分第二章第 2.2.6 条规定：“实现发明或者实用新型的优选的具体实施方式是说明书的重要组成部分，它对于充分公开、理解和实现发明或者实用新型，支持和解释权利要求都是极为重要的。”“优选的具体实施方式应当体现申请中解决技术问题所采用的技术方案，并应当对权利要求的技术特征给予详细说明，以支持权利要求。”“对优选的具体实施方式的描述应当详细，使发明或者实用新型所属技术领域的技术人员能够实现该发明或者实用新型。”

在实施发明的某些技术细节被省略之情形，《专利法》第 26 条第 3 款是否得到满足，判断的关键在于，专利申请人是否能够提供充分的证据证明普通技术人员借助于公知常识与说明书的教导可以生产出专利产品。因此，如果某种产品依赖一项特殊方法而生产出来的，但申请人又未能公开该方法，其关键之处就在于上述证据能否予以证明。

以功能或者效果限定的技术特征，是指对于结构、组分、步骤、条件等技术特征或者技术特征之间的相互关系等，仅通过其在发明创造中所起的功能或者效果进行限定的技术特征，但所属技术领域的技术人员通过阅读权利要求即可直接、明确地确定实现该功能或者效果的具体实施方

---

① 程永顺主编：《专利行政案件判例集》（1994—2001），知识产权出版社 2004 年版，第 1091 页。《专利审查指南 2010》规定：“完整的说明书应当包括有关理解、实现发明或者实用新型所需的全部技术内容。”其包括：帮助理解发明或者实用新型不可缺少的内容；确定发明或者实用新型具有新颖性、创造性和实用性所需的内容；实现发明或者实用新型所需的内容；对于克服了技术偏见的发明或者实用新型，说明书中还应当解释为什么说该发明或者实用新型克服了技术偏见，新的技术方案与技术偏见之间的差别以及为克服技术偏见所采用的技术手段；凡是所属技术领域的技术人员不能从现有技术中直接、唯一地得出的有关内容，均应当在说明书中描述。

② 程永顺主编：《专利行政案件判例集》（1994—2001），知识产权出版社 2004 年版，第 318、328 页。《专利审查指南 2010》规定：说明书应当使用发明或者实用新型所属技术领域的技术术语。对于自然科学名词，国家有规定的，应当采用统一的术语，国家没有规定的，可以采用所属技术领域约定俗成的术语，也可以采用鲜为人知或者最新出现的科技术语，或者直接使用外来语（中文音译或意译词），但是其含义对所属技术领域的技术人员来说必须是清楚的，不会造成理解错误；必要时可以采用自定义词，在这种情况下，应当给出明确的定义或者说明。

③ 该条规定：“专利申请人应当按照前款规定的方式和顺序撰写说明书，并在说明书每一部分前面写明标题，除非其发明或者实用新型的性质用其他方式或者顺序撰写能节约说明书的篇幅并使他人能够准确理解其发明或者实用新型。”

式的除外。对于前款规定的以功能或者效果限定的技术特征，权利要求书、说明书及附图未公开能够实现该功能或者效果的任何具体实施方式的，人民法院应当认定说明书和具有该技术特征的权利要求不符合《专利法》第 26 条第 3 款的规定。

关于实验数据的提供，药品专利申请人在申请日以后提交补充实验数据，主张依赖该数据证明专利申请符合《专利法》第 22 条第 3 款、第 26 条第 3 款等规定的，人民法院应予审查。当事人对实验数据的真实性产生争议的，提交实验数据的一方当事人应当举证证明实验数据的来源和形成过程。人民法院可以通知实验负责人到庭，就实验原料、步骤、条件、环境或者参数以及完成实验的人员、机构等作出说明。

天津市联想药业有限公司等与辉瑞爱尔兰药品公司等专利无效行政纠纷案中，辉瑞爱尔兰药品公司拥有一项"用于治疗阳痿的吡唑并嘧啶酮类"发明专利。争议的问题是，专利说明书表述了第一级至第五级化合物范围，但未能全部公开化合物的实验数据。例如，以马库什通式形式表述的第一级化合物的数目巨大，即使第四级化合物的数目也超过了 100 种。国务院专利行政部门认为，由于说明书记载的试验数据有限，而对上述试验数据和相关技术效果的描述，也未能作出足以认定其具体归属于第五级化合物的说明，故而对于所属领域的技术人员而言，根据本专利说明书的教导，不花费创造性劳动就无法确信该专利化合物具有发明目的之效果。

一审法院认为，对于实验性科学领域而言，技术方案的充分公开须依靠试验数据来进行说明，而涉案专利所属的"医药领域属于实验性科学领域，对其产生影响的因素是多方面、相互交叉、错综复杂的，仅以设计构思提出的技术方案不一定能够解决发明涉及的技术问题，而必须依靠试验数据予以说明。同时，技术效果在这类发明中占有十分突出的地位，故以试验数据定量地体现发明的效果，并将其与现有技术相比较是表明发明效果的最有效的方法之一"。初审法院确认，国务院专利行政部门确定的第二医药用途发明专利说明书公开是否充分的标准是适当的，即，"如果根据说明书的内容不能确信该药品具有并可以达到说明书所述的技术效果，则从实现该药品第二医药用途的角度出发，本领域技术人员无法实现该发明"。在说明书中没有记载，仅由申请人或专利权人掌握的、不属于现有技术的技术资料，不能证明技术方案已经公开。

然而，一审法院否认了国务院专利行政部门关于说明书中所述的治疗效果及试验数据与第五级化合物缺乏关联之事实认定。一审法院认为，本专利说明书是以递进的方式分别给出了第一级至第五级化合物范围，本领域技术人员可以自然地理解所谓优选级别的确定应当与发明目的的实现密切相关，其标准应当是一致的，也就是说，特别优选的个别的本发明化合物，即第五级化合物的治疗效果是最佳的。因此，本领域技术人员确认作为这 9 个化合物之一的本专利权利要求化合物具有说明书所述的治疗效果是合乎情理的，而无须进一步花费创造性劳动。一审法院得到了上诉法院的完全认可。

本案对《专利法》第 26 条第 3 款所规定的可实施性条件确立了"常规试验"标准的考虑因素：① 技术的可预见性或不可预见性。对于实验性科学，通常被认为是属于不可预见性的技术领域，其必须充分公开必要的试验数据。② 实施发明所须试验的性质，即不能花费技术人员的创造性劳动。③ 现有技术的状态，即技术人员不能获取的技术，不属于现有技术。④ 是否存在起作用的实施例。⑤ 权利要求的广度，但无须披露所有实施方式，仅披露最优实施例即可。⑥ 技术人员的技术水平和说明书的教导，即由本领域的技术人员根据说明书的记载，并结合现有技术，是否确信权利要求能否得到实施。

（三）合理支持条件

中国《专利法》第 26 条第 4 款规定："权利要求书应当以说明书为依据，清楚、简要地限定要求专利保护的范围。"它要求每一项权利要求所保护的技术方案都应当在说明书中予以充分公开，如果使用的上位概念包含了申请人推测的内容，但其效果又难以预先确定和评价，则该种概括是不符合“合理支持条件”的。①

最高人民法院提审的许文庆诉国家知识产权局国务院专利行政部门、第三人刑鹏万宣告发明专利权无效纠纷提审案的争议焦点是，涉案发明专利的权利要求书是否以说明书为依据。即说明书对专利发明的公开是否符合书面描述的条件。本案的提审表明了最高人民法院意图促使“有关各方应当尽心协力提高专利申请授权水平”，从而确定以书面描述未能充分公开发明专利为理由主张专利权无效的法律标准，宣布“不愿意见到更多的以此种理由(说明书存在技术人员可克服的缺陷)宣告专利权无效的趋向”。

本案争议中的专利权利要求书和说明书的撰写存在一定的缺陷，每项权利要求所要求保护的技术方案在说明书中没有直接记载；其权利要求一的技术特征(b)的文字表述不够清楚，容易产生歧义。国家知识产权局国务院专利行政部门、北京市第二中级人民法院和北京市高级人民法院都认为：

> 权利要求书通常由公开的一个或多个实施例概括而成，权利要求的概括应当适当，使其保护范围正好适应说明书所公开的内容。权利要求概括的是否恰当，应参照与之相关的现有技术进行判断。如果权利要求的概括包括当事人推测的内容，而其效果又难以预先确定和评价，应当认为这种概括超出了专利申请原始公开的范围。
>
> 发明专利的权利要求1中记载的技术方案概括不适当，不完整，不同于说明书中记载的技术方案，没有以说明书为依据，得不到说明书的支持；权利要求2、3、4均没有以说明书为依据，不符合专利法第二十六条第四款的规定。

最高人民法院认为，权利要求一的技术特征1在说明书中第4段中有直接描述，技术特征a和b没有直接描述，但所属领域的技术人员(简称为技术人员)能够从说明书公开的内容中概括得出。即，权利要求书是否从说明书中得以公开，系以所属领域的技术人员来确定。由于第三人质疑技术人员标准，最高人民法院指出，从字面上看，《专利审查指南》(1993年文本)确实没有出现以“技术人员”作为判断权利要求是否得到说明书支持的依据的字样，但它规定了应“充分公开”，其“自然应当包括权利要求所要求保护的技术方案在说明书中直接描述过和所属技术领域的技术人员能够从说明书中公开的内容概括得出或者识别出来两种情况。事实上，专利复审委员会审查实践中，就一直这样掌握的”。在本案中，最高人民法院认为，技术人员通过阅读说明书

---

① 程永顺主编:《专利行政案件判例集》(1994—2001)，知识产权出版社2004年版，第367页。《专利审查指南2010》规定:“权利要求书应当以说明书为依据，是指权利要求应当得到说明书的支持。权利要求书中的每一项权利要求所要求保护的技术方案应当是所属技术领域的技术人员能够从说明书充分公开的内容中得到或概括得出的技术方案，并且不得超出说明书公开的范围。

权利要求的概括应当不超出说明书公开的范围。如果所属技术领域的技术人员可以合理预测说明书给出的实施方式的所有等同替代方式或明显变型方式都具备相同的性能或用途，则应当允许申请人将权利要求的保护范围概括至覆盖其所有的等同替代或明显变型的方式。对于权利要求概括得是否恰当，审查员应当参照与之相关的现有技术进行判断。开拓性发明可以比改进性发明有更宽的概括范围。”“对于用上位概念概括或用并列选择方式概括的权利要求，应当审查这种概括是否得到说明书的支持。如果权利要求的概括包含申请人推测的内容，而其效果又难于预先确定和评价，应当认为这种概括超出了说明书公开的范围。如果权利要求的概括使所属技术领域的技术人员有理由怀疑该上位概括或并列概括所包含的一种或多种下位概念或选择方式不能解决发明或者实用新型所要解决的技术问题，并达到相同的技术效果，则应当认为该权利要求没有得到说明书的支持。”

的相关段落和附图,并根据现有技术的教导,可以将分散在申请文献中各部分内容进行推理和概括,从而得到权利要求所涵盖的技术特征。

最高人民法院还认为,无效宣告的错误,“其主要原因在于对本案专利技术贡献的错误认定和对权利要求1特征(b)的错误解释”,既属对说明书相关技术披露的内容概括不当,也违反了专利法规定的、权利要求的解释原则。《专利法》第64条第1款规定:“发明或者实用新型专利权的保护范围以其权利要求的内容为准,说明书及附图可以用于解释权利要求的内容。”因此,解释权利要求的内容应当结合说明书及附图来进行。从本案发明专利权利要求的字面含义看,尽管存在歧义,但也并没有直接记载三种处理液的文字顺序就是工艺顺序;而从说明书实施例看,也没有描述三种处理液的文字顺序即为工艺步骤。

最高人民法院认为,现有技术的省略不会导致书面描述的不充分公开。权利人“虽然没有直接写进碱洗、酸洗、磷化步骤之间的‘水洗’步骤,但是,由于‘水洗’步骤是现有技术,已为权利要求1前序部分特征‘形成磷化层’所概括”,“掌握现有技术以及常识的本领域普通技术人员”“根据现有技术的教导,是完全能够理解到的”。非技术特征的省略也不会导致书面描述的不充分公开。“至于水洗步骤所用的水,并不是权利要求1特征(b)所说的处理液,……与本案无关”。“由于权利要求1特征(a)是为了实现各种处理液即碱液、酸液、磷化液处于连续而不间断地循环流动状态所需要的设备条件,并不针对涂料涂装。因此,涂料涂装时,冷却器是否和其他部件相连接形成闭路循环体系,与判断本案专利权利要求是否得到说明书的支持,也无任何关系”。

毫无疑问,本案对书面描述是否充分,提供了诸多标准:第一,确立了公开是否充分的“技术人员”标准,认为技术人员掌握所有现有技术、能够根据现有技术和说明书的教导而具有一定的概括或创造能力。第二,确立了“合理省略”标准,对于现有技术及非必要技术特征,说明书可不予以公开。第三,确立了公开充分性判断中的“权利要求合理解释”原则。权利要求的概括是否得到说明书的支持,须依据权利要求解释的基本方法来确定。第四,确立了降低技术公开条件的司法政策,允许专利申请时权利要求书和说明书撰写中存在一定的缺陷。其条件是,该缺陷“通过所属技术领域的技术人员仔细阅读说明书和借助于现有技术知识,是可以克服的”。

(四)修改不得超范围条件

《专利法》第33条规定了修改不得超范围。[①] 审查修改是否超范围,其本质在于判断修改后的权利要求书是否得到原说明书的充分支持。其判断标准是,依所属领域的普通技术人员阅读原专利申请文件并结合其所掌握的技术知识,如果修改使其对原说明书所揭示的内容有了新的理解,则修改是超出范围的。[②] 从审查实践来看,其判断标准由适当宽松演变为较严格。它要求修改的内容是原申请文件记载的信息,属于从原申请记载的内容直接地、毫无疑义地确定的信息。[③] 但是,在专利申请文件修改过程中的笔误是否造成修改超出范围,须依普通技术人员来判断,如果完全可以凭借其技术知识,借助于说明书的判断而认定属于笔误,则在本质上并未超出范围。依《专利法实施细则》第43条规定,本条之规定适用于分案申请与优先权的申请。[④] 同样,

① 这与1984年专利法的规定有所不同。后者规定:“申请人可以对其专利申请文件进行修改,但是不得超出原说明书记载的范围。”

② 参见程永顺主编:《专利行政案件判例集》(1994—2001),知识产权出版社2004年版,第749页。(1984年专利法并未包括权利要求书的修改。)

③ 参见《专利审查指南2010》第1部分第2章第8条;在2006年之前的审查指南黑色字体的部分表述为:“公开”(对应“记载”)、“导出”(对应“确定”)。

④ 该条规定:“依照本细则第四十二条规定提出的分案申请,可以保留原申请日,享有优先权的,可以保留优先权日,但是不得超出原申请记载的范围。”

它也适用于无效宣告请求审查过程中专利权人对其权利要求书的修改。①

伊莱利利公司与中华人民共和国国家知识产权局专利复审委员会等发明专利权无效行政纠纷上诉案所涉及的问题包括申请文件的修改是否符合专利法第33条的规定和发明是否具有创造性。② 其中,伊莱利利公司修改后的专利权利要求2是争议的焦点之一,该权利要求中的"R2'是具有1个至6个碳原子的烷基"的数值范围在原说明书"1～12"的范围之内,但是其端点值"6"并没有记载在原申请文件中。

法院认为,《专利法》第33条规定,申请人可以对其专利申请文件进行修改;但是,对发明和实用新型专利申请文件的修改不得超出原说明书和权利要求书记载的范围。根据《专利审查指南》的相关规定,如果申请的内容通过增加、改变和/或删除其中的一部分,致使所属技术领域技术人员看到的信息与原申请记载的信息不同,而且又不能从原申请记载的信息中直接地、毫无疑义地确定,那么,这种修改不符合第33条的规定。对于含有数值范围技术特征的权利要求中数值范围的修改,只有在修改后数值范围的两个端值在原说明书和/或权利要求书中已确实记载且修改后的数值范围在原数值范围之内的前提下,才是允许的。

法院认为,本案中的专利权利要求2修改后"1个至6个"的数值范围在原"1～12"的范围之内,但是其端点值"6"并没有记载在原申请文件中,因此"R2'具有6个碳原子的烷基"没有记载在原申请文件中,也不能由原申请文件直接、毫无疑义地确定。伊莱利利公司提出原说明书"1个至12个碳原子的烷基"仅仅是一种表述习惯,实质上就是对1个、2个、3个、4个、5个、6个直至12个碳原子的低级烷基的具体方案的记载,因此包括了对6个碳原子的记载。但是,申请文件未明确提出的数值不能认为已经被记载,故未明确提出的关于端点值"6"的"R2'具有6个碳原子的烷基"没有记载在原申请文件中,也不能由原申请文件直接、毫无疑义地确定。因此,本专利权利要求2中"R2'是具有1至6个碳原子的烷基"的修改超出了原申请文件记载的范围,不符合第33条的规定。

(五)生物材料的保藏

与专利公开相关的重要问题是,微生物和与其他生物材料相关的发明如何公开。在这些情况下,有时文字记载难以描述其具体特征,或者生物材料的获得具有一定随机性。此时,书面描述往往是不充分的;获取相关的知识往往只能通过对生物材料本身的获取才能获得。《专利法实施细则》第24条、25条规定了与生物材料相关发明的申请人应当到国家知识产权局认可的保藏单位将所涉及的生物材料进行保藏;需要将该专利申请所涉及的生物材料作为实验目的使用的任何单位和个人,均可向国务院专利行政部门提出请求。从比较法来看,欧盟法规定在专利申请公开之日起,允许第三方为实验目的而获取这些材料;而在美国,这些材料的获取须在专利授权之后。《国际承认用于专利程序的微生物保存布达佩斯条约》(1977)曾于1980年被修订,是关于本问题的国际条约,它处理的是为专利申请而保存此类微生物的事务。而更具争议的一个问题是,国内法可能要求专利申请人告知生物材料的起源国,和/或申请人已经符合相关法律所规定的生物材料获取要求之证明。中国《专利法》第26条第5款规定:"依赖遗传资源完成的发明创造,申请人应当在专利申请文件中说明该遗传资源的直接来源和原始来源;申请人无法说明原始来源的,应当陈述理由。"所谓"遗传资源",是指取自人体、动物、植物或者微生物等含有遗传功能单位并具有实际或潜在价值的材料。

---

① 《专利法实施细则》第69条规定:"在无效宣告请求的审查过程中,发明或者实用新型专利的专利权人可以修改其权利要求书,但是不得扩大原专利的保护范围。""发明或者实用新型专利的专利权人不得修改专利说明书和附图,外观设计专利的专利权人不得修改图片、照片和简要说明。"

② 参见北京市高级人民法院(2009)高行终字第122号行政判决书。

四、专利申请与审查

作为负责授予专利权的行政机构，国家知识产权局负责审查所有的专利申请，以确保其符合法律规定的实体条件与程序规定。中国《专利法》第 21 条规定："国务院专利行政部门应当按照客观、公正、准确、及时的要求，依法处理有关专利的申请和请求。国务院专利行政部门应当加强专利信息公共服务体系建设，完整、准确、及时发布专利信息，提供专利基础数据，定期出版专利公报，促进专利信息传播与利用。"专利审查部门依法按照先申请先审查的顺序进行审查，除非有法律法规的特别规定。其中，《专利审查高速路》(PHH)具有快速审查的效果，它是不同国家专利审查部门之间开展的审查结果共享的业务合作，当申请人在首次申请受理国提交的专利申请所包含的一项或多项权利要求被确定可授权时，可依此向后续申请受理国提出加快审查的做法。当然，PHH 也同样需要根据法律规定的实体条件与程序规定作出授权决定。此外，在专利申请公布或者公告前，国务院专利行政部门的工作人员及有关人员对其内容负有保密责任。

(一) 专利申请的基本原则

(1) 先申请原则。当两个以上的发明人分别就同样的发明创造向专利审查部门提出专利申请时，如何处理专利权的归属，主要有两种做法。一是先发明原则，即专利权授予最先作出发明的申请人。据此，无论最先作出发明的人何时提出专利申请，都不影响其获得专利权的优先地位。二是先申请原则，即专利权授予最先提出专利申请的申请人。最先提出专利申请的申请人，以申请日或申请之时为标准而确定。国际上绝大多数国家专利法均采取先申请原则。首先，先申请原则有利于鼓励发明人及时提出专利申请，及早地向社会公开相关技术，发挥专利制度促进技术扩散的作用。其次，申请日或申请之时的标准是客观的，有利于权利归属的稳定性。在先发明原则下，先发明人可采取秘密方式保护其技术，直至有人提出专利申请时才主张先发明人的地位，不利于权利归属的稳定性。以前采取先发明原则的国家是美国，自 2011 年美国发明法案生效之后，美国已改采取先申请原则。

确定先申请人的标准有申请日、申请之时两种做法。申请之时，是指同日申请的申请人，依照提出申请的时间点确定先申请人。中国专利法采申请日的标准。申请日为专利审查部门收到专利申请文件之日。如果申请文件是邮寄的，则以寄出的邮戳日为申请日。有优先权的，以优先权日为申请日。如果属于同日申请的情况，则通知申请人自行协商确定申请人。申请人期满不答复的，其申请被视为撤回；协商不成，或者经申请人陈述意见或进行修改后仍不符合专利法规定的，所有申请均予以驳回。

申请日是专利法上非常重要的法律概念，它还涉及多项法律制度的适用：① 申请日是判断一项发明创造新颖性、创造性的时间界限。② 它确定优先权存在的期限。③ 它确定发明专利申请公布的时间。④ 它确定专利权的期限。⑤ 它还是专利等同侵权判断时等同技术的时间界限。

先申请原则包含了"一项发明创造一项专利"的原则。后者是指同样的发明创造只能授予一项专利权。禁止重复授权是它的另一表述。专利法上的禁止重复授权是指同样的发明创造不能有两项或者两项以上的处于有效状态的专利权同时存在，而不是指同样的发明创造只能被授予一次专利权。因此，同一申请人同日对同样的发明创造既申请实用新型专利，又申请发明专利，先获得的实用新型专利权尚未终止，且申请人声明放弃该实用新型专利权的，可以授予发明专利权。所谓同样的发明创造，是指两项以上申请中权利要求的内容相同，在技术领域、技术问题和技术方案方面实质上相同，产生的预期效果相同。说明书相同或权利要求书有重叠之处，不属于同样的发明创造。例如，同一申请人提交的两件专利申请的说明书都记载了一种产品以及制造该产品的方法，其中一件专利申请的权利要求书要求保护的是该产品，另一件专利申请的权利要求书要求保护的是制造该产品的方法,应当认为要求保护的是不同的发明创造。

(2) 书面申请原则与单一性原则。书面申请原则是指申请专利等各种手续应当以书面或专利审查部门规定的其他形式(电子申请)办理,且应当使用中文;其他各种证件和证明文件是外文的,专利审查部门认为必要时,可以要求当事人附送中文译文。

单一性原则是指一件发明或者实用新型专利申请应当限于一项发明或者实用新型。该原则是为了方便对专利申请进行有效的分类、检索与审查,提高专利审查效率;它还有合理收费,避免申请人以一件申请请求保护多项发明创造,达到少缴申请费、审查费与年费的目的。一项发明或实用新型的申请案是指仅限于一项独立的权利要求。如果一项独立权利要求下有若干从属权利要求,也是符合单一性原则的。申请案不符合单一性原则,不属于专利无效的理由。

单一性原则的例外,简称为合并申请,它是指属于一个总的发明构思的两项以上的发明或者实用新型,可以作为一件申请提出。属于一个总的发明构思的两项以上的发明或者实用新型,应当在技术上相互关联,包含一个或者多个相同或者相应的特定技术特征,其中特定技术特征是指每一项发明或者实用新型作为整体,对现有技术作出贡献的技术特征。①

不符合单一性原则的申请案需要进行分案申请。分案申请分为申请人主动要求分案与申请人按照审查员要求而分案两种情形。在专利授权公告之前,申请人可以提出分案申请。专利审查部门发现申请案不符合单一性原则,应当通知申请人在指定期限内进行分案申请。分案申请的内容不得超出原申请记载的范围。否则,审查员应当要求申请人进行修改。修改不符合要求的,驳回分案申请。依法进行的分案申请,保留原申请日;享有优先权的,可以保留优先权日。

(3) 优先权原则。优先权是《巴黎公约》确立的基本原则。它在两方面有益于申请人。一是优先权人有权以在先申请的申请日作为在后申请的申请日,从而具有优先的地位。二是在进行创造性、新颖性的判断时,也以优先权日为判断的时间标准。中国《专利法》规定的优先权,包括外国优先权和本国优先权两类。外国优先权是指申请人自发明或者实用新型在外国第一次提出专利申请之日起 12 个月内,或者自外观设计在外国第一次提出专利申请之日起 6 个月内,又在中国就相同主题提出专利申请的,依照该外国同中国签订的协议或者共同参加的国际条约,或者依照相互承认优先权的原则,可以享有优先权。外国优先权为发明人在多国申请专利保护时提供便利,无须在国内、国外同时花费时间办理复杂的申请手续。

本国优先权是指申请人自发明或者实用新型在中国第一次提出专利申请之日起 12 个月内,又向专利审查部门就相同主题提出专利申请的,可以享有优先权。申请人要求发明、实用新型专利优先权的,应当在申请的时候提出书面声明,并且在第一次提出申请之日起 16 个月内,提交第一次提出的专利申请文件的副本;未提出书面声明或者逾期未提交专利申请文件副本的,视为未要求优先权。

外观设计也享有本国优先权。申请人自外观设计在中国第一次提出专利申请之日起 6 个月内,又向国务院专利行政部门就相同主题提出专利申请的,可以享有优先权。申请人要求外观设计专利优先权的,应当在申请的时候提出书面声明,并且在 3 个月内提交第一次提出的专利申请文件的副本;未提出书面声明或者逾期未提交专利申请文件副本的,视为未要求优先权。

(二) 专利申请的基本文件

申请发明或者实用新型专利的,应当提交请求书、说明书及其摘要和权利要求书等文件。

(1) 请求书。请求书应当写明发明或者实用新型的名称,发明人的姓名,申请人姓名或者名

---

① 《专利法》第 31 条规定:"一件外观设计专利申请应当限于一项外观设计。同一产品两项以上的相似外观设计,或者用于同一类别并且成套出售或者使用的产品的两项以上外观设计,可以作为一件申请提出。"

称、地址,以及其他事项。

(2) 说明书。发明或者实用新型专利申请的说明书应当写明发明或者实用新型的名称,该名称应当与请求书中的名称一致。说明书应当包括下列内容:① 技术领域——写明要求保护的技术方案所属的技术领域;② 背景技术——写明对发明或者实用新型的理解、检索、审查有用的背景技术;有可能的,并引证反映这些背景技术的文件;③ 发明内容——写明发明或者实用新型所要解决的技术问题以及解决其技术问题采用的技术方案,并对照现有技术写明发明或者实用新型的有益效果;④ 附图说明——说明书有附图的,对各幅附图做简略说明;⑤ 具体实施方式——详细写明申请人认为实现发明或者实用新型的优选方式;必要时,举例说明;有附图的,对照附图。发明或者实用新型专利申请人应当按照前款规定的方式和顺序撰写说明书,并在说明书每一部分前面写明标题,除非其发明或者实用新型的性质用其他方式或者顺序撰写能节约说明书的篇幅并使他人能够准确理解其发明或者实用新型。实用新型专利申请说明书应当有表示要求保护的产品的形状、构造或者其结合的附图。

(3) 说明书摘要。说明书摘要应当写明发明或者实用新型专利申请所公开内容的概要,即写明发明或者实用新型的名称和所属技术领域,并清楚地反映所要解决的技术问题、解决该问题的技术方案的要点以及主要用途。

(4) 权利要求书。权利要求书应当记载发明或者实用新型的技术特征。权利要求书应当有独立权利要求,也可以有从属权利要求。独立权利要求应当从整体上反映发明或者实用新型的技术方案,记载解决技术问题的必要技术特征。从属权利要求应当用附加的技术特征,对引用的权利要求做进一步限定。一项发明或者实用新型应当只有一项独立权利要求,并写在同一发明或者实用新型的从属权利要求之前。

发明或者实用新型的独立权利要求应当包括前序部分和特征部分,按照下列规定撰写:① 前序部分——写明要求保护的发明或者实用新型技术方案的主题名称和发明或者实用新型主题与最接近的现有技术共有的必要技术特征;② 特征部分——使用"其特征是……"或者类似的用语,写明发明或者实用新型区别于最接近的现有技术的技术特征。这些特征和前序部分写明的特征合在一起,限定发明或者实用新型要求保护的范围。发明或者实用新型的性质不适于用前款方式表达的,独立权利要求可以用其他方式撰写。

发明或者实用新型的从属权利要求应当包括引用部分和限定部分,按照下列规定撰写:① 引用部分——写明引用的权利要求的编号及其主题名称;② 限定部分——写明发明或者实用新型附加的技术特征。从属权利要求只能引用在前的权利要求。引用两项以上权利要求的多项从属权利要求,只能以择一方式引用在前的权利要求,并不得作为另一项多项从属权利要求的基础。

(三) 专利审查的基本程序

对专利申请予以授权的方式,在世界上主要有审查模式与不审查模式两种方式。审查模式是指国家在对专利申请案是否授予专利权时,由专利审查部门对申请案是否具备授权的各项条件进行审查,对符合条件的确认授权。不审查模式是指仅由专利审查部门对申请案进行形式审查后即予以授权。一般来说,审查模式下的权利稳定性较高,但审查成本较大、耗时较长;不审查模式下的权利授权程序简单,授权快速,但权利稳定性较低。在中国,发明专利采取审查模式,而实用新型专利采取不审查模式。

(1) 专利审查的基本流程。在专利申请的审查程序中,多数国家采用"早期公开、延期审查"的做法。即,在专利申请案进行实质审查之前,先对其是否符合法律规定的形式进行审查。如发现申请文件存在缺陷,可责令申请人在指定期限内予以补正;符合形式条件的,即行公开申请案的内容。而是否进入实质审查程序,须由申请人在法定期限内另行提出实质申请请求,并由专利审查部门作出实质审查。申请人如未能在法定期限内提出实质审查请求,则视为撤回申请。该做法将减轻专利审查部门的工作压力,分流出不进行实质审查的申请案,还能及时披露技术知识,故为大多数国家的法律所采用。

在中国,形式审查的期限为申请日起满18个月,申请人也可请求早日公布其申请。申请人可在发明专利申请申请日起3年内提出进行实质审查的请求;申请人无正当理由逾期不请求实质审查的,该申请即被视为撤回。专利审查部门认为必要的时候,可以自行对发明专利申请进行实质审查。专利审查部门对发明专利申请进行实质审查后,认为不符合本法规定的,应当通知申请人,要求其在指定的期限内陈述意见,或者对其申请进行修改;无正当理由逾期不答复的,该申请即被视为撤回。申请人请求实质审查的时候,应当提交在申请日前与其发明有关的参考资料。发明专利已经在外国提出过申请的,专利审查部门可以要求申请人在指定期限内提交该国为审查其申请进行检索的资料或者审查结果的资料;无正当理由逾期不提交的,该申请即被视为撤回。专利申请人对驳回申请的决定不服的,可以自收到通知之日起3个月内,向国务院专利行政部门请求复审。国务院专利行政部门复审后,作出决定,并通知专利申请人。专利申请人对国务院专利行政部门的复审决定不服的,可以自收到通知之日起3个月内向法院起诉。对于专利申请不予受理、视为撤回、视为放弃取得专利、不予恢复权利、申请日的确定、视为未要求优先权、保密专利、专利权终止等决定不服的,可以提出行政复议。行政复议的范围不包括驳回专利申请决定、复审决定、无效宣告决定等;实施强制许可的使用费裁决;国际申请对于国知局作为受理单位、国际检索单位和国际初步审查单位的决定。

(2) 专利无效程序。自授予专利权公告之日起,任何单位或者个人认为该专利权的授予不符合法律规定的,可以请求国务院专利行政部门宣告该专利权无效。国务院专利行政部门对宣告专利权无效的请求应当及时审查和作出决定,并通知请求人和专利权人。宣告专利权无效的决定,由专利审查部门登记和公告。对国务院专利行政部门宣告专利权无效或者维持专利权的决定不服的,可以自收到通知之日起3个月内向法院起诉。法院应当通知无效宣告请求程序的对方当事人作为第三人参加诉讼。

人民法院在审查国务院专利行政部门作出的无效宣告请求审查决定时,对于国务院专利行政部门认为专利权有效而人民法院认为专利权无效的情况,在判决撤销被诉决定的同时,应一并判决国务院专利行政部门重新作出决定;对于国务院专利行政部门认为专利权无效的情况,人民法院在判决撤销被诉决定时,是否一并判决国务院专利行政部门重新作出决定,要区分两种情况:国务院专利行政部门针对无效宣告请求人所提出的无效理由和证据全部作出评述而人民法院认为专利权有效的,不必再判决国务院专利行政部门重新作出决定;国务院专利行政部门未对无效宣告请求人所提出的无效理由和证据全部作出评述而依据部分理由及相应证据作出的无效决定不能成立的,人民法院应一并判决国务院专利行政部门针对无效宣告请求人所提出的其他无效理由和证据重新作出决定。

宣告无效的专利权视为自始即不存在。《最高人民法院公报》2021年第1期选登的北京朗坤生物科技有限公司与北京汇朗生物科技有限公司专利权转让合同纠纷案裁判摘要指出:

> 专利权许可费、转让费、侵权损害赔偿等均属于专利权价值的对价,专利权被宣告无效后,权利人无权要求继续履行。如果未履行部分系因当事人违约行为而应承担的违约金,由于违约金通常并非直接对应于专利权的价值,而是对应当事人的违约行为,专利权宣告无效对此并不具有溯及力,专利权人有权要求违约方继续履行未支付的违约金。

宣告专利权无效的决定，对在宣告专利权无效前人民法院作出并已执行的专利侵权的判决、调解书，已经履行或者强制执行的专利侵权纠纷处理决定，以及已经履行的专利实施许可合同和专利权转让合同，不具有追溯力。但是因专利权人的恶意给他人造成的损失，应当给予赔偿。依照前款规定不返还专利侵权赔偿金、专利使用费、专利权转让费，明显违反公平原则的，应当全部或者部分返还。

(3) 权利恢复程序。当事人因不可抗拒的事由而延误法律规定的期限或者专利审查部门指定的期限，导致其权利丧失的，自障碍消除之日起 2 个月内，最迟自期限届满之日起 2 年内，可以向专利审查部门请求恢复权利。除前述情形外，当事人因其他正当理由延误法定期限或者指定期限，导致其权利丧失的，可以自收到专利审查部门的通知之日起 2 个月内请求恢复权利。当事人因不可抗力事由延误而提出恢复权利的，应当提交恢复权利请求书，说明理由，必要时附具有关证明文件，并办理权利丧失前应当办理的相应手续；因其他正当理由请求恢复权利的，还应当缴纳恢复权利请求费。当事人请求延长指定期限的，应当在期限届满前，向专利审查部门说明理由并办理有关手续。权利恢复的规定不适用于新颖性例外、优先权日、专利保护期限、诉讼时效的规定。

(四) 国际申请的特别规定

专利审查部门受理按照《专利合作条约》(PCT)提出的专利国际申请。按照 PCT 已确定国际申请日并指定中国的国际申请，视为向专利审查部门提出的专利申请，该国际申请日即为该申请案的申请日。国际申请的申请人应当在 PCT 第二条所称的优先权日起 30 个月内，向专利审查部门办理进入中国国家阶段的手续；申请人未在该期限内办理该手续的，在缴纳宽限费后，可以在自优先权日起 32 个月内办理进入中国国家阶段的手续。

进入中国国家阶段的手续不符合要求的，专利审查部门应当通知申请人在指定期限内补正；期满未补正的，其申请视为撤回。国际申请存在撤回、视为撤回以及未依法办理相关手续的情形，其在中国的效力终止。国际申请在国际阶段做过修改，申请人要求以经修改的申请文件为基础进行审查的，应当自进入日起 2 个月内提交修改部分的中文译文。要求获得实用新型专利权的国际申请，申请人可以自进入日起 2 个月内对专利申请文件主动提出修改。申请人发现提交的说明书、权利要求书或者附图中的文字的中文译文存在错误的，可以在规定期限内依照原始国际申请文本提出改正。

对要求获得发明专利权的国际申请，专利审查部门经初步审查认为符合法律规定的，应当在专利公报上予以公布；国际申请以中文以外的文字提出的，应当公布申请文件的中文译文。基于国际申请授予的专利权，由于译文错误，致使保护范围超出国际申请的原文所表达的范围的，以依据原文限制后的保护范围为准；致使保护范围小于国际申请的原文所表达的范围的，以授权时的保护范围为准。

(五) 保密审查的特别规定

专利申请涉及国防利益需要保密的，由国防专利机构受理并进行审查；专利审查部门受理的专利申请涉及国防利益需要保密的，应当及时移交国防专利机构进行审查。经国防专利机构审查没有发现驳回理由的，由专利审查部门作出授予国防专利权的决定。专利审查部门认为其受理的发明或者实用新型专利申请涉及国防利益以外的国家安全或者重大利益需要保密的，应当及时作出按照保密专利申请处理的决定，并通知申请人。保密专利申请的审查、复审以及保密专利权无效宣告的特殊程序，由专利审查部门规定。

任何单位或者个人将在中国完成的发明或者实用新型向外国申请专利的，应当按照下列方式之一请求专利审查部门进行保密审查：直接向外国申请专利或者向有关国外机构提交专利国际申请的，应当事先向专利审查部门提出请求，并详细说明其技术方案；向专利审查部门申请专利后拟向外国申请专利或者向有关国外机构提交专利国际申请的，应当在向外国申请专利或者向有关国外机构提交专利国际申请前向专利审查部门提出请求。在中国完成的发明或者实用新型，是指技术方案的实质性内容在中国境内完成的发明或者实用新型。

向专利审查部门提交专利国际申请的，视为同时提出了保密审查请求。专利审查部门经过审查认为该发明或者实用新型可能涉及国家安全或者重大利益需要保密的，应当及时向申请人发出保密审查通知；申请人未在其请求递交日起 4 个月内收到保密审查通知的，可以就该发明或者实用新型向外国申请专利或者向有关国外机构提交专利国际申请。专利审查部门依照前款规定通知进行保密审查的，应当及时作出是否需要保密的决定，并通知申请人。申请人未在其请求递交日起 6 个月内收到需要保密的决定的，可以就该发明或者实用新型向外国申请专利或者向有关国外机构提交专利国际申请。

第三节　专利权的内容与归属

发明创造一经完成，发明人或其单位即享有自行实施其发明的权利，除非法律对产品的上市有特殊的管制规定（如药品）。但是，如果未能申请并获得专利权，其对第三人的实施发明的行为无权予以禁止。专利权的获取须申请人支付对价，必须向社会公开披露其发明创造。因此，权利人有权选择申请专利或者以商业秘密的方式保护其发明创造。对发明创造享有权利的人，除了发明人之外，尚有依据合同约定或法律规定的其他人或用人单位。如果说专利授权条件涉及专利保护的范围宽度的话，专利权的效力及其归属的法律规定则影响专利保护的范围幅度。

一、专利权的效力

专利权是有关发明创造获得授权后所享有的独占性实施权。在法律属性上，它类似于物权，但其特殊之处在于其保护客体的无形性。与其他知识产权不同的是，专利权是一类近乎绝对的排他权，独立研发不是侵犯专利权的抗辩事由。即使在后发明人独立研究开发出与专利发明相同的发明，该后发明人实施专利发明同样构成侵权。在中国专利法上，专利权人享有独占实施权、许可权、转让权以及标识权；专利权的许可实施与转让均由合同约定，涉及合同法的相关规定。除此之外，在专利申请公开之后到专利授权公告之前，尽管专利申请人并不能禁止第三人实施发明的行为，但其有权要求第三人支付合理费用，此为专利法所规定的临时保护制度。

（一）独占实施权

专利权的排他效力主要是指其能够独占实施其发明创造的权利，即独占实施权。独占实施权不仅指权利人自己实施该发明创造，但更重要的内容是专利权人有权禁止他人未经许可而实施其专利的权利，后者又称为“禁止权”。凡是未经专利权人许可，且无法律依据而实施发明创造的行为，都构成对专利权的侵犯，应承担相应的法律责任。

(1)“为生产经营目的”。根据中国《专利法》第 11 条的规定，专利权的效力仅限于“为生产经营目的”的实施行为。“为生产经营目的”的行为，首先，排除个人或家庭性质范围的实施发明的行为。这与德国、英国等国家的专利法上“私人性使用”不构成侵权的规定异曲同工。日本《专利法》第 68 条也有类似规定：“专利权人专有以构成业务的方式实施专利发明的权利。”其次，生产经营目的应围绕专利实施行为本身的性质来判断；要综合考虑实施行为是否属于市场活动，是否影响专利权人市场利益等因素。实施主体具有非营利性质，但如果参与市场活动，也属于“为生产经营目的”。最后，中国的司法实践对“为生产经营目的”作了较为狭义的解释，它通常是指“直接的商业目的”。北京市第二中级人民法院在(2006)二中民初字第04134号民事判决书中认为：

> 虽然被告万生药业有限公司为实现进行临床试验和申请生产许可的目的使用涉案专利方法制造了涉案药品，但其制造行为是为了满足国家相关部门对于药品注册行政审批的需要，以检验其生产的涉案药品的安全性和有效性。鉴于被告万生公司的制造涉案药品的行为并非直接以销售为目的，不属于中华人民共和国专利法所规定的为生产经营目的实施专利的行为。

这一案件涉及“试验(Bolar)例外”的规定，在2008年修订后的《专利法》第69条第5款已明确规定其不构成侵权。但是，在类似案例中，法院仍然坚持了“直接的商业目的”之解释态度。这与日本《专利法》的解释有所不同。日本法上的“产业”并不限于以营利为目的，也不限于事业目的范围内，而是包括与事业相关联的所有实施行为，与营利事业无关的公共事业、大学或公立研究机构进行的试验或研究均有可能属于“构成业务的方式”实施发明。[①] 该解释与法、德、英等国专利法的规定相差更远，因为这些法律并未对实施目的予以限定。

(2)“实施”的范围。中国《专利法》第11条规定：“发明和实用新型专利权被授予后，除本法另有规定的以外，任何单位或者个人未经专利权人许可，都不得实施其专利，即不得为生产经营目的制造、使用、许诺销售、销售、进口其专利产品，或者使用其专利方法以及使用、许诺销售、销售、进口依照该专利方法直接获得的产品。”

第一，“实施权”的范围依据专利发明的类型不同而具有不同的效力范围。专利法将发明分为“产品发明”与“方法发明”。但实用新型专利不保护方法专利。很明显，方法发明的实施范围要广于产品发明，即它不仅保护专利方法的使用，还保护“使用、许诺销售、销售、进口依照该专利方法直接获得的产品”。这被称为“对方法专利的保护延及产品”。所谓“依照该专利方法直接获得的产品”，是指使用专利方法获得的原始产品，以及对于将上述原始产品进一步加工、处理而获得的后续产品。但是，对于将依照专利方法直接获得的产品进一步加工、处理而获得的后续产品，进行再加工、处理的，就不属于“依照该专利方法直接获得的产品”。此外，还应注意，对方法专利的延伸保护仅限于采用专利方法所获得的产品；该延伸保护与“依照该专利方法直接获得的产品”是否属于新产品无关；也与该产品是否属于专利客体无关。

第二，“实施”的方式包括制造、使用、许诺销售、销售、进口专利产品或依照专利方法直接获得的产品。“制造”，是指在产品中再现受专利保护的技术方案。“使用”，是指对专利产品或方法的直接使用，也包括将侵犯发明或者实用新型专利权的产品作为零部件，制造另一产品的行为。“许诺销售”，是指以做广告、在商店橱窗中陈列或者在展销会上展出等方式作出销售专利产品或依专利方法直接获得的产品之意思表示。“销售”，是指将专利产品或依专利方法直接获得的产品(以下简称“专利产品”)转让他人的行为，它也包括将侵犯发明或者实用新型专利权的产品作为零部件制造出来的产品予以销售之行为。区分“销售”与“许诺销售”的法律标准是产品买卖合同的成立时间。产品买卖合同依法成立的，即构成“销售”，而不属于“许诺销售”。但是，由于许诺销售通常并未产生直接损失，但侵权人提供的产品价格通常会低于专利产品的价格，对于潜在消费者产生心理暗示，影响专利产品的合理定价；或者影响消费者的购买决策，进而影响专利产品的正常销售。因此，侵犯许诺销售的侵权人承担停止侵害责任之外，也可承担相应的损害赔偿

---

① 参见[日]青山纮一：《日本专利法概论》，聂宁乐译，知识产权出版社2014年版，第9页。

责任。湖北省武汉市中级人民法院(2008)武知初字第144号民事判决书指出：

> 被告作为手推车产品的专业生产商，在其公司网站及产品宣传册中介绍相关产品的行为，具有让社会公众知晓其销售相关产品的意图，属于许诺销售行为。……判定被告上述许诺销售行为是否构成侵权的关键在于，被许诺销售的产品本身是否侵犯了原告的专利权。……本案所涉专利权保护的技术方案，即属于前轮定位装置中升降机构的组件形状及各部件之间的连接方式。欲对被告的行为是否构成侵犯原告实用新型专利权进行判断，有必要对被诉侵权产品的形状、构造及其结合方式等技术特征与原告专利权利要求进行比较。被告产品宣传册及公司网站宣传内容，除B858C-B型号产品外，其余型号的产品只提供了手推车整车实物的外观照片及简要的文字说明。上述照片并未直接体现与涉案专利相同的技术方案或技术特征，所配文字说明中"前轮万向"等内容亦无法全面展现上述型号产品所用技术具备的必要技术特征。在无侵权产品实物进行对比的情况下，……构成侵权的指控证据不足，本院不予支持。

"进口"，是指将专利产品从专利权效力范围之外的领域转入专利权有效的地域。本国的专利权人当然有权禁止未经其许可而制造的专利产品进入本国。根据《专利法》第75条第1项的规定，它不包括合法生产产品的进口行为。《专利法》第11条规定了实施专利的五种具体方式，这一规定是穷尽式列举，除此之外，其他利用发明创造的行为并不构成直接侵犯专利权的行为。例如，绘制专利产品的机床零件图与总装图，就不属于上述实施专利的情形。

(3)"除本法另有规定的以外"。这是对专利权效力的法律限制。与"非生产经营目的"不同，它主要是为了防止专利权人滥用权利、平衡私权与国家公共利益而作出的规定。因此，它主要是指两个方面的内容：一是《专利法》第49条规定的对国有企业事业单位的发明专利，经国务院批准的推广实施；二是《专利法》第六章规定的由国务院专利行政部门依法授予的专利实施特别许可。

(二) 转让权与许可实施权

(1) 转让权。专利申请权和专利权为私权，其财产利益不仅体现于对发明创造的利用，也体现为权利人可以依据自己意愿依法处分其专利权，既可有偿，也可无偿转让。转让后，受让人成为新的权利人。

专利申请权或专利权转让应当订立合同。该合同为要式合同，即必须订立书面合同。此外，让与人与受让人订立合同之后，还必须在国务院专利行政部门登记，由国务院专利行政部门予以公告。专利申请权或者专利权的转让自登记之日起生效。合同法上的技术转让合同包括专利权转让、专利申请权转让、技术秘密转让、专利实施许可合同，它规定了让与人、受让人之间的权利义务关系，在专利法无特别规定的情况下，应予适用。例如，受让人的保密义务，"技术转让合同的受让人应当按照约定的范围和期限，对让与人提供的技术中尚未公开的秘密部分，承担保密义务"。让与人的技术保证义务，"让与人应当保证自己是所提供的技术的合法拥有者，并保证所提供的技术完整、无误、有效，能够达到约定的目标"。"受让人按照约定实施专利、使用技术秘密侵害他人合法权益的，由让与人承担责任，但当事人另有约定的除外"。

中国《专利法》第10条还规定："中国单位或者个人向外国人、外国企业或者外国其他组织转让专利申请权或者专利权的，应当依照有关法律、行政法规的规定办理手续。"中国将技术的出口分为三类情况进行管理：禁止出口的技术、限制出口的技术与自由出口的技术。大多数专利申请权与专利权不属于禁止或限制出口的技术。此外，根据《国防专利条例》的规定，国防专利申请权与国防专利权只能向国内的中国单位转让，禁止向国外的单位或个人转让。转让国防专利申请权或者国防专利，应当确保国家秘密不得泄露。

(2) 实施许可权。专利权的实施许可包括自愿许可与非自愿许可两种形式。前者是指专利权人依法将实施发明创造的权利授予他人行使，后者通常是指在特殊的情况下，由使用申请人提出申请，政府主管部门依法按照法定条件决定许可使用条件、使用费用等，从而授予申请人予以实施。非自愿许可在本质上属于对专利权效力的限制。在自愿许可意义上的专利权实施许可合同，又称专利权许可证贸易，是指专利权人许可使用人在一定期限、一定地区内，以一定方式实施其专利技术而订立的技术合同。

中国《专利法》第12条规定："任何单位或者个人实施他人专利的，应当与专利权人订立实施许可合同，向专利权人支付专利使用费。被许可人无权允许合同规定以外的任何单位或者个人实施该专利。"根据该规定，实施许可合同在合同形式上不同于专利权转让合同，后者必须采用书面形式。它也不同于《民法典》第469条所规定的"书面合同"。因此，专利实施许可合同为非要式合同，在形式上可以采取书面形式、口头形式和其他形式(如默许)。专利实施许可合同可向国务院专利行政部门进行备案，备案不影响实施许可合同的法律效力，但未经备案的，不得对抗善意第三人。备案的专利实施许可合同必须采用书面形式。

根据被许可人享有实施权的大小，专利实施许可主要包括三种类型：① 独占实施许可，是指让与人在约定许可实施专利的范围内，将该专利仅许可一个受让人实施，让与人依约定不得实施该专利；② 排他实施许可，是指让与人在约定许可实施专利的范围内，将该专利仅许可一个受让人实施，但让与人依约定可以自行实施该专利；③ 普通实施许可，是指让与人在约定许可实施专利的范围内许可他人实施该专利，并且可以自行实施该专利。此外，还有两类特殊的专利实施许可合同：① 分许可，如果被许可人根据合同约定，其有权在约定的范围内再许可第三人实施专利的，为分许可合同；② 交叉许可(cross-licensing)，它是指当事人之间将各自拥有的专利实施权相互许可使用，在合同约定的期限和地域内，合同双方对对方的发明创造享有实施的权利。交叉许可中的当事人通常不需要支付使用费。但如果双方之间的专利价值大小不一时，也存在一方当事人需要交付使用费的情形。

一般来说，被许可人无权允许合同规定以外的任何单位或者个人实施该专利。因此，分许可合同只能是有合同的明确约定，其属性上只能是普通实施许可，除非当事人另有约定。此外，当事人对专利实施许可方式没有约定或者约定不明确的，认定为普通实施许可。

在法律上，不同的被许可人所享有的诉权不同。发生侵犯专利权的行为时，独占实施许可合同的被许可人可以单独向法院提出申请临时禁令、起诉等救济措施，排他实施许可合同的被许可人在专利权人不申请的情况下，可以提出。被许可人申请临时禁令、起诉的，应该提供有关专利实施许可合同及其在国务院专利行政部门备案的证明材料，未能备案的应提交专利权人的证明或其他证明材料。排他实施许可合同的被许可人还须提供专利权人放弃申请、起诉的证明材料。

普通实施许可合同的被许可人不能单独向侵犯专利权的行为行使法律救济。在理论上，被许可人仅享有自己实施的权利，并不享有禁止他人实施的权利。专利权人有权允许第三人予以实施，当然也有权放任他人未经授权的实施行为。在日本，虽曾有判决对普通实施许可合同的被许可人之诉讼地位未予特别认定，径直认定其可向侵权人行使损害赔偿请求权，但该案为二审法院所撤销。[①] 有些著述主张以日本法为依据主张赋予该被许可人以诉权，其依据并不确凿。

在实施许可合同的履行中常常发生一些争议，在专利法没有明确规定的情况下，须依据《民

① 参见[日]增井和夫、田村善之：《日本专利案例指南》，李扬等译，知识产权出版社2016年版，第553页。

法典》合同编予以合理解决，如被许可人的使用费支付义务(第 867 条)、许可人的技术指导义务(第 866 条)以及权利瑕疵担保、排除侵害义务等。再如第 865 条规定，许可人不得将被宣告无效或保护期届满的专利权许可他人实施。

(3) 当然许可或开放许可。该制度首先由英国专利法所确定，其 46 条规定了权利人可以开放许可，第 47 条规定了权利人登记取消的权利与程序。专利权人以书面方式向国家专利行政部门声明愿意许可任何人实施其专利，并明确许可使用费支付方式、标准的，由国家专利行政部门予以公告，实行开放许可；任何人有意愿实施开放许可的专利的，以书面方式通知专利权人，并依照公告的方式、标准支付许可使用费后，即获得专利实施许可。但是，英国法所确立的该制度所实施的效果并不显著。

中国《专利法》第 50 条至 52 条规定了开放许可。第一，开放许可属于自愿许可的一种类型。专利权人自愿以书面方式向国务院专利行政部门声明愿意许可任何单位或者个人实施其专利，并明确许可使用费支付方式、标准的，由国务院专利行政部门予以公告，实行开放许可。第二，就实用新型、外观设计专利提出开放许可声明的，应当提供专利权评价报告。专利权人撤回开放许可声明的，应当以书面方式提出，并由国务院专利行政部门予以公告。开放许可声明被公告撤回的，不影响在先给予的开放许可的效力。为了鼓励专利权人实施开放许可，《专利法》第 51 条规定："开放许可实施期间，对专利权人缴纳专利年费相应给予减免。"其次，开放许可实施的使用者可按照公告的许可使用条件予以实施。《专利法》第 51 条规定："任何单位或者个人有意愿实施开放许可的专利的，以书面方式通知专利权人，并依照公告的许可使用费支付方式、标准支付许可使用费后，即获得专利实施许可。"第三，开放许可不影响权利人实施普通许可。《专利法》第 51 条规定："实行开放许可的专利权人可以与被许可人就许可使用费进行协商后给予普通许可，但不得就该专利给予独占或者排他许可。"第四，开放许可的纠纷解决依一般的途径解决。《专利法》第 52 条规定，当事人就实施开放许可发生纠纷的，由当事人协商解决；不愿协商或者协商不成的，可以请求国务院专利行政部门进行调解，也可以向人民法院起诉。

(4) 专利权转让与实施许可中的禁止垄断。专利权人享有对发明创造的独占性实施权，因此，其有可能不当行使其排他权，构成权利滥用或垄断。《专利法》第 20 条规定："申请专利和行使专利权应当遵循诚实信用原则。不得滥用专利权损害公共利益或者他人合法权益。滥用专利权，排除或者限制竞争，构成垄断行为的，依照《中华人民共和国反垄断法》处理。"《民法典》第 864 条规定："技术转让合同和技术许可合同可以约定实施专利或者使用技术秘密的范围，但是不得限制技术竞争和技术发展。"第 850 条更是一般化的规定专利权人不得"非法垄断技术或者侵害他人技术成果"。其具体情形包括：① 限制当事人改进技术，或者权利回授(如要求一方将其自行改进的技术无偿提供给对方、非互惠性转让给对方、无偿独占或者共享)；② 限制当事人一方从其他来源获得竞争技术；③ 分销限制或市场分割；④ 搭售，如购买非必需的技术、原材料、产品、设备、服务以及接收非必需的人员等；⑤ 不合理地限制技术接受方购买原材料、零部件、产品或者设备等的渠道或者来源；⑥ 不争议条款，即禁止被许可人对被许可的专利权效力提出异议或者对提出异议附加条件。

根据《反垄断法》第 55 条的规定，2019 年公布的《国务院反垄断委员会关于知识产权领域的反垄断指南》针对经营者滥用知识产权排除、限制竞争的行为作出了具体的规定，主要内容包括：可能排除、限制竞争的知识产权协议，涉及知识产权的滥用市场支配地位行为，涉及知识产权的经营者集中，明确涉及知识产权的其他垄断行为。

(三) 临时保护

专利审查采取"早期公开、延期审查"制度，在专利授权之前，发明创造即已被公开；但专利授权公告之前，专利申请人不享有专利权。在发明创造的专利申请被公开之后、专利授权之前，如果他人实施其发明创造，专利申请人并无独占性的专有权能够予以制止。一方面，专利申请案有可能不符合授权条件，而不能享有独占实施权；另一方面，第三人的实施行为有可能是依据公开的申请文件而获取的，而申请案也有可能获得授权。为了解决这一问题，法律规定了专利申请的“临时保护”，它是处于专利授权状况不稳定状态下、专利申请人享有的“使用费请求权”。

《专利法》第13条规定：“发明专利申请公布后，申请人可以要求实施其发明的单位或者个人支付适当的费用。”在专利授权之前，专利申请人这一权利的实现，取决于使用人的自动履行，不得强制执行。但是，一旦获得专利授权，临时保护状态下的“使用费请求权”就转变为强制性的权利，可请求法院或管理专利工作的行政部门强制实现。权利人依法请求法院或管理专利工作的行政部门强制实现临时保护期间的使用费时，可以参照有关专利许可使用费合理确定。没有专利许可使用费可以参照的，可以综合考虑专利权的类型、实施发明的行为性质和情节，以及查明的事实等，参照有关侵权赔偿的规定处理。

临时保护的争议案件，依侵犯专利权的地域管辖和级别管辖予以确定。发明专利申请公布后至专利权授予前使用该发明未支付适当使用费的，专利权人要求支付使用费的诉讼时效为3年，自专利权人得知或者应当得知他人使用其发明之日起计算，但是，专利权人于专利权授予之日前即已得知或者应当得知的，自专利权授予之日起计算。在审理时，发明专利申请公布时申请人请求保护的范围与发明专利公告授权时的专利权保护范围不一致，被诉技术方案均落入上述两种范围的，人民法院应当认定被告在前款所称期间内实施了该发明；被诉技术方案仅落入其中一种范围的，人民法院应当认定被告在前款所称期间内未实施该发明。

此外，在专利申请公布后至专利权授予前的临时保护期内制造、销售、进口的被诉专利侵权产品不为专利法禁止的情况下，其后续的使用、许诺销售、销售，即使未经专利权人许可，也不视为侵害专利权，但专利权人可以依法要求临时保护期内实施其发明的单位或者个人支付适当的费用。因此，如果他人已支付或者书面承诺支付适当费用的，上述使用、许诺销售、销售行为就不属于侵犯专利权的行为。

在申请日至专利申请公布日之间，不属于临时保护的范围。因为这一时期实施发明创造的人并未从专利申请公开中获得该技术方案。

（四）标识权

专利标识是指专利权人及其被许可人在其制造或销售的产品上或其包装、装潢上标示“专利”“受专利保护”“正在申请专利”“××国专利”及其专利号、其他明示或暗示的标识，以及在广告宣传中使用上述标识的行为。中国《专利法》第16条第2款规定：“专利权人有权在其专利产品或者该产品的包装上标明专利标识。”规定专利权人行使专利标示之权利，其立法意义在于：一方面可以帮助权利人宣传产品、树立消费者信心，它通过“表明自己的产品是获得专利权的产品，从而增加消费者对该产品的信赖，以增强该产品的竞争能力，扩大产品的销路；另一方面也可以起到警示的作用，表明该产品是专利产品，……是受到专利法保护的，他人未经许可不可随意实施”①。

在产品或者包装上标明专利标示为专利权人的一项权利，专利权人可以行使，也可以不行使。专利权人未予专利标示之行为，不意味着放弃专利权，也不影响专利权人之救济权利。专利标示为专利权人之权利，而非义务，采取该立法例的原因是，立法者认为，在有些情况下要求专利权人予以标示很难操作，“如小的零件、散装的、粉状的产品，就很难在其上标明专利标识”。但这

① 安建主编：《中华人民共和国专利法释义》，法律出版社2009年版，第41页。

一立法理由缺乏足够的说服力，因为专利标识不仅可标示于产品之上，也可标示于产品包装或装潢之上；而上述产品不可能不需要产品包装或装潢。

在比较法上，较少有国家将"专利标识"规定为专利权人的权利，而大部分国家的专利法将其规定为权利人的义务。从法律效果来看，主要有两种立法例：第一，规定专利标识义务，但没有规定专利权人不予标识的法律后果。第二，不仅规定专利标识义务，还规定了相应的法律后果。美国 1952 年《专利法》第 287(a)条规定："专利权人及任何经专利权人许可(for or under)而在美国境内制造、许诺销售或销售专利商品(patent article)之人，或进口任何专利商品进入美国境内之人，须在该商品之上"予以标识；"未为上述标示者，专利权人不得在任何侵权诉讼中请求损害赔偿，但侵权人被告知侵权事实之后仍继续从事侵权行为的，其损害赔偿的范围自告知侵权之日起计算。侵权之诉构成上述告知"。在英国及英联邦国家(如加拿大、澳大利亚、新西兰)的专利法都有类似规定。

因为专利权人没有义务标示专利标识，所以中国很少有案件涉及专利标示行为，它也不能够为侵权人提供任何有意义的抗辩事由。鞠爱军诉山东武城古贝春集团总公司外观设计专利侵权纠纷案中，被告曾以原告具有外观设计专利权的酒瓶未予专利标示为由，作主观不知情之抗辩而试图依 1992 年《专利法》第 62 条第 2 款而免除其损害赔偿责任："原告并未依《专利法》(1992 年)第 15 条规定在自己产品上标明专利标记和专利号，这样其他人无法知道其对这一产品拥有专利权。依照《专利法》第 62 条第 2 款'使用或者销售不知道是未经专利权人许可而制造并售出的(专利)产品的'不视为侵犯专利权。"

对于被告的这一抗辩，法院认为，被告是否知悉专利权的存在，非以专利标示为要件，因为标记权是专利权人的一项权利而非义务，专利权人可以行使亦可以放弃。标记与否并不影响专利侵权的认定。专利公告等专利文献资料具有公示社会的作用，被告(未及查询并获知权利状态)主观上存在过错。

与专利标识相关的问题是，专利法对于专利标识不实给予了严厉的制裁。标示不实，在中国专利法上分为假冒他人专利与冒充专利(以非专利产品冒充专利产品、以非专利方法冒充专利方法)的行为。《专利法》第 68 条将两者合并规定："假冒专利的，除依法承担民事责任外，由负责专利执法的部门责令改正并予公告，没收违法所得，可以处违法所得五倍以下的罚款；没有违法所得或者违法所得在五万元以下的，可以处二十五万元以下的罚款；构成犯罪的，依法追究刑事责任。"就民事责任而言，立法者的解释将其予以了限定："假冒专利，同时又构成侵犯他人专利权的，应依法承担侵权损害的民事责任。"①北京顺城电子技术公司(简称顺城公司)与王潞专利侵权纠纷上诉案中，被告仅在制造、销售的产品上假冒原告的专利号，但无证据证明被告使用专利技术生产、销售产品；"出于公平原则的考虑，被告应对其在 672 号判决生效前一直利用本专利对外就其产品进行宣传的行为向原告支付适当的费用。672 号判决生效之后，被告仍在其网站上以专利权人的名义对外宣传，该行为属于未经许可，在广告或其他宣传材料中使用他人专利号的假冒他人专利行为，被告应依法承担赔偿损失的民事责任"。被告不服，上诉至北京市高级人民法院。法院认为：

> 未经专利权人许可，在广告或者其他宣传材料中使用他人的专利号，使人将所涉及的技术误认为是他人的专利技术的行为是假冒专利权的行为。假冒他人专利的，应当依法承担

① 安建主编：《中华人民共和国专利法释义》，法律出版社 2009 年版，第 133 页。《专利法实施细则》第 84 条列举了五种具体的标示不实之情形。

民事责任。

在我院(2002)高民终字第672号民事判决生效后，顺城公司在此后的九个月时间内仍在其网站上以本专利的专利权人名义进行宣传，使他人误以为其是专利权人，侵占了专利权人的销售市场，该行为属于假冒他人专利权的行为，应当依法承担停止假冒、消除影响、赔偿损失的民事责任。

依该案判决之理由，使用他人专利号，如系基于善意，则仅须承担基于公平原则而支付适当的费用；在使用他人专利号或专利权人的名义却无正当事由时，应承担停止假冒、消除影响、赔偿损失的民事责任。

二、专利权的原始归属

专利法采先申请原则，符合条件的申请案将授予专利权。如何确认发明创造申请专利的权利以及授权后的专利权之原始归属，是非常重要的法律规则。发明人是最原始的权利人，但发明创造的专利申请人并不一定是发明人。它有可能是发明人转让权利的受让人，也有可能是依法获得职务发明权利的用人单位。

(一) 发明人

专利法所称发明人或者设计人，是指对发明创造的实质性特点作出创造性贡献的自然人。发明人只能是自然人。能够完成解决技术问题的创造性行为只能由自然人实现。在现阶段，人工智能可以用于辅助研究人员完成发明创造。法人不能成为专利法上的发明人，即使自然人作出的发明创造是在法人或其他单位的资助和组织下完成的。在职务发明的场合下，发明人的地位也不能被用人单位剥夺，擅自将非发明人写入专利申请文件中的行为，也将侵犯发明人的署名权。

(1)“对发明创造的实质性特点作出创造性贡献”的判定。发明创造可由单独的自然人作出，也可能由多位自然人合作开发出来。但是，发明人必须对发明创造的实质性特点作出创造性贡献。法律规定，在完成发明创造过程中，只负责组织工作的人、为物质技术条件的利用提供方便的人或者从事其他辅助工作的人，不是发明人或者设计人，因为他们并未为发明创造的实质性特点作出创造性贡献。所谓实质性特点，是指具体构成发明技术方案的关键性技术特征，体现着该发明创造与已有成果的技术差别；所谓创造性贡献是指创新性的智力劳动。因此，只有在发明创造的过程中，对创造出与已有成果的技术差别作出了创新性劳动的人，才是发明创造的发明人或设计人，并依法享有该项发明创造的相关权利。如何判断抄袭他人发明创造，北京市第一中级人民法院在(2012)一中民初字第1284号民事判决书认为：

发明人是对发明创造的实质性特点作出创造性贡献的人。被告是否抄袭原告的技术方案应当考虑被告是否接触原告的技术方案，被告署名的本专利申请与原告的技术方案对比是否具有实质性特点。在被告接触原告的技术方案的前提下，如果本专利申请与原告的技术方案相比不具有实质性特点，则应当认定被告未对本专利申请作出创造性贡献，抄袭了原告的技术方案；反之，如果本专利申请与原告的技术方案相比具有实质性特点，则应当认定被告对体现实质性特点的技术特征作出了创造性贡献，但本专利申请与原告的技术方案对比，其相同的部分仍有可能构成对原告的抄袭；当然，相同的部分属于现有技术的除外。

……综合以上对比情形，本专利申请与原告在先的技术方案在技术构成上或者完全相同；或者在数值选择区间上有重合之处，且本专利申请亦未明确其数值范围选择有意料不到的技术效果；或者其区别系本领域常规技术选择。因此，本专利申请与原告在先的技术方案相比，不具有实质性特点。即，根据原告在先的技术方案，无须付出创造性劳动，无须作出创造性贡献，即可得到本专利申请。

……被告能够接触原告的技术方案……鉴于本专利申请与原告的技术方案相比不具有实质性特点，且被告未提交任何证据证明其独立研发了本专利申请，在本专利申请上署名的行为属于在他人智力劳动成果上署名，不具有正当性，侵犯了原告对本专利申请的署名权。

被告共同侵犯原告署名权的行为致使原告为相关技术方案付出了创造性劳动而不能表明发明人身份，影响原告获得正面的社会评价和声誉，造成原告的精神损害，应当承担停止侵权、赔礼道歉，消除影响的侵权责任。

在存在发明创造涉及委托、指示等情况下，委托人既给出了需要解决的技术问题，又指出了应予转用的现有技术，并提出希望改进之处，委托人能否成为发明人之一，要考虑其委托、指示具体事项与最终的发明创造之关键技术特征的联系。类似的情况是发明人所在单位的业务部门领导设立研究项目、对研究进展作出指示等。一般来说，委托人或单位负责人成为发明人，必须是其就发明创造的技术构思及技术方案作出具体设想，且要具有达到具体应用的程度。即其必须对发明创造作出可专利性的技术贡献。

(2) 发明人的权利。完成发明创造的自然人，即发明人享有署名权，其"有权在专利文件中写明自己是发明人"。这是发明人享有的一项人身权，它类似于著作权法上的作者人格权，在专利申请的请求书、申请书、专利公报、专利证书等专利文件中作为发明人的身份刊登其姓名。这体现了法律对发明人智力劳动成果的尊重和肯定。发明人的署名权具有专属性，即只能由发明人享有，其他任何人不得在专利文件中署名为发明人；它也具有不可让与性，与发明人的身份不可分离，即使专利申请权、专利权归属他人，受让人或用人单位也不能获得署名权；发明人的署名权还不得继承。作为一项权利，发明人可以行使署名权，也可以不行使；在专利文件中未署名的，不得视为署名权的放弃。

在职务发明的场合，用人单位将发明人从涉案专利的发明人中删除的行为没有事实和法律根据，侵害了发明人的署名权，应当承担停止侵害、赔礼道歉、赔偿损失的法律责任。此外，它还包括诉讼合理支出费用，具体为律师费和差旅费。法院在综合考虑其实际损失以及案件难易程度等因素的基础上确定具体赔偿数额。

发明人的署名权主要体现在专利文件中。发明人仅是有权在涉案专利文件中写明自己是发明人，其要求在侵权的建筑物上或其他产品上标明其姓名的诉求，不能获得支持。

国家专利行政管理部门对涉案专利文件中关于发明人的记载具有证据效力，即在没有相反证据足以推翻申请文书所记载的发明人事项时，推定专利申请文书上记载的发明人为涉案专利的实际发明人。在专利文件中错误登记发明人的，应该予以修正。

发明人能够享有申请专利的权利，以及授权后的专利权，其还享有自行实施该发明的权利。发明人的这一地位来自其创造行为。中国《专利法》第 7 条规定："对发明人或者设计人的非职务发明创造专利申请，任何单位或者个人不得压制。"发明人之外的其他人享有发明创造的权利，往往需要法律明确规定，如果属于职务发明，上述权利归用人单位所有；其他人还可以通过合同约定而获得。

(二) 共同发明与委托发明

中国《专利法》第 8 条规定了共同发明与委托发明："两个以上单位或者个人合作完成的发明创造、一个单位或者个人接受其他单位或者个人委托所完成的发明创造，除另有协议的以外，申请专利的权利属于完成或者共同完成的单位或者个人；申请被批准后，申请的单位或者个人为专利权人。”在通常情况下，共同发明与委托发明都存在相应的合同约定，《民法典》第 851 条第 2 款将合作开发合同与委托开发合同统称为技术开发合同。

(1) 共同发明。发明创造由两个以上的单位或个人合作、共同完成的，为共同发明。它包括三种情况：自然人合作完成的独立发明、单位与单位合作完成的发明创造(如校企合作)以及单位与个人合作完成的发明创造。合作开发的形式，可以按照发明创造的不同部分或不同阶段进行分工，也可以物质技术条件的提供与技术方案的设计进行分工。这些分工需要通过合同的形式予以确认。《民法典》第 855 条规定：“合作开发合同的当事人应当按照约定进行投资，包括以技术进行投资，分工参与研究开发工作，协作配合研究开发工作。”“分工参与研究开发”，包括按照约定的计划和分工，共同或分别承担设计、工艺、试验、试制等工作。此外，不具有民事主体资格的科研组织，如法人或其他组织设立的从事技术开发、转让等活动的课题组、工作室等，其所订立的技术合同为有效合同。如果经法人或其他组织认可或授权的，由法人或其他组织承担责任；如果未经法人或其他组织认可或授权的，由该科研组织承担责任，但法人或其他组织在其受益范围内承担相应责任。

合作开发完成的发明创造，除当事人另有约定的以外，申请专利的权利和专利权属于合作开发的当事人共有。在当事人之间对共有的形式未有约定的，可按照对发明创造的实质性贡献的大小确认其共有份额；如不易确认的，为共同共有。当事人一方转让其共有的专利申请权的，其他各方享有以同等条件优先受让的权利。合作开发的当事人一方声明放弃其共有的专利申请权的，可以由另一方单独申请或者由其他各方共同申请。申请人取得专利权的，放弃专利申请权的一方可以免费实施该专利。合作开发的当事人一方不同意申请专利的，另一方或者其他各方不得申请专利。

专利权的共有人对权利的行使有约定的，从其约定。没有约定的，共有人可以单独实施，也可以普通许可方式许可他人实施该专利。即，许可他人实施该专利时，只能采取普通许可的方式，而不能采取排他许可、独占许可等方式。许可他人实施该专利的，收取的使用费应当在共有人之间分配。除此之外，行使共有的专利申请权或者专利权(如转让、质押等)应当取得全体共有人的同意。但是，共有人是否可以单独对侵犯专利权的行为提起诉讼？一般情况下，应由双方共同行使，但如果为了共同利益，应该允许共有人单独提出诉讼。

共同发明人是指共同对发明创造的实质性特点作出创造性贡献的自然人。

共同发明产生专利权的共有。除此之外，通过继承等方式的法定继受，同日申请的申请人协商共有，以及专利权的份额转让等，专利权都有可能成为共有的状态。除了专利法有特别规定外，准用民法上共有的规定。

(2) 委托发明。委托发明是指一个单位或个人接受其他单位或个人的委托所完成的发明创造。委托发明是依委托合同而作出的发明创造，它应适用民法上有关委托合同的规定。《民法典》第 851 条第 3 款规定：“技术开发合同应当采用书面形式。”在技术开发的风险承担方面，因出现无法克服的技术困难，致使研究开发失败或者部分失败的，该风险责任由当事人约定。没有约定或者约定不明确，风险责任由当事人合理分担。但当事人一方发现可能致使研究开发失败或者部分失败的情形时，应当及时通知另一方并采取适当措施减少损失；没有及时通知并采取适当措施，致使损失扩大的，应当就扩大的损失承担责任。

委托开发完成的发明创造，除当事人另有约定的以外，申请专利的权利属于研究开发人。研究开发人取得专利权的，委托人可以免费实施该专利。研究开发人转让专利申请权的，委托人享有以同等条件优先受让的权利。

对于利用财政性资金资助而形成的发明创造，《科学技术进步法(2021)》第 32 条规定：“利用财政性资金设立的科学技术计划项目所形成的科技成果，在不损害国家安全、国家利益和重大社会公共利益的前提下，授权项目承担者依法取得相关知识产权，项目承担者可以依法自行投资实施转化、向他人转让、联合他人共同实施转化、许可他人使用或者作价投资等。”“项目承担者应当依法实施前款规定的知识产权，同时采取保护措施，并就实施和保护情况向项目管理机构提交年度报告；在合理期限内没有实施且无正当理由的，国家可以无偿实施，也可以许可他人有偿实施或者无偿实施。”“项目承担者依法取得的本条第一款规定的知识产权，为了国家安全、国家利益和重大社会公共利益的需要，国家可以无偿实施，也可以许可他人有偿实施或者无偿实施。”“项目承担者因实施本条第一款规定的知识产权所产生的利益分配，依照有关法律法规规定执行；法律法规没有规定的，按照约定执行。”

（三）职务发明

如果发明创造系由发明人独立开发出来的，则其权利应归属于发明人所有。但是，在很多情况下，发明人常常受雇于单位或其他组织，其研究开发行为属于其履行工作职责的结果。在此种情况下，为了保障投资者的合法利益，专利法应对此作出合理的安排。事实上，绝大多数专利是由职工所完成并由单位进行申请的。在有些国家，发明人为该发明创造的专利申请权利之人，发明人所属的单位须通过合同及其他法定事由继受获取该项权利。而有些国家的法律则直接规定该项权利归单位所有。中国《专利法》第 6 条规定：“职务发明创造申请专利的权利属于该单位，申请被批准后，该单位为专利权人。该单位可以依法处置其职务发明创造申请专利的权利和专利权，促进相关发明创造的实施和运用。”同时，第 15 条规定：“被授予专利权的单位应当对职务发明创造的发明人或者设计人给予奖励；发明创造专利实施后，根据其推广应用的范围和取得的经济效益，对发明人或者设计人给予合理的报酬。国家鼓励被授予专利权的单位实行产权激励，采取股权、期权、分红等方式，使发明人或者设计人合理分享创新收益。”第 16 条还规定：“发明人或者设计人有权在专利文件中写明自己是发明人或者设计人。”

(1) 职务发明的认定。职务发明首先必须是发明人与单位之间在发明创造完成之时具有劳动合同关系。双方之间没有劳动合同关系，则无法构成职务发明；如果发明人接受了非劳动关系的单位的资助和研究课题指示，则双方之间可能存在委托发明的可能。该劳动关系的存在，仅须为发明创造完成之时即可。任职之前发明人所完成的发明创造，不属于职务发明；即使专利申请的费用由任职单位所支付，它也不属于职务发明。以任职之前作出的发明创造作为公司的出资，该发明创造成为公司或单位的财产，但不属于职务发明。离职之后的发明创造一般也不属于职务发明，除非属于中国《专利法实施细则》第 12 条所规定的情形。即“退休、调离原单位后或者劳动、人事关系终止后 1 年内作出的，与其在原单位承担的本职工作或者原单位分配的任务有关的发明创造”，也属于职务发明。

劳动合同关系包括事实劳动关系。因此，这里所讲的“本单位”不仅指劳动者的在编单位、聘用单位，还包括基于合作、协助或帮助关系而形成的临时或兼职工作单位。此时，其判断标准在于单位是否取得了对发明人包括完成涉案发明创造的创造性劳动在内的劳动支配权。当然，即使存在劳动合同关系，职工的发明创造也并非当然属于单位的职务发明。《专利法》第 6 条规定：“执行本单位的任务或者主要是利用本单位的物质技术条件所完成的发明创造为职务发明创造。”按照该规定，下列两种情况下的发明创造属于职务发明：

一是执行本单位的任务所完成的发明创造。依据法律规定，下列情况属于执行本单位的任务：在本职工作中作出的发明创造；履行本单位交付的本职工作之外的任务所作出的发明创造；以及离职后 1 年内作出的、与其上述工作任务有关的发明创造。本职工作与涉案专利技术方案无关，也不属于单位交付的工作任务，则该专利不属于职务发明。例如，发明人只是单位的普通职工(如司机),其发明创造既非履行本职工作,也非执行单位的科研任务,在整个构思完成的过程中,也未利用该厂的物质条件或对外不公开的技术资料。单位采纳了发明人的技术构思,实施并完善了其技术方案。但完成技术构思和该技术的具体实施是两个不同性质的问题。这是正确判断专利权归属的关键所在。[①] 高级管理人员的发明创造也不一定属于职务发明。发明人作为构件厂厂长,其职责范围应当是领导和管理建筑构件的生产经营活动;但地基施工不属于构件厂的经营范围,地基施工方面的研究和发明也不应认为是构件厂厂长的本职工作。[②] 根据劳动合同等证据,以及公司的主营业务,发明人担任公司的经理职务,其本职工作是负责公司的销售、市场营销、装配及售后服务等,也无证据证明公司在上述工作职责外还要求其担负改进产品的工作任务。涉案专利的发明点及其对现有技术的改进与公司经销产品在销售后的装配及售后服务并无关联。因此,该发明不属于职务发明。[③]

离职不影响在职期间完成的发明创造的法律属性。如果有充分的证据证明作出发明创造的职工有意规避法律的规定,只要是执行本单位工作任务完成的发明创造,法院也可认定其职务发明的地位。例如,单位为解决涉案专利所要解决的技术问题,正式立项研发,并为该项目投入了大量的人力、资金和设备,积累了大量的实验数据、设计方案、产品标准、生产工艺。涉案专利为该员工在职期间为第三人申请。尽管涉案专利文件上记载的发明人不是该员工,而是其兄弟,但后者不具备涉案专利研发的工作经验、知识储备和研发能力,其对于涉案专利研发、申请过程的陈述与事实不符或自相矛盾。因此,涉案专利的实际发明人应是该员工,涉案发明属于职务发明。[④]

二是"主要"利用"本单位的物质技术条件"所完成的发明创造。"本单位的物质技术条件",是指本单位的资金、设备、零部件、原材料、繁殖材料或者不对外公开的技术资料等。其中不对外公开的技术资料包括技术档案、设计图纸、新技术信息等。对上述物质条件的利用,应当是完成发明创造所不可缺少的。"主要"是指上述物质技术条件为发明创造的完成具有实质性价值。少量的利用或者对发明创造的完成没有实质帮助的利用,不应算作利用了单位的物质条件。特别是如果约定返还资金或者支付使用费,或者仅在完成后利用单位的物质技术条件验证或者测试的,不应属于"主要"利用的情形。发明人在进入单位任职以前已经完成的发明创造,并非职务发明,在单位任职期间对发明创造进行的非本质性改动也不影响该发明的非职务发明性质,单位提供的待遇,是劳动合同中约定的义务,并不能构成发明人完善发明的物质条件。[⑤] 一般认为,"主要利用本单位的物质技术条件"需要考虑下列因素:涉案专利研发需要哪些物质技术条件,该单位是否具备这些条件;审查涉案专利的研发是否实际利用了该单位的物质技术条件,并且是"主要利用";审查是否有相反证据证明涉案专利系利用本单位之外的物质技术条件研发。[⑥]

除了上述法定的职务发明之外,中国《专利法》第 6 条第 3 款还规定了约定的职务发明:"利用本单位的物质技术条件所完成的发明创造,单位与发明人或者设计人订有合同,对申请专利的权利和专利权的归属作出约定的,从其约定。"从法条的字面意义来看,该款在"利用本单位的物质技术条件"前缺少"主要"的限制,与第 1 款的规定有所区别。但按照全国人民代表大会常务委

---

① 北京锅炉厂诉潘代明专利权属纠纷上诉案,《最高人民法院公报》1995 年第 3 期。

② 陶义诉北京市地铁地基工程公司发明专利权属纠纷案,《最高人民法院公报》1992 年第 3 期。

③ 北京知识产权法院(2015)京知民初字第 813 号民事判决书。

④ 南京伟思医疗科技有限责任公司诉南京麦澜德医疗科技有限公司,第三人史志怀、杨瑞嘉、杨东、周干专利权权属纠纷案。

⑤ 平谷宫廷风味烤鸡厂诉唐国兴确认专利申请权纠纷案,《最高人民法院公报》1993 年第 2 期。

⑥ 益阳市华昌锑业催化剂有限公司诉刘谏文、刘固坚、刘晓阳专利权权属纠纷上诉案。

员会编写的《中华人民共和国专利法释义》,它是指"主要利用本单位的物质技术条件所完成的发明创造,原则上属于职务发明创造,申请专利的权利和申请被批准后专利权归单位。但是,如果使用本单位的物质技术条件完成发明创造的发明人或者设计人与本单位订了合同,对申请专利的权利和专利权的归属作出约定的,例如,单位与发明人或者设计人在合同中约定,由发明人或者设计人向本单位支付物质技术条件的使用费,而专利申请权及专利权归发明人、设计人所有的,或者双方在合同中约定,专利申请的权利和专利权由双方共有的",则应该按照双方的约定来确定。[①] 这一解释是比较合理的。否则,该条出于保护发明人的立法目的将落空。因为大多数企业都有动机在聘用合同或其内部规章制度中将此类发明规定为单位所有。所以,如果仅属于"利用本单位的物质技术条件"所完成的发明创造,则无论约定与否,都应该属于发明人所有。当然,在这种情况下,用人单位应该有权获得其物质技术利用的使用费。

(2) 职务发明的权利归属与发明人的权利。职务发明申请专利的权利以及授权后的专利权归单位所有。在涉及劳务派遣等情况下,个人所完成的发明创造,属于执行原所在单位的工作任务,又主要利用了现所在单位的物质技术条件的,应按照该发明人原所在和现所在单位达成的协议确认权益。不能达成协议的,根据对完成该项技术成果的贡献大小由双方合理分享。

但是,发明人有在专利文件中写明自己是发明人即署名的权利,以及获得奖励与合理报酬等经济权利。对于职务发明人获得奖励、报酬的方式和具体数额,被授予专利权的单位可以与发明人、设计人约定,或者根据其依法制定的规章制度而确定。

《专利法实施细则》第 77 条规定,被授予专利权的单位未与发明人、设计人约定也未在其依法制定的规章制度中规定奖励的方式和数额的,应当自专利权公告之日起 3 个月内发给发明人或者设计人奖金。一项发明专利的奖金最低不少于 3 000 元;一项实用新型专利或者外观设计专利的奖金最低不少于 1 000 元。由于发明人或者设计人的建议被其所属单位采纳而完成的发明创造,被授予专利权的单位应当从优发给奖金。《专利法实施细则》第 78 条规定,被授予专利权的单位未与发明人、设计人约定也未在其依法制定的规章制度中规定报酬的方式和数额的,在专利权有效期限内,实施发明创造专利后,每年应当从实施该项发明或者实用新型专利的营业利润中提取不低于 2%或者从实施该项外观设计专利的营业利润中提取不低于 0.2%,作为报酬给予发明人或者设计人,或者参照上述比例,给予发明人或者设计人一次性报酬;被授予专利权的单位许可其他单位或者个人实施其专利的,应当从收取的使用费中提取不低于 10%,作为报酬给予发明人或者设计人。

《促进科技成果转化法》(2015)也是重要的法律依据。该法第 45 条规定:"科技成果完成单位未规定、也未与科技人员约定奖励和报酬的方式和数额的,按照下列标准对完成、转化职务科技成果做出重要贡献的人员给予奖励和报酬:(一) 将该项职务科技成果转让、许可给他人实施的,从该项科技成果转让净收入或者许可净收入中提取不低于百分之五十的比例;(二) 利用该项职务科技成果作价投资的,从该项科技成果形成的股份或者出资比例中提取不低于百分之五十的比例;(三) 将该项职务科技成果自行实施或者与他人合作实施的,应当在实施转化成功投产后连续三至五年,每年从实施该项科技成果的营业利润中提取不低于百分之五的比例。国家设立的研究开发机构、高等院校规定或者与科技人员约定奖励和报酬的方式和数额应当符合前款第一项至第三项规定的标准。国有企业、事业单位依照本法规定对完成、转化职务科技成果做出重要贡献的人员给予奖励和报酬的支出计入当年本单位工资总额,但不受当年本单位工资总额限制、不纳入本单位工资总额基数。"

---

① 安建主编:《中华人民共和国专利法释义》,法律出版社 2009 年版,第 16-17 页。

职务发明人的经济权利不受专利权是否被无效的影响。因为专利权被宣告无效的决定，对已经履行的专利实施许可合同和专利权转让合同不具有追溯力。对于在专利权被宣告无效之前所发生的专利实施许可行为，发明人、设计人依然可以向许可他人实施该项专利的专利权人主张职务报酬请求权。

职务发明人的经济权利也不因其离职而受影响。如果单位的内部规章规定，职工离职后不享有对职务发明创造的奖励、报酬，该规定属于无效规定。获得职务发明创造的奖励与合理报酬是发明人的法定权利，给予发明人奖励与报酬是单位的法定责任。法律允许用人单位与发明人约定或者在其依法制定的规章制度中规定奖励、报酬以何种方式发放以及约定发放的数额。但是，用人单位无权设定与发明人所付出的创造性劳动无关的条件，以排除、限制发明人获得奖励和报酬的权利。用人单位发生合并等事项的，继承其权利义务的单位有义务履行支付合理的奖励、报酬。①

为促进发明商业化，职务发明的运营规则也在《专利法》上有所体现。《专利法》第 6 条第 1 款规定："该单位可以依法处置其职务发明创造申请专利的权利和专利权，促进相关发明创造的实施和运用。"同时，第 15 条规定："被授予专利权的单位应当对职务发明创造的发明人或者设计人给予奖励；发明创造专利实施后，根据其推广应用的范围和取得的经济效益，对发明人或者设计人给予合理的报酬。国家鼓励被授予专利权的单位实行产权激励，采取股权、期权、分红等方式，使发明人或者设计人合理分享创新收益。"此外，公有资金资助的职务发明专利权实施有特殊规定。国家设立的研究开发机构、高等院校自职务发明获得知识产权之后合理期限内，既未自行实施或者做好实施的必要准备，也未转让和许可他人实施的，发明人在不变更职务发明权利归属的前提下，可以根据与单位的协议自行实施或者许可他人实施该知识产权，并按照协议享有相应的权益。

（四）外国人

《巴黎公约》及其他知识产权国际条约都规定有国民待遇原则，允许外国人获得申请专利的权利和专利权是各国专利法都遵循的基本规定。但是，各国对于外国人如何在本国申请专利的规定略有不同。有些国家无条件地允许外国人申请专利，如美国；也有些国家附有条件地允许外国人申请专利，如法国。中国专利法对外国人申请专利的问题上，分两种情况处理。其一，在中国有经常居所或营业所的外国人（外国企业或外国其他组织）在中国申请专利，享有与中国国民同等的权利。其二，在中国没有经常居所或者营业所的外国人（外国企业或者外国其他组织）在中国申请专利的，依照其所属国同中国签订的协议或者共同参加的国际条约，或者依照互惠原则，办理专利申请。此外，在中国没有经常居所或者营业所的外国人、外国企业或者外国其他组织在中国申请专利和办理其他专利事务的，应当委托依法设立的专利代理机构办理。②

三、专利权的限制

专利权的限制包括两类：一是对发明创造的实施不视为侵权的行为，即专利权效力所不及的范围，如中国《专利法》第 75 条的规定；二是对专利权人的许可实施权予以限制，法律规定可不经其同意但必须支付合理使用费的实施行为，如中国《专利法》第六章的有关规定。在国际条约上，专利权的限制有非常严格的适用条件。TRIPs 协议第 30 条规定的是第一类专利权的限制，第 31 条详细规定了强制实施许可的限制条件。

---

① 广东省高级人民法院(2016)粤民终 1498—1500、1503—1506 号民事判决书。

② 在 2008 年修订前的《专利法》规定，应当委托国务院专利行政部门指定的专利代理机构办理，修改之后的规定扩大了外国人对代理人的选择范围。

(一) 不视为侵犯专利权的行为

不视为侵犯专利权的法律规定是对专利权的一种比较严重的限制性规定,因而必须要规定其严格的适用条件。其总体的基本原则为TRIPs协议第30条所规定:“成员方可对专利授予的独占权规定有限的例外,条件是该例外规定不得不合理地与专利的正常利用相冲突,也不得损害专利所有者的合法利益,还应考虑第三人的合法利益。”该条规定的三项条件必须做相互依存的解释,即使一项例外可能属于“有限”之范围,但仍有可能不符合后两个条件。① 第一项条件:“有限的例外”是指狭窄的例外,即只能是对限制的权利产生较小的减缩,该项限制边界必须是清晰的,譬如,所牵涉之行为(进口、出口等)、使用目的(为私人或教育目的)、对发明使用的结果(为个人医疗处方之准备)。② 第二项条件:“不合理”意味着“超越了什么是合理的或公平的这一限制”条件。“冲突”是指“相互排斥、抵触或不协调”。“正常”是指“符合正式的、通常的或典型的标准”。③ 第三项条件:“损害”是“对权利、主张、声明及其机会等之有效性或市场力的损害”。“合法的”是指“法定的、正当的、正式的、符合标准种类,逻辑上属于可接受的”。“第三方之合法利益”中“合法利益”应解释为比法定利益要广义一些。

中国《专利法》第75条规定:“有下列情形之一的,不视为侵犯专利权:(一) 专利产品或者依照专利方法直接获得的产品,由专利权人或者经其许可的单位、个人售出后,使用、许诺销售、销售、进口该产品的;(二) 在专利申请日前已经制造相同产品、使用相同方法或者已经作好制造、使用的必要准备,并且仅在原有范围内继续制造、使用的;(三) 临时通过中国领陆、领水、领空的外国运输工具,依照其所属国同中国签订的协议或者共同参加的国际条约,或者依照互惠原则,为运输工具自身需要而在其装置和设备中使用有关专利的;(四) 专为科学研究和实验而使用有关专利的;(五) 为提供行政审批所需要的信息,制造、使用、进口专利药品或者专利医疗器械的,以及专门为其制造、进口专利药品或者专利医疗器械的。”这五项分别属于各国专利法所普遍规定的权利用尽、先用权、临时过境、科学研究例外与Bolar例外。当然,不同国家对这些不视为侵权的情形所规定的限制性条件并不完全相同。但是,它都必须符合TRIPs协议第30条的具体限制性条件。

(1) 专利权用尽。权利用尽或权利穷竭,是指专利产品在合法售出之后,该特定专利产品上的专利权即为用尽,对其使用、许诺销售、销售、进口等行为不再需要经过权利人的许可。在国际上,不同国家采用权利用尽规则所适用的范围并不相同,主要包括国内用尽与国际用尽两种立法模式;在欧盟境内,有些国家实行区域用尽(即欧盟境内)的做法。所谓“国际用尽”,是指专利产品在多个国家获得专利权的保护时,在其中一个国家合法售出之后,该产品在任何国家的使用、许诺销售、销售、进口等权利即已用尽,无须再经过专利权人授权。专利权的国际用尽,又称平行进口,即无须经过专利权人同意的进口与专利权的进口权并存,其合法性未为国际条约调整。TRIPs协议明确规定,该问题由各成员方自行决定其合法性。中国在2008年修订专利法时,明确了专利权国际用尽的原则,允许平行进口。

权利用尽主要是为了解决协调专利权人与专利产品的物权人之间的权利冲突,以实现产品的交易安全与便捷。“设立专利权用尽原则的理由在于:一方面,专利权人通过享有一定期间内的独占权能够控制专利产品的制造和首次销售,保障了专利权人能够对其作出发明创造付出的代价获取回报;另一方面,如果在专利权人自己或者其被许可人将其专利产品投放市场后,该产品的所有后续批发、零售、转让和使用还要再次经过专利权人的许可,必然会大大阻碍交易安全和便捷。”[①]权利用尽的其他理论依据还包括激励创新与维护公共利益(交易安全)的平衡,防止专

---

① 北京市高级人民法院(2017)京民终454号民事判决书。

利权人从其合法销售的产品中获得双重利益等。

发明专利包括产品专利与方法专利。专利权用尽是指专利产品或依专利方法直接获得的产品首次销售之后的权利用尽，故方法专利本身不受权利用尽的限制。北京市高级人民法院在(2017)京民终454号民事判决书中认为：

> 《专利法》……规定的专利权用尽原则只能使涉及合法售出的产品本身的专利权被权利用尽，而不能认为合法售出的实施专利方法或制造专利产品的专用设备或者专用元件、部件就导致产品或方法专利权也被权利用尽。只有专利产品或者依照专利方法直接获得的产品才存在专利权用尽的问题，而单纯的“使用方法专利”由于不涉及产品，故一般不存在权利用尽的问题。

单纯的“使用方法专利”不涉及产品，但如果对“依照专利方法直接获得的产品”之使用，是属于方法专利的一种重要实施方式；或者专利权人的产品专利与方法专利具有相互配套的情况，权利人售出专利产品的同时，其配套的方法专利也应受到相应的限制。北京知识产权法院在(2016)京73民初639号民事判决书中认为：

> 实现产品正常用途的使用产品的常规方法是产品价值得以体现的必然途径，二者相合不可分离。因此，对实现产品常规用途的使用产品的方法专利，适用权利用尽实质即为对产品专利的权利用尽。本案中(两项专利属于分案申请而来)，一种具有仿瓷效果的涂料的专利权属于东莞利通公司，一种具有仿瓷效果的涂料的喷涂工艺的专利权利属于东莞尚兰公司，在前者权利人将涂料出售后，购买者扬州中环公司使用涂料按照常规喷涂工艺喷涂后，喷涂工艺的权利人东莞尚兰公司主张购买者扬州中环公司使用涂料的行为侵害其专利权。由于涉案专利与案外专利的技术方案保护范围实质相同，权利要求实质同一，生产并销售具有仿瓷效果的涂料，就应当允许该具有仿瓷效果的涂料的购买者按照该涂料的正常用途使用，也即涂料与涂料的常规使用方法是必须结合而不可分离的。否则，……会导致案外专利与涉案专利均成为一纸空文，毫无价值与意义。这与专利法既鼓励创新又惠及公众利益的立法目的明显不相符。同时，基于案外专利与涉案专利的保护范围实质均在于涂料产品，二者相合不可分离，涉案专利基于实现案外专利产品正常用途而存在。

产品的维修、回收利用与权利用尽的关系比较复杂。一般来说，专利产品的购买者在使用过程中对磨损或损坏的部分进行维修，应该不构成侵犯专利权。但是，特别是涉及产品的回收利用时，其可能构成了不同于已有专利产品的制造行为，即相当于专利产品的新制造，其不属于权利用尽的范围。但是如何区分产品的维修与再造，在中国尚未有权威判例，在比较法上则存在不同的理论和司法判例。此外，为维修专利产品而提供相应的零部件，它是否构成专利间接侵权，也在理论上具有争议。

权利用尽是否受专利权人的合同所限制，这也是理论和实务中较有争议的问题。由于权利用尽原则仅限于转让专利产品所有权的情形，如果权利人在销售专利产品时将所有权保留，购买者获得使用权(如租赁合同)的情况下，其再次销售、许诺销售等行为的合法性就存疑了。一般认为，不允许专利权人规避法律规定，因此，要从实质上评价该合同的性质是属于买卖合同还是其他所有权保留的合同。或者说，限制权利用尽原则的合同是无效合同。

(2) 先用权。先用权是指在专利申请日以前实际已经作出发明创造的单位或个人，如果因没有先申请专利而不能实施自己的发明创造，不符合公平的基本理念。因此，通过赋予先用权人在原有范围内实施发明创造，使其能够继续其生产经营活动。在本质上，它是专利法先申请原则（为激励技术的尽快公开）与发明人保密策略（秘密状态下实施发明）之间的一种平衡。由于先用权是为了保护申请日之前作出发明创造的人的利益，故通常要求考察先用权人的技术来源途径。即，先用技术是其自行研发所获得，即不知道专利申请的内容，自行完成了发明创造；或通过合法手段获得，即从独立研发该先用技术的人之处获得该技术，包括从专利申请人处合法获得的技术，且其实施行为符合诚信原则。但有些国家的法律规定该技术不得来自专利申请人，如德国《专利法》第 12 条的规定。以非法获得的技术或者设计主张先用权抗辩的，不应予以支持。

除了使用人的主观善意之外，先用权的成立条件还包括：先用权人在专利申请日以前已经实施发明创造，或者已经作好制造、使用的必要准备。这通常需要其以一系列证据资料来予以证明。“已经作好制造、使用的必要准备”主要包括：已经完成实施发明创造所必需的主要技术图纸或者工艺文件；已经制造或者购买实施发明创造所必需的主要设备或者原材料。这里所指的“必要准备”，是指在专利申请日前是否为实施专利作好了技术或者物质上的必要准备。在产品上市受管制的情况下，它无须在申请日之前获得上市批文。例如，先用权人是否在申请日之前取得药品生产批件，是药品监管的行政审批事项，不能以是否取得药品生产批件来判断其是否作好了制造、使用的必要准备。

当然，先用权人还必须针对相同产品或相同方法，即落入了专利权的保护范围之外，否则，它就不存在侵权的可能性。

先用权人的实施权为有限的利益保护。它仅限于申请日前的原有范围。原有范围，包括专利申请日前已有的生产规模以及利用已有的生产设备或者根据已有的生产准备可以达到的生产规模。先用权的转让受到严格限制。在专利申请日后将其已经实施或作好实施必要准备的技术或设计转让或者许可他人实施，被诉侵权人主张该实施行为属于在原有范围内继续实施的，法院不予支持，但该技术或设计与原有企业一并转让或者承继的除外。

《专利法》第 75 条第 2 款仅规定了“继续制造、使用的”，不视为侵权；对先用权人制造产品或使用该方法直接获得的产品，进行使用、销售、许诺销售、进口的，不视为侵权。最高人民法院在(2015)民申字第 1255 号民事裁定书中认为：

> 制造商享有先用权，但制造商并非本案被告，提出抗辩的是制造商的交易对象、被诉侵权产品的销售商，在销售商提出合法来源，并就其提交的证据审查后能够认定制造商先用权成立的情况下，如果简单地要求追加制造商为当事人或者驳回销售商的抗辩，一方面会增加当事人诉累，另一方面也与享有先用权的制造商生产的产品可以合法流通相违背。本案中，被诉的侵权产品销售商可以主张制造商享有先用权。

如果先用权人未采取保密措施而公开使用，或产品的上市而使得技术得以公开，除非符合新颖性例外的规定，它已属于现有技术。先用权人可以通过专利无效而无须依赖先用权而免除侵权责任。

(3) 临时过境。临时过境为《巴黎公约》第五条之三所明确规定，成员国的船舶、飞机或车辆暂时或偶然进入成员国领水、领空、领土时，专为该船舶、飞机或车辆的需要而使用受该国专利保护的装置的，不视为侵犯专利权。因此，临时过境主要是为便利国际交通而创设，它仅豁免“为交通工具自身需要”而在其装置和设备中使用有关专利的行为，并不包含交通工具所装载的货物之情形。

临时过境不同于过境贸易。近年来，过境贸易引发了较多的国际知识产权争议。过境贸易是产品由制造国运往消费国途中，途经其他国家，对途经国家来说，即为过境贸易。荷兰曾多次扣押由印度制造、经荷兰过境运往第三国的仿制药品，这些药品在印度和药品进口国均不受专利保护，但受欧盟专利保护。2010年5月，印度、巴西对欧盟及荷兰依据侵犯专利权理由扣押原产于印度但过境荷兰口岸运往第三国的仿制药品事件提起磋商程序。其争议焦点主要包括扣押是否违反知识产权地域性原则、是否违反TRIPs协议（特别是多哈宣言）等问题。[①]

(4) 科学研究。实验是科学研究的必经步骤，诚如一位诺贝尔物理学奖获得者所说的："我确信，在科学中，既没有哲学上的高速路，也没有认识论上的路标。我们处于丛林之中，我们只有通过不断的实验和试错来寻找我们的道路。"今天为人们所熟知的科学上的重大突破都是从实验室诞生的，专利法将科学研究或实验目的而使用专利权的行为作为侵犯专利权的例外。《专利法》第75条第4项规定，"专为科学研究和实验而使用有关专利的"行为不视为侵权行为。但是，由于所依赖的解释理论不同，不同国家的实验例外所适用的范围则大为不同。从一般情况来说，实验或科学研究中使用专利技术，其最终目的包括两种：商业目的和非商业目的；而非商业目的，也可以分为纯科学目的和间接具有商业目的两种情形。

最严格的实验例外将研究者使用发明的目的限定于"为哲学趣味、纯粹娱乐或无聊似的好奇"，如果使用行为属于"明确的、可以辨识的并且实质上是出于商业目的"，则构成侵犯专利权而不为实验例外所豁免。美国专利普通法上的实验例外仅豁免"非商业目的"之行为。在学理上，也有学者认为中国专利法上的内容不包括商业目的之实验行为，"专"字表明它是"为研究而研究，为实验而实验"，且仅限于"使用专利产品或专利方法"。[②] 但是，与严格表述的立法文本不同，我国司法的基本看法是区分实验行为和实验成果的商业化，并认为前者受实验例外的保护而不构成侵权。

陆正明诉上海工程成套总公司、无锡市环境卫生工程实验厂专利侵权上诉案是最高人民法院公报登载的适用"科学研究例外"的唯一案例。本案原告陆正明拥有一项名为"熟化垃圾组织筛碎机"的实用新型专利权，无锡市环境卫生工程实验厂（下称环卫厂）承担了国家的有关研究任务后，于1989年4月委托上海工程成套总公司（下称成套公司）对筛分破碎机进行研制。成套公司研制的设备与陆正明的专利权利要求中请求保护的技术方案等同。原审法院认为，环卫厂为完成国家城乡建设环境保护部下达的科研项目，委托成套公司对筛分破碎机械进行研制，属于专为科学研究和实验而使用有关专利，不视为对陆正明专利权的侵害。

上诉后，上海市高级人民法院认为，专利法中"专为科学研究和实验而使用有关专利"而"不视为侵犯专利权"的规定，"是指在实验室条件下，为了在已有专利技术的基础上探索研究新的发明创造，演示性地利用有关专利，或者考察验证有关专利的技术经济效果"。成套公司直接利用原告专利技术制造机械设备并予以销售的行为，不能视为专为科学研究和实验而使用专利的合法行为；环卫厂在科研项目通过鉴定后，使用侵权产品，且又有一定销售的行为，"属于以生产经营为目的的使用行为，亦不符合'专为科学研究和实验使用有关专利'的条件，应认定侵权"[③]。

本案表明，我国法院区分实验行为和实验成果的商业化，后者将受到专利权的控制。而前

---

① 例如，转运是否属于"进口"的行为。

② 参见汤宗舜：《专利法解说》，知识产权出版社2002年第2版，第376页。

③ 参见吴合振主编：《最高人民法院公报案例评析：知识产权卷》，中国民主法制出版社2004年版，第77－78页。

者,即实验室条件下的使用他人专利之行为,只要不存在直接的销售行为,不属于以生产经营为目的,即非为“商业目的”。日本专利法也做类似解释,因为如果非为“构成业务的方式”进行实验或研究而实施发明的行为,本身就不属于专利权的范围,无须予以特别豁免,故其含义也是指以“构成业务的方式”的实施行为。①

如果从其使用手段来看,科学研究或实验使用专利技术也包括两类:与专利权客体(发明)有关的实验(experimental use on)和将发明专利作为新发明的手段(experimental use with)。前者依具体内容来看,包括检验发明是否具有可专利性、改进发明、为规避专利权而发展竞争性技术的实验;后者是指将专利技术作为研究工具(research tool),例如,将专利软件作为设计机器设备的计算机辅助设计手段或作为材料研究中的微电子控制器。将研究者使用发明的情形限定于对发明本身进行的实验;但如果专利发明客体被作为“实验工具”而使用,则构成侵犯专利权。而商业目的与非商业目的之区分,并不影响实验例外的成立。1975 年《欧共体专利条约》第 31 条、后由 1989 年《共同体专利相关协议》修订为第 27 条的规定包括两款,第 1 款为“专利权的效力不延及私人或非商业目的之行为”,第 2 款为“共同体专利权的效力不延及为实验目的而使用专利权客体的行为”。从文义和体系解释的方法来看,“实验行为”是“私人或非商业目的”以外的行为;第 1 款的“非商业目的”则暗示了第 2 款的实验例外允许商业目的之行为。尽管该协议并未正式生效,但它对欧盟各国的立法产生了重要影响,使用了同样表述的立法包括英国 1977 年《专利法》第 60(5) b 条、德国《专利法》第 11(2) 条和法国《知识产权法典》第 L.613-5(b)条。

少数国家将豁免的使用行为涵盖到所有实验性使用行为,既包括对发明本身有关的实验行为,也包括将发明作为实验的手段之使用行为。瑞士 2007 年《专利法》第 9 条规定的是“专利权保护的例外”,其第 1 款规定:“专利权保护的范围不延及:(2) 为获取发明客体的相关知识,包括该发明实用性的知识,出于试验和研究目的之行为;以及在与发明客体有关的所有特定科学研究中从事的行为;……(4) 在教育机构为教学目的而使用发明的行为……”第 2 款规定:“限制或排除前述第 1 款规定的合同无效。”针对研究工具,该法第 40b(f)条规定了强制许可:“试图将有专利的生物技术发明作为研究工具或方法的任何人都有权获取非排他许可。”但是,本条仅允许对生物技术专利的工具性使用,并不包括实验室设备、数据库和计算机软件等方面的专利,也不包括生产或供应这些研究工具的竞争者。

(5) 为取得上市批文的试验性实施(Bolar 例外)。为保障专利保护期届满后产品市场上的充分竞争,专利法提供了一系列的安全港制度。专利法规定,仿制药商在专利保护期之内为提供上市所需信息进行的制造、使用、进口行为不视为侵权,这就是药品 Bolar 例外制度或管制审查例外。药品 Bolar 例外制度的基本价值在于消除仿制药上市审批所导致的专利期额外延长,即,在原研药专利保护期届满之后,仿制药能够及时进入市场。Bolar 例外起源于美国,为其《专利法》第 271(e)(1) 条所规定;它为 TRIPs 协议所允许,在绝大多数国家的专利法上有规定。但不同国家在适用对象(研究工具还是专利本身)、利用行为(是否包括使用、出口)、地域范围(是否包括境外)等方面有不同的做法。

美国最高法院在 2005 年审理的 Merck KGaA v. Integra Lifescience I, Ltd.案中,宣布了该例外的宽松解释标准:“适当的解释是,专利法第 271(e)(1) 条为获得审查批准而进行的实验行为提供了足够的空间。至少,当药品生产者有合理根据确信对有专利的化合物可通过特定的生物程序而产生特定的精神效果,在研究中使用这些化合物(获取的信息),如果成功的话,也将提供给 PDA。这些使用属于与‘依联邦法而提供信息和研发’等行为‘合理相关’。”尽管美国最高法

① 参见[日]青山纮一:《日本专利法概论》,聂宁乐译,知识产权出版社 2014 年版,第 29 页。

院明确回避了 Bolar 例外制度是否适用于研究工具，但许多学者认为，本案裁定的、作为实验控制物的使用就是属于研究工具的使用。

Bolar 例外的适用范围在欧盟境内也有重大差异，比利时、德国和荷兰三国的法律仅允许为获得仿制药(含生物制品仿制药)上市许可提供所需信息而进行的试验和研究，但法国、意大利、英国和西班牙的法律还允许为创新药开发而进行的试验和研究；在适用的地域范围上，比利时和荷兰的法律只允许获取欧盟上市主管部门所规定的数据而进行的试验和研究行为，但其他国家并不限定于欧盟境内的上市许可。①

中国法上的“药品试验例外”未明确规定其地域范围，仅规定其行为限于“制造、使用、进口”三项；不包括为获得外国上市申请所需之出口行为，但这是印度最近判决的一件案件所涉及的争议焦点。德国拜尔公司拥有抗癌药“多吉美(Nexavar)”的印度专利。Natco 制药有限公司是印度知名仿制药商，获得了“多吉美”在印度境内的强制实施许可证。2014 年，拜尔公司向德里高等法院提出速审(writ petition)申请，请求法院颁发命令，要求海关当局没收 Natco 公司出口的仿制药，因为这些出口行为违反了强制许可条款。Natco 向法院提出中间申请(interim application)，请求允许向中国出口 1 公斤的活性药用化合物，目的是在中国开展临床研究。德里高等法院批准了 Natco 的申请，认为印度专利法第 107A 条下的“获得上市许可”包括为获得国外上市的出口行为。该条规定，为提供药品在“印度或其他国家制造、销售、使用或进口”之行政审批所需要的信息，不视为侵权。法院认为，药品试验例外的范围包括“为获得国外上市许可信息”的出口行为，该行为不属于侵犯专利权的行为；获得强制实施许可的批准，不影响被许可人在药品试验例外下所应享有的合法权利。②

在 2008 年修订《专利法》之前，法院通过解释《专利法》第 11 条中“为生产经营目的”而确认为取得药品上市批文的试验性实施行为不构成侵权。在三共株式会社案中，原告拥有一项用于治疗或预防高血压症的药物及方法专利，万生公司正在国家食品和药品监督管理局(以下简称国家药监局)申请“奥美沙坦酯片”的新药注册，其生产涉案药品“奥美沙坦酯片”的目的，是获得和提供该药品申请行政审批所需要的信息，并将该信息报送给国家药监局，以获得该药品的新药证书和生产批件。北京市第二中级人民法院在(2006)二中民初字第 04134 号民事判决书中认为，涉案药品“尚处于药品注册审批阶段，虽然被告为临床试验和申请生产许可的目的而使用涉案专利方法，制造了涉案药品，但其制造行为是为了满足国家相关部门对于药品注册行政审批的需要，以检验其生产的涉案药品的安全性和有效性；而并非直接以销售为目的，不属于中华人民共和国专利法所规定的为生产经营目的实施专利的行为，不构成对涉案专利权的侵犯”。

在 2008 年法律明确规定 Bolar 例外后，法院仍然持类似观点，如北京知识产权法院(2017)京 73 民初 1584 号民事判决书指出：

> 丽珠制药厂向药品评审中心申报涉案仿制药的行为系一种请求行政机关给予行政许可的行为，其直接目的并非为生产经营目的；其次，向国家药品行政管理机关提供药品行政审批的行为亦不是制造、使用、许诺销售、销售、进口中的任一行为。因此，丽珠制药厂向药品评审中心申报涉案仿制药的行为不构成专利侵权行为……

---

① See Andras Kupecz et.al., Safe Harbors in Europe: An Update on the Research and Bolar Exemptions to Patent Infringement, *33 Nature Biotechnology 710*, 715 (2015).

② See Sandeep K. Rathod, The Curious Case of India's Bolar Provision, *14(1) Journal of Generic Medicines 16*, 17 - 19 (2018).

专利法第六十九条规定，为提供行政审批所需要的信息，制造、使用、进口专利药品或者专利医疗器械的，以及专门为其制造、进口专利药品或者专利医疗器械的，不视为侵犯专利权。因此，即便丽珠制药厂在申报涉案仿制药过程中制造、使用了涉案专利，其亦为提供行政审批所需要的信息而实施，依照专利法第六十九条之规定，亦不构成侵犯专利权的行为。

……

最后，恩必普公司关于如果不制止丽珠制药厂的申请涉案仿制药行为，在其获准生产批准后投入市场，将给专利权人造成巨大经济损失的主张，因没有事实及法律依据，故本院对恩必普公司的该项主张不予支持。

(6) 其他的不视为侵权情形。《专利法实施细则》第 6 条规定了权利恢复程序。在权利丧失期间，第三人基于对专利行政部门专利公告的信赖利益而实施发明创造，在权利恢复后，其实施行为即无法律依据。但在此期间制造的专利产品或使用专利方法直接获得的产品，应不视为侵权；其销售、许诺销售、使用等行为，也应不视为侵权。日本《专利法》第 112 条之三规定：专利权依法被恢复的，如果属于产品发明，则自“可补缴专利费的期间届满后至权利恢复登记前，进口、在日本国内生产或取得的物品”，属于专利权效力所不延及的范围。但中国有法院认为，由于专利权人在法定期限内享有恢复权利请求权，故任何人均不得在专利等待恢复的宽限期内未经专利权人许可而实施其专利，否则应承担相应的后果。[①] 该观点有商榷之处。

医生的配药特权，是指医生为治疗疾病而进行配药的行为不视为侵犯专利权。基于患者生命与健康的考虑，有些国家的专利法在赋予药品专利保护的同时，规定了特定情况下医生的配药特权。

(二) 专利实施强制许可

专利实施强制许可，又称非自愿许可，是指依据法律明确规定的条件和程序，由使用者向国家专利行政部门或司法机关提出申请，经审查、裁定后，或国家专利行政部门主动决定，准许其实施特定专利，并按照裁定的标准向专利权人支付使用费，而无须取得专利权人的同意。尽管专利实施强制许可并未限制权利人自己的实施权，以及获得合理许可使用费的权利，但限制了其行使禁止他人实施的权利，将间接影响通过市场手段的策略性运用而获取经济利益的能力。因此，它的适用范围应受到严格的限制。TRIPs 协议第 31 条第 1 项规定：“颁发强制许可使用应一事一议。”一般来说，它限于制约专利权人滥用权利和维护公共利益两种特别的情形，特别是专利权人滥用权利的情形，往往是指使用者通过合理的许可条件而无法与专利权人达成许可协议。故申请强制许可的使用者需要举证这一条件。TRIPs 协议第 31 条第 2 项规定：“只有申请人之前已经按合理商业条款和条件努力从权利持有人处获得授权，但此类努力在合理时间内未获得成功，方可允许此类使用。在全国处于紧急状态或在其他极端紧急的情况下，或在公共非商业性使用的情况下，一成员可豁免此要求。”

(1) 强制许可的条件。专利实施强制许可制度的目的是限制专利权滥用、维护公共利益，故颁发强制许可的理由也大体上包括两大类型：权利滥用与公共利益。

第一，制止权利滥用而颁发强制许可。因制止权利滥用而申请强制许可的，具备实施条件的申请者须予以举证证明滥用事实，“申请强制许可的单位或者个人应当提供证据，证明其以合理的条件请求专利权人许可其实施专利，但未能在合理的时间内获得许可”。《专利法》规定了三项事由：① 专利权人不实施或不充分实施。该种行为违背了专利制度通过专利的实施促进经济发展和社会进步的立法目标。《巴黎公约》第 5 条 A 款允许成员国对此采取强制许可措施。但

---

① 参见广州知识产权法院(2016)粤 73 民初 2248 号民事判决书。

TRIPs 协议规定，成员方不得依此而撤销专利权，即专利权人不负有实施义务。《专利法》第 53 条规定：专利权人自专利权被授予之日起满三年，且自提出专利申请之日起满四年，无正当理由未实施或者未充分实施其专利的，专利行政部门可以给予实施发明专利或者实用新型专利的强制许可。未充分实施其专利，是指专利权人及其被许可人实施其专利的方式或者规模不能满足国内对专利产品或者专利方法的需求。申请强制许可的单位或者个人应当提供证据，证明其以合理的条件请求专利权人许可其实施专利，但未能在合理的时间内获得许可。② 为制止垄断行为而授予强制许可。《反垄断法》规定的垄断行为包括：垄断协议；滥用市场支配地位；限制竞争的经营者集中；其第 68 条又规定："经营者依照有关知识产权的法律、行政法规规定行使知识产权的行为，不适用本法；但是，经营者滥用知识产权，排除、限制竞争的行为，适用本法。"《专利法》第 53 条第 2 项规定，专利权人行使专利权的行为被依法认定为垄断行为，如排除、限制竞争为目的拒绝专利许可等行为，为消除或者减少该行为对竞争产生的不利影响的，专利行政部门可以给予实施发明专利或者实用新型专利的强制许可。此外，请求人应当提交已经生效的司法机关或者反垄断执法机构依法将专利权人行使专利权的行为认定为垄断行为的判决或者决定。③ 依存专利的强制许可。对于技术上相互依此的发明创造，相互之间不能在合理条件下订立专利实施许可合同，则难以得到充分有效的实施，不符合专利制度促进经济发展的目标。它为 TRIPs 协议第 31 条第 12 项所承认。《专利法》第 56 条规定："一项取得专利权的发明或者实用新型比前已经取得专利权的发明或者实用新型具有显著经济意义的重大技术进步，其实施又有赖于前一发明或者实用新型的实施的，国务院专利行政部门根据后一专利权人的申请，可以给予实施前一发明或者实用新型的强制许可。""在依照前款规定给予实施强制许可的情形下，国务院专利行政部门根据前一专利权人的申请，也可以给予实施后一发明或者实用新型的强制许可。"国家专利行政部门不得主动对依存专利作出颁发强制许可的决定。申请强制许可的单位或者个人应当提供证据，证明其以合理的条件请求专利权人许可其实施专利，但未能在合理的时间内获得许可。

第二，维护公共利益而颁发强制许可。专利法具体规定了三类情况。① 国家紧急状态下的强制许可。该情形下可不经任何的申请，由国务院有关主管部门提出建议、国务院专利行政部门直接作出强制许可的决定。《专利法》第 54 条规定："在国家出现紧急状态或者非常情况时，或者为了公共利益的目的，国务院专利行政部门可以给予实施发明专利或者实用新型专利的强制许可。"国家紧急状态或者非常情况，主要是指爆发战争、暴发大规模疫病和严重自然灾害等；公共利益目的，是指事关公共利益的重大技术，如污染防治技术。② 维护公共健康的强制许可。公共健康也属于公共利益的组成部分。根据 TRIPs 协议对药品专利权授予强制许可的特别规定，允许应最不发达国家或地区的请求而颁发的药品专利强制许可，可以出口至该特定的最不发达国家或地区；以及出口到依照有关国际条约通知世界贸易组织表明希望作为进口方的该组织的发达成员或者发展中成员。《专利法》第 55 条规定："为了公共健康目的，对取得专利权的药品，国务院专利行政部门可以给予制造并将其出口到符合中华人民共和国参加的有关国际条约规定的国家或者地区的强制许可。"请求人应当提供进口方及其所需药品和给予强制许可的有关信息。该条中的药品，是指解决公共健康问题所需的医药领域中的任何专利产品或者依照专利方法直接获得的产品，包括取得专利权的制造该产品所需的活性成分以及使用该产品所需的诊断用品。③ 为了公共利益目的对半导体技术的强制许可。这也是对半导体技术的特别规定。它源于 TRIPs 协议第 31 条第 3 项："如果是半导体技术，则仅能用于公共非商业性使用，或用于补救经司法或行政程序确定为限制竞争行为。"《专利法》第 57 条规定："强制许可涉及的发明创造为半导体技术的，其实施限于公共利益的目的和被依法认定为垄断行为的情形。"

(2) 申请强制许可的程序。国家知识产权局负责受理和审查强制许可请求、强制许可使用费裁决请求和终止强制许可请求并作出决定。申请人的上述请求应当使用中文以书面形式办理。请求给予强制许可的，应当提交强制许可请求书，并按专利权人的数量提交请求书及其附加文件副本。外国人也可以提出请求，但在中国没有经常居所或者营业所的外国人、外国企业或者外国其他组织办理强制许可事务的，应当委托依法设立的专利代理机构办理。请求文件不符合规定的，请求人应当自收到通知之日起 15 日内进行补正。期满未补正的，该请求视为未提出。国家知识产权局受理强制许可请求的，应当及时将请求书副本送交专利权人。除另有指定的外，专利权人应当自收到通知之日起 15 日内陈述意见；期满未答复的，不影响国家知识产权局作出决定。

国家知识产权局应当对请求人陈述的理由、提供的信息和提交的有关证明文件以及专利权人陈述的意见进行审查。请求人或者专利权人要求听证的，由国家知识产权局组织听证。除涉及国家秘密、商业秘密或者个人隐私外，听证公开进行。国家紧急状态下的强制许可和维护公共健康的强制许可，不适用听证程序。请求人在国家知识产权局作出决定前撤回其请求的，强制许可请求的审查程序终止。在国家知识产权局作出决定前，请求人与专利权人订立了专利实施许可合同的，应当及时通知国家知识产权局，并撤回其强制许可请求。

经审查，国家知识产权局认为强制许可请求不符合规定的，应当作出驳回强制许可请求的决定。认为请求给予强制许可的理由成立的，国家知识产权局应当作出给予强制许可的决定。在作出给予强制许可的决定前，应当通知请求人和专利权人拟作出的决定及其理由。除另有指定的外，双方当事人可以自收到通知之日起 15 日内陈述意见。国务院专利行政部门作出的给予实施强制许可的决定，应当及时通知专利权人，并予以登记和公告。给予实施强制许可的决定，应当根据强制许可的理由规定实施的范围和时间。在涉及公共健康的药品专利强制许可时，由国务院有关主管部门将相关信息通报世界贸易组织。强制许可的理由消除并不再发生时，国务院专利行政部门应当根据专利权人的请求，经审查后作出终止实施强制许可的决定。

专利权人对国务院专利行政部门关于实施强制许可的决定不服的，专利权人和取得实施强制许可的单位或者个人对国务院专利行政部门关于实施强制许可的使用费的裁决不服的，可以自收到通知之日起 3 个月内向人民法院起诉。

(3) 强制许可的效力。强制许可的目的在于维护本国的公共利益与制止权利滥用，因此，被许可人所获准的实施行为是有限的。首先，TRIPs 协议第 31 条第 6 项将它严格限定在颁发强制许可的理由范围之内。《专利法》第 58 条规定：除被依法认定为垄断行为以及药品而颁发的强制许可外，强制许可的实施应当主要为了供应国内市场。其次，被许可人获得的实施许可只能为普通实施许可，此为 TRIPs 协议第 31 条第 4 项所明文规定。《专利法》第 61 条规定："取得实施强制许可的单位或者个人不享有独占的实施权，并且无权允许他人实施。"此外，根据 TRIPs 协议的规定，它是不可转让的，除非与享有此种使用的那部分企业或商誉一同转让。最后，强制许可也属于实施许可的范围，应支付合理的使用费。《专利法》第 62 条规定："取得实施强制许可的单位或者个人应当付给专利权人合理的使用费，或者依照中华人民共和国参加的有关国际条约的规定处理使用费问题。付给使用费的，其数额由双方协商；双方不能达成协议的，由国务院专利行政部门裁决。"具体使用费的确定，根据 TRIPs 协议第 31 条第 8 项的规定，为"适当报酬，同时考虑授权的经济价值"。

(三) 国家实施

国家实施包括如下两类制度：

其一，类似于国家征收征用的"政府专利使用"(Government Patent Use)制度。该制度授予政府可以不经专利权人同意而使用专利发明之权力，但其条件是向专利权人支付"合理和完整的补偿"。专利权人不得请求政府停止使用，仅可主张合理使用费的补偿。《专利法》第 49 条规定：

“国有企业事业单位的发明专利，对国家利益或者公共利益具有重大意义的，国务院有关主管部门和省、自治区、直辖市人民政府报经国务院批准，可以决定在批准的范围内推广应用，允许指定的单位实施，由实施单位按照国家规定向专利权人支付使用费。”根据该条规定，它仅适用于“国有企业事业单位”所有的“发明专利”，范围有限；同时，它严格限定于对国家利益或公共利益有重大意义的发明创造。此外，在程序上严格予以规定，由国务院进行批准。我国法上正式的政府使用制度为《促进科技成果转化法》(2015 年修订)所确立，其第 7 条规定：“国家为了国家安全、国家利益和重大社会公共利益的需要，可以依法组织实施或者许可他人实施相关科技成果。”

其二，对政府资助或由公共资金资助的发明创造，政府享有介入权(March-in Rights)。介入权最早为美国《拜杜法案》所确定，为《美国法典》第 35 章(即《专利法》)第 203 条所规定。《科学技术进步法》(2021 年修订)第 32 条规定了三个方面的内容。第一，财政性资金资助的研究项目所形成的知识产权，除涉及国家安全、国家利益和重大社会公共利益的外，由项目承担者依法取得。第二，项目承担者负有依法实施知识产权的义务。第三，国家介入权，即国家可以无偿实施，也可以许可他人有偿实施或者无偿实施。国家介入权行使的情形有二：① 项目承担者“在合理期限内没有实施的”；② “国家为了国家安全、国家利益和重大社会公共利益的需要”。

四、专利权的存续期间与专利权人的义务

(一) 专利权的存续期间

中国专利法保护三类专利权，其存续期间并不一致。发明专利权的期限为 20 年，实用新型专利权的期限为 10 年，均自申请日起计算。但是，专利权自授权公告之日起生效，故专利权的有效期限实质上要短于该期限。因此，有些国家的专利法规定有专利保护期延长的制度。

专利保护期延长主要包括两种类型：基于对专利授权审批过分延误的补偿与产品上市审批导致管制性延误的补偿。在美国法上，前者被称为“专利权保护期调整(Patent Term Adjustment, PTA)；专利保护期延长(Patent Term Extension, PTE)则专指药品专利因上市审批而产生的保护期补偿或延长。专利权保护期为自申请日起的 20 年，但对于药品专利而言，它们大都要花费 10 年左右的时间进行研发和临床试验，以获得药品主管部门的批准。原研药商认为，这实质性地缩短了药品专利权的有效期限，需要法律对其进行补偿。药品专利保护期延长的制度逐渐为部分国家所采纳。

从不同国家的立法来看，专利保护期延长制度具有一些共同的特征：① 药品专利权期限延长须专利权人依据法律规定的条件、时限和程序等申请提出；② 专利权延长的具体期限通常由专利权授权日和上市申请批准日之间的时间来决定，但最多不超过 5 年；③ 与被延长前的专利权相比，药品专利权被延长期内的权利是有限的，通常限于被批准的领域；④ 专利权期限延长以 1 次为限。但在具体的批准条件、时限、期间和程序等方面，不同国家的法律规定并不相同。

《专利法》第 42 条规定：“自发明专利申请日起满四年，且自实质审查请求之日起满三年后授予发明专利权的，国务院专利行政部门应专利权人的请求，就发明专利在授权过程中的不合理延迟给予专利权期限补偿，但由申请人引起的不合理延迟除外。”“为补偿新药上市审评审批占用的时间，对在中国获得上市许可的新药相关发明专利，国务院专利行政部门应专利权人的请求给予专利权期限补偿。补偿期限不超过五年，新药批准上市后总有效专利权期限不超过十四年。”

(二) 专利权人的义务

为维持专利权，专利权人必须缴纳年费或专利维持费。《专利法》第 43 条规定：“专利权人应当自被授予专利权的当年开始缴纳年费。”申请人办理专利权登记手续时，应当缴纳专利登记费、公告印刷费和授予专利权当年的年费；期满未缴纳或者未缴足的，视为未办理登记手续。除了专

利年费之外，专利申请涉及的费用还有：申请费、申请附加费、公布印刷费、优先权要求费；发明专利申请实质审查费、复审费；专利登记费、公告印刷费；恢复权利请求费、延长期限请求费；著录事项变更费、专利权评价报告请求费、无效宣告请求费。申请人或者专利权人缴纳法律规定的各种费用有困难的，可以按照规定向国务院专利行政部门提出减缴或者缓缴的请求。

专利权人除承担缴纳年费义务，不负有实施的义务。

(三) 专利权的消灭

专利权因保护期届满而消灭，也可因无效宣告而消灭。除此之外，还包括未缴纳年费、放弃等。《专利法》第 44 条还规定："有下列情形之一的，专利权在期限届满前终止：(一) 没有按照规定缴纳年费的；(二) 专利权人以书面声明放弃其专利权的。专利权在期限届满前终止的，由国务院专利行政部门登记和公告。"

第四节　专利权的保护

未经专利权人授权，又无法律依据，擅自实施他人享有专利权的发明创造即属于侵害专利权的行为。类似于物权的保护，专利权人对于侵害专利权的行为可以行使停止侵害请求权(类似于物权请求权)和损害赔偿请求权等民事救济手段；但不同于物权的地方在于其侵权判定规则更为复杂。一般来说，判断是否侵害专利权，首先，须确定专利权的保护范围。它由权利要求书所界定，而权利要求书既是确定专利权保护范围的法律文件，又属记载技术方案的技术文件，如何确定其具体含义，就不同于合同解释、法律解释那样简单。其次，要确定被诉侵权的产品或方法之技术方案。由于被诉侵权的技术方案体现为有形载体，其具体范围通常要易于确定些。最后，要将被诉侵权的技术方案与受专利保护的技术方案进行比对。如果落入专利权的保护范围，即构成侵权(直接侵权)；如果未落入专利权的保护范围，但行为人属于帮助、教唆他人侵害专利权的情况，也构成侵权(间接侵权)。

一、权利要求的解释

(一) 权利要求的法律地位

要保护专利权，首先必须要明确界定专利权的边界。确定专利权边界的法律文件是权利要求书(claims)。早期的专利法通常仅要求申请人在说明书中对发明加以描述，不必明确地界定发明的具体边界。后来出现了权利要求的文件，如美国在 1836 年通过修改其"1793 年专利法"时增加了"专利权利要求"，但直至 1870 年才为该法所明确规定为独立的法律文件。

权利要求书是专利文件中最重要、最核心的部分，"整个专利博弈的名称就是权利要求"，另一个较为形象的说法是，它是专利权人的围墙或篱笆。从程序上看，获得专利授权需要权利人发明出说明书所描述的实施例，然后通过权利要求来主张排他权的保护。权利要求书的撰写有两个限制：它既不能覆盖现有技术(《专利法》第 22 条)，又必须得到说明书的合理支持(《专利法》第 26 条第 4 款)。这两者均体现了专利权保护范围应该与发明人的技术贡献相符合。由于专利权利要求书还需要"清楚、简要地限定要求专利保护的范围"(《专利法》第 26 条第 4 款)，它是专利文件撰写任务中最为困难、也是最为重要的部分。权利要求书既是法律文件，也是技术文件，这使得确定专利保护的范围时对权利要求的解释也显得更为困难。

确定权利要求所界定的保护范围，主要有三种方法：中心限定原则(central claiming principle)、周边限定原则(peripheral claiming principle)和折中原则。所谓中心限定原则，是指在确定专利权保护范围时不局限于权利要求的描述，而是从权利要求出发，将与之相关的技术特征纳入保护范围，其核心在于强调保护发明创造或技术设计的整体贡献。周边限定原则是指专利权的保护范围由权利要求所限定，权利要求书划定了专利权的“四至标桩”，权利要求的解释只能是对其具体内容的澄清。一般认为，中心限定原则强调发明人的技术贡献，其范围的确定过程有利于专利权人；周边限定原则强调权利要求书的公示效力，有利于社会公众确定专利权的保护范围。美国过去采取中心限定原则，现为周边限定原则。折中原则，又称主题限定原则，兼有两者的特点，为《欧洲专利条约》所首创，为中国《专利法》所借鉴。《专利法》第 64 条第 1 款规定：“发明或者实用新型专利权的保护范围以其权利要求的内容为准，说明书及附图可以用于解释权利要求的内容。”

由于实用新型专利的授权不经实质审查，其权利要求所界定的保护范围具有不确定性。《专利法》第 66 条第 2 款规定：“专利侵权纠纷涉及实用新型专利或者外观设计专利的，人民法院或者管理专利工作的部门可以要求专利权人或者利害关系人出具由国务院专利行政部门对相关实用新型或者外观设计进行检索、分析和评价后作出的专利权评价报告，作为审理、处理专利侵权纠纷的证据；专利权人、利害关系人或者被控侵权人也可以主动出具专利权评价报告。”原告无正当理由不提交的，人民法院可以裁定中止诉讼或者判令原告承担可能的不利后果。

除了具有界定专利权保护范围的功能之外，权利要求书还具有另一项重要使命：将符合专利法授权条件的发明创造上的权利状态向社会公示，以让社会公众了解、知悉，避免他人的重复劳动和无意的侵权。在仁达建材厂诉新益公司侵犯专利权再审案中，最高人民法院明确宣称：通过专利行政部门的授权审查程序而批准的权利要求书具有重要的公示公信效力，“使公众能够清楚地知道实施何种行为会侵犯专利权，从而一方面为专利权人提供有效合理的保护，另一方面确保公众享有使用技术的自由，……从而保障法律权利的确定性，从根本上保证专利制度的正常运作和价值实现”①。

（二）权利要求解释的必要性

与有形财产不同的是，专利权利边界的划定通常被认为是一项艰巨的任务。权利要求解释规则具有复杂性，其原因可能包括语言的模糊性、专利法对权利要求书的结构设计和技术的复杂性。首先，对权利要求所使用的语词、词序、句序等进行语义分析时可能产生歧义。对发明等新生事物用语言来描述，语言本身就具有内在的不准确性。而且，用来描述权利要求的语言常常以与撰写者有轻微区别的方式而使用。例如，当被用于陈述句的一部分、用以指向某一术语的词语并不常用；或者用非对称语词的搭配来指称不常用的术语，像将名词用作形容词，或将动词用作形容词等等，都可能产生语义上的模糊。此外，语言本质上具有不确定性，常常具有多义性。在某种程度上，语言的本质属性使得专利权利要求的表述绝对清晰是不可能的。

造成专利权范围不确定性的原因，除了语言本身的因素外，还在于权利要求的结构本身。依我国《专利法》之规定，权利要求通常只能用一个自然段来予以概括，每一项权利要求只允许在其结尾处使用句号。② 在很多国家，权利要求都要求仅用一个单句来陈述权利人要求保护的书面描述之内容。除此之外，权利要求的撰写还要求简明，如《专利审查指南》第二部分第二章第 3.2.3 条即规定：“权利要求的表述应当简要，除记载技术特征外，不得对原因或者理由作不必要的描述，也不得使用商业性宣传用语。”这样一来，有可能产生的后果是，很难用一个简明、易懂的陈述句来解释复杂的发明。

---

① 《最高人民法院公报》2005 年第 10 期。

② 参见《专利审查指南》第二部分第二章第 3.3 条。该条指出：“但是当技术特征较多，内容和相互关系较复杂，借助于标点符号难以将其关系表达清楚时，一项权利要求也可以用分行或者分小段的方式描述。”

由于专利说明书被用于解释权利要求，说明书的作用就不能完全视为技术文献，也具有法律文件的功能，其使用的术语就有可能既是技术性术语，也是法律术语。这将导致对于技术专家而言，法律术语是晦涩难懂的；同样，对于法律专家而言，技术术语也是聱牙佶屈。而为了达到扩大专利权范围的目的，专利申请文件起草者的撰写技术需要满足下列两个条件：在专利审查时，将尽可能地与现有技术区分开来，以避免专利申请被驳回；在诉讼过程中，将尽可能宽泛地覆盖未知的新兴技术，以最大程度地获得垄断利润。而实现这两个目的之撰写技巧是，尽可能地使用模棱两可的词语来描述发明和界定权利要求。例如，使用"实质性"等语义含糊的词汇，或"正常情况"等准清晰词语。这些情形加剧了专利权保护范围的不确定性。为了确定专利权的范围，语义含糊之处需要使用权威材料来予以澄清；即使在表述非常清楚的情形下，专利权保护范围是否妥当，也需要使用权威材料来予以证明。

因此，权利要求解释的具体任务是：当权利要求中的技术特征所表达的技术内容不清楚时，澄清该技术特征的含义；当权利要求中的技术特征存在瑕疵时，弥补该技术特征的不足；当权利要求中的技术特征之间存在矛盾等特定情况时，修正该技术特征的含义。

（三）权利要求解释的基本方法

由于权利要求界定专利权的保护范围，故权利要求的解释(claim construction)常常决定了侵权诉讼的最终结果。长期以来，存在两类互相冲突的权利要求解释方法：形式主义和整体论主义。① 两者的区别在于用以解释权利要求的依据(resources)不同。用以解释权利要求的依据包括内部证据和外部证据。前者特别强调权利要求的含义须依内部证据来确定；而后者则更侧重于外部证据。

内部证据是指专利文献及专利审查过程中形成的文件。这些证据大部分属于专利文献的组成部分，它们包括：权利要求所使用的语词、说明书和专利申请过程中所形成的文献。在侵权诉讼时，法院可以运用与涉案专利存在分案申请关系的其他专利及其专利审查档案、生效的专利授权确权裁判文书解释涉案专利的权利要求。专利审查档案，包括专利审查、复审、无效程序中专利申请人或者专利权人提交的书面材料，国务院专利行政部门及其国务院专利行政部门制作的审查意见通知书、会晤记录、口头审理记录、生效的专利复审请求审查决定书和专利权无效宣告请求审查决定书等。

外部证据是指专利文献之外的所有资料，包括技术专家和发明人的证词、科学文献和词典等。这些资料与权利要求所使用的术语或技术领域有关，但并不具体指向专利权。

权利要求的解释通常从权利要求的语言出发。在确定专利权的保护范围时，独立权利要求的前序部分、特征部分以及从属权利要求的引用部分、限定部分记载的技术特征均有限定作用。权利要求中记载的技术特征都具有不同的保护范围，但不同权利要求中采用的相关技术术语应当解释为具有相同的含义。遵循说明书和附图可以用于解释权利要求的规定，除非对术语本身作出了界定，权利要求往往依据说明书的书面描述和专利申请过程中的文献予以解释，其具体依据是本领域普通技术人员标准。运用说明书及附图解释权利要求时，由于实施例只是发明的例示，不应当以说明书及附图的例示性描述限制专利权的保护范围；不能简单地将争议的术语含义限缩为说明书给出的某一具体实施方式体现的内容，从而正确地确定专利权的保护范围。

权利要求书、说明书及附图中的语法、文字、标点、图形、符号等存有歧义，但本领域普通技术人员通过阅读权利要求书、说明书及附图可以得出唯一理解的，法院应当根据该唯一理解予以认定。当内部证据不能实现权利要求的解释之时，外部证据才可予以运用，《专利法解释一》第 3 条

① See Peter Lee, Patent Law and the Two Cultures, 121 YALE .L.J. 2, 29 (2010).

规定，权利要求的具体含义，“可以运用说明书及附图、权利要求书中的相关权利要求、专利审查档案进行解释。说明书对权利要求用语有特别界定的，从其特别界定。以上述方法仍不能明确权利要求含义的，可以结合工具书、教科书等公知文献以及本领域普通技术人员的通常理解进行解释”。但是，它仍不得改变权利要求所使用的语言之含义，或与其相矛盾。因此，对于当事人存在争议的专利权利要求的技术术语，虽然该术语在相关行业领域并没有明确的定义，但涉案专利说明书中的记载指明了其具有的特定的含义，就应当以说明书的界定理解权利要求用语的含义。

比较特殊的问题，权利要求的解释方法在专利授权确权程序与侵权诉讼程序中的适用标准是否应该一致？这在法律中并未有明确规定。在美国法上，在专利审查阶段，一般对权利要求“与说明书相符的最广义的合理解释”以及该技术领域中普通技术人员所能理解的内容来予以解释，其目的在于减少权利要求扩大至现有技术之可能性，以获得更精确的权利范围。故含糊不清的权利要求将导致广义的解释方法。[①] 但是，在专利侵权程序中，应坚持专利权有效原则。即在权利人据以主张的专利权未被宣告无效之前，其权利应予保护，不得以该专利权不符合专利法相关授权条件、应被宣告无效为由作出裁判。因此，它不得将整体上属于现有技术的技术方案纳入保护范围。在中国，最高人民法院在(2010)知行字第53-1号行政裁定书中认为这两者的标准不完全一致：

> 无论在专利授权确权程序还是在专利民事侵权程序中，客观上都需要明确权利要求的含义及其保护范围……权利要求的解释方法既存在很强的一致性，又存在一定的差异性。其一致性至少体现在如下两个方面：一是，权利要求的解释属于文本解释的一种，无论是专利授权确权程序还是专利民事侵权程序中对权利要求的解释，均需遵循文本解释的一般规则；二是，无论是专利授权确权程序还是专利民事侵权程序中对权利要求的解释，均应遵循权利要求解释的一般规则。例如均应遵循专利说明书及附图、专利审查档案等内部证据优先、专利申请人自己的解释优先等解释规则。
>
> 但是，由于专利授权确权程序与专利民事侵权程序中权利要求解释的目的不同，两者在特殊的个别场合又存在一定的差异。
>
> 在专利授权确权程序中，解释权利要求的目的在于通过明确权利要求的含义及其保护范围，对专利权利要求是否符合专利授权条件或者其效力作出判断。基于此目的，在解释权利要求用语的含义时，必须顾及专利法关于说明书应该充分公开发明的技术方案、权利要求书应当得到说明书支持、专利申请文件的修改不得超出原说明书和权利要求书记载的范围等法定要求。若说明书对该用语的含义未作特别界定，原则上应采本领域普通技术人员在阅读权利要求书、说明书和附图之后对该术语所能理解的通常含义，尽量避免利用说明书或者审查档案对该术语作不适当的限制，以便对权利要求是否符合授权条件和效力问题作出更清晰的结论，从而促使申请人修改和完善专利申请文件，提高专利授权确权质量。
>
> 在专利民事侵权程序中，解释权利要求的目的在于通过明确权利要求的含义及其保护范围，对被诉侵权技术方案是否落入专利保护范围作出认定。在这一程序中，如果专利保护范围字面含义界定过宽，出现权利要求得不到说明书支持、将现有技术包含在内或者专利审查档案对该术语的含义作出过限制解释因而可能导致适用禁止反悔原则等情形时，可以利用说明书、审查档案等对保护范围予以限制，从而对被诉侵权技术方案是否落入保护范围作出更客观公正的结论。因此，专利权利要求的解释方法在专利授权确权程序与专利民事侵

---

① 参见 Martin J. Adelman 等：《美国专利法》，郑胜利等译，知识产权出版社2011年版，第176页。

权程序中既有根本的一致性，又在特殊场合下体现出一定的差异性。当然，这种差异仅仅局限于个别场合，在通常情况下其解释方法和结果是一致的。

……前述两个程序中权利要求解释方法的差异突出体现在当事人意见陈述的作用上。在专利授权确权程序中，意见陈述书是申请人与专利审查机关进行意见交换的重要形式，是专利审查档案的重要内容之一。尽管如此，在专利授权确权程序中解释权利要求时，意见陈述书的作用在特定的场合下要受到专利法明文规定的限制。例如，我国专利法规定了说明书应当对发明作出清楚完整的说明、权利要求书应当得到说明书的支持、专利申请文件的修改不得超出原说明书和权利要求书记载的范围等法定要求。在审查某项专利或者专利申请是否符合上述法定要求时，当然应该以说明书或者原说明书和权利要求书为依据，当事人意见陈述不能也不应该起到决定作用。相反，如果将当事人的意见陈述作为判断某项专利或者专利申请是否符合上述法定要求的决定性依据，则无法促使专利申请人将相关内容尽量写入说明书，专利法关于说明书应当对发明作出清楚完整的说明、权利要求书应当得到说明书的支持、专利申请文件的修改不得超出原说明书和权利要求书记载的范围等法定要求也将无法得到实现。因此，在专利授权确权程序中，申请人在审查档案中的意见陈述在通常情况下只能作为理解说明书以及权利要求书含义的参考，而不是决定性依据。而在专利民事侵权程序中解释权利要求的保护范围时，只要当事人在专利申请或者授权程序中通过意见陈述放弃了某个技术方案，一般情况下应该根据当事人的意见陈述对专利保护范围进行限缩解释。

(四) 实务上的权利要求解释

为确定专利权的保护范围，权利要求的具体解释必须确定受专利保护的技术特征所组成的技术方案。所谓技术特征，是指在权利要求所限定的技术方案中，能够相对独立地执行一定的技术功能并能产生相对独立的技术效果的最小技术单元。在产品技术方案中，该技术单元一般是产品的部件和/或部件之间的连接关系。在方法技术方案中，该技术单元一般是方法步骤或者步骤之间的关系。权利要求的具体解释方法包括：在侵权之诉时权利要求解释的结果不得使得专利权无效，一般不得排除优选的实施例，在禁反言中的限缩解释优先于扩张解释，权利要求的技术特征具有不同的保护范围，权利要求的术语在整个专利文献中应该含义一致，不得依说明书或专利申请过程中的文献来限制权利要求的范围。① 具体而言，法院根据不同的权利要求采取了具有一定针对性的解释方法。

(1) 马库什(Markush)权利要求。它是化学发明专利申请中一种特殊的权利要求撰写方式，即一项申请在一个权利要求中限定多个并列的可选择要素概括的权利要求。如："一种制备用于治疗或预防高血压的药物组合物的方法，该方法包括将抗高血压剂与药物上的可接受的载体或稀释剂混合，其中抗高血压剂为至少一种如下所示的式(Ⅰ)化合物或其可用作药用的盐或酯，其中：R^1 代表具有 1 至 6 个碳原子的烷基；R^2 和 R^3 相同或不同，且各自代表具有 1 至 6 个碳原子的烷基……"

图 3-3

该类型的权利要求撰写方式为 1920 年尤金·马库什在美国专利申请所首创，其目的是解决

① See Kristen Osenga, Linguistics and Patent Claim Construction, 38 RUTGERS L.J. 61, 75 (2006).

化学领域中多个取代基基团没有共同上位概念可概括的问题，其本身一直被视为结构式的表达方式，而非功能性的表达方式。马库什权利要求限定的是并列的可选要素而非权利要求，其所有可选择化合物具有共同性能和作用，并且具有共同的结构或者所有可选择要素属于该发明所属领域公认的同一化合物。

> 马库什权利要求具有极强的概括能力，一旦获得授权，专利权保护范围将涵盖所有具有相同结构、性能或作用的化合物，专利权人权益将得到最大化实现。……因此，从公平角度出发，对马库什权利要求的解释应当从严。马库什权利要求不管包含多少变量和组合，都应该视为一种概括性的组合方案。选择一个变量应该生成一种具有相同效果药物，即选择不同的分子式生成不同的药物，但是这些药物的药效不应该有太大差异，相互应当可以替代，而且可以预期所要达到的效果是相同的……因此，马库什权利要求应当被视为马库什要素的集合，而不是众多化合物的集合，马库什要素只有在特定情况下才会表现为单个化合物，但通常而言，马库什要素应当理解为具有共同性能和作用的一类化合物。①

(2) 功能性限定技术特征的权利要求(functional claiming)。它是指对发明所实现的功能这样的一般概念予以要求保护，而不是发明物理结构。通常，对产品权利要求来说，应当尽量避免使用功能或者效果特征来限定发明。只有在某一技术特征无法用结构特征来限定，或者技术特征用结构特征限定不如用功能或效果特征来限定更为恰当，而且该功能或者效果能通过说明书中规定的实验或者操作或者所属技术领域的惯用手段直接和肯定的验证的情况下，使用功能或者效果特征来限定发明才可能是允许的。对于权利要求中所包含的功能性限定的技术特征，应当理解为覆盖了所有能够实现所述功能的实施方式。

在侵权时，功能性限定的技术特征，其保护范围缩小至"说明书和附图描述的该功能或者效果的具体实施方式及其等同的实施方式"。《专利法解释一》第 4 条规定："对于权利要求中以功能或者效果表述的技术特征，人民法院应当结合说明书和附图描述的该功能或者效果的具体实施方式及其等同的实施方式，确定该技术特征的内容。"《专利法解释二》第 8 条规定："功能性特征，是指对于结构、组分、步骤、条件或其之间的关系等，通过其在发明创造中所起的功能或者效果进行限定的技术特征，但本领域普通技术人员仅通过阅读权利要求即可直接、明确地确定实现上述功能或者效果的具体实施方式的除外。与说明书及附图记载的实现前款所称功能或者效果不可缺少的技术特征相比，被诉侵权技术方案的相应技术特征是以基本相同的手段，实现相同的功能，达到相同的效果，且本领域普通技术人员在被诉侵权行为发生时无需经过创造性劳动就能够联想到的，人民法院应当认定该相应技术特征与功能性特征相同或者等同。"在侵权判断时，首先要确定它是否属于功能性特征以及确定其保护范围。上海市高级人民法院在(2017)沪民终146 号民事判决书中指出：

> 一审法院认为，权利要求 8 的技术特征包括：……4. 所述过滤筒的密封边缘贴靠在接收孔的边缘上，其特征在于，所述入流漏斗在接收孔下方具有至少一个第一固定机构，该第一固定机构包括在接收室的底壁中的至少一个第一向内翻转部，所述过滤筒在密封边缘下方且与其隔开距离地具有至少一个第二固定机构，该第二固定机构包括在过滤筒的底壁中的

① 北京万生药业有限责任公司与国家知识产权局专利复审委员会、第三人第一三共株式会社发明专利权无效行政纠纷案，《最高人民法院公报》2018 年第 6 期。

至少一个围卡第一内向翻转部的第二向内翻转部，并且在过滤筒沿轴向方向插入时，所述固定机构这样地共同作用，使得该过滤筒的密封位置被确定。……

而涉案专利权利要求8的技术特征4虽对于“第一固定机构”和“第二固定机构”的具体位置予以限定，……但是由于“第一固定机构”与“第二固定机构”并非专业技术名词，且权利要求书中对于两者的具体结构并未予以限定，仅以两者在发明创造中所起到“在过滤筒沿轴向方向插入时，所述固定机构这样地共同作用，使得该过滤筒的密封位置被确定”这样的功能和效果进行限定。因此，涉案专利权利要求8技术特征4中的第一固定机构与第二固定机构系功能性技术特征。

至于清清公司上诉所称确定位置是技术特征并非功能之理由。……本院认为，技术方案是指对要解决的技术问题所采取的利用了自然规律的技术手段的集合，而技术手段通常是由技术特征来体现。而功能是指技术方案所发挥的作用。根据涉案专利权利要求书“当过滤筒被插入到接收口中时该第二固定机构与第一固定机构相互配合，这样，这些固定机构确定了过滤筒的位置……”的描述可知，权利要求8技术特征4具有第一固定机构与第二固定机构这两个技术特征，当过滤筒被插入到接收口时前述两个技术特征相互配合，发挥了确定过滤筒位置的作用，故“确定过滤筒位置”并非技术特征而是功能。因此，清清公司的该项上诉理由没有法律和事实依据，本院不予认同。

关于功能性技术特征第一固定机构和第二固定机构的限定范围，根据《专利法司法解释(一)》第四条规定，对于权利要求中以功能或者效果表述的技术特征，人民法院应当结合说明书和附图描述的该功能或者效果的具体实施方式及其等同的实施方式，确定该技术特征的内容。

(3) 方法限定产品的权利要求。对于权利要求中以制备方法界定产品的技术特征，被诉侵权产品的制备方法与其不相同也不等同的，人民法院应当认定被诉侵权技术方案未落入专利权的保护范围。方法权利要求未明确记载技术步骤的先后顺序，但本领域普通技术人员阅读权利要求书、说明书及附图后直接、明确地认为该技术步骤应当按照特定顺序实施的，人民法院应当认定该步骤顺序对于专利权的保护范围具有限定作用。

(4) 环境特征限定的权利要求。被诉侵权技术方案不能适用于权利要求中使用环境特征所限定的使用环境的，人民法院应当认定被诉侵权技术方案未落入专利权的保护范围。

(5) 开放式的权利要求与封闭式的权利要求。开放式的权利要求宜采用“包含”“包括”“主要由……组成”的表达方式，其解释为还可以含有该权利要求中没有述及的结构组成部分或方法步骤。封闭式的权利要求宜采用“由……组成”的表达方式，其一般解释为不含有该权利要求所述以外的结构组成部分或方法步骤。被诉侵权技术方案在包含封闭式组合物权利要求全部技术特征的基础上增加其他技术特征的，人民法院应当认定被诉侵权技术方案未落入专利权的保护范围，但该增加的技术特征属于不可避免的常规数量杂质的除外。但封闭式组合物权利要求一般不包括中药组合物权利要求。

(6) 数值限定的权利要求。一般情况下，权利要求中包含数值范围的，其数值范围尽量以数学方式表达，例如，“≥30 ℃”“>5”等。通常，“大于”“小于”“超过”等理解为不包括本数；“以上”“以下”“以内”等理解为包括本数。权利要求采用“至少”“不超过”等用语对数值特征进行界定，且本领域普通技术人员阅读权利要求书、说明书及附图后认为专利技术方案特别强调该用语对技术特征的限定作用，权利人主张与其不相同的数值特征属于等同特征的，法院不予支持。

(7) 吉普森(Jepson)式权利要求。它是指将现有技术清楚地列举于权利要求书的前序中，并进一步阐明该发明的改进之处。如：一种用来收集石壁图案的书册，至少包含一个封面及数个石板，其改进特征为：至少包含为花岗岩组成的封面。一般来说，在“特征为”之前的部分为现有技术。[①]

二、直接侵权的判断

直接侵权成立与否的判断，本质上是将受保护的技术方案与被诉侵权的技术方案进行比对的过程。从专利权保护范围的界定出发，首先应确定用于比对的、构成技术方案的技术特征之基本原则；其次是比对的具体方法，它包括相同侵权（或字面侵权）、等同侵权等。相同侵权与等同侵权具有层次上的递进关系，在侵权判断时，首先进行相同侵权的判断；如果不成立相同侵权，则再进行等同侵权的判断。值得注意的是，进行侵权判定时，不应以当事人提供的专利产品与被诉侵权技术方案直接进行比对，但专利产品可以帮助理解有关技术特征与技术方案。权利人、被诉侵权人均有专利权时，一般不能将双方专利产品或者双方专利的权利要求进行比对。

（一）全部要件原则

所谓全部要件原则（all elements rule），又称全面覆盖原则，是指凡是专利权人写入专利权利要求书的技术特征，都是必要的技术特征，都应当纳入技术特征对比之列；在直接侵权的判断中，必须将记载入权利要求书中的全部技术特征，与被诉侵权的技术方案所有的技术特征进行比对，其技术特征全部相同或等同的，侵权才成立。如果缺少相同或等同的技术特征，则不构成直接侵犯专利权的行为。《专利法解释一》第 7 条规定：“人民法院判定被诉侵权技术方案是否落入专利权的保护范围，应当审查权利人主张的权利要求所记载的全部技术特征。”“被诉侵权技术方案包含与权利要求记载的全部技术特征相同或者等同的技术特征的，人民法院应当认定其落入专利权的保护范围；被诉侵权技术方案的技术特征与权利要求记载的全部技术特征相比，缺少权利要求记载的一个以上的技术特征，或者有一个以上技术特征不相同也不等同的，人民法院应当认定其没有落入专利权的保护范围。”

从权利要求的效力来看，它不仅界定了专利权的保护范围，还具有公示公信效力。故未写入权利要求书、但通过其他专利文件向社会公开的技术方案，不受专利法保护。此为捐献规则（dedication rule），它体现了全部要件原则的基本要求，是对专利权利要求的保护功能和公示功能进行利益衡量的产物，以避免为专利申请人规避对较宽范围的权利要求的审查提供便利。该规则为美国法院所确立，最早可追溯至 1881 年的判例，美国联邦巡回上诉法院在 2002 年全体法官听审的方式明确其不受保护。在中国，《专利法解释一》第 5 条规定：“对于仅在说明书或者附图中描述而在权利要求中未记载的技术方案，权利人在侵犯专利权纠纷案件中将其纳入专利权保护范围的，人民法院不予支持。”例如，权利要求为“三个刀片构成的刀头”，但说明书称该刀头也可以是 4 个、6 个或 8 个。在侵权诉讼时，其保护范围则仅限于 3 个刀头的情形。

坚持全部要件原则，在专利侵权比对中，不应区分发明点与非发明点。最高人民法院在（2017）最高法民申 2073 号民事裁定书中认为：

> 在判定是否侵犯发明、实用新型专利时，适用全面覆盖原则，并没有区分发明点与非发明点。……在涉案专利权利要求的全部技术特征中，发明点是指体现该发明创造对现有技术作出贡献的技术特征。所谓发明点与非发明点的区分，是相对于最接近的现有技术而言的；最接近的现有技术不同，可能导致发明点的不同。发明点的相对性决定了在专利侵权比对中不宜区分发明点与非发明点。

---

① 参见 Martin J. Adelman 等：《美国专利法》，郑胜利等译，知识产权出版社 2011 年版，第 136 页。

全部要件原则的确立，彻底否定了过去部分法院采用的“多余指定原则”。多余指定原则，是指在侵权比对时，将权利要求记载的技术特征区分为必要技术特征和非必要技术特征，忽略多余特征（非必要技术特征），仅以权利要求中的必要技术特征来确定专利保护范围。最高人民法院在（2005）民三提字第1号民事判决书中解释了不能适用“多余指定原则”的原因：

> 首先，从权利要求书的撰写要求看，《中华人民共和国专利法实施细则》第20条、第21条明确规定，权利要求书应当清楚、简要地表述请求保护的范围。权利要求书应当有独立权利要求。独立权利要求应当从整体上反映发明或者实用新型的技术方案，记载解决技术问题的必要技术特征。应当认为，凡是专利权人写入独立权利要求的技术特征，都是必要技术特征，都不应当被忽略，而均应纳入技术特征对比之列。本院不赞成轻率地借鉴适用所谓的“多余指定原则”。其次，从权利要求书的作用看，根据《中华人民共和国专利法》第56条第1款的规定，发明或者实用新型专利权的保护范围以权利要求书的内容为准。权利要求书的作用是确定专利权的保护范围。即通过向公众表明构成发明或者实用新型的技术方案所包括的全部技术特征，使公众能够清楚地知道实施何种行为会侵犯专利权，从而一方面为专利权人提供有效合理的保护，另一方面确保公众享有使用技术的自由。只有对权利要求书所记载的全部技术特征给予全面、充分的尊重，社会公众才不会因权利要求内容不可预见的变动而无所适从，从而保障法律权利的确定性，从根本上保证专利制度的正常运作和价值实现。本案专利权利要求书只有一项权利要求，即独立权利要求。该独立权利要求对筒底和筒管的壁层结构分别给予了明确记载。所以，仁达厂关于专利筒底壁层结构不是必要技术特征的主张，不能成立。

（二）相同侵权判断

相同侵权，又称为字面侵权（literal infringement），是指被诉侵权技术方案包含了与权利要求限定的一项完整技术方案记载的全部技术特征相同的对应技术特征。

如果以技术特征A、B、C指代上位概念，技术特征a、b、c指代下位概念，相同侵权的类型主要有：① 完全相同的技术方案，即专利技术方案ABC与被诉侵权技术方案ABC。② 当权利要求中记载的技术特征采用上位概念，而被诉侵权技术方案的相应技术特征采用的是相应的下位概念的，应认定构成相同技术特征，[①]如专利技术方案ABC与构成侵权的abc。③ 增加技术特征的发明或改进发明，如专利技术方案ABC与构成侵权的ABCD。被诉侵权技术方案在包含了权利要求中的全部技术特征的基础上，又增加了新的技术特征的，仍然落入专利权的保护范围，但专利文件明确排除该技术特征的除外。在后获得专利权的发明或实用新型是对在先发明或实用新型专利的改进，在后专利的某项权利要求记载了在先专利某项权利要求中记载的全部技术特征，又增加了另外的技术特征的，在后专利属于从属专利。实施从属专利落入在先专利的保护范围。从属专利的典型类型包括：在包含了在先产品专利权利要求的全部技术特征的基础上，增加了新的技术特征；在原有产品专利权利要求的基础上，发现了原来未曾发现的新的用途；在原有方法专利权利要求的基础上，增加了新的技术特征。下例中，既有在已有技术方案的基础上所做的改进，即增加新的技术特征——“全密封式防尘盖”；也有上、下位概念的关系——“按压装置与按压装置的具体结构”。广东省高级人民法院在（2017）粤民终1171号民事判决书中指出：

---

① 但是，如果权利要求采用的是下位概念，而被诉侵权的技术特征属于上位概念，应属于捐献规则的范围而不构成侵权。

思奇公司主张被诉侵权产品与涉案专利存在以下两个不同的技术特征：1. 被诉侵权产品采用全密封式防尘盖，没有裸露，而涉案专利是半裸露结构；2. 被诉侵权产品具有旋转固定结构，旋转定位角度可达 270 度，而涉案专利的旋转定位角度小于 90 度。对此，本院认为，嘟宝公司在本案中主张保护涉案专利权利要求 1—8，首先，根据涉案专利的权利要求，其并未要求保护密封式防尘盖这一技术特征，因此该技术特征并不属于涉案专利权利的技术特征，被诉侵权产品具有密封式防尘盖是在涉案专利全部技术特征的基础上增加的其他技术特征，仍然落入涉案专利保护范围。第二，涉案专利的按压装置通过枢接轴活动套设在通孔内与盛接装置枢接，但涉案专利对该结构的旋转定位角度并未进行限定，故即使被诉侵权产品的旋转定位角度与涉案专利不同，被诉侵权产品的该项技术特征仍与涉案专利权利要求相应的技术特征构成相同。综上，被诉侵权产品与涉案专利的全部技术特征相同，落入涉案专利保护范围。

一般来说，相同侵权的判断被认为是客观的，故相关争议并不太大。在方法上，如果将被诉侵权的技术方案视为专利技术新颖性判断的对比文件，则相同侵权的判断结论与新颖性的判断是一致的。即，符合新颖性标准的，就符合相同侵权。否则，就不符合相同侵权。

（三）等同侵权判断

专利侵权判定时，在相同侵权不成立的情况下，则应当进一步判断是否构成等同侵权。等同侵权（doctrine of equivalents）是将权利要求保护的范围扩张至字义范围之外，即使被诉侵权技术方案未落入权利要求的字义范围，仍可能构成侵权。该规则为绝大多数国家的法律所规定，其理由在于：如果过分严守权利要求的字面意义，则权利人在专利申请时就必须穷尽所有可能采用的侵权方案，而侵权人仅须略加改动，即可规避侵权责任，这对激励创新极为不利。英国法上的“发明精髓原则”、德国法上的“总的发明构思原则”等，都是基于这一考虑而将专利权的保护范围由其字面意义向外作出适当的拓展。但是，这一拓展的范围必须限于合理的程度之内，因为权利要求还具有公示公信效力，必须要确保其不对正当竞争产生不利影响。在这两者之间取得合理平衡，是等同侵权判断的基本考虑。被诉侵权技术方案构成等同侵权应当有充分的证据支持，权利人应当举证或进行充分说明。当然，法院在查明相关技术事实的基础上，可以根据具体案情以等同侵权为由认定侵权成立，不受权利人自身理解及主张的限制。

1. 等同侵权的基本规则

《最高人民法院关于审理专利纠纷案件适用法律问题的若干规定》（2015）第 17 条规定：“等同特征，是指与所记载的技术特征以基本相同的手段，实现基本相同的功能，达到基本相同的效果，并且本领域普通技术人员在被诉侵权行为发生时无需经过创造性劳动就能够联想到的特征。”在判定是否构成等同侵权时，对手段、功能、效果以及是否需要创造性劳动应当依次进行判断，但手段、功能、效果的判断起主要作用。在比较法上，德国法院采用“缺乏创造性的判据”，即等同特征是指所属技术领域普通技术人员通过专利技术方案的启示，就可以显而易见地作出的替换技术特征。在日本法上，等同原则的适用包括等同特征不属于技术方案的本质特征，具有可替换性或置换可能性，即实现相同的技术目的、技术效果，以及替换的显而易见性。

（1）“手段—功能—效果”基本相同。手段是技术特征本身的技术内容，功能和效果是技术特征的外部特性，技术特征的功能和效果取决于该技术特征的手段。基本相同的手段，是指被诉侵权技术方案中的技术特征与权利要求对应技术特征在技术内容上并无实质性差异。基本相同的功能，是指被诉侵权技术方案中的技术特征与权利要求对应技术特征在各自技术方案中所起的作用基本相同。被诉侵权技术方案中的技术特征与权利要求对应技术特征相比还有其他作用的，不予考虑。基本相同的效果，是指被诉侵权技术方案中的技术特征与权利要求对应技术特征在各自技术方案中所达到的技术效果基本相当。被诉侵权技术方案中的技术特征与权利要求对应技术特征相比还有其他技术效果的，不予考虑。但是，“三等同”标准也具有一定局限性。它可能更适合于机械装置类发明专利保护，在有些情况下难以完全适用到三个方面的基本相同，故需要其他辅助性标准，如“非实质性差异”标准等。

（2）替换的显而易见性。它是指等同技术无须经过创造性劳动就能够想到，即对于本领域普通技术人员而言，被诉侵权技术方案中的技术特征与权利要求对应技术特征相互替换是容易想到的。在具体判断时可考虑以下因素：两技术特征是否属于同一或相近的技术类别；两技术特征所利用的工作原理是否相同；两技术特征之间是否存在简单的直接替换关系，即两技术特征之间的替换是否需要对其他部分作出重新设计，但简单的尺寸和接口位置的调整不属于重新设计。从形式上看，这一判断方法类同于创造性的判断。

（3）等同侵权判断的时间点。判定被诉侵权技术方案的技术特征与权利要求的技术特征是否等同，应当以被诉侵权行为发生时为界限。在理论上，用于判断等同的时间点包括发明日、申请日或优先权日、侵权行为发生日、诉讼发生日。侵权行为发生日属于较为科学的时间点，它以侵权日的技术状况为标准，既可避免侵权人利用新出现的科学技术轻易规避专利权，也不会将具有创造性的替代设计不当地纳入专利保护范围。

（4）等同侵权的判断仍然应坚持全部要件原则。法院判断被控侵权技术方案是否落入专利权保护范围时，应当将被控侵权技术方案的技术特征与专利权利要求记载的全部技术特征进行对比；若被控侵权技术方案缺少某专利技术特征而导致技术效果的变劣，则应认定被控侵权技术方案未落入专利权的保护范围。在日本法上，有所谓不完全利用论，或省略发明论、改劣发明论，它主张省去专利技术方案的一部分也构成侵权，但现在的基本做法是，应该通过等同原则来主张，在未能满足等同原则的情况下，即使主张不完全利用发明，也不能得到法院认可。[①] 中国不应该采用不完全利用论。

（5）等同侵权的判断应坚持技术特征等同，而不是整体等同。整体等同理论为美国法院所创设，它将等同特征分为两种情况。一是对应技术特征之间的等同，即被诉侵权的技术方案与受保护的技术方案在特征上具有“三个基本相同”。二是整体等同，即将两项技术方案作为一个整体来对待，看在功能、手段、效果上是否基本相同。等同特征判断同样应坚持全部要件原则，即等同特征的替换应当是具体的、对应的技术特征之间的替换，而不是完整技术方案之间的替换。《专利法解释一》第 7 条第 2 款规定：“被诉侵权技术方案的技术特征与权利要求记载的全部技术特征相比，缺少权利要求记载的一个以上的技术特征，或者有一个以上技术特征不相同也不等同的，人民法院应当认定其没有落入专利权的保护范围。”因此，权利要求与被诉侵权技术方案存在多个等同特征，如果该多个等同特征的叠加导致被诉侵权技术方案形成了与权利要求技术构思不同的技术方案，或者被诉侵权技术方案取得了预料不到的技术效果的，则一般不宜认定构成等同侵权。

但是，坚持技术特征等同，并非机械地将技术特征逐一比对。等同特征可以是权利要求中的若干技术特征对应于被诉侵权技术方案中的一个技术特征，也可以是权利要求中的一个技术特征对应于被诉侵权技术方案中的若干技术特征的组合。等同特征替换，既包括对权利要求中区别技术特征的替换，也包括对权利要求前序部分中的技术特征的替换。

2. 禁止反悔

禁止反悔（Prosecution History Estoppel）属于对等同特征的限制，其目的在于信赖利益的保

---

① 参见［日］增井和夫、田村善之：《日本专利案例指南》，李扬等译，知识产权出版社 2016 年版，第 171－172 页。

护,它是指专利申请人、专利权人在专利授权或者无效宣告程序中,通过对权利要求、说明书的修改或者意见陈述而放弃的技术方案,在侵犯专利权诉讼中确定是否构成等同侵权时,权利人不得又将其纳入专利权的保护范围。在美国法上,它发源于衡平法上的禁反言;在日本法上,它以诚实信用原则为基础,又称为"参照申请过程"。

(1) 导致禁止反悔的情形。它主要包括三种情况。第一,在专利申请文件中明确放弃的技术方案。被诉侵权技术方案属于说明书中明确排除的技术方案,或者属于背景技术中的技术方案,权利人主张构成等同侵权的,不予支持。有法院还采用"可预见规则"来判断是否属于权利人放弃的技术方案。即,对于发明权利要求中的非发明点技术特征或者实用新型权利要求中的技术特征,如果专利权人在专利申请时明知或足以预见到存在替代性技术特征而未将其纳入专利权的保护范围,在侵权判定中,权利人以构成等同特征为由主张将该替代性技术方案纳入专利权的保护范围的,也不予支持。很明显,"可预见规则"立足于激励申请人在撰写权利要求时更为规范与准确表达,增强权利要求的公示效力。但是,它也不可避免地存在模糊之处,如"明知""足以预见"这些法律概念需要运用专家证词等证据,会对权利人造成一定的负担。第二,权利要求修改过程中放弃的技术方案。对于权利要求修改形成的技术特征,如果专利权人在修改时明知或足以预见到存在替代性技术特征而未将其纳入专利权的保护范围,在侵权判定中,权利人以构成等同特征为由主张将该替代性技术方案纳入专利权的保护范围的,不予支持。第三,专利授权确权程序在意见陈述中放弃的技术方案。它既包括在授权程序中的意见陈述,也包括专利无效程序(含无效行政诉讼程序)中的意见陈述。在优他公司与万高公司等专利侵权案中,最高人民法院根据专利权人在涉案专利授权和无效宣告程序中作出的意见陈述,以及涉案专利说明书中记载的有关不同工艺条件所具有的技术效果的比较分析,认定被诉侵权产品中的相关技术特征与涉案专利中的对应技术特征不构成等同,被诉侵权产品没有落入涉案专利权利要求 1 的保护范围。

(2) 禁止反悔的适用条件。在理论上,根据权利人修改或陈述的目的,可以分为克服专利授权障碍的修改与避免落入现有技术的修改。很明显,前者的范围要宽。在中国,禁止反悔的适用前提是,权利人修改或陈述的目的是克服可专利性方面的局限性。专利申请人或专利权人限制或者部分放弃的保护范围,应当是基于克服缺乏新颖性或创造性、缺少必要技术特征和权利要求得不到说明书的支持以及说明书未充分公开等不能获得授权的实质性缺陷的需要。在澳诺公司与午时公司等专利侵权案中,最高人民法院认为,从涉案专利审批文档中可以看出,专利申请人进行的修改是针对国家知识产权局认为涉案专利申请公开文本权利要求保护范围过宽,在实质上得不到说明书支持的审查意见而进行的;被诉侵权产品的相应技术特征属于专利权人在专利授权程序中放弃的技术方案,不应当认为其与权利要求 1 中的技术特征等同而将其纳入专利权的保护范围。在实践中,权利人不能说明专利申请人或专利权人修改专利文件原因的,可以推定其修改是为克服不能获得授权的实质性缺陷。

另外,权利人的修改或陈述限制了原权利要求的保护范围,并产生了相应的法律效力。技术方案的放弃,分为客观上的放弃和具有法律效果的放弃。专利申请人或专利权人对权利要求保护范围所作的限缩性修改或者陈述必须是明示的,而且已经被记录在书面陈述、专利审查档案、生效的法律文书中。权利人能够证明专利申请人、专利权人在专利授权确权程序中对权利要求书、说明书及附图的限缩性修改或者陈述被明确否定的,应当认定该修改或者陈述未导致技术方案的放弃。从某种意义上讲,这是对禁止反悔的限制性条件。最高人民法院在(2017)最高法民申 1826 号民事裁定书中认为:

当裁判者对权利人作出的意见陈述予以明确否定、不予认可时,则不导致技术方案的放弃,不适用禁止反悔。由于专利授权确权程序对于技术特征的认定存在连续性,权利人作出的陈述是否被"明确否定",应当对专利授权和确权阶段技术特征的审查进行客观全面的判断,着重考察权利人对技术方案作出的限缩性陈述是否最终被裁判者认可,是否由此导致专利申请得以授权或者专利权得以维持。根据本案的上述相关事实,在授权程序中,国家知识产权局专利审查部门对蒋小平关于技术特征 a、b 的陈述意见不予认可,持明确否定意见,而且,涉案专利获得授权并非基于对特征 a、b 作出的限缩性陈述。在后续的无效审查程序,专利复审委员会并未推翻实质审查阶段所持的否定意见,……在评价涉案专利具有创造性时,尽管无效决定将技术特征 a、b 作为区别特征予以了罗列,但技术特征 a、b 的存在并未影响专利复审委员会以现有技术存在相反的技术教导,本领域技术人员不存在结合特征 c……的动机,而使得涉案专利具有创造性的审查评判。……在这种情况下,应当认定存在专利权人的限缩性陈述已被明确否定的事实。这与所作的限缩性陈述并未带来专利权的获得和专利权的维持的事实相符,与"禁止反悔"原则防止权利人"两头得利"的目的不相悖。

(3) 禁止反悔的法律后果。对于禁止反悔将产生的法律后果学界有不同的观点。有些认为它将严格限制其保护范围,例如,主张将专利权的保护范围限定于说明书中记载的具体实施方案,或者丧失等同侵权的机会,仅能按照字面范围来认定侵权。也有些认为它仅具有防止权利人将其保护范围延伸到现有技术的作用,或者只是排除了处于受保护与不受保护的中间地带的那部分技术。①

(4) 禁止反悔的主张与举证责任。在对被诉侵权技术方案中的技术特征与权利要求中的技术特征是否等同进行判断时,被诉侵权人可以专利权人对该等同特征已经放弃、应当禁止其反悔为由进行抗辩,并由被诉侵权人提供专利申请人或专利权人反悔的相应证据。有些法院认为,禁止反悔的适用以被诉侵权人提出请求为前提。也有判决认为,在认定是否构成等同侵权时,即使被控侵权人没有主张适用禁止反悔原则,人民法院也可以根据业已查明的事实,通过适用禁止反悔原则对等同范围予以必要的限制,合理确定专利权的保护范围。

3. 反向等同(reverse of doctrine of equivalents)

它属于美国法院所创设的一项不构成侵权的判断方法,是指被诉侵权的技术方案落入了专利权利要求的字面含义之内,但被诉侵权的技术方案与发明相比有了根本性的变化,该技术方案实际上以本质不同的方式实现了相同或类似的功能,此时,它不构成侵权。在美国法上,该原则主要用于"功能性权利要求"的侵权判断。

(三) 专利侵权抗辩

在专利侵权诉讼中,被诉侵权人有权依法进行不侵权的抗辩,其内容大体上分为三大类:第一类为不视为侵权的行为或专利权效力所不及的范围,被诉侵权的技术方案虽然落入了权利要求的范围之内,但不属于专利权效力所及,如《专利法》第 75 条规定的权利用尽等。第二类为不侵权抗辩事由与发明的可专利性有关,如《专利法》第 67 条规定的现有技术抗辩,以及有些国家专利法规定的无效抗辩。第三类是责任承担方面的抗辩,即在法律规定的情况下,侵权人可以免除相关的法律责任,本质是免责事由。如《专利法》第 77 条规定的合法来源免责抗辩,以及《专利法解释二》所规定的标准必要专利不停止使用抗辩。本部分主要分析第二类、第三类抗辩事由。

(1) 现有技术抗辩。《专利法》第 67 条规定:"在专利侵权纠纷中,被控侵权人有证据证明其实施的技术或者设计属于现有技术或者现有设计的,不构成侵犯专利权。"现有技术是指申请日

① 参见尹新天:《专利权的保护》,知识产权出版社 2005 年版,第 459－460 页。

以前为公众所知的技术。由于《专利法》2008年修订时采用了世界新颖性标准，如何适用法律对某些案件的解决则具有重要意义。《专利法解释二》第22条规定，对于被诉侵权人主张的现有技术抗辩或者现有设计抗辩，人民法院应当依照专利申请日时施行的专利法界定现有技术或者现有设计。现有技术抗辩的成立标准，与新颖性判断中的标准是一致的。最高人民法院在(2016)最高法民再179号民事判决书中认为：

> 由于涉案专利申请日是2004年2月26日，故本案应当适用2001年7月1日施行的《中华人民共和国专利法》界定现有技术。根据该法第二十二条规定，……涉案专利的现有技术是申请日前在国内外出版物上公开发表、在国内公开使用或以其他方式为公众所知的同样发明。……本院认为，专利法意义上的出版物是指记载有技术或设计内容的独立存在的传播载体，并且应当表明或者有其他证据证明其公开发表或出版的时间。从本案查明的事实来看，附录Y是符合上述含义的出版物，理由如下：
>
> 第一，对于本案被诉侵权产品和控制方法落入涉案专利权保护范围，附录Y记载了被诉侵权产品的技术特征的事实，各方当事人均无异议……第二，蒂森中山公司提交的在案证据能够证明附录Y随着蒂森电梯公司与旧金山国际机场签订的编号为5520.L合同的履行，于2001年前后交付给旧金山国际机场，且蒂森·斯特恩斯公司没有就附录Y与旧金山国际机场签订保密协议，即附录Y不属于商业秘密，持有者不负有保密义务。第三，……根据当时的加州《公共记录法》，该手册属于可公开的公共记录……美国加州公民道某、美国加州公证人维某依据《公共记录法》，分别……获得了附录Y的复印件。由此可见，附录Y可以通过公开渠道获得。
>
> 综上，附录Y虽是一份产品操作和维护说明书并随产品销售而交付使用者，但其使用者以及接触者均没有保密义务，……且其能够为不特定公众通过复印的方式获取，……其交付给旧金山国际机场的时间，即公开时间亦能确定，故其属于专利法意义上的出版物公开，蒂森中山公司据此主张现有技术抗辩，有事实和法律依据，本院予以支持。

如果被诉侵权的技术方案落入了专利权的保护范围，但同时又属于现有技术，则表明该专利权是不符合新颖性条件的。在专利侵权之诉中，被告最有利的抗辩事由是专利无效。但是，由于专利授权行为被视为行政行为，专利权有效性争议的解决需要通过专利审查部门的无效宣告程序，对无效宣告决定不服的，通过法院的行政诉讼来处理。因此，在专利侵权诉讼中，法院无法直接裁定无效抗辩是否成立。但是，在某些情况下，无效理由也会是专利侵权判断的考虑因素。其中，“现有技术(现有设计)抗辩”即属于此类情形。也正因为这一考虑，法院允许将其抗辩事由扩张至抵触申请的情形。最高人民法院认为：“用于主张现有技术抗辩的实用新型专利的申请日虽早于涉案专利申请日，但授权公告日晚于涉案专利申请日；故不构成现有技术，但依法构成抵触申请。由于抵触申请能够破坏对比专利技术方案的新颖性，故在被诉侵权人以实施抵触申请中的技术方案主张其不构成专利侵权时，应该被允许，并可以参照现有技术抗辩的审查判断标准予以评判。”①

司法扩张现有技术抗辩所指的范围，本质上在于评价专利权的效力。因此，现有技术抗辩范围逐步扩张。它不止步于新颖性的评估方面，还扩张到创造性的判断之中。如果被控侵权的技术方案与现有技术相比，不尽相同，但可构成等同，是否仍属于现有技术抗辩的范围呢？《专利法解释一》第14条规定：“被诉落入专利权保护范围的全部技术特征，与一项现有技术方案中的相

① 《最高人民法院公报》2015年第10期。

应技术特征相同或者无实质性差异的,人民法院应当认定被诉侵权人实施的技术属于专利法第六十二条规定的现有技术。"本质上,是否属于现有技术的等同技术,涉及的是创造性判断,而非新颖性判断。最高人民法院在驳回再审申请(2007)民三监字第51-1号通知书中认为:"公知技术抗辩的适用仅以被控侵权产品中被指控落入专利权保护范围的全部技术特征与已经公开的其他现有技术方案的相应技术特征是否相同或者等同为必要,不能因为被控侵权产品与专利权人的专利相同而排除公知技术抗辩原则的适用。"

然而,现有技术抗辩毕竟不等于无效抗辩。专利法上新颖性与创造性的判断标准不同,区别在于后者可以综合多份现有技术,而前者只能使用一份现有技术进行对比。在(日本)泉株式会社诉北京仁和世纪科技有限公司、广州美视晶莹银幕有限公司侵犯实用新型专利权纠纷案中,最高人民法院认为:"被告用现有技术进行抗辩时,该现有技术应当是一项在原告专利申请日前已有的、单独的技术方案,而不应该是多项技术方案的组合。"

在其他明显不符合专利授权条件的情况下,法院往往以无法确定保护范围为由支持不侵权抗辩,但不是现有技术抗辩。最高人民法院在柏万清案中明确指出,"对于权利要求的撰写存在明显瑕疵,无法准确确定专利权的保护范围的",才能以此来支持被告的不侵权抗辩。当权利要求所使用的术语含义运用内部证据、外部证据都无法确定时,因为"不能确定权利要求中技术术语的具体含义,无法准确确定专利权的保护范围,也无法将被诉侵权技术方案与之进行有意义的侵权对比。因此,对于保护范围明显不清楚的专利权,不应认定被诉侵权技术方案构成侵权"。

(2) 合法来源抗辩。《专利法》第77条规定:"为生产经营目的使用、许诺销售或者销售不知道是未经专利权人许可而制造并售出的专利侵权产品,能证明该产品合法来源的,不承担赔偿责任。"因为这是被诉侵权人的免责规定,所以其举证责任由销售者承担。

第一,销售者主观上是善意的。它要求其主观上"不知道"侵权事实,是实际不知道且不应当知道。当专利权人有证据证明其已经向销售者发出警告函且销售者也已经收到该警告函时,只要警告函包括被侵权产品信息、专利权信息、侵权比对基本信息及联系人信息等基本内容,那么原则上应当推定销售者知道其销售的是专利侵权产品,故销售者此时就不能以"合法来源"进行抗辩。此外,它要求其能证明产品的合法来源。它是指通过合法的销售渠道、通常的买卖合同等正常商业方式取得产品。对于合法来源,使用者、许诺销售者或者销售者应当提供符合交易习惯的相关证据。实践中,争议的焦点往往是销售者是否属于"不知道",它需要根据具体情况综合考虑。最高人民法院在(2014)民申字第1036号民事裁定书中认为:

> 专利权是国家授予的一定期限内的独占性权利,其特点之一是以公开换保护,发明创造一旦被授予专利权,其技术方案就会向社会公开,据此可以推定公众对专利技术方案处于明知的主观状态。所以,专利侵权行为的构成不以过错为要件,只要行为人实施了《中华人民共和国专利法》第十一条规定的行为(除专利法第六十九条规定的不视为侵犯专利权的行为以外),无论其对专利技术方案实际是否知晓,均认为其构成专利侵权。同时,考虑到侵权产品销售者进行侵权判断的实际困难,为维护正常的市场经营秩序和鼓励打击侵权源头,专利法第七十条对侵权产品销售者的赔偿责任作出了免责规定……本案原被告双方的争议集中在被告是否不知道其所销售的产品是未经专利权人许可而制造并售出的专利侵权产品。
>
> 判断销售者对其销售的是未经专利权人许可而制造并售出的专利侵权产品是否知道,应当结合有关情况综合判断。比如销售者销售被诉侵权产品前销售过专利产品,或者销售者购进被诉侵权产品的价格不合理地低于专利产品市场价格等,均可以认定销售者知道其销售的是专利侵权产品。如果上述情况均不存在,仅仅是权利人向销售者发出了侵权警告

> 函，则要对该警告函所记载的信息内容进行考察。如果该警告函记载或者附加了被诉侵权产品信息、专利权信息（专利号、专利名称、专利权证书复印件等）、侵权比对基本信息及联系人信息等，销售者收到该警告函，原则上应该推定其知道其销售的是专利侵权产品。……二审判决认为权利人需要向被告提供认定侵权成立的法院判决或者行政处罚决定等才能构成被告在主观状态上对其销售的是侵权产品的“知道”，认定标准过高，应予纠正。

第二，该条是善意销售者的赔偿免责规定，但并未免除停止侵害责任。因此，权利人请求销售者停止上述使用、许诺销售、销售等行为。根据《专利法解释二》的规定，基于公平的考虑，当被诉侵权产品的使用者举证证明其已支付该产品的合理对价的，销售者也可不承担停止侵害责任。

销售者的合法来源抗辩与权利用尽两者之间具有不同的构成条件和法律效果。深圳市中级人民法院在（2017）粤 03 民初 597 号民事判决书中认为：

> 合法来源抗辩制度的设计目的，是平衡专利权人与善意不知情从事许诺销售、销售或使用专利侵权产品且具有合法来源的许诺销售者、销售者和使用者之间的利益。合法来源抗辩即使成立，被诉者实施的许诺销售、销售、使用专利侵权产品行为本身仍然构成专利侵权行为，仍应承担停止侵权的法律责任，只是无须向专利权人承担赔偿责任。而专利权用尽抗辩制度的设计目的，旨在确保经合法售出（包括专利权人自己售出或者经专利权人许可的人售出）的专利产品在市场上的后续流通和使用免受专利权的过分限制，从而在专利权人就专利权所享的独占实施利益与社会公众合理再利用专利产品的利益之间维持适度的平衡。故专利权用尽抗辩一旦成立，使用、许诺销售、销售或进口专利产品等一系列后续行为，均不被视为侵犯专利权的行为，从而实施这一系列后续行为的被诉者，既无须承担停止侵权的法律责任，也无须向专利权人承担赔偿责任。以上内容，便是合法来源抗辩与专利权用尽抗辩此两项制度的区别所在。
>
> 专利权用尽抗辩成立的关键在于使用、许诺销售、销售或进口的被诉产品确实购自专利权人或者专利权人许可的单位，而该事实要件须由被诉者举证证明。

（3）标准必要专利不停止使用抗辩。《专利法解释二》第 24 条规定第 2 款规定，推荐性国家、行业或者地方标准明示所涉必要专利的信息，专利权人、被诉侵权人协商该专利的实施许可条件时，专利权人故意违反其在标准制定中承诺的公平、合理、无歧视的许可（FRAND）义务，导致无法达成专利实施许可合同，且被诉侵权人在协商中无明显过错的，对于权利人请求停止标准实施行为的主张，人民法院一般不予支持。根据该规定，标准必要专利使用人不承担停止侵害责任的条件是：① 权利人故意违背 FRAND 承诺；② 其故意违背 FRAND 承诺导致了专利实施许可合同无法达成；③ 被诉侵权人在协商过程中无明显过错。

当然，使用人仍然需要按照规定支付许可使用费，并达成实施协议。标准必要专利的实施许可条件，应当由专利权人、被诉侵权人协商确定。经充分协商，仍无法达成一致的，可以请求法院确定。法院在确定上述实施许可条件时，应当根据公平、合理、无歧视的原则，综合考虑专利的创新程度及其在标准中的作用、标准所属的技术领域、标准的性质、标准实施的范围和相关的许可条件等因素。

（4）其他抗辩事由。在比较法上，被诉侵权人还享有一些抗辩事由。其一为权利懈怠抗辩，它是指专利权人在明知侵权行为发生的情况下，拖延起诉不合理且具有不当之目的，并因而导致被诉侵权人产生了重大损失。在专利经营中，所谓“放水养鱼”等策略在受多项专利保护的产品领域常常使用，在权利人明知侵权行为的发生、但放任甚至默许侵权行为继续时，权利懈怠行使就应受到制约。在美国法上，权利懈怠抗辩仅免除起诉前的侵权责任；但针对继续性的侵权行为仍将承担禁令责任。其二为权利滥用抗辩。专利权人存在权利滥用情形，往往成为被诉侵权人免于承担相关法律责任（如不承担停止侵害责任）的事由。权利滥用与专利权人构成反垄断法上的垄断行为有关，如滥用优势地位不合理地限制竞争行为。在程度上，它不一定要达到垄断的标准。

三、间接侵权的判断

在市场竞争中，如果竞争者非实施发明的整个技术方案，而仅其一部分，如仅仅制造、销售专利产品的零部件或用于实施方法发明的工具，按照全部要件原则，权利人无法追究该行为人的法律责任。但是，有些行为人虽未从事直接侵犯专利权的行为，但诱导、帮助他人侵犯专利权，此时，仅仅追究直接侵权人的法律责任往往不能为专利权人提供充分、有效的法律保护。许多国家的专利法将此类行为人视为侵权人，构成间接侵权而承担法律责任。

在比较法上，各国专利法关于间接侵权的规定略有差异。美国《专利法》第 271 条规定了引诱侵权与辅助侵权两类间接侵权责任：① 引诱侵权（inducement infringement）："积极诱导他人从事侵犯专利行为的"；② 辅助侵权（contributory infringement）：在美国境内许诺销售、销售或向美国境内进口受专利保护的产品部件或实施专利方法使用的材料或装置，其属于发明的主要部分，且知道其将特别制造或使用于侵犯专利权的行为中，并不具有实质性非侵权用途的物品，构成侵权。日本《专利法》第 101 条、《欧共体专利条约》第 26 条也有类似规定。

在中国，法院通常根据《民法典》第 1169 条关于教唆、帮助他人实施侵权行为的规定，追究其侵犯专利权的责任。《专利法解释二》第 21 条规定：明知有关产品系专门用于实施专利的材料、设备、零部件、中间物等，未经专利权人许可，为生产经营目的将该产品提供给他人实施了侵犯专利权的行为，构成《民法典》第 1169 条规定的"帮助他人实施侵权行为"的行为。明知有关产品、方法被授予专利权，未经专利权人许可，为生产经营目的积极诱导他人实施了侵犯专利权的行为，构成《民法典》第 1169 条规定的"教唆他人实施侵权行为"的行为。构成间接侵权的，侵权人之间承担连带责任；权利人可依《民法典》侵权责任编的规定追究其法律责任。

关于间接侵权的成立是否需要以直接侵权为前提，理论上有不同观点。一种观点认为，间接侵权的成立不以直接侵权为前提，即独立论；另一种观点则认为，只有直接侵权的成立才有可能存在间接侵权，即从属论。在美国法上，一般要求有直接侵权行为发生的事实，但无须认定直接侵权行为的成立。最高人民法院认为，间接侵权应当以直接侵权为前提，但并不意味着间接侵权之诉必须存在认定直接侵权成立的裁判。即，尽管将直接侵权人与间接侵权人作为共同被告的效果更好，但一般情况下也承认权利人的选择权。中国法院也大都采纳该观点，如北京知识产权法院在（2016）京 73 民初 276 号民事判决书中认为：

> 被诉侵权行为构成帮助侵权行为的前提之一是用户具有直接实施涉案专利的行为。本案中，用户实施的行为仅为下载被诉侵权软件至其电脑的行为，并不存在制造、许诺销售、销售电脑等行为。原告虽主张用户存在销售或许诺销售预装有被诉侵权软件的电脑的可能性，但原告并未提交证据证明存在这一事实。基于此，在本案中并不存在直接实施涉案专利行为的情况下，即便确如原告所述被诉侵权软件属于侵权产品的中间物，被告提供被诉侵权软件的行为亦不可能构成帮助侵权行为，据此，原告的相应主张不能成立。

间接侵权的成立，还必须要求行为人主观上是"明知"的。在美国法上，法律虽然规定的是"知道"（knowing），但判例一致认为间接侵权人"必须对专利具有实质（actual）或推定（constructive）的认识”，且有明确的意图。即，知悉专利且意图致使直接侵权的发生。在帮助侵权的场合，还要求其提供的零部件或实施方法专利的装置等属于“专门”的，即唯一用于实施专利的产品，包括材料、设备、零部件、中间物等，它是不存在其他用途的。因此，如果其具有其他用途，则不构成间接侵权。是否具有其他用途，一般由被告承担举证责任。此外，在多个主体共同实施发明的情况下，情形更为复杂。如专利保护的技术方案由 A+B+C 技术特征组成，甲、乙、丙分别实施 A、B、C，并由丁完成 A+B+C 的产品。该类侵权行为可依据侵权法上基于意思联络的共同侵权来处理。

> 中铁十九局未经涉案专利权人的许可，以生产经营为目的使用涉案专利方法及专用构件，侵害了古欣、陈珊的专利权。中铁十九局以实施被诉侵权技术方法及使用被诉侵权产品是依据中铁二院设计图要求为由，抗辩其不构成侵权，理由不成立，本院不予采纳。中铁十九局在负责的南百二线工程的路基工程中使用涉案专利方法及专用构件，完成项目施工，属于侵权行为的实施者，其提出的合法来源抗辩理由也不成立。
>
> 根据《专利法解释(二)》第二十一条规定，……长丰公司在收到古欣、陈珊发出的《律师函》后，明知被诉侵权产品 PVC 毛细防排水板系专门用于实施涉案专利“排水方法”的专用构件，未经专利权人许可，为生产经营目的生产制造该产品并销售给中铁十九局安装使用的行为，属于帮助他人实施侵权的行为……
>
> 中铁二院在南百二线工程的路基工程设计中使用的被诉侵权技术方法包含了设计、施工、构件及应用三个方面，而设计在整个使用过程中举足轻重，明确指导施工、构件及应用的全部技术要求。设计、施工、构件及应用不可分割的共同作用，致使落入涉案专利保护范围的被诉侵权技术方法及被诉侵权产品的技术方案得以在路基防排水工程中实际使用，造成侵权事实发生。鉴于古欣、陈珊表明不要求追加中铁二院为被告，并不需要中铁二院承担侵权责任，符合《民法典》第 178 条：“二人以上依法承担连带责任的，权利人有权请求部分或者全部连带责任人承担责任”的规定。①

四、拟制侵权

拟制侵权，是指药品上市审评审批过程中，药品上市许可申请人与有关专利权人或者利害关系人，因申请注册的药品相关的专利权产生纠纷，相关当事人可向人民法院起诉，请求就申请注册的药品相关技术方案是否落入他人药品专利权保护范围作出判决，或向国务院专利行政部门请求行政裁决。药品上市审评审批行为并不属于为生产经营目的实施专利权的行为，拟制侵权制度的目的是在药品上市的早期阶段快速解决药品专利权纠纷，将药品上市审批与申请注册的药品是否受专利权保护相链接，如果申请注册的药品落入药品专利权保护范围，则药品监督管理部门在规定的期限内，根据人民法院生效裁判作出是否暂停批准相关药品上市的决定。

专利链接制度的核心是依据侵犯专利权的规则来作出判决或行政裁定。拟制侵权的处理机制，《专利法》规定了法院与国务院专利行政部门两条链接路径。② 在原则上，行政裁决以尊重司

---

① 南宁市中级人民法院(2016)桂 01 民初 682 号民事判决书。

② 2021 年 7 月 4 日，国家药监局、国家知识产权局联合发布《药品专利纠纷早期解决机制实施办法(试行)》，自发布之日起实施；7 月 5 日，国家知识产权局发布《药品专利纠纷早期解决机制行政裁决办法》，自发布之日起实施。7 月 5 日，最高人民法院发布《关于审理申请注册的药品相关的专利权纠纷民事案件适用法律若干问题的规定》，自发布之日起实施。

法权威为条件,"当事人请求国家知识产权局对药品专利纠纷进行行政裁决的,应当符合下列条件:……(五)人民法院此前未就该药品专利纠纷立案"。在启动拟制侵权纠纷解决程序方面,专利权人或利害关系人在法定期限内可以请求予以解决纠纷,但药品上市许可申请人仅在特定条件下才能提起确认之诉。即,专利权人或者利害关系人在法定期限内未提起诉讼或行政裁决的。该法定期限是指自国家药品审评机构公开药品上市许可申请之日起45日。当事人对国务院专利行政部门作出的行政裁决不服的,可以在收到行政裁决书后依法向人民法院起诉。但如果当事人选择向国务院专利行政部门请求行政裁决,对行政裁决不服又向人民法院提起行政诉讼的,法律规定的等待期并不延长。

国务院药品监督管理部门在行政审批期间收到人民法院生效判决或者国务院专利行政部门行政裁决,确认落入相关专利权保护范围的,不停止技术审评,但不得批准上市申请。国务院药品监督管理部门作出暂缓批准决定后,人民法院推翻原行政裁决的、双方和解的、相关专利权被宣告无效的,以及专利权人、利害关系人撤回诉讼或者行政裁决请求的,仿制药申请人可以向国务院药品监督管理部门申请批准仿制药上市,国务院药品监督管理部门可以作出是否批准的决定。

专利权人或者利害关系人申请行为保全,请求禁止药品上市申请行为或者审评审批行为的,不予支持。除非药品上市许可申请人在相关专利权有效期内为生产经营目的实施或者即将实施制造、使用、许诺销售、销售、进口行为的情形,且专利权人或利害关系人提供担保的,可以采取行为保全措施。专利权人或者利害关系人知道或者应当知道其主张的专利权应当被宣告无效或者申请注册药品的相关技术方案未落入专利权保护范围,仍提起拟制侵权之诉或者请求行政裁决的,药品上市许可申请人可以向北京知识产权法院提起损害赔偿之诉。

拟制侵权是药品专利链接制度的核心规则。专利链接制度由一系列规则组成:

(1) 药品专利信息登录制度。药品监督管理部门建立中国上市药品专利信息登记平台,供药品上市许可持有人登记在中国上市药品的核心专利相关信息并向社会公示,作为仿制药申请人提供专利权属状态声明的依据。未予登录的专利,不得提起拟制侵权之诉。药品上市许可持有人在获得药品注册证书后30日内,自行登记相关信息;相关信息发生变化的,应当在信息变更生效后30日内完成更新。

(2) 仿制药申请人专利状态声明制度。仿制药申请人提交药品上市许可申请被受理后10个工作日内,其相关信息即向社会公开;申请人应当对照已在中国上市药品专利信息登记平台载明的专利信息,针对被仿制药每一件相关的药品专利作出声明,并提供声明依据。声明分为四类:中国上市药品专利信息登记平台中没有被仿制药品相关专利信息;中国上市药品专利信息登记平台收录的被仿制药品的相关专利已终止或者被宣告无效;中国上市药品专利信息登记平台收录有被仿制药品相关专利,仿制药申请人承诺在专利有效期届满之前所申请的仿制药暂不上市;中国上市药品专利信息登记平台收录的被仿制药相关专利权应当被宣告无效,或者其仿制药未落入相关专利权保护范围。仿制药申请人应当将相应声明及声明依据通知上市许可持有人。

(3) 异议与等待期制度。专利权人或者利害关系人在法定期限内(公开药品上市许可申请之日起45日)提出异议,就申请上市药品的相关技术方案是否落入相关专利权保护范围向人民法院提起诉讼或者向国务院专利行政部门申请行政裁决,自人民法院或者国务院专利行政部门立案或者受理之日起15个工作日内,将立案或受理通知书副本提交国家药品审评机构,并通知仿制药申请人。药品监督管理部门对仿制药上市许可申请设置一次等待期(9个月的等待期),等待期内国家药品审评机构不停止技术审评,但不得批准上市申请。对三类声明的化学仿制药注册申请,技术审评通过的,作出批准上市决定,相关药品在相应专利权有效期和市场独占期(即数据保护)届满之后方可上市。

专利权人或者利害关系人未在规定期限内提起诉讼或者请求行政裁决的，国务院药品监督管理部门根据技术审评结论和仿制药申请人提交的声明情形，直接作出是否批准上市的决定；仿制药申请人可以按相关规定提起诉讼或者请求行政裁决。

(4) 药品专利挑战制度。为鼓励仿制药高质量发展，对首个挑战专利成功且首个获批上市的申请人给予鼓励措施，在一定期限内(12 个月)不再批准其他相同品种仿制药上市，共同挑战专利成功的除外。市场独占期限不超过被挑战药品的原专利权期限。

拟制侵权纠纷的一审民事案件，由北京知识产权法院管辖，二审由最高人民法院知识产权法庭审理。拟制侵权纠纷的行政裁决由国家知识产权局药品专利纠纷早期解决机制行政裁决委员会组织和开展药品专利纠纷早期解决机制行政裁决相关工作。

第五节 外观设计专利

良善设计是产品取得市场成功的重要因素，设计创新是企业最重要的竞争力。从宏观来看，设计密集型产业涉及的范围非常广泛，从手表、珠宝等奢侈品到家具、龙头等日用品，从电子游戏、玩具到高铁、飞机，从新潮电子产品到服装皮草，从报刊杂志到建筑桥梁，它是国家经济发展的重要推动者。

《伯尔尼公约》、TRIPs 协议等国际条约仅规定了设计必须得到法律保护，至于成员国以何种方式保护，则属于成员国的自主选择权力。从比较法的角度来看，设计受著作权法、专利法、商品外观法保护的立法逐渐得到承认，其中，英国的立法最具代表性。英国 1988 年《版权、外观设计与专利法》(CDPA)第 51 条规定，依产品设计文档或模型而制造或复制并不侵犯版权，该条对“设计”的界定与“外观设计”一致，是指“对产品整体或其部分的形状或构造(configuration)的设计，无论体现为内部还是外部，但不包括表面装饰(surface decoration)”。同时，该法第 52 条还规定以实用艺术作品的工业化产量(50 件以上)为标准区分它是否受版权保护。但是，该条及与之相关的第 79 条第 g 款为 2013 年《企业与管制改革法》所删除。

设计分别作为实用艺术作品、外观设计、立体商标(三维标志)、商品外观(trade dress，知名商品特有的包装、装潢)而纳入不同的知识产权法中，但各自规定的受保护条件、权利范围及其限制等制度并不相同。本节介绍外观设计专利保护。一般来说，外观设计专利保护的法律规则类似于发明、实用新型专利保护，除非法律作出了特别的规定。

一、外观设计专利权的获得

类似于发明专利和实用新型专利，外观设计要获得专利权的保护，它不仅要通过专利申请程序获得专利审查部门的确认，还要满足一些法定的条件。这些条件包括新颖性条件、明显区别条件等积极条件，以及合法性等消极条件。

(一) 授予外观设计专利权的积极条件

授予外观设计专利权的积极条件主要包括三项：可专利客体、新颖性条件以及创造性(明显区别)条件。

1. 可专利客体

《专利法》第 2 条第 4 款规定：外观设计，是指对产品的整体或者局部的形状、图案或者其结合以及色彩与形状、图案的结合所作出的富有美感并适于工业应用的新设计。根据该规定，外观设计的客体条件包括：

(1) 它是产品的外观设计，其载体应当是产品。纯属美术、书法、摄影范畴的作品，它不是产品。《专利法》第 25 条第 6 款规定,对平面印刷品的图案、色彩或者二者的结合作出的主要起标识作用的设计,不授予专利权。该款是指:使用外观设计的产品属于平面印刷品;该外观设计是针对图案、色彩或者二者的结合而作出的;该外观设计主要起标识作用。主要起标识作用是指所述外观设计的主要用途在于使公众识别所涉及的产品、服务的来源等。壁纸、纺织品不属于本条款规定的对象。

外观设计产品是指产品的整体还是可以包括产品的局部或部分,这对某些产业的设计保护具有重要意义。传统上的外观设计仅保护产品的整体设计,但美国、欧盟、日本、韩国等越来越多国家的法律保护局部外观设计。其主要原因在于设计创新不仅体现于产品整体,也体现于局部的独特设计。特别是成熟产业中的产品很难在整体上出现颠覆性的创新设计,有些产业的产品在整体上设计空间较窄。《专利法》在第四次修订案前规定外观设计保护的是产品,《专利审查指南》据此规定,它不保护局部产品设计,即产品的不能分割或者不能单独出售且不能单独使用的局部设计,例如袜跟、帽檐、杯把等,不受保护。2020 年《专利法》第四次修订案修改了外观设计的定义,使其保护对象延及产品的部分设计。

(2) 外观设计是产品的外观设计要素或要素的结合,其中包括形状、图案或者其结合以及色彩与形状、图案的结合。产品的色彩不能独立构成外观设计,除非产品色彩变化的本身已形成一种图案。可以构成外观设计的组合有:产品的形状;产品的图案;产品的形状和图案;产品的形状和色彩;产品的图案和色彩;产品的形状、图案和色彩。产品不具有外观要素的,也不能授予专利权。因其包含有气体、液体及粉末状等无固定形状的物质而导致其形状、图案、色彩不固定的产品;不能作用于视觉或者肉眼难以确定,需要借助特定的工具才能分辨其形状、图案、色彩的物品,不能授予专利权。例如,其图案需要在紫外灯照射下才能显现的产品。要求保护的外观设计不是产品本身常规的形态,例如手帕扎成动物形态的外观设计,也不能授予专利权。此外,文字和数字的字音、字义也不属于外观设计保护的内容。

(3) 适于工业应用。它是指该外观设计能应用于产业上并形成批量生产。不能重复生产的手工艺品、农产品、畜产品、自然物不能作为外观设计的载体。取决于特定地理条件、不能重复再现的固定建筑物、桥梁等,也不能作为外观设计的载体。例如,包括特定的山水在内的山水别墅。

(4) 富有美感。它是指在判断是否属于外观设计专利权的保护客体时,关注的是产品的外观给人的视觉感受,而不是产品的功能特性或者技术效果。

2. 新颖性条件

外观设计应具有新颖性。《专利法》第 23 条规定:授予专利权的外观设计,应当不属于现有设计;也没有任何单位或者个人就同样的外观设计在申请日以前向国务院专利行政部门提出过申请,并记载在申请日以后公告的专利文件中。现有设计是指申请日(有优先权的,指优先权日)以前在国内外为公众所知的设计。现有设计的具体范围及其判断标准,与现有技术判断方法一致。

外观设计新颖性判断时,需要将现有技术与申请案中的设计进行比对。具体比对的方法或要求有:① 单独比对。类似于发明专利新颖性的判断,外观设计的比对一般应当用一项对比设计与涉案专利进行单独比对,而不能将两项或者两项以上对比设计结合起来与涉案专利进行比对。② 直接观察。首先,在比对时应当通过视觉进行直接观察,不能借助放大镜、显微镜、化学分析等其他工具或者手段进行比较。其次,仅以产品的外观作为判断的对象。最后,在比对时应当仅以产品的外观作为判断的对象,考虑产品的形状、图案、色彩这三个要素产生的视觉效果。③ 整体观察、综合判断。比对时应当采用整体观察、综合判断的方式。所谓整体观察、综合判断是指由涉案专利与对比设计的整体来判断,而不从外观设计的部分或者局部出发得出判断结论。

3. 创造性(明显区别)条件

外观设计应与现有设计有明显区别，该条件类似于发明的创造性要求。“外观设计应当具有创造性，即授予专利权的外观设计与现有设计或现有设计特征的组合相比，应当具有明显区别。”惯常设计不具有创造性。它是指现有设计中一般消费者所熟知的、只要提到产品名称就能想到的相应设计。例如，提到包装盒就能想到其有长方体、正方体形状的设计。仅以在其产品所属领域内司空见惯的几何形状和图案构成的外观设计，自然不符合创造性的要求。

判断外观设计是否具有创造性，其比对对象包括：① 现有设计，即将外观设计在整体上进行对比，看其是否具有明显区别。② 现有设计特征的组合。现有设计特征是指现有设计的部分设计要素或者其结合，如现有设计的形状、图案、色彩要素或者其结合，或者现有设计的某组成部分的设计，如整体外观设计产品中的零部件的设计。创造性的判断可以采用拼图式测试法，即将产品的整体外观设计划分为若干设计特征，并将其与现有设计的特征进行比对，看两者是否具有明显区别。它主要是为了解决拼凑外观设计的问题。①

“明显区别”实质上是指设计的创造高度问题，它是指与现有设计不相同或不相近似，不会引起社会公众的误认。“不易误认”的标准是与发明的独创性判断所不同之处，而与商标具有类似性。它包括产品的用途和功能与现有设计不相同或不相近似，以及产品设计的要素或整体与现有设计不相同或不相近似。涉案专利是由现有设计通过转用和组合之后得到的，应当审查其是否具有明显区别。如果涉案专利是由现有设计转用得到的，二者的设计特征相同或者仅有细微差别，且该具体的转用手法在相同或者相近种类产品的现有设计中存在启示；涉案专利是由现有设计或者现有设计特征组合得到的，所述现有设计与涉案专利的相应设计部分相同或者仅有细微差别，且该具体的组合手法在相同或者相近种类产品的现有设计中存在启示，则不具有创造性。如以自然物原有形状、图案、色彩作为主体的设计，通常指两种情形，一种是自然物木身；一种是自然物仿真设计。它们都不能授予专利权。

外观设计如果具有独特视觉效果，则与现有设计或者现有设计特征的组合相比具有明显区别。独特视觉效果，是指涉案专利相对于现有设计产生了预料不到的视觉效果。在组合后的外观设计中，如果各项现有设计或者设计特征在视觉效果上并未产生呼应关系，而是各自独立存在、简单叠加，通常不会形成独特视觉效果。一般而言，在判断是否具有独特视觉效果时，可以综合考虑下列因素：外观设计专利产品的设计空间；产品种类的关联度；转用、拼合、替换的设计特征的数量和难易程度；需要考虑的其他因素。

与发明、实用新型的创造性判断相类似，外观设计的判断也可以综合多份现有设计进行比对。根据现有设计整体上给出的设计启示，以一般消费者容易想到的设计特征转用、拼合或者替换等方式，获得与外观设计专利的整体视觉效果相同或者仅具有局部细微区别等实质相同的外观设计，且不具有独特视觉效果的，不符合“明显区别”的条件。现有设计产生的设计启示之情形主要包括：将相同种类产品上不同部分的设计特征进行拼合或者替换的；现有设计公开了将特定种类产品的设计特征转用于外观设计专利产品的；现有设计公开了将不同的特定种类产品的外观设计特征进行拼合的；将现有设计中的图案直接或者仅做细微改变后用于外观设计专利产品的；将单一自然物的特征转用于外观设计专利产品的；单纯采用基本几何形状或者仅做细微改变后得到外观设计的；使用一般消费者公知的建筑物、作品、标识等的全部或者部分设计的。

(二) 授予外观设计专利权的消极条件

授予专利权的外观设计，其本身还应具有合法性，即，它不属于法律禁止的情形，也不存在侵

① 参见安建主编:《中华人民共和国专利法释义》,法律出版社 2009 年版,第 60 - 61 页。

犯他人合法权利的情形。

（1）违法的外观设计。根据《专利法》第5条第1款的规定，对违法的发明创造，不授予专利权。它包括：妨害社会公共利益，它是指发明创造的实施或使用会给公众或社会造成危害，或者会使国家和社会的正常秩序受到影响。与社会公德相违背的，不能被授予专利权。例如，带有暴力凶杀、淫秽的图片或者照片的外观设计。外观设计产品名称涉及与性行为相关用语和/或外观设计形状及类似性器官或其代用品结构的设计，如名称为"G点按摩棒"的外观设计专利，不符合当前中国社会公德。

违反法律的外观设计不得授予专利权。与发明专利一样，"法律"是指狭义上的法律，"违反法律"是指外观设计目的违反法律。

> 涉案专利的六幅视图清楚完整地显示了整车的形状和图案，"警察POLICE"和警灯是其不可分割的一部分，与整车一起构成了该外观设计的保护范围。……汉字"警察"和英文"POLICE"、警灯是《人民警察法》第三十六条规定的人民警察的警用标志。涉案专利车身后部的"警察POLICE"字样的大小比例以及警灯的设置位置和外形与上述证据2规定中的示例完全一致，因此，可以确定涉案专利的外观设计中的上述内容属于警用标志。……涉案专利将警用标志纳入专利保护的范围，构成了《人民警察法》第三十六条规定的"其他个人和组织不得使用"的情形。故涉案专利本身违反《人民警察法》的规定，而且其未经允许的制造、持有和使用等情形也将违反法律规定。①

（2）侵犯他人在先权利的外观设计。一项外观设计专利权被认定与他人在申请日（有优先权的，指优先权日）之前已经取得的合法权利相冲突的，不得授予专利权。外观设计是对产品形状和图案等富有美感的设计，申请人可以很容易地将他人在先的美术作品附着于产品，并提出外观设计专利申请。申请人未经在先权利人的许可而擅自将其申请专利权的行为，属于侵犯他人在先权利的行为，不得授予专利权。在先权利人可主张该专利权无效。

在先取得的合法权利包括就作品、商标、地理标志、姓名、企业名称、肖像，以及有一定影响的商品名称、包装、装潢等享有的合法权利或者权益。商标申请权不属于在先取得的合法权利。但是，商标申请权对于判断外观设计专利权和注册商标专用权是否构成权利冲突具有重要意义。只要商标申请日在外观设计专利申请日之前，在先申请的注册商标专用权就可以对抗申请日在后的外观设计专利权，进而用于判断是否与外观设计专利权相冲突。

在先权利，是指申请日以前的在先权利。在2008年修改之前，《专利法》并未明确规定在先权利的时间起算点。但是，此前的《专利法》规定，获得授权的外观设计专利权，其有效期是自其申请日起计算。此外，从修改前后《专利法》立法资料文献看，相关法律草案的起草机关对"在先取得"的时间起算点也均持"专利申请日"的观点。因此，对于2008年修改前的外观设计在先权利的时间起算点，也应当以专利申请日为准。

申请的外观设计与他人在先取得的合法权利相冲突，本身即已构成侵权。无论专利权人是否将该外观设计专利实际使用，只要与他人在先取得的合法权利相冲突，该专利就应被宣告无效。在民事案件中，法院虽然不能对专利权是否有效作出判定，但可以对外观设计专利是否侵犯他人在先取得的合法权利作出判决。

---

① 北京市高级人民法院（2016）京行终3954号行政判决书。

（三）局部外观设计的保护：图形用户界面

图形用户界面属于外观设计保护的客体。原《专利审查指南》规定“产品通电后显示的图案”不授予专利权，在苹果公司与国家知识产权局国务院专利行政部门外观设计专利申请驳回复审行政纠纷上诉案中，法院认为，虽然涉案申请包括了在产品通电状态下才能显示的图形用户界面，但其仍是对便携式显示设备在产品整体外观方面所进行的设计，亦能满足外观设计专利在工业应用和美感方面的要求，可以成为外观设计专利权的保护客体。2014 年 3 月 12 日，国家知识产权局修改了《专利审查指南》：不纳入保护范围的客体限定为“游戏界面以及与人机交互无关或者与实现产品功能无关的产品显示装置所显示的图案。”同时还规定：“就包括图形用户界面的产品外观设计而言，应当提交整体产品外观设计视图。图形用户界面为动态图案的，申请人应当至少提交一个状态的上述整体产品外观设计视图，对其余状态可仅提交关键帧的视图，所提交的视图应当能唯一确定动态图案中动画的变化趋势。”

在审理图形用户界面产品的外观设计专利权侵权纠纷时，动态图形用户界面应作为外观设计近似性比对考量因素。如果被诉侵权产品是通电使用状态下有图形用户界面的电子产品，即使涉案外观设计专利无此设计，也不应当排除通电状态下的图形用户界面对整体视觉效果产生的影响。应根据被诉侵权设计的图形用户界面在整体设计中所占比重大小、对整体视觉效果影响大小，确定被诉侵权设计与外观设计专利是否相近似。

图形用户界面通常在通电后才显示的图案，往往属于整个产品的一个组成部分。局部外观设计的保护具有重要意义，图形用户界面的设计就是其中的例子，在不保护局部设计的情况下，图形用户界面外观设计专利权在法律上价值甚微。① 2020 年第四次修订后的专利法已经保护局部外观设计，尽管同样存在产品要件的难题，但相关案件将产生不同的裁判结论。在北京金山安全软件有限公司与上海触宝信息技术有限公司等侵害外观设计专利权纠纷案中，法院认为被告因提供了产品的实质性部分而应承担侵权责任：②

> 一、涉案专利的保护范围以及侵权比对
>
> ……外观设计专利强调以特定工业产品为载体，其保护范围的确定仍需要同时考虑产品及设计两个要素。本案中，涉案外观设计专利的名称为“用于移动通信终端的图形用户界面”，但表示在涉案专利视图中的内容仍为一带有显示图形用户界面动态变化过程的手机，因此涉案专利应为包含了动态图形用户界面的移动通信终端产品。……在目前并无专门侵权认定规则的情况下，对其比对仍应适用现有的外观设计侵权规则。
>
> ……涉案专利授权文本的简要说明中明确记载“本外观设计产品的设计要点在于屏幕中的图形用户界面；移动通信终端为现有设计”。因此，涉案专利虽为包含图形用户界面的移动通信终端，但因移动终端设备本身为惯常设计，其图形用户界面部分对整体视觉效果更具有显著影响，也是比对时的主要比对要素。
>
> 动态图形用户界面中各显示模块的具体设计以及布局构成了图形用户界面的整体样

---

① 例如，被称为国内首例图形用户界面外观设计专利侵权案的北京奇虎科技有限公司等诉北京江民新科技有限公司案认定被告行为不侵权，参见北京知识产权法院(2016)京 73 民初 276 号民事判决书。

② 上海知识产权法院(2019)沪 73 民初 399 号民事判决书。本案采纳的“不可替代的实质性作用”标准认定直接侵权，它主要适用于多主体实施方法专利的侵权判断，由最高人民法院在敦骏公司诉腾达公司等侵害发明专利权纠纷案中明确予以认可。参见最高人民法院(2019)最高法知民终 147 号民事判决书，指导案例 159 号。

式，而界面的动态变化过程则体现出其人机交互方式、各模块之间的联动方式和变化趋势。并且，界面的变化也有不同的表现形式，有的是基于一个基础界面不变，其中部分设计要素或模块作动态变化……因此，对于动态图形用户界面的比对，应当同时考虑基础界面的整体样式及其整体或细节的全部动态变化过程；同时，还应结合具体图形用户界面的特点，考虑各个界面、各界面的动态变化过程对整体视觉效果的不同影响程度，根据“整体比对、综合判断”的原则，进行完整全面的比对……

被诉侵权软件 6.9.7.8_6604 与 6.9.8.7_6607 版本的图形用户界面与涉案专利均有两个基础界面，二者基础界面 1 的整体样式十分近似。……二者在基础界面 1 上的部分设计要素的动态变化过程和联动逻辑也较为近似。……二者的基础界面 2 均为带有弹出框的界面，弹出框均出现在界面的中部区域，均有与获得金币数量相关的展示文字和广告位。……二者在两个基础界面之间的连续动态变化过程也十分近似……

综上所述，被诉侵权软件 6.9.7.8_6604、6.9.8.7_6607 版本的界面与涉案专利设计 10 的界面在整体界面设计和动态变化过程均较为相近，而两者的不同点不足以对整体视觉效果产生显著影响，二者在整体视觉效果上没有实质性差异，属于近似的界面设计……

二、两被告开发并将被诉侵权软件提供给他人免费下载的行为

……两被告为被诉侵权软件的开发者以及提供者，而被诉侵权软件既不属于我国现行专利法规定的外观设计产品的范畴，与涉案专利的移动通信终端产品也不构成相同或相近种类的产品。……但是，图形用户界面的专利保护应当充分考虑包含图形用户界面产品领域的特点，尊重该领域的行业发展规律，确保专利权人的合法权利得到实质性保护。

……图形用户界面一般经由软件运行而产生，产生图形用户界面的软件可安装在电子产品中并借助电子产品的操作系统得以运行。现实中，一个包含图形用户界面的产品从硬件到底层的操作系统再到应用软件等一般由不同的主体提供，呈现出“软硬分离、软软分离”的特点；但是这种分离最后又是融合的，即各层软件之间最终在一个硬件上因用户的操作而协同运行呈现出已在应用软件中编写好的设计方案。图形用户界面的设计方案在呈现过程中需要多个主体共同参与，多个主体共同或交互作用方可完整呈现设计方案，在无法完全归责于一方直接侵权的情况下，需要对各方主体的行为性质以及各方主体责任承担方式进行客观认定。

《民法典》第 1165 条规定，行为人因过错侵害他人民事权益造成损害的，应当承担侵权责任。本案中，当被诉侵权软件被用户下载并安装在手机中，经用户操作被诉侵权软件后即在手机屏幕上呈现了与涉案专利图形用户界面近似的界面。在这一过程中，开发并提供被诉侵权软件的主体(即两被告)、开发手机操作系统的主体、制造并提供手机的主体、以及最终操作触发被诉侵权图形用户界面的主体彼此独立、分别实施了并无意思联络的独立的行为。虽然上述四个主体各自的行为均不足以导致侵害原告专利权结果的发生，但当上述数行为结合在一起则客观导致呈现了特定图形用户界面的手机的出现。四方主体各自的主观状态和行为性质均存在差异，具体分析如下：

首先，手机生产商……制造及销售的手机为日常生活中的通用设备，……其主观上并无追求手机呈现涉案图形用户界面设计效果的故意。其行为并不以侵权为目的，仅与其他行为客观上的结合才造成了本案的损害后果。其次，手机操作系统……乃是连接手机这类终端硬件设备以及应用软件的媒介，其功能在于管理和控制硬件与软件资源，为各类应用软件的安装与运行提供平台。……再次，手机用户虽然使用了带有被诉侵权用户图形界面的手机，……但因其实施的是使用手机的行为且不具有生产经营的目的，……使用侵犯外观设计

专利权的产品不属于专利法规定的侵害外观设计专利权的行为。

最后,被诉侵权应用软件的开发者和提供者(即两被告)虽然没有直接制造和销售被诉侵权手机本身,但被诉侵权图形用户界面的外观设计已通过程序语言固化于被诉侵权软件中,手机用户在正常使用该被诉侵权软件时只需进行与该软件适配的常规操作就必然呈现被诉侵权图形用户界面的全部动态过程。并且,两被告对该特定或可以特定的图形用户界面设计效果的发生是明确知晓的,并且意图追求此种后果的发生。被诉侵权软件在用户使用该软件呈现被诉侵权手机外观的过程中发挥着不可替代的实质性作用,……它相当于制造了含有被诉侵权图形用户界面的手机产品的最主要实质部分。其将开发完成的被诉侵权软件上架于各应用软件下载平台供用户免费下载,但依两被告陈述,其获得利益的方式为在被诉侵权软件运行后的界面中投放广告。……故两被告将被诉侵权软件上架以供用户下载的行为亦相当于许诺销售及销售了含有被诉侵权图形用户界面的手机产品的不可替代的实质部分。

综合以上分析,本院认为两被告提供被诉侵权软件的行为构成对涉案专利权的侵害。

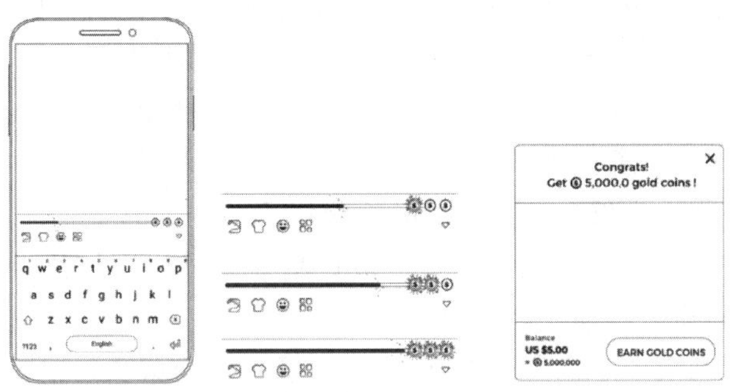

图 3-4　涉案专利,专利号为 ZL201830455426.5

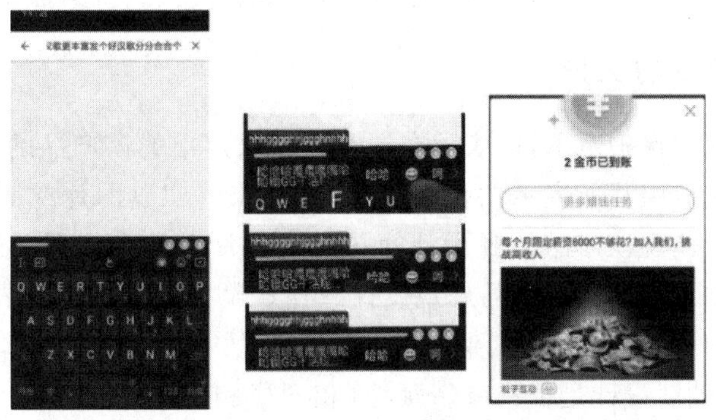

图 3-5　被诉侵权界面

(四) 外观设计专利的申请与授权

与发明、实用新型专利一样,外观设计专利也采取先申请原则、书面申请原则、单一性原则与优先权原则,其法律规则也基本类同。

其特殊之处在于,外观设计采用国际外观设计分类法(即洛迦诺分类法)对外观设计专利申请进行分类,以最新公布的《国际外观设计分类表》中文译本为工作文本。单一性原则是指一件外观设计专利申请应当限于一项外观设计。同一产品两项以上的相似外观设计,或者属于同一类别并且成套出售或者使用的产品的两项以上的外观设计,可以作为一件申请提出(简称合案申请)。

成套产品是指由两件以上(含两件)属于同一大类、各自独立的产品组成,各件产品的设计构思相同,其中每一件产品具有独立的使用价值,而各件产品组合在一起又能体现出其组合使用价值的产品。[①] 两项以上(含两项)外观设计可以作为一件申请提出的条件之一是该两项以上外观设计的产品属于同一类别,即该两项以上外观设计的产品属于国际外观设计分类表中的同一大类。成套出售或者使用,是指习惯上同时出售或者同时使用并具有组合使用价值。同时出售,是指外观设计产品习惯上同时出售,例如由床罩、床单和枕套等组成的多套件床上用品。同时使用,是指产品习惯上同时使用,也就是说,使用其中一件产品时,会产生使用联想,从而想到另一件或另几件产品的存在。

外观设计专利的授权程序与实用新型专利一样,不进行实质审查。

二、外观设计专利权的内容与保护期限

外观设计专利权被授予后,任何单位或者个人未经专利权人许可,都不得实施其专利,即不得为生产经营目的制造、许诺销售、销售、进口其外观设计专利产品。

与发明、实用新型专利相比,外观设计专利权不包含使用权。此外,它不属于《专利法》第 49 条(国家计划许可制度)和第六章(专利实施的特别许可)所调整的范围。在实施权的具体内容方面,其效力具有同一性。稍有区别的是,外观设计专利权不保护其功能性设计,也不保护其功能性的利用行为。《专利法解释一》第 12 条规定:"将侵犯外观设计专利权的产品作为零部件,制造另一产品并销售的,人民法院应当认定属于专利法第十一条规定的销售行为,但侵犯外观设计专利权的产品在该另一产品中仅具有技术功能的除外。"

外观设计专利权的期限为 15 年,均自申请日起计算。在比较法上,外观设计专利权的保护期逐渐延长,很多国家都将其延长到 15 年。

由于外观设计专利权未予以实质审查,在专利侵权纠纷解决时,法院或者管理专利工作的部门可以要求专利权人或者利害关系人出具由国务院专利行政部门对相关外观设计进行检索、分析和评价后作出的专利权评价报告,作为审理、处理专利侵权纠纷的证据。

三、外观设计专利权的保护

外观设计专利权的保护范围,以表示在图片或者照片中的该产品的外观设计为准,简要说明可以用于解释图片或者照片所表示的该产品的外观设计。"以图片或照片"为准,是指外观设计专利权的保护范围以体现该产品外观设计的图片或照片为基本依据。简要说明具有从属性,可以用于解释图片或照片所表示的产品外观设计。外观设计保护范围的界定在外观设计专利的授权程序与侵权程序中都需要运用,其保护范围的界定方法具有一致性,区别在于比对的对象不同。在授权程序中,外观设计是否具有新颖性(相同或相近似)、创造性(明显区别)的判断,是将其与现有设计进行比对;而侵权程序中,被诉侵权的外观设计是否落入专利权的保护范围,是将其与外观设计专利进行比对。

(一) 一般消费者标准

与发明、实用新型专利中"本领域的普通技术人员"相似,"涉案专利产品的一般消费者"是外观设计专利中的主体标准。同样,它也包括两方面的标准:知识水平和认知能力。《专利法解释一》第 10 条规定,人民法院应当以外观设计专利产品的一般消费者的知识水平和认知能力,判断外观设计是否相同或近似。① 一般消费者对涉案专利申请日之前相同种类或者相近种类产品的外观设计及其常用设计手法具有常识性的了解。常用设计手法包括设计的转用、拼合、替换等类

① 《专利法解释二》第 15 条规定:"对于成套产品的外观设计专利,被诉侵权设计与其一项外观设计相同或者近似的,人民法院应当认定被诉侵权设计落入专利权的保护范围。"

型。一般认为,“常识性了解”不应理解为基础性、简单性的了解,而是应该通晓申请日以前的相关外观设计状况。② 一般消费者对外观设计产品之间在形状、图案以及色彩上的区别具有一定的分辨力,但不会注意到产品的形状、图案以及色彩的微小变化。此外,一般消费者不具有相应设计的能力。一般消费者与外观设计产品有关,不同产品的消费者群体并不相同,应当根据产品的实际购买、使用等情况来确定消费者。

(二)“整体观察、综合判断”标准

《专利法解释一》第11条规定,判断外观设计是否相同或近似时,应当根据其设计特征,以外观设计的整体效果进行综合判断。该判断标准适用于在外观设计的相同或相近似的判断,以及是否具有显著区别的判断。该标准的运用方法,实际上是对消费者混同的判断,类似于商标法上的混淆理论。在理论上,有观点认为,应当考察外观设计之间的相同或近似,不宜以一般消费者混同为准。但该理论并未为最高人民法院所采纳。

1. 基本原则

“整体观察”是指外观设计的全部设计特征在确定其保护范围时,都应予以考虑。但是,由于外观设计是对产品外观的保护,故对于主要由技术功能决定的设计特征以及对整体视觉效果不产生影响的产品的材料、内部结构等特征,应当不予考虑。这不同于“创新点判断法”,其法律效果类似于发明专利中的多余指定原则与“非必要技术特征”原则。依据该理论,只有被诉侵权产品采用外观设计专利的创新点或创新部分,才能认定侵权。“创新点判断法”并未为司法所采纳。“综合判断”是指应考虑外观设计的整体设计要素,在整体视觉效果上作出判断。综合判断应重点考虑其创新点和主视部分。例如,产品的共性设计特征对于一般消费者的视觉效果的影响比较有限,产品在设计时应引起一般消费者对于其他设计特征变化的注意。下列情形,通常对外观设计的整体视觉效果更具有影响:产品正常使用时容易被直接观察到的部位相对于其他部位;授权外观设计区别于现有设计的设计特征相对于授权外观设计的其他设计特征。

(1) 组件产品。组件产品,是指由多个构件相结合构成的一件产品。对于组装关系唯一的组件产品,例如,由水壶和加热底座组成的电热开水壶,在购买和使用这类产品时,一般消费者会对各构件组合后的电热开水壶的整体外观设计留下印象;由榨汁杯、刨冰杯与底座组成的榨汁刨冰机,在购买和使用这类产品时,一般消费者会对榨汁杯与底座组合后的榨汁机、刨冰杯与底座组合后的刨冰机的整体外观设计留下印象,所以,应当以上述组合状态下的整体外观设计为对象,而不是以所有单个构件的外观为对象进行判断。对于组装关系不唯一的组件产品,以及各构件之间无组装关系的组件产品,应当以所有单个构件的外观为对象进行判断。

对于组装关系唯一的组件产品的外观设计专利,被诉侵权设计与其组合状态下的外观设计相同或者近似的,被诉侵权设计落入专利权的保护范围。对于各构件之间无组装关系或者组装关系不唯一的组件产品的外观设计专利,被诉侵权设计与其全部单个构件的外观设计均相同或者近似的,被诉侵权设计落入专利权的保护范围;被诉侵权设计缺少其单个构件的外观设计或者与之不相同也不近似的,被诉侵权设计未落入专利权的保护范围。

(2) 变化状态产品。变化状态产品,是指在销售和使用时呈现不同状态的产品。对于对比设计而言,所述产品在不同状态下的外观设计均可用作与涉案专利进行比较的对象。对于涉案专利而言,应当以其使用状态所示的外观设计作为与对比设计进行比较的对象,其判断结论取决于对产品各种使用状态的外观设计的综合考虑。

对于变化状态产品的外观设计专利,被诉侵权设计与变化状态图所示各种使用状态下的外观设计均相同或者近似的,被诉侵权设计落入专利权的保护范围;被诉侵权设计缺少其一种使用状态下的外观设计或者与之不相同也不近似的,被诉侵权设计未落入专利权的保护范围。

2. 相同或相近似

被诉侵权设计与授权外观设计（或现有设计与申请的外观设计）在整体视觉效果上无差异的，两者属于相同的外观设计；在整体视觉效果上无实质性差异的，两者属于相近似的外观设计。

外观设计相同，是指涉案专利与对比设计是相同种类产品的外观设计，并且涉案专利的全部外观设计要素与对比设计的相应设计要素相同，其中外观设计要素是指形状、图案以及色彩。外观设计实质相同的判断仅限于相同或者相近种类的产品外观设计。在确定产品的种类时，可以参考产品的名称、国际外观设计分类以及产品销售时的货架分类位置，但是应当以产品的用途是否相同为准。

如果一般消费者经过对涉案专利与对比设计的整体观察可以看出，二者的区别仅属于下列情形，则两者之间实质相同：其区别在于施以一般注意力不能察觉到的局部细微差异，例如，百叶窗的外观设计仅有具体叶片数不同；其区别在于使用时不容易看到或者看不到的部位，但有证据表明在不容易看到部位的特定设计对于一般消费者能够产生引人瞩目的视觉效果的情况除外；其区别在于将某一设计要素整体置换为该类产品的惯常设计的相应设计要素，例如，将带有图案和色彩的饼干桶的形状由正方体置换为长方体；其区别在于将对比设计作为设计单元按照该种类产品的常规排列方式作重复排列或者将其排列的数量作增减变化，例如，将影院座椅成排重复排列或者将其成排座椅的数量作增减；其区别在于互为镜像对称。

3. 明显区别

授予专利权的外观设计与现有设计或者现有设计特征的组合相比，应当具有明显区别。这既是授权时的判断准则，也是侵权判断时的基本标准。

(1) 明显区别的考虑因素。在确定涉案专利与相同或者相近种类产品现有设计相比是否具有明显区别时，一般还应当综合考虑如下因素：

第一，对涉案专利与现有设计进行整体观察时，应当更关注使用时容易看到的部位，使用时容易看到部位的设计变化相对于不容易看到或者看不到部位的设计变化，通常对整体视觉效果更具有显著影响。例如，电视机的背面和底面在使用过程中不被一般消费者关注，因而在使用过程中容易看到的部位设计的变化相对于不容易看到的背面和看不到的底面设计的变化对整体视觉效果通常更具有显著的影响。但有证据表明在不容易看到部位的特定设计对于一般消费者能够产生引人瞩目的视觉效果的除外。

第二，当产品上某些设计被证明是该类产品的惯常设计（如易拉罐产品的圆柱形状设计）时，其余设计的变化通常对整体视觉效果更具有显著的影响。例如，在型材的横断面周边构成惯常的矩形的情况下，型材横断面其余部分的变化通常更具有显著的影响。

第三，由产品的功能唯一限定的特定形状对整体视觉效果通常不具有显著的影响。例如，凸轮曲面形状是由所需要的特定运动行程唯一限定的，其区别对整体视觉效果通常不具有显著影响；汽车轮胎的圆形形状是由功能唯一限定的，其胎面上的花纹对整体视觉效果更具有显著影响。

第四，若区别点仅在于局部细微变化，则其对整体视觉效果不足以产生显著影响，二者不具有明显区别。例如，涉案专利与对比设计均为电饭煲，区别点仅在于二者控制按钮的形状不同，且控制按钮在电饭煲中仅为一个局部细微的设计，在整体设计中所占比例很小，其变化不足以对整体视觉效果产生显著影响。

(2) 转用设计的明显区别判断。转用，是指将产品的外观设计应用于其他种类的产品。模仿自然物、自然景象以及将无产品载体的单纯形状、图案、色彩或者其结合应用到产品的外观设计中，也属于转用。

以下几种类型的转用属于明显存在转用手法的启示的情形，由此得到的外观设计与现有设计相比不具有明显区别：单纯采用基本几何形状或者对其仅作细微变化得到的外观设计；单纯模仿自然物、自然景象的原有形态得到的外观设计；单纯模仿著名建筑物、著名作品的全部或者部分形状、图案、色彩得到的外观设计；由其他种类产品的外观设计转用得到的玩具、装饰品、食品类产品的外观设计。上述情形中产生独特视觉效果的除外。

(3) 组合设计的明显区别判断。组合包括拼合和替换，是指将两项或者两项以上设计或者设计特征拼合成一项外观设计，或者将一项外观设计中的设计特征用其他设计特征替换。以一项设计或者设计特征为单元重复排列而得到的外观设计属于组合设计。上述组合也包括采用自然物、自然景象以及无产品载体的单纯形状、图案、色彩或者其结合进行的拼合和替换。

以下几种类型的组合属于明显存在组合手法的启示的情形，由此得到的外观设计属于与现有设计或者现有设计特征的组合相比没有明显区别的外观设计：将相同或者相近种类产品的多项现有设计原样或者作细微变化后进行直接拼合得到的外观设计。例如，将多个零部件产品的设计直接拼合为一体形成的外观设计。将产品外观设计的设计特征用另一项相同或者相近种类产品的设计特征原样或者作细微变化后替换得到的外观设计。将产品现有的形状设计与现有的图案、色彩或者其结合通过直接拼合得到该产品的外观设计；或者将现有设计中的图案、色彩或者其结合替换成其他现有设计的图案、色彩或者其结合得到的外观设计。上述情形中产生独特视觉效果的除外。

(三) 设计空间与功能性设计特征

功能性设计与设计空间是两项具有紧密联系的概念。它们都影响外观设计能否得到保护，以及保护范围有多宽的问题。功能性设计特征制约设计空间的有无，但影响设计空间的因素不限于功能性特征。功能性特征不受保护，但设计空间的大小，不一定导致外观设计不受保护。

(1) 设计空间。设计空间是指设计者在创作特定产品的外观设计时所能够享有的自由度。产品的外观设计通常要受到产品的功能限制，如汽车轮胎只能在圆形的形状范围内设计；也会受到现有设计的限制，如触屏手机的基本布局设计；还受到法律和消费者观念等因素的制约。设计空间的大小依据一般消费者来确定。对于设计空间大的产品，设计者创作自由度高，其设计形式呈多样化趋势；相反，设计者创作自由度低，设计形式趋于相同或相近似的可能性就大。在前一种情形下，一般消费者不易注意到设计中的细微差别；而在后一种情形下，较小的设计区别也可为一般消费者所识别。

设计空间是一个相对的概念，它仅在极为有限的环境下使用。在大多数案件中，应避免设计空间的泛化适用。最高人民法院在(2010)行提字第 5 号判决书中认为，设计空间概念的主要意义在于，确定相关设计产品的一般消费者的知识水平和认知能力。即，在外观设计相同或者相近似的判断中，应该考虑设计空间或者说设计者的创作自由度，以便准确确定该一般消费者的知识水平和认知能力。设计空间的大小是一个相对的概念，是可以变化的，在专利无效宣告程序中考量外观设计产品的设计空间，需要以专利申请日时的状态为准。具体而言，法院在判断外观设计的设计空间时，可以综合考虑下列因素：产品的功能、用途；现有设计的整体状况；惯常设计；法律、行政法规的强制性规定；国家、行业技术标准；需要考虑的其他因素。

(2) 功能性设计不受保护。在外观设计专利侵权判断与可专利性审查时，为实现特定技术功能必须具备或者仅有有限选择的设计特征(功能性设计)，对于外观设计专利视觉效果的整体观察和综合判断不具有显著影响，同时也不受保护，即功能性原则。在制度上，功能性原则是用以区分设计保护与发明(实用新型)专利之间不同调整对象的主要法律规则。质言之，实用的(useful)或功能的(functional)的创新成果是专属于发明之类的实用专利(utility patent)所保护的客体。

外观设计专利的功能性原则并未为中国专利法所明确规定，但第 2 条第 3 款“外观设计”定义中的“美感”被认为是指“装饰性”，即，它不属于功能性的设计。这类似于美国设计专利法，它也仅界定了“装饰性的设计”，并未明文规定设计的“非功能性”要求；但在司法实务中，装饰性与功能性常常作为一组对立的术语而出现。即，从外观设计的积极条件来看，是对产品的装饰性设计；从消极条件来看，它不属于产品的功能性设计。

对“美感”或“装饰性”的判断，有些法院从美学或审美出发，强调“在视觉上具有的美感”，外观设计产品在一般消费者看来主要是基于装饰性的考虑，如系争产品的设计特征出于“节省空间、便于携带的考虑而不是出于美学因素的考虑”，故而不构成装饰性的技术特征。也有些法院从可视性条件出发，强调对于功能性和装饰性特征兼具的设计，需要“通过对产品可视部分的全部设计特征进行整体观察、综合判断”，系争外观设计“给人感觉厚重”，不同于“现有设计给人感觉轻巧”，故属于装饰性设计特征。但是，为了避免美感或审美体验主观性之局限，并且受著作权法上审美非歧视原则的影响，越来越多的法院逐渐从“装饰性”的判断转向“功能性”的界定。欧盟法上对外观设计的定义删除了“美感”和“视觉”的规定，也无“装饰性”要求，强调不保护功能性设计，就是其重要的体现。

欧盟《外观设计保护指令》第 7 条及其《外观设计保护条例》第 8 条明确规定，由技术功能所唯一决定的设计特征，以及为实现功能而在产品物理连接方面所必须具备的产品形状，不受保护。最高人民法院在(2012)行提字第 14 号行政判决书中认为：“功能性设计特征是指在该外观设计产品的一般消费者看来，由所要实现的特定功能所唯一决定而并不考虑美学因素的设计特征。”外观设计功能性特征的判断往往与是否存在“替代设计”密切相关。在美国法上，替代设计是指实现相同或类似功能、效果，但在整体视觉上不具有实质相似的不同设计。

在实务中，就“如何解释‘替代设计’和‘由所要实现的特定功能所唯一决定的设计特征’”这一问题，存在两类不同的裁判标准：其一为“强制测试”(mandatory test)法或“形式多样测试”(multiplicity-of-forms test)法，它所界定的功能性特征是指实现某一技术功能所要求特定的形式、以致未能留下其他任何设计空间的设计特征。尽管它符合“唯一决定”(solely dictated)的字面含义，但其适用范围较为狭窄。正如最高人民法院所指出的，“如果把功能性设计特征仅仅理解为实现某种功能的唯一设计，则会过分限制功能性设计特征的范围”，进而影响外观设计保护的立法目的。正是由于这一弊端，第二类判断规则逐渐成为主流标准：因果测试方法(causative approach)。它是指该设计特征系设计者受技术限制、为实现产品的功能考虑所产生的设计。这一方法为欧盟法院在 2018 年 3 月裁判的一个案件所采用：“依据欧盟设计保护的法律，产品外观的设计特征除了其技术功能考虑之外，如果其他与视觉方面有关的因素在选择这些特征时不具影响，则即使存在其他实现相同功能的设计，它也不受保护。”最高人民法院在(2014)民提字第 34 号民事判决书中也采用该标准：

> 对外观设计进行整体观察、综合判断时，要注意以下几点：
>
> 1. 产品的不同部位对于外观设计的整体视觉效果所产生的影响有所不同。产品正常使用时容易被直接观察到的部位相对于其他部位对整体视觉效果更具有影响。
>
> 2. 不同性质的设计特征对于外观设计的整体视觉效果所产生的影响有所不同。设计特征可以分为功能性设计特征、装饰性设计特征以及功能性与装饰性兼具的设计特征。功能性设计特征对于整体视觉效果通常不具有显著影响；装饰性设计特征对于整体视觉效果一般具有影响；功能性与装饰性兼具的设计特征对整体视觉效果的影响则需要考虑其装饰性的强弱，其装饰性越强，对于对整体视觉效果的影响可能相对较大一些，反之则相对较小。

3. 功能性设计特征是指那些在该外观设计产品的一般消费者看来，该设计特征的选择仅仅考虑到了特定功能的实现而不考虑美学因素的设计特征。功能性设计特征与该设计特征的可选择性存在一定的关联性。如果某种设计特征是由某种特定功能所决定的唯一设计，则该设计特征不存在考虑美学因素的空间，显然属于功能性设计特征。如果某种设计特征是实现某种特定功能的有限的设计方式之一，则这一事实是证明该设计特征属于功能性特征的有力证据。不过，即使某种设计特征仅仅是实现某种特定功能的多种设计方式之一，只要该设计特征仅仅由所要实现的特定功能所决定而与美学因素的考虑无关，仍可认定其属于功能性设计特征。如果把功能性设计特征仅仅理解为实现某种功能的唯一设计，则会过分限制功能性设计特征的范围，把虽然具有两种或者两种以上替代设计但仍然有限的设计特征排除在外，进而使得外观设计专利申请人可以通过对有限的替代设计分别申请外观设计专利的方式实现对特定功能的垄断，不符合外观设计专利保护具有美感的创新性设计方案的立法目的，对于主要由技术功能决定的设计特征可以通过实用新型或者发明专利实现保护。从这个角度而言，功能性设计特征的判断标准并不在于该设计特征是否因功能或技术条件的限制而不具有可选择性，而在于在一般消费者看来，该设计特征是否仅仅由特定功能所决定，从而不需要考虑该设计特征是否具有美感。

4. 上述规定中的现有设计通常应当是一份与授权外观设计最为接近的现有设计。在侵害外观设计专利权纠纷中，现有设计及授权外观设计区别于现有设计的特征应当在当事人举证、质证的基础上认定。

第四章　商标法

第一节　商标法概述

在知识产权法的各部门法中，商标法具有一定的特殊性，因为它保护商标的原因并不是标志本身所具有的价值，而是保护商事主体在其商标上所开发出的商誉(goodwill)，并避免消费者受到产品或服务来源的混淆或欺诈。

作为从反不正当竞争法派生出来的法律，人们长期以来轻视商标法对创新的激励作用。“在知识产权体系中，商标仿佛是专利与版权的婢女，一直扮演着最为卑微的角色。三十多年前，欧共体法院甚至断然指出，商标对于人类社会的贡献显然不及于专利。”①在美国法上，其1789年宪法“知识产权条款”为专利法和版权法提供了联邦立法的依据，国会依此于1870年颁布第一部商标法，但其最高法院于1879年宣布该法违宪，因为商标不是“知识产权条款”所指的“作品”和“发明”。直至1946年，美国国会才依据宪法的“贸易条款”制定了联邦层次的商标法(兰哈姆法，Lanham Act)和反不正当竞争法。② 所谓“贸易条款”是指美国宪法第1条第8款第3项的规定：“国会有权制定法律，规范合众国和外国、各州之间以及与印第安部落之间的贸易。”

随着市场经济的发展，商标的地位和作用发生了深刻的变化，无论是对消费者还是对公司股东而言，品牌都比产品更有价值，因而也更为重要。与此同时，商标法的地位也发生了类似的变化，其法律规则也越来越复杂，充满了大量不确定性概念，需要在理论上予以澄清与研究。

一、商标法的历史发展

关于现代商标及商标法的起源，在理论上有不同的认识，其关键是对产品所有人的标志是否属于商标的看法不同。美国学者吉拉尔德·拉斯顿(Gerald Ruston)将人类早期历史上出现的标识分为三类：① 史前属人标识，目的在于标识所有权人。它最初用于牲畜和工具上，后来用于土地和房屋的标识，再后来用于商人销售的商品上。② 自愿使用的私人商标，即商人自愿使用于销售的商品，并无所有权标识之用意，如石匠、瓦匠、印刷业等行业自13世纪开始陆续使用这种标识。③ 强制使用的标识。它起源于君士坦丁堡的罗马拜占庭帝国，在中世纪开始流行，旨在保护公众利益。③

中外历史上都出现过上述三类标识。当人类经济发展到一定阶段，社会分工和产品交换促成了商业的产生，制造陶器、工具或服装的人们开始以文字或符号在其产品上予以标识。在古代的中国、印度、波斯、埃及、罗马、希腊及其他地区的商品上都已经发现有制作者姓名等符号，其中最早的例子可上溯至4 000多年前。这些早期的标识大致上具有三类作用：其一是证明该商品为

---

① 彭学龙：《商标法的符号学分析》，法律出版社2007年版，第2页。

② 参见李明德：《美国知识产权法》(第二版)，法律出版社2014年版，第3页。

③ Gerald Ruston, On the Origin of Trademarks, 45 Trademark Reporter 127 (1955)，转引自杜颖：《商标法》(第三版)，北京大学出版社2016年版，第4页。

某一特定商人所销售,它有助于解决所有权争议,即所有权标识;其二是质量担保功能,即商人贴附的标识可快速识别产品的提供者,可以实现产品责任的追溯;其三是作为一种广告形式而展示给潜在的客户。

中国古代工匠使用其姓名作为商品的标识。传说中,东周时期被争相购置的“干将”“莫邪”宝剑,就是将铸造者作为产品的标识。《汉书·王遵传》记载:“箭张禁、酒赵放。”再如,在河南登封出土的西汉时期的筒瓦上发现刻有陶匠“陶彦”的名字;三国时期曹操的著名诗歌《短歌行》中所记载的“何以解忧,唯有杜康”中的“杜康”酒,也是人名作为其产品的标识。到唐宋时期,政府开始对商品标识进行强制性的管制,《唐律疏议》记载:“物勒工名,以考其诚。功有不当,必行其罪。”《新唐书·百官志》也有“皆物勒工名”的记载。依照这些规定,产品必须注明工匠名字或店铺、作坊的名称,目的在于控制其产品质量(即“以考其诚”)。但政府规定强制性的产品标识通常限定在特定领域,如明城墙所使用的砖石都有工匠标识,更多是基于防止偷工减料的管制目标。

到宋代以后,社会商品经济更为发达,商标的使用更为普遍。湖州、杭州等地生产的铜镜及杭州生产的漆器上不但注明店铺名称,还用长方形的图形将文字圈在中间,以示醒目,明显具有商标的功能。宋代最著名的一枚商标是现藏于中国历史博物馆的济南刘家店铺的“白兔”商标,该商标图文并茂。非常明显,“功夫针”上的“白兔”标识与提供商品的“刘家铺子”(商号)是分别使用的,“白兔”是一枚设计完整的图形、文字商标。从宋代名画《清明上河图》中,我们可以清晰地看到沿街店铺大量使用商标或商号。进入明清时期后,商品经济的发展相对缓慢,但相比过往朝代,其规模也达到了相当高的程度,一些美观精良的产品为广大消费者喜爱,逐渐形成名牌商标,沿袭至今的商标有“内联升”布鞋、“六必居”酱菜、“同仁堂”药品、“张小泉”剪刀等。①

然而,长期重农抑商的政策压制了中国商品经济的发展;到19世纪下半叶,西方资本主义得到了迅速发展,它促使了商标立法的发展。最早进行商标立法的西方国家是法国,它于1803年制定《关于工厂、制造场和作坊的法律》,其第16条将假冒商标的行为定性为私自伪造文件罪。1804年颁布的《拿破仑民法典》第一次肯定了商标权应与其他财产权同等受到保护。但直到1857年6月,法国才制定世界上第一部单行的成文商标法《关于以使用原则和不审查原则为内容的制造标记和商标的法律》。英国早期以普通法“禁止仿冒”的规则保护商标,其于1862年颁布《商品标记法》,后又于1875年颁布《商标注册法》,于1905年整合已有立法颁布《大不列颠及北爱尔兰联合王国商标法》。德国于1874年、日本于1884年、瑞士于1890年分别制定了其商标法。美国于1870年制定了第一部联邦商标法,但后为其最高法院裁定违宪;直至1946年颁布的《兰哈姆法》才产生其联邦层面的商标法。

在中国,香港地区在英国殖民统治下于1873年从大陆法国家引进了注册商标制度,这是世界上第一部依据注册确定商标权归属的商标法。1902年英国政府与清政府签订的《续议通商行船条约》规定了建立牌号注册局,1903年清政府与美国、日本签订的《通商行船续约》也规定了类似条款。在外部压力下,清政府于1904年颁布《商标注册试办章程》(共28条)以及《商标注册细目》(共23条),这是中国历史上最早的商标成文法。该法虽然最后未及正式实施,但成为后来中华民国时期商标立法的基础。1923年,北洋政府颁布了商标法、商标法施行细则以及相关公文程式;1930年国民政府公布了新的商标法及商标法实施细则,并于1931年1月1日施行。

中国现行有效的商标法于1982年8月23日由第五届全国人大常务委员会第24次会议通过,并于1983年3月1日生效。截至2021年,该法已进行四次修订,它分别于1993年2月、2001

① 参见左旭初:《中国商标法律史》(近现代部分),知识产权出版社2005年版,第4-7页。

年10月、2013年8月以及2019年4月进行了修订。修订后的《商标法》已符合中国参加的商标国际公约的规定，而且达到了较高的保护水平。中国参加的商标国际公约主要有《商标注册用商品和服务国际分类尼斯协定》(以下简称《尼斯协定》)(1994年)、《商标图形要素国际分类》、《商标国际注册马德里协定》(以下简称《马德里协定》)(1989年)以及《商标国际注册马德里协定有关议定书》(以下简称《马德里协定有关议定书》)(1995年)等。

二、商标法的正当性

商标(trademark)，从字面意义来看就是商业中使用的标识，又称"品牌"(brand)；后者从词源来看，有火烧之义，最早是指烙在牲畜上表明权利归属的标识。商标受到法律保护，是市场经济发展到一定程度的产物；而商标在商品的生产、交换或提供服务的过程中所发挥的作用，也随着市场经济的发展而逐渐演变。商标功能的演变是商标法演变的基础；同时，商标功能的实现也是商标法律保障的结果，两者相互关联。因此，探析商标法的正当性，必须先对商标的功能有较为清晰的认识。商标的法律保护规则是否妥当，对商标功能的认识是其起点。

(一) 商标的功能

从商标的最早、最基础的作用来看，商标主要发挥识别商品或服务来源的作用。在保障识别功能的基础上，商标成为企业建立商誉与质量控制的手段。在质量得到稳定控制的情况下，商标逐渐成为某种形象的载体，具有表彰身份或文化属性的作用。对于商标在市场经济中所发挥的这些作用，理论上有不同的概括。我国学界主要有三功能说与四功能说两类。三功能说认为商标功能主要包括：识别商品来源功能(或认知功能)、品质保证功能、广告宣传功能。四功能说的主要观点有两种：① 商品来源的标示功能、商品选购的指导功能、商品质量的指示功能和商品销售的广告宣传功能；[①]② 识别功能、品质功能、宣传功能、文化功能。[②] 实质上，四功能说是将识别来源功能拆分，或者将广告功能拆分，与三功能说没有本质区别。

商标的识别来源功能，即识别商品或服务的来源，是商标最基础的功能。商品生产者或服务提供者之所以选择并使用某个商标，其主要目的是区分于市场上提供相同或类似商品、服务的企业。在商品经济发展的初期阶段，商品以手工生产为主，供人们选择的商品数量有限，商标的作用有限。随着社会的高度分工与大规模工业生产的发展，在交通、通信等技术的推进下，商品和服务开始大规模地自由流通。为了能够在激烈竞争的市场上吸引消费者，醒目的商标就非常重要。消费者通过不同的商标就可以识别其所购买的商品或服务的提供者。消费者选购商品，首先关注到的是商标，商标影响力的大小会影响消费者的决策。因此，商标的识别来源功能不仅在于企业对它的使用，更在于消费者的认知。商标对消费者的吸引力是其作为企业无形资产的主要原因，通过商标形成消费者的认同，进而促使消费者产生消费偏好，是商标识别功能的重要体现。

品质保证功能，即商标具有指示商品或服务符合特定质量的作用。商品或服务的质量是决定商标所承载的商誉的关键。商品或服务的提供者不断改进其产品和服务质量，以商标为载体而不断积累信誉，取得相对于竞争者的竞争优势。消费者对于那些质量稳定、可靠的商品之商标具有内在认同感，能够产生购买欲望，作出消费决策。这也是商标权人不断改进商品或服务质量的重要动力之一。品质保证功能以消费者保护为价值基础，为商标许可和转让提供了理论依据，也是我国商标法中的重要制度。商标法立法目的条款即确立了商标权人的品质保证义务。《商

---

① 参见吴汉东等：《知识产权基本问题研究》，中国人民大学出版社2005年版，第509－512页。

② 参见王莲峰：《商标法学》(第三版)，北京大学出版社2019年版，第3－4页。

标法》第 1 条规定："为了加强商标管理，保护商标专用权，促使生产、经营者保证商品和服务质量，维护商标信誉，以保障消费者和生产、经营者的利益……"商标权人的品质保证义务由两个方面组成。一是商标使用人对其生产的产品或提供的服务质量负有保证义务，"商标使用人应当对其使用商标的商品质量负责"(《商标法》第 7 条)。二是商标所有人对其被许可使用人产品的品质控制义务。"受让人应当保证使用该注册商标的商品质量"(《商标法》第 42 条)；"许可人应当监督被许可人使用其注册商标的商品质量。被许可人应当保证使用该注册商标的商品质量"(《商标法》第 43 条)。然而，消费者并不能依赖品质保证功能，消费者利益的保护并非商标法的主要任务。[①]

广告宣传功能，即商标能够利用其承载的商誉为依托而对消费者产生的促销或身份表彰的作用。现代社会是注意力经济，酒香也怕巷子深，口碑相传之外，广泛使用的广告促销是吸引消费者注意力的重要方法，而商标则是广告劝说的主要工具。此时，商标开始呈现出独立的商誉价值。更为重要的是，当人类社会从贫乏时代发展到富庶时代时，在满足消费者生理物质需求之后，满足消费者的心理精神需求成为现代社会的重要商机。商标的功能开始适应这一转变，它从单纯表征来源和质量，即满足生理物质需求，发展到不依赖产品或服务的独立商誉之承载，即满足心理精神需求。商标体现了消费者的生活方式、消费能力及其社会地位。人们通过对商标的文化塑造，使它逐渐成为承载文化和身份的标志。因此，商品的价值是由产品的价值(体现为生理物质层面)及其独立的商誉之价值(体现为心理精神层面)共同组成。例如，仅以功能而言，价格不菲的"百达翡丽"(Patek Philippe)手表在去除商标后，与价格普通却制作精良的机械手表并无太大区别。这说明，其高达数十万乃至百万的价格是基于品牌所形成的价值。

(二) 商标法的功能

著作权法、专利法的正当性理论具有自然法和功利主义等不同的哲学基础，商标法的正当性理论则有所不同，它主要是建立在功利主义的基础上，对投资保护以及有利于社会福利提高的效率价值等经济学依据是商标法理论的基石。对商标的保护，主要是为了保护权利人的三类投资：① 标识上的创作投资。商标设计要考虑不与已有标识雷同、具有醒目的识别性、传递积极健康的观感以及避免负面的歧义可能性，这一定程度上类似于作品的创作性。[②] 这些商标设计增加了指称物品名称的存量，节约了消费者交流的信息成本。② 对商标有关的产品进行广告、宣传的投资。广告宣传刺激了消费需求，并通过对产品的市场细分，影响消费者对商品的识别与购买。商标类似于消费者的速记方法，广告宣传行为使得商标与商品、服务紧密联系起来。对消费者而言，广告宣传降低了消费者对于商品的信息搜寻成本。③ 与商标承载的商誉有关的投资，如产品或服务质量改进所需的高质量原材料、制作工艺改进等。如果缺乏足够的保障机制，商品市场就会良莠不分，劣质商品混同于优质商品之中，将会使得整个市场萧条，即形成劣币驱逐良币的"柠檬市场"(market for lemons)。商标的保护使得改进质量的投资与其提供者联系起来，避免了"柠檬市场"的形成。商标不仅表征一定质量，而且在质量不符合消费者预期的情形下，抵制或拒绝未来的购买行为就起到了驱逐劣币的作用。一般情况下，商标也常常使用于新开发的商品，它向潜在消费者传递了商品提供者作出质量保证的信息。[③]

商标法保障商标在市场中的信号功能，节约了社会关于商品或服务质量的信息传递成本。

---

① 参见梁志文：《商标品质保证功能质疑》，《法治研究》2009 年第 10 期。

② 参见郑成思：《知识产权法》(第二版)，法律出版社 2003 年版，第 6 页。

③ See Mark A. Lemley et. al., Intellectual Property in the New Technological Age (Wolters Kluwer, 2014), V-12.

经典理论指出,商标传递的关于商品品质的信息,节约了消费者的搜寻成本。商标的价值依赖于企业在商品质量、服务、广告等方面的花费所形成的声誉,这些声誉促成消费者的重复购买以及口碑相传而获得的销售量,逐渐形成了商标的自身价值。商标之所以有价值,是因为它不仅表征着持续稳定的品质,而且体现了企业维持稳定品质的能力。商标具有了自我执行的特性,如果企业拥有较高价值的商标,其通常不会降低该商标下商品或服务的质量,否则其在该商标上所付出的投资将蒙受损失。"商标在降低消费者搜寻成本上的收益,是以法律保护为前提的,因为仿制他人商标的成本是很小的,在没有法律障碍的情况下,越是强势商标,引发该成本的激励就会越大。'搭便车'的竞争者将用少量的成本,攫取与强势商标相关联之利润。这是因为某些消费者(至少在短期之内)会误认为"①,"搭便车"者与原始商标拥有相同的品质。如果法律不予禁止,该种"搭便车"的行为就会损害商标的信息传递功能,影响到开发有价值商标的投资努力。

商标法所保护的商标权,是商标的财产权属性。但商标本身的识别功能(即标识上的创作投资),必须使用到商品、服务上,才可以向消费者传递有关商品、服务的信息。因此,未能使用的商标,无论其设计得多么精巧,也无法在消费者心目中建立商品(服务)与生产者(服务提供者)之间的联系,亦即传递质量或价格的信息也无法发挥作用。作为财产的商标,其价值并不是由标识本身的显著性或艺术性所决定,而是由商标使用后积累的商誉价值所决定。由于商标的价值是以商誉为主要体现,因此它与其他知识产权客体(如作品、发明)不同。作品、发明都体现了作者、发明人的智力创造,需要想象力和天赋;它们受法律保护的重要理由是通过保护创新成果而激励创造力,最终实现社会的进步。因此,它们的基本政策是鼓励创造,激励更多优秀作品、发明的完成。而商标法所保护的标识并非以新颖性、创作性为前提,而是以商业中使用为条件,以禁止消费者混淆和产生特定联系为基本原则。因此,商标法并非以激励人们申请大量商标为目标。相反,非以使用为目的而申请商标的行为,被称为恶意注册、囤积商标的非正常申请行为。

商标法对于非正常申请行为进行了规制。《商标法》第 4 条规定:"自然人、法人或者其他组织在生产经营活动中,对其商品或者服务需要取得商标专用权的,应当向商标局申请商标注册。不以使用为目的的恶意商标注册申请,应当予以驳回。"第 7 条规定:"申请注册和使用商标,应当遵循诚实信用原则。""不以使用为目的的恶意商标注册"的情形,需要综合考虑如下因素:申请人或者与其存在关联关系的自然人、法人、其他组织申请注册商标数量、指定使用的类别、商标交易情况等;申请人所在行业、经营状况等;申请人被已生效的行政决定或者裁定、司法判决认定曾从事商标恶意注册行为、侵犯他人注册商标专用权行为的情况;申请注册的商标与他人有一定知名度的商标相同或者近似的情况;申请注册的商标与知名人物姓名、企业字号、企业名称简称或者其他商业标识等相同或者近似的情况;商标注册部门认为应当考虑的其他因素。

非正常申请获取的注册商标,商标注册部门将依法予以驳回(申请中)、不予注册(申请审查中)、宣告该注册商标无效(已注册)。恶意申请商标注册的申请人还将承担警告、罚款等行政处罚的责任,其商标代理机构及负责人则视其情节而分别承担责令限期改正、警告、罚款等行政责任;构成犯罪的,依法追究刑事责任。对于恶意注册商标的申请人而言,如果申请人恶意取得商标注册后,其行为违反诚实信用原则,例如,利用电商平台的"通知删除"机制要挟商家"付费撤诉"甚至直接售卖商标,扰乱市场竞争秩序,将构成不正当竞争行为。在拜耳消费者关爱控股有限责任公司、拜耳消费者护理股份有限公司与李庆、浙江淘宝网络有限公司不正当竞争纠纷案中,法院认为:

---

① [美]威廉·M.兰德斯、理查德·A.波斯纳:《知识产权法的经济结构》,金海军译,北京大学出版社 2005 年版,第 217 页。

李庆明知原告对涉案图案享有在先权利以及在先使用于涉案产品上，仍然利用原告未及时注册商标的漏洞，将其主要识别部分申请注册为商标，并以该恶意抢注的商标针对涉案产品发起投诉以谋取利益，以及欲通过直接售卖商标以获得暴利。李庆的获利方式并非基于诚实劳动，而是攫取他人在先取得的成果及积累的商誉，属于典型的不劳而获行为，该种通过侵犯他人在先权利而恶意取得、行使商标权的行为，违反了诚实信用原则，扰乱了市场的正当竞争秩序，应认定为《反不正当竞争法》第二条规定的不正当竞争行为。

（三）商标法的立法宗旨

《商标法》第1条指出，制定商标法是“为了加强商标管理，保护商标专用权，促使生产、经营者保证商品和服务质量，维护商标信誉，以保障消费者和生产、经营者的利益，促进社会主义市场经济的发展”。依据该条规定，商标法的立法宗旨主要有如下三项：

第一，加强商标管理。为了保护社会主义市场经济的健康发展，商标法规定了对商标的行政管理，规范市场竞争秩序，保障商业交易的顺利进行。首先，它规定了商标管理的行政部门，即各级市场监督管理部门。其次，它规定了商标行政管理的各项事务。① 商标注册审查是其基本职能，只有通过商标审查核准、注册公告之后的商标才具有商标专用权。国家市场监督管理局商标局主管全国商标注册和管理的工作，并设立商标评审委员会，负责处理商标争议事宜。② 商标日常管理，如商标转让、许可登记，以及商标使用规范的管理。转让注册商标的，转让人和受让人应当签订转让协议，并共同向商标局提出申请。许可他人使用其注册商标的，许可人应当将其商标使用许可报商标局备案，由商标局公告。商标注册人在使用注册商标的过程中，自行改变注册商标、注册人名义、地址或者其他注册事项的，由市场监督管理部门责令限期改正；期满不改正的，由商标局撤销其注册商标。法律、行政法规规定必须使用注册商标的商品，未经核准注册却在市场销售的，由地方市场监督管理部门责令限期申请注册，并依据具体情况予以罚款。③ 监督商品或服务质量，维护消费者利益。《商标法》第7条规定：“商标使用人应当对其使用商标的商品质量负责。各级工商行政管理部门应当通过商标管理，制止欺骗消费者的行为。”商标转让、许可他人使用时，受让人、被许可人应当保证使用该注册商标的商品质量。④ 商标印制与商标代理行业管理。⑤ 商标侵权的行政执法。

第二，保护商标专用权。这是商标法的核心宗旨，整个商标法亦以保护商标权为核心构建起来，包括商标专用权的产生，即商标注册的申请、审查、核准、无效与撤销；注册商标的续展、变更、转让和使用许可；最终落脚于注册商标专用权的保护。这也是保护生产者、经营者利益的主要体现。商标包括商品商标和服务商标，它也包括了商品生产者、经营者和服务提供者的利益保护。为了保护商标专用权，法律规定了商标侵权行为，侵权人承担的民事责任、行政责任和刑事责任。商标专用权保护重点在于维护商标信誉，促成商品和服务品牌化的发展，提升产业的竞争力。驰名商标是商品高质量的代名词，也是商标信誉的典型象征。保护驰名商标是商标法的重要内容。

第三，保障消费者利益。消费者是商标法上的核心概念之一。商标是否具有显著性，使用商标的行为是否构成侵权，“消费者”概念属于其非常重要的判断标准之一。商标法对消费者利益的保护，主要体现为两个方面。其一，商品或服务质量的保障。商品或服务提供者要追求更多的市场利润，就必须满足更多的消费需求，不断提高产品质量，研发出更多更好的新产品，提升商标的信誉。如果注册商标下的商品粗制滥造、以次充好，欺骗消费者，则消费者利益受损。如前所述，这也是商标管理的重要任务之一。其二，商品或服务来源的保障。保护消费者免受混淆或其他方面的误导，方便消费者选择其认可的商品或服务，这既体现了对经营者利益的维护，也客观上维护了消费者利益。需要指出的是，不同于商标法对经营者享有商标权的利益予以全面保护，虽然保障消费者利益是商标法的立法宗旨之一，但商标法上并没有消费者权利受损时其获得救济的权利。例如，消费者因标识近似而误购商品后，并不能依据商标法而提起诉讼。消费者权利的保护需要依据消费者权益保护法、产品质量法的规定而主张。

第二节　商标权的获得

虽然商标权的产生与专利权并不完全相同，但两者都不像著作权那样自动产生，而是需要经过申请、审查核准的行政确认程序。在注册取得制度下，未注册商标仅在极少数情形下受到保护；受商标法保护的商标专用权为注册商标，要通过商标申请审查程序获得注册公告，必须符合法律规定的一些条件。这些条件可以分为两类：商标注册的积极条件和消极条件。前者是指商标注册时要符合法定的构成要素，以及标识本身具有区分来源的显著性，主要是第 8 条（商标构成要素）、第 9 条第 1 款前半句（显著性）、第 11 条第 2 款（第二含义商标）的规定。后者是指商标注册时不得侵犯他人在先的合法权利，不得属于法律禁止使用的标志，不得属于公共政策认为应由其他法律调整的对象，主要条款有第 9 条第 1 款后半句（不得与他人在先取得的合法权利相冲突）、第 10 条（禁用标志）、第 11 条第 1 款（通用标志）、第 12 条（功能性商标）。

一、商标权的获得模式

商标权的获得，是指商标权的原始取得。不同于著作权因作品创作而自动取得，在历史上，商标权只能因在商业活动中使用商标、积累商誉而产生；注册商标制度最早为我国香港地区所采用，因其具有权利归属的确定性而产生广泛的影响。商标权获得的途径有使用和注册两种。注册取得模式具有权利归属的确定性、权利人举证简化、专用权范围及于全国等优点，但会鼓励商标囤积、恶意抢注等非正常申请商标的行为，对正常的市场竞争产生不利影响。使用取得模式保护诚实经营者的商标声誉，但权利归属状况需要大量证据来证实，且其效力范围具有一定限度，一般不及于商标权人非经营地域的范围。TRIPs 协议等国际条约认可两种产生商标专用权的途径，由此而形成了不同的商标权取得制度。大体上，世界上存在三种商标权获得的立法模式。①

（一）使用取得商标权的立法模式

使用获得商标权的立法模式产生历史最早，是“比较原始的商标保护制度”。在 19 世纪之前，企业在商业活动中就一种或多种商品使用商标来区分其他商人的商品，商标在持续的使用过程中逐渐建立商誉，对消费者产生了识别功能，其他人使用同样或类似商标来销售商品，必然在市场上引发混淆。因此，商标使用人有权禁止他人的混淆性使用。通过首次使用而对某项标志产生独占性使用权，即对商标予以首先使用的法律事实是商标专用权形成的依据。同时，商标使用的地理范围也决定了商标专用权的地域效力。注册制度仅仅是通过固定的法律手续确立商标专有权。

美国采用使用取得商标权的立法模式。在美国，商标专用权只能依据使用而获得，联邦与各州建立的商标注册制度是对已经存在的商标专用权予以确认。兰哈姆法建立的注册制度规定，商标注册前必须进行使用，故它不创设新的商标权。美国于 1988 年修订商标法之后，商标注册的条件有所放松，真诚有使用意图（bona fide intent to use）的商标也可以获得注册。意图使用的商标之先申请人所获得的自申请日起的商标专用权在注册公告时生效，但只有商标权人实际使

---

① 参见郑成思：《知识产权法》（第二版），法律出版社 2003 年版，第 166－168 页；杜颖：《商标法》（第三版），北京大学出版社 2016 年版，第 74－80 页；王莲峰：《商标法》（第三版），北京大学出版社 2019 年版，第 83－84 页。

用开始时才发布注册公告；同时，如果存在未注册的先使用人，在注册申请日之前已经确定使用的地域范围内，其依然享有优先于注册人的权利。此外，该修正案还强化了注册证书作为权利证据的功能。商标权注册人也可以向美国海关提出行政保护的申请，禁止侵权商品的进口。除了不及于少数在先使用者的地域范围，注册商标权人还拥有了在全国范围内的专用权利。对于外国人申请商标，如果其商标已在本国被批准注册，便符合了“使用意图”的条件。

（二）注册取得商标权的立法模式

与使用取得相对应，通过注册才能取得商标专用权的立法模式，即注册模式。注册模式下取得商标专用权，基于三项法律事实：权利人选定合法商标，向商标审查部门提出注册申请，商标审查部门审查批准并予以注册公告。商标专用权自注册公告之日起生效。从广义的范围来看，它也包括严格意义上的注册制度，即先注册、后使用的制度，又称为“全面注册制”或“强制注册制”，它是典型计划经济的反映。苏联解体后，这种制度已趋于消亡。

注册取得商标权的模式下，区分未注册商标和注册商标，仅后者才享有商标专用权。该模式允许大量未注册商标的存在，不打算长期经营的企业，或者仅在很小的地域范围内经营的企业，通常会使用未注册商标。注册取得模式下，仅获得注册的商标权人才有权禁止他人在同类或类似商品上使用相同或近似商标，并产生财产权的效果。法国是采用注册模式的国家，其《知识产权法典》第 L.712-1 条规定：“商标所有权通过注册取得。商标可以共有形式取得。注册自申请提交之日起 10 年内有效并可多次续展。”我国《商标法》也采注册制度，第 3 条规定：“商标注册人享有商标专用权，受法律保护。”商标注册以自愿为原则，“自然人、法人或者其他组织在生产经营活动中，对其商品或者服务需要取得商标专用权的，应当向商标局申请商标注册”。强制性的商标注册仅限于少量由“法律、行政法规规定必须使用注册商标的商品”。强制注册的商品，经营者必须申请商标注册，未经核准注册的，不得在市场销售。

（三）注册与使用并行取得商标权的立法模式

商标权既可以通过使用而获得，也可通过注册而获得，两者互不排斥，均能够产生商标专用权。该种立法模式一般以保护注册商标为中心，对于未注册、但已有市场声誉的商标以反仿冒的法律方式，保护其专用权。采纳该种立法模式的主要国家有英国、大部分英联邦国家，以及大陆法上的德国。

英国 1994 年《商标法》第 2 条规定：“注册商标是依据本法规定的商标注册程序而获得的财产权客体，其权利人享有本法规定的权利和救济。”“上述程序并不适用于未注册商标侵权发生时停止侵权或损害赔偿的责任承担，但本法的任何规定均并不影响有关仿冒的法律。”该法第 22 条规定，注册商标权属于个人财产权（无形动产）(incorporeal moveable property)。该法第 9 条规定，注册商标权及于全英国境内，未经授权而使用注册商标为侵权行为。该法第 10 条第 3 款规定，注册商标权的效力不及于在某一特定地点的在先使用人。但仿冒侵权的构成要件更为严格，一般认为需要满足三个条件：建立未注册商标的商誉(goodwill/reputation)、被告欺诈性的虚假陈述、商标权人因此而遭受损失。

与英国不同的是，德国法律最初仅承认商标权的注册取得，但法院逐渐保护具有市场声誉的未注册商标，这促成了肯定通过使用获得商标权的法律修订。德国现行《商标法》第 2 条规定：“本法对商标、商业名称和地理标志的保护不得排除保护上述标识的法律条款之适用。”第 4 条规定，产生商标权的途径有注册、在商业中使用并取得第二含义、未注册的驰名商标。但是，未注册的商标其获得保护条件要更为严格，包括首先在德国境内使用、在德国的特定市场上公众能够予以识别的充分程度，但对于未在德国市场上使用的商标，仅保护符合《巴黎公约》规定的未注册驰名商标。

二、商标注册的积极条件

除法律或行政法规明确规定外，企业可以使用未注册商标。未注册商标与注册商标具有不同的条件。例如，不具有显著性的标识，如直接表明商品质量的词语，不能作为商标注册；但是，法律并不禁止将其作为商标使用。商标注册的“第二含义商标”或“获得显著性的商标”，均属于不能直接注册，但经过长期使用而产生了区分功能之后，可以获得注册。《商标法》第 11 条第 2 款规定：“前款所列标志经过使用取得显著特征，并便于识别的，可以作为商标注册。”但是，两者也具有一些相同条件，如商标法明确禁止使用的标志，则既不能获得注册，也不得使用。

（一）商标的构成要素

《商标法》第 8 条规定：“任何能够将自然人、法人或者其他组织的商品与他人的商品区别开的标志，包括文字、图形、字母、数字、三维标志、颜色组合和声音等，以及上述要素的组合，均可以作为商标申请注册。”传统的商标是文字、图形或者两者结合的商标。但是，如果从商标区分商品或服务来源的功能来看，可以构成商标的组成要素是多样化的，它也同样会随着技术的发展而出现不同的组合方式。例如，电影公司常见的动画商标在摄影技术出现前不可能出现。商标的构成要素是动态发展的，如从最初的文字商标到立体商标，从视觉商标到听觉商标，乃至可能嗅觉、味觉、触觉等人类感官可以区分商品或服务来源的标志，都有可能作为商标来使用。

TRIPs 协议第 15 条规定：“任何标记或标记的组合，只要能够将一企业的货物和服务区别于其他企业的货物或服务，即能够构成商标。此类标记，特别是单词，包括人名、字母、数字、图案的成分和颜色的组合以及任何此类标记的组合，均应符合注册为商标的条件。如标记无固有的区别有关货物或服务的特征，则各成员可以将通过使用而获得的显著性作为注册的条件。各成员可要求，作为注册的条件，这些标记应为视觉上可感知的。”在国内法语境下，商标注册时，其构成要素必须要符合商标法的规定。从现阶段来看，商标的构成要素一般是视觉商标，它也为 TRIPs 协议所认可。

依据《商标法》第 8 条规定，可以注册的商标有视觉商标与听觉商标两类。

（1）视觉商标。视觉商标是指以人类的视觉为感知的标志，即视觉可感知的标志。这是 TRIPs 协议第 15 条规定的最低要求，其典型情形包括文字、图形、颜色组合及其组合。在学理上，视觉可感知的对象包括平面与立体两种形式。但要指出的是，动画商标也属于平面的视觉商标，但它可能并未属于《商标法》第 8 条规定的商标要素范围。

平面商标是指商品的标志呈现在平面上的商标，包括：① 文字商标，以语言文字为商标，文字类型不限，如汉字、少数民族文字、数字、外国文字、字母等。文字可以属于杜撰的词汇，也可以使用常用的词汇；它也不限定字体，如汉字中的楷体、行书等，简体字或繁体字。姓氏、字母和数字是三类较为特殊的文字商标，曾经有些国家对此类商标的注册有所保留。商标使用的汉字必须使用符合《国家通用语言文字法》的规范用法，否则有可能被认为属于《商标法》第 10 条第 1 款第 8 项规定的具有“不良影响”的标志。例如，餐饮、食品上注册的“小蹄大做”商标，“属于不规范使用我国成语（小题大做）的标志，将对我国语言文字的正确理解和认识起到消极作用，对我国教育文化事业产生负面影响，不利于我国语言历史文化的传承及国家文化建设的发展，具有不良影响”。② 图形商标，它既包括抽象的或无任何意义的图形，也包括有具体含义或象征含义的图形。图形商标形象、生动，易于识别，但不便称呼。③ 颜色组合商标，它并非是指所有具有颜色的商标，而应是指纯粹由两种或两种以上颜色组成的商标。从比较法来看，有些国家不允许以颜色作为商标注册，有些国家允许单一或组合颜色商标注册，有些国家仅允许颜色组合商标注册。颜色组合商标不得包含图形，申请颜色组合商标时，申请人应当在申请书中予以声明。商标图样应当是表示颜色组合方式的色块，或是表示颜色使用位置的图形轮廓。申请人还应当在商标说明中列明颜色名称和色号，并描述该颜色组合商标在商业活动中的具体使用方式。④ 组合商标，是将上述要素组合形成的商标。例如，将特定形状与颜色组合，不属于颜色商标，而是组合商标。

立体商标，是指以长、宽、高三维的标志为构成要素的商标，以及由含有其他标志（如颜色）的三维标志构成的商标。立体商标可以是商品本身的形状、商品的包装物或者其他三维标志。最早保护立体商标的国家是法国。中国 2001 年修订商标法时规定了三维标志（即立体商标）可以作为商标注册的构成要素。它包括两类：纯粹的三维标志，如普通立体形状、商品本身或其部分外形、商品包装的外形或部分外形；含有其他标志的三维标志，例如，和具有显著特征的其他平面标志的组合而成的三维标志等。

（2）听觉商标。听觉商标又称声音商标，是指由用以区别商品或服务来源的声音构成的商标。声音商标可以由音乐性质的声音构成，例如一段乐曲；可以由非音乐性质的声音构成，例如自然界的声音、人或动物的声音；也可以由音乐性质与非音乐性质兼有的声音构成。不同于视觉商标，声音商标注册时具有比较特殊的问题是：如何固化声音以对其进行审查与供公众查阅？一般来说，申请听觉商标注册，必须提交符合要求的声音样本，并对声音加以描述。如果属于乐音商标，则应以乐谱的形式加以记录。如果很难以乐谱形式记录的声音，则应准确、清晰地予以描述。例如："本件声音商标是由牛在石板路上走两步之牛蹄声，以及之后伴随一声牛叫声（clip，clop，moo 牛蹄和牛叫拟声词）所构成。"

（3）关于《商标法》第 8 条中"等"的解释。商标法规定的可注册商标的构成要素是否仅限于明确列举的情形？国家知识产权局、克里斯提·鲁布托商标行政管理（商标）再审案涉及"红鞋底"商标是否属于可注册的商标要素问题。国家知识产权局认为：

> （一）诉争商标作为指定使用位置的单一颜色商标，不符合商标法第八条之规定。第八条的"等"为"等内"，不具开放性，仅指列明的各种构成要素的排列组合，将"等"作开放性解释将为商标授权工作造成不可估量的负面影响。（二）即使接受单一颜色作为商标构成要素，本案诉争商标亦缺乏应有的显著性。诉争商标本质上为指定使用位置的单一颜色商标，单一颜色作为商标构成要素天然缺乏显著性，克里斯提·鲁布托提交的证据亦不能证明其通过使用获得了显著性。

二审法院认为：

> 申请商标系限定使用位置的单一颜色商标……商标法第八条规定，"任何能够将自然人、法人或者其他组织的商品与他人的商品区别开的标志"均可以作为商标注册。虽然本案申请商标的标志构成要素不属于商标法第八条中明确列举的内容，但其并未被商标法明确排除在可以作为商标注册的标志之外，商标评审委员会亦未认定本案申请商标不属于可以作为商标注册的标志，因此，商标评审委员会在重审过程中，应当结合克里斯提·鲁布托在评审程序和本案一、二审诉讼过程提交的相关证据，重新就申请商标是否具备显著特征作出认定。

最高人民法院维持了二审判决，认为：

> 根据《世界知识产权组织-ROMARIN-国际注册详细信息》，诉争商标由图样中显示的

"用于鞋底的红色(潘通号 18.1663TP)构成(高跟鞋的外形不属于商标的一部分,仅用于指示商标的位置)",即诉争商标由指定使用位置的红色构成,属于限定了使用位置的单一颜色商标。……

商标法第八条规定:……本院认为,虽然本案诉争商标的标志构成要素不属于商标法第八条中明确列举的内容,但其并未被商标法明确排除在可以作为商标注册的标志之外,国家知识产权局认为其不属于商标法第八条保护之商标类型无法律依据,不予支持。

(二)商标的显著性

《商标法》第 9 条第 1 款规定:"申请注册的商标,应当有显著特征,便于识别,并不得与他人在先取得的合法权利相冲突。"商标的"显著特征",是指商标应当具备的足以使相关公众区分商品或服务来源的特征。由于显著性是指区分来源的功能,这表明它与使用密切相关,具有不断变化的属性。一方面,在商业活动中的使用可以使得相关公众足以识别商品或服务来源;另一方面,它也可以使得相关公众将该标志当作商品或服务的通用名称,从而丧失识别来源的功能。

1. 显著性判断的基本原则

显著性判断要遵循四项主要标准:结合相关公众认定原则、结合商品或服务具体认定原则、整体认定原则与考虑公共利益的原则。①

第一,结合相关公众认定原则,是指商标显著性的认定不能抽象、孤立地仅就标志本身进行认定,而是要结合商品或服务的相关公众来判断。相关公众是指与商标所标识的某类商品或者服务有关的消费者和与前述商品或者服务的营销有密切关系的其他经营者。此外,相关公众是指中国境内的相关公众。《最高人民法院关于审理商标授权确权行政案件若干问题的规定》(以下简称《商标确权授权解释》)第 8 条规定:"诉争商标为外文标志时,人民法院应当根据中国境内相关公众的通常认识,对该外文商标是否具有显著特征进行审查判断。标志中外文的固有含义可能影响其在指定使用商品上的显著特征,但相关公众对该固有含义的认知程度较低,能够以该标志识别商品来源的,可以认定其具有显著特征。"

第二,结合商品或服务具体认定原则,是指不得孤立地从标志本身来看是否具有独特、简明属性,而是要看两者结合后能否将其所提供的商品或服务与他人区分开来。商标的显著性是指该标志与商品或服务之间存在确定的联系。例如,文字商标"苹果"(apple)是否具有显著性,并不能从该文字本身得出结论。如果使用到水果这类商品上,自然不能区分来源,不具有显著性;但如果使用到计算机等电子设备上,则具有显著性。再如,单纯的数字作为商标是否具有显著性,也需要结合商品来分析,有些商品常用数字来代表型号,如服装、口红等商品,如果这些商品使用数字作为商标就很难具有显著性。

第三,整体认定原则,是指商标的构成要素在整体上具有识别功能。《商标审查及审理标准》指出:"判断商标是否具有显著特征,应当综合考虑构成商标的标志本身的含义、呼叫和外观构成,商标指定使用商品,商标指定使用商品的相关公众的认知习惯,商标指定使用商品所属行业的实际使用情况等因素。"除非商标所有的构成要素均不具有显著性,否则应认为商标整体上具有显著性。显著性认定应采整体否定法。《商标确权授权解释》第 7 条规定:"人民法院审查诉争商标是否具有显著特征,应当根据商标所指定使用商品的相关公众的通常认识,判断该商标整体上是否具有显著特征。商标标志中含有描述性要素,但不影响其整体具有显著特征的;或者描述性标志以独特方式加以表现,相关公众能够以其识别商品来源的,应当认定其具有显著特征。"

① 参见黄晖:《商标法》(第二版),法律出版社 2016 年版,第 58-64 页。

第四，公共利益原则，是指认定商标显著性时要考虑市场竞争、消费者保护等公共利益的因素。通用名称不得注册为商标，是因为竞争者在正常的市场竞争中需要使用这些标志，通过商标注册而垄断这些标志是不符合公共利益原则的。再如，禁止误导消费者的标志注册为商标，也体现了公共利益的因素。

2. 显著性的类型

显著性按照其区分能力的不同，一般将其分为固有显著性（亦称内在显著性）、获得显著性（亦称第二含义）。

（1）固有显著性。固有显著性是指商标所使用的标志不会让相关公众合理地理解为对商品或服务的描述或装饰，而是将该标志当作其来源的标识。但由于商标必须要通过使用才能使得消费者将提供者与商标联系起来，固有显著性只是在商标注册时证明其具有区分功能的起始条件。[①] 固有显著性按照显著性的强弱，可以分为臆造商标、任意商标、暗示商标。尽管该分类是按照文字商标为对象所进行的分类，但在背后的法理可以适用到其他商标类型（如立体商标、声音商标）。

臆造商标是指由杜撰的文字、词汇所构成的无特定含义的商标，它并不具有词典含义，是商品生产者或服务提供者臆造出来，且唯一目的是作为商标来使用。如“柯达”（Kodak）、“海尔”（Haier）、“联想”（lenovo），都是没有词典含义的商标。但要指出的是，虽然是臆造词汇，但它是消费者可以识别的词汇，如两个单词拼写在一起形成新词（如 breadspred、investworld），消费者可以将两个单词的含义合理地识别出来，此类商标不属于臆造商标。此外，并非所有臆造词汇都属于商标，如果是用来表述新型产品、服务的词汇（如用“计算机”一词指称新发明的计算机），则也不属于臆造商标。

任意商标，亦称为随意性商标，它是指商标所使用的标识由具有词典含义的词汇构成，但该词典含义又与商品或服务的内在特征并无直接关联。一般来说，商标所使用的词汇都具有积极的含义，能够给消费者产生正面的联想，但只要与商品或服务的内在特征没有直接关联，就具有显著性，如用于计算机设备的“苹果 apple”商标，属于任意商标。任意商标与臆造商标一样，并无显著性高低之分；但两者在成为驰名商标之后受保护的范围有所区别。由于任意商标所使用的词汇已有词典含义，因此不同企业在不同商品或服务上使用相同的任意商标的现象较为常见，这些商标并不冲突。当其中有些商标成为驰名商标后，其享有的跨类保护就不能及于已经注册或者在市场上已经使用的其他同名商标。[②]

暗示商标是指商标所使用的词汇通过隐喻、暗示的手法提示商品或服务的某一特征。商标设计时暗示商品或服务的某一特征是最为常见的考虑，有些杜撰的词汇也可能存在强烈的暗示性，如香皂品牌“多芬”（Dove）、饮料品牌“可口可乐”（CocaCola）。商标可以通过语义、修辞的方式予以暗示商品或服务的特征，如汽车品牌“路虎”（Landrover）、饮料品牌“健力宝”。商标也可以通过谐音的方式予以暗示，如“朴雪”口服液（暗示补血功能）、“彤锌”口服液（暗示儿童补锌功能）。《商标确权授权解释》第 11 条规定，商标标志或者其构成要素暗示商品的质量、主要原料、功能、用途、重量、数量、产地等特点，但不影响其识别商品来源功能的，可以获得商标注册。

（2）获得显著性。获得显著性是指缺乏固有显著性的标志经过长期、连续使用而获得新的含义（即消费者将其视为商品或服务来源的含义），具有识别商品或服务来源的功能。其中的关键点是相关公众实际上已经将相关标志当作商标来看待，其最初的含义（第一含义）反而不是特别

---

① 有学者认为，固有显著性是商标获得显著性或第二含义的有利条件，只有使用才能使消费者心目中建立必要的联系。参见彭学龙：《商标法的符号学分析》，法律出版社 2007 年版，第 140－141 页。

② 参见彭学龙：《商标法的符号学分析》，法律出版社 2007 年版，第 134 页。

明显。例如，白酒品牌“五粮液”、牙膏品牌“两面针”具有了显著的识别来源的功能，其主要原料（五种粮食酿造、草药两面针）的含义已经不再是消费者所关注的词义。

获得显著性商标主要包括两类：第一，描述性标志。《商标法》第11条规定，商标标志只是或者主要是描述、说明所使用商品的质量、主要原料、功能、用途、重量、数量及其他特点的，不得作为商标注册，但经过长期或者广泛使用，相关公众能够通过该标志识别商品来源的，可以认定该标志具有显著特征。描述性标志也适用于立体商标，《商标确权授权解释》第9条规定：“仅以商品自身形状或者自身形状的一部分作为三维标志申请注册商标，相关公众一般情况下不易将其识别为指示商品来源标志的，该三维标志不具有作为商标的显著特征。该形状系申请人所独创或者最早使用并不能当然导致其具有作为商标的显著特征。第一款所称标志经过长期或者广泛使用，相关公众能够通过该标志识别商品来源的，可以认定该标志具有显著特征。”描述性标志也适用声音商标。仅直接表示指定商品或服务内容、消费对象、质量、功能、用途及其他特点的声音，也不具有显著性，如儿童“水开啦，水开啦”的叫声使用在“电热水壶”上。第二，其他缺乏显著性的标志。它是指依照社会通常观念，其本身或者作为商标使用在指定使用商品上不具备表示商品来源作用的标志。如过于简单的线条、普通几何图形，过于复杂的文字、图形、数字、字母或上述要素的组合，表示商品或者服务特点的短语或者句子，普通广告宣传用语，基本的几何立体形状、简单和普通的立体形状，不具有识别功能的装饰性立体形状等。

3. 通用标志

通用标志须为竞争者所共有，包括通用名称、图形、型号，它是指国家标准、行业标准规定的或者约定俗成的商品或服务之名称、图形、型号，其中名称包括全称、简称、缩写、俗称等。行业通用或常用包装物的立体形状，商品自身的立体形状为行业通用或常用商品的立体形状，不能起到区分商品来源作用的，也缺乏显著特征。仅有指定使用商品的天然颜色、商品本身或者包装物以及服务场所通用或者常用颜色，也属于通用标志。第一，法定的通用标志。依据法律规定或者国家标准、行业标准属于商品通用名称的，应当认定为通用名称。第二，约定俗成的通用标志。相关公众普遍认为某一名称能够指代一类商品的，应当认定为约定俗成的通用名称。被专业工具书、辞典等列为商品名称的，可以作为认定约定俗成的通用名称的参考。约定俗成的通用名称一般以全国范围内相关公众的通常认识为判断标准。对于由于历史传统、风土人情、地理环境等原因形成的相关市场固定的商品，在该相关市场内通用的称谓，人民法院可以认定为通用名称。诉争商标申请人明知或者应知其申请注册的商标为部分区域内约定俗成的商品名称的，人民法院可以视其申请注册的商标为通用名称。第三，通用标志的认定具有一定的时间性。判断诉争商标是否属于通用名称，一般以商标申请日时的事实状态为准。核准注册时事实状态发生变化的，以核准注册时的事实状态判断其是否属于通用名称。

通用标志的判断因综合考虑上述各项因素。在佛山市合记饼业有限公司与珠海香记食品有限公司侵犯注册商标专用权纠纷案（2011民提字第55号）中，最高人民法院认为：

> 本院认为，本案中，根据查明的事实可以看出，盲公饼是有着200多年历史的一种佛山特产，有着特定的历史渊源和地方文化特色。虽然“盲公饼”具有特殊风味，但“盲公”或者“盲公饼”本身并非是此类饼干的普通描述性词汇。从其经营者传承看，虽然经历了公私合营、改制等过程，但有着较为连续的传承关系，盲公饼是包括合记饼店……在内的数代经营者独家创立并一直经营的产品。而且在我国《商标法》施行不久，“盲公饼”的经营者即申请了“盲公”商标，并且积极维护其品牌，其生产的“盲公饼”具有较高的知名度。虽然香记公司主张“盲公饼”是通用名称，但未能举出证据证明在我国内地还有其他厂商生产“盲公饼”，从

而形成多家主体共存的局面。虽然有些书籍介绍“盲公饼”的做法，我国港澳地区也有一些厂商生产各种品牌的“盲公饼”，这些客观事实有可能使得某些相关公众会认为“盲公饼”可能是一类产品的名称，但由于特定的历史起源、发展过程和长期唯一的提供主体以及客观的市场格局，我国内地的大多数相关公众会将“盲公饼”认知为某主体提供的某种产品。因此，在被诉侵权行为发生时，盲公饼仍保持着产品和品牌混合的属性，具有指示商品来源的意义，并没有通用化，不属于通用名称。对于这种名称，给予其较强的保护，禁止别人未经许可使用，有利于保持产品的特点和文化传统，使得产品做大做强，消费者也能真正品尝到产品的风味和背后的文化；相反，如果允许其他厂家生产制造“盲公饼”，一方面权利人的权益受到损害，另一方面也可能切断了该产品所承载的历史、传统和文化，破坏了已有的市场秩序。

4. 显著性的变化

商标只有在商业活动中使用才能取得识别来源的功能。商业活动中的使用既有可能使得相关公众将商品或服务与生产者、服务提供者联系起来，但也有可能使得相关公众将其指称商品或服务本身。前者的效果是商标显著性在使用中增强，包括普通商标变成驰名商标，不具有显著性的商标获得显著性；后者是指商标不当使用而降低了商标的显著性，甚至丧失显著性而成为商品或服务的通用名称。当商标因使用不当而成为商品或服务的通用标志时，其商标权也不复存在，如阿司匹林(aspirin)、电梯(escalator)、保温瓶(thermos)、优盘等。当然，商标权人也可继续在商业活动中使用已成为通用标志的商标，但再次成为第二含义商标的可能性极低。历史上，美国“固特异”轮胎商标因使用不当于1888年被认定构成普通描述性名称，但经过百年长期使用后又因其标示产品来源功能而重新被确认为获得显著性的商标。

三、商标注册的消极条件

商标注册还需要不属于法律禁止使用或注册的情形，它主要包括如下三类。

(一) 商标的非禁用标志

法律明确禁止作为商标使用的标志，也同样不得注册为商标。《商标法》第10条规定禁止使用的商标包括三类。

(1) 官方标志。禁止使用官方标志作为商标注册，主要目的是防止让人误认为其商品或服务得到官方的确认、认可，从而对其质量、信誉产生错误认识。《商标法》第10条第1款第1项至5项的规定，即官方标志禁止作为商标使用：(一) 同中华人民共和国的国家名称、国旗、国徽、国歌、军旗、军徽、军歌、勋章等相同或者近似的，以及同中央国家机关的名称、标志、所在地特定地点的名称或者标志性建筑物的名称、图形相同的；(二) 同外国的国家名称、国旗、国徽、军旗等相同或者近似的，但经该国政府同意的除外；(三) 同政府间国际组织的名称、旗帜、徽记等相同或者近似的，但经该组织同意或者不易误导公众的除外；(四) 与表明实施控制、予以保证的官方标志、检验印记相同或者近似的，但经授权的除外；(五) 同“红十字”“红新月”的名称、标志相同或者近似的。

如果商标中含有官方标志的内容，但整体上不足以造成相关公众误认的，在符合其他条件下也可以使用并获得注册。例如，商标含有与我国国家名称相同或近似的文字，但其整体是报纸、期刊、杂志名称，且与申请人名义一致的；商标的文字由两个或者两个以上中文国名简称组合而成，不会使公众发生商品产地误认的；使用的外国国家名称具有明确的其他含义且不会造成公众误认的。

(2) 地名商标。由于地名是同地区内竞争者表明产地、来源时不可避免地需要使用的标志，特别是官方的行政区划名称，故不得作为商标使用。《商标法》第 10 条第 2 款规定，县级以上行政区划的地名或者公众知晓的外国地名，不得作为商标。县级以上行政区划的地名以我国民政部编辑出版的《中华人民共和国行政区划简册》为准。本条中的县级以上行政区划地名包括全称、简称以及县级以上的省、自治区、直辖市、特别行政区，省会城市、计划单列市、著名旅游城市名称的拼音形式。“公众知晓的外国地名”，是指我国公众知晓的我国以外的其他国家和地区的地名。地名包括全称、简称、外文名称和通用的中文译名。

但是，地名作为词汇具有确定含义且该含义强于作为地名的含义，不会误导公众的，可以注册。如著名的自行车品牌“凤凰”，湖南省有凤凰县，但作为吉祥象征的鸟的名称含义强于地名。县级以下的地名、名山名川等地名可以作为商标注册、使用。地名作为集体商标、证明商标组成部分的，也可注册使用。此外，已经注册的使用地名的商标继续有效。

(3) 欺骗性商标。带有欺骗性，容易使公众对商品的质量等特点或者产地产生误认的，不得作为商标使用。带有欺骗性，是指商标对其指定使用商品或者服务的质量等特点或者产地作了超过其固有程度或与事实不符的表示，容易使公众对商品或者服务的质量等特点或者产地产生错误的认识。比较有争议的问题是故意夸张或具有暗示性的标志，如空调上使用“创造第五季”、化妆品使用“永远十八”，因不足以误导消费者，不属于欺骗性商标。

(4) 不良影响的商标。商标法规定，带有民族歧视性的，有害于社会主义道德风尚或者有其他不良影响的标志不得使用。民族歧视性的标志也包含种族歧视的标志。“社会主义道德风尚”，是指我国人们共同生活及其行为的准则、规范以及在一定时期内社会上流行的良好风气和习惯；“其他不良影响”，是指商标的文字、图形或者其他构成要素对我国政治、经济、文化、宗教、民族等社会公共利益和公共秩序产生消极的、负面的影响。有害于社会主义道德风尚或者具有其他不良影响的判定应考虑社会背景、政治背景、历史背景、文化传统、民族风俗、宗教政策等因素，并应考虑商标的构成及其指定使用的商品和服务。“不良影响”的含义比较宽泛，这比较容易导致分歧。例如，“叫个鸭子”商标是否属于“不良影响”的商标，两级法院有不同的看法，本书认为合适的做法是不过分干预属于商业言论自由范围内商业标志的使用。

> 一审法院认为：“鸭子”的通常含义是指一种家禽，但在非主流文化中亦有“男性性工作者”的含义。一般情况下，主流文化和价值观不能接受第二种含义用作商标使用。诉争商标指定使用在“酒吧服务、住所代理（旅馆、供膳寄宿处）”等服务上，进一步强化相关公众对第二种含义的认知和联想，易造成不良影响。
>
> 二审法院则认为：“鸭子”的通常含义是指一种家禽，按照社会公众的通常理解，并不能从“叫个鸭子”的文字中解读出超出其字面本身的其他含义。一审法院认为“叫个鸭子”格调不高，并不能等同于社会公众的一般认知，故诉争商标使用在指定服务上并未产生不良影响。

(二) 商标的非侵权性

《商标法》第 9 条第 1 款规定：“申请注册的商标，应当有显著特征，便于识别，并不得与他人在先取得的合法权利相冲突。”第 32 条规定：“申请商标注册不得损害他人现有的在先权利，也不得以不正当手段抢先注册他人已经使用并有一定影响的商标。”“在先权利”即“他人在先取得的合法权利”，包括当事人在诉争商标申请日之前享有的民事权利或者其他应予保护的合法权益。如果诉争商标核准注册时在先权利已不存在的，则不影响诉争商标的注册。典型的在先权利包括如下几类。

（1）在先著作权。当事人主张诉争商标损害其在先著作权的，人民法院应当依照著作权法等相关规定，对所主张的客体是否构成作品、当事人是否为著作权人或者其他有权主张著作权的利害关系人以及诉争商标是否构成对著作权的侵害等进行审查。商标标志构成受著作权法保护的作品的，当事人提供的涉及商标标志的设计底稿、原件、取得权利的合同、诉争商标申请日之前的《著作权登记证书》等，均可以作为证明著作权归属的初步证据。商标公告、商标注册证等可以作为确定商标申请人为有权主张商标标志著作权的利害关系人的初步证据。

构成在先权益的还包括具有较高知名度的作品名称、作品中的角色名称等，将其作为商标使用在相关商品上容易导致相关公众误认为其经过权利人的许可或者与权利人存在特定联系，其条件是作品仍然在著作权保护期限内。

（2）肖像权和姓名权。未经许可，不得使用他人肖像或足以识别该自然人的绘画作为商标。当事人主张诉争商标损害其姓名权，如果相关公众认为该商标标志指代了该自然人，容易认为标记有该商标的商品系经过该自然人许可或者与该自然人存在特定联系的，人民法院应当认定该商标损害了该自然人的姓名权。当事人可以其笔名、艺名、译名等特定名称主张姓名权受到侵害，其条件是：该特定名称具有一定的知名度，与该自然人建立了稳定的对应关系，相关公众以其指代该自然人。

（3）在先的商业标识权利。① 字号、企业名称权。当事人主张的字号具有一定的市场知名度，他人未经许可申请注册与该字号相同或者近似的商标，容易导致相关公众对商品来源产生混淆，当事人以此主张构成在先权益的，人民法院予以支持。当事人以具有一定市场知名度并已与企业建立稳定对应关系的企业名称的简称为依据提出主张的，参照企业名称权的规定保护。② 未注册的驰名商标和在先使用的未注册商标。商标法禁止抢注未注册的驰名商标。对于在先使用的其他未注册商标，在先使用人须举证商标申请人以不正当手段抢先注册其在先使用并有一定影响的商标的，如果在先使用商标已经有一定影响，而商标申请人明知或者应知该商标，即可推定其构成“以不正当手段抢先注册”。但商标申请人举证证明其没有利用在先使用商标商誉的恶意的除外。“有一定影响”需要在先使用人举证证明：其在先商标有一定的持续使用时间、区域、销售量或者广告宣传等。未构成驰名商标的在先使用人主张商标申请人在与其不相类似的商品上申请注册其在先使用并有一定影响的商标，违反商标法第 32 条规定的，人民法院不予支持。③ 在先注册商标权。《商标法》第 30 条规定，申请注册的商标，同他人在同一种商品或者类似商品上已经注册的或者初步审定的商标相同或者近似的，由商标局驳回申请，不予公告。④ 其他在先商业标识。如抢先注册他人已使用的知名商品的特有名称、包装及装潢，抢先注册地理标志或与已注册的地理标志相同或近似；与特殊标志（如奥运标志、世博会标志、亚运会标志等）相同或近似。

（4）在先外观设计。外观设计专利权也具有一定的识别来源功能，故与他人在先已获取专利权的外观设计相同或近似，也会构成侵权，不得作为商标使用、注册。

商标法申请商标注册不得损害他人在先权利。违反该规定的法律后果是，已经注册的商标可以依无效宣告程序处理；处于审查阶段的，依法驳回申请。《商标法》第 45 条规定：“自商标注册之日起五年内，在先权利人或者利害关系人可以请求商标评审委员会宣告该注册商标无效。对恶意注册的，驰名商标所有人不受五年的时间限制。”5 年期限的法律性质存在学理上的争议，有诉讼期间说、不变期间说与除斥期间说等不同观点。鉴于商标的价值主要来自商誉，须由使用而产生，而超过 5 年以上的使用，已逐渐积累了使用者的商誉，具有保护的正当性。故 5 年期限应为不变期间说为妥，不发生中止、终止等情形。

（三）商标的非功能性

功能性原则的法律适用是著作权法、外观设计专利法、商标法和反不正当竞争法的难点问题。从理论上讲，它是设计保护与实用专利保护的沟渠原则，将功能性的设计特征划归为实用专利法的专属调整范围。功能性原则也同样是区分商标与实用专利的法律标准。《商标法》第12条明确规定："以三维标志申请注册商标的，仅由商品自身的性质产生的形状、为获得技术效果而需有的商品形状或者使商品具有实质性价值的形状，不得注册。"在该条中，① "三维标志仅由商品自身性质产生的立体形状组成"，即该立体形状是为实现商品固有的目的和用途所必须采用的或通常采用的立体形状。但是，该立体形状不同于"商品自身的形状"，后者属于不具有显著性的描述性商标，[①]即，如果有足够证据证明商品自身的立体形状通过使用获得显著特征，则可以作为商标注册。② "三维标志仅由为获得技术效果而需有的商品立体形状组成"，即该立体形状是为使商品具备特定的功能，或者使商品固有的功能更容易地实现所必须使用的立体形状。③ "三维标志仅由使商品具有实质性价值的立体形状组成"，即该立体形状是为使商品的外观和造型影响商品价值所使用的立体形状。

功能性商标不仅限于立体商标，颜色商标也具有功能性，如单色或色差具有特殊的功用，如蓝色使人安静、红色使人兴奋等，这可以作为一种基于颜色的治疗方法；再如用白、蓝色的药品区分不同药效的颜色，紧急情况时可以区分药品；再如，黑色、白色搭配的效果是会突出白色部分的显示效果，服饰的竖条纹与横条纹会呈现出不同的肥瘦视觉效果。这些都属于不可注册的功能性商标。

学理上，功能性原则分为技术功能性与美学功能性。我国学者认为，技术功能性是指《商标法》第12条规定的三维标志仅由为获得技术效果而需有的商品立体形状组成。它是指该标志体现商品的性能、功能，属于影响成本与质量的设计特征。在理论上，功能性原则的判断有"需要复制"(need to copy)和"有权复制"(right to copy)两项理论。"需要复制"理论又被称为"竞争必须"理论，强调系争设计对有效竞争的影响是功能性判断的关键，"问题的核心不是它是否受专利或著作权保护，而在于它是否影响有效竞争(compete effectively)的权利"。判断是否属于功能性特征的因素包括：① 设计特征是否属于实用专利的客体；② 设计者是否在广告中宣传设计的实用优势；③ 替代设计的可获得性；④ 设计特征是否会使得产品的制造成本相对更为经济。依此，系争的设计特征为发明专利所披露是判断功能性的相关因素，但不是决定性因素。但在"有权复制"理论下，则该因素是关键性的，"发明专利是系争设计特征属于功能性特征的强有力的证据"。该理论又被称为"实用理论"，它认为功能性原则不仅仅是出于产品的竞争需要，更重要的是确保对产品技术特征的保护专属于实用专利法，专利保护期届满的产品即已进入公有领域，属于自由竞争的范围。

美学功能性，是指商品本身在设计上的吸引力和视觉愉悦对消费者购买商品的决定具有关键性作用的设计特征。或者说，视觉吸引力是其竞争优势的主要来源，而不是声誉。美学功能性不是指标志的装饰性，而是其装饰性效果并无识别商品来源的功能。人们常常认为《商标法》第12条("使商品具有实质性价值")规定了美学功能性，如开平味事达调味品有限公司与国家工商行政管理总局商标评审委员会商标争议行政纠纷案(2012高行终字第1750号行政判决书)。该案一审法院认为：

> 对三维标志美学功能性的认定应结合考虑"美感"与"实质性价值"两个要素。虽然商标

① 我国有学者称之为"性质功能性"，参见黄晖：《商标法》(第二版)，法律出版社2016年版，第53页。

所有人在设计其商标时通常会考虑其美感要素，但具有美感的三维标志只有在同时使该商品具有了“实质性价值”时，才可以认定其具有《商标法》第十二条中规定的美学功能性。因为商品的实质性价值通常由相关公众的购买行为实现，故对于“实质性价值”的判断应以购买者为判断主体。通常情况下，如果决定购买者是否购买该商品的因素在于该三维标志本身，而非该标志所指代的商品提供者，则该三维标志应被认定为对商品具有“实质性价值”。例如，对于毛绒玩具而言，购买者在购买此类商品时更多的是考虑其外观美感，而非该商品的提供者。此种情况下，对购买行为具有决定性影响的是此类商品的外观美感，至于该外观是否客观上已具有区分商品来源的作用，通常并不会影响购买者的购买行为，据此，此类商品的形状即属于对商品具有“实质性价值”的形状。争议商标核定使用的商品为“食用调味品”，争议商标则仅是由方形瓶身和细长瓶颈结合的三维标志，同时指定了颜色，该三维标志与是否使“食用调味品”具有实用性价值并无直接关联，即使作为三维标志存在的争议商标被其他包装所替代，也不会影响“食用调味品”的价值，在此基础上，当然也就不涉及美学功能性问题。

功能性原则也同样适用于《反不正当竞争法》对商品外观的保护。在上海中韩晨光文具制造有限公司诉宁波微亚达制笔有限公司、宁波微亚达文具有限公司等擅自使用知名商品特有装潢纠纷再审案中，最高人民法院认为商品外观在专利权终止后可以得到保护，但外观设计或形状构造类装潢不得属于功能性特征，即“既不属于由商品自身的性质所决定的设计，也不属于为实现某种技术效果所必需的设计或者使商品具有实质性价值的设计”。

四、商标注册的基本程序

各国商标注册程序的繁简不一，差异较大。在注册取得商标专用权的制度下，商标专用权须通过注册程序而获得，其程序通常较为复杂，既有依职权审查，又有异议制度，审查内容既包括绝对驳回的事由，也包括相对驳回的事由。

（一）商标注册的原则

我国《商标法》关于商标注册原则的规定主要有第 6 条、第 7 条，第 12 条至 17 条以及第 30 条至 32 条。根据这些规定，我国商标注册的原则包括：自愿注册原则、先申请原则、诚实信用原则、优先权原则、分类注册和一标多类原则。

（1）自愿注册原则。它是指商标使用人根据需要，自行决定是否申请商标注册，不影响其商品在市场上流通，但是只有注册商标才产生商标专用权。《商标法》第 6 条规定：“法律、行政法规规定必须使用注册商标的商品，必须申请商标注册，未经核准注册的，不得在市场销售。”过去，我国法律、行政法规规定必须使用注册商标的商品包括人用药品与烟草制品。但《药品管理法》删除了原第 41 条的规定，[①]现在仅有烟草制品须要强制注册，《烟草专卖法》(2015)第 19 条规定：“卷烟、雪茄烟和有包装的烟丝必须申请商标注册，未经核准注册的，不得生产、销售。”《烟草专卖法实施条例》(2021)第 22 条也有类似规定。

（2）先申请原则。依据《商标法》第 31 条的规定，两个或者两个以上的商标注册申请人，在同一种商品或者类似商品上，以相同或者近似的商标申请注册的，初步审定并公告申请在先的商标；同一天申请的，初步审定并公告使用在先的商标，驳回其他人的申请，不予公告。确定先申请

---

① 该法第 29 条规定：“列入国家药品标准的药品名称为药品通用名称。已经作为药品通用名称的，该名称不得作为药品商标使用。”

人以申请日为准。商标注册的申请日期以商标局收到申请文件的日期为准。两个或者两个以上的申请人，在同一种商品或者类似商品上，分别以相同或者近似的商标在同一天申请注册的，各申请人应当自收到商标局通知之日起30日内提交其申请注册前在先使用该商标的证据。同日使用或者均未使用的，各申请人可以自收到商标局通知之日起30日内自行协商，并将书面协议报送商标局；不愿协商或者协商不成的，商标局通知各申请人以抽签的方式确定一个申请人，驳回其他人的注册申请。商标局已经通知但申请人未参加抽签的，视为放弃申请，商标局应当书面通知未参加抽签的申请人。

(3) 诚实信用原则。《商标法》第7条规定："申请注册和使用商标，应当遵循诚实信用原则。"诚实信用原则是民法的帝王条款，2013年修订商标法时予以明确规定，它不仅约束商标注册申请中各方当事人的行为，也是在商标使用时所应遵循的基本准则。例如，第32条规定抢注他人在先使用商标的行为，损害他人在先权利的商标注册行为，第19条规定商标代理机构也应遵循诚实信用原则，对代理业务中获知的客户商业秘密负有保密义务，以及忠诚义务(如不得抢注被代理人的商标)等。

(4) 优先权原则。我国商标法规定了两类优先权：国际优先权与国内优先权。国际优先权为第25条所规定："商标注册申请人自其商标在外国第一次提出商标注册申请之日起六个月内，又在中国就相同商品以同一商标提出商标注册申请的，依照该外国同中国签订的协议或者共同参加的国际条约，或者按照相互承认优先权的原则，可以享有优先权。"主张国际优先权的，"应当在提出商标注册申请的时候提出书面声明，并且在三个月内提交第一次提出的商标注册申请文件的副本；未提出书面声明或者逾期未提交商标注册申请文件副本的，视为未要求优先权"。第26条规定了国内优先权："商标在中国政府主办的或者承认的国际展览会展出的商品上首次使用的，自该商品展出之日起六个月内，该商标的注册申请人可以享有优先权。"同样，主张国内优先权的，"应当在提出商标注册申请的时候提出书面声明，并且在三个月内提交展出其商品的展览会名称、在展出商品上使用该商标的证据、展出日期等证明文件；未提出书面声明或者逾期未提交证明文件的，视为未要求优先权"。

(5) 分类注册和一标多类原则。分类注册原则为《商标法》第22条第1款规定："商标注册申请人应当按规定的商品分类表填报使用商标的商品类别和商品名称，提出注册申请。"一标多类原则为该条第2款规定："商标注册申请人可以通过一份申请就多个类别的商品申请注册同一商标。"我国目前实行的商标注册用商品与服务国际分类采用的是第十二版《尼斯协定》，该协定将商品和服务分为45类。

(二) 商标申请的基本流程

(1) 商标申请文件。商标申请是商标注册程序的第一步。商标申请行为是民事法律行为，申请人须依法向商标评审部门递交相应的商标申请文件，主要包括：商标注册申请书、商标图样、黑白墨稿，并附送有关证明文件，缴纳费用。商标注册申请等有关文件，可以以书面方式或者数据电文方式提出。注册商标需要在核定使用范围之外的商品上取得商标专用权的，应当另行提出注册申请。注册商标需要改变其标志的，应当重新提出注册申请。申请人变更其名义、地址、代理人、文件接收人或者删减指定的商品的，应当向商标局办理变更手续。为申请商标注册所申报的事项和所提供的材料应当真实、准确、完整。

申请商标注册或者办理其他商标事宜，应当使用中文。依照商标法和本条例规定提交的各种证件、证明文件和证据材料是外文的，应当附送中文译文；未附送的，视为未提交该证件、证明文件或者证据材料。

(2) 商标的形式审查与实质审查。商标的形式审查主要目的在于确定商标注册的申请日期。

形式审查的主要内容有：① 申请人资格是否符合法律规定；② 申请人的注册申请文件是否填写妥当、完整；③ 通过代理的代理人委托书是否符合要求；④ 商标及商标图样是否符合规定；⑤ 相关证明文件、说明是否完备；⑥ 商标注册申请费用是否缴纳等。

形式审查之后，商标局将进行实质审查，包括对不能注册的绝对理由和相对理由等进行主动审查，凡是不符合商标法规定的商标注册申请，由商标局驳回申请，不予公告。在实质审查中，商标局认为商标注册申请内容需要说明或修正的，申请人应当自收到商标局通知之日起 15 日内作出说明或修正。申请人未作出说明或修正，不影响商标局的审查。

对于驳回申请、不予公告的商标，商标局应当书面通知商标注册申请人。商标注册申请人不服的，自收到通知之日起 15 日内向商标评审委员会申请复审，由商标复审委员会作出决定，并书面通知申请人。当事人对决定不服的，可自收到通知之日 30 日内向人民法院起诉。

初步审定的商标将予以公告。

(3) 商标异议。对初步审定公告的商标，自公告之日起 3 个月内，在先权利人、利害关系人认为违反商标法第 13 条第 2 款(抢注未注册的驰名商标)和第 3 款(驰名商标跨类保护)、第 15 条(代理人或者代表人抢注未注册商标)、第 16 条第 1 款(抢注地理标志)、第 30 条(与已注册商标相同或近似)、第 31 条(先申请人)、第 32 条(损害他人在先权利和抢注他人已经使用并有一定影响的商标)规定的，或者任何人认为违反商标法第 4 条(恶意注册)、第 10 条(禁用标志)、第 11 条(通用标志等不具有显著性的商标)、第 12 条(功能性的三维商标)、第 19 条第 4 款(商标代理机构除对其代理服务申请商标注册外，不得申请注册其他商标)规定的，可以向商标局提出异议。

(4) 商标注册、公告。公告期满无异议的，或异议不成立的，予以核准注册，发给商标注册证，并予公告。商标注册申请人或者注册人发现商标申请文件或者注册文件有明显错误的，可以申请更正。商标局依法在其职权范围内作出更正，并通知当事人。前款所称更正错误不涉及商标申请文件或者注册文件的实质性内容。

(5) 商标续展。注册商标的有效期为 10 年，自核准注册之日起计算。注册商标有效期满，需要继续使用的，商标注册人应当在期满前 12 个月内按照规定办理续展手续；在此期间未能办理的，可以给予 6 个月的宽展期。每次续展注册的有效期为 10 年，自该商标上一届有效期满次日起计算。期满未办理续展手续的，注销其注册商标。

(6) 商标注册的终止。商标注册的终止主要通过商标无效程序和撤销程序来实现。

商标无效宣告程序包括两类：商标局依职权而宣告无效、由第三人申请而宣告无效。第一，无效宣告的事由。无效宣告的事由包括绝对理由和相对理由。① 无效宣告的绝对理由。已经注册的商标，违反商标法第 4 条(恶意注册)、第 10 条(禁用标志)、第 11 条(通用标志等不具有显著性的商标)、第 12 条(功能性的三维标志)、第 19 条第 4 款(商标代理机构除对其代理服务申请商标注册外，不得申请注册其他商标)规定的，或者是以欺骗手段或者其他不正当手段取得注册的，由商标局宣告该注册商标无效；其他单位或者个人可以请求商标评审委员会宣告该注册商标无效。② 无效宣告的相对理由。已经注册的商标，违反第 13 条第 2 款(抢注未注册的驰名商标)和第 3 款(驰名商标跨类保护)、第 15 条(代理人或者代表人抢注未注册商标)、第 16 条第 1 款(抢注地理标志)、第 30 条(与已注册商标相同或近似)、第 31 条(不符合先申请原则的)、第 32 条(损害他人在先权利和抢注他人已经使用并有一定影响的商标)规定的，自商标注册之日起 5 年内，在先权利人或者利害关系人可以请求商标评审委员会宣告该注册商标无效。对恶意注册的，驰名商标所有人不受 5 年的时间限制。

第二，无效宣告程序。商标局作出宣告注册商标无效的决定，应当书面通知当事人。当事人对商标局的决定不服的，可以自收到通知之日起 15 日内向商标评审委员会申请复审。商标评审委员会应当自收到申请之日起 9 个月内作出决定,并书面通知当事人。有特殊情况需要延长的,经国务院工商行政管理部门批准,可以延长 3 个月。当事人对商标评审委员会的决定不服的,可以自收到通知之日起 30 日内向人民法院起诉。

其他单位或者个人请求商标评审委员会宣告注册商标无效的,商标评审委员会收到申请后,应当书面通知有关当事人,并限期提出答辩。商标评审委员会应当自收到申请之日起 9 个月内作出维持注册商标或者宣告注册商标无效的裁定,并书面通知当事人。有特殊情况需要延长的,经国务院工商行政管理部门批准,可以延长 3 个月。当事人对商标评审委员会的裁定不服的,可以自收到通知之日起 30 日内向人民法院起诉。人民法院应当通知商标裁定程序的对方当事人作为第三人参加诉讼。

商标评审委员会收到宣告注册商标无效的申请后,应当书面通知有关当事人,并限期提出答辩。商标评审委员会应当自收到申请之日起 12 个月内作出维持注册商标或者宣告注册商标无效的裁定,并书面通知当事人。有特殊情况需要延长的,经国务院工商行政管理部门批准,可以延长 6 个月。当事人对商标评审委员会的裁定不服的,可以自收到通知之日起 30 日内向人民法院起诉。人民法院应当通知商标裁定程序的对方当事人作为第三人参加诉讼。

商标评审委员会在依照前款规定对无效宣告请求进行审查的过程中,所涉及的在先权利的确定必须以人民法院正在审理或者行政机关正在处理的另一案件的结果为依据的,可以中止审查。中止原因消除后,应当恢复审查程序。

法定期限届满,当事人对商标局宣告注册商标无效的决定不申请复审或者对商标评审委员会的复审决定、维持注册商标或者宣告注册商标无效的裁定不向人民法院起诉的,商标局的决定或者商标评审委员会的复审决定、裁定生效。

第三,无效宣告的法律效力。依法宣告无效的注册商标,由商标局予以公告,该注册商标专用权视为自始即不存在。宣告注册商标无效的决定或者裁定,对宣告无效前人民法院作出并已执行的商标侵权案件的判决、裁定、调解书和工商行政管理部门作出并已执行的商标侵权案件的处理决定以及已经履行的商标转让或者使用许可合同不具有追溯力。但是,因商标注册人的恶意给他人造成的损失,应当给予赔偿。依照前款规定不返还商标侵权赔偿金、商标转让费、商标使用费,明显违反公平原则的,应当全部或者部分返还。

撤销程序有三。第一,注册商标撤销的事由。商标撤销的事由主要有三类:① 使用不当撤销。商标注册人在使用注册商标的过程中,自行改变注册商标、注册人名义、地址或者其他注册事项的,由地方工商行政管理部门责令限期改正;期满不改正的,由商标局撤销其注册商标。② 退化为通用标志而被撤销。注册商标成为其核定使用的商品的通用名称,任何单位或者个人可以向商标局申请撤销该注册商标。③ 不使用而被撤销。没有正当理由连续 3 年不使用的,任何单位或者个人可以向商标局申请撤销该注册商标。商标的使用,是指将商标用于商品、商品包装或者容器以及商品交易文书上,或者将商标用于广告宣传、展览以及其他商业活动中,用于识别商品来源的行为。

第二,撤销程序。对于撤销注册商标的申请,商标局应当自收到撤销申请之日起 9 个月内作出决定。有特殊情况需要延长的,经国务院工商行政管理部门批准,可以延长 3 个月。对商标局撤销或者不予撤销注册商标的决定,当事人不服的,可以自收到通知之日起 15 日内向商标评审委员会申请复审。商标评审委员会应当自收到申请之日起 9 个月内作出决定,并书面通知当事人。有特殊情况需要延长的,经国务院工商行政管理部门批准,可以延长 3 个月。当事人对商标评审委员会的决定不服的,可以自收到通知之日起 30 日内向人民法院起诉。

法定期限届满,当事人对商标局作出的撤销注册商标的决定不申请复审或者对商标评审委员会作出的复审决定不向人民法院起诉的,撤销注册商标的决定、复审决定生效。

第三,撤销的法律效力。被撤销的注册商标,由商标局予以公告,该注册商标专用权自公告之日起终止。

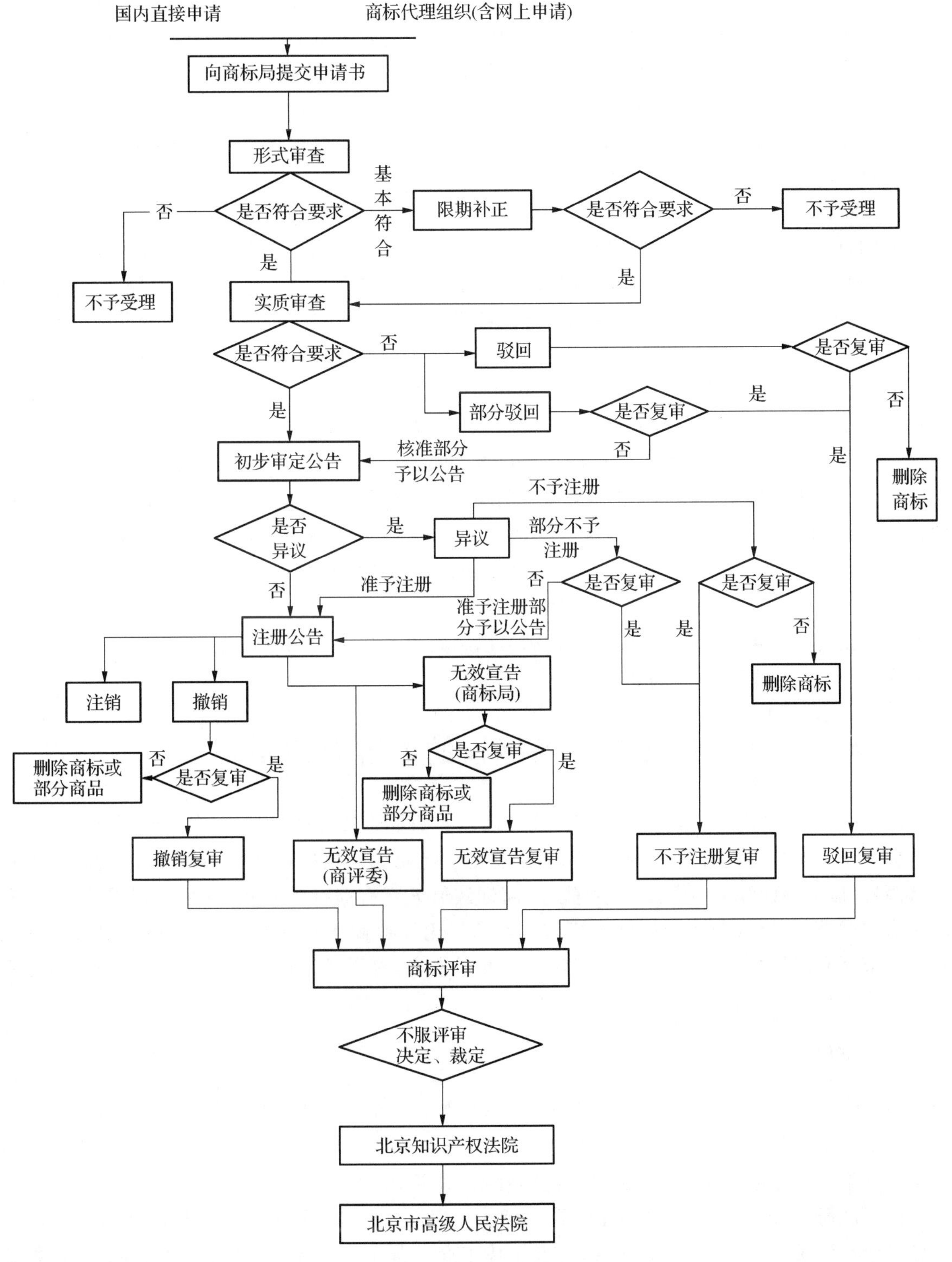

图 4-3　商标注册流程简图

(来源:国家知识产权局商标局官网,2021 年 3 月 13 日访问)

(三) 商标国际注册

商标国际注册，是指根据《商标国际注册马德里协定》(简称《马德里协定》)、《商标国际注册马德里协定有关议定书》(简称《马德里协定有关议定书》)及《商标国际注册马德里协定及该协定有关议定书的共同实施细则》的规定办理的马德里商标国际注册。马德里商标国际注册申请包括以中国为原属国的商标国际注册申请、指定中国的领土延伸申请及其他有关的申请。商标国际注册遵循中华人民共和国缔结或者参加的有关国际条约确立的制度。我国于 1989 年加入《马德里协定》，2003 年生效的《马德里商标国际注册实施办法》以及《商标法实施条例》第五章是我国现行开展商标国际注册的主要法律依据。

(1) 商标国际注册的资格和条件。以中国为原属国申请商标国际注册的，应当在中国设有真实有效的营业所，或者在中国有住所，或者拥有中国国籍。申请人的商标已在商标局获得注册的，可以根据《马德里协定》申请办理该商标的国际注册。申请人的商标已在商标局获得注册，或者已向商标局提出商标注册申请并被受理的，可以根据《马德里协定有关议定书》申请办理该商标的国际注册。

(2) 商标国际注册的程序。其程序主要包括：① 申请人提出申请并将有关各项文件递交商标局。② 国家商标局依法审查申请文件。③ 对手续资料齐备的申请文件登记申请日期，编定申请号，确定申请人的缴纳费用等。④ 国内手续齐备后，在 30 日将申请文件翻译成法文或英文并将相应的申请规费递交世界知识产权组织国际局。⑤ 世界知识产权组织国际局对国际注册申请的形式申请，审查完毕后登记在《国际注册簿》。⑥《国际商标公告》刊登并发布国际注册证书。⑦ 国际局将国际商标注册申请发通知给商标申请人要求指定保护的国家。

(3) 商标国际注册的保护期限。根据《马德里协定》的规定，其有效期限为 20 年，可以一次性缴费，也可分按 10 年分两次缴费；20 年期满可以续展。根据《马德里协定有关议定书》的规定，其期限为 10 年，10 年期满可以续展。

第三节 商标权的内容与归属

除了法律、法规有明确规定必须使用注册商标的少量商品，商标注册采自愿原则；但是，仅注册商标才享有商标专用权。《商标法》第 3 条规定：“经商标局核准注册的商标为注册商标，包括商品商标、服务商标和集体商标、证明商标；商标注册人享有商标专用权，受法律保护。”因此，在注册取得制下，商标权即注册商标专用权。本节讨论注册商标权的主体、权利内容及其限制规则。本节还介绍了商标共存的相关内容，从其本质来看，它既是注册商标权人处分权的行使，也是商标专有权受到限制的体现。

一、商标权人

商标注册人是商标专用权的原始权利人。《商标法》第 4 条第 1 款规定：“自然人、法人或者其他组织在生产经营活动中，对其商品或者服务需要取得商标专用权的，应当向商标局申请商标注册。”其第 2 款规定：“本法有关商品商标的规定，适用于服务商标。”

商标注册人，即商标申请人，包括：① 自然人。商标法允许自然人申请注册商标，但以自然人的名义申请注册商标的，申请人应当提交其个体工商户营业执照、农村承包经营合同或其他能够证明其以自然人名义从事生产经营活动的材料。② 法人。所有从事生产经营活动的法人均可申请商标。因此，各级党的机关、人大机关、行政机关、政协机关、监察机关、司法机关、检察机关等机关法人不得申请商标。③ 其他组织。商标法并未界定“其他组织”的含义，但应该是指民法上的非法人组织，即合法成立、有一定的组织机构和财产，但又不具备法人资格的组织，包括个人独资企业、合伙企业、依法成立的社会团体的分支机构、依法设立并领取营业执照的法人的分支机构等。

商标注册可以共同申请。《商标法》第 5 条规定："两个以上的自然人、法人或者其他组织可以共同向商标局申请注册同一商标，共同享有和行使该商标专用权。"《商标法实施条例》(2014)第 16 条规定："共同申请注册同一商标或者办理其他共有商标事宜的，应当在申请书中指定一个代表人；没有指定代表人的，以申请书中顺序排列的第一人为代表人。""商标局和商标评审委员会的文件应当送达代表人。"

商标权的主体也可以为一个集体组织，由集体的成员使用这一商标。集体商标、证明商标即属于这一类商标。地理标志也依据集体商标、证明商标的方法予以注册。《商标法》第 3 条第 4 款规定，集体商标、证明商标注册和管理的特殊事项，由国务院工商行政管理部门规定。本书将在本章第五节中介绍。

无论注册商标权是通过自行注册获得，还是通过转让、继承等继受方式获得，商标权人均可分为单一主体、共有主体与集体主体。一般而言，注册商标具有排他性，在商业中使用、用来区分商品或服务的来源，故以单一主体为基本形态。但共有主体的产生，既有可能基于共同申请注册而形成的原始共有，也有可能因继承、析产或企业分立等原因而产生的继受共有。商标权共有的法律规则不同于著作权共有、专利权共有；共有商标在行使权利时，如许可使用、转让、质押，应当依据共有人的意见，共同行使权利，任何擅自处分共有商标的行为都属于无效的法律行为。①

外国人或外国企业也可以在中国申请商标。外国人或者外国企业，是指在中国没有经常居所或者营业所的外国人或者外国企业。外国人或者外国企业在中国申请商标注册的，应当按其所属国和中华人民共和国签订的协议或者共同参加的国际条约办理，或者按对等原则办理。外国人或者外国企业在中国申请商标注册和办理其他商标事宜的，应当委托依法设立的商标代理机构办理，并提交代理委托书。代理委托书还应当载明委托人的国籍。代理委托书及与其有关的证明文件的公证、认证手续，按照对等原则办理。

二、商标权的内容

商标注册后，即取得商标专用权，商标权人对其注册商标依法所享有的一系列权利，包括：① 专有权，包括使用权、禁止权、标识权；② 利用权，包括转让权、许可使用权、出质权、出资权等。

（一）注册商标专有权

注册商标专用权包括两个主要的内容：使用权、禁止权和标识权。

（1）使用权。使用权是指商标权人对其注册商标享有的专用权。《商标法》第 56 条规定："注册商标的专用权，以核准注册的商标和核定使用的商品为限。"商标注册人必须严格依法使用，如果在使用注册商标的过程中，自行改变注册商标、注册人名义、地址或者其他注册事项的，由地方工商行政管理部门责令限期改正；期满不改正的，由商标局撤销其注册商标。实际使用的商标标志与核准注册的商标标志有细微差别，但未改变其显著特征的，可以视为注册商标的使用。

商标使用既是商标权人的权利，也是商标权人的义务。《商标法》第 49 条规定，注册商标没有正当理由连续三年不使用的，任何单位或者个人可以向商标局申请撤销该注册商标。如果商

① 司法实践持有不同观点。最高人民法院在再审申请人张绍恒与被申请人沧州田霸农机有限公司、朱占峰侵害商标权纠纷案【(2015)民申字第 3640 号】中认为，在商标权共有的情况下，商标权的行使应遵循当事人意思自治原则，由共有人协商一致行使；不能协商一致，又无正当理由的，任何一方共有人不得阻止其他共有人以普通许可的方式许可他人使用该商标。

标仅在核定使用的商品种类之一中使用，它可作为维持在其他核定使用商品类型上的注册，不属于连续三年不使用的情形。正当理由，是指不可抗力、政府政策性限制、破产清算以及其他不可归责于商标注册人的正当事由，例如，商标权人有真实使用商标的意图，并且有实际使用的必要准备，但因其他客观原因尚未实际使用注册商标的，也可以认定其有正当理由。

(2) 禁止权。禁止他人未经授权而使用注册商标是商标权的核心内容。《商标法》第 57 条规定，未经商标注册人的许可，在同一种商品上使用与其注册商标相同的商标的；未经商标注册人的许可，在同一种商品上使用与其注册商标近似的商标，或者在类似商品上使用与其注册商标相同或者近似的商标，容易导致混淆的行为，都属于侵犯注册商标专用权。与著作权、专利权不同，商标专有权的"禁"与"行"两方面是不一致的，很明显，其禁止权的范围要大于使用权；但著作权人、专利权人禁止他人使用与自己使用的权利范围是一致的。

(3) 标识权。《商标法》第 9 条第 2 款规定："商标注册人有权标明'注册商标'或者注册标记。"使用注册商标，可以在商品、商品包装、说明书或者其他附着物上标明"注册商标"或者注册标记。注册标记包括㊟和®。使用注册标记，应当标注在商标的右上角或者右下角。

此外，虽然商标法并无明文规定，但商标权人对注册商标标识本身享有制作并使用的排他性权利。《商标法》第 57 条第 4 款规定，"伪造、擅自制造他人注册商标标识或者销售伪造、擅自制造的注册商标标识的"，侵犯注册商标专用权。如果该标识具有一定的独创性，符合作品受著作权保护的条件，也可以得到著作权法的保护。制造、销售擅自制造符合作品要件的商标标识，也可能侵犯复制权、发行权。

(4) 商标性使用。"商标性使用"是商标法中的关键概念，它是商标侵权判断的规则之一，本书将在本章第四节介绍禁止权（禁止混淆与禁止淡化）的法律适用标准。作为权利的"商标性使用"与作为义务的"连续三年不使用"，都涉及"商标性使用"的概念，但两者的立法目标不同，应作不同理解。作为注册商标专用权，其禁止权的范围大于使用权，故侵权纠纷中该概念的界定应以商标功能为主要考虑因素，以相关公众识别其来源为标准；而"连续三年不使用"的目的在于商标规范使用管理，故主要考虑其真实、合法、有效使用的情形。

一般认为，"商标性使用"是指经营者在商品或服务来源意义上基于真实意图而合法、有效使用商标的情形。① "商标性使用"的基本准则是，该使用方式对相关公众而言具有商品或服务来源的识别功能。根据商标法的规定，它是指将商标用于商品、商品包装或者容器以及商品交易文书上，或者将商标用于广告宣传、展览以及其他商业活动中，用于识别商品来源的行为。② 商标性使用必须是基于真实使用意图的行为。不能体现真实使用意图的情形，如商标注册信息的公布或者商标注册人关于对其注册商标享有专用权的声明；未在公开的商业领域使用；仅作为赠品使用；仅有转让或许可行为而没有实际使用；仅以维持商标注册为目的的象征性使用。仅提交下列证据，也不被视为商标法意义上的商标使用：商品销售合同或提供服务的协议、合同；书面证言；难以识别是否经过修改的物证、视听资料、网站信息等；实物与复制品。③ 商标性使用必须是合法有效使用，在商标权人自行使用、他人经许可使用及其他不违背商标权人意志的商标使用行为中，均不得自行改变核准注册的商标和核定使用的商品。④ 商标性使用必须是针对相关公众的使用，但"相关公众"是否仅限于中国境内的相关公众，在定牌加工并定向出口的一系列案件中，它成为一个关键的法律问题。最高人民法院再审的江苏常佳金峰动力机械有限公司（简称常佳公司）、上海柴油机股份有限公司（简称上柴公司）侵害商标权纠纷案即涉及该问题。

一审法院经审理认为：

根据法律规定，未经商标注册人的许可，……侵犯注册商标专用权。适用该规定的前提首先是构成商标法意义上的商标使用行为。……商标的基本功能是区分商品或服务来源的识别功能,侵犯商标权的本质即是对商标识别功能的破坏,使得一般消费者对商品来源产生混淆、误认。非识别商品来源意义上的使用行为,不构成商标法意义上的商标使用行为,不落入商标权的保护范围。

本案中,上柴公司系我国柴油机商品上"东风"注册商标的商标权人,基于商标权的地域性,上柴公司在我国对涉案商标享有商标专用权。常佳公司主张其根据印度尼西亚商标权人的委托,依照委托人提供的印度尼西亚商标证书生产制造涉案柴油机配件且全部出口印度尼西亚,构成定牌加工,予以采信。在定牌加工过程中,全部用于境外销售、在我国境内不进入市场流通领域的附加商标行为,在我国境内不具有识别商品来源的功能,因而不构成商标法意义上的商标使用行为,……

二审法院经审理认为:

一、关于涉外定牌加工行为侵害商标专用权的认定

涉外定牌加工,是指在来料加工、来样加工、来件装配业务中,我国加工企业接受境外商标权人或商标使用权人的委托,按照其要求加工产品,贴附其提供的商标,并将加工的产品全部交付给境外委托人,境外委托人根据约定向国内加工企业支付加工费,贴牌加工的产品不在境内销售的一种国际贸易形式。……

涉外定牌加工业务涉及全球化背景下的国际贸易分工与合作,对于其是否构成商标侵权的分析与判断,不仅要以我国现行商标法为依据,同时还要充分考虑推动国际贸易发展的现实需求,因而对此类纠纷的解决,特别是法律适用及司法政策的确定,应当充分平衡国内商标权人、国内加工企业与境外商标权人或商标使用权人的利益。一般而言,如果国内加工企业不以销售为目的,接受境外委托人的委托,贴牌加工生产的产品全部出口不在国内销售的,以认定国内加工企业定牌加工行为不构成商标侵权为宜。但是,在作出上述不侵权认定时,仍要以国内加工企业对境外委托贴牌的商标本身已尽到合理的审查或注意义务为前提。

首先,国内加工企业对境外委托人在境外是否享有注册商标专用权或者取得合法授权许可应当进行必要的审查,其未尽到审查或合理注意义务的,应当认定国内加工企业存在过错,其定牌加工行为构成商标侵权,应承担相应的民事责任。

其次,对于境外委托人委托贴牌的商标本身不具有正当性的,应当对国内加工企业施加更高的注意义务。2013年修正的《商标法》第七条第一款规定:"申请注册和使用商标,应当遵循诚实信用原则",第十三条还就驰名商标保护作了专门规定。……基于此,如果境外企业或个人违反诚实信用原则,涉嫌在境外恶意抢注在我国具有一定影响的商标特别是驰名商标,并委托国内加工企业贴牌加工生产的,应当认定境外委托人的行为不具有正当性,实质性损害了我国商标权人的合法利益,对此,国内加工企业作为同业经营者应当尽到更高的注意义务和合理的避让义务。如果国内加工企业明知或应知国内商标具有一定影响或为驰名商标,而境外委托人涉嫌恶意抢注却仍然接受委托的,应认定国内加工企业存在过错,应承担相应的民事责任。同理,对于国内商标权人违反诚实信用原则,涉嫌恶意抢注境外商标,且有证据表明国内加工企业已经对境外委托尽到必要审查或合理注意义务,所有贴牌加工产品均出口的,基于诚实信用原则,国内商标权人亦不能阻却国内加工企业从事涉外定牌加工业务。

……

二、关于常佳公司涉外定牌加工行为的认定

虽然常佳公司接受印尼PTADI公司的订单生产加工的产品全部出口至印度尼西亚,可

以认定其行为属于涉外定牌加工行为……但是,上柴公司的涉案“东风”商标历史悠久,经过其长期使用,已经被认定为驰名商标。……印尼PTADI公司注册“东风”商标不具有正当性……常佳公司作为接受印尼PTADI公司委托贴牌生产的国内加工商,应当知晓上柴公司涉案商标系驰名商标,也应当知晓上柴公司与印尼PTADI公司就“东风”商标在印度尼西亚长期存在纠纷,且其曾经承诺过不再侵权,但其仍受托印尼PTADI公司贴牌生产,未尽到合理注意与避让义务,实质性损害了上柴公司的利益,侵犯了上柴公司的注册商标专用权。……

最高人民法院再审认为:

……商标的本质属性是其识别性或指示性,基本功能是用于区分商品或者服务的来源。一般来讲,不用于识别或区分来源的商标使用行为,不会对商品或服务的来源产生误导或引发混淆,以致影响商标发挥指示商品或服务来源的功能,不构成商标法意义上的侵权行为。根据原审法院查明的事实,……在常佳公司加工生产或出口过程中,相关标识指向的均是作为委托人的印尼PTADI公司,并未影响上柴公司涉案注册商标在国内市场上的正常识别区分功能,不会导致相关公众的混淆误认。考虑到定牌加工是一种常见的、合法的国际贸易形式,除非有相反证据显示常佳公司接受委托未尽合理注意义务,其受托加工行为对上柴公司的商标权造成了实质性的损害,一般情况下不应认定其上述行为侵害了上柴公司的商标权。

……就本案而言,常佳公司作为定牌加工合同中的受托人,在接受印尼PTADI公司的委托加工业务时,已经审查了相关权利证书资料,充分关注了委托方的商标权利状态。在印度尼西亚相关司法机构判决相关商标归属上柴公司期间,还就其时的定牌加工行为与上柴公司沟通并签订协议,支付了适当数额的补偿费用。可见,常佳公司接受委托从事定牌加工业务,对于相关商标权利状况已经适当履行了审慎适当的注意义务。二审法院认定常佳公司未经注意合理避让义务,与事实不符。

常佳公司从事本案所涉贴牌加工业务之时,上柴公司与印尼PTADI公司之间的商标争议已经印度尼西亚最高法院生效判决处理,印尼PTADI公司作为商标权人的资格已经司法程序确认。上柴公司自行使用相同商标生产相关或同类相关产品,实际已经无法合法出口至印度尼西亚销售。况且,根据再审查明及上柴公司提交的证据,自2004—2007年期间,上柴公司亦是受印度尼西亚被许可方的委托出口“东风及图”商标的相关产品。在此情况下,常佳公司根据印尼PTADI公司授权委托从事涉案定牌加工业务,对于上柴公司在印度尼西亚境内基于涉案商标争取竞争机会和市场利益,并不造成实质影响。虽然商标具有识别商品或服务来源的基本功能,但归根到底,相关公众需求的并非商品标识本身,而是其指示或承载的商品及其良好品质。即便综合国际贸易现实需要进行综合衡量,也没有足够理由认定常佳公司从事涉案定牌加工行为已对上柴公司造成实质损害,并进而有必要作为商标法意义上的侵权行为予以认定。

在“定牌加工”出口产品侵权纠纷案件中“商标性使用”的相关公众仅限于中国境内的相关公众,因为涉案产品所贴商标只在中国境外具有商品来源的识别意义,并不在国内市场发挥识别商品来源的功能。但是,专为出口产品而在国内申请的商标因连续三年不使用而发生的商标权撤销纠纷案件中,“相关公众”并不是问题的关键,关键的问题是“商标使用是否真实、合法、有效”。在肯特日本株式会社、鑫海贸易顾问有限公司与国家工商行政管理总局商标评审委员会二审案中,法院明确了两者的区别。

北京知识产权法院认为：

商标三年不使用撤销制度与商标专用权的民事保护制度，在设立目的及宗旨方面有所不同，两者所需考量的要件亦有所区别。商标三年不使用撤销制度，其设立的宗旨并非对商标持有人的惩罚，其主要目的在于督促商标注册人将其注册商标尽快投入商业使用，以防止注册商标迟迟不投入使用，造成商标资源的浪费。在审理该类案件时，应主要考察商标注册人是否具有积极使用商标的主观意愿及客观行为。而在商标民事侵权案件中，则主要是对已使用的商标提供司法保护，打击以不正当手段侵犯商标专用权的行为，考察基点是被诉侵权行为中所体现的标识使用行为是否属于商标法意义上的使用行为，重点在于是否可能导致相关公众的混淆与误认。……

北京市高级人民法院认为：

……商标法意义上的商标使用，应是为了实现商标功能的使用。商标的主要功能是识别商品来源，只有商品进入流通领域，商标的识别功能才能发挥。因此，通常情况下商标使用应当与商品流通相关联，但在审理涉及因连续三年不使用而撤销注册商标的行政案件时，还应当根据商标法相关规定的立法精神，判断所涉行为是否构成商标使用。2001年商标法第四十四条规定（“连续三年不使用而撤销注册商标”）的立法目的在于激活商标资源，清理闲置商标，督促商标权人连续履行使用商标的义务。因此，商标权人只要确实存在积极使用商标的意图，则不宜因商品销售的地域作为判断是否构成商标使用的要件从而撤销商注册商标。本案中，肯特株式会社通过委托加工的方式生产标有诉争商标的商品并出口国外，虽然该商品未在中国市场流通，但是该生产行为系积极使用商标的行为，并未搁置和浪费商标资源，如果不认定该行为为商标使用行为，恐不尽公平，且有悖于拓展对外贸易的政策。因此，肯特株式会社使用诉争商标的行为符合立法目的，诉争商标不宜以连续三年不使用为由予以撤销。

但是，上述关于商标性使用的标准仅适用于定牌加工出口行为；其他出口商品的商标如果是模仿、攀附已注册商标，尽管未在中国境内销售，其不仅不能获得注册，该使用行为还将构成侵权。在风格文具有限公司（简称风格公司）与国家工商行政管理总局商标评审委员会案中，法院认为：

商标近似中的混淆判断为混淆可能性的判断，不需要确实发生混淆，在一定程度上存在混淆的可能性即可。本案中，风格公司主张其生产的产品全部出口欧洲，其注册申请商标系应海关要求，中国大陆的相关公众不会产生混淆，但风格公司并未提供证据证明申请商标不予注册将阻碍商品出口，且其上述主张与常理不符。申请商标一旦获准注册，法律将为其预留相应空间，影响在先注册的引证商标二的保护范围。

在泉州奇鹭物联网科技有限公司（简称奇鹭公司）、株式会社爱世克私（简称爱世克私公司）侵害商标权纠纷再审案中，再审申请人认为，在其出口至土耳其的运动鞋上使用的被控侵权商标，系对案外人第5647108号商标（简称108号商标）的合法使用。最高人民法院认为：

爱世克私公司是世界知名的田径运动用品生产商，爱世克私公司将涉案商标以及其他有关商标在多个国家进行了注册，具有较高的知名度。奇鹭公司作为爱世克私公司的同业竞争者，知道或者应当知道涉案商标在运动鞋商品上具有较高的知名度和显著性，本应诚信经营，合理避让。奇鹭公司通过对其声称的108号商标的明显变形使用，模仿、攀附涉案商标，具有明显的主观恶意。

(二)商标利用权

商标权的利用,不仅体现为权利人自行使用的权利,也体现为将商标权许可他人使用、转让、质押、投资等利用,以实现其最大的经济价值。

(1)许可使用权。商标注册人可以通过签订商标使用许可合同,许可他人使用其注册商标。许可人应当监督被许可人使用其注册商标的商品质量。被许可人应当保证使用该注册商标的商品质量。经许可使用他人注册商标的,必须在使用该注册商标的商品上标明被许可人的名称和商品产地。

商标权人许可他人使用其注册商标的,应当将其商标使用许可报商标局备案,由商标局公告。商标权人许可他人使用其注册商标的,应当在许可合同有效期内向商标局备案并报送备案材料。备案材料应当说明注册商标使用许可人、被许可人、许可期限、许可使用的商品或者服务范围等事项。商标使用许可合同未经备案的,不影响该许可合同的效力,但当事人另有约定的除外;商标使用许可未经备案不得对抗善意第三人。

商标使用许可包括以下三类:① 独占使用许可,是指商标注册人在约定的期间、地域和以约定的方式,将该注册商标仅许可一个被许可人使用,商标注册人依约定不得使用该注册商标;② 排他使用许可,是指商标注册人在约定的期间、地域和以约定的方式,将该注册商标仅许可一个被许可人使用,商标注册人依约定可以使用该注册商标但不得另行许可他人使用该注册商标;③ 普通使用许可,是指商标注册人在约定的期间、地域和以约定的方式,许可他人使用其注册商标,并可自行使用该注册商标和许可他人使用其注册商标。

在注册商标专用权被侵害时,独占使用许可合同的被许可人可以向人民法院提起诉讼;排他使用许可合同的被许可人可以和商标注册人共同起诉,也可以在商标注册人不起诉的情况下,自行提起诉讼;普通使用许可合同的被许可人经商标注册人明确授权,可以提起诉讼。

《商标法》第 60 条规定的利害关系人,包括注册商标使用许可合同的被许可人、注册商标财产权利的合法继承人等。

(2)转让权。申请人转让其商标注册申请的,应当向商标局办理转让手续。转让注册商标的,转让人和受让人应当签订转让协议,并共同向商标局提出申请,提交转让注册商标申请书。转让注册商标申请手续应当由转让人和受让人共同办理。受让人应当保证使用该注册商标的商品质量。转让注册商标经核准后,发给受让人相应证明,并予以公告。受让人自公告之日起享有商标专用权。注册商标的转让不影响转让前已经生效的商标使用许可合同的效力,但商标使用许可合同另有约定的除外。

转让注册商标的,商标注册人对其在同一种商品上注册的近似的商标,或者在类似商品上注册的相同或者近似的商标,应当一并转让。未一并转让的,由商标局通知其限期改正;期满未改正的,视为放弃转让该注册商标的申请,商标局应当书面通知申请人。对容易导致混淆或者有其他不良影响的转让,商标局不予核准,书面通知申请人并说明理由。

(3)出质权。根据《注册商标专用权质权登记程序规定》(2020)的规定,以其注册商标专用权出质的,出质人与质权人应当订立书面合同,共同提出质权登记申请,向国家知识产权局办理质权登记。在中国没有经常居所或者营业所的外国人或者外国企业应当委托代理机构办理。共有商标办理质权登记的,除全体共有人另有约定的以外,应当取得其他共有人的同意。办理注册商标专用权质权登记,出质人应当将在相同或者类似商品/服务上注册的相同或者近似商标一并办理质权登记。

申请注册商标专用权质权登记的,应提交相关文件。申请登记书件齐备、符合规定的,国家知识产权局予以受理并登记。质权自登记之日起设立。国家知识产权局自登记之日起 2 个工作日内向双方当事人发放《商标专用权质权登记证》。

质权登记内容的变更、登记期限延长、注销等须依法办理登记手续。质权登记期限届满后，该质权登记自动失效。

(4) 出资权。出资成立公司是商标权转让的一种特殊形式。《公司法》第 27 条规定:“股东可以用货币出资,也可以用实物、知识产权、土地使用权等可以用货币估价并可以依法转让的非货币财产作价出资;但是,法律、行政法规规定不得作为出资的财产除外。对作为出资的非货币财产应当评估作价,核实财产,不得高估或者低估作价。”

三、商标权的限制

商标权的限制,是指商标权人对注册商标所享有的权利所不能控制的使用行为,或者是法律基于特殊政策的考虑,对商标权的行使和保护作出的必要限制。不同于著作权限制或专利权限制的规则,商标权限制的很多情形本身就不属于商标权的范围,如商标正当使用行为。

(一) 商标正当使用

商标的正当使用是指对他人注册商标的使用在符合法律规定的一定条件下,不构成侵犯商标权。它主要体现为两类典型情形:叙述性使用,指示性使用。两者的区别在于,前者本身并非“商标性使用”行为,即不属于商标权的保护范围。商标的主要功能是识别商品或服务的来源,亦即,在不具有识别商品或服务来源意义上使用商标的行为,自然属于对商标的正当使用。指示性使用中的商标虽然具有商标意义,但并不会让相关公众产生混淆或误认,使用者具有指明其销售商品来源、服务品质以及其他类似的正当目的。

虽然这两类正当使用具有上述区别,但两者具有共同的成立要件:① 使用人主观上具有善意。这里的善意并非指使用人对注册商标的事实不具有“明知或应知”的情形,而是指它明知注册商标的存在,但没有主观上“搭便车”的动机。是否善意,通常体现为使用人对注册商标的使用方式,例如是否突出注册商标的标识、是否使用自己的商标或相关标识等。② 使用行为具有必要性。使用者是为了说明本商品的型号、质量、主要原料、功能、产地等特点,或者是为了说明其服务的质量、业务范围、向消费者告知用途等,不可避免地使用注册商标所包含的标识。③ 使用行为不易产生相关公众的混淆或误认。合理使用者对注册商标的使用不会使得相关公众产生来源的混淆,其使用行为还不得以任何方式明示或暗示其与商标权人具有赞助、许可等关系,从而使得相关公众产生误认的后果。对于叙述性商标而言,其显著性具有一定的特殊性。例如,“赣”为江西的简称,本身显著性并不强,加之双方已经共存 20 余年,已经形成了稳定的市场秩序,使用“赣酒”作为商品名称不易使相关公众混淆误认,故属于正当使用。

1. 叙述性使用

获得显著性的商标具有特殊性,即它在通过使用获得了具有指示商标或服务来源的含义之外(即第二含义),该标识本身具有对商品或服务的名称、形状、质量、功能等特点进行描述的含义(即第一含义)。因此,在第一含义上使用商标,不属于商标权的范围。当然,如果被告不是在第二含义上使用,则构成商标意义上的使用。例如,“枫丹白露”名称来源于法国的枫丹白露小镇和枫丹白露宫,属于外国地名;但被告在酒店名称上使用“枫丹白露”与作为地名的“枫丹白露”之间并无关联,并不属于对地名的正当使用。叙述性使用为《商标法》第 59 条所明确规定,该条规定:“注册商标中含有的本商品的通用名称、图形、型号,或者直接表示商品的质量、主要原料、功能、用途、重量、数量及其他特点,或者含有的地名,注册商标专用权人无权禁止他人正当使用。”“三维标志注册商标中含有的商品自身的性质产生的形状、为获得技术效果而需有的商品形状或者使商品具有实质性价值的形状,注册商标专用权人无权禁止他人正当使用。”它包括四类叙述性使用:

(1) 通用标志的正当使用。例如,用灯的图案作商标具有特定的、被普遍认可和使用的含义,使用涉案标识是用于描述自己商品的特点,也并未将涉案标识突出使用,可以认定属于善意使用。“九制陈皮”是“潮州名小吃之一”,“九制”是一种潮州传承制造工艺;将“九制陈皮”作为商品名称使用,使用者贴附自己的商标标明了商品的来源。“德州扒鸡”制作技艺被确定为国家级非物质文化遗产;但被告突出使用“德州扒鸡”,而自己商标较小,使用人具有“搭便车”的意图,不具有正当性。

(2) 描述性商标的正当使用。例如,“猴菇”是商品的主要原料,但在商品包装上突出“猴菇”商标,客观上能够起到指示商品来源的作用,已经超出了表明商品成分的使用方式和使用范围,构成商标性使用,不属于正当使用。姓氏商标是最古老的商标词汇,著名的福特(Ford)汽车、法拉利(Ferrari)汽车、科勒(Kohler)卫浴、史密斯(Smith)热水器等商标都是以创始人的姓氏命名。常用姓氏也属于第二含义商标,同样不得限制他人在姓氏含义上使用这些词汇。例如,“毛家饭店”与“毛氏人家饭店”,并不会造成相关公众的混淆。“STRAUSS”是国外常用姓氏,“施特劳斯”是其中文翻译,施特劳斯(STRAUSS)文字虽然是商标的组成要素,但由于该要素显著性弱,并未成为商标的主要识别部分。“海尔施特劳斯”与“施特劳斯(STRAUSS)”商标的字形、图形并不相同,故不构成侵权。但是,如果使用姓氏商标的行为体现了“搭便车”的主观意图或恶意情形,则不能认定为正当使用。例如,“鲍师傅”商标经使用已取得一定知名度,而某蛋糕店主张以其聘用的师傅姓氏作为店铺招牌,但并未就其厨艺或知名度进行举证,主观上攀附故意明显;同时,以较大字体多处突出使用“鲍师傅”文字,系作为商品商标使用,已不属于仅仅说明或描述自己商品的情形。

(3) 地名商标的正当使用。《最高人民法院关于对南京金兰湾房地产开发公司与南京利源物业发展有限公司侵犯商标专用权纠纷一案请示的答复》中指出,构成正当使用地名的行为需要考虑如下要素:第一,使用人使用地名的目的和方式。使用地名的方式往往表现出使用目的。使用人使用地名的方式是公众惯常理解的表示商品产地、地理位置等方式的,应当认为属于正当使用地名。第二,商标和地名的知名度。所使用的文字,如果其作为商标知名度高,则一般情况下,相关公众混淆、误认的可能性较大;如果其作为地名知名度高,则相关公众对其出处的混淆、误认的可能性会较小。第三,相关商品或服务的分类情况。商品或服务的分类情况,往往决定了是否需要指示其地理位置。房地产销售中指示房地产的地理位置,一般应当认为是基于说明该商品的自然属性的需要。第四,相关公众在选择此类商品或服务时的注意程度。根据相关公众选择此类商品或服务时的一般注意程度,审查确认是否会因这种使用而对该商品或服务的来源产生混淆、误认。第五,地名使用的具体环境、情形。在房地产广告上为突出地理位置的优越而突出使用地名与在一般商品上、一般商品的广告上为突出商品的产地而突出使用地名往往给予公众的注意程度不同,产生的效果也有所差别。

(4) 功能性商标的正当使用。具有功能性的形状,不得作为商标注册;同样,如果注册商标中包含功能性的形状,对其功能性部分的使用,因不属于对其识别功能部分的使用,也不构成侵权。

2. 指示性使用

它是指使用者在商业活动中为说明商品或服务的真实信息,使用他人商标的行为,其主要目的在于告知相关公众与商品或服务有关的真实信息,如标明商品或服务的用途、指明零配件等。但指示性使用行为必须符合工商业的诚实惯例,不得故意突出与他人商标相同或近似的部分。例如,汽车维修店、零配件销售商在其店铺或广告上叙述性使用他人商标的行为,如“本店销售奔驰汽车零配件”“本店维修奔驰汽车”,是为了告知服务的真实信息,不会造成消费者的混淆或误认。但是,如果有突出显示他人商标的行为,或者宣称是某品牌的专修点、专卖店,则会使得消费者误认为其经营者与商标权人之间存在某种联系，不属于正当使用。例如，被告在其生产的滤清器上以较大的字体突出使用了“FOR VOLVO”文字，且其使用的“FOR VOLVO”文字含义不清，又未在滤清器上表征产品制造商的名称等能够识别商品来源的文字，客观上易使消费者联想到该商品的来源与“VOLVO”商标注册人存在某种联系，不具有正当性。

指示性使用的类型主要有：① 对商品组成部件、原料等（如零配件）作说明而使用他人商标。在汽车维修行业、打印机等行业，都广泛存在基于配件说明的指示性使用。② 为说明商品或服务的属性、质量等特征而使用他人商标。例如，经销商在其经营活动中使用生产商的注册商标，为了宣称推广注册商标的商品，并未破坏商标识别商品来源的功能，是正当行为。在立邦涂料（中国）有限公司诉上海展进贸易有限公司等商标权权属、侵权纠纷案中，法院认为：“结合图片使用方式以及网页布局，相关公众通常会认为该商标传达的是在售商品的广告，即指示其所销售商品的品牌信息，而不是传达经营者的商号、商标或经营风格。商标直接指向的是商标注册人的商品，即商标与商品的对应性并没有受到影响，相关公众也不会认为在售立邦产品来源于被上诉人。在此情况下，不存在消费者对于商品来源认知的混淆，也不涉及商标显著性或知名度的降低，故也不存在其他商标利益的损害。”但是，在销售商指示性使用他人商标时，其销售的商品须具有合法来源。③ 在比较广告中使用他人商标。允许比较广告的重要理由有二：消费者知情权、市场自由竞争。比较广告中使用他人商标，不得以任何方式欺骗消费者，不得产生混淆或误认，也不得诋毁或贬低竞争者，比较的内容应该是真实、可比的。

指示性使用的正当性需要符合三个条件：第一，使用行为的必要性，如不使用他人商标，很难清晰地描述特点商品或服务，或者需要更高成本才能将真实信息告知相关公众。第二，使用范围的合理性。使用他人商标的行为不得影响商标的识别功能，须限于使用者特定业务范围之内，特别是不得将他人商标作为商品名称来使用。第三，使用结果的合法性。使用他人商标的目的在于告知相关公众有关产品或服务的真实信息，不得暗示或以其他方式使得相关公众产生来源混淆或误认。

（二）先用权

商标先用权是指在他人申请商标注册之前已经使用该商标的使用者，可继续在原有范围内继续使用该商标的权利。《商标法》第 59 条第 3 款规定：“商标注册人申请商标注册前，他人已经在同一种商品或者类似商品上先于商标注册人使用与注册商标相同或者近似并有一定影响的商标的，注册商标专用权人无权禁止该使用人在原使用范围内继续使用该商标，但可以要求其附加适当区别标识。”

根据该条法律规定，被诉商标侵权人先用权抗辩的成立应当具备如下条件：① 在先使用的客观事实。在先使用，既是指对特定标志的使用时间早于注册商标的申请日，也是指先于商标注册人而使用该标志，还是指其使用须属于“商标性的使用”。因为商标系分类注册，故“在先使用”是指在同一种商品或者类似商品上的在先使用。② 在先使用人所使用的商标应当具有“一定影响”。一定影响，是指有一定的市场知名度和美誉度，但无须达到驰名商标的程度。一般而言，它仅是指在先使用人对其商标的使用确系真实使用，且经过使用已使得该商标在使用地区内起到了识别作用。③ 在先使用人应在原使用范围内使用商标标识。在注册取得制度下，仅注册商标才有专有权，故在先使用者的权利范围非常有限，仅能以维持既存状态为前提，故只能在原有范围内继续使用该商标。原有范围，是指在先使用人使用标志应以在先使用的标志为限，在先使用的商品或者服务类别应以原使用商品或者服务为限，包括在原有经营的业务、地域范围以及使用方式，产能、经营规模等也可以在个案中作为考量因素。由于电子商务广为普及，将原有范围界定为商品流通的特定地域范围，具有一定难度。最高人民法院在林明恺、成都市高新区富鸿家具经营部侵害商标权纠纷案中认为:“一般而言,在先仅通过实体店铺销售商品或者提供服务的,在商标注册人申请商标注册或使用该商标后,又在原实体店铺影响范围之外的地域新设店铺或者拓展到互联网环境中销售商品、提供服务的,则应当认定为超出了原有范围。”④ 在先使用本身具有合法性,其主观上应具有善意,不得以不正当竞争为目的而使用,不得与注册商标权人的商品或服务相混淆或让人误认为存在特定联系。商标法规定,“可以要求其附加适当区别标识”。附加区别标识的目的在于防止相关公众混淆或误认。积极附加区别标识,体现了使用者主观上的善意。

商标先用权是对在先使用商标的事实之确认,并非一种真正的或完全意义上的权利,它不具有独立的处分权;它是法律承认的一种合法利益,仅是侵犯商标权时的抗辩事由,故一般情况下,在先使用人不得将该商标转让或许可他人使用。仅在法定转移,如继承或企业分立合并;或者连同生产企业实体一同转让的情况下,先用权才可转让给其他人行使。

(三) 权利用尽

一般认为,所有知识产权都存在权利用尽规则,以平衡知识产权人与物权人之间的利益,促进商品的正常流通,防止权利人控制市场、垄断价格。但在法律上有明确规定的只有专利法。商标权用尽,是指商标权人将合法带有商标的商品首次投入市场后,任何人使用或销售该商品,均不构成侵权。权利用尽有国内用尽与国际用尽之分。一般都肯定商标权的国内用尽,但是否承认国际用尽,即平行进口的合法性问题,则可能存在争议。

我国法院自 2000 年后陆续审理过多起商标平行进口的案件,但司法意见并不一致。例如,上海利华有限公司是荷兰利华公司在中国的独占被许可人,某贸易公司自泰国利华公司进口了力士(LUX)香皂至广州,因无法证明其进口的商品来源于荷兰利华公司,被认定构成侵权。类似于力士香皂案,在米其林轮胎案中,涉案商品产自原告的授权厂家,来源渠道合法,但仍依法被裁定构成侵权。

平行进口不构成侵权的案例有“香奈(J. P. CHENET)葡萄酒案”等。王朝公司是香奈(J.P. CHENET)葡萄酒商标在中国境内的独家经销商,其经销的葡萄酒标签上有注明葡萄种类和等级。天津慕醍公司合法进口了涉案葡萄酒,其提供的证据表明涉案葡萄酒来源于商标权人,但进口酒瓶标签上未注明葡萄种类以及等级。法院认为,因被告进口的葡萄酒与商标权人在我国销售的葡萄酒之间并无实质性差异,该进口行为不会导致消费者混淆,商标权人的商誉也未受到损害,故不构成侵权。另一个认可合法性的案件涉及服装的平行进口。原告是“AN'GE”品牌服装在中国的独家经销商,被告自香港的合法经销商处进口该服装至北京销售,法院认为被告通过正当的交易行为进口正宗产品,并履行了合法的进口关税手续,消费者未产生混淆和误认,不构成侵权。

平行进口还涉及商品的重新包装问题。商标权人原则上应有权禁止重新包装或重贴商标的行为。但是,各国均有对产品包装及使用说明文字等要求,有些重新包装或重贴商标是在进口国销售商品所必要的。所谓必要,是指平行进口商进入进口国市场的“合理要求”,或为进入市场所“不可缺少的”。其基本要求是,重新包装的商品不会对商品的原始状况造成损害,它真实地说明了产品的商业来源。有些国家(如欧盟)还规定,平行进口商还须履行向商标权人关于重贴标签的通知义务。

由于不同国家对商品监管的规定不尽相同,质次价廉的商品可能会流向质优价贵的国家;同时,有些商品系生产商根据不同国家消费者而特别开发,如不同人种的肤质不同会导致化妆品的配方不完全一致。因此,平行进口虽然不会使得消费者对商品来源产生混淆和误认,但也可能会损害消费者利益。所以说,主张商标平行进口非法的观点也具有一定合理性。

平行进口一般都是从低价位国家流向高价位国家。随着中国经济的迅速发展,中国逐渐成为相对的高价位国家。从宏观层面来看,中国仍然处于低价位国家,在促进对外自由贸易的基本政策下，应采纳专利法类似的规则，即承认商标平行进口的合法性。但是，平行进口商不得对商品进行不适当的改变、重新包装、重贴标签或广告宣传而损害商标权所有人的利益。如果平行进口商所进口的商品与我国市场上同品牌商品之间在品质、服务、口味、成分以及功能等方面存在较大差别，导致消费者可能因这种混淆行为而利益受损时，商标所有人有权禁止这种行为。

（四）非商业性使用

非商业目的使用他人商标，一般不应构成侵权。它主要包括基于表达自由的使用行为：[①] ① 新闻报道及评论。在新闻报道及评论中不可避免地提及他人商标，即使是予以批评、指责，只要是基于事实进行的客观报道，商标权人也不能以商标侵权为由妨碍新闻自由。如央视"3·15"晚会报道侵害消费者权益时提及的商标。如果媒体报道失实、批评不当，构成新闻侵权的，可依法主张恢复名誉。② 滑稽模仿。通过对严肃作品的谐仿以实现反讽、调侃、搞笑等效果，属于言论自由的组成部分之一。滑稽模仿一般不涉及商标。但有些商标产生很大的社会影响，成为一种文化、社会、生活现象，此时它就会成为滑稽模仿的对象。如对商标加以变形，作为文学创作、宣扬政治观点或推动环保运动。

（五）权利滥用抗辩

一般情况下，商标权人如果将商标专用权用于非正当目的，如妨碍竞争者的正当经营，或者其权利获取手段违背诚信原则，善意而具有合法利益的被告则可主张权利滥用抗辩。最高人民法院指导案例 82 号王碎永诉深圳歌力思服饰股份有限公司（简称歌力思公司）、杭州银泰世纪百货有限公司侵害商标权纠纷案的裁判要点指出：当事人违反诚实信用原则，损害他人合法权益，扰乱市场正当竞争秩序，恶意取得、行使商标权并主张他人侵权的，人民法院应当以构成权利滥用为由，判决对其诉讼请求不予支持。法院认为：

> 王碎永取得和行使"歌力思"商标权的行为难谓正当。"歌力思"商标由中文文字"歌力思"构成，与歌力思公司在先使用的企业字号及在先注册的"歌力思"商标的文字构成完全相同。"歌力思"本身为无固有含义的臆造词，具有较强的固有显著性，依常理判断，在完全没有接触或知悉的情况下，因巧合而出现雷同注册的可能性较低。作为地域接近、经营范围关联程度较高的商品经营者，王碎永对"歌力思"字号及商标完全不了解的可能性较低。在上述情形之下，王碎永仍在手提包、钱包等商品上申请注册"歌力思"商标，其行为难谓正当。王碎永以非善意取得的商标权对歌力思公司的正当使用行为提起的侵权之诉，构成权利滥用。

（六）损害赔偿责任请求权的限制

限制注册商标权利人的损害赔偿请求权，主要有两种情形。其一是未使用的注册商标。《商标法》第 64 条规定："注册商标专用权人请求赔偿，被控侵权人以注册商标专用权人未使用注册商标提出抗辩的，人民法院可以要求注册商标专用权人提供此前三年内实际使用该注册商标的证据。注册商标专用权人不能证明此前三年内实际使用过该注册商标，也不能证明因侵权行为受到其他损失的，被控侵权人不承担赔偿责任。"

其二是主观上无过错的销售商。《商标法》第 64 条第 2 款规定："销售不知道是侵犯注册商标专用权的商品，能证明该商品是自己合法取得并说明提供者的，不承担赔偿责任。"能证明该商品是自己合法取得的情形主要有：有供货单位合法签章的供货清单和货款收据且经查证属实或者供货单位认可的；有供销双方签订的进货合同且经查证已真实履行的；有合法进货发票且发票

---

① 参见吴汉东：《知识产权基本问题研究》，中国人民大学出版社 2005 年版，第 592 页。

记载事项与涉案商品对应的；其他能够证明合法取得涉案商品的情形。

主观上无过错的销售商仍应承担停止侵害责任。《商标法实施条例》第 80 条规定："销售不知道是侵犯注册商标专用权的商品，能证明该商品是自己合法取得并说明提供者的，由工商行政管理部门责令停止销售，并将案件情况通报侵权商品提供者所在地工商行政管理部门。"

四、商标共存

《商标法》第 30 条规定："申请注册的商标，凡不符合本法有关规定或者同他人在同一种商品或者类似商品上已经注册的或者初步审定的商标相同或者近似的，由商标局驳回申请，不予公告。"第 31 条规定："两个或者两个以上的商标注册申请人，在同一种商品或者类似商品上，以相同或者近似的商标申请注册的，初步审定并公告申请在先的商标；同一天申请的，初步审定并公告使用在先的商标，驳回其他人的申请，不予公告。"依此，申请注册的商标不得与已注册的或者初步审定的商标相同或近似，这是因为相同或近似商标之间不具有识别作用，会产生商品或服务来源的混淆，同时，它也是注册商标专用权的重要体现。但是，在符合法律规定的特殊条件下，相同或近似商标可能依法共存。

商标共存，是指在同一法域内，不同主体的相同或近似商标在相同或类似商品上合法并存使用或注册的情形。① 商标共存具有三个要件：第一，商标共存是指同一法域内的商标共存。商标权具有地域性，相同商品上的相同商标在不同国家或地区共同存在，这符合知识产权地域性的规定；它不属于商标共存的范畴。第二，共存的商标之间具有相同或近似的特点，即商标实质性相同、商品或服务相同以及同一市场中使用。如果后申请注册的商标不与在先商标相冲突，则这些不同的商标互不影响地产生各自的商标权。依据《商标法》第 30 条、31 条的规定，如果在相同或类似商品上两个或两个以上的相同或近似商标之间互相排斥或冲突，在后申请注册的商标将会予以驳回。之所以被驳回，是因为相同或近似的商标具有混淆可能性。因此，共存的商标之间本身具有混淆可能性。第三，共存商标由不同的民事主体所有。《商标法》第 30 条禁止注册与"他人"在先的相同或近似商标，但并不禁止同一主体注册相同或近似商标，如防御商标、联合商标的注册。与之不同的是，共存商标的权利人包括在后申请注册的主体与在先商标权的主体。因此，它也不同于《商标法》第 5 条规定的共同申请商标的情形，后者形成商标权的共有关系。共存商标的商标权是相互独立的，并非共有。

商标共存主要有基于法律规定而形成的共存、历史原因形成的共存与当事人约定形成的共存。

基于法律规定而形成的商标共存主要是在先使用的未注册商标与注册商标之间的共存。作为先用权的未注册商标，《商标法》第 59 条第 3 款的规定既是作为侵犯注册商标专用权的抗辩事由，也是商标在先使用人继续使用，进而形成共存的法律依据。但我国商标法上先用权人仅限于原有范围内、且须附加区别标识，其共存的地域、业务范围非常有限。②

由于特殊的历史原因，我国有许多老字号品牌在不同地区同时开展业务，从而形成了商标共存的现状，如上海张小泉刀剪总店和杭州张小泉剪刀厂的"张小泉"商标侵权纠纷案，苏州稻香村和北京稻香村的"稻香村"商标无效与侵权系列案，等等。最高人民法院对此作出的司法政策是："要妥善处理最大限度划清商业标识之间的边界与特殊情况下允许构成要素近似商标之间适当共存的关系。""对于注册使用时间较长、已建立较高市场声誉和形成自身的相关公众群体的商

① 参见王太平：《商标共存的法理逻辑与制度构造》，《法律科学（西北政法大学学报）》2018 年第 3 期。

② 关于注册商标权人能否进入在先使用人原有经营的地域范围开展业务，法律界可能存在不同的认识和做法。

标，不能轻率地予以撤销，在依法保护在先权利的同时，尊重相关公众已在客观上将相关商标区别开来的市场实际。要把握商标法有关保护在先权利与维护市场秩序相协调的立法精神，注重维护已经形成和稳定了的市场秩序。”

上述两类属于非约定的商标共存。对于非约定的商标共存，其必须遵循禁止混淆原则。故在先未注册商标使用人“附加区别标识”是其不侵犯注册商标专用权的必要条件。同样，对于历史形成的商标共存，不同主体也应当在商品、服务上规范使用商标，并予以适当区分。

约定的商标共存是指通过“共存协议”而形成的商标共存。商标共存协议，是指为解决商标权利冲突，在先注册商标的权利人签订的允许在后商标获得注册的协议。商标法对“共存协议”并未给予明确规定。但是，在商标审查实务中，提交在先注册商标所有人出具的“共存协议”或“同意书”已成为商标申请人在商标评审阶段的驳回复审案件中克服引证商标障碍的常用策略。[①]共存协议能否排除引证商标的近似阻碍，主要的理论障碍在于它具有混淆可能性，可能损害消费者利益，与禁止混淆的商标法基本原则相冲突。但是，商标法并非是保护消费者权益的法律，而是以保护商标权人的财产权并维护正常的市场竞争秩序为目的。必须承认，“商标共存”会产生混淆可能性的后果，也会有商标淡化的危害。但承认商标权为私权，认可当事人的处分意志，是商标共存协议逐渐在各国商标法上得到不同程度认可的原因。

共存协议必须是合法、有效的书面合同，且其内容上必须有同意共存的明确意思表示、不得附带有效期限、不得附带影响商标共存的不合理条件。有效的共存协议的作用是排除《商标法》第 30 条、31 条的适用。在再审申请人谷歌公司与被申请人国家工商行政管理总局商标评审委员会商标驳回复审行政纠纷案中，最高人民法院指出，共存协议是认定申请商标是否违反《商标法》第 30 条规定的重要考量因素。在共存协议没有损害国家利益、社会公共利益或者第三人合法权益的情况下，不应简单以损害消费者利益为由而对共存协议不予采信。

(1) 在后申请人提供了合法有效的共存协议，即无须再审查所涉商标之间是否存在混淆可能性。北京市高级人民法院民三庭发布的《当前知识产权审判中需要注意的若干法律问题》(2018)专门针对“‘共存协议’、‘同意书’是否可以作为排除‘混淆之虞’的直接证据”问题作出了规定：“在商标申请驳回复审案件中，引证商标权利人以‘共存协议’、‘同意书’等书面形式明确同意诉争商标注册，在不存在损害公共利益、故意规避法律等情形下，‘共存协议’、‘同意书’可以作为初步排除混淆的依据，但是若引证商标与申请商标的商标标志相同或基本相同的，且使用在同一种或类似商品上，则不能仅以引证商标权利人同意为由准予申请商标注册。”本书认为，无须区分相同商标与近似商标。尽管相同或基本相同的商标具有混淆的极大可能性，但共存协议的作用是排除混淆可能性的审查。

(2) 共存协议有效的前提是没有损害国家利益、社会公共利益或者第三人合法权益。普遍认为，基于卫生健康、环境保护的考虑，《尼斯协定》第 5 类商品(药品、兽药及卫生用品)不得商标共存。但是否将公共利益例外扩大到通用标志、常见术语等公共资源，本书持保留态度。

(3) 在后申请的商标注册人如果违反了商标共存协议，在先申请人应有权主张救济，包括行使撤销在后商标注册的请求权。

第四节　商标权的保护

商标权的保护包括司法保护和行政保护两种主要方式。这些救济规则与其他知识产权法的

---

① 参见胡刚等:《商标共存问题研究(上)》,《中华商标》2020 年第 10 期。

规定具有相似性，本书在总论的知识产权保护一节中予以系统介绍。本节介绍法律救济的基本前提：侵犯商标权行为的认定。商标权不仅是商标权人在核定使用的商品上使用核准注册的商标，更重要的是针对侵犯商标权行为的禁止权。侵犯商标权的行为，是指他人违反商标法的规定，在相同或类似的商品或服务上，未经商标权人许可而擅自使用与注册商标相同或近似的标志，造成相关公众对产品、服务来源产生混淆或误认，损害商标权人合法利益的行为。相关公众，是指与商标所标识的某类商品或者服务有关的消费者和与前述商品或者服务的营销有密切关系的其他经营者。

注册商标权人享有的禁止权，与商标注册或使用的合法条件密切相关。显著性是商标的内在必要条件，也是相关公众能够识别商品或服务来源的本质性因素。侵犯商标权的行为在本质上都与商标的显著性有关：混淆行为是对商标的非法使用而产生了来源的误认；淡化行为是对商标的非法使用产生了显著性的降低或消失。在理论上，侵犯商标权的行为主要包括两类：混淆侵权和商标淡化。此外，它也包括为直接侵犯商标权的行为提供便利等间接侵权。

一、混淆之虞的判断

商标权是排他权。但严格说来，它不是对语词、图案等标志本身享有的排他权，而是对该标志能够有效而可靠地指示商品或服务来源的功能享有排他权。区别商品或服务来源是商标的主要功能，防止混淆是商标保护的基本目标，也是商标法的核心任务。与已注册商标相同或近似的标志不得注册，未经许可不得在相同或类似商品上使用相同或近似标志，其原因是这些行为足以造成混淆之虞。无论商标法是采用注册取得制度还是使用取得制度，制止混淆都是商标保护的基本宗旨。

（一）“混淆之虞”的含义

TRIPs 协议第 16 条明确规定：“注册商标的所有权人享有专有权，以阻止所有第三方未经该所有权人同意在贸易过程中对与已注册商标的货物或服务的相同或类似商品或服务使用相同或类似标志，如果此类使用会导致混淆之虞的话。在对相同商品或服务使用相同标志的情况下，应推定存在混淆之虞。”《商标法》第 57 条规定，未经商标注册人的许可，在同一种商品上使用与其注册商标相同的商标的；未经商标注册人的许可，在同一种商品上使用与其注册商标近似的商标，或者在类似商品上使用与其注册商标相同或者近似的商标，容易导致混淆的，均属侵犯注册商标专用权的行为。因此，混淆之虞包括：① 推定成立混淆之虞的相同商标使用行为；② 构成混淆之虞的近似商标使用行为。

商标侵权的判断标准是混淆之虞。混淆之虞不同于现实混淆，后者是指相关公众客观上已经发生了误认、误购等事实。混淆之虞是指相关公众对未经授权而使用商标的商品或服务所产生误认或误购的可能性。当然，如果发生了现实混淆，自然构成商标侵权。混淆之虞包括两类：① 商品来源的混淆之虞，即相关公众对商品来源产生错误认识的可能性，将假冒者的商品误认为是商标权人提供的商品；② 商业联系误认的混淆之虞，即相关公众误以为两个经营者之间存在某种特定联系，如隶属关系、许可关系、控股关系、赞助关系等。传统商标法上所指的混淆之虞是指来源混淆，即狭义的混淆之虞；特定关系的误认，属于广义上的混淆之虞，它也是商标侵权判断的重要规则。[①]《商标法解释》在相关条款（第 9 条、第 11 条）中将《商标法》第 57 条中“容易混淆”的含义具体表述为“存在特定联系、容易造成混淆”，即包括来源混淆与特定联系误认两类。

---

① 狭义的混淆之虞又被称为直接混淆，广义的混淆之虞被称为间接混淆。参见黄晖：《商标法》（第二版），法律出版社 2016 年版，第 116－117 页。

在理论上，依据混淆之虞发生的时间，混淆之虞还可分为售前混淆（初始利益混淆）、售中混淆和售后混淆。售后混淆是指消费者在不知道商标权的情况下购买假冒商品而误以为假冒商品为真品，或者明知而购买假冒商品，但会让其他消费者产生混淆的行为。售中混淆是指消费者在消费决策时产生的混淆。传统意义上的商标混淆，主要是指售中混淆和售后混淆。售前混淆是指消费者在购买之前所发生的、对商标所标示的商品来源的混淆，但消费者在实际购买时并未产生混淆后果。现代社会是注意力经济，售前混淆造成消费者的注意力和购买兴趣发生转移，并最终影响消费者的购买决策，使商标权人丧失本应有的交易机会，给商标权人造成损害。售前混淆理论将混淆之虞的判断时点由购买之时提前至购买之前，因在后使用者存在不当的"搭便车"行为，既使得消费者付出了不必要的信息搜索成本，也会损害商标权人对其商誉所享有的合法利益。

最高人民法院指导案例29号天津中国青年旅行社诉天津国青国际旅行社擅自使用他人企业名称纠纷案的裁判要点指出：擅自将他人已实际具有商号作用的企业名称简称作为商业活动中互联网竞价排名关键词，使相关公众产生混淆误认的，属于不正当竞争行为。法院认为：

> "通过在相关搜索引擎中设置与天津青旅企业名称有关的关键词并在网站源代码中使用等手段，使相关公众在搜索'天津中国青年旅行社'和'天津青旅'关键词时，直接显示天津国青旅的网站链接，从而进入天津国青旅的网站联系旅游业务，达到利用网络用户的初始混淆争夺潜在客户的效果，主观上具有使相关公众在网络搜索、查询中产生误认的故意，客观上擅自使用'天津中国青年旅行社'及'天津青旅'，利用了天津青旅的企业信誉，损害了天津青旅的合法权益。"

虽然该案是对商号不正当竞争行为的认定，但实际上，它与制止商标售前混淆的正当性是一致的，已有一些案件承认售前混淆的商标侵权行为，如沃力森案中的原告享有"XTOOLS"的商标权，被告向百度公司购买了"XTOOLS"关键词，百度搜索结果第1项链接指向被告网站。再如，茅台案中的涉案商品装潢图样中明确标注"百年荣和老窖酒"以及企业名称，相关公众在施以一定注意力的情况下可以与贵州茅台酒相区分。但其瓶贴及包装装潢与贵州茅台酒商标整体结构相同、图案整体相似，足以激发消费者最初购买兴趣，明显具有攀附贵州茅台酒厂商誉的主观意图，构成侵犯商标权。

（二）"混淆之虞"的认定

混淆之虞的认定应根据主、客观标准予以综合判断。主观标准，即以相关公众的一般注意力为标准；客观标准，即争议商标之间相同或近似的程度，商品相同或类似的程度。

（1）主观标准。"相关公众"不仅是判断商标显著性的标准，也是驰名商标认定的考虑因素，更是混淆之虞判断时最重要的认定依据。混淆之虞判断所依据的"相关公众"，类似于著作权法上的"读者"、专利法上"本领域普通技术人员"等概念，为拟制主体，它是指对所涉商品或服务具有常识性信息及中等注意力的现实或潜在的消费者及其相关的经营者。需要注意的是，在案件审理和行政执法的过程中，不能以法官或商标审查者的知识和认识能力为依据，尽管不需要在所有案件中进行消费者调查，但消费者调查的证据是混淆之虞的直接证据。此外，相关公众包括消费者及与商品或者服务的营销有密切关系的其他经营者。但混淆之虞的成立，两者择一即可，并非以同时成立为必要。

混淆之虞以相关公众的一般注意力为标准。注意力不同，出现混淆的可能性也会有所不同。如果具有足够高的注意力，心细如丝的消费者可以发觉蛛丝马迹般的差异，混淆的实际后果几乎难以出现。相反,心不在焉的专家也会出现张冠李戴的错误认识。一般注意力,是指大多数消费者做消费决策时所具有的注意力。因此,一般注意力并非统一确定的注意力,它会根据不同商品的消费决策情况而有所不同。例如,购买价格昂贵的珠宝等奢侈品,或者在古玩市场,消费者往往会细加甄别,其注意力会高些,混淆可能性就会低些。但是,价格低廉的快消商品,消费者的注意力就可能较低,混淆可能性就会高。

一般认为,影响相关公众注意力的因素有:① 商品的价格。消费者对价格不菲的商品之消费决策往往会比较谨慎,常常货比三家,混淆可能性就会低;但购买普通商品时的决策就可能较为随意,易于受到误导的影响。② 商品的性质。对于具有风险的商品,如药品,消费者在购买时也会依据处方认真挑选,非处方药的购买也会慎重,有些还对其配方、副作用加以对比。对于普通商品,如矿泉水,消费者则不会如此谨慎,其混淆可能性就会高。③ 商品销售的市场环境。消费者注意力也与消费决策的时间是否充足有关,仓促之间与深思熟虑的购买决定会产生不同的后果。例如,在限时促销时,特别是折扣等优惠力度较大时,消费者难以精挑细选。再如,在外卖平台上挑选快餐食品,消费者一般不会深思熟虑;而在现实的卖场上挑选货物,消费者通常会深思熟虑。

(2) 客观标准。它是指争议商标之间相同、近似的程度,以及所涉商品相同或类似的程度。相同商品上使用相同商标,即可推定成立混淆之虞。商标相同,是指被控侵权的商标与原告的注册商标相比较,二者在视觉上或听觉上基本无差别。需要证明成立混淆之虞的情形,主要包括三种情形:相同商品上使用近似商标,类似商品上使用相同商标,类似商品上使用近似商标。这三种情形主要涉及两个概念的适用:商标近似、类似商品。

商标近似,是指被控侵权的商标与原告的注册商标相比较,其文字的字形、读音、含义或者图形的构图及颜色,或者其各要素组合后的整体结构相似,或者其立体形状、颜色组合近似,或者其声音相似,易使相关公众对商品的来源产生误认或者认为其来源与原告注册商标的商品有特定的联系。《商标法解释》第 10 条规定,“认定商标相同或者近似按照以下原则进行:(一) 以相关公众的一般注意力为标准;(二) 既要进行对商标的整体比对,又要进行对商标主要部分的比对,比对应当在比对对象隔离的状态下分别进行;(三) 判断商标是否近似,应当考虑请求保护注册商标的显著性和知名度”。据此,商标近似的判断原则包括:① 隔离观察原则,即相关公众是否认为近似的判断,不得将涉案商标以对比观察的方式来分析,而是将比对对象予以隔离的状态下,分别进行相关公众混淆之虞的判断。② 整体比对与要部观察原则。整体比对是指商标近似判断时,不得将商标的各个构成要素进行单独比较,而是要从整体来看是否近似。商标在细节设计方面有区别,但在整体效果上不足以区分已有的标志,则构成近似。整体比对的本质上是忽略非主要部分的差异,重点观察商标的主要构成要素,即所谓的要部观察标准。在整体比对的过程中,商标的关键部分或显著部分,对于近似的判断具有关键作用。③ 综合考虑商标的显著性和知名度原则。显著性越高,构成近似的可能性越大;同样,商标的知名度越高,相关公众也越容易产生误认或混淆。

类似商品,是指在功能、用途、生产部门、销售渠道、消费对象等方面相同,或者相关公众一般认为其存在特定联系、容易造成混淆的商品。类似服务,是指在服务的目的、内容、方式、对象等方面相同,或者相关公众一般认为存在特定联系、容易造成混淆的服务。商品与服务类似,是指商品和服务之间存在特定联系,容易使相关公众混淆。《商标法解释》第 12 条规定:“认定商品或者服务是否类似,应当以相关公众对商品或者服务的一般认识综合判断;《商标注册用商品和服务国际分类表》《类似商品和服务区分表》可以作为判断类似商品或者服务的参考。”

(三) 反向假冒

一般情况下,侵犯商标权的行为主要体现为将自己的商品或服务冒充他人的商品或服务。

这是假冒(passing-off)的最典型情形。但在有些情况下,侵权人却把他人的商品当作自己商品而提供。这种侵权行为被称为反向假冒。《商标法》第 57 条第 5 项规定,未经商标注册人同意,更换其注册商标并将该更换商标的商品又投入市场的行为,属于侵犯注册商标专用权。更换商标,即移除他人商标后在商品上贴附自己商标的行为。反向假冒为《商标法》2001 年修订时增订,但此前法院即已承认其行为构成侵犯注册商标权。最早报道的案例是 1994 年发生的、由北京市第一中级人民法院审理的"枫叶"诉"鳄鱼"案,被告新加坡"鳄鱼"公司在北京的授权销售商同益公司购买北京服装一厂生产的"枫叶"牌男装西裤,去除商标后,换上"卡帝乐"商标再行高价销售。

从比较法来看,大部分国家的商标法都禁止反向假冒。反向假冒包括积极的反向假冒和消极的反向假冒。前者是指更换商标的反向假冒,后者是指仅去除注册商标、以白牌(无商标)形式再行销售的反向假冒。后者在《商标法》上未予明确规定,但也得到了司法的确认。在《最高人民法院公报》2004 年第 10 期登载的如皋市印刷机械厂诉轶德公司侵犯商标专用权纠纷案中,法院认为:

> 本案的争议焦点是:被告轶德公司将他人使用过的"银雉"牌印刷机械购回予以修整,去除商标标识后向他人销售的行为是否侵犯了原告印刷机械厂的商标专用权。……作为商标权人与商品使用者之间的纽带,商标只有附在核准使用的商品上随着商品流通,才能加强商品的知名度和竞争力,使商品使用者认知商品生产者及其商品的全部价值,增加商品的市场交易机会,满足商标权人实现其最大经济利益的目的。所以,商品商标与商品具有不可分离的属性,商标权人有权在商品的任何流通环节,要求保护商品商标的完整性,保障其经济利益。在商品流通过程中拆除原有商标的行为,显然割断了商标权人和商品使用者的联系,不仅使商品使用者无从知道商品的实际生产者,从而剥夺公众对商品生产者及商品商标认知的权利,还终结了该商品所具有的市场扩张属性,直接侵犯了商标权人所享有的商标专用权,并最终损害商标权人的经济利益。

(四) 反向混淆

与反向假冒类似,一般情况下的混淆是指相关公众误认为侵权人的产品来源于商标权人,或者侵权人与商标权人之间有特定联系。反向混淆则是相关公众误认为商标权人的产品来源于侵权人,或者商标权人与侵权人有特定联系。反向混淆也是由司法所认可的一类混淆侵权行为。最早引发广泛讨论的案件是 2003 年由浙江高级人民法院审理的浙江蓝野酒业有限公司诉上海百事可乐饮料有限公司(简称百事公司)商标侵权案。该案原告享有"蓝色风暴"注册商标权,法院认为,百事公司生产销售的饮料使用"蓝色风暴"标志,消费者基于先入为主的倾向,很可能将"蓝色风暴"误以为是百事公司的商标。此后,法院审理了很多类似案件,如"新百伦"案、"卡斯特"案、"非诚勿扰"案等。

关于反向混淆的成立条件,有两类不同观点。一种观点认为,反向混淆与正向混淆在事实构成、损害后果和社会影响等方面都存在明显的区别。[①] 另一种观点认为,商标反向混淆是混淆的类型之一,它与正向混淆在本质上是相同的,只不过一些考量因素的侧重点不完全相同而已。[②] 本书赞同后一种观点,认为反向混淆的判断条件应以相关公众的误认即"存在特定联系、容易造成混淆"为依据。广东省高级人民法院再审的金阿欢与江苏电视台"非诚勿扰"商标侵权纠纷案即体现了两种观点的不同认识:

---

① 参见彭学龙:《商标反向混淆探微——以"'蓝色风暴'商标侵权案"为切入点》,《法商研究》2007 年第 5 期。

② 参见邓宏光:《商标反向混淆的司法应对》,《人民司法(应用)》2017 年第 10 期。

一审法院认为:江苏电视台《非诚勿扰》节目虽然与婚恋交友有关,但终究是电视节目,相关公众一般认为两者不存在特定联系,不容易造成公众混淆,两者属于不同类商品/服务,不构成侵权……

二审法院认为:从服务的目的、内容、方式、对象等方面来看,江苏电视台的《非诚勿扰》节目提供征婚、相亲、交友的服务,与金阿欢"非诚勿扰"商标注册证上核定的服务项目"交友、婚姻介绍"相同。"非诚勿扰"注册商标已投入商业使用,被诉行为影响了该商标的正常使用,使之难以正常发挥应有的作用。由于江苏电视台的知名度及节目的宣传,相关公众容易对权利人的注册商标使用与江苏电视台产生错误认识及联系,造成反向混淆……

再审法院认为:在商标侵权裁判中,必须对被诉标识与注册商标是否相同或近似、两者服务是否相同或类似,以及是否容易引起相关公众的混淆误认作出判断。……商标法所要保护的,并非仅以注册行为所固化的商标标识本身,而是商标所具有的识别和区分商品/服务来源的功能。如果被诉行为并非使用在相同或类似商品/服务上,或者并未损害涉案注册商标的识别和区分功能,亦未因此导致市场混淆后果的,不应认定构成商标侵权。……两者无论是在服务目的、内容、方式和对象上均区别明显。以相关公众的一般认知,能够清晰区分电视文娱节目的内容与现实中的婚介服务活动,不会误以为两者具有某种特定联系,两者不构成相同服务或类似服务。即使认为江苏电视台提供的被诉《非诚勿扰》节目与"交友服务、婚姻介绍"服务类似,相关公众也能够对该服务来源作出清晰区分,不会产生两者误认和混淆。

二、商标淡化的判断

与混淆侵权不同,商标淡化行为并不以相关公众混淆之虞为条件,它是指造成商标显著性损耗(降低)或污损其商誉的使用行为。商标淡化是建立在商标广告宣传功能及商标财产权理论基础上的侵权判断规则。商标只是承载商誉的容器,故商誉的保护是商标权保护的重要内容,商标淡化以保护商誉为基本内容。

(一)商标淡化的表现

商标淡化的损害后果体现为商标显著性的退化、弱化与丑化。

所谓退化,是指将商标作为商品通用名称使用,使得商标有丧失显著性之可能性。如朗科公司的"优盘"商标被商评委认定为商品通用名称而被撤销注册。朗科公司未能在商业使用中区分其商标"优盘"与商品名称,也未能在"优盘"成为该商品通用名称前及时应对进行维权,最终导致"优盘"商标演变成商品通用名称。商标显著性退化为通用标志,也有可能是商标权人自行使用不当所造成的。广告语"百度一下,你就知道"具有商标法上的淡化风险,因为"百度"商标在这里具有"搜索"的含义,当"百度"一词有变成"搜索"服务的通用名称时,它就会丧失显著性而被撤销。

所谓弱化,是指商标显著性因在不同类商品或服务上被广泛使用后,产生商标来源的不唯一性。驰名商标本来只与特定的商品或服务产生联系,但由于被使用到其他商品或服务上,该种唯一联系的现状就会被稀释与冲淡。例如,"索尼(Sony)"被用于自行车、餐饮等商品或服务上,并不会使相关公众产生混淆之虞,但降低了该商标的高度显著性,模糊了该商标与商品之间唯一特定的联系。再如,"爱奇艺"为臆造词,经北京爱奇艺科技有限公司使用并广泛宣传已享有相当的市场知名度,为相关公众所知悉。被告在涂料上使用在读音、视觉效果等方面均存在较高相似度的商标,久而久之,必然冲淡甚至切断"爱奇艺"驰名商标与其服务项目及驰名商标权利人之间的自然联系。

所谓丑化，是指对商标以有损其声誉方式进行的贬损性使用。商标的贬损，通常是指在有伤风化或其他损害道德风尚的情况下使用商标，对商标及其商誉造成负面影响。例如，被诉侵权酒吧字号"欧洲顶级夜店品牌 CLUB LV"与驰名商标"LV"没有任何关联，但其在微信公众号的链接中使用带有色情内容的照片和描写，有丑化驰名商标"LV"之行为，其侵权恶意明显。商标的贬损，还指对商品声誉产生负面影响（如不良联想）的其他行为，如将高档商品的商品使用到低档或大众商品，或者有不利联想的商品上。将他人的驰名商标注册到"抽水马桶"上，是否造成贬损或丑化，需要根据商品类型而区别对待。对于高端洋酒商品"人头马路易十三"商标而言，它具有一定的丑化，进而会损害驰名商标权利人的利益；将香水商标"香奈儿"用于洁厕剂，也有类似的效果。因为这些都会使消费者对其用途产生不好的联想。但对于金融服务"中信"商标而言，将其使用在卫浴商品上，尚不足以造成贬损或丑化。

商标淡化的适用对象为驰名商标还是著名商标，不同国家有不同的做法。[①] 商标法并无商标淡化的明确规定，但司法实务中采纳商标淡化理论，建立了驰名商标的反淡化保护规则。《驰名商标解释》第 9 条第 2 款规定："足以使相关公众认为被诉商标与驰名商标具有相当程度的联系，而减弱驰名商标的显著性、贬损驰名商标的市场声誉，或者不正当利用驰名商标的市场声誉的，属于商标法第十三条第三款规定的'误导公众，致使该驰名商标注册人的利益可能受到损害'。""减弱显著性""贬损声誉"以及"不正当利用驰名商标的市场声誉"是商标淡化的三类典型情形，有些裁判文书直接称之为"商标淡化"。例如，在商标评审委员会等与大众汽车股份公司商标行政纠纷案中，北京市高级人民法院认为，对驰名商标的保护，在商标行政案件与商标民事侵权案件中应当坚持同样的标准："鉴于引证商标'VW 图形'在汽车商品上的驰名程度，诉争商标构成对引证商标的复制、摹仿，其注册和使用易使公众误认为诉争商标与引证商标存在特定关联，从而淡化引证商标的知名度，致使大众汽车公司的利益受到损害。"

（二）驰名商标保护的基本规定

驰名商标，是指在中国境内为相关公众广为知晓并具有美誉度的商标。首先，驰名商标是在中国境内的驰名商标；其次，它在相关公众中具有知名度，但并非要求全国范围内的知名度；最后，驰名商标须有美誉度。广为知晓的商标之所以受到商标法的特别保护，是因为它有较高的商誉，如果广为知晓的原因是臭名昭著，如"三鹿"奶粉，则不能构成驰名商标。

(1) 作为法律事实的驰名商标。驰名商标的核心价值是具有知名度的良好商誉，而商誉是会随着商品或服务的质量变化而不断变化的，故驰名商标不是一项荣誉，而是一种法律事实。一方面，驰名商标的认定须在持有人认为其权利受到侵害时，才可以请求驰名商标保护。在涉及驰名商标保护的民事纠纷案件中，人民法院对于商标驰名的认定，仅作为案件事实和判决理由，不写入判决主文；以调解方式审结的，在调解书中对商标驰名的事实不予认定。另一方面，对于驰名商标的事实认定，商标权人不得为招徕消费者而在广告宣传中使用。《商标法》第 14 条第 5 款规定："生产、经营者不得将'驰名商标'字样用于商品、商品包装或者容器上，或者用于广告宣传、展览以及其他商业活动中。"

(2) 驰名商标的认定。驰名商标的认定应当遵循个案认定、被动认定和按需认定的原则。如果涉案诉争商标能否获得注册、是否构成侵犯商标权，并不会因引证商标构成驰名受到影响，则即使该引证商标构成驰名，亦无须单独进行认定。质言之，只有需要依据商标淡化确定侵权行

---

① 本书认为，在防止商标退化的损害后果方面，显著性高的普通商标（如臆造商标）权利人也应有权禁止他人的该类使用行为。

为、驳回注册申请时,才予以驰名商标的认定。此外,驰名商标应当根据当事人的请求,作为处理涉及商标案件需要认定的事实进行认定。

认定驰名商标应当考虑下列因素:① 相关公众对该商标的知晓程度;② 该商标使用的持续时间;③ 该商标的任何宣传工作或者促销活动的方式、持续时间、程度、资金投入和地域范围;④ 该商标作为驰名商标受保护的记录;⑤ 使用该商标的商品的市场份额、销售区域、利税等;⑥ 该商标享有的市场声誉;⑦ 证明该商标已属驰名的其他事实。商标使用的时间、范围、方式等,包括其核准注册前持续使用的情形。对于商标使用时间长短、行业排名、市场调查报告、市场价值评估报告、是否曾被认定为著名商标等证据,人民法院应当结合认定商标驰名的其他证据,客观、全面地进行审查。

被诉侵犯商标权或者不正当竞争行为发生前,曾被人民法院或者国务院工商行政管理部门认定驰名的商标,被告对该商标驰名的事实不持异议的,人民法院应当予以认定。被告提出异议的,原告仍应当对该商标驰名的事实负举证责任。

除另有规定外,人民法院对于商标驰名的事实,不适用民事诉讼证据的自认规则。对于在中国境内为社会公众广为知晓的商标,原告已提供其商标驰名的基本证据,或者被告不持异议的,人民法院对该商标驰名的事实予以认定。

(3) 驰名商标的保护范围。驰名商标权利人可以禁止他人抢注。自商标注册之日起 5 年内,在先权利人或者利害关系人可以请求商标评审委员会宣告该注册商标无效。对恶意注册的,驰名商标所有人不受 5 年的时间限制。驰名商标权利人也可以禁止他人的混淆侵权与商标淡化行为,但具体而言,《商标法》区分已注册的驰名商标与未注册的驰名商标,两者的主要区别在于未注册驰名商标不受跨类保护,即商标淡化保护。

第一,未注册驰名商标的保护。《商标法》第 13 条第 2 款规定:"就相同或者类似商品申请注册的商标是复制、摹仿或者翻译他人未在中国注册的驰名商标,容易导致混淆的,不予注册并禁止使用。""容易导致混淆",是指足以使相关公众对使用驰名商标和被诉商标的商品来源产生误认,或者足以使相关公众认为使用驰名商标和被诉商标的经营者之间具有许可使用、关联企业关系等特定联系。因此,未注册驰名商标的权利人仅能禁止混淆之虞的侵权行为与抢注行为。

第二,已注册驰名商标的保护。《商标法》第 13 条第 3 款规定:"就不相同或者不相类似商品申请注册的商标是复制、摹仿或者翻译他人已经在中国注册的驰名商标,误导公众,致使该驰名商标注册人的利益可能受到损害的,不予注册并禁止使用。""误导公众,致使该驰名商标注册人的利益可能受到损害",是指足以使相关公众认为被诉商标与驰名商标具有相当程度的联系,而减弱驰名商标的显著性、贬损驰名商标的市场声誉,或者不正当利用驰名商标的市场声誉。在深圳市大疆实业有限公司(简称大疆实业公司)等与深圳市大疆创新科技有限公司(简称大疆创新科技公司)商标侵权纠纷案中,北京市高级人民法院认为:

> 被诉侵权产品"手机"与涉案商标商品"航空器"在功能用途、消费群体等方面存在一定差异,但二者均系民用科技产品,在日常使用过程中存在密切关联,大疆实业公司在"手机"商品上使用"大疆"标志的行为,足以使相关公众在看到被诉侵权产品时直接联想到大疆创新科技公司的涉案商标,进而破坏该商标与大疆创新科技公司所生产的"航空器"商品之间的密切联系和对应关系,减弱该商标作为驰名商标的显著性。大疆实业公司明知涉案商标在"航空器"商品上具有较高知名度,仍然在被诉侵权产品上使用"大疆"字样,意图利用该商标的市场声誉吸引相关公众的注意力,从而获取不正当的经济利益。大疆实业公司在被诉侵权产品上使用"大疆"标志的行为,削弱了涉案商标与大疆创新科技公司的唯一对应联系,

弱化了该驰名商标告知消费者特定商品来源的能力,从而减弱了驰名商标的显著性,并不正当利用了驰名商标的市场声誉。

注册驰名商标的跨类保护范围,与该商标本身的显著性、知名度及其被诉商标的关联程度有关。《驰名商标解释》第10条规定,原告请求禁止被告在不相类似商品上使用与原告驰名的注册商标相同或者近似的商标或者企业名称的,人民法院应当根据案件具体情况,综合考虑以下因素后作出裁判:① 该驰名商标的显著程度;② 该驰名商标在使用被诉商标或者企业名称的商品的相关公众中的知晓程度;③ 使用驰名商标的商品与使用被诉商标或者企业名称的商品之间的关联程度;④ 其他相关因素。

三、间接侵权

《商标法》第57条第6项规定了侵犯商标权的帮助侵权,该条规定,"故意为侵犯他人商标专用权行为提供便利条件,帮助他人实施侵犯商标专用权行为的",属于侵犯商标权的行为。商标帮助侵权行为的成立,其构成要件为:

第一,存在直接侵权行为,这是帮助侵权成立的必要前提。

第二,存在提供便利条件等帮助行为。《商标法实施条例》明确规定"提供便利条件"是指"为侵犯他人商标专用权提供仓储、运输、邮寄、印制、隐匿、经营场所、网络商品交易平台等"。上述法律法规中"等"应是未穷尽列举之意,提供便利条件的具体行为方式不限于上述明确列举的方式。例如,提供宣传网站的行为与上述法律法规中提供经营场所、网络交易平台等行为的性质并无二致,属于为侵犯他人商标专用权提供便利条件的行为。

第三,帮助侵权人具有主观故意。过失不构成帮助侵权。故意,是指明知他人有侵犯商标权的行为而提供便利条件。故意与行为人是否履行了相应的合理注意义务密切相关。例如,印制侵犯他人注册商标的标识,印制者是否履行了符合法律规定义务,是其主观上是否具有故意的重要体现。再如,专业市场管理者对市场内商铺经营者负有一定程度的管理义务,如引导、督促商户合法经营及采取合理、必要措施制止侵权行为的义务等。能以市场上仍然发现假冒商品就径行认定市场管理者没有尽到其应负的经营管理责任及监督责任,但是,仅要求相关商铺经营者出具书面保证书是不能满足其履行管理义务的条件的。特别是提供便利的人在收到商标权人发出的侵权警告函后,其须履行较为积极的管理义务;未尽合理注意义务的,则故意条件成立。在北京东兴联永同昌投资管理有限公司(简称东兴联永同昌公司)、路易威登马利蒂侵害商标权纠纷再审案中,北京市高级人民法院认为:

本案中,认定东兴联永同昌公司是否实施了为侵权行为提供便利条件的帮助行为,应从主观上考虑是否有提供便利条件的故意,客观上是否为侵权提供帮助的行为。首先,故意作为实施侵权行为的主观要件,应以其是否知晓或应当知晓行为为标准。而对于知晓或应当知晓的判断,应以当事人的客观行为所反映的主观意图作为判断依据。根据原审法院查明事实,本案被控侵权行为发生在东兴联永同昌公司经营的汽车卖场内,侵权商品展列于店铺中,并非隐蔽销售。被控侵权产品显著使用了"路易威登马利蒂"具有极高知名度的涉案标识,分辨度高。其次,关于是否具有管理义务和责任。在案证据租赁合同书载明"市场管理及管理费"部分明确约定甲方(即东兴联永同昌公司)的市场管理义务,北京工商行政管理机关也曾发布通告明确禁止在批发市场销售未经商标权利人授权的带有"LOUISVUTTON"标识的商品。东兴联永同昌公司作为市场管理者,既负有监管职责,也负有遵守工商行政机关的相关规定并协助实施的义务。对此，其应当知道涉案侵权产品的销售并予以制止。

第五节　商标法中的特别问题

本节主要介绍三项内容：在商标权注册取得制度下，商标法对未注册商标的保护，集体商标、证明商标与地理标志等特殊商标的保护，以及商标管理的相关内容。

一、对未注册商标的保护

在商标权注册取得的制度下，使用在先的商标与在后注册商标之间的冲突问题由来已久，商标在先使用人基于诚实信用的方式，通过使用而积累了相应的商誉，具有受法律保护的正当性。在注册制下，通过保护公平竞争，平衡商标注册人和在先使用人的利益，禁止商标抢注等有违商标法基本目标的不正当竞争行为，是商标法的必然之义。因此，在注册取得制度的前提下，未注册商标也应得到一定程度的保护。商标法保护符合诚信原则的在先使用的未注册商标，它主要体现为三类制度：一是规定了商标先用权，在先使用者在一定条件的继续使用不构成对注册商标权的侵犯。本书在第三节予以了介绍。二是规定了未注册驰名商标的保护。不同于商标先用权，未注册驰名商标不是侵权的抗辩，与一般注册商标权一样，无须附加区别标识而使用，且可依法申请撤销抢注的商标。本书在第四节予以了介绍。三是赋予商标在先使用者通过无效宣告程序而撤销注册商标的权利。

商标在先使用人通过无效宣告程序来保护其权利的情形主要包括两类。

第一类，不受 5 年期限限制的情形：以欺骗手段或其他不正当手段取得注册的；恶意抢注驰名商标的。

第二类，必须在商标注册 5 年之内提出无效的情形：① 不具有恶意情形注册的他人驰名商标，即就相同或者类似商品申请注册的商标是复制、摹仿或者翻译他人未在中国注册的驰名商标，容易导致混淆的，不予注册并禁止使用。② 跨类抢注已注册的驰名商标，即就不相同或者不相类似商品申请注册的商标是复制、摹仿或者翻译他人已经在中国注册的驰名商标，误导公众，致使该驰名商标注册人的利益可能受到损害的，不予注册并禁止使用。③ 未经授权，代理人或者代表人以自己的名义将被代理人或者被代表人的商标进行注册，被代理人或者被代表人提出异议的，不予注册并禁止使用。就同一种商品或者类似商品申请注册的商标与他人在先使用的未注册商标相同或者近似，申请人与该他人具有前款规定以外的合同、业务往来关系或者其他关系而明知该他人商标存在，该他人提出异议的，不予注册。④ 申请商标注册不得损害他人现有的在先权利，也不得以不正当手段抢先注册他人已经使用并有一定影响的商标。严格意义上讲，未注册的在先使用商标既包括从未注册过的在先使用商标，也包括注册商标保护期届满后未续展、但继续使用的商标。抢注商标的构成条件是：第一，他人商标在注册商标申请之前已经使用并有一定影响。一定影响，是指经过一定使用、产生了相应的声誉的未注册商标，无须达到驰名商标的程度。第二，在先使用的商标与申请注册的商标相同或近似，且两个商标所使用的商品或服务相同或者类似。第三，商标注册申请人抢注行为“不正当”，具有故意（即明知或应知）的主观过错。

商标法关于商标在先使用人申请对注册商标无效宣告规定的属性，是程序性规定，还是实体性规定，在某些情况下对于案件的解决具有关键作用。在江苏本港投资有限公司与国家工商行政管理总局商标评审委员会、本田技研工业株式会社（简称本田株式会社）商标无效争议案中，北京市高级人民法院认为：

我国商标法就其体系和内容而言，是兼具程序性条款与实体性条款的部门法。例如2013年商标法第三十条的规定，它既有在申请注册阶段，商标局依法可以驳回申请的程序性条款，亦有关于商标构成近似的实体性条款。……2013年商标法第四十五条所述的“对恶意注册的，驰名商标所有人不受五年的时间限制”的规定，属于程序性条款，而非实体性条款。具体理由如下：

第一，程序性条款是为实体性条款适用提供了纠纷解决的机制与路径，而实体性条款则是对纠纷解决特别是权利、义务产生实质性影响的具体规定。商标法体系下的程序性条款更多体现为按照商标授权、确权不同阶段对诉争商标所启动的相关程序，而实体性条款则是启动具体程序后，对诉争商标的效力状态直接予以判定的依据。因此，“对恶意注册的，驰名商标所有人不受五年的时间限制”规定的目的是申请主体是否可以超过“五年”期限提出无效宣告请求，商标评审委员会是否受理该申请，并不会直接对商标权利状态的确定产生实质性影响，即使构成超过“五年”可以受理的情形，亦不必然导致诉争商标应当被予以宣告无效的结论。

第二，对商标法体系下的程序性条款一般是商标评审委员会主动审查，而实体性条款特别是在依据商标法第四十五条第一款时，商标评审委员会系基于请求主体的申请被动审查，二者启动的主体不同。具体而言，若申请主体超过“五年”主张宣告无效的，商标评审委员会应当主动审查是否满足注册时存在恶意，以及是否为驰名商标所有人；而商标评审委员会在审查是否超过“五年”的情形后，对诉争商标是否应当依据商标法具体条款予以宣告无效时，则应当依据申请主体的请求范围予以认定。

第三，商标法体系下的程序性条款对诉争商标的效力状态产生间接性影响，即该申请主体不符合超过“五年”宣告无效的主体资格，不代表诉争商标即符合商标法具体条款的规定。商标法实体性条款是对诉争商标的效力状态产生直接性影响，即直接对诉争商标是否符合商标法具体条款予以评价。……

从2001年商标法第十三条的文义来看，法律对在相同或者类似商品上复制、摹仿或者翻译他人已经注册的驰名商标的情形并未予以规制。但是，若对特定情形不予规制显失公平时，可以通过立法解释、体系解释、目的解释等方法对法律规范进行理解。……

从立法本意及目的分析，该规定旨在给予驰名商标较之于一般注册商标更强的保护。一般注册商标权利人享有专用权以及禁止他人在相同或者类似商品上使用相同或者近似商标的权利，驰名商标权利人除享有上述权利外，还享有禁止他人在不相同或者不相类似商品上使用相同或者近似驰名商标的权利。特别需要指出，若在驰名商标核定使用的相同或类似商品上注册、使用相同或者近似商标，其对驰名商标权利人的损害后果显然高于在不相同或者不相类似商品上的注册、使用行为。因此，举轻以明重，虽然商标法第十三条第二款仅对“不相同或者不相类似商品申请注册的商标是复制、摹仿或者翻译他人已经在中国注册的驰名商标”之行为予以禁止，但是根据商标法对驰名商标强保护的立法本意及目的，在“相同或者类似商品”上复制、摹仿、翻译他人已经在中国注册的驰名商标申请注册商标的行为，亦属该条款所调整的对象。

根据查明的事实，本田株式会社就争议商标向商标评审委员会提出争议申请时，已经超过五年法定期限。因此，争议商标是否应予撤销，需要考虑以下因素：引证商标在争议商标申请注册日前是否已经构成驰名商标；争议商标是否构成对引证商标的摹仿，是否会误导公众，致使本田株式会社的利益可能受到损害；济南豪达公司申请注册争议商标是否具有主观恶意。

……是否存在主观恶意的认定，须依诉争商标申请人在申请注册时，而非诉争商标权利人使用时的状态。特别是在诉争商标发生过转让的情况下，是否存在主观恶意的认定应依诉争商标申请注册时的原始主体判断。……只要诉争商标的原始申请主体主观上具有攀附他人良好商誉及商标知名度的意图，即属于该条所指的“恶意”。主张诉争商标申请人恶意注册的一方负有初步的举证责任。由于恶意是行为人的主观意图，因此在举证过程中可以通过其客观表现的行为加以推定。明知他人在先商标具有较高知名度，仍然注册与他人驰名商标相同或近似的商标，容易误导公众的，即可推定具有主观恶意。诉争商标的权利人能够说明申请注册诉争商标正当性的，可以推翻上述推定。

认定是否具有恶意可以考虑如下因素：其一，诉争商标与引证商标的近似程度。……同时，如果引证商标由臆造词构成，则该标志的独创性程度通常较高，不同主体使用相似标志的可能性较小，复制、摹仿的可能性越大。其二，引证商标的知名度。引证商标的知名度与相关公众的知晓程度有关，诉争商标的注册人在申请注册之时理应注意避让那些具有较高知名度的商标，以免产生混淆可能性或者误导公众。其三，核定使用商品之间的关联关系。核定使用商品关联的远近关系到诉争商标的注册是否会导致误导公众，损害驰名商标注册人的利益。……其四，诉争商标的使用方式。虽然进行恶意注册判断应当以诉争商标申请注册时的事实状态作为判断基准，但此后诉争商标的使用方式可用以推定商标申请人注册该商标时的主观状态。

二、对特殊商标的保护

（一）集体商标、证明商标

集体商标，是指以团体、协会或者其他组织名义注册，供该组织成员在商事活动中使用，以表明使用者在该组织中的成员资格的标志。证明商标，是指由对某种商品或者服务具有监督能力的组织所控制，而由该组织以外的单位或者个人使用于其商品或者服务，用以证明该商品或者服务的原产地、原料、制造方法、质量或者其他特定品质的标志。

集体商标、证明商标注册和管理的特殊事项，由国务院工商行政管理部门规定。根据《集体商标、证明商标注册和管理办法》的规定，申请集体商标注册的，应当附送主体资格证明文件并应当详细说明该集体组织成员的名称和地址。集体商标的使用管理规则应当包括：使用集体商标的宗旨；使用该集体商标的商品的品质；使用该集体商标的手续；使用该集体商标的权利、义务；成员违反其使用管理规则应当承担的责任；注册人对使用该集体商标商品的检验监督制度。集体商标注册人的成员发生变化的，注册人应当向商标局申请变更注册事项，由商标局公告。集体商标注册人的集体成员，在履行该集体商标使用管理规则规定的手续后，可以使用该集体商标。集体商标不得许可非集体成员使用。

申请证明商标注册的，应当附送主体资格证明文件并应当详细说明其所具有的或者其委托的机构具有的专业技术人员、专业检测设备等情况，以表明其具有监督该证明商标所证明的特定商品品质的能力。证明商标的使用管理规则应当包括：使用证明商标的宗旨；该证明商标证明的商品的特定品质；使用该证明商标的条件；使用该证明商标的手续；使用该证明商标的权利、义务；使用人违反该使用管理规则应当承担的责任；注册人对使用该证明商标商品的检验监督制度。证明商标注册人准许他人使用其商标的，注册人应当在 1 年内报商标局备案，由商标局公告。凡符合证明商标使用管理规则规定条件的，在履行该证明商标使用管理规则规定的手续后，可以使用该证明商标，注册人不得拒绝办理手续。证明商标的注册人不得在自己提供的商品上使用该证明商标。

申请转让集体商标、证明商标的，受让人应当具备相应的主体资格；集体商标、证明商标发生移转的，权利继受人应当具备相应的主体资格，并符合《商标法》《商标法实施条例》的规定。集体商标、证明商标注册人没有对该商标的使用进行有效管理或者控制，致使该商标使用的商品达不到其使用管理规则的要求，对消费者造成损害的，将承担相应的行政责任。

(二) 地理标志

地理标志，是指标示某商品来源于某地区，该商品的特定质量、信誉或者其他特征，主要由该地区的自然因素或者人文因素所决定的标志。与商标类似，地理标志也具有指示商品来源的功能，这是很多国家在商标法中规定地理标志保护的原因。但是，作为标识类知识产权客体，地理标志具有如下特殊性：① 地理标志是一种集体性的共有权利，由产地生产者和经营者集体共有的一项权利。这与证明商标、集体商标类似，是与后者采取相同保护规则的原因。② 地理标志的保护不受期限限制，具有永续性的特点。③ 地理标志一般由文字组成，以地理名称为核心部分，构成简单。④ 地理标志标示商品的来源或产地，不能区别同一地区不同生产者提供的同类商品，故还需要使用商标来区分商品的生产者。⑤ 地理标志具有国家非物质文化遗产的性质，具有不可转让性，其处分权受到法律特别的限定。

TRIPs 协议是目前保护地理标志最全面的国际条约，第二部分专节(第三节)共 3 款规定地理标志的保护，其显著特色是地理标志的区别保护规则。

(1) 一般商品的地理标志以混淆为保护规则。第一，在商品的名称或介绍中使用任何手段标明或暗示所涉商品来源于真实原产地之外的地域，在商品地理来源方面使公众产生误解的，应予禁止。第二，构成《巴黎公约》(1967)第 10 条之二范围内的不公平竞争行为的任何使用行为，应予禁止。第三，如商标包含的或构成该商标的地理标识中所标明的地区并非商品来源地，且如果在该成员中在此商品商标中使用这一标识会使公众对其真实原产地产生误解，则该成员在其立法允许下可依职权或在利害关系方请求下，拒绝该商标注册或宣布注册无效。第四，虽在文字上表明商品来源的真实领土、地区或地方，但虚假地向公众表明该商品来源于另一国家的地理标识，应予禁止。

(2) 葡萄酒和白酒不以混淆为原则的额外保护。TRIPs 协议第 23 条规定：每一成员应为利害关系方提供法律手段，以防止将识别葡萄酒的地理标识用于并非来源于所涉地理标识所标明地方的葡萄酒，或防止将识别烈酒的地理标识用于并非来源于所涉地理标识所标明地方的烈酒，即使对货物的真实原产地已标明，或该地理标识用于翻译中，或附有“种类”“类型”“特色”“仿制”或类似表述方式。对于一葡萄酒商标包含识别葡萄酒的地理标识或由此种标识构成，或如果一烈酒商标包含识别烈酒的地理标识或由此种标识构成，一成员应在其立法允许的情况下依职权或应一利害关系方请求，对不具备这一来源的此类葡萄酒或烈酒，拒绝该商标注册或宣布注册无效。

TRIPs 协议第 24 条规定了地理标志保护的例外情形，包括：在先使用或善意使用；商标的在先注册或在先获得；商品通用名称；不利使用在该成员境内众所周知超过 5 年；姓名权的使用；原产地国不保护或被终止保护。

《商标法实施条例》第 4 条第 1 款规定：地理标志，可以依法作为证明商标或者集体商标申请注册。《商标法》第 16 条第 1 款规定：“商标中有商品的地理标志，而该商品并非来源于该标志所标示的地区，误导公众的，不予注册并禁止使用；但是，已经善意取得注册的继续有效。”多个葡萄酒地理标志构成同音字或者同形字的，在这些地理标志能够彼此区分且不误导公众的情况下，每个地理标志都可以作为集体商标或者证明商标申请注册。使用他人作为集体商标、证明商标注册的葡萄酒、烈性酒地理标志标示并非来源于该地理标志所标示地区的葡萄酒、烈性酒，即使同时标出了商品的真正来源地，或者使用的是翻译文字，或者伴有诸如某某“种”、某某“型”、某某“式”、某某“类”等表述的，也不予注册并禁止使用。

以地理标志作为集体商标申请注册的，应当附送主体资格证明文件并应当详细说明其所具有的或者其委托的机构具有的专业技术人员、专业检测设备等情况，以表明其具有监督使用该地理标志商品的特定品质的能力。申请以地理标志作为集体商标注册的团体、协会或者其他组织，应当由来自该地理标志标示的地区范围内的成员组成。申请以地理标志作为集体商标、证明商标注册的，还应当附送管辖该地理标志所标示地区的人民政府或者行业主管部门的批准文件。外国人或者外国企业申请以地理标志作为集体商标、证明商标注册的，申请人应当提供该地理标志以其名义在其原属国受法律保护的证明。

《商标法实施条例》第 4 条第 2 款规定：“以地理标志作为证明商标注册的，其商品符合使用该地理标志条件的自然人、法人或者其他组织可以要求使用该证明商标，控制该证明商标的组织应当允许。以地理标志作为集体商标注册的，其商品符合使用该地理标志条件的自然人、法人或者其他组织，可以要求参加以该地理标志作为集体商标注册的团体、协会或者其他组织，该团体、协会或者其他组织应当依据其章程接纳为会员；不要求参加以该地理标志作为集体商标注册的团体、协会或者其他组织的，也可以正当使用该地理标志，该团体、协会或者其他组织无权禁止。”

地理标志也可以申请专用标志。地理标志专用标志，是指适用在按照相关标准、管理规范或者使用管理规则组织生产的地理标志产品上的官方标志。国家知识产权局负责统一制定发布地理标志专用标志使用管理要求，组织实施地理标志专用标志使用监督管理。地理标志专用标志合法使用人应当遵循诚实信用原则，履行如下义务：按照相关标准、管理规范和使用管理规则组织生产地理标志产品；按照地理标志专用标志的使用要求，规范标示地理标志专用标志；及时向社会公开并定期向所在地知识产权管理部门报送地理标志专用标志使用情况。

地理标志专用标志的合法使用人包括下列主体：经公告核准使用地理标志产品专用标志的生产者；经公告地理标志已作为集体商标注册的注册人的集体成员；经公告备案的已作为证明商标注册的地理标志的被许可人；经国家知识产权局登记备案的其他使用人。地理标志专用标志合法使用人未按相应标准、管理规范或相关使用管理规则组织生产的，或者在 2 年内未在地理标志保护产品上使用专用标志的，知识产权管理部门停止其地理标志专用标志使用资格。对于未经公告擅自使用或伪造地理标志专用标志的；或者使用与地理标志专用标志相近、易产生误解的名称或标识及可能误导消费者的文字或图案标志，使消费者将该产品误认为地理标志的行为，知识产权管理部门及相关执法部门依照法律法规和相关规定进行调查处理。

（三）联合商标、防御商标

联合商标和防御商标都是为了防止他人注册易于混淆的商标而产生。联合商标是指商标权人申请注册的多个相互近似的商标，如阿里巴巴公司申请注册的“阿里爸爸”“阿里妈妈”“阿里宝宝”“阿里爷爷”“阿里奶奶”“阿里姐姐”“阿里妹妹”等商标，小米公司申请注册的“红米”“粟米”“黑米”“米粉”“紫米”“玉米”等商标。防御商标是指商标权人在跨类商品上注册的相同商标，如“可口可乐”“小米”商标在全部 45 类商品上都进行了商标注册。

联合商标和防御商标主要是为了防止他人“搭便车”而做的预先注册，故这些商标通常不会使用。《商标法》第 49 条关于连续 3 年不使用的规定，不适用于联合商标和防御商标。同时，这些商标之间本身具有相当程度的混淆可能性，故其转让将受到限制。《商标法》第 42 条规定：“转让注册商标的，商标注册人对其在同一种商品上注册的近似的商标，或者在类似商品上注册的相同或者近似的商标，应当一并转让。”

三、商标管理

（一）商标使用的管理

商标使用的管理是商标管理的主要内容，它包括对注册商标的使用管理和未注册商标的使用管理。

（1）注册商标的管理。商标注册人在使用注册商标的过程中，自行改变注册商标、注册人名义、地址或者其他注册事项的，由地方工商行政管理部门责令限期改正；期满不改正的，由商标局撤销其注册商标。生产、经营者不得将“驰名商标”字样用于商品、商品包装或者容器上，或者用于广告宣传、展览以及其他商业活动中，违者由地方工商行政管理部门责令改正，处十万元罚款。

（2）未注册商标的管理。法律、行政法规规定必须使用注册商标的商品，必须申请商标注册，未经核准注册的，不得在市场销售。违者，由地方工商行政管理部门责令限期申请注册，违法经营额五万元以上的，可以处违法经营额百分之二十以下的罚款，没有违法经营额或者违法经营额不足五万元的，可以处一万元以下的罚款。将未注册商标冒充注册商标使用的，或者使用未注册商标违反商标法禁止使用的标志的，由地方工商行政管理部门予以制止，限期改正，并可以予以通报，违法经营额五万元以上的，可以处违法经营额百分之二十以下的罚款，没有违法经营额或者违法经营额不足五万元的，可以处一万元以下的罚款。

（二）商标印制的管理

规范和加强商标印制的管理，是保护商标专用权人合法利益的重要措施。以印刷、印染、制版、刻字、织字、晒蚀、印铁、铸模、冲压、烫印、贴花等方式制作商标标识，均须依据《商标印制管理办法》(2004)的规定合法开展业务。它包括商标印制主体的要求、商标印制的管理制度以及违反商标印制管理规定的法律责任。

（1）商标印制主体的要求。商标印制委托人委托商标印制单位印制商标的，应当出示营业执照副本或者合法的营业证明或者身份证明；委托印制注册商标的，应当出示《商标注册证》或者由注册人所在地县级工商行政管理局签章的《商标注册证》复印件，并另行提供一份复印件；被许可人需印制商标的，还应当出示商标使用许可合同文本并提供一份复印件。商标印制单位应当对商标印制委托人提供的证明文件和商标图样进行核查。商标印制委托人未提供法律规定的证明文件，或者其要求印制的商标标识不符合法律规定的，商标印制单位不得承接印制。

（2）商标印制的管理制度。商标印制业务管理人员应当按照要求填写《商标印制业务登记表》，商标标识印制完毕，商标印制单位应当在15天内提取标识样品，连同《商标印制业务登记表》《商标注册证》复印件、商标使用许可合同复印件、商标印制授权书复印件等一并造册存档。商标印制单位应当建立商标标识出入库制度，废次标识应当集中进行销毁，不得流入社会。商标印制档案及商标标识出入库台账应当存档备查，存查期为两年。

（3）违反商标印制管理规定的法律责任。商标印制单位违反法律规定的，由所在地工商行政管理局责令其限期改正，并视其情节予以警告，处以罚款。商标印制单位的违法行为构成犯罪的，所在地或者行为地工商行政管理局应及时将案件移送司法机关追究刑事责任。

（三）商标代理的管理

商标代理，是指接受委托人的委托，以委托人的名义办理商标注册申请、商标评审或者其他商标事宜。商标代理机构，包括经工商行政管理部门登记从事商标代理业务的服务机构和从事商标代理业务的律师事务所。商标代理从业人员，是指在商标代理机构中从事商标代理业务的工作人员。

商标代理机构从事商标局、商标评审委员会主管的商标事宜代理业务的，应当依法按照规定向商标局备案。商标代理机构应当遵循诚实信用原则，遵守法律、行政法规，按照被代理人的委托办理商标注册申请或者其他商标事宜。委托人申请注册的商标可能存在商标法规定不得注册情形的，商标代理机构应当明确告知委托人。商标代理机构除对其代理服务申请商标注册外，不得申请注册其他商标。商标代理机构申请注册或者受让其代理服务以外的其他商标，商标局不予受理。商标代理机构对在代理过程中知悉的被代理人的商业秘密，负有保密义务。商标代理机构违反诚实信用原则，侵害委托人合法利益的，应当依法承担民事责任，并由商标代理行业组织按照章程规定予以惩戒。

商标代理机构知道或者应当知道委托人申请注册的商标属于商标法第 4 条(恶意注册)、第 15 条(代理人或者代表人抢注未注册商标)和第 32 条(损害他人在先权利和抢注他人已经使用并有一定影响的商标)规定情形的，不得接受其委托；如果商标代理机构非法接受委托，由工商行政管理部门责令限期改正，给予警告、罚款，对直接负责的主管人员和其他直接责任人员给予警告、罚款。商标代理机构违反商标法第 4 条(恶意注册)、第 19 条第 4 款(商标代理机构除对其代理服务申请商标注册外，不得申请注册其他商标)规定的，以及办理商标事宜过程中，伪造、变造或者使用伪造、变造的法律文件、印章、签名的；以诋毁其他商标代理机构等手段招徕商标代理业务；以欺诈、虚假宣传、引人误解或者商业贿赂等方式招徕业务的；隐瞒事实，提供虚假证据，或者威胁、诱导他人隐瞒事实，提供虚假证据的；在同一商标案件中接受有利益冲突的双方当事人委托的；或者以其他不正当手段扰乱商标代理市场秩序的，也将同样承担警告、罚款的行政责任。上述违法行为，由行为人所在地或者违法行为发生地县级以上工商行政管理部门进行查处并将查处情况通报商标局。

工商行政管理部门应当建立商标代理机构信用档案。商标代理机构存在前述行为的，由工商行政管理部门记入信用档案；情节严重的，商标局、商标评审委员会可以作出停止受理该商标代理机构商标代理业务 6 个月以上直至永久停止受理的决定，并予以公告。停止受理商标代理业务的期间届满，商标局、商标评审委员会应当恢复受理。对恶意申请商标注册的，根据情节给予警告、罚款等行政处罚；对恶意提起商标诉讼的，由人民法院依法给予处罚。

第五章　其他知识产权保护法律

在传统的著作权、专利权与商标权之外，其他新的知识产权类型随着技术的进步也不断发展起来。这些知识产权首先是越来越明显趋向于以单行法保护的商业秘密。随着生物技术与信息技术的进步，相关产业领域中创新成果的保护也日益重要；通常以单行法保护的植物新品种与集成电路布图设计是上述技术创新成果的重要体现。此外，反不正当竞争法作为知识产权的兜底补充保护或平行保护，也是知识产权法的重要组成部分。

第一节　商业秘密保护法

商业秘密保护是工业社会的产物。在前工业化社会里，它一直以家族传承和学徒制等形式存在。某些家族为维护家族财富和控制产品质量，极力防止某些技艺知识被扩散而严格挑选技艺继承者，甚至采取“传男不传女”的习俗。学徒传承也是制造工艺等秘密信息传承的一种传统形式。尽管这些保护商业秘密的方法并不属于正式制度的形式，但其通常受到习俗、行会和具有亲密关系的社团(如家族)的支持，故往往会得到执行。在现代商业秘密保护法上，传统的习俗、行会规则对于判断是否存在背信等不正当行为时仍然具有重要作用。

随着大工业化时代的来临，手工作坊的产品生产形式逐渐被规模化的厂家生产方式所取代。同时，行会对从业者的控制能力也逐渐被削弱。与此相对应，制造技艺等知识的代际传承规则也逐渐从学徒制和家族传承转向为新的规则，对制造等商业知识的控制也从师徒约束等非正式规则向专利、商业秘密与合同的正式规则转变。正式的商业秘密保护制度始自工业革命时代。一般认为，商业秘密保护法发端于英国 19 世纪中叶的普通法。尽管它被认为是知识产权中的重要一类，但一直寄生在反不正当竞争法或侵权法之下，直至 21 世纪 20 年代才逐渐获得成文法上的独立地位。

一、商业秘密保护法的发展概述

美国被一致认为是保护商业秘密水平最高的国家。① 鉴于商业秘密保护的经济重要性，同时，适用商业秘密保护的普通法规则如同在泥沼中寻找出路，为协调美国各州的保护规则，1936 年侵权法重述专章规定了商业秘密的保护规则；后来，美国律师协会于 1968 年建立了一个特别委员会起草统一商业秘密法(United Trade Secrets Act)，历经十年，最终于 1979 年完成并由国家统一州法委员会公布，后经 1985 年修订。统一商业秘密法已被除纽约之外的各州所采用；其中，北卡罗来纳州在该法基础上作出了部分调整，并非完全采用。统一商业秘密法建立在侵权法和反不正当竞争法等普通法规则基础上，如侵权法重述(1936)；而反不正当竞争法重述(1995)也是美国商业秘密保护的主要法源。1996 年，美国国会通过反经济间谍法，规定了侵占商业秘密的刑事责任，以刑法来保护商业秘密。2016 年 5 月 11 日，美国国会通过保护商业秘密法(Defend Trade Secrets Act)，试图在不改变州法规则的前提下统一联邦法律规则。

---

① 参见戴永盛:《商业秘密法比较研究》，华东师范大学出版社 2005 年版，第 7 页。

相似的情形也发生在欧洲。欧洲大陆法上最早保护商业秘密的法律是刑法，法国 1810 年的刑法典第 418 条首次纳入侵犯商业秘密的罪名；德国 1896 年 7 月 1 日生效的反不正当竞争法在立法上以禁止不正当竞争的模式保护商业秘密。反不正当竞争法和刑法成为保护商业秘密的主要法律，合同法、侵权法与劳动法的一般原则也常常用于保护商业秘密；而瑞典是当时唯一以单行立法的方式保护商业秘密的欧洲大陆法国家。此外，法国《知识产权法典》"制造秘密"条款，以及意大利和葡萄牙的工业产权法均有专门条款规定。欧盟层次的商业秘密保护的立法协调始于 2010 年，2013 年 11 月完成了商业秘密指令草案，最终于 2016 年 6 月通过，并要求其成员国于 2018 年 6 月 19 日前完成国内立法的转化工作。

从国际条约层面来看，TRIPs 协议是第一部保护商业秘密的多边协议，其第 39 条规定了"未披露信息保护"(protection of undisclosed information)。该术语是为了避免各国此前因使用"商业秘密""保密信息"或类似术语所引发的无谓争议；一些国家通常不是以知识产权法保护商业秘密，而是以一般民商法原则为依据。① TRIPs 协议第 39 条第 1 款将商业秘密保护指向了《巴黎公约》第 10 条之二："在保证针对《巴黎公约》(1967 年版)第 10 条之二规定的不公平竞争而采取有效保护的过程中，各成员应依照第 2 款对未披露信息和依照第 3 款提交政府或政府机构的数据进行保护。"但《巴黎公约》第 10 条之二并无明确保护商业秘密的规定。② 世界知识产权组织《反不正当竞争保护示范法》(*Model Provisions on Protection Against Unfair Competition*)第 6 条称之为"秘密信息"(secret information)。其注释指出，该条以 TRIPs 协议第 39 条为依据，术语的不同并不意味着任何实质性的改变，完全可由"未披露信息"替代。

中国《民法典》第 123 条明确将商业秘密纳入知识产权的客体范围，并使用了"专有的权利"的表述。学者和判例也一直将商业秘密作为知识产权保护，"无论规定于《反不正当竞争法》，还是规定于其他法律，无论是认定为违反合同，还是构成侵权行为，其背后的基础都是将商业秘密作为知识产权"③。因此，"商业秘密的权利性质目前已形成通说"，"商业秘密的对世权(与专利、版权等其他知识产权相比)的些微差异并不能影响其对世权性质的成立"。④ 除了《民法典》的宣示性规定，《反不正当竞争法》第 9 条、第 21 条、第 30 条、第 32 条确立了商业秘密保护的基本规则，《最高人民法院关于审理侵犯商业秘密民事案件适用法律若干问题的规

---

① See Daniel Gervais, The TRIPs Agreement Drafting History and Analysis (2th ed., Sweet & Maxwell, 2003), p.274.

② 该款规定，"下列各项特别应予以禁止：(1) 具有采用任何手段对竞争者的营业所、商品或工商业活动产生混淆性质的一切行为；(2) 在经营商业中，具有损害竞争者的营业所、商品或工商业活动的信用性质的虚假陈述；(3) 在经营商业中使用会使公众对商品的性质、制造方法、特点、用途或数量易于产生误解的表示或陈述"。当然，从字义解释来看，该款并未否定其他不正当竞争行为的存在，因为上述列举的行为属于"特别应予以禁止"的行为。See N. P. De Carvalho, The TRIPS Regime of Antitrust and Undisclosed Information (Kluwer 2008), pp.207－224.如有学者认为它属于间接保护的形式，并主张虽然"并无商业秘密或类似的名词，但从其规定的内容看，已经包含了对相当于现在所称商业秘密予以保护的精神"。而 1967 年《成立世界知识产权组织公约》"表明商业秘密亦属于一种知识产权"。参见戴永盛：《商业秘密法比较研究》，华东师范大学出版社 2005 年版，第 17－18 页。但事实上，《成立世界知识产权组织公约》第 2 条列举的知识产权也仅列出"制止不正当竞争"，并未明确商业秘密的地位。此外，从《巴黎公约》第 10 条之二的谈判历程来看，也无明确涉及商业秘密的记录。参见[奥地利]博登浩森：《保护工业产权巴黎公约指南》，汤宗舜、段瑞林译，中国人民大学出版社 2003 年版，第 95 页。Also see C Wadlow, Regulatory data protection under TRIPs Article 39(3) and Article 10bis of the Paris Convention: is there a doctor in the house? [2008] Intellectual Property Quarterly, 355, 368 and 370.

③ 孔祥俊：《反不正当竞争法新原理(分论)》，法律出版社 2019 年版，第 357 页。

④ 刘春田、郑璇玉：《商业秘密的法理分析》，《法学家》2004 年第 3 期。

定》(2020)(以下简称《商业秘密解释》)完善了商业秘密的民事法律保护。《刑法典》第291条及第291条之一规定了侵犯商业秘密的刑事责任。

商业秘密保护制度的单行立法趋势是为了保护创新经济的需要。首先,技术诀窍和商业信息是企业投资于创新活动所获得的重要成果,其开发与应用是其竞争力或竞争优势的重要体现。与专利、版权等知识产权一样,商业秘密是保护其研发成果的重要手段。其次,经济全球化使得商业秘密被国内外侵占的情形更为复杂,因为资本外溢、供应链更长、信息传播技术的广泛使用都增加了商业秘密被侵占的风险。美国用以支持制定联邦保护商业秘密法的重要依据是,侵占商业秘密所造成的损失占到美国国内生产总值(GDP)的1%~3%之间。除此之外,中小型企业对商业秘密保护的需求更为强烈。作为其他知识产权制度的辅助或替代,它对企业竞争力的维护与研发或其他创新绩效的影响是极其重要的。

商业秘密保护对于经济发展的作用越来越重要,这是其独立立法保护成为国际趋势的原因,它也促成了对其理论研究的进一步深化。然而,商业秘密的保护规则长期处于反不正当竞争法等法律制度下,与专利法、版权法具有不同的发展路径,其正当性或政策目标也与其他知识产权法具有差异。这导致其长期处在理论上的边缘地带,被称为"知识产权原则的灰姑娘""变色龙""概念花园里真正的癞蛤蟆";或者被称为"知识产权的丑小鸭"。① 其原因是学术研究和司法判例对于商业秘密保护的法理基础长期以来存在不同认识。

二、商业秘密保护的构成要件

《民法典》第123条规定,商业秘密属于知识产权客体,依法产生的商业秘密受法律保护。《反不正当竞争法》(2019年)第9条第4款规定:"本法所称的商业秘密,是指不为公众所知悉、具有商业价值并经权利人采取相应保密措施的技术信息、经营信息等商业信息。"据此,商业秘密保护须符合四个条件:商业信息、秘密性、价值性和保密性。

(一)商业秘密保护的客体要件:商业信息

(1)须具有特定性(specificity)的信息。商业秘密属于一种信息。信息是指被传播或接收的知识或情报。知识或情报可为有形或无形的形式,如被记住的技术诀窍,属于无载体的商业秘密;凤梨中包含的基因工程材料可以获得保护,凤梨属于有形载体。但缺乏有形形式记录的信息将很难证明其作为商业秘密保护所需要的特定性(required specificity)。受保护的信息须具有特定性,而非抽象的思想、概念。即,必须明确受保护的秘密点。抽象的思想难以予以实施,也无法带来竞争优势或经济利益,也不符合价值性的条件。在创意侵权类的案件中,具体的创意还是抽象的概念、思想,往往是争议的焦点问题之一。

(2)须具有独特性(uniqueness)的信息。商业秘密必须体现为一定原创性的智力成果,但不需要达到发明或作品类似的高度;或者属于需要有一定投资才能采集到的信息,但也不需要实质性投资的证据。公共信息,即该信息在所属领域属于一般常识或者行业惯例,不受保护。但将公众所知悉的信息进行整理、改进、加工后形成的新信息,因具有相应的独特性,可受保护;如果其改进属于非常轻微的情形,则仍然属于公共信息。这类信息在学理上被称为"混合式商业秘密"(combination trade secrets)。混合式商业秘密是指通过收集已知信息并将其改进、加工,形成具有经济价值的新信息,能给投资者带来竞争优势,这些未被公开的信息属于商业秘密。在混合式商业秘密的场合,其权利保护范围可能过于宽泛,此时,需要进行类似于专利

---

① See Deepa Varadarajan, Trade Secret Precautions, Possession, and Notice, 68 Hastings L.J. 357, 366 (2017).

法上创造性或著作权法上独创性判断的分析。

混合式商业秘密的典型类型是客户信息。《商业秘密解释》第1条规定:"前款所称的客户信息,包括客户的名称、地址、联系方式以及交易习惯、意向、内容等信息。"它是区别于相关公知信息的特殊客户信息,包括汇集众多客户的客户名册,以及保持长期稳定交易关系的特定客户。构成商业秘密的客户信息必然体现出收集、整理、分析过程中的智力劳动和投资,从而区别于处于公知状态的一般客户名单。因此,这些信息必须通过处理而增加某些"独特的""新"的内容,即构成"深度信息"或"广度信息",才能构成受保护的商业秘密。例如,仅含本地汽车维修厂的汽车零件销售商名单往往可以从黄页等电话号码本中获得,难以构成商业秘密;但如果收集有保密的产品定价、消费者偏好等不易获取的信息,则构成客户信息。

(3) 须具有合法性的信息。信息的合法性判断可能涉及经营者市场经营资格的合法性、信息本身的合法性、信息获取手段的合法性。例如,《民办教育促进法》规定,未经有关行政主管部门审核同意并取得办学许可证的,不得开展教育、教学活动。在北京智慧谷某科技发展有限公司诉金某等侵犯商业秘密纠纷案中,原告索赔的依据是因学员减少而遭受的损失,而该公司没有取得办学许可证,不具备办学资格,其因办学所获利益为非法利益,故此项损失不应得到赔偿。再如,刷单信息是经营者组织进行虚假交易的信息,其利益也不受法律保护。在安客诚信息服务(上海)有限公司与上海辰邮科技发展有限公司等侵害商业秘密纠纷上诉案中,法院认为:

> 权利人的商业秘密是否能够受到法律的保护,前提条件就是其诉称的该商业秘密是否具有合法性。所谓合法性,即当事人对该技术信息和经营信息的获取、使用等均不违反法律的规定以及不损害他人的合法权益。由于本案所涉的有关数据信息涉及公民个人的有关信息,与其他技术信息和经营信息相比,其具有较大的特殊性。如果不经过合法程序而对这些个人信息进行获取和使用将会造成对公民个人权利的损害。因此,上诉人对其主张的有关数据信息商业秘密,应当举证证明其取得及使用这些有关数据信息具有合法的依据。否则,上诉人要求保护的商业秘密不能受到法律的保护。

(4) 须为市场竞争中的信息。商业秘密保护的信息范围非常广泛,技术信息与经营信息的分类只是对主要信息类型的宽泛列举。《反不正当竞争法》在2019年修订后,将商业秘密保护的信息从"技术信息和经营信息"修订为"技术信息和经营信息等商业信息"。《商业秘密解释》第1条规定,技术信息是指"与技术有关的结构、原料、组分、配方、材料、样品、样式、植物新品种繁殖材料、工艺、方法或其步骤、算法、数据、计算机程序及其有关文档等信息"。经营信息是指"与经营活动有关的创意、管理、销售、财务、计划、样本、招投标材料、客户信息、数据等信息",其他如产品研发规划、成本等信息,也属于经营信息。

从比较法来看,越来越多的立法不再局限于两分法的列举。所谓"商业信息",它一般是指能够在工商业中应用的信息,不能做狭义上"商业"的理解。《现代汉语词典》对"商业"的解释是:"以买卖方式使商品流通的经济活动,也指组织商品流通的国民经济部门。"从反不正当竞争法的基本立法目标来看,它应该是指在市场竞争中所利用的信息。例如,在美国判例中,宗教文本材料等非商业信息也可以成为商业秘密。但是,"不正当竞争"不是指任何形式、任何范围的竞争,而是指市场经济中经营主体之间的竞争。单位内部职位竞争,如采取不正当手段获取体现原告竞争力的竞聘方案而获取晋升,不属于《反不正当竞争法》所规范的"市场竞争"。

(二)商业秘密保护的秘密性要件

商业秘密须属于“不为公众所知悉”的信息,即须具有秘密性。“公众”本意是指“社会上大多数的人;大众”,即不特定的人。但由于商业秘密仅保护市场主体的商业信息,因此,“公众”应是指市场上的同业竞争者,而非“大众”。秘密性不是指绝对秘密(absolute secrecy),即只有一家市场主体知悉;而是相对秘密(relative secrecy),即可以有超过一家以上的市场主体知悉,但并不是所有竞争者或多数竞争者。因为权利人如果不向其职工、其他生意伙伴(如销售商、客户)披露这些秘密,它就可能无法从商业秘密中获得经济利益。因此,这些签署有保密协议或负有保密义务的人或经营者所获知的信息,不属于公开的信息。市场上多个竞争主体掌握的商业信息,只要符合其他条件,也构成秘密性。能够被反向工程的技术信息,只要未被公开披露,也符合秘密性的要求。

秘密性不是专利法上的新颖性标准,但也须具备最低限度的新颖性,或者前述所称之“独特性”。否则,它就是公共信息。公共信息不具有秘密性。非物质文化遗产中的传统知识和遗传资源具有特殊性,但如果它们具有秘密性,构成商业秘密的,禁止他人窃取、非法披露和使用。但秘密性是否具有地域性?国外的常识是否属于秘密?这些问题也须考虑市场竞争“所属领域的相关人员”以及“容易获得”的具体情形。

秘密性要件常常从反面界定,即为所属领域的相关人员普遍知悉(well-known)与容易获得(readily ascertainable)的信息不具有秘密性。“普遍知悉”与“容易获取”既是抗辩事由,也是构成要件,两者存在不同的法律后果。

一般认为,权利人须对不属于“普遍知悉”的情形予以初步举证,其具体情形包括:① 只有权利人使用涉诉秘密信息;② 其他竞争者曾尝试提供竞争产品,但未获成功;③ 该方法中的某些要素此前是未知的。采取保密措施(保密性条件)的证据也可构成秘密性的补强证据(间接证据),因其措施限制了普遍知悉的可能性。权利人关于不属于“容易获知”举证较难些,一般包括:① 提供专家作证以及文献检索报告。② 复制信息所需要花费的时间、努力和投资的证据。

被告可进行类似于现有技术的抗辩,但其判断的时间点不同于现有技术。现有技术以专利申请日为基准,而秘密性的判断不以信息被开发时为准,而是以被诉侵权行为发生时为准,在全世界范围内可为公众合法获得的信息,都不符合秘密性。秘密性的抗辩可包括被控窃取秘密之时和此后任何时间内可容易获知的情形,因为即使是侵权行为成立,商业秘密的丧失也会影响到原告的救济权利,如保密令。

“容易获知”的含义在汉语字面意义上较易产生误解。从比较法来看,其对应的英文为TRIPs协议第39条第2款上的“readily ascertainable”,即该信息处于“已经能够被(合法)确定”的状态。《商业秘密解释》第4条列举的“容易获知”的主要途径包括:① 从产品中直接获得,“该信息仅涉及产品的尺寸、结构、材料、部件的简单组合等内容,所属领域的相关人员通过观察上市产品即可直接获得的”。② 从公开出版物中获知,“该信息已经在公开出版物或者其他媒体上公开披露的”。③ 从展览会等公开途径获知,“该信息已通过公开的报告会、展览等方式公开的”。④ 其他公开渠道合法获得,“所属领域的相关人员从其他公开渠道可以获得该信息的。”

由于商业秘密不需要新颖性,侵权时的“容易获知”抗辩并不与窃取行为相冲突。有证据证明能够在公开的资源(如图书馆)中获得信息,该信息即丧失秘密性;但这并不能证明其行为不构成窃取行为,如果被告仅能证明“容易获知”、但不能推翻“不正当手段”,则难以避免承担侵权责任。

商业秘密的秘密性因信息被公开而丧失。秘密性丧失的情形包括：

(1) 权利人自行公开。一般是通过申请专利而公开。

(2) 公开发行或销售包含有商业秘密的产品。《商业秘密解释》第4条规定，"所属领域的相关人员通过观察上市产品即可直接获得的"信息，属于公开信息。甚至，在生产或开发的过程中，该秘密也有可能未加限制地公开了。但是，产品公开上市导致秘密公开，它并不意味着产品开发阶段的信息不能获得商业秘密的保护。公开大规模销售产品，但与消费者签署保密协议，或者要消费者签署协议承认商业秘密的地位，此类协议不具有法律效力。当然，销售产品并不必然导致公开，如工艺流程的技术诀窍往往难以通过对上市产品的观察而直接获得。它也不同于反向工程。计算机软件具有特殊性，因为目标码不具有可读性，须借助技术手段(如反编译或解码)才可获取源码。源码可作为商业秘密保护。

(3) 第三方公开。独立开发者如果公开信息，将使得秘密性丧失。负有保密义务的人违法公开，或者第三人将非法获取的秘密信息予以公开，其行为将构成侵犯商业秘密。问题是，它是否不再具有秘密性的地位？由于已被公开，不可能让公众将该信息恢复到秘密状态，故不再具有商业秘密的地位。此外，尽管没有法律的明确规定，依据《民法典》第1197条的规定，网络服务提供者有必要采取"必要措施"来移除涉嫌侵权的材料。

(4) 因权利人疏忽而公开。权利人采取了保密的预防措施，但如果不慎遗失了标识有秘密符号的文件，该信息可能会受到保护，因信息的获得者知晓了秘密的地位。但也有不同观点。然而，如果该文件未加预防措施，则疏忽而公开后将丧失秘密性。

(5) 政府公开。基于公共安全或健康的需要，政府部门可能依法自行公开，或者强制市场主体公开有关信息，如食品成分。在无锡市万福金安房地产投资顾问有限公司诉无锡市房地产科技开发服务部技术合作开发合同纠纷案中，法院认为：

> 在开发利用数据信息资源时，应当保护国家秘密、商业秘密和个人信息，不得损害社会公共利益。由于房地产企业公布商品房销售信息是我国商品房销售明码标价制度的强制性要求，因此，相关商品房的销售价格、销售面积等商品房销售信息并不属于企业商业秘密范畴。同时，双方当事人亦确认，在第一类主体"房地产开发商及调研机构"的可查询内容中并不包含有购房者个人的姓名、身份证号码等个人信息。收集整合相关商品房销售价格、销售面积等信息并向公众群体提供查询服务的行为，亦不违反法律、行政法规的强制性规定，应属有效，并不构成泄露企业商业秘密。

此外，秘密性属于事实问题，须考虑信息的来源与开发情形。例如，信息是从第三人处获知，还是独立开发的。

(三) 商业秘密保护的保密性要件

"采取相应保密措施"是商业秘密受保护的必要条件，其基本目的与功能有二：一是公示功能，权利人通过采取保密措施的行为宣示它是权利人的秘密；二是门槛功能，排除价值甚微的商业秘密。这是因为"相应保密措施"必然伴随相应的成本负担，"得不偿失"的秘密信息也往往是无助于市场竞争优势的信息。

(1) "相应合理措施"具有证据与救济的效果。采取了合理的保密措施是商业秘密具有价值性的初步证据，也是被告存在过错行为的初步证据，即被告只能通过侵入、窃取等不正当手段才能获得该信息。《反不正当竞争法》第32条第1款规定："在侵犯商业秘密的民事审判程序中，商业秘密权利人提供初步证据，证明其已经对所主张的商业秘密采取保密措施，且合理表明商业秘密被侵犯，涉嫌侵权人应当证明权利人所主张的商业秘密不属于本法规定的商业秘密。”权利人应当首先提供初步证据证明其对主张保护的商业秘密采取了“相应保密措施”，以及被诉侵权人存在“侵犯行为”，在此基础上，商业秘密权利人无须举证证明其主张保护的商业秘密“不为公众所知悉”，而转由被诉侵权人举证证明权利人主张保护的商业秘密不具备“不为公众所知悉”这一要件，进而不属于反不正当竞争法规定的商业秘密。

（2）“采取相应保密措施”，是指权利人为防止商业秘密泄露，在被诉侵权行为发生以前所采取的合理保密措施；而且，“采取相应保密措施”是指权利人付出了具体努力的，而非仅是意图采取措施。在邹城兖煤明兴达机电设备有限公司、兖州市量子科技有限责任公司侵害商业秘密纠纷案中，法院认为：

> 商业秘密的秘密性和保密措施之间存在一定的关联性，商业秘密权利人应该指明其欲以保护的相对明确和具体的商业秘密信息，并通过可识别的保密措施使他人认识到其对该信息进行保密的主观意愿。采取保密措施时，商业秘密权利人所针对的涉密信息只要具备相对明确和具体的内容和范围即可，并不要求该涉密信息的内容和范围与发生争议后经过案件审理最终确定的秘密点完全相同。这是因为，商业秘密权利人在商业过程中最初采取保密措施时，通常根据自己的理解确定涉密信息内容和范围，其采取保密措施的涉案信息中可能包含了公有领域信息。在具体案件审理过程中，法院可能根据当事人提供的证据、专家证人或者专家鉴定意见、庭审辩论情况等，剔除公有领域信息，进一步缩小秘密信息的范围。

保密措施必须属于权利人采取的积极性的保密措施。这些措施主要包括保密协议、物理措施和产品设计。

① 保密协议。保密措施首先是指权利人积极通过签订保密协议或者在合同中约定保密义务的方式。但是，保密协议本身不能确定商业秘密，必须是具有具体指向性的保密措施才可以。通过章程、培训、规章制度、书面告知等方式，对能够接触、获取商业秘密的员工、前员工、供应商、客户、来访者等提出保密要求。这时，它会产生默认的保密义务。此外，当存在对商业秘密的法定保密义务时，权利人无需特殊的措施，如律师在诉讼过程中获取的秘密信息，该律师不得侵占。在上海富日实业有限公司（简称富日公司）与黄子瑜等侵犯商业秘密纠纷再审案中，法院认为：

> 符合反不正当竞争法第十条规定的保密措施应当表明权利人保密的主观愿望，并明确作为商业秘密保护的信息的范围，使义务人能够知悉权利人的保密愿望及保密客体，并在正常情况下足以防止涉密信息泄漏。本案中，富日公司提供的劳动合同第十一条第一款没有明确富日公司作为商业秘密保护的信息的范围，也没有明确黄子瑜应当承担的保密义务，而仅限制黄子瑜在一定时间内与富日公司的原有客户进行业务联系，显然不构成反不正当竞争法第十条规定的保密措施。
>
> 竞业限制是指对特定的人从事竞争业务的限制，分为法定的竞业限制和约定的竞业限制。法定的竞业限制主要是指公司法上针对公司董事、高级管理人员设定的竞业限制，属于在职竞业限制。约定的竞业限制，一般是指依据合同法和劳动合同法针对交易相对人或者劳动者通过协议约定的竞业限制，既包括离职竞业限制，也包括在职竞业限制……
>
> 我国立法允许约定竞业限制，目的在于保护用人单位的商业秘密和其他可受保护的利益。但是，竞业限制协议与保密协议在性质上是不同的。前者是限制特定的人从事竞争业务，后者

则是要求保守商业秘密。用人单位依法可以与负有保密义务的劳动者约定竞业限制，即通过限制负有保密义务的劳动者从事竞争业务而在一定程度上防止劳动者泄露、使用其商业秘密。但是，相关信息作为商业秘密受到保护，必须具备反不正当竞争法规定的要件，包括采取了保密措施，而并不是单纯约定竞业限制就可以实现的。对于单纯的竞业限制约定，即便其主要目的就是为了保护商业秘密，但由于该约定没有明确用人单位保密的主观愿望和作为商业秘密保护的信息的范围，因而不能构成反不正当竞争法第十条规定的保密措施。

② 物理措施，即通过隔离商业秘密载体与接触人员的方式来保护。它主要体现为：对涉密的厂房、车间等生产经营场所限制来访者或者进行区分管理；以标记、分类、隔离、加密、封存、限制能够接触或者获取的人员范围等方式，对商业秘密及其载体进行区分和管理；对能够接触、获取商业秘密的计算机设备、电子设备、网络设备、存储设备、软件等，采取禁止或者限制使用、访问、存储、复制等措施；要求离职员工登记、返还、清除、销毁其接触或者获取的商业秘密及其载体，继续承担保密义务；等等。

③ 产品设计。对于通过对产品直接观察可以获知的秘密信息，就必须通过产品设计的方式来予以保密，如采取一体化结构，拆解产品将破坏技术秘密等。

(3)“相应保密措施”是指合理的保密措施，非指万无一失的保密措施。法院应当根据商业秘密及其载体的性质、商业秘密的商业价值、保密措施的可识别程度、保密措施与商业秘密的对应程度以及权利人的保密意愿等因素，认定权利人是否采取了相应保密措施。其标准是，该措施在正常情况下足以防止商业秘密泄露。

在商业秘密属于继受取得的情况，权利人同样需要提供证据证明自己及原权利人均采取了保密措施。如果商业秘密属于共有的情况，则所有权利人均须采取合理的保密措施。在化学工业部南通合成材料厂等与南通市旺茂实业有限公司等侵害商业秘密纠纷案中，法院主张：

保密措施并不要求万无一失，但应是合理的。一般而言，合理的保密措施至少应当包括权利人对可能知悉其非公知性信息的相对人均明示需保密的范围以及相应的保密要求。在共有的状态下，合理的保密措施还意味着各共有人对该非公知信息均应采取保密措施。……但作为共同共有人，如其中一个共有人作出放弃要求特定相对人保守商业秘密的意思表示，则该放弃意思表示的效力当然及于其他共有人。……在有多人知悉或可能知悉涉案技术信息的情况下，星辰公司、中蓝公司仅对其中一个相对人提出保密要求，不符合保密措施的“合理性”要求，也不能认定其已采取了合理的保密措施。

(4) 区分针对内部的措施与外部的措施，保密措施的要求有所不同。一般而言，外部措施往往难以成为有效的保密措施。在济南思克测试技术有限公司(简称思克公司)与济南兰光机电技术有限公司侵害技术秘密纠纷案中，法院认为：

涉案技术秘密的载体为GTR—7001气体透过率测试仪。该产品一旦售出进入市场流通，就在物理上脱离思克公司的控制，故它区别于可始终处于商业秘密权利人控制之下的技术图纸、配方文档等内部性载体。……思克公司为实现保密目的所采取的外部保密措施，应能对抗不特定第三人通过反向工程获取其技术秘密。此种对抗至少可依靠两种方式实现：一是根据技术秘密本身的性质，他人即使拆解了载有技术秘密的产品，亦无法通过分析获知该技术秘密；二是采取物理上的保密措施，以对抗他人的反向工程，如采取一体化结构，拆解将破坏技术秘密等。……思克公司对GTR—7001气体透过率测试仪采取的保密措施是否属于上述第二种情形，从而可以对抗不特定第三人通过反向工程获取其技术秘密。首先，如前所述，思克公司在GTR—7001气体透过率测试仪上贴附的标签，从其载明的文字内容来看属于安全性提示以及产品维修担保提示，故不构成以保密为目的的保密措施。其次，即使思克公司贴附在产品上的标签所载明的文字内容以保密为目的，如"内含商业秘密，严禁撕毁"等，此时该标签仍不能构成可以对抗他人反向工程的物理保密措施。一方面，通过市场流通取得相关产品的不特定第三人与思克公司并不具有合同关系，故无需承担不得拆解产品的合同义务。另一方面，……通过市场流通取得GTR—7001气体透过率测试仪的不特定第三人，其对该产品享有的所有权包括占有、使用、收益和处分四项权能，不受思克公司单方面声明的约束。这一点也正是商业秘密民事案件若干规定第十四条第一款、第二款关于"通过反向工程获得被诉侵权信息不构成侵害商业秘密行为"规定的法理基础。……因此，根据涉案技术秘密及其载体的性质，……应认定思克公司未采取符合反不正当竞争法规定的"相应保密措施"。

(四) 商业秘密保护的价值性要件

商业秘密的价值性要件常常不被重视，但它不只是一种修辞，该要件的目的是限制受保护信息的范围。即，它仅仅保护那些具有现实或潜在商业价值的信息，因而具有重要的识别与公示功能。《商业秘密解释》第7条规定，"权利人请求保护的信息因不为公众所知悉而具有现实的或者潜在的商业价值"，它是指给权利人带来竞争优势的价值。它也包括在"生产经营活动中形成的(能够带来竞争优势的)阶段性成果"。

开发成本不是信息是否具有商业价值的决定性因素；偶然发现、借助于天才的灵感轻松获得，抑或是花费巨大，这些都不是信息是否具有商业价值的决定性因素。但开发成本高可能用于强化价值性的论证，而且可能作为损害赔偿的证据。实务中一般认为，对竞争者有利且需要付出成本、时间和努力才能复制的信息，就是具有价值性的信息。即使信息只是产品商业化的基础(如产品原型)，需要进一步的改进、完善才能形成商品，也符合价值性的要求。

但是，竞争优势的证据不足以证明该信息的价值性。因为其竞争优势有时来自其他因素，如品牌在消费者中的影响力。产品或服务存在商业利润也不一定证明其满足价值性条件。因为价值性是指信息具有来自其秘密性的独立价值(independent value)。而且，独立的价值还应指作为秘密的信息对竞争者或他人而言具有商业价值。例如，对污染环境的数据予以保密，对保密人是有价值的；但对竞争者以及社会均无价值。因此，它不具有价值性。

权利人通常以如下两种方式证明其独立的经济价值。一是权利人从该信息中取得的实际竞争优势，该竞争优势无需压倒性的竞争优势，只要超出竞争者拥有细小的优势即可。此为直接证据。二是间接证据，包括开发该信息所付出的投资，保护该信息所作出的合理努力，以及他人为获取信息愿意支付的费用等。

(五) 商业秘密保护与其他知识产权的关系

商业秘密有可能是专利、作品的承载者，因此产生了重叠保护还是补充保护的争论。但事实上，它们是并行保护的关系。即，它们是各自依据相应的法律而产生的知识产权。

1. 商业秘密与专利的关系

商业秘密保护客体之一是技术信息。技术信息可能符合专利授权的条件。当开发出可能受专利保护的发明之后，权利人可选择专利权或商业秘密的保护。因为获取专利权的对价是向社会公开技术，而商业秘密的必要条件是"秘密性"，故权利人面临如何在这两种互相排斥的保护制度中作出最有利的选择。

相比专利权保护，商业秘密保护客体范围较宽，但保护力度较弱。商业秘密保护的技术信息无须满足专利授权的新颖性、创造性等条件，不符合专利授权条件但具有秘密性、采取了保密措施的信息都可以得到商业秘密的保护。同时，商业秘密保护不需要履行申请、审批等行政程序，将节约相应的授权确权费用。此外，商业秘密保护没有期限限制，仅以其秘密性为条件。但是，商业秘密易于丧失其秘密性，包括因权利人自身意外或错误披露、为负有保密义务的人所披露，也包括无关的第三人对独立研发、反向工程等方式获得的技术信息予以披露。

专利权属于一种排他权，须符合专利授权的新颖性、实用性和创造性等条件；一旦获得授权，则享有排他性的权利，在20年的保护期内可禁止任何未经授权且无合法依据的利用行为，即独立研发和反向工程行为属于侵权行为。但是，获得排他权的对价是向社会公开技术，专利授权的公开充分性条件要求申请人对发明作出充分的披露，以使本技术领域的普通技术人员能够实施。因为专利制度的目的在于促成知识的积累，在专利保护期届满之后，竞争者可自由使用其发明。

从权利人利益最大化的角度，如何选择保护模式，则需要考虑如下一些因素：

(1) 技术信息是否满足专利授权的条件，以及其被宣告无效的风险程度如何。如果被宣告无效或授权未通过，技术信息将会被披露，权利人则丧失商业秘密；而一直采用商业秘密保护，则不需要满足专利授权的高标准条件。

(2) 技术信息被仿造的难度。这要考虑技术信息开发的投资和时间，如产品的生命周期短于专利保护期，则申请专利权的风险较低。它还要考虑技术领域和发明的性质，如市场进入门槛高、投资大，方法发明相比产品发明而言更难被反向工程，商业秘密保护的优势就较为明显。再如，依靠市场领先优势即可获得足够利润的产业，商业秘密也具有一定的优势。

(3) 申请专利的行政程序费用是否构成企业经营成本方面的负担。对于初创企业而言，大量申请专利的策略可能会造成企业资金周转的困难。

(4) 保护手段依赖合作方保密义务的程度。如果处于开放创新领域，或者产品的供应链比较长，产品的市场供给需要大量的合作伙伴，这就意味着它高度依赖合作方通过保密协议或不披露合同设定的保密义务。此时，技术信息被披露的可能性很大，专利权保护就具有相应的优势。

权利人也可以在申请专利前对技术信息采取保密的方式来实施，在一定时期之后再申请专利，以尽量延长其专有的期限。但这种策略可能产生被其他发明人或反向工程者捷足先登的风险，因为大多数国家的专利法采用先申请原则，而不是先发明原则。但即使技术信息被他人申请了专利权，因其在申请日之前即已实施而享有先用权的不侵权抗辩。同时，虽然专利法规定了充分公开的要求，但是否需要披露实施发明的最佳方法(技术诀窍)存在一定争议，在某些技术领域，这些技术诀窍常常以商业秘密的方式保护。此外，权利人也可在研发阶段与发明商业化阶段采取不同的保护策略，前者以商业秘密保护，后者以专利权保护。因此，对权利人而言，商业秘密与专利权保护两者之间可以互相补充。

此外，在方法发明的专利权争议中可能涉及商业秘密保护的问题。法院解决此类案件时，“在适当考虑方法专利权利人维权的实际困难的同时，兼顾被诉侵权人保护其商业秘密的合法权益。……要注意保护被申请人的利益，防止当事人滥用证据保全制度非法获取他人商业秘密。被诉侵权人提供了其制造方法不同于专利方法的证据，涉及商业秘密的，在审查判断时应注意采取措施予以保护”①。

---

① 《最高人民法院关于充分发挥知识产权审判职能作用推动社会主义文化大发展大繁荣和促进经济自主协调发展若干问题的意见》第15段。

2. 商业秘密与作品的关系

著作权法上的思想/表达二分法原则表明，作品的思想、创意、功能等不受保护。即，即使记载秘密信息的文本构成作品，如果他人利用文本中记载的技术诀窍、客户信息等商业信息，不侵犯著作权。未发表作品的内容可以作为商业秘密得到保护；但商业秘密保护与著作权不同，作品发表后，立即丧失秘密性；同时，复制不构成商业秘密侵占。

例如，教案包括特殊设计的教学内容、教学体系和教学方法，是教育培训机构的核心资产之一，具有价值性，属于重要的一类商业信息。但如果教案的具体内容只是公众知悉范围内的知识（信息），或者是日常教学活动中常用的基本教学手段的组合，则难以符合商业秘密的要求。如果教案的开发是对法定教学大纲下各学科知识点的深度组合，则能够得到商业秘密的保护。然而，教案一旦被使用，如通过教材发行、课堂讲授、网上或线下教学点的免费试听课，其内容则处于“公众知悉或容易获知”的状态，难以满足秘密性的要件。至于是否采取了有效的保密措施，这在教学活动开展后也比较难以满足法律规定的条件。即使与学员及家长签订的协议中约定，课堂资料、学习内容及其他信息是其商业秘密，不得以任何形式将其给任何第三方；但该保密条款的保护范围过于宽泛，学员和家长无法履行该保密义务。

在商业秘密案件中，有一类很重要的案件是创意（idea）侵占的争议，它常常是某一自然人开发出其认为具有市场前景的创意，并通过一定途径向其意向公司提供该创意，从而发生未经补偿而予以使用的争议。最常见的场合发生在娱乐业，如电影选题、电视节目、图书出版选题创意等。在其他商业领域也有类似争议，如新产品或服务，商业方法的改良以及新商业模式等。例如，图书选题、策划创意等信息如果符合商业秘密的其他条件，也能受法律保护。在北京片石书坊图书有限责任公司（简称片石书坊公司）与台海出版社诉南京快乐文化传播有限公司等侵害商业秘密纠纷案中，法院认为：

> 虽然在相关图书出版市场上，以国家领导人答记者问为选题的图书早已存在，但是包括图书选题、策划创意在内的相关信息是否具有新颖性并非其构成商业秘密的法定要件。而且，具体到以哪一位国家领导人为选题对象进行策划创意，不同的市场经营主体会有不同的选择。因此，只要符合《反不正当竞争法》的规定，即使是市场上已知的图书选题、策划创意仍然可以作为商业秘密加以保护。本案中，片石书坊公司将我国国家领导人邓小平会见外国元首和接见外国记者等内容作为图书选题加以确定，并将相关素材加以择选汇编，形成上述两部分内容有机结合的新的编排体例，该策划创意、编排体例、内容选取等信息本身并不为公众所知悉。……综上，以片石书坊公司《邓答》书稿为载体的相关图书出版策划创意、编排体例、内容选取等信息已构成《反不正当竞争法》所称的商业秘密，依法应当予以保护。

在这些案件中，通常要求创意是明确、具体、新颖的，从而与公共信息区分开来。同时，由于创意提供者与接收者之间没有雇佣或其他法定的保密义务关系，如果创意在双方没有产生合同义务的情况下予以披露，这往往不符合商业秘密保护要求的采取“合理措施”条件。即，没有明确的合同或其他明确的保密措施而披露创意会被视为是赠予。由于这些争议往往发生在双方存在书面或默许合同的情况下，未经补偿而使用创意通常也可构成违约。但违约责任难以扩及第三人及未有合同关系的人侵占创意等情形。

3. 商业秘密保护与反不正当竞争法的关系

传统上，商业秘密以反不正当竞争法的方式保护。但商业秘密保护与其他禁止不正当竞争所保护的权益逐渐分离。在有些产业部门，其创新成果不能获得专利权、著作权等排他权的保护，传统上主要依赖商业秘密的保护。但是，随着技术进步，这些产品一旦上市就很容易被反向工程。在这些情况下，如果产品被竞争者复制性模仿，有可能会影响创新者的投资回报。反不正当竞争法在特定条件下禁止寄生性复制(parasitic copying)或原样模仿(slavish imitations)的行为，能够保护这些创新成果及创新者的声誉。

三、侵占商业秘密的行为

如同一般的侵权行为，商业秘密侵占行为的构成要件由过错行为、主观状态、损害后果与因果联系等组成。在侵占商业秘密的构成要件中，权利人一般无须证明实际损害的存在，但实际损害的存在影响损害赔偿救济。在吉尔生化(上海)有限公司诉希施生物科技(上海)有限公司等侵害经营秘密纠纷案中，法院指出："商业秘密保护的核心是对'不正当手段'的规制，以维护诚实守信、公平的商业道德和竞争秩序，侵害商业秘密行为的构成并不要求发生实际的损害后果。"一般情况下，商业秘密侵占人为竞争者(经营者)。商业秘密保护的是经营者的竞争利益，非经营者之间的竞争不构成侵占行为。

但自然人等非竞争者也有可能成为商业秘密的侵占人。《反不正当竞争法》第 9 条第 2 款规定："经营者以外的其他自然人、法人和非法人组织实施前款所列违法行为的，视为侵犯商业秘密。""视为侵权"的拟制规则表明，除离职员工外，非竞争者(经营者)作为侵权行为人必须满足法定的条件：组织实施前款所列违法行为。

(一) 侵占行为的类型：获取、使用、披露、允许他人使用

侵占商业秘密的行为主要表现为非法获取、使用、披露和允许他人使用。《反不正当竞争法》第 9 条规定，经营者不得实施下列侵犯商业秘密的行为：以盗窃、贿赂、欺诈、胁迫、电子侵入或者其他不正当手段获取权利人的商业秘密；披露、使用或者允许他人使用以前项手段获取的权利人的商业秘密；违反保密义务或者违反权利人有关保守商业秘密的要求，披露、使用或者允许他人使用其所掌握的商业秘密；教唆、引诱、帮助他人违反保密义务或者违反权利人有关保守商业秘密的要求，获取、披露、使用或者允许他人使用权利人的商业秘密。第三人明知或者应知商业秘密权利人的员工、前员工或者其他单位、个人实施本条第一款所列违法行为，仍获取、披露、使用或者允许他人使用该商业秘密的，视为侵犯商业秘密。

依据《商业秘密解释》第 9 条规定，"使用"的含义包括"在生产经营活动中直接使用商业秘密，或者对商业秘密进行修改、改进后使用，或者根据商业秘密调整、优化、改进有关生产经营活动"。在有些国家，"使用"的含义还指向侵权产品的使用。欧盟《商业秘密指令》第 4 条第 5 款规定："制造、许诺销售或将侵权产品流入市场，或者为上述目的而进口、出口或储存侵权产品的行为，视为非法使用。"类似于专利法的规定，商业秘密权利人可以禁止销售或许诺销售、进口侵权产品的行为，还包括非直接侵权的仓储等行为。《商业秘密解释》在起草的过程中，曾经规定："第三人明知或应知被诉侵权产品属于侵犯技术秘密行为直接获得的产品，仍然销售、许诺销售该产品的，人民法院可以判决其停止实施销售、许诺销售行为，并承担赔偿责任。"但该规定最终未纳入《商业秘密解释》。因此，根据《商业秘密解释》相关规定的制定过程可以推定，销售、许诺销售他人制造的侵权产品不属于侵犯商业秘密的行为。

与之相关的一个问题是，终端用户(侵权产品的使用者)对侵权产品的使用，特别是在生产经营活动中使用，是否构成侵犯商业秘密的"使用"行为？在专利法上，上述行为都将构成侵犯专利权。但商业秘密的法律保护与专利法应具有不同的公共政策，也应该在制度上将两者区分开来。如前所述，商业秘密保护的正当性更多地体现对商业道德的维护，与专利法以技术公开为对价来促进技术扩散的法律政策相比，其保护力度理应要低一些。况且，在法律没有明确规定的情况下，如果法院将

"使用"的含义予以扩张解释，可能造成司法能动性的滥用。因此，不将该行为视为侵权行为的观点更为可取。在程济中等与虹亚集团等侵害商业秘密纠纷上诉案中，最高人民法院认为：

> 应当明确，对涉案房地产项目的开发、经营管理本身不属于侵害涉案商业秘密的行为。涉案商业秘密的商业价值主要体现在为房地产开发企业选择投资项目、作出投资决策提供帮助。虹亚五原分公司是虹亚公司使用涉案商业秘密作出投资决策并与五原县人民政府协商取得涉案房地产项目的开发资质后，于 2007 年 7 月 19 日成立的分公司。此时，被诉的侵害商业秘密行为已经完成，故虹亚五原分公司未侵害涉案商业秘密。

（二）主观过错

不同于侵犯其他知识产权的构成要件，侵犯商业秘密需要行为人主观上存在过错，因此，权利人需要证明：① 被告未经许可，包括明示许可或默示许可。一般情况下，这比较容易证明。举证困难的情况有二：一是超出许可范围的获取、使用、披露；二是该许可系在被告欺骗或误导下作出。这两类情况主要出现在权利人与职工离职、合作伙伴之间。② 被告明知或应知的证明，它通常以间接证据来推定。一般来说，权利人采取了合理的保密措施是被告过错的间接证据。实践中，需要证明被告知道商业秘密以及其存在过错行为，但通常证明其中一种情形即可推论出其他事实。

由第三人承担责任，也需要权利人证明第三人在主观上知道或应当知道商业秘密的存在，《反不正当竞争法》第 9 条第 3 款规定，"第三人明知或者应知商业秘密权利人的员工、前员工或者其他单位、个人实施本条第一款所列违法行为，仍获取、披露、使用或者允许他人使用该商业秘密的，视为侵犯商业秘密。"同样，这往往以间接证据来证明，但如果权利人及时告知被告所涉信息属于其商业秘密，如函告第三人其聘用的员工负有保密义务，第三人的责任更易于成立。

侵占行为的过错主要体现为：手段不正当；违反保密义务或保密协议；意外或错误行为导致信息被获取及其被披露、使用。

1. 手段不正当

不正当手段主要包括"盗窃、贿赂、欺诈、胁迫、电子侵入"等手段，以及"教唆、引诱、帮助他人违反保密义务或者违反权利人有关保守商业秘密的要求"，在本质上是"以违反法律规定或者公认的商业道德的方式获取权利人的商业秘密"。在江苏康宁化学有限公司（简称康宁公司）等与沈阳化工股份有限公司侵害技术秘密纠纷案中，最高人民法院认为：

> 由于康宁公司和大华公司主观上明知涉案技术为沈某公司所有且沈某公司不同意转让，却转而让能够得到该项技术的退休技术人员石某提供开车配方、完成试车，并与持有涉案技术图纸的石某签订设计合同，其非法取得涉案技术的主观目的非常明显。因此，上述司法鉴定意见书存在的程序问题并不足以推翻康宁公司以不正当手段获取涉案技术的认定。

"不正当手段"不包括合法的竞争情报收集。区分于经济间谍的地方在于其信息收集的来源，它是从公开可获取的资料或可确定的信息等合法来源中分析而获得信息，如政府文件、产业网站、行业杂志、新闻报道、专利文献、交易会以及通过信息公开法申请获得的信息。

2. 违反保密义务或保密协议

在美国法上，违反或引诱他人违反保密义务而获取商业秘密的行为也属于不正当手段。保密义务来自法定保密义务和保密协议；前者分为明示的保密义务与默认（事实上）的保密义务。

（1）事实上的保密义务。《商业秘密解释》第 10 条第 2 款规定："当事人未在合同中约定保密义务，但根据诚信原则以及合同的性质、目的、缔约过程、交易习惯等，被诉侵权人知道或者应当知道其获取的信息属于权利人的商业秘密的，人民法院应当认定被诉侵权人对其获取的商业秘密承担保密义务。”在江苏康宁化学有限公司（简称康宁公司）等与沈阳化工股份有限公司侵害技术秘密纠纷案中，最高人民法院认为：

> 石某接受上级指令安排，帮助沈某公司制图并保留相关图纸，虽然其没有收取费用，也不能否定其与沈某公司之间的加工承揽合同关系；石某虽然有合法理由接触该引进技术甚至保留相关技术图纸，但是，相关技术图纸是专门为实施引进技术而制作，石某作为加工承揽方有义务为委托方保守秘密，其没有权利自行实施或者许可他人实施该引进技术。

从具体类型来看，事实上的保密义务主要包括根据前合同义务、合同中的附随义务与后合同义务而产生的保密义务。《民法典》第 501 条规定：“当事人在订立合同过程中知悉的商业秘密或者其他应当保密的信息，无论合同是否成立，不得泄露或者不正当地使用；泄露、不正当地使用该商业秘密或者信息，造成对方损失的，应当承担赔偿责任。”第 509 条第 2 款规定：“当事人应当遵循诚信原则，根据合同的性质、目的和交易习惯履行通知、协助、保密等义务。”第 558 条规定：“债权债务终止后，当事人应当遵循诚信等原则，根据交易习惯履行通知、协助、保密、旧物回收等义务。”

（2）法定保密义务。如律师对在开展业务时获得的商业秘密负有保密义务。《反不正当竞争法》第 15 条规定：“监督检查部门及其工作人员对调查过程中知悉的商业秘密负有保密义务。”《公司法》第 148 条规定：董事、高级管理人员不得“擅自披露公司秘密”，商业秘密也是公司秘密的重要组成部分。《专利法》第 21 条第 3 款规定：“在专利申请公布或者公告前，国务院专利行政部门的工作人员及有关人员对其内容负有保密责任。”

（3）劳动关系中的保密义务。法人、非法人组织的经营、管理人员以及具有劳动关系的其他人员，都有可能承担相应的保密义务。这主要体现为劳动合同中的一般保密协议或条款，如《劳动法》(2018)第 22 条规定：“劳动合同当事人可以在劳动合同中约定保守用人单位商业秘密的有关事项。”第 102 条规定：“……违反劳动合同中约定的保密事项，对用人单位造成经济损失的，应当依法承担赔偿责任。”《劳动合同法》第 23 条和第 24 条规定了劳动者的竞业限制协议。

第一，约定竞业限制条款的人员“限于用人单位的高级管理人员、高级技术人员和其他负有保密义务的人员”。用人单位与劳动者可以在劳动合同中约定保守用人单位的商业秘密和与知识产权相关的保密事项。对负有保密义务的劳动者，用人单位可以在劳动合同或者保密协议中与劳动者约定竞业限制条款。

第二，竞业限制协议必须明确具体的范围、地域、期限，且不得违反法律、法规的规定，即不得不当地限制劳动者的就业自由。

第三，竞业限制的期限不得长于两年。在解除或者终止劳动合同后，受竞业限制约束的人员到与本单位生产或者经营同类产品、从事同类业务的有竞争关系的其他用人单位，或者自己开业生产或者经营同类产品、从事同类业务的竞业限制期限，不得超过二年。

第四，必须给予劳动者经济补偿。当事人在劳动合同或者保密协议中约定了竞业限制和经济补偿，当事人解除劳动合同时，除另有约定外，用人单位有权要求劳动者履行竞业限制义务，或者劳动者履行了竞业限制义务后，有权要求用人单位支付经济补偿。经济补偿应按月支付。《劳动合同法》规定，在解除或者终止劳动合同后，在竞业限制期限内按月给予劳动者经济补偿。当事人在劳动合同或者保密协议中约定了竞业限制和经济补偿，劳动合同解除或者终止后，因用人单位的原因导致三个月未支付经济补偿，劳动者请求解除竞业限制约定的，人民法院应予支持。当事人在劳动合同或者保密协议中约定了竞业限制，但未约定解除或者终止劳动合同后给予劳动者经济补偿，劳动者履行了竞业限制义务，可以要求用人单位按照劳动者在劳动合同解除或者终止前十二个月平均工资的30%按月支付经济补偿。如果按照月平均工资的30%低于劳动合同履行地最低工资标准的，按照劳动合同履行地最低工资标准支付。

第五，竞业限制协议的解除与违约责任。用人单位可以解除竞业限制协议。在竞业限制期限内，用人单位可以请求解除竞业限制协议。但是，劳动者可以请求用人单位额外支付劳动者三个月的竞业限制经济补偿。用人单位可以在竞业限制协议中与劳动者约定违约金。劳动者违反竞业限制约定的，应当按照约定向用人单位支付违约金。劳动者违反竞业限制约定，向用人单位支付违约金后，用人单位还可以要求劳动者按照约定继续履行竞业限制义务。

（三）第三方责任

一般情况下，侵犯商业秘密的行为主要体现为负有保密义务的人或非法侵占者直接获取、披露或使用商业秘密。针对直接侵占者的法律诉讼足够保护商业秘密权利人的利益。但是，侵占者有时会向其他人披露其获取的秘密信息。此时，第三人并未有保密义务，也未直接侵占商业秘密。第三方责任的规定将有助于澄清权利保护与竞争自由的界线。

《反不正当竞争法》规定了两类第三方责任。其一是来自侵权法上帮助、引诱、教唆侵权规则。“教唆、引诱、帮助他人违反保密义务或者违反权利人有关保守商业秘密的要求，获取、披露、使用或者允许他人使用权利人的商业秘密”，教唆者、引诱者和帮助人构成共同侵犯商业秘密的行为。教唆、引诱、帮助行为必然具有主观明知的情形。

其二是替代责任，或间接侵权责任。民法上的雇主责任也同样可适用于第三人侵犯商业秘密的行为。在程济中等与虹亚集团等侵害商业秘密纠纷上诉案中，最高人民法院认为：

> 吴祖亮在本案中的一系列行为，从与程济中就涉案房地产项目进行沟通、获取有关材料，到与五原县人民政府就涉案房地产项目进行磋商，均是其作为虹亚公司法定代表人的职务行为，程济中、绿城公司在与吴祖亮进行联系时亦明确指称吴祖亮为“无锡虹亚集团房地产开发有限公司吴总经理”，因此，在本案中，吴祖亮作为自然人并不存在独立的侵害涉案商业秘密的行为。

除此之外，为他人侵权行为承担责任，必须有法律规定。《反不正当竞争法》第9条第3款规定：“第三人明知或者应知商业秘密权利人的员工、前员工或者其他单位、个人实施本条第一款所列违法行为，仍获取、披露、使用或者允许他人使用该商业秘密的，视为侵犯商业秘密。”在此种情形下，权利人举证证明第三人“明知或者应知”是非常关键的。实践中，可用于强化的举证证据是向第三人发送侵权警告函，如告知第三人获得的信息来自负有保密义务的前职工。但侵权警告函需要精心撰写，既要避免在函件中披露商业秘密，也要避免构成诽谤或其他不正当竞争行为。

商业秘密在网络上被披露对权利人的影响最大。网络传播范围广泛、速度快捷，这会使得该信息成为“普遍知悉”或“易于获知”而丧失秘密性。第三人从公开渠道获得的信息不构成侵占，因其既无保密义务，也未采取不正当的手段；其后再次传播、使用等行为也不构成侵权。因此，如何快速从网络上移除未经授权而披露的信息，是商业秘密法的一个有待解决的问题。不同于著作权法上网络服务提供商的责任与通知移除程序，《反不正当竞争法》并无明确规定。《民法典》第1195条规定了“通知移除”规则。该条规定，当网络用户利用网络服务实施侵权行为的，权利人有权通知网络服务提供者采取必要措施。尽管商业秘密是权利还是权益在理论上有争议，但

《民法典》第 123 条将商业秘密纳入知识产权客体,因此,第 1195 条的规定可以适用于商业秘密的保护。

(四) 商业秘密的确定性

在商业秘密诉讼中,权利人有义务明确其主张保护的商业秘密的具体内容,即涉诉的商业秘密须具有特定性(specificity)。在中国,它被称为秘密点的明确。在权利人主张权利时,应当明确划定商业秘密的范围和“秘密点”,以区分其与普遍知悉和容易获知的信息的具体内容,不能笼统地说某些技术或资料是商业秘密。“以符合法定条件的商业秘密信息为依据,准确界定商业秘密的保护范围,每个单独的商业秘密信息单元均构成独立的保护对象。”

在诉讼中明确商业秘密的特定性这一要求,其一是防止原告以诉讼为伪装来进行竞争情报的收集;其二是基于正当程序的规定,被告有权知道其被诉的具体事由,以做好有效抗辩的准备活动。确定性不仅是诉讼的程序性或证据性要求,它也是非常实际的条件:除非权利人能够具体划定其主张保护的范围,否则就无法判断该信息是否满足商业秘密的法定条件。过宽的权利主张会可能导致这些信息属于“普遍知悉”或“容易获知”的信息;如果不能确定其商业秘密的具体范围,则可能标志着原告并没有采取合理的保密措施。但过早地具体详细披露,则有可能导致商业秘密的泄露。这是商业秘密诉讼中保密令(保持商业秘密令)产生的主要原因之一。

商业秘密的信息特定性主要包含两项内容。

其一是在诉讼的何种阶段予以具体明确。在美国,有些州的商业秘密法规定在启动证据交换阶段必须予以明确,有些州则要求在被告提交答辩状之前明确。《商业秘密解释》第 27 条第 1 款规定:“权利人应当在一审法庭辩论结束前明确所主张的商业秘密具体内容。仅能明确部分的,人民法院对该明确的部分进行审理。”第 2 款规定:“权利人在第二审程序中另行主张其在一审中未明确的商业秘密具体内容的,第二审人民法院可以根据当事人自愿的原则就与该商业秘密具体内容有关的诉讼请求进行调解;调解不成的,告知当事人另行起诉。双方当事人均同意由第二审人民法院一并审理的,第二审人民法院可以一并裁判。”

其二是原告的披露需要满足何种程度的明确具体性。整体而言,原告的披露须满足合理性要求,这并非是要求原告披露商业秘密的每一个具体细节,但合理性的程度需要考虑商业秘密的性质、案件的特定事实等。其基本出发点是综合考虑如下因素:方便审理法院处理相关程序的进行;保护当事人的保密信息;被告可明确以准备其抗辩活动。

如果原告未能满足商业秘密的特定性要求,将会承担不利的程序性和实体性后果。第一,原告如果未能足够明确其商业秘密,将会导致法院无法进行侵权判断,进而承担败诉的后果。第二,如果原告的商业秘密属于改进型的混合式商业秘密,如未能具体明确其改进之处,则易于落入“普遍知悉”或“易于获知”的情形,故确定性也是证明商业秘密确实存在的重要证据。第三,未能合理明确商业秘密的具体范围的原告,或者原告披露的信息不构成商业秘密,被告有可能主张其起诉行为属于恶意诉讼,可能产生费用反转的后果,即诉讼费用由原告承担。一般来说,构成恶意诉讼的原告未能提供充分的证据证明商业秘密的存在,且其起诉之前知道该事实。

(五) 侵权判断:接触+实质相同—合法来源

商业秘密侵占行为的判断标准是:“接触+实质相同—合法来源”。

《反不正当竞争法》第 32 条规定,在侵犯商业秘密的民事审判程序中,商业秘密权利人提供初步证据,证明其已经对所主张的商业秘密采取保密措施,且合理表明商业秘密被侵犯,涉嫌侵权人应当证明权利人所主张的商业秘密不属于本法规定的商业秘密。商业秘密权利人提供初步证据合理表明商业秘密被侵犯,且提供以下证据之一的,涉嫌侵权人应当证明其不存在侵犯商业秘密的行为:有证据表明涉嫌侵权人有渠道或者机会获取商业秘密,且其使用的信息与该商业秘密实质上相同;有证据表明商业秘密已经被涉嫌侵权人披露、使用或者有被披露、使用的风险;有其他证据表明商业秘密被涉嫌侵权人侵犯。

被诉侵权信息与商业秘密不存在实质性区别的,人民法院可以认定被诉侵权信息与商业秘密构成《反不正当竞争法》第 32 条第 2 款所称的实质上相同。判定是否构成前款所称的实质上相同,可以考虑下列因素:被诉侵权信息与商业秘密的异同程度;所属领域的相关人员在被诉侵权行为发生时是否容易想到被诉侵权信息与商业秘密的区别;被诉侵权信息与商业秘密的用途、使用方式、目的、效果等是否具有实质性差异;公有领域中与商业秘密相关信息的情况;需要考虑的其他因素。

四、侵害商业秘密的抗辩事由

一般而言,权利人指控他人侵占商业秘密,须承担法定的举证责任以证明如下事实:其拥有受保护的商业秘密;商业秘密为被控侵权人所侵占;其有权获得相应的法律救济。在这一过程中,被告可以提出反证,以对原告证明上述事实的证据予以反驳,证明商业秘密不符合法定条件,如属于普遍知悉或易于获知的信息、未能采取合理的保密措施、不属于商业信息;被告行为不构成不正当手段,如来自第三人的合法授权,包括书面许可和默示许可等。在信息未予以披露的情况下,证明被控侵占行为未产生任何实际或潜在的损失。在某些情况下,特别是在指控前职工侵占商业秘密的情形时,被告可举证该信息不属于其履行职务行为所产生的研发成果,或者证实涉案信息是从第三人处通过授权而获得,其不具有主体资格。

严格意义上的抗辩事由是指积极抗辩(affirmative defense),即并不否认原告所主张之事实的真实性,而是提出其他的理由来说明自己不应承担责任的一种抗辩。因此,从某种意义上讲,这也是在承认原告权利的基础上的一种法定限制。之所以设定这些限定,是因为侵犯商业秘密的法律规则要符合比例原则,其目的是保障创新市场正常发挥其功能。故其法律规则不得解释为影响基本权利与自由、公共利益(如公共安全、消费者保护、公共健康和环境保护等)以及劳动力自由流动。

美国法上商业秘密的抗辩事由比较复杂,典型的情形包括:独立研发、反向工程、容易获知、法律限制、商业秘密丧失等。美国《反不正当竞争法重述》(第三版)第 43 条规定:"独立发现和对公开可获得的产品或信息进行分析不属于不正当手段。"《统一商业秘密法》评论指出,获取商业秘密的"正当手段"包括:① 独立发明发现的信息。② 反向工程发现的信息,即从已知产品出发,反向分析以探究其开发的方法。已知产品的获取必须属于公平、诚实的方式,如从公开市场购买产品,才构成合法的反向工程。③ 商业秘密权利人许可而发现的信息。④ 对公开使用或公开展示的对象予以观察而发现的信息。⑤ 从已出版文献中获得商业秘密。

欧盟《商业秘密指令》则分两类情形予以规定。第 3 条规定的合法行为有:独立研发、反向工程、劳动者权利的行使或合法的劳工代表获取信息的行为、特定条件下符合诚实商业实践的任何行为。第 5 条规定的侵权例外情形有:表达和信息自由权的行使,包括媒体自由与多元化;揭露过错不当行为或非法行为,其目的是保护一般公共利益;向工会代表披露,作为工会代表依法履行其职责的一部分,且为履职所必须;为保护法律规定的合法利益。

《商业秘密解释》第 14 条规定:"通过自行开发研制或者反向工程获得被诉侵权信息的,人民法院应当认定不属于反不正当竞争法第九条规定的侵犯商业秘密行为。前款所称的反向工程,是指通过技术手段对从公开渠道取得的产品进行拆卸、测绘、分析等而获得该产品的有关技术信息。被诉侵权人以不正当手段获取权利人的商业秘密后,又以反向工程为由主张未侵犯商业秘密的,人民法院不予支持。"

(一) 独立研发抗辩

不同于专利权,商业秘密保护不是一种排他权保护,不能禁止他人使用其自行开发出来的商业信息。欧盟《商业秘密指令》重述第16段明确指出,为保护创新和促进竞争,它并未对商业秘密保护的技术诀窍或信息创设任何排他权。因此,同一技术诀窍或信息的独立开发是有可能的。一般认为,侵占商业秘密的行为属于不正当的竞争行为,而通过独立研发与反向工程获得信息的行为并未使用不道德的手段,不属于不正当的竞争行为。独立研发抗辩的核心要件是"独立",即该信息是由被告自身或其职工开发,而不是来自原告的商业秘密,或受到原告秘密信息的污染。

被告可举证其没有机会或可能性获得(接触)秘密信息的事实,进而证明该信息系其独立研发的成果。但通常来说,信息属于净室(clean-room)环境(即与涉诉秘密信息完全隔离)下开发的事实是最重要的证据。例如,即使被告聘用的原告前职工不当获取了商业秘密,但被告有确凿证据证实其开发类似信息时,该职工未以任何形式参与开发活动,故被告未接触到该信息。但是,当被告自行开发遭遇困境时,其通常会寻求技术顾问等外部人的技术支持,这极有可能会导致开发过程受到受保护的商业秘密的污染。特别是当该外部人与商业秘密权利人存在保密关系时,独立研发抗辩往往难以成立。为了避免在寻求外部人帮助时获得受污染的信息,被告需要在其商业活动中获取、利用、披露外部人提供的信息之前评估其法律属性。如果属于受保护的商业秘密,则应避免获得该信息,或者将该信息隔离开来,并与开发者自身的信息分类管理。同时,在寻求外部人技术支持时,签订书面协议以明确其提供的信息是否属于商业秘密,这有利于正确处理该类信息,从而避免侵权风险。

开发信息所花费的时间和资金常常是证明独立研发的间接证据。但原告也常常举证,被告开发该信息时所花费的资金和时间远远少于原告,或者有着不同寻常的快速进展,这也是证明被告存在不正当手段的间接证据。但是,被告开发时的投资较少和耗时较短,并不意味着一定存在不正当手段,它还须考虑产品本身在技术开发上的难易度,以及非技术性因素所产生的影响。在被告主张使用或披露的、属于其独立研发的信息不完全等同于原告的商业秘密时,两者之间的差异并不必然使得独立研发抗辩成立。侵犯商业秘密不需要争议的信息完全相同,而仅需要实质性相同,即实质性部分相同即可。因此,如果在他人秘密信息的基础上予以增减或改进,即使该改进部分具有智力贡献或需要付出实质性投资,但只要商业秘密的实质性部分被侵占,即已构成侵权,不能成立独立研发抗辩。

客户信息的独立开发抗辩也同样需要进行类似的评估。开发的努力、投资和信息获取的合法手段,特别是开发者本身并没有受到受保护信息的"污染",对于客户名单独立开发抗辩的成立具有极其重要的意义。在吉尔生化(上海)有限公司诉希施生物科技(上海)有限公司(简称希施公司)等侵害经营秘密纠纷案中,被告将互联网上检索到的客户联系方式作为获取客户信息的合法来源,并主张独立开发抗辩。法院认为:

> 这些信息很简单,只有公司名称及邮箱的联系方式。通常而言,经营者很难在短短一个多月内就从互联网浩瀚的信息中筛选出该两公司对希施公司产品有切实稳定的需求。……(被告之一朱国基负有保密义务,且与原告约定了竞业限制的补偿金。)朱国基向昂博公司、PH公司发送的跳槽邮件也说明其并非从网络上获取的客户信息,而是因知道该些客户对定制氨基酸产品有长期稳定的需求等信息,才有针对性地向该两公司发送希施公司产品的介绍和订购信息。……(被告与所涉客户中的另外两家公司属于关联公司,其中一家自2008年开始就一直为美国希施公司供货。)从希施公司提交的双方交易订单来看,交易对象系感应器、玻璃器皿等医疗器械,而非涉案的氨基酸和多肽等原料产品,且Almac公司仅称美国

希施公司而非希施公司系其供货商。在希施公司没有提供其他证据的情况下，难以证明Almac公司系基于美国希施公司的信任或介绍而主动与希施公司发生氨基酸或多肽产品的交易。

(二) 反向工程抗辩

《商业秘密解释》第14条第2款规定，反向工程是指通过技术手段对从公开渠道取得的产品进行拆卸、测绘、分析等而获得该产品的有关技术信息。欧盟《商业秘密指令》第3条第2款的规定更为具体："对下列产品或物品进行观察、研究、拆卸或测绘的方式所获得的商业秘密：已为公众可获得的产品或客体(product or object)；或者信息获得者合法占有的产品或客体，且其不存在限制获取商业秘密的任何有效法定义务。"

反向工程体现了法律鼓励自由竞争的公共政策。在自由竞争市场上，模仿是法律所允许，甚至鼓励的行为。因为模仿将促进竞争，降低消费者支付的价格，最终促进产品改进乃至产生破坏性创新层面的竞争。一般认为，除非产品或服务受专利法保护，通过公开市场获得产品并发现其制造技术，并不是非法行为，不与竞争伦理相冲突。此外，反向工程的合法性还被认为是通过弱化商业秘密保护的排他性，维护专利制度以排他权为对价、激励技术公开的制度功能。因此，反向工程的合法性既是该行为属于通过"公平且诚实的方式"获得技术信息，也是知识产权制度体系的内部协调机制之一。

反向工程与秘密性判断的"容易获知"标准极易混淆。如果争议的秘密信息能够从已上市的产品或服务中公开获得，则该信息不具有秘密性。获知的容易程度是非常关键的事实。"容易获知"的情形虽然也包括通过对产品的观察、分析轻而易举地获知，"所属领域的相关人员通过观察上市产品即可直接获得"，但它不属于反向工程。或者说，反向工程是指需要付出一定程度的投资或努力才能获知的情形。商业秘密能够被反向工程，并不表明其不具有秘密性；其条件是不属于"容易获知"的情形，即反向工程需要有一定难度。因此，权利人仍可向未实施反向工程的侵占人主张权利。在上海路启机械有限公司、曹某等与优必选(上海)机械有限公司(简称优必选公司)侵害技术秘密纠纷案中，法院认为：

> 即使优必选公司对德国优选锯样机进行反向工程，并仿制出具有与该样机完全相同技术信息的"MAXCUT系列电脑优选横截锯"，根据反法司法解释第十二条的规定，优必选公司通过反向工程获得商业秘密亦不属于侵犯商业秘密行为。只要该技术信息被优必选公司和德国优选锯公司采取保密措施而处于保密状态，仍具有相对秘密性，仍然符合不为所属领域的相关人员普遍知悉和容易获得的商业秘密之要件，不因此丧失其秘密性。故四上诉人关于"优必选公司边测量边锯切的设计"技术信息由于反向工程而丧失秘密性的上诉主张没有事实和法律依据，本院不予支持。

被告主张反向工程抗辩的前提是，权利人的证据足以证实商业秘密的存在。反向工程抗辩的重点不是信息是否易于被破解，而是被告如何获得商业秘密的。与独立研发相类似，反向工程抗辩也须符合一定条件。首先，被告获取产品的行为须为合法。合法性主要包括两项条件：其一是手段合法，通常情况是从公开渠道合法取得的产品。《商业秘密解释》第14条第3款规定：被诉侵权人以不正当手段获取权利人的商业秘密后，又以反向工程为由主张未侵犯商业秘密的，人民法院不予支持。所谓公开渠道，即产品的受众为不特定的人，或者是处于公共领域的资源。所谓合法，即产品等信息的获得须用符合商业道德的手段。在宁波万代冲床科技有限公司(简称宁

波万代公司)等诉昆山山田冲床有限公司(简称山田公司)等侵害技术秘密纠纷案中,法院认为:

> 被实施反向工程的产品应当是从公开渠道取得的产品,且反向工程的实施人不能是对商业秘密负有保密义务的人。如果是以不正当手段知悉了他人商业秘密之后又以反向工程为由主张获取行为合法的,该抗辩主张不能成立。龙游万代公司、宁波万代公司及胡某所举证据不能证明被实施反向工程的产品系其从公开渠道合法取得的山田公司的产品,而胡某、王某作为实施人本身负有不得将山田公司技术图纸泄露、保守山田公司商业秘密等义务,且宁波万代公司、龙游万代公司、胡某亦不能就拆卸、测绘、分析等过程进行充分举证并且作出合理说明。相反,鉴定过程中对双方当事人提供的技术图纸进行比对,龙游万代公司受控文件图纸共有22张,山田公司与其对应的有21张图纸,两者图纸结构、技术要求、公差配合、视图布局基本相同,尺寸略有差异,以及龙游万代公司、宁波万代公司及胡某陈述其图纸按照日本规范绘制、产品按日本工业标准(JIS)标准加工等事实来看,上述反向工程抗辩主张缺乏相应的事实和法律依据,亦不符合情理,该院不予采信。胡某为证明其从业经历而所举助理工程师资格证书及劳动合同等证据,尚不足以证明其系通过自行开发研制方式获得山田公司技术秘密,对该抗辩理由该院亦不予支持。

其二是被告须合法获得产品的所有权。因为反向工程是从已有产品出发,通过拆解等回溯手段破解产品生产和制造的技术,故在本质上是对物实施的处分行为。他人未经物权人同意,不得予以处分。在涉及软件许可的情况下,由于不让渡产品的所有权,使用人、保管人、受托人、维修人对产品的管理是受限的,如果在许可合同中约定,前述人员不得实施反向工程,即"黑箱封闭"条款。[①] 在商业秘密案件中,权利人合同中禁止反向工程的条款是否具有法律效力?这是一个比较复杂的问题。美国各州的做法并不一致。持合同自由的观点认为,商业秘密权利人有权限制其职工、销售商和顾客从事反向工程的行为。故应承认反向工程合同限制条款的合法性,但其所限制的具体内容仍须具体分析。如果限制的对象是普遍知悉或容易获知的信息,则因有违商业秘密不保护公开信息这一公共政策而不能得到执行。如果限制的信息包含商业秘密,且将限制反向工程的条款作为信息披露的先决条件,或者作为信息许可价格的考虑条件,则其可得到执行。

但是,承认禁止反向工程条款的合法性将影响整个知识产权制度的内部平衡,商业秘密保护将获得类似于专利权的保护力度。商业秘密权利人在许可合同中添加限制性条款的行为将产生限制竞争的效果,从而破坏知识产权法的利益平衡机制。欧盟《商业秘密指令》重述中明确指出:"禁止将商业秘密保护规则用于非法目的,有权当局应采取合理措施针对滥用或恶意诉讼行为,以及明显无根据的起诉行为,如明显意图不公平地限制或延迟竞争者进入市场,或威胁竞争者的行为。"同时,反向工程的合法性将有助于技术扩散,并在竞争的压力下促成不断创新,推动技术和行业的进步。而且,其他知识产权法律明确规定了反向工程的合法性,如中国《计算机软件保护条例》第17条的规定。欧盟《计算机软件保护指令》第8条将反向工程规定为法律的强制性条款,不得通过合同条款予以限制。该条规定:"任何与指令第6条规定或第5条第(2)款规定的例外情况相冲突的合同条款均无效。"[②]欧盟《商业秘密指令》重述第16段指出:对合法获得的产品

---

① 参见胡开忠:《反向工程的合法性及实施条件》,《法学研究》2010年第2期。

② 集成电路布图设计反向工程的合法性有较为特殊的规定,即必须"创作出具有独创性的布图设计"。参见《集成电路布图设计保护条例》第23条第2款。

进行反向工程属于合法获取信息的手段，除非另有合同约定；但是，该类合同的缔约自由将受到法律的限制。

此外，被告可以自行破解，也可由第三人辅助破解；但前提条件是被告与第三人均不负有保密义务。当权利人销售受商业秘密保护的产品时，其与客户签订的许可协议（非销售合同）规定了不得将产品提供给第三人，但被告未获得相应的许可（即非属其客户）。此时，被告须举证证明其获得产品的合法手段，如从公开市场上购买。

如果权利人在销售产品时，以加锁、密封、设密码等方式防止他人接触到产品涉及的商业秘密部分。被告实施反向工程必须破解其加密措施。在计算机软件领域，其可能受著作权、商业秘密的保护；破解软件的保密措施可能构成著作权法上的违法行为。《著作权法》(2020)第 49 条第 2 款规定："任何组织或者个人不得故意避开或者破坏技术措施，不得以避开或者破坏技术措施为目的制造、进口或者向公众提供主要用于避开或者破坏技术措施的装置或者部件，不得故意为他人避开或者破坏技术措施提供技术服务。但是，法律、行政法规规定可以避开的除外。"但该法第 50 条规定可以规避的五种情形，第 5 款明确规定：进行加密研究或者计算机软件反向工程研究，可以避开技术措施。

（三）公共利益抗辩

通常情况下，管理规范的企业以签署"不披露协议"为条件聘用职工，这是其保护商业秘密所必须采取的合理措施之一。而且，"不披露协议"所涵盖的范围非常广泛。但是，如果"不披露协议"涉及企业的违法信息，如非法添加违禁物质的产品配方，职工举报的行为是否侵犯企业的商业秘密？

可能的解决路径有二。其一，将信息的合法性作为商业秘密受保护的条件之一。如果信息获取的途径非法，或者信息本身违反了法律或公共道德，则该信息不受保护。其二，建立公共利益抗辩制度，职工的举报行为不视为侵权行为。即，如果商业秘密涉及公共健康与安全、环境保护、犯罪或其他违法事实，以及其他具有实质性公共利益（如表达自由等宪法性权利以及其他具有优越性地位的权利）的事实，则这些信息的披露符合保护公共利益的需求，不应视为侵犯商业秘密的行为。一般认为，公共利益抗辩需要考虑特定情形下各项要素的综合评估，如信息的性质、披露的目的以及披露人获取信息的方式等。

(1)"吹哨人抗辩"。美国 2016 年《保护商业秘密法》第 7 节明确规定了向受信任的中立者有限披露信息的吹哨人免责制度。其条文为："以保密的方式向受信任的联邦、州和当地政府官员或律师直接或间接披露商业秘密，其目的是为了举报或调查涉嫌违法的行为；或者是在诉讼或其他法律程序中的答辩文件或其他文件中以封存形式披露商业秘密，上述行为人不承担联邦或州商业秘密法下的任何刑事或民事责任。""针对雇主涉嫌违法被举报而进行报复的行为，任何人均可在提起的反报复诉讼中向其律师披露商业秘密，以及在法律诉讼程序中使用该信息，其条件是：递交的包含有商业秘密的文件是予以封存的，且未披露该信息，除非符合法庭裁定的情况下予以披露。"该法还规定了雇主的告知义务："在关于职工保护商业秘密或其他秘密信息的任何合同中，雇主须明确告知本节规定的免责事由（即吹哨人免责）。如果雇主制定了关于举报涉嫌违法行为的政策文件，在上述合同中提供参照援引的条款，也符合雇主的告知义务。如果雇主未能向某一职工履行上述告知义务，则雇主不得主张惩罚性赔偿或律师费的补偿。"该法对职工的范围作了非常宽泛的界定："履行工作的任何个人，如合同工或雇主的顾问。"此外，该法还规定了吹哨人免责的限制："除非本节有明确规定之外，本节的任何内容不得解释为授权从事违法行为（如通过未经授权的方式非法获取材料），或限制上述违法行为所应承担的责任。"

欧盟《商业秘密指令》重述第 20 段指出：保护商业秘密的措施、程序和救济手段不得限制吹哨行为，即商业秘密保护不及于为公共利益而披露的行为，只要该信息是与过错行为或非法行为直接相关即可。在被告善意且确信其行为符合指令确定的条件时，有权的司法当局可限制适用指令规定的相关措施、程序和救济手段。

(2) 言论自由抗辩。在吹哨人抗辩之外，公共利益抗辩还应包括言论自由抗辩。尽管在大多数情况下，权利人行使侵占商业秘密的请求权并不涉及言论自由，但涉及禁令救济时，如果被告并非直接侵占人，而是引发社会公众关注的信息之第三人，则涉及言论自由的问题。受公众关注的事件，如产品质量、环境保护、上市公司创始人或控制人的健康情况等，往往是非常重要的考虑因素。欧盟《商业秘密指令》重述第 19 段明确指出：言论和信息自由，及其包含的媒体自由和多元化，属于欧盟基本法所保护的基本权利，特别是在调查性新闻报道以及保护新闻来源时，不应受到商业秘密保护的限制。

当然，言论自由并非当然优越于商业秘密的保护。一般认为，言论并非没有边界。对于欺诈、诽谤或煽动性言论的管制，即是言论自由的边界所在。如果涉及商业言论时，情形则要更为复杂。在美国法上，商业言论是指促成商业交易的言论，它既包含促成纯粹商业交易目的之言论，也包括兼具社会或政治问题的言论。商业言论的判断需要整体上综合考虑言论的目的、对象。一般认为，相对于其他言论，商业言论所受到的保护要弱很多。因此，商业言论难以成为侵占商业秘密的抗辩事由。

(3) 行为合法抗辩。如果被告获取、使用或披露商业秘密的行为具有法律依据，则不应构成侵权。欧盟《商业秘密指令》第 3 条第 2 款规定的合法性抗辩，除独立研发、反向工程之外，还包括两类合法行为：劳动者权利的行使或合法的劳工代表获取信息的行为、特定条件下符合诚实商业实践的任何行为。欧盟《商业秘密指令》重述第 18 段指出：依法律规定或法律所允许的获取、使用或披露商业秘密的行为被视为合法行为，特别是劳工代表行使权利而依法获得信息的行为，以及为劳工与雇主利益的集体抗辩行为。当然，这些行为不得影响信息接收者对商业秘密的保密义务及其他使用限制条件。合法行为还包括履行法定职责的行为，但此类行为不包括商业秘密的披露。欧盟《商业秘密指令》重述特别强调，对商业秘密持有人递交的信息，相关行政当局具有保密义务，无论是否为法律所明确规定。

(四) 时效抗辩

《反不正当竞争法》并未规定侵占商业秘密的诉讼时效。但依《民法典》的规定，应适用 3 年的诉讼时效，从知道或应当知道侵占商业秘密之日起计算。如果权利人怠于行使权利，则被告可主张时效抗辩。

商业秘密侵权的时效抗辩较为特殊的问题有二：① 商业秘密侵占行为是否属于持续性的过错行为？美国《统一商业秘密法》第 6 条规定，3 年诉讼时效自权利人发现或合理努力后应能发现商业秘密被侵占之日起计算，持续性的侵占行为只能构成一项请求权。与独立研发和反向工程相同，这被认为是法律对商业秘密保护力度要弱于专利权的重要体现。② 获取、使用或披露等商业秘密侵占行为是否可以累加？非法获取商业秘密的行为是后续利用商业秘密的前提，如果行为人非法获取商业秘密后，予以使用，直至披露，是构成三项侵权行为，还是一项侵权行为？这涉及诉讼时效计算的不同。如果是一项侵权行为，诉讼时效自权利人知道或应当知道初始的侵占行为起计算；如果是多项侵权行为，则诉讼时效也应分别计算。在美国法上，如果同一侵占人实施了窃取、利用或披露行为，不应视为三项侵占行为，不能产生三项请求权，而应视为单一侵权行为所致使的严重后果；而不同的侵占人，即不同的行为人从事了不同的侵占行为，如非法利用他人窃取的商业秘密的行为，与窃取者的侵占行为，属于两项不同的侵权行为，将产生两项不同的诉讼时效。

五、商业秘密保护中的特殊问题

(一) 劳动关系中的商业秘密保护

中外文献都指出，大多数侵占商业秘密的案件都涉及劳动关系，即职工侵占商业秘密的情形最为常见。或者是职工离职后创业，成为直接的竞争者；或者是离职员工加入竞争者，从而发生相关纠纷。在过去，职工在某一单位工作至退休的现象比较常见；但现在跳槽乃至跨行就业现象则已屡见不鲜。特别是对单位心怀不满的离职职工，如对待遇或晋升不满，或者因工作岗位调动而不满，或者被解雇的离职员工，当其自行创业或加入竞争者时，均有极大可能带走其合法获取或非法侵占的商业秘密。兼职现象也有可能产生类似后果。此类案件的处理较为复杂，因为它涉及法律上重要的公共政策："妥善处理保护商业秘密与自由择业、涉密者竞业限制和人才合理流动的关系，维护劳动者正当就业、创业的合法权益，依法促进劳动力的合理流动。"

1. 商业秘密保护中的职工权益：一般知识、经验和技能

劳动权和自由就业权是公民受宪法及劳动法所明文保护的基本权利，它保障职工可自主决定是否从事职业劳动、从事何种职业劳动、何时就业以及选择哪家就业单位。宪法和法律还规定，国家通过促进经济和社会发展，创造就业条件，扩大就业机会(如《劳动法》第 10 条)；还规定职工有"接受职业技能培训的权利"，且劳动者"应当提高职业技能"(如《劳动法》第 3 条)。

在反不正当竞争法上，一种利益应受保护并不构成该利益的受损方获得民事救济的充分条件。在最高人民法院审理的山东省食品进出口公司、山东山孚集团有限公司、山东山孚日水有限公司与马达庆、青岛圣克达诚贸易有限公司不正当竞争纠纷案中，最高人民法院认定：

> 作为具有学习能力的劳动者，职工在企业工作的过程中必然会掌握和积累与其所从事的工作有关的知识、经验和技能。职工在工作中掌握和积累的知识、经验和技能，除属于单位的商业秘密的情形外，构成其人格的组成部分，职工离职后有自主利用的自由。在既没有违反竞业限制义务，又没有侵犯商业秘密的情况下，劳动者运用自己在原用人单位学习的知识、经验与技能为其他与原单位存在竞争关系的单位服务的，不宜简单地以反不正当竞争法的原则规定认定构成不正当竞争。

要区分职工的"一般知识、经验和技能"与有意记忆在工作中获得的秘密信息。通过书面记录(纸质或电子)信息与通过记忆记录信息，并没有本质性的区别。它只是获取信息的方式不同，而不是被获取的信息本身有不同。但存储在前职员记忆中的信息本身并不能证明这属于其自身的知识或技能。当然，偶然记住与故意记住客户信息不同，前者并不一定是侵权的。

2. 职工的忠诚义务与保密义务

在大多数情况下，双方之间具有劳动关系会依法产生一系列的法定义务或推定义务。其中，职工在履行其职责的过程中，其应负有勤勉义务，也负有对单位的忠诚义务，以及在涉及秘密信息时负有相应的保密义务。但是，公司法等法律规定的职工忠诚义务与保密义务，不等同于承担商业秘密的保护义务。根据劳动合同和其他合同，职工保密义务的对象可能还包括非商业秘密的其他公司秘密。此时，即使职工违反了其合同约定的保密义务，也不能主张商业秘密保护的救济手段。但是，如果离职员工明确签订了保密协议，其自然应承担保密义务。如果离职员工同时签订了保密协议和竞业限制协议，即使单位未履行竞业限制协议中约定的补偿款，但它也不影响保密协议的效力。

相比签署保密协议的职工，其他职工是否存在法律上推定的保密义务，这是具有较大争议的问题。并不是所有的职工都负有同样的保密义务，该义务的具体指向范围应取决于具体的劳动关系，如工作职位的高低、业务范围等。或者说，必须综合考虑职工接触单位商业秘密的可能性。当获得信息的职工知道或者应当知道该信息属于保密的，权利人也有合理的理由认为信息获得者应同意负有相应的保密义务，一般认为将产生推定的保密义务。此时，需要综合考虑的因素有：披露的具体环境；信息获得者的主观状态；权利人行为的合理性。《商业秘密解释》第 12 条规定，人民法院认定员工、前员工是否有渠道或者机会获取权利人的商业秘密，可以考虑与其有关的下列因素：职务、职责、权限；承担的本职工作或者单位分配的任务；参与和商业秘密有关的生产经营活动的具体情形；是否保管、使用、存储、复制、控制或者以其他方式接触、获取商业秘密及其载体；需要考虑的其他因素。

3. 不披露协议

在缺乏明确的保密协议的情况下，职工所负的推定保密义务认定条件非常严格，因此，越来越多的经营者与职工之间明确签订不披露协议(Nondisclosure Agreements，NDAs)，特别是单位的高阶职工和密切接触到商业秘密的职工，签订不披露协议是权利人采取合理保密措施的重要体现。典型的不披露协议一般规定职工承认协议中列举的保密信息是属于单位所有的财产，并承诺在工作期间以及离职之后不向任何第三人披露；在未取得权利人书面许可的情况下，不得为自身利益使用，或者为他人使用。不披露协议还常常规定，职工承诺在劳动合同期限届满后向公司交还所有文件或与工作有关的其他材料。

但是，单位在不披露协议中所列举的保密信息可能非常宽泛。这并不表明所有列入协议的信息都是商业秘密，它必须符合法定的受保护条件。因此，即使职工对非商业秘密信息作出了保密的承诺，其披露或使用等行为也并不构成侵犯商业秘密。

4. 竞业限制协议

竞业限制协议(Noncompetition Agreement)是指约定职工在离职后的特定期限内不得就业于其竞争者的协议。竞业限制协议以可保护的商业秘密存在为前提，但两者具有不同的法律依据和行为表现，违反竞业限制义务不等于侵犯商业秘密，竞业限制的期限也不等于保密期限。原告以侵犯商业秘密为由提起侵权之诉，不受已存在竞业限制约定的限制。但美国也有些州规定，竞业限制协议的效力以商业秘密被侵犯的风险为前提。

竞业限制协议是否具有效力，这需要从整体上对其条款的具体内容进行评估，包括地理范围、限制时间和竞争性行为限制的性质，还要考虑可能对职工造成的经济困境。因此，应妥善处理商业秘密保护和竞业限制协议的关系。

美国各州法对竞业限制协议的效力规定不一。加州仅在特定情况下承认其效力，并且不承认竞业限制协议的可仲裁性，还规定用人单位不得与加州籍职工签订协议约定适用加州之外的法律。麻省则要求在工作开始前预先告知竞业限制协议，最长不得超过 12 个月的期限，不得限制小时工和被解雇等类型的职工，以及为职工离职时提供“花园休假”(garden leave)待遇。“花园休假”是英国法上的竞业限制规则，是指决定离职的职工应根据合同规定的时间限制，提前通知用人单位，在一定期限后其就职于新的用人单位，但在该期限内，职工不参加工作，用人单位仍然需要支付全额薪金。一般来说，低薪工资的职工不受竞业限制协议的约束。

竞业限制协议本质上具有反竞争性的属性，须进行合理性审查，包括：竞业限制的期限，竞业限制的地理范围，受保护利益的性质，商业秘密可能消失的速度(一般将可执行的竞业限制协议有效期限定于 1 年至 2 年)；地理范围常常是职工开展业务的地区，因为这是职工的业务活动最有可能影响到单位的商誉。在美国 Comprehensive Technologies Int'l v. Software Artisans, Inc. 案中，法院认为竞业限制协议的合理性审查须考量如下事项：① 从用人单位来看限制是否合理，需要考量它是否超出保护其合法商业利益的必要程度？② 从职工角度来看限制是否合理，需要考量是否对维护其生活的合法收入产生不当的严重影响？③ 从良好的公共政策角度来看限制是否合理，通常认为，应该对竞业限制协议予以严格限制。因此用人单位须举证证明上述三个条件。

此外，要考虑签署竞业限制协议的时间是在就职前还是工作中，还要考虑承诺竞业限制协议的职工待遇有没有提高。有些理论观点认为，应该将竞业限制协议的效力与对价理论联系起来，评估职工与用人单位之间对价的合理性。并购或新设的公司一般不能承继原公司的竞业限制协议。禁止他人就业的条件是因为职工创业或去竞争者就业存在侵占商业秘密的危险，不能仅仅因为职工知悉该秘密信息。

竞业限制协议不得违反法律对保障合法职业与合法商业活动的强制性规定。员工与公司约定了保密期限，保密期限届满，员工披露信息不再违法。

有些协议不禁止离职员工就职于竞争者，但规定了往竞争者就业时的违约金条款，或者将丧失行使分配的股票期权，后者在高科技企业非常常见。尽管这些条款与竞业限制协议的实际效果相似，但它并未直接限制职工的就业自由，这些条款通常具有相应的法律效力。

5. 不招揽协议

不招揽协议（条款）是另一类在效力上需要予以审查的、被用人企业用以保护商业秘密的合同；但相比竞业限制协议，职工的就业自由较少受到限制，其引发的公共政策争议也相应较小。一般而言，应区分对客户的不招揽协议（这直接影响到企业在商誉方面的合法权益）与对其他在职职工的不招揽协议（涉及职工新的就业机会与职业提升的权利）。在某些情况下，必须要区分无固定期限的职工所宣称离职后加入企业客户，还是积极招揽其同事加入竞争企业。

（1）不招揽职工协议。用人单位常常担心离职员工会怂恿其同事一起离职，而员工大规模离职的事实一旦被披露，将严重影响其商业声誉。尽管人才是企业最重要的竞争优势，但一般情况下，延揽竞争者职工的行为并不是过错行为，因为法律不仅要保护经营者的竞争利益，也要保护职工就业自由与职业提升的权利。但如果用人单位与其职工签订不招揽协议，离职职工招揽其同事就职于竞争者的行为是否合法？这是一个比较复杂的问题。既然跳槽是合法的，则招揽他人一起跳槽也难以成为非法的行为。但组团式的跳槽有可能带走用人单位的商业秘密，因为每个职工所掌握的一般知识、技能和经验组合起来，可能拼凑成完整的商业秘密信息。在美国法上，宽泛的不招揽协议不具有法律效力。在加州 AMN Healthcare，Inc. v. Aya Healthcare Services，Inc.案中，原告宽泛的不招揽协议规定，在聘期结束后的一年内，离职员工不得直接或间接招揽、促成他人招揽或引诱其任何职工。法院认为，因为加州法律的公共政策保护公民合法择业权利和选择自由，所以原告不招揽协议不具有法律效力。

（2）不招揽客户协议。离职员工招揽其原用人单位的客户也是商业秘密保护中最为常见的一类纠纷。即，离职销售员工将其原单位的客户带入新就业的单位，无论是通过记录客户名单还是记忆的方式，极易产生侵权纠纷。与招揽职工不同，禁止招揽客户的协议在合理情况下通常会得到法院的认可。即使是在不构成商业秘密保护的客户信息，协议禁止离职的销售员工招揽其在职期间确立业务关系的客户，这些协议可能会得到法院的支持，但有可能限制其效力范围。例如，协议禁止招揽用人单位潜在客户的内容不具有约束力，但其他部分具有法律效力。协议可以禁止离职员工主动去招揽用人单位的客户，但客户主动联系离职员工的除外。因为后者是客户基于职工个人的信赖等原因所发生的。《商业秘密解释》规定，“客户基于对员工个人的信赖而与该员工所在单位进行交易，该员工离职后，能够证明客户自愿选择与该员工或者该员工所在的新单位进行交易的”，不构成侵权。

招揽客户的行为须实际发生，而不是推测的，如社交软件上对客户的正常关注、互动，尽管具有维护客户关系的效果,但并不存在实际的招揽行为。此外,用人单位的市场地位可能会影响不招揽客户协议的效力。美国法院在 Wood v. Acordia of W. Va., Inc.案中认为,禁止其保险代理人在离职 2 年内招揽其客户或潜在客户的协议具有法律效力,但法官认为,由于该用人单位是当地保险市场份额的绝对领先者,该协议实质上限制了所有的竞争行为。

6. 不可避免的披露规则

不可避免的披露规则是指如果离职员工就业于竞争者,将不可避免地披露公司的商业秘密信息,则该职工不得从事该工作。这是企业拥有的超级法律武器,使得其可以限制离职员工的就业自由,因为在劳动法下必须存在合法的竞业限制协议才能限制职工的就业自由。因此,该规则属于事实上的竞业限制,其必须在职工就业自由与商业秘密保护之间取得合理平衡。否则,它将严重影响职工的合法权益,特别是对于签订不定期劳动合同的职工,如果没有相反的合同约定,其可在任何时间以任何理由离职;单位也同样可以在任何时间以任何理由予以解雇。

不可避免的披露规则在美国各州的法律效力不尽相同。其适用的基本条件是:① 职工就业的新旧单位存在高度的竞争关系;② 职工在两家公司之间的职位密切相关;③ 职工属于高阶员工;④ 请求保护的商业秘密具有竞争价值和时效敏感性。具体而言,还应考虑如下情形:是否存在与侵占危险的关联性与严重性;是否替代了对实际侵占的证明责任;是否仅用于执行限制竞争协议;是否在没有限制竞争协议的情况下适用;是否仅适用于那些密切接触(intimate familiarity)前雇主商业秘密的职工。

在美国《保护商业秘密法》的制定过程中,来自加州的参议员戴安娜·范斯坦(Dianne Feinstein)认为不可避免的披露规则将影响就业自由的公共政策,批评该法案 2014 年版本,其后正式通过的 DTSA 作出了调整,该法第 18 USC § 1836(b)(3) (A)(i)条规定下列两种情形下不得颁布禁令:一是不能仅仅因为某人知悉该信息而禁止其确立劳动关系,除非该劳动关系的建立是具有侵占商业秘密危险的证据;二是禁令的颁发将与具有管辖权的州法相冲突,后者规定不得限制合法的职业、贸易或商业实践。上述规定可能试图限制不可避免的披露规则之适用,但法条本身具有模糊性。该法规定不得禁止职工与新雇主建立劳动关系,但并没有解决竞业限制协议是否影响上述规定的问题。从字面意义上看,第一款确立了不可避免的披露规则,只是严格限定了它的适用条件。

7. 权利归属的确定

职工创造或发现的商业秘密的权利归属如何确定,法律并没有明确规定。类似于专利法上职务发明的权利归属规则,商业秘密的权利归属于单位的情形大体上包括三类:一是发明转让协议,劳动合同或其他合同中明确约定归单位所有的,但须审查其合理性;二是雇佣发明原则,被聘用的工作岗位是发明工作,因履行职责而所完成的(不等于"履行本职工作所完成的")商业秘密;三是场地权或店主权原则,主要利用单位的资源所完成的商业秘密,单位有免费使用的权利。

单位不得通过合同强制职工将非职务商业秘密的权利转让给单位。《加州劳动法》第 2870 条规定:"劳动合同中规定职工须将其发明创造的权利转让或承诺转让给雇主的任何条款,不适用于纯粹属职工个人时间内开发,且未利用单位的装备、仪器、设施或商业秘密而完成的发明;转让条款仅适用于下列情况:它在发明的构思或测试阶段时已与雇主的商业活动相关,或者与雇主实际从事的研发工作或明确即将开展的研发工作相关;职工为完成雇主交付的工作任务所产生的成果。""劳动合同中要求职工转让上述不得转让的权利的条款,因其与本州的公共政策相冲突而无效。"

(二) 政府管理中的商业秘密保护

基于环境、健康、安全等原因,政府在对市场经济的干预过程中会获得相应的秘密信息。这些干预措施大体上包括两类：一是市场准入管制中获得的商业秘密。产品实施市场准入管制的产业，主要包括药品、农用化学产品；其他市场准入，如证券上市审批等，也可能涉及上市公司的商业秘密。二是各种执法行动中获取的商业秘密，如产品质量检查、环保执法等；专利审查授权等行政行为，如专利申请中的技术方案，在依法公开之前，申请人可以撤回申请而不丧失秘密性；以及各种民事、刑事司法程序中获取的商业秘密，例如，汽车发生自动驾驶事故后其生产者所提供的保密数据等。

政府在采购合同中也会获得很多的秘密信息，如设备生产者或服务提供者的算法、数据等秘密信息。它们涉及社会公众关注的很多事项。除经济社会事件外，它还可能涉及公民政治权利，如涉及民主的选举计票机器；涉及民生的方面，如学位摇号设备等；以及公共基础设施，如智能交通中各种数据(包括人脸等个人信息)。

政府管理中的商业秘密保护规则主要包括：

(1) 秘密信息披露的必要与安全原则。它要求政府监管部门将提交信息的要求控制在合法实施调查或监管所需范围内；将有权接触所提交信息的人员仅限于实施合法调查或监管的政府工作人员；确保已提交信息的安全和保护；确保与信息提交方有竞争关系，或与调查或监管结果有实际或可能经济利益关系的第三方专家或顾问，不得接触此类信息。

(2) 权利人全程参与原则。商业秘密权利人在向主管部门递交的相关文件中，必须明确哪些信息是商业秘密或其他保密信息。权利人有权依法依程序申请豁免信息披露，以及依法对政府部门向第三方披露信息提出异议的权利。权利人有寻求救济的权利。如果政府错误地披露了商业秘密，除非属于政府赔偿的范围，一般通常难以得到支持。但是，法律应该赋予商业秘密权利人以下权利：① 向信息公开请求人主张侵权责任，特别是后者通过欺诈性手段获得秘密信息的情况下；② 寻求征收补偿；③ 检举追究政府工作人员的法律责任，包括阻遏此类未经授权披露的刑事、民事和行政处罚，包括罚金、停止或终止聘用，以及有期徒刑等刑事责任。《反不正当竞争法》第 30 条规定："监督检查部门的工作人员滥用职权、玩忽职守、徇私舞弊或者泄露调查过程中知悉的商业秘密的，依法给予处分。"

(3) 行政部门不得主动公开。《中美经济贸易协定》第 1.9 条规定，为进一步加强对商业秘密的保护，更好地鼓励各类企业创新，应禁止政府工作人员或第三方专家或顾问，未经授权披露在中央或地方政府层面刑事、民事、行政或监管程序中提交的未披露信息、商业秘密或保密商务信息。

(4) 限制依申请而公开。政府信息公开具有保障政府决策透明度的作用，这是民主法治的内在要求。但商业秘密不属于政府信息公开的范围。《政府信息公开条例》(2019)第 15 条规定："涉及商业秘密、个人隐私等公开会对第三方合法权益造成损害的政府信息，行政机关不得公开。但是，第三方同意公开或者行政机关认为不公开会对公共利益造成重大影响的，予以公开。"第 32 条规定："依申请公开的政府信息公开会损害第三方合法权益的，行政机关应当书面征求第三方的意见。第三方应当自收到征求意见书之日起 15 个工作日内提出意见。第三方逾期未提出意见的，由行政机关依照本条例的规定决定是否公开。第三方不同意公开且有合理理由的，行政机关不予公开。行政机关认为不公开可能对公共利益造成重大影响的，可以决定予以公开，并将决定公开的政府信息内容和理由书面告知第三方。"

在实践中，新闻记者、竞争者以及社会公众等申请政府信息公开的过程中，都可能存在商业秘密的丧失风险。权利人应有权采取"反信息公开"行动(Reverse-FOIA)。它一般分为两步：第一步，收到行政机关的通知后，提出反对意见；第二步，如果未被采纳，则向法院提起反信息公开的诉讼。信息是属于自愿提交的，还是法律强制提交的，这是很重要的考虑因素。特别是因行政机关的要求，在相关法律程序中陈述、应诉或答辩所提供的信息，通常表明该信息的提交是强制性的。此外，它还要考虑信息披露是否影响行政机关今后获取相关必要信息的能力，以及信息披露之后是否对信息提供者的竞争优势产生实质性损害。

（三）商业秘密保护令：有效救济与公平审理的平衡

在商业秘密侵占之诉的各个阶段，商业秘密都有可能发生未曾预料的披露风险。商业秘密案件的审理和质证方式要适应商业秘密的特殊性，对于涉及商业秘密的证据，要尝试采取仅向代理人展示、分阶段展示、具结保密承诺等措施限制商业秘密的知悉范围和传播渠道，防止在审理过程中二次泄密。

为保障权利人的商业秘密，同时促成诉讼程序的顺利开展，法院可以向当事人和接触商业秘密的诉讼参与人发布保护令。《商业秘密解释》第 21 条规定："对于涉及当事人或者案外人的商业秘密的证据、材料，当事人或者案外人书面申请人民法院采取保密措施的，人民法院应当在保全、证据交换、质证、委托鉴定、询问、庭审等诉讼活动中采取必要的保密措施。""违反前款所称的保密措施的要求，擅自披露商业秘密或者在诉讼活动之外使用或者允许他人使用在诉讼中接触、获取的商业秘密的，应当依法承担民事责任。构成民事诉讼法第一百一十一条规定情形的，人民法院可以依法采取强制措施。构成犯罪的，依法追究刑事责任。"

商业秘密保护令将限制诉讼各方及诉讼参与人接触商业秘密。其具体范围需要法院依据具体情况来确定。一般来说，严格的保护措施即排除被告、被告公司的职工甚至陪审专家顾问接触到任何的商业秘密，它将有利于原告，这被称为"仅律师可接触的保护令"（attorney's-eye only protective order）。但被告常常宣称需要更多的披露信息，如向证人或潜在证人披露，包括专家证人以及其他信守秘密的顾问。法院需要平衡并保障诉讼当事人的正当程序权利，故有必要对信息披露的具体内容与披露对象进行评估。法院可以任命特定的技术专家或中立的专家听证秘密信息，并将结论向法院报告。

在庭审阶段，如果公开开庭的话，它将会导致商业秘密被披露。因此，《民事诉讼法》第 137 条规定："离婚案件，涉及商业秘密的案件，当事人申请不公开审理的，可以不公开审理。"除此之外，裁判文书的公开属于司法公开的重要内容，但它也有可能导致商业秘密的披露。因此，有必要建立保密信息的封存或遮盖制度，即封存令制度（sealing order），当事人可以请求将裁判文书中涉及秘密的特定信息依法予以处理。

商业秘密保护令的对象包括所有因诉讼活动而获得该信息的人。《最高人民法院关于知识产权民事诉讼证据的若干规定》第 26 条规定："证据涉及商业秘密或者其他需要保密的商业信息的，人民法院应当在相关诉讼参与人接触该证据前，要求其签订保密协议、作出保密承诺，或者以裁定等法律文书责令其不得出于本案诉讼之外的任何目的披露、使用、允许他人使用在诉讼程序中接触到的秘密信息。""当事人申请对接触前款所称证据的人员范围作出限制，人民法院经审查认为确有必要的，应当准许。"

商业秘密保护令也有可能在其他非侵占类案件中适用。例如，在产品质量、环境保护、食品药品等案件中，争议的解决（如产品是否具有瑕疵）需要披露产品的有关信息，如披露配方中的成分以确定其安全性，披露产品的具体构造及其功能以确定其是否存在瑕疵。这些信息可能受商业秘密保护，如果予以公开将产生实际损害。法院需要综合评估以确定是否需要强制其予以提供，其考虑因素包括：① 该信息是否符合商业秘密的条件；② 获取此类信息的目的；③ 提供信息与案件解决的相关性和必要性，即在提供信息的需求与可能导致的披露损害之间综合评估。此时，在强制提供信息的情况下，法院需要采取合理的保护措施防止权利人的商业秘密被非法获得、使用或披露，即商业秘密保护令和封存令也同样适用于此类情形。

商业秘密保护令的期限一般以商业秘密丧失秘密性为标准。《最高人民法院关于审理不正当竞争民事案件应用法律若干问题的解释》(以下简称《反不正当竞争法解释》)第16条规定,人民法院对于侵犯商业秘密行为判决停止侵害的民事责任时,停止侵害的时间一般持续到该项商业秘密已为公众知悉时为止。依据前款规定判决停止侵害的时间如果明显不合理的,可以在依法保护权利人该项商业秘密竞争优势的情况下,判决侵权人在一定期限或者范围内停止使用该项商业秘密。

第二节　植物新品种权保护法

植物新品种的知识产权保护可以追溯至19世纪。1833年罗马教皇宣布对涉农技术和方法授予专有权,这是植物新品种保护制度的起源。① 1930年,美国率先通过修改专利法的方式确立了植物新品种的保护。随后,荷兰、德国等欧洲国家开始通过单行法的方式保护植物新品种。1961年,比利时、法国、德国、意大利、荷兰等国在法国巴黎签订《保护植物新品种国际公约》,并以此为基础成立了国际植物新品种保护联盟(UPOV)。该公约于1972年、1978年、1991年修订。中国自1999年4月23日起正式加入《保护植物新品种国际公约》(1978年文本),成为其第39个成员国。该公约第2条允许成员国"通过授予专门保护权或专利权,承认本公约规定的育种者的权利。但是,对这两种保护方式在本国法律上都予认可的联盟成员,对一个和同一个植物属或种,仅提供其中一种保护方式"。从立法模式来看,大多数国家通过单行法的方式保护植物新品种权,少数国家(如意大利、匈牙利等)采用专利法的方式保护,还有少数国家(如美国、日本、韩国等)建立有专利权与品种权的保护。

中国于1997年颁布《植物新品种保护条例》,并于2013年1月、2014年7月进行修订。此外,还颁布有《植物新品种保护条例实施细则(农业部分)》(2014年修订)、《植物新品种保护条例实施细则(林业部分)》(2011年修订),以及相关司法解释。《种子法》(2015年第三次修订)建立了较为原则的保护制度,其内容包括第四章"新品种保护",以及第73条(侵权的法律救济)、第74条(权属争议的解决)。2021年3月,《种子法》启动了第四次修订工作。本次计划修正的主要内容包括:① 扩大植物新品种权的保护范围,将保护客体由授权品种的繁殖材料延伸到收获材料,②将生产、繁殖、销售扩展到生产、繁殖、加工(为繁殖进行的种子处理)、许诺销售、销售、进口、出口、储存等。③ ② 建立实质性派生品种制度。④ 实质性派生品种可以申请植物新品种权,并可以获得授权,但对其以商业为目的利用时,应当征得原始品种的植物新品种权所有人的同意。③ 完善侵权赔偿制度。④ 完善权利限制规则。规定权利一次用尽原则,⑤植物新品种权所有人对繁殖材料已有合理机会行使其权利,不再对收获材料行使权利。增加侵权人合法来源抗辩条款,不知道是未经植物新品种权所有人许可的授权品种的繁殖材料或者收获材料,能证明该繁殖材料或者收获材料具有合法来源的,不承担赔偿责任。

从整体来看,中国建立了植物新品种育种者的权利保护体系,主要通过《种子法》《植物新品种保护条例》等专门立法保护植物新品种权;通过专利法保护植物品种的生产方法、相关功能基

---

① 参见曹新明主编:《知识产权法》,中国人民大学出版社2021年版,第271页。

② 《保护植物新品种国际公约》(1991年文本)第14条第2、3、4款。

③ 《保护植物新品种国际公约》(1991年文本)第14条第1款。

④ 《保护植物新品种国际公约》(1991年文本)第14条第5款。

⑤ 《保护植物新品种国际公约》(1991年文本)第16条。

因、编码蛋白以及载体。在植物新品种保护的方式上，其规则类似于专利权的保护。

一、植物新品种权的实质性条件

植物新品种权(以下简称“品种权”)的授权条件与专利法有所不同，因为植物繁育和工业生产领域发明创造的实施不同，它需要借助自然的力量生长，其性状受一定自然条件影响。植物新品种权的获取需要满足授权的实体条件与履行申请审批的程序条件。在授权实质性条件方面，它可以分为积极条件与消极条件。《种子法》第 25 条第 1 款规定：“对国家植物品种保护名录内经过人工选育或者发现的野生植物加以改良，具备新颖性、特异性、一致性、稳定性和适当命名的植物品种，由国务院农业农村、林业草原主管部门授予植物新品种权，保护植物新品种权所有人的合法权益。”第 26 条第 2 款规定：“对违反法律，危害社会公共利益、生态环境的植物新品种，不授予植物新品种权。”

依据上述规定，植物新品种权的积极条件包括六项：

第一，植物新品种应当属于国家植物品种保护名录中列举的植物的属或种。植物品种保护名录由审批机关确定和公布。至 2021 年底，中国已发布的植物新品种保护名录中，农业部分已有 11 批(2019 年 2 月 1 日)，涉及 191 个植物属种；林业部分共 7 批(2020 年 12 月 8 日)，涉及 284 个植物属种。如果申请的植物品种目前尚未被列入国家植物品种保护名录中，则不属于可以申请植物新品种保护的品种。

第二，植物新品种应当具备新颖性。新颖性是指申请品种权的植物新品种在申请日前该品种繁殖材料未被销售，或者经育种者许可，在中国境内销售该品种繁殖材料未超过 1 年；在中国境外销售藤本植物、林木、果树和观赏树木品种繁殖材料未超过 6 年，销售其他植物品种繁殖材料未超过 4 年。《植物新品种保护条例》第 45 条规定：“审批机关可以对本条例施行前首批列入植物品种保护名录的和本条例施行后新列入植物品种保护名录的植物属或者种的新颖性要求作出变通性规定。”其具体规定是，自该名录公布之日起 1 年内提出的品种权申请，经育种人许可，在中国境内销售该品种的繁殖材料不超过 4 年的，视为具有新颖性。“销售”是指下列情形：以买卖方式将申请品种的繁殖材料转移他人；以易货方式将申请品种的繁殖材料转移他人；以入股方式将申请品种的繁殖材料转移他人；以申请品种的繁殖材料签订生产协议；以其他方式销售的情形。“育种者许可销售”的情形包括：育种者自己销售；育种者内部机构销售；育种者的全资或者参股企业销售；法律法规规定的其他情形。

第三，植物新品种应当具备特异性。特异性是指申请品种权的植物新品种应当“明显区别”于在递交申请以前“已知的植物品种”。“明显区别”，是指一个植物品种有一个以上性状明显区别于已知品种。“已知的植物品种”包括品种权申请初审合格公告、通过品种审定或者已推广应用的品种。其判断的基准时间是申请品种权的申请日，而非申请品种审定的时间。在特异性的判定中，确定在先的已知品种的目的是固定比对对象，即比较该申请品种与递交申请日以前的已知品种是否存在明显的性状区别。申请植物新品种权保护的品种在申请日之前进行品种审定、品种推广的时间，对判断其是否具备新颖性具有意义，但与选择确定作为特异性比较对象的已知品种并无关联，对特异性判断不产生影响。

第四，植物新品种应当具备一致性。一致性，是指申请品种权的植物新品种经过繁殖，除可以预见的变异外，其相关的特征或者特性一致。“相关的特征或者特性”是指至少包括用于特异性、一致性和稳定性测试的性状或者授权时进行品种描述的性状。

第五，植物新品种应当具备稳定性。稳定性，是指申请品种权的植物新品种经过反复繁殖后或者在特定繁殖周期结束时，其相关的特征或者特性保持不变。

第六,植物新品种应当具备适当的名称,并与相同或者相近的植物属或者种中已知品种的名称相区别。该名称经注册登记后即为该植物新品种的通用名称。授予品种权的植物新品种名称应当适合并唯一,因此品种权人在出售的繁殖材料上标示授权品种注册登记的名称等信息,既是法定义务,也是法律赋予的权利。已通过品种审定的品种,或获得《农业转基因生物安全证书(生产应用)》的转基因植物品种,如品种名称符合植物新品种命名规定,申请品种权的品种名称应当与品种审定或农业转基因生物安全审批的品种名称一致。

下列名称不得用于品种命名:仅以数字组成的;违反社会公德的;违反国家法律、行政法规规定或者带有民族歧视性的;以国家名称命名的;以县级以上行政区划的地名或者公众知晓的外国地名命名的;同政府间国际组织或者其他国际知名组织的标识名称相同或者近似的;对植物新品种的特征、特性或者育种者的身份等容易引起误解的;属于相同或者相近植物属或者种的已知名称的;夸大宣传的。

二、植物新品种权的审批程序

植物新品种权依法通过申请、审批而获得;但它不同于品种审定制度,后者作为市场准入的行政管理措施,属于行政许可而非民事权利,主要由《主要农作物品种审定办法》《主要林木品种审定办法》规范。不能以获得品种审定的事实认定取得了植物新品种的授权,并由此享有对所涉品种繁殖材料进行生产、销售的独占权。《植物新品种保护条例》第 3 条规定:“国务院农业、林业行政部门(以下统称审批机关)按照职责分工共同负责植物新品种权申请的受理和审查并对符合本条例规定的植物新品种授予植物新品种权(以下称品种权)。”审批机关设立植物新品种保护办公室负责实质审查,并设立植物新品种复审委员会,负责处理申请人对审批机关驳回品种权申请的决定不服的事项。农业植物新品种包括粮食、棉花、油料、麻类、糖料、蔬菜(含西甜瓜)、烟草、桑树、茶树、果树(干果除外)、观赏植物(木本除外)、草类、绿肥、草本药材、食用菌、藻类和橡胶树等植物的新品种。林业植物新品种包括林木、竹、木质藤本、木本观赏植物(包括木本花卉)、果树(干果部分)及木本油料、饮料、调料、木本药材等植物品种。

植物新品种的申请程序与专利法的规定大同小异,包括申请、受理、初步审查并公开、实质审查、授权公告以及复审、无效等程序。

(1) 申请的基本原则。第一,先申请原则。一个植物新品种只能授予一项植物新品种权。两个以上的申请人分别就同一个品种申请植物新品种权的,植物新品种权授予最先申请的人;同时申请的,植物新品种权授予最先完成该品种育种的人。两个以上申请人就同一个植物新品种在同一日分别提出品种权申请的,申请人自行协商确定申请权的归属;协商达不成一致意见的,申请人在规定的期限内提供证明自己是最先完成该植物新品种育种的证据;逾期不提供证据的,视为放弃申请;所提供证据不足以作为判定依据的,品种保护办公室驳回申请。第二,书面申请原则。第三,优先权原则。

(2) 受理与审批。申请人缴纳申请费后,审批机关对品种权申请进行初步审查;审批机关应当自受理品种权申请之日起 6 个月内完成初步审查。对经初步审查合格的品种权申请,审批机关予以公告,并通知申请人在 3 个月内缴纳审查费。申请人按照规定缴纳审查费后,审批机关对品种权申请的特异性、一致性和稳定性进行实质审查。对经实质审查符合规定的品种权申请,审批机关应当作出授予品种权的决定,颁发品种权证书,并予以登记和公告。自初步审查合格公告之日起至被授予品种权之日止的期间,申请人可获得类似专利申请中的临时保护;品种权被授予后,品种权人享有追偿的权利,法院以按照临时保护期使用费纠纷处理,并参照有关品种权实施许可费,结合品种类型、种植时间、经营规模、当时的市场价值等因素合理确定该使用费数额。如果前述被诉行为延续到品种授权之后，权利人对品种权临时保护期使用费和侵权损害赔偿均主张权利的，可以合并审理，但应当分别计算处理。

(3) 复审、终止与无效程序。对审批机关驳回品种权申请的决定不服的，申请人可以自收到通知之日起 3 个月内，向植物新品种复审委员会请求复审。品种权的终止，由审批机关登记和公告。品种权终止后依法恢复权利，权利人要求实施品种权的单位或者个人支付终止期间实施品种权的费用的，可以参照有关品种权实施许可费，结合品种类型、种植时间、经营规模、当时的市场价值等因素合理确定。自审批机关公告授予品种权之日起，植物新品种复审委员会可以依据职权或者依据任何单位或者个人的书面请求，对不符合规定的，宣告品种权无效。

品种权的保护期限，自授权之日起，藤本植物、林木、果树和观赏树木为 20 年，其他植物为 15 年。

三、植物新品种权的内容与限制

(一) 权利内容

《种子法》第 28 条规定，植物新品种所有人对其授权品种享有排他的独占权。任何单位或者个人未经植物新品种权所有人许可，不得生产、繁殖和为繁殖而进行处理、许诺销售、销售、进口、出口以及为实施上述行为储存该授权品种的繁殖材料，不得为商业目的将该授权品种的繁殖材料重复使用于生产另一品种的繁殖材料。本法、有关法律、行政法规另有规定的除外。繁殖材料目前作为我国植物新品种权的保护范围，是品种权人行使独占权的基础。

(1) 繁殖材料。繁殖材料应当具有繁殖能力，且繁殖出的新个体与该授权品种的特征、特性相同。判断是否为某一授权品种的繁殖材料，在生物学上必须同时满足以下条件：其属于活体，具有繁殖的能力，并且繁殖出的新个体与该授权品种的特征特性相同。繁殖材料包括有性繁殖材料和无性繁殖材料，植物或植物体的一部分均有可能成为繁殖材料。繁殖材料不限于以品种权申请文件所描述的繁殖方式获得的繁殖材料。

《保护植物新品种国际公约》(1991 年文本)第 14 条第 2 项规定的保护范围由繁殖材料延伸至收获材料及直接制成品。《植物新品种权解释(二)》第 9 条规定："被诉侵权物既可以作为繁殖材料又可以作为收获材料，被诉侵权人主张被诉侵权物系作为收获材料用于消费而非用于生产、繁殖的，应当承担相应的举证责任。"对于既可作繁殖材料又可作收获材料的植物体，在侵权纠纷中能否认定为是繁殖材料，应当审查销售者销售被诉侵权植物体的真实意图，即其意图是将该材料作为繁殖材料销售还是作为收获材料销售；对于使用者抗辩其属于使用行为而非生产行为，应当审查使用者的实际使用行为，即是将该收获材料直接用于消费还是将其用于繁殖授权品种。在江苏明天种业科技股份有限公司诉响水金满仓种业有限公司侵害植物新品种权纠纷案中，法院认为：

> 小麦作物具有双重属性，既是收获材料又是繁殖材料。作为繁殖材料，小麦种子的纯度、发芽率、含水量等方面的要求均高于普通的商品粮，种子的生产成本和销售价格会明显高于商品粮。本案被诉侵权人否认销售的是种子，主张销售的是商品粮，但两次购买价格明显高于当年小麦商品粮的价格。在公证购买过程中，被诉侵权人的现场销售人员将进入购买现场人员的手机全部收走，具有违反交易惯例的反常行为。综合在案的相关证据和查明的事实，人民法院最终认定被诉侵权人销售的是侵权种子，不是商品粮，属于侵害品种权的侵权行为。

(2) 排他权的范围。它包括生产、繁殖或者销售该繁殖材料。"任何单位或者个人未经植物新品种权所有人许可，不得生产、繁殖或者销售该授权品种的繁殖材料，不以商业目的为构成侵害植物新品种权的前提条件。”[①]《种子法》以及《植物新品种保护条例》未明确规定许诺销售行为。《保护植物新品种国际公约》(1978年文本)第5条第1款对于许诺销售行为有明确规定:“授予育种者权利的效果是在对受保护品种自身的有性或无性繁殖材料进行下列处理时,应事先征得育种者同意:以商业销售为目的之生产;许诺销售;市场销售。”《植物新品种权解释(二)》第4条规定:“以广告、展陈等方式作出销售授权品种的繁殖材料的意思表示的,人民法院可以以销售行为认定处理。”在莱州市永恒国槐研究所诉任鸿雁侵害植物新品种权纠纷案中,最高人民法院参照国际条约的规定,明确指出“销售”应该包括许诺销售行为。

法律未明确规定种植行为的性质。《植物新品种权解释(二)》第5条规定:“种植授权品种的繁殖材料的,人民法院可以根据案件具体情况,以生产、繁殖行为认定处理。”单纯的种植行为不属于种子法上规定的“将授权品种繁殖材料重复使用于生产另一品种繁殖材料”的行为。此外,《保护植物新品种国际公约》(1991年文本)规定私人的非商业性行为不构成侵权。但是,植物在种植后的生长期间内,无性繁殖品种可以自我复制和自我繁殖直接形成新个体。因此,种植行为是否侵权,需要考虑种植行为的规模、是否属于私人非商业性行为、是否营利等因素综合作出判定。

(3) 侵权的同一性判断。侵犯植物新品种权的判断标准是:被诉侵权物的特征、特性与授权品种的特征、特性相同,或者特征、特性的不同是因非遗传变异所致的。被诉侵权人重复以授权品种的繁殖材料为亲本与其他亲本另行繁殖的,一般应当认定属于为商业目的将授权品种的繁殖材料重复使用于生产另一品种的繁殖材料。

对于侵害植物新品种权纠纷案件涉及的专门性问题可以采取田间观察检测、基因指纹图谱检测等方法鉴定。植物新品种测试是对申请保护的植物新品种的特异性、一致性、稳定性进行栽培鉴定试验或室内分析测试的过程,最稳妥的检测方法是田间种植测试。田间种植测试要从植物的种子、幼苗、开花期、成熟期等阶段对多个品种的质量性状、数量性状及抗病性进行观察评价和结果比较,要经过两个以上生长周期的观察,测试耗时长,诉讼成本高。

司法实践中一般借助不受环境影响、测试周期短、准确性高的基因指纹图谱检测技术,以快速鉴别品种的真实性、同一性。对于没有基因指纹图谱等分子标记检测方法进行鉴定的品种,可以采用行业通用方法对授权品种与被诉侵权物的特征、特性进行同一性判断。通过基因指纹图谱等分子标记检测方法进行鉴定,待测样品与对照样品的差异位点小于但接近临界值,被诉侵权人主张二者特征、特性不同的,应当承担举证责任;法院也可以根据当事人的申请,采取扩大检测位点进行加测或者提取授权品种标准样品进行测定等方法,并结合其他相关因素作出认定。田间观察检测与基因指纹图谱等分子标记检测的结论不同的,应当以田间观察检测结论为准。

(4) 侵权认定中几类特殊的问题。一是侵权推定。品种权人或者利害关系人举证证明被诉侵权品种繁殖材料使用的名称与授权品种相同的,可以推定该被诉侵权品种繁殖材料属于授权品种的繁殖材料;有证据证明不属于该授权品种的繁殖材料的,可以认定被诉侵权人构成假冒品种行为,并参照假冒注册商标行为的有关规定确定民事责任。

二是违约侵权。受托人、被许可人超出与品种权人约定的规模或者区域生产、繁殖授权品种的繁殖材料,或者超出与品种权人约定的规模销售授权品种的繁殖材料,品种权人请求判令受托人、被许可人承担侵权责任的,法院依法予以支持。

三是帮助侵权。被诉侵权人知道或者应当知道他人实施侵害品种权的行为,仍然提供收购、存储、运输、以繁殖为目的的加工处理等服务或者提供相关证明材料等条件的,认定为帮助他人

① 庐江县庐城镇太银家庭农场、江苏明天种业科技股份有限公司等侵害植物新品种权纠纷案,最高人民法院(2020)最高法知民终702号民事判决书。《保护植物新品种国际公约》规定,个人非营利性利用不构成侵权。

实施侵权行为。实施了生产被诉侵权种子的侵权行为人，其在接受委托时是否尽到审查义务，不影响其实施的生产行为的侵权性质。但是，以农业或者林业种植为业的个人、农村承包经营户接受他人委托代为繁殖侵害品种权的繁殖材料，不知道代繁物是侵害品种权的繁殖材料并说明委托人的，不承担赔偿责任。

（二）权利限制

《种子法》第 29 条规定了两类合理使用的权利限制制度："在下列情况下使用授权品种的，可以不经植物新品种权所有人许可，不向其支付使用费，但不得侵犯植物新品种权所有人依照本法、有关法律、行政法规享有的其他权利：（一）利用授权品种进行育种及其他科研活动；（二）农民自繁自用授权品种的繁殖材料。"品种权的权利限制规则类似于专利权限制，它包括如下内容：

第一，育种与科研例外。对授权品种进行的下列生产、繁殖行为属于科研活动的情形：利用授权品种培育新品种；利用授权品种培育形成新品种后，为品种权申请、品种审定、品种登记需要而重复利用授权品种的繁殖材料。后一情形类似于《专利法》第 25 条第 5 款规定的 Bolar 例外。育种或科研活动可能产生新的品种权，即派生品种权。它类似于基础发明与改进发明所形成的依存专利关系。在河南金博士种业股份有限公司诉北京德农种业有限公司、河南省农业科学院侵害植物新品种权纠纷案中，最高人民法院认为：

> 法律并不禁止利用授权品种进行育种及其他科研活动，但在新品种获得授权及通过品种审定后，该新品种的权利人及其被许可人面向市场推广该新品种，将他人已授权品种的繁殖材料重复用于生产该新品种的繁殖材料时，仍需经过作为父母本的已授权品种的权利人同意或许可。本案中，考虑到被许可人已经为杂交种繁育推广花费了大量的人力、物力，可以通过支付赔偿费用对亲本权利人的损失予以补偿。因此，在侵权损害赔偿确定时，综合侵权人的主观过错、获利情况、不停止使用亲本生产直至保护期满可以继续获利等因素。

第二，农民特权。农民自繁自用是古老的习惯权利。其具体适用至少应当满足以下两个条件：适用主体为农村承包经营户，即与农村集体经济组织签订农村土地承包经营合同，取得土地承包经营权的农村集体经济组织成员；适用范围不得超过该农村承包经营户自己承包的土地。首先，它是农民享有的权利，即农民在其家庭农村土地承包经营合同约定的土地范围内自繁自用授权品种的繁殖材料。对前款规定以外的行为，被诉侵权人主张其行为属于种子法规定的农民自繁自用授权品种的繁殖材料的，应当综合考虑被诉侵权行为的目的、规模、是否营利等因素予以认定。在江苏省金地种业科技有限公司诉江苏亲耕田农业产业发展有限公司（简称亲耕田公司）侵害植物新品种权纠纷案中，最高人民法院认为：

> 一审法院对被诉侵权人以通过信息网络途径组织买卖各方，以"农民""种粮大户"等经营主体名义为掩护实施的侵权行为进行了准确定性。亲耕田公司发布侵权种子销售具体信息，与购买方协商确定种子买卖的包装方式、价款和数量、履行期限等交易要素，销售合同已经依法成立，亲耕田公司系被诉侵权种子的交易组织者、决策者，实施了销售行为，构成侵权。亲耕田公司并非农民，其发布和组织交易的种子销售信息所涉种子数量达数万斤，远远超出了农民个人自繁自用的数量和规模。

另外，它仅限于农民的自繁自用。《种子法》第 37 条规定："农民个人自繁自用的常规种子有剩余的，可以在当地集贸市场上出售、串换，不需要办理种子生产经营许可证。"因此，应区分合理剩余的常规种子与商业目的销售种子的行为，它需要综合考虑市场主体、数量与交易方式等因素。在江苏省高科种业科技有限公司诉秦永宏侵害植物新品种权纠纷案中，最高人民法院认为：

> “农民自繁自用”适用的主体应是以家庭联产承包责任制的形式签订农村土地承包合同的农民个人，不包括合作社、种粮大户、家庭农场等新型农业经营主体；适用的土地范围应当是通过家庭联产承包责任制承包的土地，不应包括通过各种流转方式获得经营权的土地；种子用途应以自用为限，除法律规定的可以在当地集贸市场上出售、串换剩余常规种子外，不能通过各种交易形式将生产、留用的种子提供给他人使用。本案中，被诉侵权人享有经营权的土地面积、种植规模、粮食产量以及收获粮食的用途足以表明其远远超出了农民个人以家庭为单位、依照家庭联产承包责任制承包土地来进行种植的范畴，不属于“农民自繁自用”的情形。

第三，品种权的权利用尽与合法来源抗辩。授权品种的繁殖材料经品种权人或者经其许可的单位、个人售出后，他人生产、繁殖、销售该繁殖材料不构成侵权，但是下列情形除外：对该繁殖材料生产、繁殖后获得的繁殖材料进行生产、繁殖、销售；为生产、繁殖目的将该繁殖材料出口到不保护该品种所属植物属或者种的国家或者地区。农业生产中受气候变化和田间管理等因素影响，农作物产量存在不确定性，丰产和欠收都有可能。在实践中，不能将农作物丰收超出预计产量的部分均视为获得授权可以按种子进行销售，否则会损害品种权人的利益。

销售不知道也不应当知道是未经品种权人许可而售出的被诉侵权品种繁殖材料，且举证证明具有合法来源的，销售者可以不承担赔偿责任，但应当停止销售并承担权利人为制止侵权行为所支付的合理开支。销售者一般应当举证证明购货渠道合法、价格合理、存在实际的具体供货方、销售行为符合相关生产经营许可制度等。以农业或者林业种植为业的个人、农村承包经营户接受他人委托代为繁殖侵害品种权的繁殖材料，不知道代繁物是侵害品种权的繁殖材料并说明委托人的，不承担赔偿责任。在中国农业科学院郑州果树研究所诉郑州市二七区百领水果种植园侵害植物新品种权纠纷案中，最高人民法院认为：

> 被诉侵权人应对其主张的合法来源、权利用尽等不侵权抗辩承担举证责任。对于此类抗辩应作严格审查。被诉侵权人销售“丹霞红”苗木的数量超出其购买数量，足以认定其存在繁殖行为，不能适用合法来源及权利用尽抗辩。品种权通过保护繁殖材料来保护品种权人利益，而品种权的繁殖材料具有繁殖子代的特性。因此，与其他知识产权领域相比，植物新品种领域的权利用尽原则要受到更多限制，对于存在进一步繁殖后销售的行为，不适用权利用尽抗辩，避免出现以权利用尽为名严重影响品种权人利益的后果。

第四，品种权的强制许可制度。《种子法》第 30 条规定：“为了国家利益或者社会公共利益，国务院农业农村、林业草原主管部门可以作出实施植物新品种权强制许可的决定，并予以登记和公告。”根据《植物新品种保护条例实施细则》的规定，其他办法强制许可的事由还包括：品种权人无正当理由自己不实施，又不许可他人以合理条件实施的；对重要农作物品种，品种权人虽已实施，但明显不能满足国内市场需求，又不许可他人以合理条件实施的。申请实施强制许可的程序与专利法的规定类似。同时，取得实施强制许可的单位或者个人不享有独占的实施权，并且无权允许他人实施。

（三）权利归属

品种权的权利归属规则类似于专利权。申请品种权的单位或个人为品种权申请人；获得品种权的单位或个人为品种权人。执行本单位的任务或者主要是利用本单位的物质条件所完成的职务育种,植物新品种的申请权属于该单位;非职务育种,植物新品种的申请权属于完成育种的个人。职务育种是指在本职工作中完成的育种;履行本单位交付的本职工作之外的任务所完成的育种;退职、退休或者调动工作后,3 年内完成的与其在原单位承担的工作或者原单位分配的任务有关的育种。"本单位的物质条件"是指本单位的资金、仪器设备、试验场地以及单位所有的尚未允许公开的育种材料和技术资料等。

第三节 集成电路布图设计权保护法

1947 年 2 月 23 日,美国贝尔实验室发明了世界上第一个晶体管,开启了集成电路技术的迅猛发展。集成电路(Integrated Circuit,IC),也被称为芯片,是现代信息技术的基础与核心,是引领新一轮科技革命和产业变革的关键力量。半导体集成电路,即以半导体材料为基片,将至少有一个是有源元件的两个以上元件和部分或者全部互连线路集成在基片之中或者基片之上,以执行某种电子功能的中间产品或者最终产品。最先进的集成电路是微处理器或多核处理器的核心,其应用极为广泛,可以控制从计算机到通信设备到家用电器的一切电子产品。

随着信息技术的发展,20 世纪 70 年代以后,芯片产业得到突破性发展,集成电路的制造工艺也进入工业标准化阶段,其产业也逐渐分化为芯片设计、晶片制作、封装制作、测试包装等不同行业,形成了精细化分工的产业链。这时,半导体芯片上的布图设计,已经与作为产品的芯片制造分离开来。之后,如何保护集成电路布图设计,就日益成为一个重要的法律问题。因为"夹在设计图与产品之间的芯片掩膜,却往往成为版权法管不了,专利法又管不到的对象"[①]。一方面,布图设计是集成电路产品的中间产品,它将一定图形固化在特定的半导体材料上,产生特定的电子功能。因此,它不同于作品。著作权法不保护依赖特定载体的图形;同时,著作权法也不保护作品的功能。另一方面,集成电路是一种可以受专利保护的产品,但其技术进步主要体现于集成度,不能满足专利法的"创造性"条件。此外,芯片设计有所谓"摩尔定律",即集成电路上可以容纳的晶体管数目大约每经过 18 个月便会增加一倍。产品更新换代快,而专利申请审批程序复杂耗时较长,不符合其产业发展的特点。

美国是最早保护集成电路布图设计的国家。1979 年,美国众议院议员爱德华首次提出以版权法来保护集成电路的议案,推动了集成电路保护的立法。1984 年 11 月 8 日,美国颁布了世界上第一部集成电路保护法《半导体芯片保护法案》。[②] 从 1985 年到 1989 年,日本、欧洲及澳大利亚等多国相继通过类似的法律。但各国法律对布图设计(layout-design)的称谓并不相同,美国称之为"掩膜作品"(mask work),欧盟及其成员国(如英、法、德等国)称之为"拓扑图"(topography)。1989 年,世界知识产权组织主持并于华盛顿通过了《关于集成电路的知识产权条约》(又称《华盛顿条约》),该条约将"布图设计"与"拓扑图"并列,其第 4 条为"保护的法律形式":"每一缔约方可自由通过布图设计(拓扑图)的专门法律或者通过其关于版权、专利、实用新型、工业品外观设计、不正当竞争的法律,或者通过任何其他法律或者任何上述法律的结合来履行其按照本条约应负的义务。"尽管该条约尚未生效,但 TRIPs 协议第 2 条第 2 款规定:"本协定第一部分至第四部分的任何规定不得背离各成员可能在……《关于集成电路的知识产权条约》项下相互承担的现有义务。"但是,TRIPs 协议限制了强制许可等非自愿许可制度的适用,规定了不同的保

① 郑成思:《知识产权法:新世纪初的若干研究重点》,法律出版社 2004 年版,第 345 页。

② 该法案成为《美国法典》第 17 编(版权法)的第九章,但它实质上是一种不同于版权制度的独立保护模式。

护期，排除了华盛顿条约的部分程序性条款，等等。①

2001年，中国颁布并实施《集成电路布图设计保护条例》《集成电路布图设计保护条例实施细则》，以及《集成电路布图设计行政执法办法》。2019年，国家知识产权局印发《集成电路布图设计审查与执法指南（试行）》。最高人民法院在2001年11月16日发布《关于开展涉及集成电路布图设计案件审判工作的通知》，对受案范围、管辖、诉前临时措施以及中止诉讼等问题作出了规定。2020年8月，国务院印发《新时期促进集成电路产业和软件产业高质量发展的若干政策》，该文件指出：鼓励企业进行集成电路布图设计专有权登记；支持集成电路企业依法申请知识产权，对符合有关规定的，可给予相关支持；大力发展集成电路知识产权服务；严格落实集成电路知识产权保护制度，加大知识产权侵权违法行为惩治力度；加强对集成电路布图设计专有权的保护，有效保护集成电路知识产权。

集成电路布图设计权的保护制度，融合了工业产权与著作权的特点，被称为“工业版权”的典型代表。

一、集成电路布图设计权的获取条件

集成电路布图设计权的获取包括实体条件与登记条件；实体条件由客体条件、独创性条件组成。

（一）集成电路布图设计权的客体条件

集成电路布图设计是指集成电路中至少有一个是有源元件的两个以上元件和部分或者全部互连线路的三维配置，或者为制造集成电路而准备的上述三维配置。因此，对单个元件的改进，显然不符合上述规定，因此不应将其作为集成电路布图设计专有权的保护范围。

布图设计的保护客体是布图设计三维配置的具体表达，不延及思想、处理过程、操作方法或者数学概念等。即，布图设计的保护客体应当是为制作半导体集成电路而设计的三维配置，而不涉及集成电路的设计思想。

（二）集成电路布图设计权的独创性条件

受保护的布图设计应当具有独创性，即该布图设计是创作者自己的智力劳动成果，并且在其创作时该布图设计在布图设计创作者和集成电路制造者中不是公认的常规设计。① 现有布图设计不具有独创性。现有布图设计应当是在申请日或首次商业利用日之前（以较前日期为准）公众能够获知的布图设计，它处于能够为公众获得的状态，并包含能够使公众从中得知布图设计的版图布局。例如，可以公开查阅的已公告布图设计，或者通过对市场上购买的集成电路芯片实施反向工程获得的布图设计。处于保密状态的布图设计，不属于现有布图设计。然而，如果负有保密义务的人违反规定、协议或者默契泄露秘密，导致保密的布图设计公开，使公众能够得知这些布图设计，则这些布图设计也构成现有布图设计的一部分。② 公认的常规设计不具有独创性。公认的常规设计，是指在创作布图设计时布图设计创作者和集成电路制造者能够从布图设计领域的教科书、技术词典、技术手册、通用标准、通用模块等资料中获取的设计以及根据基本的设计原理容易想到的设计。③ 布图设计中可以有一个或多个独创性部分；受保护的由常规设计组成的布图设计，其组合作为整体有可能符合独创性的条件。一项布图设计专有权的受保护部分应仅为其具有独创性的部分。“具有独创性的部分”，不应是个别元件或个别连接，而应是相对独立的

① TRIPs协议第35条规定：“各成员同意依照《关于集成电路的知识产权条约》第二条至第七条（第六条第三款除外）及第十二条和第十六条第三款，对集成电路的布图设计（拓扑图）（本协定中称“布图设计”）提供保护，此外，还同意遵守下列规定。”

模块，一般应当具备以下两个条件：第一，相对于其他部分而言，该部分具有某种相对独立的电子功能；第二，该部分在复制件或图样中，相对于其他部分应具有相对清晰、可以划分的边界。

独创性的判断由三部分构成：① 独立创作。判断一项布图设计是否具备独创性，要判断该项布图设计是否是创作者自己独立创作的，是否存在抄袭他人智力劳动成果的可能性，创作者是否存在接触他人的现有布图设计的可能性。② 与现有设计不同。一项布图设计专有权的受保护部分应当不属于现有布图设计，也不属于公认的常规设计。③ 整体判断原则。如果一项布图设计由公认的常规设计组合而成，则应当将其组合作为整体来判断。具体判断方法类似于著作权的抽象分离法，即：先将不属于集成电路布图设计专有权保护范畴的内容剥离出来；再将剥离分析后的布图设计与现有布图设计进行比对分析，判断是否属于独立创作，是否与现有技术不同。

二、集成电路布图设计的登记

（一）登记的法律效力与保护期限

布图设计专有权经国务院知识产权行政部门登记产生。未经登记的布图设计不受保护。布图设计自其在世界任何地方首次商业利用之日起 2 年内，未向国务院知识产权行政部门提出登记申请的，国务院知识产权行政部门不再予以登记。首次商业利用，是指将该布图设计、含有该布图设计的集成电路或者含有该集成电路的物品在世界任何地方首次投入商业利用的行为。

国务院知识产权行政部门负责布图设计登记工作，受理布图设计登记申请。布图设计登记申请经初步审查没有发现驳回理由的，国家知识产权局应当颁发布图设计登记证书，并在国家知识产权局互联网站和中国知识产权报上予以公告。布图设计专有权自申请日起生效。

布图设计专有权的保护期为 10 年，自布图设计登记申请之日或者在世界任何地方首次投入商业利用之日起计算，以较前日期为准。但是，无论是否登记或者投入商业利用，布图设计自创作完成之日起 15 年后，不再受保护。

（二）登记中的保密与公开

不同于专利法以公开换取排他权的做法，集成电路布图设计权登记不以公开为条件。申请登记的布图设计涉及国家安全或者重大利益，需要保密的，按照国家有关规定办理。在布图设计登记公告前，国务院知识产权行政部门的工作人员对其内容负有保密义务。布图设计在申请日之前没有投入商业利用的，该布图设计登记申请可以有保密信息，其比例最多不得超过该集成电路布图设计总面积的 50％。含有保密信息的图层的复制件或者图样页码编号及总页数应当与布图设计登记申请表中所填写的一致。布图设计登记申请有保密信息的，含有该保密信息的图层的复制件或者图样纸件应当置于在另一个保密文档袋中提交。除侵权诉讼或者行政处理程序需要外，任何人不得查阅或者复制该保密信息。

布图设计登记公告后，公众可以请求查阅该布图设计登记簿或者请求国家知识产权局提供该登记簿的副本。公众也可以请求查阅该布图设计的复制件或者图样的纸件。电子版本的复制件或者图样，除侵权诉讼或者行政处理程序需要外，任何人不得查阅或者复制。

（三）登记文件与基本程序

（1）登记文件。向国家知识产权局申请布图设计登记的，应当提交布图设计登记申请表和该布图设计的复制件或者图样；布图设计在申请日以前已投入商业利用的，还应当提交含有该布图设计的集成电路样品。以书面形式申请布图设计登记的，应当向国家知识产权局提交布图设计登记申请表一式两份以及一份布图设计的复制件或者图样。以国家知识产权局规定的其他形式申请布图设计登记的，应当符合规定的要求。

提交的布图设计的复制件或者图样应当符合下列要求：① 复制件或者图样的纸件应当至少

放大到用该布图设计生产的集成电路的20倍以上；申请人可以同时提供该复制件或者图样的电子版本；提交电子版本的复制件或者图样的，应当包含该布图设计的全部信息，并注明文件的数据格式；② 复制件或者图样有多张纸件的，应当顺序编号并附具目录；③ 复制件或者图样的纸件应当使用A4纸格式；如果大于A4纸的，应当折叠成A4纸格式；④ 复制件或者图样可以附具简单的文字说明，说明该集成电路布图设计的结构、技术、功能和其他需要说明的事项。布图设计在申请日之前已投入商业利用的，申请登记时应当提交4件含有该布图设计的集成电路样品。

（2）基本程序。集成电路布图设计由申请人提出申请，国务院知识产权行政管理部门受理后，确定申请日；经初步审查未发现驳回理由的，予以登记；准予登记且按期足额缴费的布图设计申请，应当颁发登记证书，并予公告。布图设计登记公告后，公众即可请求查阅布图设计登记簿，也可请求查阅该布图设计的复制件或者图样的纸件。自然人、企业、事业单位法人代表或接受委托的代表人，均可向国家知识产权局提出请求查阅或复制布图设计的登记簿副本。对驳回布图设计登记申请决定不服的，或者认为应予以撤销的，可以提出复审请求，以及启动撤销案件。

集成电路布图设计登记程序仅进行初步审查，并未对独创性条件进行审查。因此，布图设计权利人在诉讼程序中，仍然需要承担相应的举证责任。

三、集成电路布图设计权的内容与限制

（一）集成电路布图设计权保护范围的确定

类似于专利权利要求的做法，布图设计权的保护范围依据登记时提交的布图设计的复制件或者图样而确定。在申请日之前已投入商业利用的，应提交4件包含该布图设计的集成电路样品。因此，如果复制件或者图样存在个别无法识别的布图设计细节，可以参考布图设计登记时提交的集成电路样品进行确定。

对于申请日之前尚未投入商业利用的，能否以实际生产的样品来确定保护范围？基于登记公示效力的考虑，此时的样品仅在与登记时提交的布图设计的复制件或者图样实质性相同的情况下，才能予以参考。在昂宝电子（上海）有限公司（简称昂宝公司）与南京智浦芯联电子科技有限公司等侵犯集成电路布图设计专有权纠纷案中，法院认为：

> 登记对于布图设计专有权的确立具有公示性。……在提交复制件或图样的问题上，无论布图设计是否投入商业使用均要求相同，没有作出区别对待。由此，如果人民法院在相关诉讼程序中忽略复制件或图样的法律地位，直接依据样品确定布图设计保护内容，极有可能引发轻视复制件或图样法律地位的错误倾向。……布图设计登记公告后，公众可以请求查阅该布图设计登记簿或者请求国家知识产权局提供该登记簿的副本。公众也可以请求查阅该布图设计的复制件或者图样的纸件。……如果无视登记制度中关于纸质复制件或图样的要求，必然会使前述公众通过查阅方式获知布图设计内容的相关规定，形同虚设。……昂宝公司申请登记时没有按照相关规定提交完整齐备的复制件或图样，属于履行登记手续不符合法律规定的情形，应自行承担相应法律后果。①

---

① 江苏省高级人民法院（2013）苏知民终字第0181号民事判决书。法院还认为："以复制件或图样为准确定专有权的保护内容，符合布图设计专有权制度以'公开换保护'的原则精神。"该观点不符合法律规定，因为《集成电路布图设计保护条例实施细则》第15条允许未投入市场的布图设计采取保密信息的申请。但是，整体而言，该判决书认为复制件或者图样具有权利公示价值的观点是正确的。

（二）集成电路布图设计权的内容

布图设计权利人享有复制与商业利用的专有权。

复制权，是指对受保护的布图设计的全部或者其中任何具有独创性的部分进行复制的专有权。复制，是指重复制作布图设计或者含有该布图设计的集成电路的行为。

商业利用权，是指将受保护的布图设计、含有该布图设计的集成电路或者含有该集成电路的物品投入商业利用的专有权。商业利用，是指为商业目的进口、销售或者以其他方式提供受保护的布图设计、含有该布图设计的集成电路或者含有该集成电路的物品的行为。在国际上，商业利用权的效力范围存在一定争议。它仅及于布图设计本身，还是可延伸到集成电路产品，抑或延伸到利用集成电路产品组装的二次产品（如设备、仪器等）？《关于集成电路的知识产权条约》第3(1)B条与第6(1)B条的规定具有一定矛盾性，但TRIPs协议采纳广义的效力范围，其第36条规定，“在遵守第37条第1款规定的前提下，如从事下列行为而未经权利持有人授权，则应视为非法：为商业目的进口、销售或分销受保护的布图设计；含有受保护的布图设计的集成电路；或含有此种集成电路的物品，只要该集成电路仍然包含非法复制的布图设计”。

（三）集成电路布图设计权的限制

集成电路布图设计权的限制规则与著作权类似，主要包括：

(1) 合理使用。下列行为可以不经布图设计权利人许可，不向其支付报酬：① 为个人目的或者单纯为评价、分析、研究、教学等目的而复制受保护的布图设计的行为。法律并不禁止对他人布图设计进行摄片进而分析其电路原理的反向工程行为；但是，在反向工程的基础上直接复制他人的布图设计，将侵犯复制权。② 在依据前项评价、分析受保护的布图设计的基础上，创作出具有独创性的布图设计的行为。

(2) 独立创作。对自己独立创作的与他人相同的布图设计进行复制或者将其投入商业利用的行为，不属于布图设计权的保护范围。

(3) 权利用尽原则。受保护的布图设计、含有该布图设计的集成电路或者含有该集成电路的物品，由布图设计权利人或者经其许可投放市场后，他人再次商业利用的，可以不经布图设计权利人许可，并不向其支付报酬。

(4) 合法来源抗辩。在获得含有受保护的布图设计的集成电路或者含有该集成电路的物品时，不知道也没有合理理由应当知道其中含有非法复制的布图设计，而将其投入商业利用的，不视为侵权。前款行为人得到其中含有非法复制的布图设计的明确通知后，可以继续将现有的存货或者此前的订货投入商业利用，但应当向布图设计权利人支付合理的报酬。①

(5) 非自愿许可。在国家出现紧急状态或者非常情况时，或者为了公共利益的目的，或者经人民法院、不正当竞争行为监督检查部门依法认定布图设计权利人有不正当竞争行为而需要给予补救时，国务院知识产权行政部门可以给予使用其布图设计的非自愿许可。

（四）侵犯集成电路布图设计权的判断

与侵犯著作权的判断相类似，集成电路布图设计权的侵权判断也采用“接触＋实质性相似”的方法。因为登记并不进行实质审查，权利人须对其主张保护的集成电路布图设计具有独创性承担举证责任。一般来说，原告提供的证据以及所做的说明可以证明其主张保护的布图设计不属于常规设计的，则应当认为原告已经完成初步的举证责任。受保护的布图设计中任何具有独创性的部分均受法律保护，而不论其在整个布图设计中的大小或者所起的作用。已登记的布图

---

① TRIPs协议第37条规定：“在该人收到关于该布图设计被非法复制的充分通知后，可对现有的存货和此前的订货从事此类行为，但有责任向权利持有人支付费用，数额相当于根据就此种布图设计自愿达成的许可协议应付的合理使用费。”

设计推定为被诉侵权人所接触。由于集成电路布图设计的创新空间有限，因此在布图设计侵权判定中对于两个布图设计构成相同或者实质性相似的认定应当采用较为严格的标准。

最高人民法院审理的深圳裕昇科技有限公司（简称裕昇公司）、户财欢等侵害集成电路布图设计专有权纠纷案（2019最高法知民终490号），涉及集成电路布图设计权保护的各项关键法律问题。在该案中，最高人民法院认为：

（一）关于能否以样品剖片确定涉案布图设计的保护范围

1. 复制件或图样的纸件、样品能否用以确定布图设计的保护范围

依据《集成电路布图设计权保护条例》（简称《条例》）第16条，并参照《集成电路布图设计保护条例实施细则》第14条的规定，在布图设计登记时，向登记部门提交的材料中包含布图设计内容的有：复制件或者图样的纸件、复制件或者图样的电子版本、样品。其中，复制件或者图样的纸件是必须提交的；样品在布图设计已经投入商业利用的情况下提交；复制件或者图样的电子版本是基于自愿提交的，还特别要求电子文档应当包含该布图设计的全部信息，并注明文件的数据格式。可见，复制件或图样的纸件是获得登记必须提交的文件。

在确定布图设计的保护范围时，一般应根据复制件或图样的纸件进行。随着半导体行业的发展，布图设计能在更小的半导体基片上完成更为复杂的布图设计，其集成度大幅提高。即使“复制件或者图样的纸件至少放大到该布图设计生产的集成电路的20倍以上”，仍然存在复制件或者图样的纸件放大倍数尚不足以完整、清晰的反映布图设计内容的情况。此时，在样品与复制件或图样的纸件具有一致性的前提下，可以采用样品剖片，通过技术手段精确还原出芯片样品包含的布图设计的详细信息，提取其中的三维配置信息，确定纸件中无法识别的布图设计细节，用以确定布图设计的内容。

2. 是否只能以登记时已经公开的内容确定保护范围

不同于专利法对发明创造采取公开换保护的制度设计，《条例》对布图设计的保护并不以权利人公开布图设计为条件。《条例》规定了布图设计登记时应提交的材料。登记公告后，公众可以请求查阅的是纸件，对于已经投入商业利用的布图设计纸件中涉及的保密信息，除侵权诉讼或行政处理程序的需要，不得查阅或复制；对于电子版本，同样除侵权诉讼或行政处理程序需要外，任何人不得查阅或复制。从上述规定内容可以看出，无论在登记过程中还是登记公告后，对含有布图设计全部信息的电子版本和已投入商业利用的布图设计纸件中的保密信息均没有对公众无条件全部公开的要求。

3. 布图设计登记行为的性质

布图设计的保护没有采用类似对发明创造的专利保护规则，即并非通过登记公开布图设计内容以换取专用权。同时，《条例》对布图设计的保护也与著作权法对作品的保护不完全相同。《条例》对布图设计专有权的产生上实行的是登记保护主义，即对布图设计的保护以登记作为前提，至于其是投入商业使用，则在所不问。布图设计的登记是确定保护对象的过程，是获得布图设计专有权的条件，而不是公开布图设计内容的过程，也不是以公开布图设计为对价而获得专有权保护。涉案布图设计的保护范围在本案中具体体现为赛芯公司主张的6个独创点，能否以登记芯片的剖片确定6个独创点的具体内容取决于独创点所在图层是否被纳入复制件或图样的纸件中，以及纸件相应部分是否与芯片剖片存在明显不同。……

（二）关于涉案布图设计是否具有独创性

1. 布图设计独创性的含义

首先，布图设计保护的是三维配置，不延及思想等。……在体现布图设计的功能层次上

由于不含有元件和线路的三维配置，不给予保护；在这个层次之下，独创性的体现逐步增强，对元件分配、布置，各元部件间的互联，信息流向关系，组合效果等可以给予保护。

其次，受保护的独创性部分应能够相对独立的执行某种电子功能。……受保护的布图设计的独创性，可以体现在布图设计任何具有独创性的部分中，也可以体现在布图设计整体中。布图设计中任何具有独创性的部分均受法律保护，而不论其在整体设计中是否占有主要部分，是否能够实现整体设计的核心性能。如果一项布图设计是由公认的常规设计组合而成，则其组合作为整体应具有独创性。同时，依据《条例》第2条第1项的规定……，如果权利人提出的是具有独创性的部分，则该部分应当能够相对独立的执行某种电子功能。

再次，应具有独创性。布图设计的独创性包含两层含义：自己设计完成；不属于创作时公认的常规设计。

2. 布图设计独创性的异议和证明

在侵权诉讼中，当被诉侵权人对布图设计的独创性提出异议时，人民法院应当根据双方的主张、提交的证据对布图设计的独创性进行认定。对于专有权人选择布图设计中具有独创性的部分，围绕权利人提出的部分进行独创性判断时，应从两个层面逐次进行。首先，受保护的布图设计属于为执行某种电子功能而对于元件、线路所作的三维配置，否则不能受布图设计专有权保护。其次，上述部分含有的三维配置在其创作时不是公认的常规设计。

权利人在提出独创性部分的同时，可以对独创性部分进行说明，权利人的独创性说明可能是从不同角度对独创性部分的概括或者抽象，而不一定包括对三维配置内容的描述，但在对上述权利人指明的部分进行独创性判断时，应根据权利人的独创性说明，将权利人指明部分中含有的元件和线路的具体三维配置作为判断对象。

对权利人提出的独创性部分进行证明的过程中，由于《条例》规定的布图设计的登记程序，对申请登记的布图设计是否符合第4条规定的独创性条件不进行实质审查，因此不能以经过登记备案而当然认为布图设计的整体或任何部分具有独创性。但对于独创性的证明，不能过分加大权利人的举证责任，要求其穷尽一切手段证明布图设计的独创性。相对而言，被诉侵权人只要能够提供一份已经公开的常规布图设计就能推翻权利人主张的独创性部分。因此，对独创性的举证责任分配应充分考虑集成电路布图设计的特点、目前我国集成电路布图设计的登记现状、双方的举证能力等因素，以权利人提出的独创性部分为依据，首先要求权利人对其主张的独创性部分进行充分说明或初步证明，然后由被诉侵权人就不具有独创性提出相反证据，在综合考虑上述事实、证据的基础上进行判断。……

（三）关于被诉侵权芯片与涉案布图设计是否构成相同或者实质相同

经过上述分析，虽然赛芯公司主张的独创点细节在登记图样的纸件中不清晰，但在可以确认纸件与样品剖片一致性时，可以通过登记样品剖片来确定赛芯公司主张的独创性部分的细节结构，从而与被诉侵权芯片进行比对。……根据《司法鉴定意见书》的记载，及鉴定人出庭所作陈述，实质相同的判断原则目前没有法定标准，鉴定意见掌握的原则是考虑布图的相对位置、大小、形状、数量结合业内普通技术人员对集成电路布图设计的认识水平作出判断。如果不考虑区间范围，被诉侵权芯片的比例与涉案布图设计的样品比例，两者基于上述原则属于实质相同。至此，通过《司法鉴定意见书》的记载和鉴定人出庭的说明，就被诉侵权芯片与涉案布图设计构成实质相同这一问题，从本领域技术人员的角度进行了充分说明。……

（四）关于鉴定的程序问题

……对布图设计是否具有独创性的判断，一方面需要鉴定人根据其掌握的专业知识对是否属于本领域内的常规设计进行判断，另一方面鉴定人客观上无法掌握所有的常规设计，有赖于双方，特别是被诉侵权人提出独创性的相反证据。……鉴于独创性的判断有赖于被诉侵权人提供的相反证据，在赛芯公司变更其独创性说明后，应将变更后的内容及时告知被诉侵权人，以便于其有针对性的举证。原审期间，赛芯公司变更独创性说明的情况没有告知被诉侵权人，但被诉侵权人在原审期间收到《司法鉴定意见书》后，以及二审期间均针对赛芯公司最终明确的6个独创点内容进行了针对性举证，对鉴定意见提出了异议，其诉讼权利得到了充分保障。由此，虽然原审期间赛芯公司关于独创性说明的变更没有及时告知被诉侵权人，但没有影响被诉侵权人行使诉讼权利，不影响对鉴定意见的采信。

二、关于准芯微公司和裕昇公司是否实施了侵权行为

……在布图设计已经获得登记，取得专有权的情况下，对布图设计的侵权认定应采用类似著作权侵权认定思路，而不是与专利侵权认定相同的规则。即使在被诉侵权芯片与布图设计构成相同或实质相同时，也要考虑被诉侵权人是否具有接触布图设计的可能性，即布图设计的侵权认定采取接触加相同或实质相同的判断方法。其中，接触是指权利人应举证证明指被诉侵权人在被诉侵权行为发生前，具有接触涉案布图设计的可能性，而不要求其对已经发生实际接触进行举证。

……《中华人民共和国侵权责任法》第8条规定："二人以上共同实施侵权行为，造成他人损害的，应当承担连带责任。"本案中，基于以下因素的考虑，本院认定裕昇公司与准芯微公司构成共同侵权：一是从主观方面看，在被诉侵权行为发生时，户财欢同时担任两家公司的法定代表人，系准芯微公司的唯一股东，持有裕昇公司51%的股份，是两家公司的实际控制人；二是从客观行为看，两者相互配合、分工合作；三是从结果看，裕昇公司代开发票的行为与准芯微公司的复制、销售行为造成的同一损害结果，在其共同意思范围内。……

三、原审法院确定的责任承担是否正确

……合法来源抗辩适用于非自己复制，而是从他人处获得含有受保护的布图设计的集成电路或含有集成电路的物品。本案中，被诉侵权芯片外包装标注了"ACIC"……可见准芯微公司是将被诉侵权芯片作为自己的产品进行销售，即使准芯微公司没有直接制造被诉侵权芯片，但考虑其委托案外人进行代工，并在产品上标注可以与之关联的"ACIC"，并使用自己的产品型号等因素，可以推定准芯微公司实施了制造行为……

第四节　与知识产权有关的反不正当竞争法

竞争是市场主体优胜劣汰的过程，也是人类社会经济、技术不断进步的重要动力。在市场经济中，自由竞争与公平竞争是维系经济健康发展的两个维度。然而，当市场主体面临以阻止竞争者、欺骗消费者等不正当手段获取竞争优势，以及滥用优势地位等方式排除竞争、限制竞争时，仅靠市场力量难以实现维护公平竞争的目标。规制这些违背自由竞争的市场扭曲行为，是法律维护经济自由与经济健康发展的主要任务。不正当竞争行为与反垄断行为都是市场经济过度竞争的体现，它们不仅损害其他竞争者和消费者的合法权益，更重要的是扰乱和破坏市场经济的竞争秩序。规制上述市场扭曲行为的法律主要有两种立法模式：① 统一规制模式，垄断也属于广义上的不正当竞争；② 分立规制模式，《反垄断法》规制排除竞争、限制竞争的垄断行为，《反不正当竞争法》规制市场交易领域中的不正当竞争行为。《反不正当竞争法》所规制的内容非常广泛，其中有些部分与知识产权客体紧密联系，如关于禁止仿冒等规定。在某种意义上，知识产权法也属于

正当竞争秩序的组成部分。

一、反不正当竞争法的一般原理

反不正当竞争法是沿着两条不同路径发端的。一条路径是依据民法关于侵权的一般条款,通过"民法上不正当竞争之诉",对混淆之虞、虚假陈述、商业诽谤、商业窃密、原样复制等不正当竞争行为予以禁止。法国主要以其民法典第 1382 条、1383 条为依据的规制模式,故判例法是法国反不正当竞争法的核心。① 德国的反不正当竞争法也发端于民法原则,但它不愿意遵循法国的路径,而采取了单独立法的方式,其于 1886 年制定反不正当竞争法,后于 1909 年、2004 年修订。德国法不仅建立了规制不正当竞争的具体规则,而且还发展了反不正当竞争法的一般条款,具有较为广泛的适用范围。另一条路径是普通法国家(特别是英国),主要通过衡平法和普通法下的仿冒(passing-off)之诉来禁止不正当竞争行为,超出其范围的,"被认为与普通法的制度不相容"。②

1. 国际条约上的反不正当竞争

在国际法层面,《巴黎公约》第 10 条之二、第 10 条之三是迄今为止最主要的反不正当竞争法国际规则。1883 年缔结的《巴黎公约》最初并未规定禁止不正当竞争的问题,它为 1900 年布鲁塞尔修订时所规定。其原因是跨国贸易所面临的竞争歧视问题无法依据当时已有的知识产权规则来解决,故在具体的工业产权无法援引或者不能对模仿予以禁止的情况下,作为弹性保护的方式以及对现有工业产权补充的方式,禁止不正当竞争得到了缔约成员国的普遍认可。《巴黎公约》将工业产权的概念扩展至禁止不正当竞争。其第 1 条第 2 款规定,工业产权保护客体为"专利、实用新型、外观设计、商标、服务标记、厂商名称、货源标记或原产地名称,和制止不正当竞争"。《巴黎公约》还规定了禁止不正当竞争的最低保护标准。1925 年海牙会议增加了"不正当竞争"的定义,列举了两类特定的不正当竞争行为;1958 年里斯本会议增加了"虚假陈述"的不正当竞争行为,从而形成了"一般条款+具体列举"的基本规制模式。

《巴黎公约》第 10 条之二规定:"(1) 本联盟国家有义务对各该国国民保证给予制止不正当竞争的有效保护。(2) 凡在工商业事务中违反诚实的商业习惯做法的竞争行为构成不正当竞争的行为。(3) 下列各项特别应予以禁止:① 具有不择手段地对竞争者的营业所、商品或工商业活动造成混淆性质的一切行为;② 在经营商业中,具有损害竞争者的营业所、商品或工商业活动商誉性质的虚假说明;③ 在经营商业中使用会使公众对商品的性质、制造方法、特点、用途或数量易于产生误解的表示或说法。"第 10 条之三规定:"(1) 本联盟国家承诺保证本联盟其他国家的国民获得有效地制止第九条、第十条和第十条之二所述一切行为的适当的法律上救济手段。(2) 本联盟国家承诺规定措施,准许不违反其本国法律而存在的联合会和社团,代表有利害关系的工业家、生产者或商人,在被请求给予保护的国家法律允许该国的联合会和社团提出控诉的范围内,为了制止第九条、第十条和第十条之二所述的行为,向法院或行政机关提出诉讼。"

1994 年缔结的 TRIPs 协议援引了《巴黎公约》,但其第 1 条第 2 款所界定的"知识产权"(第二部分第 1 节至 7 节)并未包括禁止不正当竞争,也没有具体条款直接或间接反映该条款。第 7 节"未披露信息的保护"是特定情形,并不是《巴黎公约》第 10 条之二的直接适用。可能的一种解释是,依据 TRIPs 协议第 2 条 1 款,各成员方有义务遵循《巴黎公约》的原则,包括其禁止不正当

① 参见[德]弗诺克·亨宁·博德维希主编:《全球反不正当竞争法指引》,黄武双等译,法律出版社 2015 年版,第 255 页。

② 参见[德]弗诺克·亨宁·博德维希主编:《全球反不正当竞争法指引》,黄武双等译,法律出版社 2015 年版,第 4 页。

竞争的最低保护义务与国民待遇原则。

《巴黎公约》自里斯本会议后，禁止不正当竞争的国际保护规则进展缓慢，负责《巴黎公约》管理的 WIPO 试图推动反不正当竞争法的国际发展，并于 1996 年出版了《反不正当竞争保护示范条款》(Model Provisions on Protection Against Unfair Competition)；但该示范法并未获得成员国的一致通过，故不具有任何约束力。该示范法共有 6 款，并有相应的"注解"(notes)。除第 1 条总则规定不正当竞争的定义、执法措施以及明确与知识产权客体关系之外，分别对混淆之虞(第 2 条)、损害商誉或声誉(第 3 条)、误导公众(第 4 条)、损害信用(第 5 条)以及商业秘密(第 6 条)等具体不正当竞争行为进行了规定。

2. 反不正当竞争法的基本功能

《反不正当竞争法》第 1 条规定："为了促进社会主义市场经济健康发展，鼓励和保护公平竞争，制止不正当竞争行为，保护经营者和消费者的合法权益，制定本法。"据此，反不正当竞争法具有维护公平竞争的市场经济健康发展秩序、保护经营者合法权益以及保护消费者权益的三层目标。

(1) 维护公平竞争。市场竞争主要体现为交易机会的竞争。经营者为了在市场竞争中胜出，往往会采用各种手段进行竞争。法律鼓励经营者通过正当合理的手段进行公平竞争，如改进产品质量、降低产品价格但不构成低价倾销等；法律禁止和惩处以不正当手段开展恶性竞争的经营者，如仿冒他人产品等行为，从而形成良性健康的竞争机制，促进市场经济的健康发展。

维护竞争秩序的法律包括反不正当竞争法和反垄断法，但两者的侧重点有所区别。前者以维护公平有序竞争、反对不正当竞争为目的，后者以保护自由竞争、反对排除竞争和限制竞争为旨趣；前者维护商业竞争的道德伦理、防止滥用自由竞争的行为，后者维护自由竞争的开放式市场结构、防止垄断市场的形成；前者解决的是市场中竞争是否有序公平的问题，后者解决的是市场中有无竞争的问题。因此，两者具有不同的调整对象和规制规则。1993 年《反不正当竞争法》出台时尚无《反垄断法》，规定了一些排除竞争、限制竞争的规定；在《反垄断法》于 2008 年通过后，这些规定在 2017 年修订《反不正当竞争法》时被删除了，从而明确了两者的关系。

(2) 保护经营者合法权益。经营者是市场经济的主体，防止其受到不诚信的竞争对手的商业攻击一直以来都是反不正当竞争法的主要目标。1900 年《巴黎公约》制定禁止不正当竞争条款时，即以保护经营者为基础。在评估不正当竞争行为时，公众或消费者仅仅被当作一个参考因素，它并是禁止不正当竞争的目的。消费者保护是受法律肯定的一些因素，但它仅属于反不正当竞争法的副产品。[①] 即使消费者权益受损，消费者也不能依据反不正当竞争法而得到救济。经营者利益是通过维护经营者正当行为标准而实现的，不正当竞争行为也当然是指经营者之间的行为。

(3) 保护消费者权益。消费者利益的保护是 20 世纪六七十年代消费者运动的产物，它导致了反不正当竞争法逐渐将公众利益(特别是消费者利益)纳入保护范围。但不同国家的做法并不相同。法国因侵权法上"不正当竞争之诉"具有严格的个体性，只保护经营者特定的利益；故而消费者利益的保护须以特别法的方式来实施。类似的做法也包括采取"仿冒之诉"的国家，如英国。单独制定反不正当竞争法的国家则逐渐将消费者利益纳入保护目标。1896 年德国反不正当竞争法仅为竞争者提供侵权法的保护，1909 年修订的法律则设立了一般条款，经营者不再是其单一的利益主体。单独立法的国家常常建立了特别执法机构，它常常是反垄断机构在管辖权上的延伸，从而使得反不正当竞争法呈现出更复杂的情形：最初阶段与侵权法、知识产权法的关系密切，现在则体现出与反垄断法较紧密的联系。

---

① 参见[德]弗诺克·亨宁·博德维希主编：《全球反不正当竞争法指引》，黄武双等译，法律出版社 2015 年版，第 4 页。

3. 反不正当竞争法的属性

从反不正当竞争法的立法目标来看，它属于市场行为法。《巴黎公约》将禁止不正当竞争作为工业产权的一部分，我国有部分学者称之为"反不正当竞争权""公平竞争权""制止不正当竞争权""竞争权""自由竞争权"等。然而，反不正当竞争法并不设定、也不产生任何排他权或专有权，它仅仅是规范市场竞争的行为。在北京微梦创科网络技术有限公司与北京字节跳动科技有限公司不正当竞争纠纷案中，法院指出：

> 反不正当竞争法不是权益保护法，其对互联网行业的竞争行为进行规制时不应过多考虑静态利益和商业成果，而应立足于竞争手段的正当性和竞争机制的健全性，更应考虑市场竞争的根本目标。对于网站经营者通过机器人协议（robots 协议）限制其他网站网络机器人抓取的行为，不应作为一种互联网经营模式进行绝对化的合法性判断，而应结合机器人协议（robots 协议）设置方与被限制方所处的经营领域和经营内容、被限制的网络机器人应用场景、机器人协议（robots 协议）的设置对其他经营者、消费者以及竞争秩序的影响等多种因素进行综合判断。

不同于专利权、著作权等排他权，禁止不正当竞争的理由不是因为经营者的产品或服务具有创新性或市场价值而限制竞争者模仿，而是竞争者的模仿行为不具有正当性而受到禁止，例如，竞争者易于产生混淆之虞的模仿行为。最高人民法院在第 47 号指导案例中指出：

> 对商品包装、装潢的设计，不同经营者之间可以相互学习、借鉴，并在此基础上进行创新设计，形成有明显区别各自商品的包装、装潢。这种做法是市场经营和竞争的必然要求。就本案而言，蒙特莎公司可以充分利用巧克力包装、装潢设计中的通用要素，自由设计与他人在先使用的特有包装、装潢具有明显区别的包装、装潢。但是，对他人具有识别商品来源意义的特有包装、装潢，则不能做足以引起市场混淆、误认的全面模仿，否则就会构成不正当的市场竞争。

4. 反不正当竞争法与知识产权法的关系

反不正当竞争法与知识产权法的关系在学说上有不同认识。一般的说法是，与知识产权有关的禁止不正当竞争是知识产权法的补充、兜底，它提供知识产权的附加保护，或者平行保护。郑成思先生曾经形象地指出：著作权法、专利法和商标法是浮在海面上的三座冰山，而反不正当竞争法则是托着冰山的海水。但是，冰山与海水的譬喻未能彻底解决反不正当竞争法兜底的具体范围问题，特别是反不正当竞争法能否将知识产权专门法（如著作权法）明确不予保护的对象予以保护的问题。

最高人民法院的司法政策大体上是：反不正当竞争法与知识产权专门法类似于一般法与特别法的关系，当存在规范冲突时，特别法（即知识产权专门法）优先于一般法适用；知识产权专门法未予调整的部分，则可由反不正当竞争法进行规范。其基本原则是：反不正当竞争法补充保护作用的发挥不得抵触知识产权专门法的立法政策，凡是知识产权专门法已做穷尽性规定的领域，即属于自由利用和自由竞争的领域，反不正当竞争法原则上不得提供附加保护。因此，反不正当竞争法补充保护的前提是它与知识产权专门法的立法政策相兼容。① 例如，对于已进入公有领域

---

① 参见曹建明：《加大知识产权司法保护力度，依法规范市场竞争秩序——在全国法院知识产权审判工作座谈会上的讲话》（2004 年 11 月 11 日）；最高人民法院《印发〈关于充分发挥知识产权审判职能作用推动社会主义文化大发展大繁荣和促进经济资助协调发展若干问题的意见〉的通知》（2011 年 12 月 16 日，法发[2011]18 号）。

的作品（如保护期届满）或不受保护的作品构成要素（属于思想或有限表达形式的内容），原则上应属于自由竞争的领域，不构成不正当竞争。

在存在规范竞合情形下，某一创新成果可能符合多部知识产权法客体条件，如产品设计可能同时构成实用艺术作品（著作权法）、外观设计（专利法）、三维标志（商标法）或商品装潢（反不正当竞争法）。在北京光宇在线科技有限责任公司与深圳市腾讯计算机系统有限公司等不正当竞争纠纷案中，法院认为：

> 在知识产权侵权行为发生时，当事人有权选择依据相关部门法或是《反不正当竞争法》提起诉讼。虽然涉案《英雄联盟》游戏启动界面与角色形象可能构成《著作权法》所规定的美术作品，但在腾讯科技公司和腾讯计算机公司选择依据《反不正当竞争法》提起不正当竞争纠纷诉讼的情况下，本案应适用《反不正当竞争法》进行审理，并不存在需优先适用《著作权法》的问题。而且，判断是否构成不正当竞争，亦应根据《反不正当竞争法》的相关规定进行判定，与当事人主张的相关内容是否应受到《著作权法》的保护无关。

有限附加保护理论实质上是平行保护理论，它强调规范竞合情形下知识产权专门法与《反不正当竞争法》之间相互独立性，两者具有各自不同的构成要件、不同的法律后果。在上海中韩晨光文具制造有限公司（简称晨光公司）与宁波微亚达制笔有限公司等擅自使用知名商品特有名称、包装、装潢纠纷案（以下简称“晨光”案）中，最高人民法院认为：

> 多数情况下，外观设计专利因保护期届满或者其他原因导致专利权终止，该外观设计就进入了公有领域，任何人都可以自由利用。但是，在知识产权领域内，一种客体可能同时属于多种知识产权的保护对象，其中一种权利的终止并不当然导致其他权利同时也失去效力。同时，反不正当竞争法也可以在知识产权法之外，在特定条件下对于某些民事权益提供有限的、附加的补充性保护。获得外观设计专利权的商品外观在外观设计专利权终止之后，如果使用该外观设计的商品成为知名商品，且他人对该外观设计的使用足以导致相关公众对商品的来源产生混淆或者误认，则这种在后使用行为就会不正当地利用该外观设计在先使用人的商誉，构成不正当竞争。因此，外观设计专利权终止后，该设计并不当然进入公有领域，在符合反不正当竞争法的保护条件时，它还可以受到该法制止混淆的保护。……不过，外观设计专利权的终止至少使社会公众收到了已经进入公有领域的信号，主张知名商品特有包装、装潢保护的权利人应提供更加充分的证据来证明有关设计仍应受法律保护。

但是，需要指出的是，应正确理解上述司法意见。反不正当竞争法所提供的平行保护是对不同于知识产权专门法所确定的法益之保护。晨光公司涉案中性笔的外观设计与特有包装、装潢具有不同的法益，后者是以禁止混淆为基础的商誉保护。如果两者法益一致，且试图以反不正当竞争法来实现对知识产权专门法特定公共政策的规避，则不应该得到支持。例如，2010 年《著作权法》明确没有将广播组织权的保护延伸到网络环境，在不存在法律漏洞时，反不正当竞争法的补充或替代保护是与著作权法的规定相抵触的。同理，在不构成侵犯改编权的情况下，利用作品的相关元素是否构成不正当竞争行为，需要考虑该利用行为是否具有与著作权法不同的法益保护。不构成混淆可能性的表达性使用，则不构成不正当竞争。①

---

① 参见孔祥俊：《反不正当竞争法新原理（总论）》，法律出版社 2019 年版，第 98－118 页。

5. 反不正当竞争法一般条款的适用

《反不正当竞争法》第 2 条规定："经营者在生产经营活动中，应当遵循自愿、平等、公平、诚信的原则，遵守法律和商业道德。""本法所称的不正当竞争行为，是指经营者在生产经营活动中，违反本法规定，扰乱市场竞争秩序，损害其他经营者或者消费者的合法权益的行为。""本法所称的经营者，是指从事商品生产、经营或者提供服务(以下所称商品包括服务)的自然人、法人和非法人组织。"

本条属于反不正当竞争法的一般条款。"违反本法规定"，既包括违反本法第二章关于不正当竞争的各项具体规定，也包括违反本法第 2 条第 1 款关于竞争原则的规定。即，在《反不正当竞争法》明确列举的实施混淆仿冒、商业贿赂、虚假宣传、侵犯商业秘密、违法有奖销售、商业诋毁、网络不正当竞争行为之外，如果违反"自愿、平等、公平、诚信的原则"和"商业道德"，也可能构成不正当竞争而承担相应的法律责任。但是，要注意的是，违反一般条款的法律责任不包括行政责任，行政机关不得依据第 2 条查处不正当竞争行为。①

反不正当竞争法的一般条款具有三大重要价值：一是回应技术发展而产生的保护知识产品的需求。如果新的知识产品未在传统知识产权法上得到及时保护，或者知识产权特别立法时机尚未成熟，反不正当竞争法一般条款将为知识产品的创造者提供"准产权"的保护。这是发挥反不正当竞争法兜底功能的重要体现。二是克服不正当竞争行为类型化的不足。适用一般条款确实存在确定性不够的情形，从而有可能影响市场交易的正常进行，但市场竞争的手段通常使立法者在进行立法活动时难以予以类型化。一般条款适用范围的不确定性可以通过对其构成要件的界定而予以澄清。三是协调市场竞争过程中竞争者、消费者和社会公众之间的利益。反不正当竞争法不是设权法，其本质是行为法、责任法，其聚焦于竞争者的行为是否属于"不正当"的判断。

针对一般条款的司法适用，最高人民法院在山东省食品进出口公司与马达庆、青岛圣克达诚贸易有限公司不正当竞争纠纷案(以下简称"海带配额"案)中认为，它应具备以下条件："一是法律对该种竞争行为未作出特别规定；二是其他经营者的合法权益确因该竞争行为而受到了实际损害；三是该种竞争行为因确属违反诚实信用原则和公认的商业道德而具有不正当性或者可责性，这也是问题的关键和判断的重点。"

(1) 经营者。不正当竞争行为的主体是具有竞争关系的经营者。如果非属竞争关系，原告没有因复制或模仿而受到损害，则非竞争者的模仿、复制行为属于技术溢出现象，不受法律所限制。例如，在德国法中，《反不正当竞争法》第 1 条强调不正当竞争行为须以"竞争为目的"，而从事竞争行为的目的是获取自己的竞争机会，从而使竞争对手丧失竞争利益。依德国《反不正当竞争法》第 8 条第 3 款第 1 项之规定，当竞争者提出排除妨碍和停止侵害请求权时，存在竞争关系是其行使的前提。

但是，竞争关系是否仅限于同业竞争，在不同国家的法律中可能存有不同做法。例如，在德国法中，尽管成文法尚未界定竞争关系，但司法实践采广义的竞争关系说，"法律界多数人则进一步认为，在那些因某种行为得到好处和那些由此而受到损失的人之间，已经存在着一种竞争关系。这种竞争关系可以理解为，两者是在谋求相同的顾客来源。但是这不等于说，两者必须属于同一行业，或者属于同一经济等级"②。法国的不正当竞争法主要包括两类行为：不正当竞争行为(concurrence deloyale)和寄生性竞争行为(concurrence parasitaire)，后者适用于占用原告的显著性成功因素从而使被告从中获利。与不正当竞争行为的成立条件不同，寄生性竞争行为并不依赖于原告与被告之间的直接竞争关系。中国法院和学理普遍认为，反不正当竞争法第 2 条第 3 款没有将"经营者"限定在传统市场中的商品经营者或者营利性服务提供者，所有竞争市场的参

① 参见王瑞贺主编：《中华人民共和国反不正当竞争法释义》，法律出版社 2018 年版，第 6－7 页。

② 梁志文：《从"山寨现象"看禁止盗用原则及其应用》，《法学》2009 年第 7 期。

与者都是法律上的经营者。依此,竞争者可以分为同业竞争者与间接竞争者两类。不同类型的竞争者,其构成不正当竞争的条件应有所区别。《反不正当竞争法解释(2022)》第2条规定,“其他经营者”是指“与经营者在生产经营活动中存在可能的争夺交易机会、损害竞争优势等关系的市场主体”。

(2) 损害。不正当竞争行为是有损竞争者合法权益的行为;但是,并非一切有损竞争者合法权益的行为就一定构成不正当竞争行为。在学理上,《反不正当竞争法》并未为竞争者创立具有排他性的权利,而仅仅是对合法权益的保护。如果原告只能证明损害的发生并不当然构成不正当竞争。诚如“海带配额”案指出的:“在反不正当竞争法上,一种利益应受保护并不构成该利益的受损方获得民事救济的充分条件。商业机会虽然作为一种可以受到反不正当竞争法所保护的法益,但本身并非一种法定权利。而且交易的达成并非完全取决于单方意愿而需要交易双方的合意。因此他人可以自由参与竞争来争夺交易机会。竞争对手之间彼此进行商业机会的争夺是竞争的常态,也是市场竞争所鼓励和提倡的。对于同一交易机会而言,竞争对手之间一方有所得另一方即有所失。”

在市场经济条件下,自由竞争是常态,权利垄断是例外。正当的自由竞争必然会产生优胜劣汰的效果。正如智能手机取代模拟手机的市场地位,不能因为这一事实而将智能手机的技术开发认定为不正当竞争行为。基于互联网的新闻、视频等内容提供技术,对传统纸媒、电视台市场地位产生了根本性的动摇;基于网络下载的音乐提供商业模式对传统激光唱片(CD)发行构成了致命的冲击,这些事实也不能导致上述技术或服务的提供行为被认定为不正当竞争行为。

《反不正当竞争法》以维护经营者权益与公平竞争秩序为核心,也同样关注消费者权益保护。消费者是产品或服务的最终对象,竞争者应以提升消费者福利为其竞争优势,而不是相反。因此,经营者权益的保护应落脚于消费者福利的提升,公平竞争秩序的维护也应服务于消费者福利的提升,而不是相反。当然,这里应正确理解消费者福利。合理的状态是,竞争者通过自由竞争实现利润最大化,消费者通过自由选择实现效用最大化。

(3) 不正当行为。构成不正当竞争的行为应具有可归责性。“不正当”的行为首先体现为有悖于商业道德。值得注意的是,2017年《反不正当竞争法》将原规定中的“公认的商业道德”修改为“商业道德”,其主要原因是,在新市场和新产业等缺乏公认商业道德的领域,法院可根据法律精神、市场需求等确定指导竞争行为的商业道德准则,发挥对市场行为的塑造功能。①

最高人民法院在“海带配额”案中认为,“利益受损方要获得民事救济还必须证明竞争对手的行为具有不正当性。只有竞争对手在争夺商业机会时不遵循诚实信用的原则,违反公认的商业道德,通过不正当的手段攫取他人可以合理预期获得的商业机会才为反不正当竞争法所禁止”。而如何判断“公认的商业道德”,“不能仅从买方或者卖方、企业或者职工的单方立场来判断是否属于公认的商业道德”,而是“应当根据特定商业领域和个案情形(如特定行业的一般实践、行为后果、交易双方的主观状态和交易相对人的自愿选择等)具体分析确定”。

从更一般的意义上讲,“不正当”应该指行为人主观上的可归责性,即过错。在法国法中,不正当竞争侵权行为是依据法国民法典第1382条、1383条由法院发展出来的一种侵权行为;在不正当竞争的语境下,行为人的主观过错包括了违反商业伦理之行为。在德国法中,竞争者在模仿、使用、借鉴他人劳动成果时,必须以正当的手段和方式来行使,否则就可能触犯反不正当竞争法第1条的规定而承担责任。

(4) 反不正当竞争法未具体列举。法院适用一般条款来处理案件,还需要满足该行为未被《反不正当竞争法》第二章明确规定。

---

① 参见孔祥俊:《反不正当竞争法新原理(总论)》,法律出版社2019年版,第263页。

一般认为,《反不正当竞争法》第二章明确规定的、所有构成不正当竞争的行为都符合前述第(1)至(3)项要件。

二、以保护商誉为中心的禁止仿冒等不正当竞争

禁止仿冒的反不正当竞争法实质上是保护经营者的商誉。从西方法制来看,商标法与反不正当竞争法有着密切的关系,它均起源于19世纪的侵权法,特别是英美法国家中禁止仿冒(palming off)的普通法,这些法律禁止竞争者复制具有识别来源作用的标志,以防止欺诈消费者以及侵占他人的商誉。导致消费者对于商品来源或赞助关系的混淆,是仿冒行为的本质特征。从哲学基础来看,禁止仿冒的规则建立在自然法的权利学说基础上:商人对其投资开发而获得的商誉应享有财产权(property rights)的保护。

到19世纪后期及20世纪初时,商标侵权与不正当竞争之间开始有所区分。分野始于对技术性商标(technical trademark)与商业名称(trade name)的区分。技术性商标是指具有内在显著性的词汇和图形,例如,臆造商标,由于它并非任何人可自由使用的词汇,能够像财产权那样被排他性的专有。对技术性商标的模仿被认为构成商标侵权。商业名称则是指其他能够识别商品来源的方式,如产品本身的包装或外观,即商品外观(trade dress);以及描述性的标志、地名及人名等,不同于技术性商标,对其模仿行为则构成不正当竞争。不正当竞争行为的成立需要证明公众已将被仿制的标志视为商品来源的标识,质言之,该特征已具有"获得显著性"或"第二含义"。商标法与反不正当竞争法除了保护对象的不同,其救济手段也有所不同。反不正当竞争法对于"获得显著性"的保护不及于对该标志的描述性使用、第一含义(如地名)的使用。

两者的共同点是:消费者对商品或服务来源的认识受到了仿冒标志的欺骗。因为禁止仿冒的普通法来自反欺诈法,在整个19世纪的商标法与反不正当竞争法中,欺诈意图是原告主张损害赔偿的构成要件之一;但在原告寻求禁令救济时,它就不属于必要的构成要件。到20世纪时,法律现实主义与法社会学开始兴盛,它们质疑通过反不正当竞争法的方式来确立法律权利,仅因其投入而产生了有价值的事物并不能使其获得排他权的保护;法律权利不是来自自然权利或其所具有的经济价值,而是为服务一定的政策目标而由立法者所制定。如果从立法政策来看,反不正当竞争法与商标法均保护具有识别来源作用的商业符号(trade symbols),禁止未经授权的仿冒和消费者混淆。只要它具有来源识别作用,符号的种类就并不重要。因此,两者应具有相似的法律规则。责任成立的意图要件的重要性逐渐降低,避免消费者混淆日益重要,甚至是无意识的使用行为,也不再影响混淆的认定。由于欺诈意图这一主观要件的取消,消费者的混淆之虞可依客观标准而得以证明。被控侵权人的主观意图是侵权判断的相关因素,但不再属于构成要件。

然而,自然法思想并未从反不正当竞争法中消失。对商誉的保护,以及依赖于直觉认定"搭便车"行为的不正当性,这使得对商业名称或有经济价值产品的非竞争性使用也逐渐得到反不正当竞争法的保护。很少引发消费者混淆的行为越来越多地在禁止"搭便车"的规则下受到反不正当竞争法的规制。反不正当竞争法的保护范围逐渐从禁止仿冒的范围扩张到更广义的包含"不公平"(unfair)的竞争行为,如商业名称、商品外观侵权,虚假或欺诈性广告,商业诽谤,对合同或商业关系的不当干扰,侵占商业秘密以及其他一切有违竞争伦理的不公平竞争行为。大体上,反不正当竞争法包括两大类:造成消费者混淆的不正当竞争行为;其他"搭便车"的不正当竞争行为,如不涉及使用识别来源功能的符号之虚假广告。

随着两部法律的独立发展,商标法所保护的客体也逐渐扩大。获得显著性商标、立体商标、颜色商标、声音商标等识别来源的标识被不断纳入商标保护的客体,反不正当竞争法逐渐将部分

内容转给商标法保护。[①] 通常认为，反不正当竞争法适用于范围更广的市场竞争中的过错行为，而商标侵权是其中最为重要的一类。普遍认为，反不正当竞争法是对不受商标法调整的部分予以兜底而适用，其核心实质上是未注册商标的保护。然而，这两者在具体的适用原则上，应不存在本质性的区别。

(1) 仿冒他人商品名称、包装、装潢。《反不正当竞争法》第 6 条第 1 项规定，不得"擅自使用与他人有一定影响的商品名称、包装、装潢等相同或者近似的标识"，这是因为它属于对商品或服务来源的混淆行为，或者引人误认为是他人商品或者与他人存在特定联系。具体来说，它是指"足以使相关公众对商品的来源产生误认，包括误认为与知名商品的经营者具有许可使用、关联企业关系等特定联系"。一般来说，在相同商品上使用相同或者视觉上基本无差别的商品名称、包装、装潢，应当视为足以造成和他人知名商品相混淆。《反不正当竞争法解释》(2022) 第 12 条第 1 款规定："人民法院认定与反不正当竞争法第六条规定的'有一定影响的'标识相同或者近似，可以参照商标相同或者近似的判断原则和方法。"《反不正当竞争法》(2017) 将"知名商品"修改为"有一定影响的商品"，并不表明两者有本质区别，而是强调禁止"搭便车""傍名牌"等行为的目的，它不是指竞争者可能产生混淆的一切行为。[②] "商品"也包括服务。例如，"由经营者营业场所的装饰、营业用具的式样、营业人员的服饰等构成的具有独特风格的整体营业形象"。

对"商品名称、包装、装潢"的保护，其条件需要"具有区别商品来源的显著特征。"最高人民法院在 47 号指导案例中指出：

> 盛装或者保护商品的容器等包装，以及在商品或者其包装上附加的文字、图案、色彩及其排列组合所构成的装潢，在其能够区别商品来源时，即属于反不正当竞争法保护的特有包装、装潢。费列罗公司请求保护的包装、装潢系由一系列要素构成。如果仅仅以锡箔纸包裹球状巧克力，采用透明塑料外包装，呈现巧克力内包装等方式进行简单的组合，所形成的包装、装潢因无区别商品来源的显著特征而不具有特有性；而且，这种组合中的各个要素也属于食品包装行业中通用的包装、装潢元素，不能被独占使用。但是，锡纸、纸托、塑料盒等包装材质与形状、颜色的排列组合有很大的选择空间；将商标标签附加在包装上，该标签的尺寸、图案、构图方法等亦有很大的设计自由度。在可以自由设计的范围内，将包装、装潢各要素独特排列组合，使其具有区别商品来源的显著特征，可以构成商品特有的包装、装潢。费列罗巧克力所使用的包装、装潢因其构成要素在文字、图形、色彩、形状、大小等方面的排列组合具有独特性，形成了显著的整体形象，且与商品的功能性无关，经过长时间使用和大量宣传，已足以使相关公众将上述包装、装潢的整体形象与费列罗公司的费列罗巧克力商品联系起来，具有识别其商品来源的作用，应当属于反不正当竞争法第五条第(二)项所保护的特有的包装、装潢。

---

① 《反不正当竞争法》(2019) 第 6 条规定："经营者不得实施下列混淆行为，引人误认为是他人商品或者与他人存在特定联系：(一) 擅自使用与他人有一定影响的商品名称、包装、装潢等相同或者近似的标识；(二) 擅自使用他人有一定影响的企业名称(包括简称、字号等)、社会组织名称(包括简称等)、姓名(包括笔名、艺名、译名等)；(三) 擅自使用他人有一定影响的域名主体部分、网站名称、网页等；(四) 其他足以引人误认为是他人商品或者与他人存在特定联系的混淆行为。"其 1993 年《反不正当竞争法》的第 5 条规定："经营者不得采用下列不正当手段从事市场交易，损害竞争对手：(一) 假冒他人的注册商标；(二) 擅自使用知名商品特有的名称、包装、装潢，或者使用与知名商品近似的名称、包装、装潢，造成和他人的知名商品相混淆，使购买者误认为是该知名商品；(三) 擅自使用他人的企业名称或者姓名，引人误认为是他人的商品；(四) 在商品上伪造或者冒用认证标志、名优标志等质量标志，伪造产地，对商品质量作引人误解的虚假表示。"

② 参见王瑞贺主编：《中华人民共和国反不正当竞争法释义》，法律出版社 2018 年版，第 16－17 页。

不具有区别商品来源的商品外观不受保护，如商品的通用名称、图形、型号；仅仅直接表示商品的质量、主要原料、功能、用途、重量、数量及其他特点的商品名称；仅由商品自身的性质产生的形状，为获得技术效果而需有的商品形状以及使商品具有实质性价值的形状；以及其他缺乏显著特征的商品名称、包装、装潢。类似于获得显著性商标，上述商品名称、包装和装潢，经过使用取得显著特征的，可以认定为特有的名称、包装、装潢。但其保护范围也类似于第二含义商标；"知名商品特有的名称、包装、装潢中含有本商品的通用名称、图形、型号，或者直接表示商品的质量、主要原料、功能、用途、重量、数量以及其他特点，或者含有地名，他人因客观叙述商品而正当使用的，不构成不正当竞争行为。"

商品外观的显著性也因其不同类型而有所不同。在"晨光"案中，最高人民法院区分文字图案类装潢与形状构造类装潢，两者的显著性要求有所不同。形状构造类装潢属于第二含义"装潢"。

> 商品装潢的字面含义是指商品的装饰，它起着美化商品的作用。一般而言，凡是具有美化商品作用、外部可视的装饰，都属于装潢。在外延上，商品的装潢一般可以分为如下两种类型：一类是文字图案类装潢，即外在于商品之上的文字、图案、色彩及其排列组合；另一类是形状构造类装潢，即内在于物品之中，属于物品本体但具有装饰作用的物品的整体或者局部外观构造，但仅由商品自身的性质所决定的形状、为实现某种技术效果所必需的形状以及使商品具有实质性价值的形状除外。……
>
> 所谓知名商品的特有装潢，是指知名商品上具有区别商品来源的显著特征的装潢。文字图案类装潢和形状构造类装潢的表现形态不同，决定了它们构成特有装潢的条件也存在一定差异。对于文字图案类装潢而言，消费者习惯于利用它们来区分商品来源，除因为通用性、描述性或者其他原因而缺乏显著性的情况外，它们通常都可以在一定程度上起到区别商品来源的作用，从而构成知名商品的特有装潢。形状构造类装潢则并非如此。形状构造本身与商品本体不可分割，相关公众往往更容易将其视作商品本体的组成部分，而一般不会直接将其与商品的特定生产者、提供者联系起来。……因此，对于形状构造类装潢而言，不能基于使用该种形状构造的商品已经成为知名商品就当然认为该种形状构造已经起到了区别商品来源的作用，更不能仅凭使用该种形状构造的商品已经成为知名商品就推定该种形状构造属于知名商品的特有装潢。
>
> 因而，认定形状构造类装潢构成知名商品特有装潢，需要有更加充分的证据证明该种形状构造起到了区别商品来源的作用，需要满足更严格的条件。这些条件一般至少包括：1. 该形状构造应该具有区别于一般常见设计的显著特征。2. 通过在市场上的使用，相关公众已经将该形状构造与特定生产者、提供者联系起来，即该形状构造通过使用获得了第二含义。也就是说，一种形状构造要成为知名商品的特有装潢，其仅仅具有新颖性和独特性并对消费者产生了吸引力是不够的，它还必须能够起到区别商品来源的作用。只要有充分证据证明该形状构造特征取得了区别商品来源的作用，就可以依据知名商品的特有装潢获得保护。

反不正当竞争法也仅保护在商业中使用的商品外观。《反不正当竞争法解释》和《反不正当竞争法》中的"使用"是指"在中国境内将有一定影响的标识用于商品、商品包装或者容器以及商品交易文书上，或者广告宣传、展览以及其他商业活动中，用于识别商品来源的行为"。

(2) 仿冒他人字号、姓名。《反不正当竞争法》第 6 条第 2 项规定：禁止"擅自使用他人有一定影响的企业名称（包括简称、字号等）、社会组织名称（包括简称等）、姓名（包括笔名、艺名、译名等)”。① 企业名称,包括企业登记主管机关依法登记注册的企业名称,以及在中国境内进行商业使用的外国(地区)企业名称。具有一定的市场知名度、为相关公众所知悉的企业名称中的字号和简称,也同样受保护。企业名称也包括译名。中国企业在对外贸易中实际使用的、与中文企业名称存在对应关系、已具有识别市场经营主体作用的英文名称,可以视为企业名称;擅自在出口商品上使用他人英文企业名称,对他人造成损害的,属于不正当竞争行为。由于历史原因形成的老字号具有一定特殊性。其是否构成不正当竞争,需要综合考量老字号企业的历史沿革以及现有社会影响力的范围、同业竞争者及其商品知名度的范围以及其是否具有攀附老字号企业现有商誉的主观故意等因素予以确定。即使法院在考虑上述因素的基础上,认定同业竞争者不构成不正当竞争,但为了更好地保护老字号企业,同时促进同业竞争者正当权益的进一步发展,法院可以要求双方当事人各自诚实经营,各自规范使用其商品名称和商标,以防止市场主体的混淆和冲突,保护消费者权益,维护市场正当的竞争秩序。② 社会组织名称(包括简称等)不属于商业标识,如公益组织名称等。经营者不得仿冒他人虽未用于生产经营活动但也有一定影响的标识。③ 姓名,主要是指在生产经营活动中使用的自然人姓名。具有一定的市场知名度、为相关公众所知悉的自然人的笔名、艺名、译名等,也同样受保护。依据最高人民法院第 113 号指导案例的规定,外国自然人外文姓名的中文译名符合条件的,可以依法主张作为特定名称按照姓名权的有关规定予以保护。外国自然人就特定名称主张姓名权保护的,该特定名称应当符合以下三项条件:该特定名称在我国具有一定的知名度,为相关公众所知悉;相关公众使用该特定名称指代该自然人;该特定名称已经与该自然人之间建立了稳定的对应关系。

(3) 仿冒域名等。《反不正当竞争法》第 6 条第 3 项规定:禁止“擅自使用他人有一定影响的域名主体部分、网站名称、网页等”。《最高人民法院关于审理涉及计算机网络域名民事纠纷案件适用法律若干问题的解释》主要处理涉及计算机网络域名注册、使用等行为的民事纠纷案件,其第 4 条规定:“人民法院审理域名纠纷案件,对符合以下各项条件的,应当认定被告注册、使用域名等行为构成侵权或者不正当竞争:(一) 原告请求保护的民事权益合法有效;(二) 被告域名或其主要部分构成对原告驰名商标的复制、模仿、翻译或音译;或者与原告的注册商标、域名等相同或近似,足以造成相关公众的误认;(三) 被告对该域名或其主要部分不享有权益,也无注册、使用该域名的正当理由;(四) 被告对该域名的注册、使用具有恶意。”第 5 条规定:“被告的行为被证明具有下列情形之一的,人民法院应当认定其具有恶意:(一) 为商业目的将他人驰名商标注册为域名的;(二) 为商业目的注册、使用与原告的注册商标、域名等相同或近似的域名,故意造成与原告提供的产品、服务或者原告网站的混淆,误导网络用户访问其网站或其他在线站点的;(三) 曾要约高价出售、出租或者以其他方式转让该域名获取不正当利益的;(四) 注册域名后自己并不使用也未准备使用,而有意阻止权利人注册该域名的;(五) 具有其他恶意情形的。”“被告举证证明在纠纷发生前其所持有的域名已经获得一定的知名度,且能与原告的注册商标、域名等相区别,或者具有其他情形足以证明其不具有恶意的,人民法院可以不认定被告具有恶意。”

(4) 其他混淆行为。《反不正当竞争法》第 6 条第 4 项规定:禁止“其他足以引人误认为是他人商品或者与他人存在特定联系的混淆行为”。本项是禁止仿冒的兜底性规定。因此,造成混淆的其他仿冒行为不应该适用反不正当竞争法第 2 条(一般条款)。在百度在线网络技术(北京)有限公司(简称百度在线公司)与北京经纬智诚电子商务有限公司等不正当竞争纠纷案中,法院认为:

> 尽管人机交互过程中的语音指令并未在反不正当竞争法第六条中予以列明,但从该条文义来看,其目的在于制止混淆行为,避免相关公众产生误认。语音指令作为人工智能发展到一定阶段的产物,较之商品名称、企业名称、网络域名、网站名称等出现得较晚,在类型方

面亦存在一定差别，但只要其能够与该商品或服务及其提供者建立起特定的联系，且具有一定的影响，即应被纳入反不正当竞争法第六条所规定的权益保护范围之内。擅自将他人符合上述条件的语音指令进行使用，属于该条第四项所规定的，其他足以引人误认为是他人商品或者与他人存在特定联系的混淆行为。

本案中，无论是将小度智能音箱从待机状态唤醒，还是执行某一具体操作，均须呼叫“xiaoduxiaodu”。可见，“xiaoduxiaodu”已成为用户在使用小度智能音箱时必不可少且频繁出现的特定的语音指令，已与该产品的人机交互等功能和服务建立起密不可分的联系。众多媒体报道显示，百度在线公司及其关联公司自2017年起已开始将“xiaoduxiaodu”语音指令用于其智能音箱产品，以实现设备的唤醒和操作，并在随后进行了大量、广泛、形式多样的宣传推广。相关公众能够认识到“xiaoduxiaodu”所指向的是小度智能音箱所提供的相应服务，即该语音指令已与百度在线公司及其产品建立起了明确、稳定的联系；而相关媒体报道和宣传推广的证据，也足以证明“xiaoduxiaodu”已具有较高知名度和较大影响力。

……在杜丫丫网有关“小杜让我学会说英语”的宣传内容中，“小杜”所指代的明显为杜丫丫学习机，故此时的“小杜”发挥的是商品名称的作用。在杜丫丫学习机的屏幕贴膜、产品说明书以及杜丫丫网的“语音问答”及介绍视频等内容中，相关文字所表述的“小杜小杜”显然指向的是发音为“xiaoduxiaodu”、用于唤醒和操作设备的语音指令。因此，无论是作为商品名称的“小杜”还是作为语音指令的“xiaoduxiaodu”（文字表述为“小杜小杜”），均能够起到与特定商品或服务及其提供者建立起联系的作用。

小度智能音箱和杜丫丫学习机从功能、受众、销售渠道等方面来看，应属同类产品。子乐公司使用与“小度”音同字不同的“小杜”作为名称指代其涉案产品，同时使用与百度在线公司的“xiaoduxiaodu”完全相同的语音指令对其产品进行唤醒和操作，在主观上难谓不具恶意，在客观上也极易导致相关公众产生混淆，即误认为杜丫丫学习机与百度在线公司的小度智能音箱及其相关服务可能存在产品研发、技术支持、授权合作等方面的特定联系。……子乐公司创始人的工作经历及其个人是否知晓百度在线公司的商品名称和语音指令，并不影响本案中对子乐公司行为的判断。

综上，本院认定子乐公司在本案中使用“小杜”和“xiaoduxiaodu”的行为，违反了反不正当竞争法第六条第一项及第四项之规定，对百度在线公司构成不正当竞争。……在反不正当竞争法第六条已能够对百度在线公司的合法权益提供充分保障的情况下，该公司再行主张适用第二条对被诉行为进行规制，缺乏合理性与必要性，亦不符合该条的适用条件。

（5）虚假宣传。反不正当竞争法所禁止的对商品来源或特定关系的混淆或消费者欺诈，并不一定需要使用识别来源的符号，如虚假宣传。[①]《反不正当竞争法》第8条规定：“经营者不得对其商品的性能、功能、质量、销售状况、用户评价、曾获荣誉等作虚假或者引人误解的商业宣传，欺骗、误导消费者。”“经营者不得通过组织虚假交易等方式，帮助其他经营者进行虚假或者引人误解的商业宣传。”例如，广告刷量行为将滋生大量无效流量，由此形成的访问数据属于虚假信息，它会使得相关公众对相关商品（服务）质量、广告的关注度等产生虚假认知，产生了欺骗、误导相关公众的客观后果。为此类活动提供机会、场所撮合交易等行为，属于“帮助他人虚假宣传”的不正当竞争行为。

“虚假”与“引人误解”是虚假宣传的两种主要形式；争议多集中于“引人误解”的判断。主语

① 美国《兰哈姆法》对虚假宣传进行了规制，从而使其不再属于反不正当竞争法的范围。

应当根据日常生活经验、相关公众一般注意力、发生误解的事实和被宣传对象的实际情况等因素,对引人误解的虚假宣传行为进行认定。相关公众,一般是指以普通消费者的一般注意力为标准,对于专业性商品或服务则要以具有特定领域知识的生产经营者或专业人员的一般注意力为标准。足以造成相关公众误解的、可以认定为引人误解的虚假宣传行为主要有:对商品做片面的宣传或者对比的;将科学上未定论的观点、现象等当作定论的事实用于商品宣传的;以歧义性语言或者其他引人误解的方式进行商品宣传的。以明显的夸张方式宣传商品,不足以造成相关公众误解的,不属于引人误解的虚假宣传行为。

(6) 商业诋毁。《反不正当竞争法》第 11 条规定:"经营者不得编造、传播虚假信息或者误导性信息,损害竞争对手的商业信誉、商品声誉。"构成商业诋毁的信息,既包括无中生有的编造,对真实情况的恶意歪曲;也包括不公正、不准确、不全面地陈述客观事实,意在贬低、诋毁竞争对手的商誉。相比编造虚假信息或误导性信息,传播虚假信息或误导性信息在适用条件上应该更严格。经营者在公开传播与其竞争对手有关的商业言论过程中,需要履行谨慎注意义务;如果其对部分文章标题进行修改并分类整理聚合到特定专题之中,增加了信息传播的专门性并扩大了信息传播的集中度,这表明其具有明显的主观传播意图。当被传播的信息被确认为捏造的虚假信息或误导性信息时,其应承担不正当竞争的法律责任。

商业诋毁应与舆论监督、商业言论自由区分开来。最高人民法院在深圳市理邦精密仪器股份有限公司与深圳迈瑞生物医疗电子股份有限公司商业诋毁纠纷案中指出:

> 经营者和相关公众有进行商业评价的言论自由,但商业评价自由又以不损害他人合法权益为边界。仅仅是基于个人喜好、情感、价值判断等而进行一般性的或者泛泛的商业评价,按照行业内的一般理解尚不足以造成事实上确能贬低他人商誉的具体损害后果的,并不构成商业诋毁行为。倘若以良好商业言论的标准进行衡量,其中有些措辞或许略带王婆卖瓜式的自夸或同行相轻式的蔑视他人之意,且从日常商业生活的行为标准看,对于这些措辞是否有失严谨或者不宜提倡,同行们可以见仁见智、自由评说或不予苟同,但是否构成不正当竞争则需要以法律观念和标准进行衡量。

三、以投资成果为中心的禁止盗用等不正当竞争

保护商誉类的禁止仿冒等不正当竞争与商标法具有类似的法益,但与保护创新成果类的著作权法、专利法的法益不同。因此,两者构成平行保护,并不违反知识产权专门法的公共政策。但是,禁止盗用等不正当竞争所保护的法益类似于对作品、发明创造等知识产品的保护,它主要是指禁止对原告有价值的知识产品(如人格、产品或商业模式等)进行低成本模仿的行为,而不要求是否存在误导之要件。禁止盗用原则的司法适用是最具有争议的,因为它涉及财产权、垄断及其公共政策的问题,即在专利权、著作权之外,法院是否能够根据反不正当竞争法的一般条款而创设知识产品上的准财产权规则。其基本原则是:在专利法和著作权法的保护之外,依据反不正当竞争法对智力成果法益提供补充保护,应避免与著作权、专利权保护的立法政策相抵触,故应严格予以适用,主要采取侵权行为而非不当得利的制度路径。

知识产权法是市场竞争的产物,而市场经济法律的基本目的是促进和鼓励竞争,因为自由竞争有利于增进社会福利和促进经济发展。在知识产权法上,只要其不在专利权、著作权和商标权的垄断范围之内,复制与模仿等搭"顺风车"的行为本身并不违法。但是,法律也肩负维护市场正当竞争秩序的使命,因而就反不正当竞争法的适用而言,重要的不是模仿的事实,而是模仿违反

正当竞争原则的附随情节，即如何模仿的问题。正当竞争原则的适用与界定，是法律禁止盗用的正当性所在。正当竞争是市场竞争的商业道德，而维护一定的伦理道德水准是法律的重要使命之一。禁止盗用原则是维护商业道德的重要工具。

禁止盗用原则具有克服市场失灵问题的重要功能。首先，传统专利权、著作权两分法对知识产品创新性活动的保护仍然存有空白之处。有些知识产品的初始开发成本昂贵，但其复制和模仿非常容易而且成本低廉，这些知识产品有可能不符合专利法、著作权法的保护条件。其次，技术的进步有时会打破专利法、著作权法精心构建的利益平衡机制，但立法并不能及时与技术发展同步。这就产生了法律激励创新不足的现象，即市场失灵问题。反不正当竞争法可以对这些知识产品提供法律保护，其显而易见的好处是，将竞争者模仿或复制的知识产品是否受保护的争议转移到竞争者的模仿或复制行为是否符合商业惯例或道德上来，克服了由于存在法律保护的空白而对知识创新激励不足的市场失灵问题。最后，禁止盗用原则具有保护经营者劳动成果的作用。它在本质上确立了专利权、著作权保护之外的知识产品"准产权"保护，排除了竞争者的自由模仿行为，减少了该知识产品的市场供给，从某种程度上影响了因自由竞争所能促进的社会福利。所以，禁止盗用原则保护经营者的劳动成果必须具有其合法性。在淘宝（中国）软件有限公司（简称淘宝公司）诉安徽美景信息科技有限公司不正当竞争纠纷案（简称淘宝诉美景案）中，因现行立法尚无明确规范数据资源的权利属性及其保护，该案依据禁止盗用原则而确立数据的准产权保护。法院首先论证了数据资源（淘宝"生意参谋"数据产品）具有合法性：

> 不正当竞争的成立以经营者存在经营上的合法权益为前提。该合法权益可以是法定的有名权益，如企业字号、商业秘密等；也可以是不违反法律法规规定的无名权益，只要其可以给经营者带来营业收入，或者属于能够带来潜在营业收入的交易机会或竞争优势。
>
> ……淘宝公司所获取并使用的是用户进行浏览、搜索、收藏、架构、交易等行为而形成的行为痕迹信息，至于行为人性别、职业、区域及偏好等信息不论是否可从行为痕迹信息中推导得出，亦均属于无法单独或通过与其他信息相结合而识别自然人个人身份的脱敏信息，与销售记录属于同一性质。淘宝公司未收集与其提供的服务无关的个人信息，其收集的原始数据系依约履行告知义务后所保留的痕迹信息，故未违反法律法规关于个人信息保护的规定。本院认为，数据产品是淘宝公司在前述原始痕迹数据的基础上，经综合、计算、整理而得到的趋势、占比、排行等分析意见，其对信息的使用结果与原始痕迹信息本身已不具有直接关联，已远远脱出个人信息范畴，不属于对用户信息的公开使用。
>
> 本案中，淘宝公司"生意参谋"大数据产品是对产品购买者开展商业活动具有相当参考意义的趋势图、排行榜、占比图等，具体包括如行业、产品、属性等数据。上述数据分析被作为"生意参谋"数据产品的主要内容进行了商业销售，可以为淘宝公司带来直接经营收入，无疑属于竞争法意义上的财产权益；同时基于其大数据决策参考的独特价值，构成淘宝公司的竞争优势；其性质应当受到反不正当竞争法的保护。

中国法院运用禁止盗用原则保护数据权益，如"淘宝诉美景案""谷米诉元光案"和"大众点评诉百度案"等。保护经营者的数据权益具有合法性。一方面，经营者对其投资并获取的数据信息进行收集、分析、编辑等深度挖掘，使之成为具有商业价值并能为其带来竞争优势的大数据。另一方面，数据权益的保护并不违反知识产权专门法的公共政策。在某种意义上，它是数字经济时代的产物，尚未得到成文法的调整。在上海汉涛信息咨询有限公司（简称汉涛公司）诉爱邦聚信（北京）科技有限公司（简称爱邦科技公司）不正当竞争案中，法院认为：

二上诉人同为向网络用户提供分类信息查询服务的网络经营者，具有竞争关系。汉涛公司通过商业运作吸引用户在大众点评网上注册、点击、评论，并有效地收集和整理信息，进而获得更大的商业利润，该合法权益应受法律保护。爱帮科技公司作为提供搜索、链接服务的网络服务商，应遵守法律规定和相关行业规范，对于特定行业网站的信息的利用，须控制在合理的范围内。但爱帮网对大众点评网的点评内容使用，已达到了网络用户无须进入大众点评网即可获得足够信息的程度，超过了适当引用的合理限度，事实上造成爱帮网向网络用户提供的涉案点评内容对大众点评网的相应内容的市场替代，对汉涛公司的合法利益产生实质性损害。因此，爱帮科技公司的行为，客观上是有竞争目的的市场竞争行为，违背了公认的商业道德，扰乱了网络环境下的经济秩序，对市场竞争产生了损害，已构成《反不正当竞争法》所禁止的不正当竞争行为。

自由模仿对于人类社会的文化发展和经济发展具有重要作用。人类的进步建立在前人贡献的基础之上，或者说建立在模仿和学习的基础之上。因此，从人类社会的演进来看，自由模仿在本质上并不能受到法律禁止。从法经济学来看，禁止盗用实质上是在知识产品领域禁止“搭便车”的行为，但在知识产权法中，“搭便车”对社会而言并不全是一件有害的事情。从更广义的角度来说，因技术溢出效应而产生的“搭便车”现象并不能完全被法律内化而将其设定为产权的范围。例如，发明所带来的技术溢出效应存在多种形式，甚至会扩展到其他产业领域，一项技术创新可能会启发其他领域的创新。

补充保护的限度原则是禁止盗用原则司法适用的重要边界。禁止盗用原则的适用应该限定于特定情形。禁止盗用原则主要用以解决由于技术发展和法制进程不同步而造成的对于知识产品创造者激励不足的问题。在这些情况下，新出现的知识产品利用技术使得传统的知识产权法出现了漏洞，禁止盗用原则常常是用以矫正不正当竞争从而达到激励创新目的之重要法律工具。从这层意义上讲，禁止盗用原则是使各知识产权法律得以统一或协调的原则。但其问题是，在各知识产权专门法所不予保护的内容中，还有多少处于依公共政策而划定的公共领域之中？它需要衡量垄断权利与自由竞争之间的公共政策，也应该受到这些公共政策的限制。在珠海市小源科技有限公司（简称小源公司）与北京泰迪熊移动科技有限公司（简称泰迪熊公司）不正当竞争纠纷案中，法院认为：

泰迪熊公司和小源公司均为智能短信解决方案的提供者，双方的合作厂商及手机终端内嵌产品的消费群重合，双方的经营模式基本相同，存在直接的竞争关系。同时，小源公司组织员工从海量的短信中以情景不同进行分类，按照正则表达式规则，编写了数万条“智能短信识别模板”，通过合作手机厂商，内嵌手机便于用户高效便捷、生动直观地读取手机短信。该编写过程耗费了该公司的研发时间、人力和物力，同时给该公司带来竞争优势。根据查明的事实，泰迪熊公司使用的智能短信识别模板与小源公司编写的模板存在上万条相同、还存在相同的错误，在泰迪熊公司不能证明其使用的智能短信识别模板系自行编写的情况下，可以认定其模板系大量抄袭小源公司，省去了其自行编写“智能短信识别模板”的研发成本，属于未经许可攫取他人商业资源的行为。

虽然泰迪熊公司存在大量抄袭小源公司智能短信识别模板行为，小源公司亦以此为由主张其利益受到损害。但是，小源公司是否为“智能情景短信产品”开创者、智能短信识别模板是否为涉案产品的基础和核心以及泰迪熊公司能否在很短时间内推出自己产品并不是认定不正当竞争行为的必要条件。它还需举证证明泰迪熊公司的涉案行为违反“商业道德”。

竞争行为是否具有不正当性应以是否违反公认的商业道德为标准，而不应以传统的社会公德、生活道德为标准进行评价。“商业道德”一般是指特定商业领域普遍认知和接受的行为规范。具体案件需要考虑行业规则或者商业惯例、经营者的主观状态、交易相对人的选择意愿、对市场竞争秩序和消费者选择权的影响等因素，综合判断经营者是否违反商业道德。

本案中，考虑本案智能短信识别编写采用的表达有限，主体信息来源公有领域，交易相对人的选择是自由的，泰迪熊公司的涉案行为对市场竞争秩序和消费者选择权的影响较小，尚不构成违反公认的商业道德。不能仅仅因为小源公司存在利益受到损害或者泰迪熊公司的行为具有“不劳而获”，即认定该行为系不正当竞争行为。

四、以竞争秩序为中心的禁止不当干扰等不正当竞争

《反不正当竞争法》第12条规定：“经营者不得利用技术手段，通过影响用户选择或者其他方式，实施下列妨碍、破坏其他经营者合法提供的网络产品或者服务正常运行的行为：(一) 未经其他经营者同意，在其合法提供的网络产品或者服务中，插入链接、强制进行目标跳转；(二) 误导、欺骗、强迫用户修改、关闭、卸载其他经营者合法提供的网络产品或者服务；(三) 恶意对其他经营者合法提供的网络产品或者服务实施不兼容；(四) 其他妨碍、破坏其他经营者合法提供的网络产品或者服务正常运行的行为。”

该条被称为互联网条款，第4款属于不当干扰的兜底条款。与禁止仿冒的兜底条款一样，此时不应适用反不正当竞争法的一般条款。该款在司法适用上还需要解释的问题是：妨碍行为是否要求主观上有过错？很明显，从立法体系解释的角度来看，“其他妨碍竞争的行为”应具有与第1款至3款相同之条件，即要求竞争者主观上具有可归责性。具体来说，第1款、2款所指的妨碍竞争行为具有“强制”“误导”“欺骗”等主观上的可归责性；第3款更是明确规定竞争者之“恶意”要件。因此，构成“其他妨碍、破坏”的不正当竞争行为必然要求行为人主观上具有“恶意”或“故意”之要件。

(1) 不当干扰之商业模式。在广告屏蔽类的不正当竞争案件中，“广告+免费视频”或者收取会员用户费用的经营模式成为争议的焦点。逐渐成为主流的看法是：行为人开发并运营相关软件，实现无须观看片前广告即可直接观看其他网络视频平台视频的功能，该行为违背了诚实信用原则，损害了其他网络视频平台依托其正当商业模式获取商业利益的合法权益，构成不正当竞争。[①] 当然，这并不意味着对商业模式本身进行赋权，而是禁止对他人正常营业活动的不当干扰。在北京奇虎科技有限公司等与腾讯科技(深圳)有限公司等不正当竞争纠纷案中，最高人民法院指出：

> 市场经济是由市场在资源配置中起决定性作用，自由竞争能够确保市场资源优化配置，但市场经济同时要求竞争公平、正当和有序。在市场竞争中，经营者通常可以根据市场需要和消费者需求自由选择商业模式，这是市场经济的必然要求。本案中，被上诉人为谋取市场利益，通过开发QQ软件……这种免费平台与广告或增值服务相结合的商业模式是本案争议发生时，互联网行业惯常的经营方式，也符合我国互联网市场发展的阶段性特征。……上诉人专门针对QQ软件开发、经营扣扣保镖，以帮助、诱导等方式破坏QQ软件及其服务的

---

① 北京爱奇艺科技有限公司诉深圳聚网视科技有限公司其他不正当竞争纠纷案，《最高人民法院公报》2016年第12期。

> 安全性、完整性，减少了被上诉人的经济收益和增值服务交易机会，干扰了被上诉人的正当经营活动，损害了被上诉人的合法权益，违反了诚实信用原则和公认的商业道德，……。
>
> ……当然，经营者非以损害他人合法权益和谋求不正当商业利益为目的，提供尽可能便利消费者选择或者更好满足消费需求的中立性技术工具或者手段，非但不会受到法律禁止，而且还会得到市场激励。而且，经营者采取哪一种商业模式，取决于市场竞争状况和消费者选择。随着市场竞争的发展和消费者需求的提高，经营者必然会不断改进商业模式和提高服务质量，但商业模式的改进和服务质量的提高应当是正当竞争和市场发展的结果，而不能通过不正当竞争的方式推进。即便后来商业模式得以改进和服务质量得到提高，也不能当然将其作为判断先前商业模式是否损害消费者权益和具有不正当性的依据。

禁止不当干扰无须以商业模式的赋权为基础。在湖南快乐阳光互动娱乐传媒有限公司（简称快乐阳光公司）、广州唯思软件股份有限公司（简称唯思公司）商业贿赂不正当竞争纠纷案中，法院指出：

> 在法律没有明确规定时，给予绝对权利或权益的保护时应当慎重。由于没有法律明确规定商业模式应作为权利或权益受到保护，且本案双方当事人均使用实质基本相同的双边市场商业模式，因此不应将快乐阳光公司主张的商业模式作为一种具体权利或权益单独赋予快乐阳光公司。但即使如此，唯思公司仍然应当以质优价低、效能竞争等方式施以公平竞争，集聚用户资源以经营发展其浏览器，而不应为了增加浏览器自身的用户资源，以违反公认的商业道德的被诉行为干扰侵害快乐阳光公司对于芒果 TV 网站内合法经营的广告播放内容行使处分权。

(2) 不当干扰之非必要原则。对他人经营活动的干扰行为，超出正当的限度，即为不当干扰。符合公共利益的干扰行为当然是正当的。但正当与否的判断，仍然应以是否违反商业道德为准。例如，安全类软件在计算机系统中拥有优先权限，经营者对终端用户及其他服务提供者的干预行为应以“实现功能所必需”为前提。以保障计算机系统安全为名，通过虚假弹窗、恐吓弹窗等方式擅自变更或诱导用户变更其浏览器主页，不正当地抢夺流量利益的行为，不仅损害了其他经营者的合法权益，也侵害了终端用户的知情权与选择权，有违诚实信用原则和公认的商业道德，构成不当干扰。

(3) 不当干扰之侵权警告函。竞争者不合理地向经营者或经营者的客户发送侵权警告函，对其合法经营活动将产生不当干扰。类似于侵权警告函，恶意利用网络服务提供者的“通知—删除规则”打压竞争对手、谋取不当得利的行为，属于不当干扰行为。在天津市嘉瑞宝金属制品有限公司诉徐桂珍等不正当竞争案中，被告虚构事实骗取作品登记，以著作权侵权为由在阿里巴巴知识产权保护平台向“嘉瑞宝旗舰店”的三款热销商品先后发起五次投诉，导致部分商品链接被删除，致使同业竞争者利益被损害，属于不当干扰的不正当竞争行为。

(4) 不当干扰之功能插件。软件插件具有技术中立的特点。但如果提供软件插件改变计算机程序的原有功能，有可能损害其他用户的体验和对程序功能的信任，甚至会损害系统安全。这种网络干扰行为不仅损害了其他经营者的竞争利益，并且对网络秩序和公众的生活秩序造成影响，损害广大消费者的利益，属于不正当竞争行为。

主要参考著作

曹新明主编:《知识产权法》,中国人民大学出版社 2021 年版。

崔国斌:《著作权法:原理与案例》,北京大学出版社 2014 年版。

杜颖:《商标法》(第三版),北京大学出版社 2016 年版。

冯晓青:《著作权法》,法律出版社 2010 年版。

何怀文:《中国著作权法:判例综述与规范解释》,北京大学出版社 2016 年版。

胡康生主编:《中华人民共和国著作权法释义》,法律出版社 2002 年版。

黄晖:《商标法》(第二版),法律出版社 2016 年版。

孔祥俊:《反不正当竞争法新原理》,法律出版社 2019 年版。

李明德:《美国知识产权法》(第二版),法律出版社 2014 年版。

刘春田:《知识产权法》,中国人民大学出版社 2000 年版。

彭学龙:《商标法的符号学分析》,法律出版社 2007 年版。

吴汉东:《知识产权总论》,中国人民大学出版社 2009 年版。

王莲峰:《商标法》(第三版),北京大学出版社 2019 年版。

王迁:《著作权法》,中国人民大学出版社 2015 年版。

尹新天:《专利权的保护》,知识产权出版社 2005 年版。

郑成思:《知识产权法》,法律出版社 2003 年版。

郑成思:《版权法》,中国人民大学出版社 1990 年版。

[日]青山纮一:《日本专利法概论》,聂宁乐译,知识产权出版社 2014 年版。

[日]增井和夫、田村善之:《日本专利案例指南》,李扬等译,知识产权出版社 2016 年版。

[德]M.雷炳德:《著作权法》,张恩民译,法律出版社 2005 年版。

[德]鲁道夫·克拉瑟:《专利法》(第六版),单晓光等译,知识产权出版社 2016 年。

[德]西尔克·冯·莱温斯基:《国际版权法律与政策》,万勇译,知识产权出版社 2017 年版。

[西]德利娅·利普希克:《著作权与邻接权》,联合国教科文组织译,中国对外翻译出版公司 2000 年版。

[美]威廉·M.兰德斯、理查德·A.波斯纳:《知识产权法的经济结构》,金海军译,北京大学出版社 2005 年版。

[美]马克·罗斯:《版权的起源》,杨明译,商务印书馆 2018 年版。

Martin J. Adelman 等:《美国专利法》,郑胜利等译,知识产权出版社 2011 年版。

[美]F.大卫·马丁、李·A.雅各布斯:《艺术和人文:艺术导论》,包慧怡、黄少婷译,上海社会科学院出版社 2007 年版。

Paul Goldstein & P. Bernt Hugenholtz, International Copyright: Principles, Law, and Practice (4th. ed., Oxford University Press, 2019).

Sam Richetson & Jane C. Ginsburg, International Copyright and Neighbouring Rights: The Berne Convention and Beyond (2th. ed., Oxford University Press, 2006).

附　录

（本书涉及的主要规范性文件与国际条约）

一、法律法规与行政规章

《中华人民共和国著作权法》(2020)(简称《著作权法》)

《中华人民共和国著作权法实施条例》(2013)(简称《著作权法实施条例》)

《信息网络传播权保护条例》(2013)

《计算机软件保护条例》(2013)

《著作权集体管理条例》(2013)

《中华人民共和国专利法》(2020)(简称《专利法》)

《中华人民共和国专利法实施细则》(2010)(简称《专利法实施细则》)

《专利审查指南》(2019)

《中华人民共和国商标法》(2019)(简称《商标法》)

《中华人民共和国商标法实施条例》(2014)(简称《商标法实施条例》)

《商标审查及审理标准》(2021)

《中华人民共和国反不正当竞争法》(2019)(简称《反不正当竞争法》)

二、司法解释

《最高人民法院关于修改〈最高人民法院关于审理侵犯专利权纠纷案件应用法律若干问题的解释(二)〉等十八件知识产权类司法解释的决定》已由最高人民法院审判委员会第1823次会议通过并公布，自2021年1月1日起施行。

《最高人民法院关于审理著作权民事纠纷案件适用法律若干问题的解释》(简称《著作权法解释》)

《最高人民法院关于审理侵害信息网络传播权民事纠纷案件适用法律若干问题的规定》(简称《信息网络传播权解释》)

《最高人民法院关于审理侵犯专利权纠纷案件应用法律若干问题的解释》(简称《专利法解释一》)

《最高人民法院关于审理侵犯专利权纠纷案件应用法律若干问题的解释(二)》(简称《专利法解释二》)

《最高人民法院关于审理专利纠纷案件适用法律问题的若干规定》(简称《专利纠纷决定》)

《最高人民法院关于审理专利授权确权行政案件适用法律若干问题的规定(一)》(简称《专利授权确权解释一》)

《最高人民法院关于审理商标民事纠纷案件适用法律若干问题的解释》(简称《商标法解释》)

《最高人民法院关于审理涉及驰名商标保护的民事纠纷案件应用法律若干问题的解释》(简称《驰名商标解释》)

《最高人民法院关于审理注册商标、企业名称与在先权利冲突的民事纠纷案件若干问题的

规定》

《最高人民法院关于审理商标授权确权行政案件若干问题的规定》(简称《商标授权确权解释》)

《最高人民法院关于审理不正当竞争民事案件应用法律若干问题的解释》(简称《不正当竞争解释》)

《最高人民法院关于审理侵害知识产权民事案件适用惩罚性赔偿的解释(2021)》

《最高人民法院关于加强著作权和与著作权有关的权利保护的意见》

《最高人民法院关于人民法院对注册商标权进行财产保全的解释》

《最高人民法院关于审理商标案件有关管辖和法律适用范围问题的解释》

《最高人民法院关于商标法修改决定施行后有关商标案件管辖和法律适用问题的解释》

《最高人民法院关于审理技术合同纠纷案件适用法律若干问题的解释》

《最高人民法院关于审理植物新品种纠纷案件若干问题的解释》(简称《植物新品种解释(一)》)

《最高人民法院关于审理侵犯植物新品种权纠纷案件具体应用法律问题的若干规定》(简称《植物新品种解释(二)》)

《最高人民法院关于审理侵犯商业秘密民事案件适用法律若干问题的规定》(简称《商业秘密解释》)

《最高人民法院关于审理涉及计算机网络域名民事纠纷案件适用法律若干问题的解释》

《最高人民法院关于全面加强知识产权司法保护的意见》

《最高人民法院关于依法加大知识产权侵权行为惩治力度的意见》

《最高人民法院关于知识产权民事诉讼证据的若干规定》

《最高人民法院关于北京、上海、广州知识产权法院案件管辖的规定》

《最高人民法院关于审理涉电子商务平台知识产权民事案件的指导意见》

《最高人民法院关于涉网络知识产权侵权纠纷几个法律适用问题的批复》

《最高人民法院关于技术调查官参与知识产权案件诉讼活动的若干规定》

三、主要国际条约

世界贸易组织《与贸易有关的知识产权协定》(简称"TRIPs 协议")

《建立世界知识产权组织公约》

《保护文学和艺术作品伯尔尼公约》(简称《伯尔尼公约》)

《世界知识产权组织版权公约》(简称"WCT")

《世界知识产权组织表演和录音制品公约》(简称"WPPT")

《保护表演者、音像制品制作者和广播组织罗马公约》(简称《罗马公约》)

《保护录制者、防止录制品被擅自复制的日内瓦公约》(简称《日内瓦公约》)

《发送卫星传输节目信号布鲁塞尔公约》(简称《布鲁塞尔公约》)

《视听表演北京条约》

《保护工业产权巴黎公约》(简称《巴黎公约》)

《专利合作条约》(简称"PCT")

《商标注册用商品与服务国际分类尼斯协定》(简称《尼斯协定》)

《商标国际注册马德里协定》(简称《马德里协定》)

《商标国际注册马德里协定有关议定书》(简称《马德里协定有关议定书》)

后　记

本书“总论”与“专利法”于2018年底完成，其他部分则于2021年完成。知识产权法律法规、司法解释变动频繁，本书存在的疏漏之处有待后续完善，并将在微信公众号“知产观察”(IPLReview)中更新。本书引用的案例判决书原文也将在该公众号中登出。

本书试图在如下两方面做些改进：

一是教材编写体例方面，整体上采用学界通行的“总论”“著作权法”“专利法”“商标法”“其他知识产权保护法律”五部分，但在具体框架上有所改变。第一，“知识产权总论”部分侧重于知识产权法发展规律的梳理，将分散在各知识产权法中、但日益趋同的知识产权保护规则提炼出共同的规则，在总论部分详细介绍，分论部分不再另行阐释。第二，“著作权法”章将“著作权”作为作者权与邻接权的上位概念，将以往独立专节介绍的邻接权拆分为客体与权利两部分，分别在著作权客体与著作权内容部分予以分析。“著作权保护”一节不再对著作权法上详细列举的侵权行为进行介绍，重点讨论实质性相似标准与网络服务提供者责任，并将技术措施、权利管理信息与著作权集体管理视为著作权人自行保护其权利的方式予以介绍。第三，“专利法”章也有类似的考虑。其中，外观设计以专节形式介绍。原计划将外观设计与实用艺术作品、立体商标、商品外观合并作为独立一章，但限于篇幅与时间，依然在各章中零散介绍。第四，“商标法”章总结了理论与实务上取得的一些共识，如将混淆之虞、商标淡化作为“商标权的保护”一节的主要内容，对商标共存、未注册商标问题都予以集中介绍。第五，“其他知识产权保护法律”章共四节，主要介绍商业秘密保护、植物新品种权、集成电路布图设计权，以及与知识产权法有关的反不正当竞争法。其中，“商业秘密保护法”一节篇幅最长，本书最初计划“商业秘密法”专章，但限于时间与篇幅限制，仍在“其他知识产权保护法律”部分介绍。

二是教材内容方面，整体上以解释基本概念、基本原理为主，以中国法律评析为中心，但注重以实际案例来阐释法理，也适当介绍国际法与比较法的相关内容。为避免篇幅过长，本书引用的判决书未保留详细出处，也未摘录完整的事实认定部分，且有少量文字性改编，但不影响判决书中司法意见的完整性。案例选编体现了笔者对相关基本理论的个人认识。关于专利法和商标法上申请、注册程序的详细规定，本书分别用一个小节的篇幅略加介绍，整体上偏重于实体法规则。

本书初稿撰写完成后，研究生刘晓承担了相关法律法规的核对以及文字校对工作，研究生钱帅帅承担了复核工作，特此致谢；也同样感谢李国英老师、马晓燕老师和责编董蕙敏老师的审读。